KÖNIGIN LUISE von PREUSSEN

Briefe und Aufzeichnungen

1786–1810

Luise als Kronprinzessin. Zeichnung von Gottfried Schadow, um 1795.
Akademie der Künste, Berlin (DDR)

KÖNIGIN LUISE VON PREUSSEN

Briefe und Aufzeichnungen
1786–1810

Mit einer Einleitung von
Hartmut Boockmann
herausgegeben von
Malve Gräfin Rothkirch

DEUTSCHER KUNSTVERLAG

Unveränderter Nachdruck der Ausgabe von 1985
ISBN 3-422-06167-3

INHALT

Friedrich Wilhelm III. und seine Gemahlin.
Nach einer Zeichnung von C. Hampe, 1798

Die Briefe der Königin Luise

[Die Ziffern in () verweisen auf die Nummern der Briefe]

Fast eineinhalb Jahrhunderte lang ist die Königin Luise nächst Friedrich dem Großen die populärste Angehörige der preußischen Dynastie gewesen. In den ersten Jahrzehnten nach ihrem Tode im Jahre 1810 dürfte die Erinnerung an sie kräftiger gewesen sein als der Nachruhm des großen Königs. Noch im Jahre 1810 erschienen die ersten Schriften zu ihrem Gedächtnis, und bis in den Zweiten Weltkrieg hinein verging kaum ein Jahr, in welchem nicht der reichen wissenschaftlichen und der noch zahlreicheren erbaulichen Literatur über die Königin ein neuer Titel hinzugefügt worden wäre. Viele für uns heute namenlose Autoren haben sie gepriesen; Paul Bailleu, der Verfasser einer großen Biographie und einer langen Reihe von kleineren Studien, der gelehrte Herausgeber eines wichtigen Teils der königlichen Korrespondenz, ist zu »ihrem« Historiker geworden, und die Meister der Zunft, Theodor Mommsen, Heinrich von Treitschke und Otto Hintze, haben Festreden zum Gedächtnis der Königin gehalten.

Anläßlich der hundertsten Wiederkehr ihres Todestages hat Hintze, ein sonst eher nüchterner, mehr der Verfassungsgeschichte als den in der Geschichte handelnden Personen zugewandter Gelehrter, davon gesprochen, daß das Bild der »in der Blüte ihrer Jahre« dahingegangenen Königin noch allen vor Augen stehe – »in dem sanften Glanze ihrer von Leid verklärten Schönheit«. »Im Volke« so fährt Hintze fort, »wußte man es nicht anders, als daß Königin Luise am gebrochenen Herzen gestorben sei, aus Gram über das Unglück und die Schmach ihres Landes«. Tatsächlich starb die Monarchin an einer Lungenentzündung, einer noch in der ersten Hälfte unseres Jahrhunderts außerordentlich gefährlichen Krankheit, und das wußte auch Otto Hintze. Trotzdem versuchte er, das gebrochene Herz der Königin zu retten, indem er die Lungenentzündung erst in ihrer Einwirkung auf den »vom Kummer geschwächten Organismus« zur Todesursache werden ließ und am Ende fand, daß der Tod der Königin durch die – zum gebrochenen Herzen hinzukommende – Lungenentzündung »nur feiner, verwickelter und zarter« geworden sei. Und trotz der Lungenentzündung behalte, so schreibt Hintze, die »Idee vom Opfertod« »ihren tiefen Sinn«.

Solche Sätze müssen den Absolventen heutiger Gymnasien vollkommen unverständlich sein. Der Traditionsbruch, den die nationalsozialistische Zeit und der Zweite Weltkrieg verursacht haben, wird vielleicht nirgends deutlicher als an dem Kontrast zwischen der Präsenz der Königin in den Köpfen derer, die bis 1945 deutsche oder doch preußische Schulen besuchten, die in ihren Elternhäusern das Bild der Königin mit ihren beiden ältesten Söhnen – dem späteren König Friedrich Wilhelm IV. und seinem Bruder, Wilhelm I., dem ersten deutschen Kaiser – betrachten konnten, und der Unbekanntheit der Königin heute.

Immerhin gibt es einen Repräsentanten preußischer Tradition, der fast ein halbes Jahrhundert vor Hintze Geschmack und Gefühl genug hatte, solche Elogen als unangebracht und ihrer Adressatin unangemessen anzusehen. Theodor Fontane lobt im ersten, 1862 erschienenen Band seiner Wanderungen durch die Mark Brandenburg das von Schinkel entworfene Luisen-Denkmal in Gransee, einem Ort, den der feierliche Zug mit der im heimischen Mecklenburg gestorbenen Königin am 25. Juli 1810 passiert hatte, wegen dessen Schlichtheit. Fontane spricht von der Königin selbst, von dem »poetischen Schimmer« der mit ihrem Namen verknüpft sei, und auch davon, daß die neuere Geschichte »kein ähnliches Beispiel von Reinheit, Glanz und schuldlosem Dulden« aufweise. Zwar sei die Königin auch verleumdet worden. »Mehr als von der Verleumdung ihrer Feinde hat sie von der Phrasenhaftigkeit ihrer Verherrlicher zu leiden gehabt. Sie starb nicht am ›Unglück ihres Vaterlandes‹, das sie freilich bitter genug empfand. Übertreibungen, die dem Einzelnen seine Gefühlswege vorschreiben wollen, reizen nur zum Widerspruch. Das Luisen-Denkmal zu Gransee hält das rechte Maß: es spricht nur für sich und die Stadt und ist rein persönlich in dem Ausdruck seiner Trauer. Und deshalb rührt es.«

Sich heute gegen Sätze wie die von Otto Hintze zu wenden, wäre überflüssig, billig und überdies auch deshalb unangebracht, weil ja nicht abzusehen ist, wie sich in einem dreiviertel Jahrhundert die Reden der Historiker ausnehmen werden, die sich heute anläßlich von Gedenktagen in der öffentlichen sinnstiftenden Rede versuchen. Sinnvoll wäre es dagegen, der Frage nachzugehen, wie es denn überhaupt gelingen konnte, im hellen Licht der neueren Geschichte noch einmal so etwas wie einen historischen Mythos zu schaffen oder entstehen zu lassen, und wie sich dabei das Ereignis, der unerwartete Tod einer populären Monarchin in einer politisch prekären Situation, und spätere Wünsche an die Geschichte in ihrer Wirkung zueinander verhalten haben.

Die Ausgabe der Briefe Luises, welche der jetzigen unmittelbar voraufgeht, erschien – herausgegeben von Karl Griewank – im Jahre 1943 in Gestalt eines noblen Buches, das gewiß als Beispiel für das dienen könnte, was in nationalsozialistischer Zeit erscheinen konnte, ohne auch nur im entferntesten nationalsozialistisch zu sein. Doch kann nicht übersehen werden, daß der Herausgeber seine Brief-Ausgabe für aktuell hielt. Er spricht gleich am Anfang seiner Einleitung von der »Parallelität von Zuständen und Empfindungen« »in Notzeiten«, und er meint vor allem, es sei die »wesenhaft deutsche Frau«, als welche die Königin Luise weiterhin Anteilnahme und Sympathie verdiene.

Zu solchen Parallelisierungs-Versuchen wird sich ein heutiger Leser nicht eingeladen fühlen. Die Königin Luise dürfte ihm gänzlich fremd sein, und falls er sich Nöten oder gar Katastrophen ausgesetzt sieht, sind diese doch von so anderer Art als die des neunzehnten Jahrhunderts, daß sich ihm die Königin als Leitfigur gewiß nicht anbieten wird. Trotzdem wäre es zu wenig, wenn die Gestalt der Königin bloß dazu diente, die Beschreibung eines modernen geschichtlichen Mythos, seiner Entstehungsumstände und seiner Funktionen zu versuchen.

Dafür wäre die Person der Königin zu interessant, und dafür wäre ihr Umfeld zu wichtig. Dieses Umfeld – die Geschichte Preußens vor und nach der Katastrophe von 1806/07 – ist freilich in den letzten vier Jahrzehnten fast ebenso in den Hintergrund des Interesses geraten wie die Gestalt der Königin. Die preußische Geschichte im Zeitalter Napoleons war eineinhalb Jahrhunderte lang nicht nur bevorzugtes Forschungsfeld, sondern auch eine Quelle preußisch-deutscher Identität. So ist es kein Wunder, daß der Kontrast zwischen der einstigen Bevorzugung dieser Periode der preußischen Geschichte und ihrer Vernachlässigung in den letzten Jahrzehnten noch größer ist als bei der Geschichte Preußens im allgemeinen.

Es scheint, als könne sich das nun ändern und als ließe sich die preußische Geschichte gerade dieser Zeit mit neuen Augen betrachten und mit neuen Fragen konfrontieren. Sollte dabei auch die Königin Luise von neuem interessant werden?

Die Briefe der Königin legen das nahe, obwohl die meisten von ihnen schon bisher bekannt waren. Immerhin wird man vermuten dürfen, daß sie in den letzten Jahren nicht oft gelesen worden sind, und es kommt hinzu, daß die neue Ausgabe bisher unbekannte Texte enthält und daß nicht wenige von den anderen bisher nur gekürzt publiziert worden sind.

Die Kürzungen, über die das Vorwort der Herausgeberin im Ganzen und die Edition im Einzelnen Auskunft geben, betrafen meistens »private« Äußerungen der Schreiberin. Wenn man nun mehr als bisher über deren familiäre Sorgen und finanzielle Probleme erfährt, wenn bisher weggekürzte spontane Äußerungen sichtbar werden, so liegt darin nicht nur die triviale Möglichkeit, die einstige Identifikationsfigur von ihrem Podest herunterzuziehen. Vielmehr eröffnen die nun neu und vollständiger als bisher vorgelegten Briefe die Chance, den preußischen Hof um 1800 so zu betrachten, wie das bei spätmittelalterlichen und frühneuzeitlichen Höfen längst geschehen ist und hier endlich auch geschehen müßte.

Wenn man die Erkenntnis-Möglichkeiten erwägt, die mit diesen Briefen gegeben sind, könnte man auch an die mentalitäts- und sozialgeschichtlichen Möglichkeiten denken, die von den bekannten Tagebüchern der Baronin Spitzemberg im Hinblick auf den preußisch-deutschen Hof der ersten Jahre nach der Reichsgründung eröffnet worden sind. Hier liegt ein Dokumenten-Bestand von durchaus ähnlicher Aussagekraft vor. Und man könnte schließlich auch an die gegenwärtige Konjunktur denken, die eine sogenannte Alltagsgeschichte hat.

Merkwürdigerweise verknüpft sich mit dem Interesse am Alltag fast immer die Frage nach den Unterschichten – als ob die Masse der Menschen früher nur im Alltag gelebt hätte und die Elite in ständiger Festes-Stimmung hätte existieren können. Wer seinen Blick so einschränkt, tut freilich nichts anderes, als sich immer noch der alten – nun freilich mit einem gesellschaftskritischen Vorzeichen versehenen – Untertanen-Perspektive zu bedienen.

Texte wie die hier vorgelegten Briefe eröffnen einen freieren Blick. Sie binden auch die hochgestellten Personen an die elementaren Grenzen ihrer Zeit. Die Kindersterblichkeit war in der königlichen Familie nicht geringer als bei den Untertanen (360), und die Zähne der Könige schmerzten nicht seltener und nicht weniger als die aller anderen, welche die Segnungen heutiger zahnärztlicher Kunst und Dentaltechnik entbehren mußten (83, 153, 171, 333) – es sei denn, daß die Zähne hier, da aus Standesrücksichten so spät wie möglich gezogen, noch mehr schmerzten als bei anderen (17) und die unzulänglichen Therapien (76) noch öfter erduldet werden mußten.

Reisen, so lernen die Zeitgenossen »rosaroter Zeiten« und die Konsumenten eines ungeachtet der Politik ölfördernder Länder immer noch relativ billigen Benzins, waren jedenfalls für die jüngeren Geschwister und Seitenverwandten von Regenten ein beträchtliches finanzielles Problem (9, 331, 350). Sie waren es natürlich auch deshalb, weil Standes-Rücksichten einen wenigstens minimalen Aufwand erforderten – so gering dieser auf der anderen Seite im Vergleich zu dem war, was die Repräsentanten heutiger Staatlichkeit beim Reisen benötigen. Unbequem und gefährlich waren auch die Reisen der Hochgestellten, und wo die Geschwindigkeit durch einen raschen Wechsel der Pferde über das seit Jahrhunderten übliche Maß (5) gesteigert wurde, wuchsen die Strapazen wenigstens in demselben Umfang (101). Die Folge war ein Lebenskreis, über dessen geographische Enge ein Handwerksgeselle ohne Schwierigkeiten hinauskommen konnte. Hannover, Darmstadt, Frankfurt am Main, die Niederlande, Berlin, Pyrmont, Ostpreußen, Sankt Petersburg und am Ende noch einmal Mecklenburg – weiter hat der Erfahrungs-Raum der Königin nicht gereicht. Weder Regensburg noch Hildburghausen, zwei Orte, die ihr durch die Korrespondenz mit Verwandten vertraut waren, hat sie jemals gesehen, und von den »herrlichen Erholungsstunden in Wielands und Goethes Gesellschaft«, welche sie ihrem Bruder empfahl (111), sollte ihr selber keine einzige zuteil werden.

Die zeitgenössische Literatur wird in der Korrespondenz genannt. Wieland und Goethe, Schiller und Jean Paul, Herder, Kant und Pestalozzi sind in den Briefen der Königin präsent. Sie stehen gewiß nicht im Zentrum dieser Briefe, aber sie sind in ihnen doch auf fast selbstverständliche Weise anwesend. Ein fürstlicher Hof gehörte zum Publikum der berühmten unter den zeitgenössischen Autoren ebenso wie die Familien des gebildeten Bürgertums.

Der bürgerliche Habitus der königlichen Familie ist schon den zeitgenössischen Bewunderern der Königin aufgefallen und später geradezu zum Kern des Luisen-Kults geworden. Vor allem die an die Verwandten gerichteten Briefe sind Zeugnisse dieses Stils. Sie geben ihm Farbe, indem sie vom Umgang mit den Kindern (135, 137), von Geburtstagsgeschenken (135, 275), von geträllerten Liedchen (15, 397) oder vom Vorlesen des Kronprinzen (54) erzählen, und sie lassen in Wendungen gegen die steife Etikette (19, 54, 101) eine Tradition erkennen, die weit ins 18. Jahrhundert zurückreicht. Bei der Königin Luise kam die demonstrative Abwendung von der Lebensweise des vorigen Königs (94) und gelegentlich auch die Entrüstung über die Sittenlosigkeit von Standesgenossen (145) hinzu.

Wenn die Königin die nach der Niederlage erzwungene Einfachheit der Hofhaltung in Königsberg (238, 240, 245, 323) und in Memel (284, 302) in ihren Briefen zwar notiert, aber nicht dramatisch beklagt, so mag das mit solchen Idealvorstellungen vom Hofleben zu erklären sein. Auf der anderen Seite geben die Briefe auch hier den später heroisierten Verhaltensweisen und Charakterzügen Relief. Sie bezeugen ein stetiges Interesse an der Mode (73, 176, 306, 396, 408) und Sorge um Preziosen und Schmuck (303, 356, 376) – vernünftigerweise, da der königliche »Hort« auch jetzt noch in fast mittelalterlicher Manier im Notfall versetzt werden konnte (299). Weiterhin fällt auf, daß die finanzielle Situation der Königin sich in den letzten Jahren besserte (331, 350), nachdem sie jahrelang verschuldet gewesen war (65, 99, 146, 162) und der König ihr schließlich geholfen hatte (225).

Die Finanzierung eines Hofes und eines Regentinnen-Haushalts, zu dem beispielsweise auch die Renten einer früheren Erzieherin (66, 355) gehörten, Fragen der Hofhaltung überhaupt lassen sich mit Hilfe von Briefen nicht hinreichend klären; aber sie werden in ihrem Gewicht doch immerhin sichtbar. Nicht zuletzt Personalfragen werden diskutiert, und das ist gut begreiflich, wenn man zur Kenntnis nimmt, welche dominierende Position in diesen Briefen der Oberhofmeisterin Gräfin Voss – einer im Todesjahre der Königin immerhin einundachtzigjährigen Dame (404) – zukommt.

Personalia stehen auch dort im Vordergrund, wo die Briefe politische Fragen berühren. Das ist vor allem unmittelbar nach der Niederlage von Jena und Auerstedt der Fall. Es geht um die Personen Steins, Hardenbergs oder Zastrows, nicht jedoch um deren Politik. Wenn die Briefe der Königin Luise die einzige Quelle für ihre Zeit wären, wüßten

Königin Luise. Zeichnung von Henrik Plötz und Christian Hornemann.
Um 1800, Privatbesitz

wir von den preußischen Reformen nichts. Die Ursache dafür ist jedoch zu einem beträchtlichen Teil gattungsbedingt, und sie dürfte ferner darin liegen, daß der Königin traditionellerweise Urteile hier überhaupt nicht zukamen (53, 261), so daß Meinungen über Personen noch am ehesten möglich waren. Die früher so oft diskutierte Frage, welcher Anteil der Königin innerhalb der preußischen Politik nach den Katastrophen von 1806 und 1807 zukomme, sollte man nicht mit Hilfe dieser Briefe zu beantworten suchen.

Die sechzehnjährige mecklenburgische Prinzessin spricht in einem Brief an ihren Bruder (3) davon, daß dieser sich »wie ein König« amüsieren werde, und sie selber freut sich »wie eine Königin« darauf, von Broich in der Nähe von Mülheim nach Aachen zu fahren – also eher einen Ausflug als eine Reise zu unternehmen. In Aachen hofft sie, auch Könige zu sehen, und die Aussicht darauf erscheint ihr unerhört, doch nicht utopisch. »Wie eine Königin«: diese Wendung gebraucht sie wie eine Hyperbel, und zugleich gehört sie doch zur Gesellschaft der Könige, und sie weiß das. Sechs Jahre später sollte sie selbst Königin sein. Ein Lebensmärchen ist damit nicht angedeutet – auch die früheren preußischen Könige hatten ihre Gemahlinnen aus kleinen norddeutschen Dynastien gewählt – doch wären die bescheidenen Lebensumstände einiger ihrer Schwestern wohl auch das Schicksal gewesen, das die Prinzessin Luise für sich erwarten durfte.

Vielleicht also hat man es hier doch mit einem Lebensmärchen zu tun, so wenig man übersehen sollte, daß die Königin Luise sich ungeachtet allen frühbiedermeierlichen Lebenszuschnitts in ihre Rolle als Gemahlin des Kronprinzen und als Königin auf die natürlichste Weise ohne alle Schwierigkeiten hineingefunden zu haben scheint. Dabei mag ihr ihre offensichtliche Popularität geholfen haben.

Diese Popularität ist angesichts des plötzlichen Todes der Königin und mit Rücksicht auf die für die preußische Geschichte so bedeutenden Jahre, in welche ihr Tod fiel, unversehens in ihren Nachruhm und in ihre Legende übergegangen. Doch muß man beides zu scheiden versuchen. Populär war die Königin Luise ihren Untertanen. Ihre Legende richtete sich an das bürgerlich-patriotische Publikum späterer Jahrzehnte. Die Briefe der Königin zeigen sowohl Ursachen ihrer Popularität wie auch die Ansatzpunkte späterer Mythologisierungen. Und sie führen ihre Leser zu einer außerordentlich anziehenden Gestalt.

Anziehung geht auch von dem Empfänger der meisten Briefe der Königin aus, von Friedrich Wilhelm III. Dieser Monarch hat den Historikern oft Verlegenheiten bereitet. Eingezwängt zwischen die Erinnerungen an die übermächtige Gestalt Friedrichs des Großen und die scharfen Profile eines Stein oder eines Scharnhorst, überschattet zudem von der Königin und noch mehr von ihrer Legende, mußte er als eine blasse Gestalt erscheinen, deren Bestes noch darin lag, daß sie andere, wenn auch zaghaft und unwillig, gewähren ließ.

Gelegentlich tragen die Briefe der Königin zu einem solchen Bild bei. Was war das für ein Herrscher, den die Königin drängen oder gar antreiben mußte (256)? Oder hätte die temperamentvolle Briefschreiberin jedem Ehemann so geschrieben? Zunächst freilich sagen diese Briefe etwas anderes. Ihre große Zahl, ihre dichte Folge, der eine ähnliche Brief-Frequenz auf Seiten des Königs, jedenfalls zeitweise (267), entsprochen hat, ihre Länge und Ausführlichkeit, die sich auch bei den Gegen-Briefen Friedrich Wilhelms findet (271, 273), sind ein ungewöhnliches Dokument. Der König als geliebter, liebevoller Ehemann, als zärtlicher Vater (388f.): in dieser Hinsicht ist er unter den preußischen Herrschern gewiß eine ungewöhnliche Gestalt.

Gerade auf solche Eigenschaften hätten die späteren Historiker bei einem preußischen König gern verzichtet, wenn dieser stattdessen seine Schlachten selber geschlagen oder sich wenigstens an die Spitze der Staatsreformer gestellt hätte. Doch verlieren solche Wünsche mit der Zeit ihre Überzeugungskraft. Wäre der preußischen Geschichte denn mit einem neuen Friedrich oder einer Art von vorweggenommenem Bismarck auf dem Königs-Thron gedient gewesen? Hätte womöglich ein Hasardeur im Zeitalter Napoleons preußischer König sein sollen?

In unseren Jahren beginnt die politische Ordnung, welche der Wiener Kongreß geschaffen hat, nach einem Jahrhundert der Kritik und der Verachtung als eine Periode des Ausgleichs und des Friedens in einem neuen Licht zu erscheinen. War Friedrich Wilhelm III. der diesem Zeitalter angemessene Monarch? Gewiß würde es nicht gelingen, eine solche Frage mit Hilfe der Briefe, welche die Königin Luise geschrieben hat, zu beantworten. Aber vielleicht stellen diese Briefe auch eine Einladung dar, sich möglichst unbelastet durch Traditionen des Urteilens für die Gestalt Friedrich Wilhelms III. zu interessieren.

HARTMUT BOOCKMANN

Geschichte der Veröffentlichungen von Briefen der Königin Luise

In ihrem 1814 erschienenen Buch »Luise, Königin von Preußen« veröffentlichte Caroline v. Berg als erste einige Briefe Luises an ihren Vater, den Großherzog Carl von Mecklenburg-Strelitz. Frau v. Berg, geborene v. Haeseler (1760–1826), nannte sich selbst eine »aufrichtige Freundin« der Königin; sie stand schon seit 1785 in Kontakt mit dem späteren Minister Freiherrn von und zum Stein. Der zweiten Auflage ihres Buches (1849) fügte der Herausgeber Friedrich Adami die Briefe Luises an Frau v. Berg hinzu; er nannte das Werk in seiner Einleitung das »schönste, seelenvollste und zugleich treueste Nachbild«. Das Meiste des schriftlichen Nachlasses der Königin blieb jedoch im 19. Jahrhundert unbekannt.

Erst Wilhelm II. erlaubte dem Archivrat Paul Bailleu, die gesamte, im Königlichen Hausarchiv zu Charlottenburg verwahrte Korrespondenz Friedrich Wilhelms III. mit seiner Gemahlin auszuwerten. Bailleu prüfte zudem die andernorts bewahrten Teile des Nachlasses und verfasste danach sein Standardwerk (1908). Hierin gab er seinen Eindruck des Gelesenen wieder, belegte ihn mit einer Fülle von Briefzitaten, er zeichnete somit »Ein Lebensbild«.

Mit seinem 1924 erschienenen Buch »Königin Luise, Briefe und Aufzeichnungen« war Karl Griewank der erste eigentliche »Herausgeber«, nicht mehr »Verfasser«. Auch ihm lag wie seinen Vorgängern daran, ein »unmittelbares, abgerundetes und historisch beleuchtetes Bild« zu geben. Griewank arbeitete das ganze von Bailleu benutzte Briefmaterial noch einmal durch (wie er im Vorwort bezeugte), fand Neues dazu, schrieb es ab, übersetzte es und stellte dann eine Auswahl zusammen mit der Absicht, »Charakteristisches und Bedeutsames zu bieten«. Mit Recht konnte er dann 1943, zu seiner zweiten, vermehrten Ausgabe der Briefe schreiben, sie sei »in einer zuverlässigen und für weite Kreise des deutschen Volkes, aber auch für die wissenschaftliche Verwertung brauchbaren Form« bearbeitet. Inzwischen sind beide Ausgaben nur noch in wenigen öffentlichen Bibliotheken und in Antiquariaten zu finden. Griewank starb 1953 in Jena.

Mitte des 19. Jahrhunderts ließ König Friedrich Wilhelm IV. (Kabinettsordre vom 20.3.1852) ein »Königliches Hausarchiv« einrichten. Hier sollten Dokumente gesammelt und aufbewahrt werden, welche die persönlichen und Familienangelegenheiten des Regenten betrafen, dazu alle Haus- und Hofregistraturen. Das neue Archiv wurde zunächst im Berliner Schloß untergebracht. Zu den ersten Archivaren gehörte auch der Thronfolger, spätere Kaiser Friedrich III. Er insbesondere ordnete Briefe und Aufzeichnungen seiner Großeltern. Einige Aktendeckel dieser Sammlung zeigen seine Handschrift.

Der schriftliche Nachlaß war aber schon Mitte des 19. Jahrhunderts nicht mehr vollzählig. Einem Briefzeugnis des Prinzen Carl von Mecklenburg-Strelitz zufolge vernichtete Friedrich Wilhelm III. nach dem Tode seiner Frau viele ihrer privaten Briefe.

Das »Königliche Hausarchiv« zog 1895 in ein eigens für diesen Zweck errichtetes Gebäude am Luisenplatz neben dem Schloß Charlottenburg. Nach 1918 – bei der Einigung zwischen der Weimarer Republik und dem vormals regierenden Königshause – fand die Umbenennung in »Brandenburg-Preußisches Hausarchiv« statt. Es wurde vom Geheimen Preußischen Staatsarchiv mitverwaltet. Als Heft 27 der »Mitteilungen der Preußischen Archivverwaltung« erschien denn auch 1936 eine »Übersicht über die Bestände« dieses Brandenburg-Preußischen Hausarchivs. Die Personal-Repositur Friedrich Wilhelms III. und seiner Familie enthielt damals »216 Kästen und Pakete«.

Im Zweiten Weltkrieg wurden Archivalien des Hausarchivs (zusammen mit Beständen des Preußischen Geheimen Staatsarchivs in Berlin-Dahlem) in ein Salzbergwerk bei Staßfurt verlagert. Besonders wichtige Konvolute kamen in den sog. Flakturm am Zoologischen Garten in Berlin.

Das Charlottenburger Archivgebäude war nach einem Bombenangriff im November 1943 niedergebrannt, die geretteten Bestände wurden mit der Verwaltung in das Dahlemer »Geheime Staatsarchiv« verlegt.

Mitte April 1945 sollten die bisher im Flakturm verwahrten Archivalien des ehemaligen »Königlichen Hausarchivs« in einem sicheren Bergwerksschacht bei Schönebeck an der Elbe deponiert werden. Ein bereits bepackter Lastkraftwagen gelangte aber nicht mehr über die

Elbe, sondern mußte nach Berlin umkehren. So kam zufällig die Rückführung einiger Briefpakete der Königin Luise in das heutige Westberliner Geheime Staatsarchiv zustande; was schon in Staßfurt gelagert hatte, geriet nach dem Kriege in das Merseburger Staatsarchiv der DDR.

Auch die Dahlemer Archivgebäude waren durch mehrere Bombenangriffe schwer beschädigt worden. Ende April 1945 drangen die ersten russischen Soldaten ein; es begann eine Welle von Durchwühlungen und Zerstörungen, denen auch die Restbestände des Brandenburg-Preußischen Hausarchivs ausgesetzt waren. So konnten Briefe der Königin Luise in den Autographenhandel gelangen. Von hier wurden einige Stücke durch Vertreter des Geheimen Staatsarchivs (das seit 1963 der Stiftung Preußischer Kulturbesitz zugehörte) zurückerworben. Manches kauften private Sammler.

Außer in Berlin wurden bereits im 19. Jahrhundert Briefe der Königin Luise auch in anderen fürstlichen Hausarchiven aufgehoben, wie z. B. Mecklenburg-Strelitz, Hessen-Darmstadt, Thurn und Taxis, in St. Petersburg und Paris. Viele weitere Familien von Briefempfängern verwahrten solch kostbare Andenken ebenfalls.

Quellenlage 1982

Die Neuherausgabe der Briefe und Aufzeichnungen durfte sich auf die Veröffentlichungen von Karl Griewank stützen und sollte sich weitmöglichst an den Originalen orientieren.

So begann die Arbeit der Herausgeberin mit der Registrierung von 330 alten Stücken (die von Griewank bereits veröffentlichten – entzifferten und übersetzten – Briefe bzw. Tagebuchaufzeichnungen der Königin); sie recherchierte, was davon und wo es heute (1982) im Original vorhanden ist (▷ Seite 573 ff.).

Gleichzeitig begann die Suche nach neuen Stücken, das heißt solchen Briefen, die von Griewank 1943 nicht erfaßt, eventuell andernorts veröffentlicht wurden oder möglicherweise zwar noch vorhanden, aber bisher unveröffentlicht geblieben waren.

Es konnten bei dieser Suche die überraschend große Anzahl von insgesamt rund 800 »Stücken« (gedruckter und ungedruckter Briefe), unterschieden nach Datum und Empfänger, erfaßt werden. Hinzu kommt eine nicht genau feststellbare Zahl von im Autographenhandel auftauchender, in Privatbesitz befindlicher, angeblich vernichteter bzw. verlorengegangener Briefe.

In folgenden größeren Archiven werden Briefkonvolute der Königin Luise aufbewahrt: Geheimes Staatsarchiv in Berlin-Dahlem, Zentrales Staatsarchiv der DDR in Merseburg, Bundesarchiv in Koblenz, Hessisches Staatsarchiv in Darmstadt, Fürst Thurn und Taxis Zentralarchiv in Regensburg.

Die Quellenlage ergab: es ist unrealistisch, eine Gesamtausgabe des schriftlichen Nachlasses der Königin Luise zu versuchen. Eine Auswahl aber ist und bleibt eine vertretbare Aufgabe.

Unvermeidbare Veränderungen der Originale durch Editionen

Die Hauptarbeit der Herausgeberin begann mit dem Vergleichen gedruckter Briefe mit ihren Originalen. Dabei wurden unterschiedliche Fragen zur »Echtheit« bewußt.

a. Handschrift und Druckschrift

Wer einen Brief der Königin Luise in Händen hält, erspürt das einmalige Fluidum ihrer Nähe.

Zunächst rührt das Äußere an; gealterte, vergilbte, behutsam zu entfaltende Papierbögen in unterschiedlichen Formaten, die Ränder mit zierlichen klassizistischen Borten und Vignetten bestanzt, auch mit pastellfarbigen Strichen umgeben. Derart geschmückte Papiere kamen in Mode, seit die Londoner Firma Dobbs 1803 eine erste Prägeanstalt gegründet hatte. Die von der Königin benutzten Briefbögen lassen sich teils als englische nachweisen, z. B. die ihres Reiseberichtes aus St. Petersburg vom Januar 1809.

Dann die Handschrift! Ihre Bildhaftigkeit läßt sich nicht in Worte übersetzen; man muß sie sehen, und man wird sie unmittelbar als Spiegelungen von Stimmungen und Gedanken empfinden. Auffallend sind die Unterschiede von ruhig oder erregt geschriebenen Zeilen, bedachtsam oder spontan gesetzten, ja, gehetzten Worten. Winzig kleine Buchstaben wechseln mit erschreckend großen. Briefe an die hessische

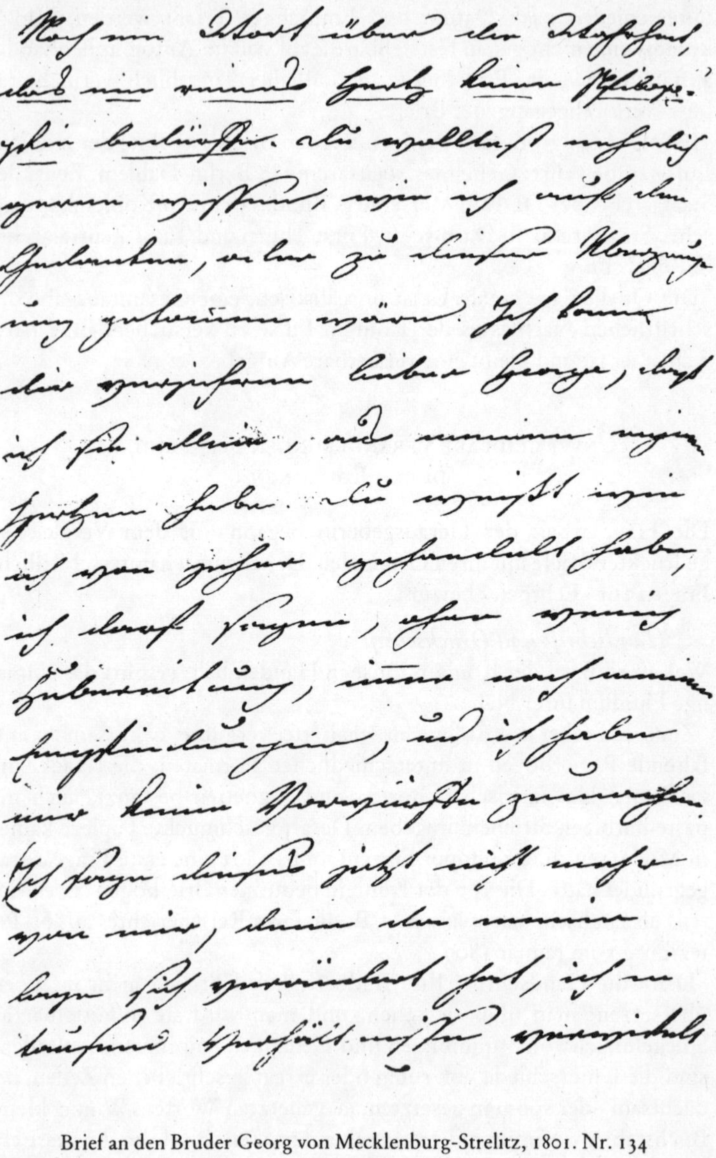

Brief an den Bruder Georg von Mecklenburg-Strelitz, 1801. Nr. 134

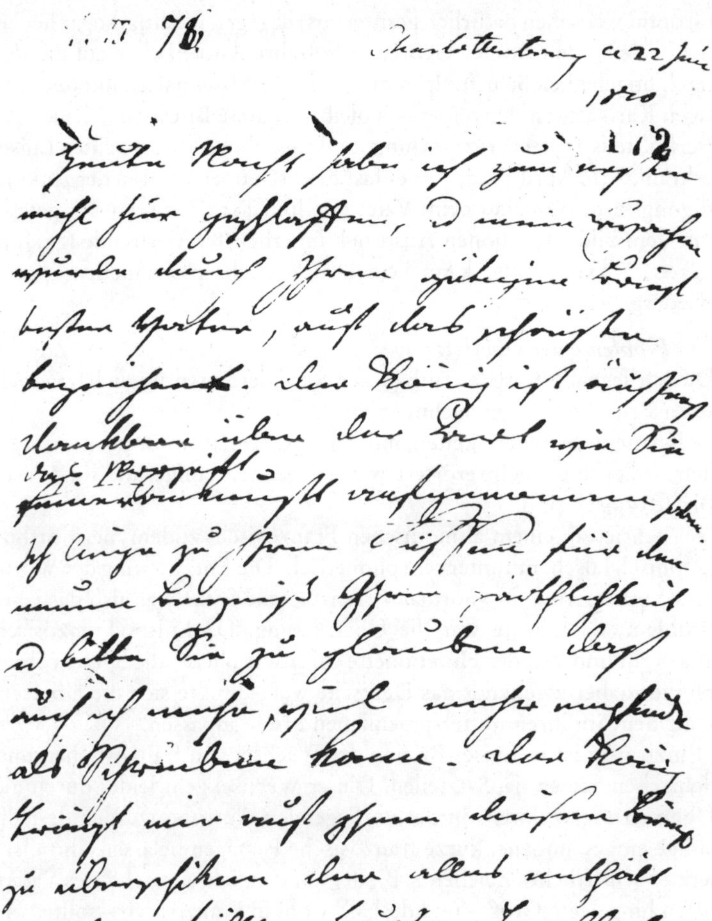

Brief an den Vater v. 22. 6. 1810. Nr. 407

Großmutter sehen natürlich gesittet aus; dagegen flüchtig, sogar liederlich viele an den Bruder Georg. Er hob ihre Kinderbriefe auf mit den noch ungelenken Schriftzügen bis hin zu backfischhaften mit übermütigen Karikaturen. Unvergeßlich bleiben spätere Briefe aus Memel und Berlin, teils voller Verzweiflung, z. B. als die jüngste Tochter Luises erkrankte (6. April 1810) – oder fast hektisch überstürzt in der Ankündigung ihres Besuches beim Vater (19. Juni 1810) und, wieder gefaßt, mit dem bildhaft schönen Ausdruck innerlichster Vorfreude (22. Juni 1810, ▷S. XXI). Leider kann kein Druck solche persönlichen Spuren wiedergeben.

b. Probleme der Übersetzung

Die vorliegende Ausgabe enthält 221 Nummern ursprünglich französischer Briefe, bzw. Aufzeichnungen.

Allgemeine Schwierigkeiten, mit denen Übersetzer konfrontiert werden, sollen hier nicht erörtert werden, jedoch einige, die für Luise-Briefe typisch sind.

Sie schrieb in einem altmodischen Französisch, zudem meist orthographisch falsch, mitunter rein phonetisch. Die Entzifferung der Worte und Verbesserung in »normale« französische Sätze war also das erste Problem; das zweite war die Übersetzung. Da Luises Französisch angelernt und von der Hofetiquette gefordert blieb – die Sprache ihres Herzens aber zweifellos das Deutsche war – mußte sich die Übersetzung dem Stil ihrer muttersprachlichen Briefe anpassen.

Einzigartig ist in Luises Briefen der Wechsel von französischen und deutschen Sätzen, ja, Satzteilen. Dieser Wechsel geht leider durch die Übersetzung verloren. In der vorliegenden Ausgabe wurden deshalb einige eingeschobene, kurze französische Passagen belassen. Ihr allerletztes schriftliches Zeichen z. B., der auf den Schreibtisch ihres Vaters offen hingelegte Gruß – und deshalb wohl in Französisch – sollte, wie wir meinen, in seiner »Echtheit« belassen werden.

c. Korrekturen fehlerhafter oder nicht mehr gebräuchlicher Orthographie und Interpunktion

Auch ihnen fällt eine – wenn auch geringe – Beeinträchtigung der Originalität von Briefen zur Last. Sie läßt sich aber wegen der besseren Lesbarkeit und Verstehbarkeit rechtfertigen. Eine durchgehende Korrektur wurde nicht angestrebt.

d. Lesefehler

Bei der Konfrontation von gedruckten und originalen Texten tauchen immer wieder Probleme der Entzifferung auf. Undeutliche Schriftzüge, verblichene, winzig kleine, abgekürzte oder verschriebene Worte; das Durcheinander von deutschen und lateinischen Buchstaben, höchst eigenwillige Groß- und Kleinschreibung, ungeregelte Zeichensetzung: all dies sind gleichsam tückische Rätsel, die restlos zu lösen wohl niemandem möglich wird. Lesefehler stellen den Grad vollständiger Treue jedes gedruckten Briefes in Frage.

e. Korrekturen inhaltlicher Art

Beim Vergleich von Briefzitaten im Buch der Caroline v. Berg mit den Originalen kamen gravierende, den Inhalt verändernde »Korrekturen« anderer Hand zutage. Als Beispiel seien Teile eines Briefes der Königin vom 12. März 1809 angeführt.

Drucktext (2. Auflage 1849, S. 388): »Der Krieg mit Österreich wird losbrechen: das weiß alle Welt – aber was Sie nicht wissen, und was mich bis in den Tod betrübt, das ist: daß Rußland durch seine neue Verbindung mit Napoleon am Ende gar genötigt wird, gemeinsam mit Frankreich gegen Österreich loszuschlagen. Ermessen Sie die Folgen, die das für uns haben kann – daß wir, wenn es wirklich so weit kommt, mit zu dieser Partei übergehen müssen.«

Das Original hierzu befand sich vor 1945 im Brandenburg-Preußischen Hausarchiv. Es ist zur Zeit leider nicht nachweisbar; doch Griewanks Wiedergabe (Nr. 273 seiner 2. Auflage) kann es ersetzen. Hier die entsprechende Passage, wobei die von Frau v. Berg ausgelassenen Partien in ▷ ◁ gesetzt sind: »[franz.] Der Krieg mit Österreich wird losbrechen, wie jedermann weiß, ▷ das ist im Grunde das Hindernis für unsere Rückkehr nach Berlin [weiter deutsch] dieses allein betrübt mich bis zum Tod ◁ [weiter franz.] aber was Sie nicht wissen: Rußland wird Frankreich helfen, Österreich ▷ auszuplündern und das wird mich noch um meinen Verstand bringen. Ich bin in einem unbeschreiblichen Zustand, die Niederträchtigkeit des Menschen spricht sich so stark aus, daß ich anfange, an alles Infame zu glauben und das Vorhandensein des Guten und der Tugend zu läugnen. ◁ Ermessen Sie die Folgen dieser Handlungsweise, die Folgen die das für uns haben wird [weiter deutsch] da wir, wenn es wirklich so weit kömmt, auch zu der

▷ infamen ◁ Partei übergehen müssen. ▷ Ich verzweifle. ◁«

Die Änderungen der Berg'schen Veröffentlichung waren wohl als »Verbesserungen« gedacht, indem allzu empörte Äußerungen als nur momentane Gefühlsregungen gestrichen wurden. Das Auslassen von Gedanken muß hier aber verurteilt werden, weil es die inhaltliche Aussage und die Stimmung des Originaltextes verfälscht.

Das besondere Problem der Auslassungen

Jeder Herausgeber von Briefsammlungen muß sich den Fragen stellen: was will und was kann ich auslassen und was läßt sich ohne Substanzverlust kürzen? Hierbei erweist sich die Rücksichtnahme auf den Leser, ihm »Nebensächliches« zu ersparen, als besonders problematisch. Sie birgt die Gefahr, daß durch subjektive oder dem jeweiligen Zeitgeschmack unterworfene Auswahlkriterien die Wiedergabe gleichsam des Selbstporträts des Briefschreibers – sei es positiv oder negativ – verändert wird.

In dieser Hinsicht war auch das Vergleichen der von Griewank veröffentlichten, gedruckten Brieftexte mit den Urschriften aufschlußreich. Griewanks Auslassungen betreffen (überschläglich): Nachrichten über biographisch nicht ermittelte, unbekannte Personen und unentzifferbare Namen; Wiederholungen von Gedanken, die sich bereits in einem Brief an einen anderen Empfänger finden; deftige Ausdrücke, wie zum Beispiel »das Stinkloch«; Zeilen mit rein familiären Berichten, wie der Krankheit eines Kindes; Bitten Luises an ihren Gemahl um Bezahlung von Schulden. Unter den im Ganzen ausgelassenen Briefen fand sich einer in einem Umschlag mit der archivalischen Aufschrift: »unwichtige persönliche Angelegenheit«. Er enthielt den bisher einzigen bekannten Brief der Königin an ihre Schwester Friederike (Nr. 219 dieser Ausgabe).

Geradezu ergreifend wurde das Vergleichen der tagebuchartigen Aufzeichnungen, die Luise auf dem Wege nach Naumburg und im Hauptquartier im September /Oktober 1806 machte. In einem von Griewank ausgelassenen Teil stehen Sätze tiefer Niedergeschlagenheit, wie (aus dem Französischen) »niedergedrückt von tausend schweren Sorgen um den Ausgang der Schlacht und über das Schicksal so vieler geliebter

Menschen, raffte ich mich zusammen und hielt meine Tränen zurück...«. Schienen solche Gefühle nicht zu dem Bild der unbeugsamen Königin zu passen, die am gleichen Tage an ihren Gemahl schrieb: »Ich hoffe, bald was Gutes von Deiner Armee zu hören«? Jedenfalls wurden die »Auslassungen« zur besonderen Herausforderung für die Herausgeberin, den eigenen Standpunkt zu erkennen und zu überprüfen.

Aus diesem Grunde mußte insbesondere das Fehlen einer nicht genau zu beziffernden Anzahl von Originalen bedauert werden, die sich – durch Griewank seinerzeit dokumentiert – ehemals im Brandenburg-Preußischen Hausarchiv befunden haben. Einige von diesen existieren in einer von Griewank veranlaßten, handschriftlichen Abschrift, deren Zuverlässigkeit nicht anzuzweifeln ist. Aus ihnen wurden ausgewählte Stücke in die vorliegende Ausgabe übernommen.

Während dieser Vergleichsarbeiten und der kritischen Sichtung, für die Auswahl beziehungsweise für das Fortlassen, fiel der bei Griewank mit der Nr. 241 (Auflage 1943) veröffentlichte Brief der Königin Luise an Frau v. Berg ins Gewicht. Es ist der einzige – zudem undatierte – bei dem bereits Griewank das Fehlen eines Originales feststellte. Seine Vorlage, die er wortgetreu wiederholte, ist der Text aus dem Buch der Caroline v. Berg (2. Auflage). Da hierin nicht originalgetreu zitiert wurde (wie sich nachweisen läßt), muß die Existenz dieses Briefes bezweifelt, seine Echtheit ausdrücklich in Zweifel gestellt werden. Sein Wortlaut gibt besonderen Anlaß zum Nachdenken, in welch nachhaltiger Weise »Auslassungen« das Wesensbild der Königin Luise geprägt haben. Wie hätte dieser »Brief« sonst in einer kritischen modernen Biographie (Marete van Taak 1978) beurteilt werden können als »zu dem Besten (gehörend), was sie (die Königin) je schrieb«. Diesen ungewöhnlich langen Brief an den Großherzog Carl von Mecklenburg-Strelitz – der beginnt: »Mit uns ist es aus...« und der den berühmt gewordenen Satz enthält, »wir sind eingeschlafen auf den Lorbeeren Friedrichs des Großen« – hat Luise (jedenfalls in dieser Form) nicht geschrieben. Er wurde dennoch – mit Vorbehalt – als historisch »gewordenes« Stück in die vorliegende Auswahl aufgenommen.

Bearbeitung birgt wohl immer Gefahren der Stilisierung in sich. Nicht zuletzt sind es zeitbedingte moralische und politische Wunschvorstellungen, denen die Herausgeber folgen; dies zeigt die Geschichte der Luise-Veröffentlichungen.

Frau v. Berg lag daran, ihrer Zeit das Bild der Königin Luise gleichsam im Gewande eines vaterländischen Engels zu erhalten: »Sei und bleibe Deinem Volk ein leitender und leuchtender Stern durch die ferne Nacht der Zeiten, welche unserem Auge noch verhüllt sind; und führe das Gute herbei« (S. 384).

Bailleu, der als erster ein umfassendes Quellenstudium betreiben konnte, war seinerseits von der positiven politischen Wirkung Luises überzeugt: »So schloß sich gleichsam über dem Sarge der Königin der Bund, der alle Wechselfälle der nächsten Jahre überdauerte und die Grundlage für das neue Preußen schuf«(S. 357).

In einem 1910 veröffentlichten »Lebensbild in Briefen und Aufzeichnungen«, herausgegeben von der Literarischen Vereinigung des Berliner Lehrervereins (als Beispiel vieler Veröffentlichungen in ähnlicher Richtung) wird Luise zum pädagogischen Idol: »Luise ist preußischen Mädchen und Frauen ein Vorbild in allen Tugenden des deutschen Weibes geworden, und sie wird es bleiben, solange man ihren Namen nennt«.

Die Einleitung Karl Griewanks von 1924 zeigt ein verändertes, doch auch von politischen Hoffnungen gezeichnetes Bild: »Die Kühnheit, mit der die Persönlichkeit damals die Idee des nationalen Staates ergriff und sich dabei schöpferisch über das Gegenwärtige hinausschwang, weist uns nicht nur zurück auf die Grundlegung des modernen Deutschland, sondern kann uns tröstend und stärkend erleuchten auf dem Wege der neuen deutschen Not«(S. 54).

1943 schrieb Griewank zu seiner erweiterten Ausgabe: »Es ist das Bild einer wesenhaft deutschen Frau, die mit warmem Herzen und untrüglichem Gewissen entscheidende Zeiten deutscher Geschichte miterlebte und Kräfte der deutschen Volks- und Staatsgemeinschaft, die damals neu hervortraten, in sich verkörpert hat.«

Ist es nicht verständlich, daß nach solchen politisch stilisierten Lebensbildern in dem Sammelwerk »Die Großen Deutschen« (von

Hermann Heimpel, Theodor Heuss und Benno Reifenberg 1953/54) Griewanks für die erste Ausgabe (1935/36) verfaßte Würdigung der Königin Luise nicht wieder abgedruckt wurde?

Sicherlich ist nicht allein durch Biographien, sondern auch durch Herausgeber von Selbstzeugnissen der Königin – deren Absicht war, ein »echtes« Lebensbild zu übermitteln – ihre Gestalt nachhaltig stilisiert und idealisiert worden. Das bisher gewichtigste Auswahlkriterium war die politische Wirkung und Einsicht der Königin.

Wie anders wird sie demgegenüber von ihrem eigenen Gemahl gesehen! In seinen im Oktober 1810 eigenhändig niedergeschriebenen Erinnerungen heißt es: (Erstveröffentlichung 1924, S. 31) »Viele Menschen haben in dem Wahn gestanden, als ob meine Frau einen bestimmten Einfluß auf die Regierungsgeschichte gehabt hätte ... Sie hatte eine besondere Neigung für politische Gespräche, in denen sich freilich oft Leidenschaftlichkeit mischte, besonders in der Kriegsperiode«, es wurde aber »auf so mannigfaltige Weise (auf sie) eingewirkt, daß sie öfter fremde Ansichten für ihre eigenen hielt.« In dieser Hinsicht kritisierte der König scharf Caroline v. Berg: »Es war eine gefährliche Frau in ihrem Gemisch von Enthusiasmus und hoher Poesie mit Trivialität«, die »manches Üble gestiftet.«

Es galt also für die vorliegende Neuherausgabe der Briefe, Gefahren wiederholter Idealisierung und erneuter Stilisierung nicht zu unterschätzen.

Die Ausstrahlung der Briefe

Beim Nachdenken über Grundsätze, denen die Auswahl der Briefe folgen sollte, beim Hinterfragen des eigenen Standpunktes also, geriet die Herausgeberin in einen Zwiespalt.

Fraglos mußten Prinzipien wie Objektivität, Unparteilichkeit, Wissenschaftlichkeit, Nüchternheit die Arbeit leiten. Aber ist es denn möglich, das Wesen eines Menschen in seiner ganzen Breite, wie es sich in aufgeschriebenen Erlebnissen, Gedanken und Gefühlen niedergeschlagen hat, allein mit dem Verstande zu erfassen und wiederzugeben durch gewissenhafte dokumentationsgerechte Aufbereitung des Materials? Aus den Briefen erfahren wir doch ebenso – mit zeitlichem

Abstand definierbare – historische Fakten, wie auch unwägbare, ganz individuelle und oft nur zwischen den Zeilen erahnbare Ausstrahlungen. Diese können auch durch scheinbare Nebensächlichkeiten wie Anreden, Ausrufe oder Schriftbild zum Ausdruck kommen.

Ein getreues Lebens- und Wesensbild der Königin kann also nicht ausschließlich durch den Verstand erfaßt werden; er allein ist noch kein Garant für Objektivität.

Die Frage nach dem »richtigen« Ansatz zur Auswahl der Briefe wurde der Herausgeberin durch das Lesen der eigenhändigen Aufzeichnungen König Friedrich Wilhelms III. beantwortet.

Er zeichnete seine Gemahlin in zugleich nüchterner und liebevoller Weise, ihre Begabungen, aber auch ihre Fehler aufzeigend.

Dieser »Weise« folgend – sowohl aus Distanz als auch mit Anteilnahme – entschloß sich die Herausgeberin beim neuerlichen Auswählen der Briefe, die vorgefundenen Gewichte, die auf dem Verhalten der Königin gegenüber politischen Ereignissen und Problemen ihrer Zeit lagen, etwas zu verschieben zugunsten von Zeilen, in denen individuelle, persönliche, alltägliche, »unwichtige« Züge zum Ausdruck kommen. Friedrich Wilhelm III. erzählte von Luises »possierlich frohen heiteren Laune«, in der sie manchmal »schäkerte und kälberte« bis in die letzten Lebensjahre hinein noch wie ein 17jähriges Mädchen, »was ihr ganz allerliebst kleidete«. So behielt die Herausgeberin natürlich den Brief an Luises Vater vom 19. Juli 1810 bei, der, mit übermütiger Hand geschrieben, beginnt: »Ich bin tull und varucki«. Stellen (anderer Briefe) wurden nicht ausgelassen wie »wir fraßen ...« oder »das Stinkloch Gräfin Castel ...«, womit immerhin die Tochter der Oberhofmeisterin Gräfin v. Voss gemeint war. Auch wurden Briefe über Schulden hinzugenommen. Friedrich Wilhelm III. beklagte: »wie denn überhaupt ein gewisser Ordnungsgeist im täglichen Leben, eben so wenig als eine genaue Beachtung der Zeit« ihre Stärke war, worüber es »denn freilich zwischen uns manchmal Veranlassung zu kleinem Zwist« gab.

Konnte zwar nach dem Zeugnis des Königs nicht alles »groß« an Luise erachtet werden, hatte sie zum Beispiel keinen »ausdauernden Fleiß«, um aus ihren Begabungen etwas werden zu lassen – etwa aus der »unendlich lieblichen kleinen Stimme« – war sie jedenfalls eine »zärtliche Mutter«. Also fügte die Herausgeberin vor allem Briefe an die Kinder ein; doch ließen sich nur wenige ermitteln.

Wichtiger für die Auswahl als manche politischen Erörterungen erschienen Familienangelegenheiten, wie z. B. die längere Korrespondenz der Königin mit ihrem Bruder Georg. Mit welch echtem Einfühlungsvermögen nahm sie an der Liebesgeschichte zwischen dem Prinzen und seiner unstandesgemäßen Freundin teil, an die sie sich persönlich wandte [▷ Brief Nr. 129].

Luise »putzte sich gern«; warum sollte da der Brief vom 21. September 1806 ausgelassen werden als – wie auf dem Umschlag vermerkt wurde – »unwichtige persönliche Angelegenheit«? War es unpassend, sich auf dem Wege in den Krieg um »Salbe für den Teint« zu sorgen [▷ Brief Nr. 219]?

Nach dem Urteil ihres Mannes blieb die Königin nicht »unempfänglich« für Männerschönheit und Würde. Deshalb erfreute es, Briefe zu entdecken – zwar schwer deutbar, weil verschlüsselt geschrieben – in denen sie sich darin gefällt, von einem jungen Engländer angebetet zu werden.

Sicherlich wirkte Luise als Königin auch auf dem Gebiet der Politik und setzte hier bewußt ihre Kräfte ein. »Mit welcher Aufopferung ihrer Gefühle sie öffentlich auftrat, wenn es sein mußte«, schrieb Friedrich Wilhelm III., »mit welcher Grazie und Würde sie Napoleon in Tilsit empfing, muß man gesehen haben.«

In vielen Briefen Luises finden sich leidenschaftliche Äußerungen gegen das »Prinzip des Bösen«, welches sie – mit ihrer Umgebung – in Napoleon verkörpert sah. Um so ergreifender ist der letzte Brief an ihre Schwester Therese Fürstin von Thurn und Taxis, den diese erst nach dem Tod der Königin empfing. Darin heißt es (8. Juni 1810, auf deutsch): »Ja, es gibt Wunden, die unheilbar sind ... Meine Seele ist grau geworden durch Erfahrungen und Menschenkenntnis, aber mein Herz ist noch jung. Ich liebe die Menschen, ich hoffe so gern, und ich habe allen, ich sage *allen* meinen Feinden verziehen. Die Menschen sind dennoch recht schlecht ...... Ich habe gelebt und gelitten, das ist wahr, es mußte aber so kommen, um mich zu läutern und festzustellen im Glauben und Demut vor Gott, die die wahre Erkenntnis ist. In diesen wenigen Zeilen hast Du mein ganzes Bild –«.

Vor dieser Deutung ihres Lebens und vor der Ahnung ihres frühen Sterbens müssen – so meine ich – alle anderen Versuche sich beugen. Sie selbst zeichnete »mit jungem Herzen« ihr Lebens- und Wesensbild, das in seiner Offenheit und Durchsichtigkeit nicht aufhört, uns anzurühren.

Danksagungen

Die Herausgabe der Briefe und Aufzeichnungen konnte nur durch eine Fülle einzelner Hilfen verwirklicht werden, seien es die durch Mitarbeiter der öffentlichen Archive, die privater Sammler oder anderer, die sich ganz einfach für diese Aufgabe interessierten. Im Gedenken an sie alle hofft die Herausgeberin, daß ein an dieser Stelle pauschal gedruckter »Dank« doch so persönlich verstanden wird, wie er gemeint ist.

Dr. Karl Griewank, dessen Arbeit ja die Grundlage für die Herausgabe ist, kann den Dank leider nicht mehr entgegennehmen. *Dr. Paul Hartig* erwies sich bei seinen Übersetzungsarbeiten als Spezialist für das Französisch, das von Deutschen dieser Epoche geschrieben wurde. Mit seinem Wissen und Einfühlungsvermögen ist er mir unersetzlich gewesen. *Gerhard v. Reutern* übersetzte aus dem Russischen Biographischen Lexikon (1905–1908) Angaben über verschiedene Persönlichkeiten. *Dr. Eckart Henning* half mit seiner großen Erfahrung in organisatorischen und praktischen Fragen der Erschließung des Nachlasses. *Dipl. Bibl. Christel Wegeleben* ergänzte mit einer weitgehend vollständigen Bibliographie der Veröffentlichungen über Königin Luise die vorliegende Neuherausgabe. Frau *Dr. Eva Börsch-Supan* half bei dem Nachweis von Bildnissen. *Dr. Michael Meier* war als Verleger zugleich auch Lektor. Die Herausgeberin konnte seine persönliche Idee der Herausgabe von Königin Luises Briefen im ständigen Dialog verwirklichen. *Ihrem Mann* dankt sie, weil er als Partner bei den vielen Gesprächen an ihren Überlegungen, Sorgen und Nöten teilnahm und ihr half, den genealogischen und biographischen Handapparat aufzubauen.

Malve Gräfin Rothkirch

Die Königin Luise. Zeichnung von Gottfried Schadow, 1802.
Graphische Sammlung, Stuttgart

Die in ▷◁ eingeschlossenen Textteile sind auch im Original deutsch.

1786–1797
Als Verlobte und als Kronprinzessin

1776: Am 10. März wurde Prinzessin Luise Auguste Wilhelmine Amalie von Mecklenburg-Strelitz in Hannover, im »Palais an der Leinestraße«, geboren. Ihr *Vater* Prinz Carl Ludwig (geb. 1741) – jüngerer Bruder des unverheirateten Herzogs Adolf Friedrich von Mecklenburg-Strelitz und älterer Bruder der Königin Sophie Charlotte von Großbritannien (Gemahlin Georgs III.) – war Generalleutnant in hannoverschen Diensten. Ihre *Mutter,* Prinzessin Friederike (geb. 1752) – Tochter des Prinzen Georg Wilhelm von Hessen-Darmstadt (Bruder des regierenden Landgrafen Ludwig IX.) – hatte den Prinzen Carl 1768 geheiratet. – Luises ältere *Schwestern* waren Charlotte, geboren 1769 und Therese, geboren 1773.

1778, 2. März: Geburt von Luises »nächster« Schwester *Friederike.*

1779, 12. August: Geburt von Luises Bruder *Georg.*

1782, 22. Mai: Tod der Mutter (29jährig) nach einer Frühgeburt.

1784, 28. September: Prinz Carl von Mecklenburg-Strelitz heiratete in *zweiter Ehe* Prinzessin Charlotte von Hessen-Darmstadt, jüngere Schwester (geb. 1755) der Mutter Luises.

1785, 3. September: Verheiratung von Charlotte (älterer Schwester Luises) mit Herzog Friedrich von Sachsen-Hildburghausen (1763–1824). – *30. November:* Geburt des Halbbruders *Carl.* – *18. Dezember: Tod der zweiten Mutter* Luises.

1. An ihren Bruder Georg o. O. o. D. (Mitte August 1786)

▷ Lieber Bruder
Wie herzlich habe ich mich gefreuet, zu vernehmen, daß dein Geburtstag [12. August] so froh und glücklich verbracht ist und dir die vielen schönen Presente müssen eine ungemeine Freude verursacht haben. Nicht wahr lieber Bruder, mit meinen Gedanken bin ich gewiß immer bei dir und wünsche nichts mehr, als bei dir zu sein und dich zu umarmen und ich bin so lange ich [sie!]. Empfiehl mich allen bestens. Liebe deine Schwester. Md Endermann empfiehlt sich dir recht sehr ◁.

Louise

1786: Die mutterlosen Geschwister wurden getrennt. Therese, Luise und Friederike zogen nach Darmstadt ins »Alte Palais« zu ihrer Großmutter Luise von Hessen-Darmstadt (als Gemahlin von Prinz Georg damals zumeist »Prinzessin George« genannt). Sie wurden von der Erzieherin Madame Endermann begleitet, die etwas später von Mademoiselle Suzanne de Gélieu abgelöst wurde. – Prinz Georg und Prinz Carl blieben zunächst in Hannover.

17. August 1786: König Friedrich II. von Preußen, »der Große«, starb. Es folgte ihm sein Neffe Friedrich Wilhelm II. (1744–1797), der in 2. Ehe (seit 1769) mit Friederike, Tochter des Landgrafen Ludwig IX. von Hessen-Darmstadt – einer Tante Luises – verheiratet war.

1787: Luises Vater, Prinz Carl, nahm Abschied aus dem Militärdienst als Feldmarschall und verließ Hannover. Seine Söhne Georg und Carl kamen in die Obhut der Darmstädter Großmutter.

1789: Prinzessin Therese von Mecklenburg-Strelitz (zweitälteste Schwester) wurde mit dem Erbprinzen (in Erbfolge ab 1805 Fürst) Karl Alexander von Thurn und Taxis vermählt. Sie zog nach Regensburg.

2. An ihre Schwester Therese, Fürstin von Thurn und Taxis Darmstadt, den 28. April 1790

Endlich finde ich einen Augenblick Zeit, liebe, vielgeliebte Therese, um Dir zu schreiben. Wie lange Zeit ist vergangen, seitdem wir uns gesehen haben, wann wird mir endlich dieses Glück gewährt, dies Glück, das eine Dich verehrende Schwester so ersehnt. Unsere liebe Charlotte [Schwester] hat uns seit bald drei Wochen verlassen. Der Abschied war schrecklich, von der Dir wohlbekannten Art; in Frankfurt in den Zimmern, die Du bewohnen wirst, im Taxis'schen Palais, fand diese schreckliche Trennung statt. Ich bitte Dich tausendmal um Verzeihung, liebe Schwester, daß ich Dir solange nicht geschrieben habe, aber ich war stets verhindert, schreibe es bitte nur nicht meinem Herzen zu. Um auf unsere liebe Charlotte zurückzukommen: Großmama war äußerst freundschaftlich zu ihr, die Pfalzprinzessin [Tante Auguste, Pfalz-Zweibrücken] sich immer gleich. Die Landgräfin [Tante Luise, Hessen-Darmstadt] liebenswürdig, aber ein bißchen gezwungen und der Landgraf reizend. Aber die Landgräfin hat oft mit mir gesprochen und wußte immer etwas Nachteiliges zu sagen. Sie sagte mir: Sie singt gut, ›aber sie weiß es auch und bildet sich viel darauf ein‹ und allerlei Derartiges. Sie denkt, ich liebe Euch nicht mehr. Aber auf meine Ehre, wenn Du so etwas jemals von mir denken könntest, dürftest Du mich töten. Darum beschwöre ich Dich, habe mich immer lieb und glaube, daß Luise sich nur im Tode wandeln kann. Bei Gott, welch schrecklicher Gedanke, laß ihm niemals Raum in Deinem so guten, so gerechten Herzen, und sei überzeugt von der Freundschaft Deiner Schwester und Freundin.

In großer Eile Luise

Im Zentralarchiv der Fürsten von Thurn und Taxis werden 23 Briefe Luises an ihre Schwester Therese verwahrt. Im Brief vom 28. April 1790 (dort der erste) spielt Luise auf die besondere Musikalität ihrer Schwester Charlotte (Sachsen-Hildburghausen) an. Sie erwähnt *die Pfalzgräfin,* d. i. Auguste Wilhelmine, geborene Prinzessin von Hessen-Darmstadt, die jüngste Schwester von Luises Mutter, also ihre Tante. Auguste Wilhelmine hatte 1785 den damaligen Pfalzgrafen Max Joseph von Zweibrücken geheiratet, der 1805 König von Bayern – als Maximilian I. – werden sollte; *der Landgraf,* Ludwig X. von Hessen-Darmstadt (geb. 1753), war erst seit 12 Tagen (nach dem Tode seines Vaters Ludwig IX.) in der neuen Würde. Ludwig X. hatte als Schwestern: Königin Friederike von Preußen (2. Gemahlin von Friedrich Wilhelm II.), Großfürstin Natalie, die erste Gemahlin von Zar Paul I. und Herzogin Luise von Sachsen-Weimar, Gemahlin des »Goethe-Herzogs«. Die neue *Landgräfin* Luise, 1790 29jährig, war auch (wie die Pfalzprinzessin) eine Schwester von Luises Mutter, also ihre Tante.

3. An ihren Bruder Georg

Broich, den 19. Juli 1791

Wie bin ich froh, endlich, endlich einmal einen Brief von meinem lieben George zu haben. Du kannst Dir überhaupt nicht ausdenken, was für eine Freude uns Deine Briefe machen; sie sind immer so gut und so liebevoll; wahrlich, ich liebe Dich von ganzem Herzen! Ich hoffe, das Frühstück bei der Herzogin von Schwerin wird Dir nicht übel bekommen sein. Du amüsierst Dich wie ein König, während Deine armen Schwestern das allerschlechteste Wetter hatten und dabei des Aufenthalts in Broich fast überdrüssig waren, als plötzlich das Wetter schön wurde und alle Reize der Landschaft wieder lebendig macht und gleichzeitig einen schrecklichen Schnupfen verjagt, den ich mir durch die Feuchtigkeit hier zugezogen habe. Nicht wahr, George, Du richtest niemals meine Grüße an Herrn von Graefe [Erzieher des Bruders] aus; vergiß es, bitte, diesmal nicht; vergnügt er sich gut in Pyrmont? Denk nur, mein lieber Freund, vielleicht werden wir nach Aachen fahren, ich freue mich darauf wie eine Königin. 699 Fremde stehen dort in den Listen, unter andern der Herzog von York [Sohn Georgs III. von England]. Es ist mir eine große Freude, ihn wiederzusehen, d. h. wenn wir hinfahren, denn das ist noch nicht sicher; auch der König von Schweden [Gustav III.] ist dort und eine Menge Engländer und Franzosen. Denke Dir nur, wenn wir hinfahren, welch ein Vergnügen es mir machen muß, mich plötzlich aus der Einsamkeit in die größte Pracht versetzt zu sehen. Ich habe vergessen, Papa davon zu schreiben; erzähl' es ihm aber. Mit wem gehst Du in die Proben zu den Operetten; ganz allein? Ich danke Dir sehr dafür, daß Du mir etwas gekauft hast, aber schreibe mir bitte nicht, woraus das Geschenk besteht, das Du für mich bestimmt hast, zukünftige Freude ist auch etwas Schönes. Sag' mir, George, legst Du Frack oder Deine Uniform an? Tanzest Du viel? Wer gefällt Dir am besten von allen Damen, die Du in Pyrmont siehst? Hast Du meinen letzten Brief erhalten? Vergiß das Letzte nicht, es ist sehr wichtig. Leb' wohl, lieber Freund, sei nicht saumselig, bis jetzt bist Du's noch nicht gewesen, aber werde es bitte nicht. Leb' wohl, ich will zur Geographiestunde gehen. Luise

Sommer 1791: Prinzessin Luise von Hessen-Darmstadt wohnte mit ihren Enkeln Luise, Friederike und Carl in ihrem Sommerschloß Broich (gegenüber Mühlheim, an der Ruhr gelegen). Bruder Georg (mit seinem Erzieher Oberst v. Graefe) begleitete den Vater Prinz Carl von Mecklenburg-Strelitz nach Bad Pyrmont. Im Brief Luises (19. Juli 1791) an den Bruder werden erwähnt *die Herzogin von Schwerin,* d. i. Luise von Mecklenburg-Schwerin (geb. 1756), Tochter des Prinzen Johann von Sachsen-Gotha, seit 1755 verheiratet mit Herzog Friedrich Franz I., und *der Herzog von York,* der als Sohn der Königin Charlotte von Großbritannien (Schwester von Luises Vater) ihr Vetter war. Der 27jährige Herzog stand kurz vor seiner Verheiratung (29. Oktober 1791) mit Prinzessin Friederike von Preußen, der Tochter aus erster Ehe von König Friedrich Wilhelm II. und sollte somit zugleich Luises Schwager werden.

4. An ihren Bruder Georg

Amsterdam, den 30. August 1791

Lieber George, wie hast Du nur alle die Zeit gefunden, Dein ganz reizendes und manchmal ganz rührendes Tagebuch zu schreiben? Ich kann Dir nicht genug aussprechen, wie es mich erfreut hat; ich lese es alle Tage wieder und kann seines Inhalts nicht müde werden. Ich schreibe auch eins, das sehr lang wird, aber das wirst Du erst bei unserer Rückkehr nach Darmstadt bekommen. Denk Dir, lieber, vielgeliebter Bruder, wir sind auf dem Meer gewesen. Ehe ich Dir das beschreibe, grüße Herrn von Graefe [Erzieher des Bruders] vielmals, und frage ihn, ob er sich meine Freude ausmalen könnte, endlich auf See gewesen zu sein, was ich so sehr gewünscht hatte. Wir fuhren hier um 9 Uhr ab, schifften uns ein, und ich fürchtete, krank zu werden, aber weder meine Schwester [Friederike] noch ich dachten daran. Das Meer war äußerst bewegt, und der Wind legte unser Schiff immer auf die Seite und warf es manchmal von einer Seite auf die andere. Ich wurde naß wie ein Pudel von den Wogen, die sich an unserem Schiffe brachen und die Wellen waren auch von einer ganz außerordentlichen Höhe. Unsere Überfahrt verlief gut, und wir waren sehr vergnügt. Ich wünschte bei Dir zu sein, und möchte, daß Du bei uns wärest. Ewald [Kammerdiener] zieht an mir herum wie ein Unglücklicher. Ich habe auch Deinen sehr neckischen und erheiternden Brief erhalten und wäre fast geplatzt vor Lachen. Leb' wohl, jetzt will ich weinen, daß ich so ▷gerissen◁ werde. ▷Was hast Du auf Deinem Geburtstag bekommen, sag' es mir doch◁. Ich muß schließen, ▷ob ich will oder nicht◁, im Haag will ich Dir mehr schreiben, wenn es möglich ist.

Luise

21. August bis 6. September 1791: Prinzessin George (Luise, Hessen-Darmstadt) unternahm auf Anregung ihres Sohnes Georg (holländischer Generalleutnant) mit ihren Enkelinnen Luise (15jährig) und Friederike (13jährig) eine Reise nach Holland. Es ging von Schloß Broich aus über Xanten, Kleve, Nimwegen, Arnheim, Utrecht nach Amsterdam. Hier blieben sie vom 26. August bis 1. September. Weiter ging es über Haarlem, Leyden nach Den Haag, mit Ausflügen nach Scheveningen, Delft und Rotterdam. Rückreise wieder über Utrecht.
Luise schrieb für ihre anderen Geschwister ein 34seitiges, bisher nicht veröffentlichtes Tagebuch in französischer Sprache. Es ist nur schwer zu entziffern, weil die Schrift eilige Züge hat und voller orthographischer Fehler steckt. Diese Aufzeichnungen sind u. a. deswegen von historischem Interesse, weil sie u. a. die barocken Park- und Schloßanlagen von Kleve noch vor ihrer restlosen Zerstörung durch die Revolutionstruppen zeigen.

5. Aus dem Tagebuch der Hollandreise

21. August bis 6. September 1791

Auf dem Wege nach Utrecht schlichen unsere Pferde wie die Schnekken, was vielleicht ein großes Glück ist, denn man wird derart gerüttelt und gestoßen, daß zu fürchten ist, wir kämen infolge der schrecklichen Stöße, die wir hinnehmen mußten, tot an; dabei ist meine linke Seite ganz blau, grau und schwarz. Doch ich muß gestehen, daß ich trotz all dieser Unzuträglichkeiten den Wunsch hatte, rascher voranzukommen. In Utrecht kamen wir um 8 Uhr abends an, so daß wir für 12 Meilen 13 Stunden gebraucht hatten. Das war schrecklich; zu Anfang der Fahrt war ich noch ziemlich guter Laune, aber schließlich bekam ich die Wut. Ich war so frei, den Kutscher mit allem gebotenen Anstand aufzufordern, ein wenig schneller zu fahren; aber das habe ich bedauert, als ich mir eine halbe Stunde lang sein wirres Gerede anzuhören hatte. Ich verstand nichts weiter als: »No ja, min Fru, ek kann doch min Pferd nit tot slagen«, das aber in einem Ton, mit einer Zungenfertigkeit, der gegenüber sich meine Zunge im Munde wie festgeklebt fühlte, ▷ganz erstarrt vor Verwunderung und Angst◁. *[das Tagebuch endet]*

... Ihr könnt Euch also vorstellen, wie sehr wir Großmama dankten, ebenfalls Onkel Georg, der der Urheber unserer Vergnügungen war ...

6. An ihre Schwester Therese, Fürstin von Thurn und Taxis

Darmstadt, den 25. Dezember 1791

Gestern gegen 11 Uhr erhielt ich Deinen ganz reizenden, interessanten, gütigen Brief, und ich benutze die Zeit zwischen 4 und 5, wo Großmama George eine Predigt vorlesen läßt und Friederike zuhört, um Dir zu schreiben und Dir zu erzählen, wie die Feier verlaufen ist. Abends nach dem Essen, als alle in die Zimmer eintraten, glitt ich geschickt zur Tür hinaus, warf schnell die Spitzen aufs Geratewohl auf den Toilettentisch und trat wieder ein, als ob nichts gewesen wäre. Als sie wieder in ihr Zimmer kam, rief sie ▷: Was ist das ◁? Ich tat erstaunt, ich fand es herrlich (denn das ist es auch wirklich) und alle taten ebenso; dann, als sie es geprüft hatte, sagte sie ▷: Wie trägt man das ◁? Ich sagte, wie Du es mir angegeben hattest, ihr gefiel dieser Gedanke, und sie sagte: ▷Herr Je, von wem ist das? Gewiß von der Therese, gewiß von der Therese ◁, und sich zu mir wendend ▷: »Gestehe mir's nur, gestehe mir's, Luise.« – »Ich kann Ihnen versichern, daß ich kein Wort davon weiß, und ich schwöre, es ist nicht von mir ◁.« Ich habe es ihr nicht gesagt, bis Onkel Georg [Bruder ihrer verstorb. Mutter] heute bei Tisch zu mir sagte ▷: »Willste verblinden ◁?« Da konnte ich nicht anders als die Wahrheit sagen, und neue Beifallsrufe begannen. Großmama findet die Sachen sehr nach ihrem Geschmack und zeigt sie allen Leuten voll Entzücken, sie findet sie nicht zu groß, findet sie herrlich, ebenso die Landgräfin [Tante Luise, Hessen-Darmstadt]. Ich kann es fast nicht erwarten, daß die Kisten ankommen. Ich will Dir sagen, was ich alles bekommen habe, aber unter der ▷Bedingung ◁ daß Du mir auch sagst, was Du bekommen hast...

7. An ihre Schwester Therese, Fürstin von Thurn und Taxis

Darmstadt, den 28. Februar 1792

Aufs höchste beschämt, weiß ich nicht, wo ich mit der Wiedergutmachung all meines Unrechts gegen Dich, meine vielgeliebte Therese, beginnen soll. Doch kann ich Dir versichern, daß ich gar nicht weiß, wie ich meinem Unterricht und meiner Korrespondenz genügen soll, und da ersterer zu wertvoll ist, hoffe ich, meine engelhafte Schwester wird mir mein Schweigen verzeihen, das ich sehr gegen meinen Willen beobachte. Der Karneval und alle Vergnügungen sind also für diesen Winter zu Ende, aber ich versichere Dir, ich werde dafür sehr schön durch Herrn Lichthammer [Pfarrer] entschädigt; er flößt uns tugendhafte Gefühle ein, die ich mein ganzes Leben zu bewahren hoffe, weil ich erkenne, daß ohne sie nie ein Glück bestehen kann. Ich bin nie glücklicher, als wenn ich ganz überzeugt bin, daß L[ichthammer] mit mir zufrieden ist und wenn ich mir sagen kann ▷: Heute hast Du wieder viel gelernt zu Deinem ewigen und zeitlichen Glück ◁. Ich bin bei Deiner Herzensgüte ganz überzeugt, daß Du das höchste Wesen anflehst, es möchte zu aller Mühe, die man sich um uns gibt, seinen Segen geben. ▷ Bete für uns, denn ein Gebet eines Unschuldigen wird Gott gewiß erhören ◁.

Den 4. März. Urteile nach diesem Fetzen von einem Brief, wie wenig

Zeit ich übrig habe, kurz, ich schwöre Dir, ich weiß nicht, woher ich die Zeit nehmen soll, um Dich meiner wahren Freundschaft zu versichern. Kutscher [?] kann ich mit unserem Kleinkram nicht beladen, der Postwagen wird ihn Dir also bringen. Leb wohl, ich habe Dich von Herzensgrund lieb.

Das Jahr 1792 begann mit Vorbereitungen für die Konfirmation durch Stadtpfarrer Johann Lichthammer.

15. Juni 1792: Konfirmation der Prinzessinnen Luise und Friederike in der Schloßkirche zu Darmstadt.

8. An ihre Schwester Therese, Fürstin von Thurn und Taxis

Darmstadt, den 17. Juni 1792

▷ *Gott segne Dich und mich,* edelste der Schwestern und Freundinnen. Vollbracht ist das Werk, das uns auf unserm ganzen Leben glücklich machen soll, gelobet ist Gott die ewige und unverbrüchliche Treue, und Gott, der unsern Schwur hörte, wird uns auch ewig beistehen, ihn zu halten. Gib mir auch Deinen Segen, liebe, beste und zärtlichste Schwester, stehe mir immer mit Deinem guten Rat bei und bitte Gott, daß er mich stärke zur Erfüllung aller meiner Pflichten. Heute morgen empfing ich und Friederike mit der Großmama und der Pfalzgräfin das H.[eilige] A.[bendmahl] aus der Hand des edlen Lichthammers. Was da bei mir vorging, das läßt sich wohl empfinden, aber beschreiben läßt es sich nicht. Urteile nach Deinen Gefühlen und nach Deinem Herzen, gute liebe Therese, und Du wirst in dem Herzen Deiner Luise lesen können, denn ob freilich wohl unser Temperament nicht übereinstimmt, so kommen wir doch in den Hauptsachen ganz überein, und ich werde suchen, Dir noch immer ähnlicher zu werden ◁.

9. An ihre Schwester Therese, Fürstin von Thurn und Taxis

Den 19. Juli [1792]

... Wir werden also, wie Du zu Friederike hübsch gesagt hast, ein Stückchen Krönung sehen, und Dich, liebe, vielgeliebte Therese, vermissen wir schmerzlich wie überall, so ganz besonders bei der Krönung. Wir gehen in keine Gesellschaft, zu keinem Kurfürsten, wir nehmen an keinem Essen teil, kurz, wir werden uns in Frankfurt gar nicht aufhalten; wir werden nur einen Tag hinfahren und den Einzug ansehen und am nächsten zurückfahren, dann die Krönung ansehen und gleich darauf zurückfahren; wir werden auch nicht die Hoffestlichkeit besuchen, was mir sehr schmerzlich ist. Papa hat uns erlaubt, auf einen Ball zu gehen, wenn Fürst Esterhazy oder ein Kurfürst ▷oder ein Gesandter◁ einen gibt; aber Du mußt zugeben, um dahinzugehen, muß man eingeladen sein, und um eingeladen zu werden, muß man bekannt sein, und gewiß wird man sich keine Mühe darum geben, so unbedeutende Wesen wie Friederike und mich auszugraben. ▷Ich kann Dir nicht verbergen, daß mir das ein wenig Kummer macht; aber ich bitte Dich um Gotteswillen, schreibe ja nichts davon an Papa, weil, wenn es ihm seine Finanzen erlaubten, er gewiß gerne das Vergnügen seinen Kindern machte. Er hat mir aber selbst gesagt, daß er es dies Jahr unmöglich könnte, und wer, der Papa kennt, wer von seinen Kindern wird ihm wohl nur das Geringste empfinden lassen, daß es ihm leid tut, weil er sonst gewiß es zwingen würde und die Ordnung in seinen Affären stören würde◁. Papa wird uns bald verlassen und nach Pyrmont fahren, und Du weißt, wie kostspielig diese Reise immer ist. Hoffentlich befindet Dein lieber kleiner Georg [geb. 26. III. 1792] sich weiterhin wohl und ebenso die liebe Mutter. Küsse ihn von mir und glaube mir, ich bin fürs Leben Deine treue Schwester und Freundin

Luise

Am *1. März 1792* war Kaiser Leopold II. gestorben. Sein Nachfolger, Franz II., letzter Kaiser des Heiligen Römischen Reiches Deutscher Nation, legte 1806 die deutsche Kaiserwürde nieder und regierte weiter als Kaiser Franz I. von Österreich. Luise und Friederike durften zur Kaiserkrönung (am 14. Juli 1792) nach Frankfurt reisen. Sie wurden mit ihrer Erzieherin Gélieu bei Frau Rat Goethe im Haus am Hirschgraben einquartiert. Auf einem Ball des österreichischen Krönungsbotschafters *Fürst Nikolaus Esterhazy* eröffnete Luise den Tanz mit (dem späteren Staatskanzler) Graf Metternich.

10. An ihre Schwester Therese, Fürstin von Thurn und Taxis

Darmstadt, den 2. Oktober 1792

Um Gottes Willen, Therese, was für eine Nachricht! das läßt einen zusammenfahren. Seit vorgestern Abend ersterbe ich vor Furcht, als die Nachricht kam, die Franzosen, so etwa 15 bis 20 Tausend, stünden vor Speyer. Gestern am Morgen hat sich diese Nachricht bestätigt, und gestern Nachmittag kam ein Kurier nach dem anderen mit den traurigsten Nachrichten: Speyer eingenommen und niedergebrannt, 1500 Mainzer und 1500 Österreicher gefallen oder gefangen genommen. Nach dem Kampf haben sie alle Soldaten mit den Offizieren über die Klinge springen lassen. Der Bischof von Speyer, der geflohen ist, kam gestern hier durch; seine von zwei Dragonern begleitete eiserne Schatzkiste ist hier geblieben; darum hat er den Landgrafen [Ludwig x.], der von einem Spaziergang zurückkehrte, gestern um 6 Uhr abends gebeten. Durch das Neue Tor konnte man nicht in die Stadt wegen der vielen Flüchtlinge aus Worms und Speyer, unter denen sich einige verwundete Franzosen befanden, die zu Fuß oder in Wagen flüchteten. Als ich die Nachricht vom Tod der Österreicher und der Mainzer empfing, konnte ich einige Tränen nicht zurückhalten, die ohne mein Zutun flossen. Ich dachte: Gott ist doch gerecht; wie kann er solche Greuel und Schandtaten zulassen? Bei meiner Rückkehr ging ich auf den Balkon. Rechts sah ich einen netten, viersitzigen Wagen von Flüchtlingen, der neben dem Wagen hielt, den Gatzert [Minister] in größter Eile beladen ließ. Und dann brachen sie alle mit schrecklichem Lärm auf. Links war der Landgraf, der in Richtung Gernsheim [zwischen Darmstadt und Biblis] abfuhr. Düring [Oberst] mit seinen Dragonern setzte sich in Bewegung, um zu erkunden. In vollem Galopp ritten alle Husaren vorbei. Das Trapp-Trapp der Kuriere hörte nicht auf. Das alles kann einen vor Furcht sterben lassen, und mein angsterfülltes Herz war nahe daran zu zerspringen. Man weiß noch nicht, worauf die Räuberhorden aus sind; von uns sind sie etwa 12 Wegstunden entfernt. Falls sie in Richtung Darmstadt marschieren und falls der geringste Anschein von Gefahr besteht, ergreifen wir die Flucht. Gott weiß wohin und wann. Ich bin absichtlich vor 7 Uhr aufgestanden, um Dir schreiben zu können und Dich in Bezug auf uns zu beruhigen. In diesem Augenblick kommt Friederike von Großmama, wo sie geschlafen hat, zurück und überbringt mir eine briefliche Nachricht, die aus Mannheim kommt und beruhigendere Mitteilungen enthält. Falls ich dazu komme, schreibe ich sie ab. Ich kann Dir von dem Prinzen von Baden [Karl Ludwig] in diesem Augenblick keine Nachricht geben, weil ich so durcheinander bin, daß ich an nichts geordnet denken kann. Wenn das lange andauert, werde ich vor Angst krank. Letzte Nacht habe ich nicht schlafen können, und ich sehe aus wie eine Tote. Adieu, mein geliebter Engel. Immer die, die Dich mehr liebt als sich selbst. Luise

Kriegerische Auseinandersetzungen mit dem revolutionären Frankreich hatten begonnen. *10. August 1792:* Absetzung König Ludwigs XVI. von Frankreich. Preußische Truppen unter dem Oberbefehl Friedrich Wilhelms II. und des Herzogs von Braunschweig (als Verbündete Österreichs, dem Frankreich den Krieg erklärt hatte) überschritten bei Longwy die französische Grenze. Kronprinz Friedrich Wilhelm nahm an dem Feldzug als Oberst teil. Er führte ein Tagebuch. – *20. September 1792:* Die Kanonade von Valmy. Krankheiten und Verpflegungsschwierigkeiten zwangen die preußischen Befehlshaber zum Rückzug. Franzosen drangen ins Rheinland vor. *Anfang Oktober 1792:* Flucht aus Darmstadt zu Charlotte nach Hildburghausen (an der oberen Werra). Vater Carl kam hinzu. – Die Flüchtlinge blieben im Thüringischen ein halbes Jahr. – Speyer, Worms und Mainz konnten von der Revolutionsarmee erobert werden. – *22. Oktober 1792:* Die Franzosen rückten in Frankfurt ein. – *2. Dezember 1792:* Es gelang der Hessisch-Darmstädtischen Reiterei unter dem Kommando von *Onkel Georg* (Bruder von Luises Mutter) gemeinsam mit Hessen-Kasselschen Grenadieren und Preußischen Soldaten, die Franzosen wieder aus Frankfurt zu vertreiben. – Daraufhin verlegte König Friedrich Wilhelm II. sein Hauptquartier nach Frankfurt.

Anfang 1793: Großmutter George beschloß die Rückkehr nach Darmstadt. – *10. März:* Luises 17. Geburtstag wurde noch in Hildburghausen gefeiert, danach sogleich aufgebrochen. – *13. März:* Zwischenstation der Reisenden in Frankfurt. Großmutter und Enkel (und die Erzieherin Frl. v. Gélieu) stiegen im Hotel »Weißer Schwan« ab. Am selben Abend wurden die Prinzessinnen Luise und Friederike von Mecklenburg-Strelitz dem König Friedrich Wilhelm II. vorgestellt. Er suchte Bräute für seine beiden ältesten Söhne. – *14. März:* Im Hause des Bürgermeisters v. Ohlenschläger stellte Graf Medem (Christoph Johann, Flügeladjutant, Bruder der Herzogin von Kurland) Luise und Friederike dem Kronprinzen und dem Prinzen Ludwig vor. Friedrich Wilhelm, der zunächst in seiner Wahl unentschlossen war, erhielt in den folgenden vier Tagen auf Festen der Frankfurter Familien v. Wrede, v. Gontard, v. Bethmann und Manskopf Gelegenheit, sich zu entscheiden. In jeder dieser Familien erhielten sich Erinnerungen an *die Verlobung*. – *18. März:* Friedrich Wilhelm II. hielt förmlich bei Prinzessin Luise von Hessen-Darmstadt – für seine Söhne – um ihre Enkelinnen an. – *19. März:* Der Kronprinz bat Luise um das Jawort.

11. An ihre Schwester Therese, Fürstin von Thurn und Taxis

[Frankfurt,] den 20. [März] 1793

Auch für Dich ein paar kurze Worte, meine liebe, vielgeliebte Therese. Du weißt alles durch Frau von Vrints [Gemahlin des Thurn und

Taxisschen Oberpostmeisters], die ich gestern gebeten habe, Dir in meinem Namen zu schreiben. Engel meines Herzens, sei immer die gleiche zu mir. Du kannst nicht glauben, liebe Therese, wie zufrieden ich bin. Der Prinz ist außerordentlich gut ▷und gerade, kein unnötiger Schwarm von Worten begleiten seine Reden, sondern er ist erstaunend wahr◁. Kurz, mir bleibt nichts zu wünschen übrig, denn der Prinz gefällt mir; wenn er mir zum Beispiel sagt, daß ich ihm gefalle, daß er mich für gut hält, kann ich es glauben, denn er hat mir noch nie geschmeichelt. Deine Freundschaft bleibt mir, mein Engel, Deine inständigen Bitten und Segenswünsche werden mir überall folgen, ich kann also nur glücklich sein. Leb' wohl, mein Engel, der Prinz kommt.

Luise

22. März 1793: Weiterreise von Großmutter und Enkeln nach Darmstadt. Beginn der Belagerung des französisch besetzten Mainz. – Kronprinz Friedrich Wilhelm kommandierte als Generalmajor die Reserve. Das preußische Hauptquartier wurde nach Guntersblum bei Oppenheim verlegt. – *24. März:* Besuch Friedrich Wilhelms im Alten Palais in Darmstadt. – *26. März:* Beginn eines Briefwechsels (durch den Kronprinzen), der bis zum 11. Dezember andauerte.
Für alle mit der Verlobung zusammenhängenden Formalitäten war Marquese Girolamo Lucchesini (1752–1825) zuständig, Diplomat und persönlicher Vertrauter von König Friedrich Wilhelm II. –
Allein von Luise ließen sich 79 Brautbriefe nachweisen.

12. An den Kronprinzen

Darmstadt, den 27. März 1793

Meinem Versprechen gemäß, mein lieber Prinz, will ich Sie schnell von der glücklichen Ankunft meines geliebten Vaters benachrichtigen; er hat uns heute morgen in der denkbar angenehmsten Weise überrascht. Das erste Wort, das er aussprach, als er mich erblickte, war ▷: Ich gratuliere Dir, liebe Luise◁. Dieser Anfang entsprach zu sehr meinen und Ihren Wünschen, als daß ich ihn Ihnen einen Augenblick verbergen könnte. Nichts steht unserem Glück entgegen, Papa ist entzückt davon, und ich brauche Sie nur noch zu bitten, stets so zu bleiben und mir weiter die gleichen Gefühle entgegenzubringen, die mir den 24. zu einem so angenehmen Tage gemacht haben.

Den 28.

Ich konnte meinen Brief nicht, wie ich mir vorgenommen hatte, gestern beendigen, aus einem mir doppelt ärgerlichen Grunde: wegen eines

Besuches der Prinzessin von Hohenlohe [Amalie], die seit Montag zu *meinem großen Mißvergnügen* hier ist. Sie sucht jede Gelegenheit, mit uns zusammen zu sein; am Vormittag des 26. war sie bei uns unter dem Vorwande, sie möchte sehen, wie der Maler die ersten Striche machen würde; sie hängt sich mir an den Hals, und ich, kühl von Natur, kann ihre Zärtlichkeiten nicht erwidern, da ich sie durchaus nicht achten kann, und das macht bei mir die Grundlage der Freundschaft aus. Aber lassen wir sie; ich will Ihnen erzählen, was für einen köstlichen Vormittag ich heute früh gehabt habe.

Beim Erwachen erhielt ich Ihren Brief, der mich freudig entzückte. Alles was Sie mir Freundschaftliches darin sagen, ist sehr wohl geeignet, in mir den Entschluß zu stärken, daß ich mein Leben lang Ihre Freundschaft zu verdienen suche; ich beteure Ihnen, sie ist mir sehr wertvoll. Der Großmama ist Ihr Gedenken *höchst* schmeichelhaft. Ihr Husten hat sich zwar nicht verstärkt, belästigt sie aber noch sehr; sie verspricht Ihnen, Sie ohne Komplimente aufzunehmen, wenn Sie wiederkommen, was *hoffentlich* bald geschehen wird. Onkel Georg [Bruder ihrer verstorb. Mutter] ist froh, Ihnen in etwas nützlich gewesen zu sein; das ist seine Art, denn er ist sehr gut. Ich habe Sie von Herzensgrund bedauert, als ich das schlechte Wetter sah und Sie auf dem Marsche wußte. Wenn Sie nur nicht gar im Gefecht sind; es ist so kalt, und Sie würden doppelt darunter leiden. Ihre Hoheit meine Schwester [Friederike] hat sehr gelacht über die ›Redensarten‹ und freut sich über die Fortschritte, die Sie darin machen; sie hofft, bald Antwort von Ihrem Bruder [Ludwig] zu bekommen, und bittet Sie, ihre Grüße entgegenzunehmen.

Sie fragen mich, ob ich an das Bild gedacht habe; wie können Sie daran zweifeln? Ich habe Ihnen versprochen, es so schnell wie möglich machen zu lassen, und ich halte Wort. Der Mann, der mich malt, gibt sich die größte Mühe, ich habe ihm schon dreimal gesessen und er hat mir erst die Größe der Augen (die, wie Sie wissen, recht klein sind), den Umriß der Nase und des Mundes gemacht, aber bis jetzt gleicht es mir noch gar nicht. Das Bild hat die Größe, die Sie mir an meiner Hand angegeben haben; ich habe ihm gesagt, er soll mich ganz einfach malen, nichts auf dem Kopfe, weiß gekleidet; ich weiß, Sie lieben das Einfache, und glaubte Ihrem Geschmack zu entsprechen; teilen Sie es mir bitte mit, wenn Sie es anders wünschen. Vergessen Sie aber bitte nicht, mir

Ihr Bild zu geben; Ihre Idee, das von Schröder [Maler] kopieren zu lassen, scheint mir am besten, denn ich glaube nicht, daß Sie bei der Armee einen Miniaturmaler haben.
Sie werden jetzt über Papas Antwort unterrichtet sein; wir haben heute durch einen Eilboten von dem Marquis Lucchesini erfahren, er hätte in gleicher Weise die Briefe von meinem Vater abgehen lassen; so kennen Sie jetzt seine Freude und Zufriedenheit.
Gesundheitlich geht es mir nicht ganz gut; ich habe einen Schnupfen, der mich betäubt und mich manchmal dumm macht, außerdem Zahnschmerzen, an denen ich zeitweise ungeheuer leide. Doch habe ich den Marsch, der Ihnen so sehr gefallen hat, nicht vergessen; ich schicke ihn doppelt, einmal für die Musikanten, und aus dem großen Papier können Sie alles vervollständigen, falls eins der kleinen Stücke verlorengeht. Denken Sie manchmal an mich, und seien Sie überzeugt, ich werde Sie nie vergessen und bin auf ewig Ihre *treue Freundin*

Luise

Es wird Ihnen vielleicht auffallen, lieber Freund, daß ich viele Punkte Ihres Briefes schweigend übergehe. Wundern Sie sich darüber nicht; Papa und Großmama wollten, ich solle ihnen meinen Brief an Sie zeigen, und letztere vor allem empfahl mir besonders, Ihnen nicht zu zärtlich zu schreiben. Ein Glück ▷, daß die Gedanken und Empfindungen zollfrei sind ◁, dabei kann sie keine Etikette anwenden. Wissen Sie denn, lieber Prinz, die Namen Freundin, liebe Luise, all das hat mich wirklich gefreut; nennen Sie mich immer, wie Sie wollen, in meinem ganzen Leben würde es mir nicht in den Sinn kommen, das zu mißbilligen, im Gegenteil, es freut mich. Mir scheint, da wir vom ersten Augenblick unserer Bekanntschaft natürlich und ohne Scheu beisammen waren, mußte ich Ihnen den Grund sagen, weswegen in meinem Briefe ein gewissermaßen eingeschnürter Stil herrscht, der mir gar nicht natürlich ist; sonst könnten Sie glauben, ich hätte mich Ihnen gegenüber gewandelt; das ist nicht der Fall. Nein, im *Gegenteil*, Sie sind mir nicht gleichgültig, und meine Gefühle für Sie sind Ihnen bekannt, so brauche ich Ihnen nicht zu wiederholen ▷, *daß ich Ihnen recht herzlich gut bin* ◁. Seien Sie immer ebenso zu mir. Ich beteure Ihnen, mein Herz vermag nicht zu wechseln. Wenn Sie noch in Trebur wären, würde ich mir sehr viele solche Tage wie den 24. versprechen, der einer der schönsten meines Lebens war. Ich bitte Sie, lieber Prinz, zeigen Sie dieses Billett keiner lebenden Seele, und wenn Sie darauf antworten, tun Sie es nicht in Ihrem Briefe, sondern auf einem kleinen Zettel nebenbei, damit Großmama es nicht bemerkt, sonst werde ich Kummer davon haben. Meinerseits aber behaupte ich, ich war es Ihnen schuldig, um Ihnen die Wahrheit zu sagen. Hoffentlich bleiben Sie noch einige Zeit in Wiesbaden, denn unser Briefwechsel wird dadurch nur belebter werden, die Briefe sind nur zwei Tage unterwegs.

Noch eines. Großmama wollte, ich solle eine Kladde für den Brief an Sie machen, weil ich nicht korrekt und orthographisch schreibe. Ich gebe zu, das ist nicht schön; aber Sie müssen auch meine Fehler kennen. Wäre ich in der Kindheit fleißiger gewesen, so wäre ich vielleicht imstande, Ihnen fehlerlos die Gefühle meines Herzens auszusprechen, ▷so kann ich es nur immer fehlerhaft◁. Eine Bitte: lassen Sie es mich durch irgendwen wissen, wenn Sie Wiesbaden verlassen, damit ich immer weiß, wo Sie sind, *mein lieber Prinz*. Viele Grüße an Herrn v. Schack [Adjutant] und an Ihren Kammerdiener, seien Sie auf den nicht eifersüchtig. Haben Sie immer lieb Ihre

Luise

Wenn Sie diesen Brief in Gesellschaft erhalten, so beschwöre ich Sie, öffnen Sie ihn dort nicht, man könnte mich sonst für närrisch halten.

13. An den Kronprinzen — Darmstadt, den 2. April 1793 um Mitternacht

Guten Abend, mein guter Freund, schlafen Sie wohl, lieber Prinz, Sie schlafen vielleicht schon, denken vielleicht an die schönsten Dinge, aber bei alledem bin ich sicher, daß Sie nicht so zufrieden sind wie ich, denn da ich das Vergnügen habe, an Sie zu schreiben, habe ich gleichzeitig zweierlei, die Annehmlichkeit, mich Ihnen auf einige Augenblicke zu nähern, zwar nur in *Gedanken*, aber das ist immerhin schon etwas, und dann die feste Überzeugung, daß Sie mich mit Vergnügen lesen. Das sind zwei Freuden, die ich genieße und die noch größer sein würden, wenn Sie mir ganz gewiß sagen könnten, daß ich Sie bald wiedersehen werde und wenn man es nicht dem Zufall überlassen müßte, uns zu vereinigen. Verzeihen Sie mir diese ewigen Wünsche. Sie müssen glauben, Ihre Verlobte sei eine kleine Unersättliche, die niemals zufrieden ist, aber wenn mein Herz auch zufrieden ist, kann es immer ruhig bleiben, da es Sie in ständigen Gefahren weiß? Nein, verzeihen Sie mir, ich bin Ihnen zu sehr zugetan, um Sie vom Gegenteil überzeugen zu können. Ich beklage Sie von ganzem Herzen wegen der Strapazen und der falschen Alarmierungen, die Sie hatten, aber ich kann mir lebhaft Ihre nichts weniger als rosige Laune bei Ihrer Rückkehr von dem blinden Alarm vorstellen und ich gestehe offen, daß ich an Ihrer Stelle in Verzweiflung gewesen wäre, brennend vor Begierde mich auszuzeichnen und meine Pflicht zu tun und dann so getäuscht zu werden.

Was für ein Gedanke, daß Sie mich bitten, nicht darüber böse zu sein; aber ich frage Sie: fehlt es Ihnen an Mut? Haben Sie davon schon Proben abgelegt? Nein! Nun, ich bitte Sie, warum sollte ich erzürnt sein, ich habe doch gar keinen Grund dazu.

Ich finde, daß mein Mann, wie Sie ihn nennen, sehr viel Verstand hat, weil er morgen frühzeitig einen Boten in geschäftlichen Angelegenheiten nach Ober-Ingelheim schickt, mit dem ich diesen Brief senden kann, sonst wäre ich sehr in Verlegenheit gewesen, ihn an Sie gelangen zu lassen. Da dieser Bote nicht jeden Tag geht, bitte ich Sie, mir mitzuteilen, wie ich Ihnen meine anderen Kritzeleien schicken soll, die, das kann ich Ihnen versichern, geschmiert wie sie sind, doch immer nur dasselbe sagen werden, nämlich, daß ich Ihnen sehr zärtlich zugetan bin und daß ich immer Ihre Freundin bleiben werde. Gestern hatten wir ein recht lächerliches Schauspiel durch die Prinzessin von Hohenlohe [Amalie], die uns immer noch auf dem Halse liegt; es war eine kleine Gesellschaft bei Papa, als mit einem Male ein Eilbote mit einem Briefe ihres Gatten für sie eintraf, der sie einlud, auf einen Tag nach Worms zu kommen; sie zitterte, hüpfte und sprang vor Freude, ihren Gatten wiederzusehen, wie sie sagte. Ihre Freude kann ich verstehen, denn unter dem Vorwande, ihren Gatten wiederzusehen, sieht sie andere; was aber die Einladung des Prinzen anbetrifft, so verstehe ich ihn nicht, man muß immerhin zugeben, daß diese beiden Leute die Komödie wunderbar gut spielen; ach, wie häßlich ist es doch, mit den heiligsten Gefühlen der Liebe und der Freundschaft Komödie zu spielen, es ist mehr als häßlich, es ist verworfen, und ich kann sie deshalb nur verachten. Sie brauchen von mir niemals eine solche Falschheit zu befürchten, ich bin in meinem Leben noch nicht falsch gewesen ▷, wohl habe ich mich gezwungen, gerechten Zorn zu unterdrücken ◁, aber niemals habe ich Gefühle für irgend jemand geheuchelt und am wenigsten gegen Sie, lieber Prinz: alles, was ich Ihnen gesagt habe ist wahr, Sie können mir das glauben. ▷Mein Gebet folget Ihnen überall ◁ und meine Bitten für Ihre Waffen werden nie aufhören, ja, das Glück wird Sie nie verlassen; ich bin sicher, daß Gott meine Gebete erhören wird, er wird immer mit Ihnen sein und Sie vor allem Übel bewahren.

Morgen ist ein Familiendiner bei dem besten aller Väter; wenn die beiden Bräute ihre Verlobten sehen könnten, wäre es zu schön! Fehlt es Ihnen vielleicht an unterhaltender Lektüre, dann bitte ich Sie, es mich wissen zu lassen, auch welche Art Sie wünschen; ich werde mein möglichstes tun, Ihre Wünsche zu erfüllen. Vor meinen Fenstern ist ein wildes Katzenkonzert, so daß ich mich beinahe fürchte, dazu noch die Müdigkeit und die Kälte ... Überlege ich, so ist es besser, mich des Vergnügens der weiteren Unterhaltung mit Ihnen zu berauben, als Sie noch länger durch ein Geschwätz zu langweilen, in dem kein Sinn mehr sein würde.

Leben Sie also wohl, lieber Prinz, denken Sie manchmal in Ihren Mußestunden an Ihre treue Freundin.

Luise

Viel Schönes an Herrn von Schack [Adjutant]. Haben Sie meinen ersten Brief vom 27. und 28. erhalten?

Prinzessin Hohenlohe: Amalie von Hohenlohe-Ingelfingen, eine geborene Gräfin Hoym, war seit 1782 mit dem General Fürst Friedrich Ludwig verheiratet. Diese Ehe wurde später geschieden. – *3. und 9. April 1793:* Besuch des Kronprinzen bei seiner Braut in Darmstadt.

14. An den Kronprinzen

Darmstadt, den 10. April 1793

Meinem Versprechen und, wie ich mir schmeichle, auch Ihren Wünschen gemäß, verlasse ich einen Augenblick den großen Kreis auf der anderen Seite, um Ihnen zu schreiben, lieber Prinz. Meine Gedanken haben Sie den ganzen Tag nicht einen Augenblick verlassen. Ich sah Sie neben der Kurfürstin [Marie Elisabeth, Pfalz/Bayern] sitzen, hundsverlegen, mit Verlaub zu sagen, so daß Sie sich ein bißchen langweilten;

ich sah, wie Sie freudestrahlend das Militär besichtigten und jetzt bei der großen Cour die schönen Damen von Mannheim und vor allem die schöne engelhafte Prinzessin von der Pfalz [ihre Tante Auguste Wilhelmine, Pfalz/Bayern], die personifizierte Güte, bewundern. Noch einen Augenblick, dann werde ich Ihnen zum Theater folgen; geben Sie acht, vernarren Sie sich nicht in Madame Müller, sie singt und ist reizend wie die Liebesgötter. Wenn ich das sähe, wäre ich imstande, böse zu werden und ihr ein paar schlechte Streiche zu spielen, denn Sie wissen ... obgleich ich *viele viele* Freundschaft für Sie hege, und wissen Sie wohl, was Sie wissen? Ich habe nichts von Ihrer Abreise gehört, Sie waren sicher sehr leise. Ich bin heute Nacht aufgewacht, ich sah nach, wieviel Uhr es sei, aber meine Taschenuhr, die Sie so gut in Ordnung gebracht haben, versicherte mir, daß es erst zehn Uhr sei, und zunächst schlief ich wieder ein. Wir haben den ganzen Tag mit der Auswahl von Kleidern, reichen und einfachen, verbracht, ich bin so müde, als ob ich getanzt hätte. Ich werde jeden Augenblick unterbrochen, alle meine Schwestern und Brüder machen einen unglaublichen Lärm, ich weiß nicht mehr, wo mir der Kopf steht, und ich habe sie mit Stockschlägen verjagt.

▷Ach du Unglück aller Unglücke, was erblicke ich◁, indem ich das Blatt umwende, sehe ich, daß ich auf die vierte Seite Verse zu schreiben begonnen habe; ich bitte Sie tausendmal um Verzeihung, es wäre ein unverzeihlicher Streich, wenn nicht Eure Hoheit die Ursache davon wären; ich erwarte also von Ihrer Güte, daß Sie einige Rücksicht auf meine Zerstreutheit nehmen, denn da wir so zueinander stehen, daß wir uns alles sagen können, was wir denken, will ich Ihnen im geheimen sagen, daß ich einem guten, freimütigen, geraden Menschen einen Teil meiner Gedanken gewidmet habe, den ich wahrhaft liebe; er vereint mit viel Güte und Nachsicht für mich ein treffliches, meiner kleinen Person gegenüber, glaube ich, gar nicht gleichgültiges Herz. Sie sehen wohl, wer derart beschäftigt ist, hat leicht Momente am Tage, wo er ein bißchen zerstreut ist. In dem Almanach, wo ich das Genannte suchte, fand ich reizende Verse, wovon das letzte Gedicht hier beiliegt. Sehen Sie vielleicht morgen früh noch die Prinzessin von der Pfalz, so empfehlen Sie mich ihr bitte und sagen Sie ihr, ich sei ihr wirklich zugetan. Übrigens vergaß ich Ihnen zu sagen, daß Sie in Mannheim mehrere Personen finden werden, die mir sehr wohlwollen. Wenn die

Ihnen zuviel Gutes von mir sagen, glauben Sie es nicht, denn ich bin, ach! ▷ein unvollkommenes Wesen wie alle Menschen, habe auch meine Fehler, und wenn Sie sie einmal alle kennen, so sagen Sie sich: Das Herz ist nicht böse◁, diese Wahrheit kann ich Ihnen wahrlich versichern: Mein Leben lang werde ich versuchen, Sie glücklich zu machen; meine größte Sorgfalt wird dahin gehen, durch alles, was in meiner Macht steht, zu erspähen, wo ich Ihnen Freude machen kann; ich werde Ihren Geschmack studieren, um mich nach Ihrem Willen zu richten; kurz, ich schwöre Ihnen, ich werde immer *wahrhaft* die *Ihre* sein, Ihre treue Freundin

Luise

Adieu, mein lieber Freund! unwandelbar

Auf dem Rückwege machte Friedrich Wilhelm in Mannheim Station. Er begegnete *der Kurfürstin:* Gemeint ist entweder Marie Elisabeth (1721–1794), seit 1777 Kurfürstin von Bayern, oder ihre um 7 Jahre jüngere Vorgängerin als Kurfürstin, Maria Anna (1728–1797), Witwe des 1777 verstorbenen, kinderlos gebliebenen Maximilian III. Joseph. – Die in Mannheim auch anwesende *Prinzessin von der Pfalz* war Luises Tante Auguste Wilhelmine (1765–1796, jüngste Schwester ihrer Mutter), die erste Gemahlin des Pfalzgrafen Max Joseph von Zweibrücken (des späteren Königs Maximilian I. von Bayern).

15. An den Kronprinzen

Darmstadt, den 16. April [1793]

▷Grüne Peterzielge, grüne Peterzielge, grüne Peterzielge und Krautsalat◁. Diese wenigen Worte mußte ich Ihnen unbedingt aufschreiben, trotzdem Fräulein Marico mir meine Haare dreht und mich hindert, einen Brief zu schreiben, wie es sich gehört; denn Sie müssen wissen: Ich schreibe auf meinen Knieen, auf die ich mein Buch gelegt habe; es ist zwar groß, bietet aber nicht genug Platz für meine beiden dicken ▷Pfoten,◁ die, wie Sie wissen, sind ▷die zierlichsten ihrer Art◁...

Den 17.

Nachdem ich mit meinen Schwestern alles auf den Kopf gestellt habe, nachdem ich mit ihnen im ganzen Schloß umhergelaufen bin, um meiner Kusine [Prinzessin Luise Hessen-Darmstadt] und den Damen Besuche zu machen, setze ich mich an meinen Sekretär, um Ew. K. H. anzuzeigen, daß ich das Vergnügen haben werde, Sie am 19. in Frankfurt zu sehen. Darauf freue ich mich wahrhaft außerordentlich, d. h.

wenn Sie dem nicht Ihrerseits ein Hindernis entgegensetzen, *davor fürchte ich mich sehr.* Wenn Sie nach Frankfurt kommen, werden Sie selbstverständlich in die Herberge gehen, wo wir uns befinden, und dann werde ich zum Willkomm singen▷: unsre Katz' hat sieben Jungen, und die Alt' ist tot◁...

Was für ein schauderhafter Brief. Tausendmal Verzeihung. Aber urteilen Sie selbst, ob Georg [Bruder] recht hat, wenn er sagt▷: Die Luis ist ein Närrin◁.

Am 17. April 1793 antwortete der Kronprinz aus dem Hauptquartier in Guntersblum: »... ich habe gestern mehrmals dieses köstliche Lied ▷von der Katze mit den sieben Jungen◁ gesungen, jedesmal zum Erstaunen der Zuhörer, niemand konnte erraten, woher ich dieses nette kleine Lied hatte. Ich bitte Sie, (auch) nicht das ▷von der grünen Petersilie◁ zu vergessen, es ist wenigstens ebenso gut, wie das andere, und alle beide sind in ihrer Art vollkommen ...«. – Bis in die Gegenwart hinein wurde das Katzenlied von Soldaten gesungen:

Unsre Katz hat Junge,
sieben an der Zahl,
sechs davon sind Hunde,
es ist ein Skandal,
und der Kater spricht,
die ernähr ich nicht!

24. April 1793: In Darmstadt fand die offizielle Verlobung der beiden Brautpaare statt, Kronprinz Friedrich Wilhelm mit Luise und Prinz Ludwig mit Friederike. – Zusammensein mit Gästen und Geschwistern bis zum 29. April.

16. An den Kronprinzen

Darmstadt, den 30. April 1793

Den heutigen Vormittag habe ich voller Unruhe verbracht; das Fieber, die geschwollenen Backe und Ihre Schmerzen sind nicht, um eine Person zu beruhigen, die sich so sehr für alles interessiert, was Sie betrifft, lieber Prinz, und die ganz sicher weiß, daß Sie viel gelitten haben bis Grossgerau, wo unsere Leute Sie verlassen haben, denn das haben sie mir heute morgen bei ihrer Rückkehr berichtet. Wenn nur die Nacht gut gewesen ist und die Schmerzen sich wenigstens ein bißchen gebessert haben. Ich hoffe bei Ihrer natürlichen Offenheit, daß Sie mir frei heraus sagen, wie Sie sich gegenwärtig fühlen. Das Interesse, das Sie an meiner Person haben, läßt mich gewiß sein, daß Sie auch gern etwas von meinen Neuigkeiten erfahren. Ich will Ihnen also erzählen, daß ich mich gestern, nach Ihrer Abreise, in mein Zimmer zurückgezogen habe, daß ich mich hingelegt habe und wieder einen leichten Magenkrampf hatte, aber, daß ich dann sehr gut geschlafen habe und gut gefrühstückt, und daß mir absolut nichts fehlt als Ihre Gegenwart, um mich ganz glücklich zu machen; im übrigen fühle ich mich wohl. Ihre Abfahrt hat eine große Leere zurückgelassen, die nicht zu beschreiben ist, und Darmstadt ist so still, daß ich ganz traurig bin. Friederike und ich, wir erinnern uns immer wieder an alle angenehmen Augenblicke, die wir in den letzten 8 Tagen erlebt haben und machen Zukunftspläne, das heißt, Pläne, Sie bald hier in Darmstadt wiederzusehen. Alles ist hier von einer übergroßen Stille, aber wer sollte auch sprechen? Es ist niemand mehr hier. Nein, wirklich, ich kann den Gedanken nicht ertragen, daß Sie sich noch weiter von mir entfernen als Guntersblum; aber wozu uns gegenseitig betrüben? Doch Sie wissen: es gibt Tage, an denen man gerne traurig ist, und ich gestehe Ihnen offen, daß Ihre Abfahrt mich wirklich betrübt; heute fühle ich mich unglücklich, von Ihnen und von meinen Schwestern getrennt zu sein. Morgen wird der Kurier zurückkommen; richten Sie mich auf, durch einige Zeilen nur, sie werden mir Kräfte geben, um die Abwesenheit all derer zu ertragen, die mir teuer sind. Adieu, mein guter Freund, das Gedenken Ihrer Louise verläßt Sie nicht, es folgt Ihnen immerzu und sie ist nie zufriedener, als wenn sie sich überzeugt fühlt, daß Sie sie lieben.

Louise

17. An den Kronprinzen — Darmstadt, den 15. Mai 1793

... Teilen Sie bitte Herrn von Schack [Adjutant] mit, daß unsere Briefe heute morgen abgegangen sind, und sagen Sie ihm auch, wenn Sie die Güte haben wollen, er möchte in einem Briefe nach Berlin bitte meine Schmerzen erwähnen, er möge *auf meine Verantwortung übertreiben, noch einige Tage hinzufügen*, ▷auch einige Grad Fieber mehr◁. Das ist ein reizender kleiner Lügenplan; würde man nicht sagen, ein Kind des Teufels hätte das eingefädelt? Und ich bin doch ein Engel, wie mir manchmal versichert wird. Tun Sie mir den Gefallen und ordnen oder vielmehr reimen Sie das zusammen. Ich habe dazu nicht den Mut, denn wenn ich auch mit dem Teufel ▷(Gott sei bei uns)◁ nichts gemein habe, ach, so fühle ich doch, um ein Engel zu sein, müßte ich viel besser sein und werden, als ich bin. Haben Sie nichts von unserer Reise zu Ihnen vernommen? Diese ganze Nacht haben wir schießen hören, aber wir wissen nichts Neues. My dear friend, I habe a great friendship for you. Erschrecken Sie nicht über meine englischen Kenntnisse, glauben Sie auch nicht, ich hätte die ▷Kribbelsucht◁ eine Krankheit, bei der man alle möglichen Sprachen braucht. Nein, nein, ich finde nur herzliches Vergnügen darin, wenn ich Ihnen sage und wiederhole, daß Sie der Mensch sind, den ich am meisten auf der Erde liebe. Leben Sie wohl, Friederike umarmt Sie, und ich begrüße Sie von meinem Bette aus, denn dort bin ich noch, obwohl es 1 Uhr ist; aber ich versuche auf alle Weise, meine Schmerzen loszuwerden, damit ich nicht der Lust der anderen erliege, mir die Zähne die Ihrer Luise gehören, ausziehen zu lassen. Schlechte Zähne sind ein wertvoller Schatz, nicht wahr?

Luise

Luise ist darauf versessen, daß ich Sie immer umarmen soll, und ich empfinde sehr wohl, daß Ihnen das lästig werden muß; drehen wir die Sache also um, daß Luise Sie umarmt und ich Sie begrüße, oder daß ich Sie nach ihr umarme.

Friederike.

Ich habe *honte de* Ihnen das zu *envoyiren*,
denn es steht gar zu *enfant*. [Luise]

▷Dies Luisch ische wäri Närrin. [Friederike]
Frederike ist es. [Luise]
Das lügt sie aus dem Rachen heraus◁. [Friederike]

Der *reizende kleine Lügenplan* Luises betraf Ausreden wegen der Verspätung von Dankschreiben für Glückwünsche zu ihrer Verlobung am 24. April. – *Diese Nacht haben wir schießen hören:* Am 15. Mai beschossen preußische Batterien ohne Erfolg feindliche Laufgräben vor Kostheim. – *17. Mai:* Das preußische Hauptquartier wurde nach Bodenheim (südlich von Mainz) verlegt. Luise und Friederike sollten zu einem Besuch dorthin kommen.

18. An den Kronprinzen

Darmstadt, den 26. Mai 1793

Alle die Bestellungen, die Sie mir durch Papa und Herrn von Graefe haben machen lassen, haben mich in solche Aufregung versetzt, daß ich nicht habe schlafen können. Ich muß durchaus ein bißchen vernünftig zu Ihnen sprechen; gegenwärtig sind Sie noch imstande zuzuhören und zu überlegen, denn ich hoffe nicht, daß Sie am Morgen betrunken unter dem Tische liegen, nein, das hoffe ich nicht. Verhalten Sie sich so, daß ich von niemand eine Klage vernehme, wenn ich nach Bodenheim [Feldlager] komme, sonst werde ich tun, als kenne ich Sie nicht, und wir werden uns ganz fremd sein. Ebenso bitte ich Sie, sich nicht zu ▷besaufen◁ unter dem Vorwande, auf meine Gesundheit zu trinken, ▷denn es würde mir sehr übel bekommen◁ und mein Name und meine Person dürfen Ihnen niemals Unglück bringen.

Ihr letzter Brief ist reizend, und ich bin vollauf zufrieden mit Ihnen. Mlle ▷die alte Gélieuen◁ sagte mir immer, als ich klein war, wenn sie mit mir zufrieden war: »Fahren Sie so fort, wenn Sie weiter artig sind, werden alle Sie liebhaben; hier, Prinzessin, diese Süßigkeit schenke ich Ihnen als Zeichen meiner Zufriedenheit.« »Hier, mein Prinz«, sage ich zu Ihnen, »eine Weintraube als Zeichen meiner Liebe.« ... Verzeihen Sie mir, mein Prinz, dieser Brief ist recht dumm, ohne Sinn und Verstand, aber das ist nicht meine Schuld, ich muß mich recht tüchtig schneuzen und ich fürchte so sehr, daß etwas von meinem Gehirn mit weggegangen ist. Ich habe nämlich Schnupfen, aber ich befinde mich doch sehr, sehr wohl, und ich unterhalte mich damit, durch die Straßen zu laufen. Das ist wörtlich wahr, denn mein armer Bruder ist krank, ich besuche ihn zweimal täglich und gehe dann zu Friederike. Das ist meine Beschäftigung. Ich freue mich wie toll, Sie wiederzusehen; das ist recht lächerlich, nicht wahr? Ich finde es nicht. Leben Sie wohl, Hoheit, ich bin Ihnen zu Füßen.

Luise

28. Mai 1793: Besuch von Luise und Friederike im Feldlager Bodenheim. Goethe, der sich dort aufhielt, berichtete von dem Eindruck, den die Prinzessinnen auf ihn gemacht hatten, als von »himmlischen Erscheinungen« (in der »Belagerung von Mainz«).

19. An den Kronprinzen Darmstadt, den 3. Juni 1793

Ich bin sehr zufrieden, daß die Viereck [künftige Hofdame Luises] Erfolg gehabt hat, nach allem, was Sie mir von ihrem gleichguten Verstand und Herzen sagten; ich gestehe, ich wünschte sehr, sie bei mir zu haben, da ich sicher war, in *ihr* eine *Stütze* gegen alle Kabalen zu besitzen, ein kluges Mädchen, das durch seine guten Ratschläge mir viel Ärger ersparen kann. Außerdem kann ihre Unterhaltung nur angenehm sein, ich werde also durch ihre angenehme Gesellschaft in jeder Weise gewinnen. Ich muß Ihnen gestehen, daß ich nach Ihrem Briefe wirklich über vieles beruhigt bin. Was Frau von Voß anbetrifft, so will ich Ihnen noch sagen, daß ihre Wahl mir nicht unangenehm ist; denn ich hoffe, sie wird durch Schwatzen und durch Erzählen von Neuigkeiten die Ehre vergessen, zu der Gesellschaft der erhabenen Seelen zugelassen zu sein, die ihre Erhabenheit in der Herstellung der feinsten Gewebe suchen ...

Da Heiterkeit mich entzückt, und da ich von Natur nicht trübsinnig bin wie auch Ihre Hoheit und Herr von Massow [Hofmarschall] nicht, so hoffe ich, daß man an unserm Hofe mehr lachen als weinen wird. Dabei dürfen wir die Güte des *Königs* nicht vergessen, die gewiß für uns und besonders für Sie von großem Wert ist. Ist es nicht, als ob er jede Gelegenheit suchte, um Ihnen Freude zu machen? Sobald er Ihre Wünsche zu bemerken glaubt, streckt er beide Hände aus, um sie zu erfüllen. Seine Rücksicht auf Sie, lieber Prinz, muß uns mit Dankbarkeit und Liebe für diesen ausgezeichneten Vater erfüllen. Ich kann Ihnen wahrheitsgemäß sagen, daß ich dem König immer inniger zugetan bin, mein einziger Wunsch geht dahin, ihm in Berlin Beweise meines lebhaften Dankes für alle seine Güte geben zu können; ich wäre überglücklich, wenn er in unserer Gesellschaft einige Annehmlichkeiten finden könnte.

Ich danke Ihnen für die Übermittlung der Gravüre; sie ist immer unterwegs, und ich werde sie heute früh der Landgräfin [Luise von Hessen-Darmstadt] schicken, sonst hätte sie der Bote mitnehmen müssen. Friederike hat sie wenigstens eine halbe Stunde betrachtet, ▷es tat ihrem kleinen Herzen so wohl◁. Sorgen Sie bitte nach Möglichkeit für mein Buch und bringen Sie es oder schicken Sie es mir, wenn Sie damit fertig sind. Prinz Louis ist gestern vor 11 Uhr abgefahren und hat mir noch viele Grüße für Sie, Friederike und Georg, aufgetragen. Großmama und Papa, alle wollen Ihrer Erinnerung empfohlen sein. Ich teile Ihnen mit, daß Papa und M[ama] [Großmutter], jedesmal, wenn ich an Sie einen Brief schreibe (oder schmiere), mich mit einem Sack von Empfehlungen beauftragen, aber ich vergesse es recht oft und sogar meistens, deswegen kommen Sie bitte mit Ihrem Gedächtnis zu Hilfe.

Wenn Sie den Herzog von Weimar [Karl August] sehen, teilen Sie ihm bitte mit, daß ich herrliche Spargeln für ihn habe und nur die 12 Flaschen englisches Bier abwarte, um sie ihm zu schicken.

Leben Sie wohl, gnädigster Herr, wenn ich ▷Schenig oder einige Bohnen◁ finden kann, werde ich an Sie denken. Leben Sie wohl, vergessen Sie nicht ein kleines Wesen, das einiges Recht auf Ihr Gedenken hat.

Herr von Schack [Adjutant] findet hier Grüße von mir.

Luise

Für den zukünftigen kronprinzlichen Hofstaat waren vorgesehen: Als *Hofdamen:* Henriette und Dorothee v. Viereck. Henriette, bis 1791 Ehrendame der Prinzessin Friederike (Halbschwester des Kronprinzen), hatte ein Gesuch um Anstellung eingereicht. – Als *Oberhofmeisterin:* die 64jährige Frau v. Voss, seit Mai 1793 Witwe. Sie war eine geborene Sophie Marie v. Pannwitz, verlebte ihre Jugend am Hofe der Königin Sophie Dorothee (Gemahlin des Soldatenkönigs Friedrich Wilhelm I.). 1751 hatte Sophie Marie den Ernst Johann v. Voss geheiratet, Oberhofmeister der Königin Elisabeth Christine (Gemahlin Friedrichs des Großen). – Als *Hofmarschall:* Valentin v. Massow, geboren 1752, verheiratet seit 1788 mit Luise Gräfin Blumenthal aus Steinhöfel bei Fürstenwalde.

20. An den Kronprinzen

Darmstadt, den 7. Juni 1793

... Die Früchte, hoffe ich, werden bald reif sein; ich wenigstens, wenn ich eine Kirsche wäre, würde in einem Tage reifen, meine Wangen sind schon ganz feuerfarben ... Ich esse eben beim Schreiben köstliche Klöße, mit Brot und Butter; wenn Großmama das bei Tische merkt, so wird Luise, obgleich sie eine Braut ist, einen tüchtigen Wischer kriegen ... Papas Läufer ist an der Tür und quält mich zu schließen. Was soll ich tun, Königliche Hoheit? Ist es nicht das Beste jetzt zu schließen, um zu Tisch fertig zu sein, den Läufer und die Sehnsucht meines lieben

Freundes zufrieden zu stellen, der mich gern noch heute lesen will? Es ist also die buchstäbliche Wahrheit: ich schließe meinen Brief, um Ihnen Vergnügen zu machen...

Am *1. Juni* berichtete Friedrich Wilhelm (noch aus Bodenheim) von einem Ausfall und Angriff der belagerten Franzosen aus Mainz heraus. Es gab Verluste auf beiden Seiten. Das preußische Hauptquartier sollte daraufhin nach Marienborn (etwa 6 km nordwestlich von Bodenheim) verlegt und die Belagerung von Mainz vorbereitet werden.

21. An den Kronprinzen

Darmstadt, den 15. Juni 1793

Nicht ohne Schmerz und sogar nicht ohne Tränen habe ich Ihren interessanten Brief gelesen, der so traurige und für mein mitfühlendes Herz erschütternde Nachrichten enthält, das, wie Sie wissen, aufrichtig die Leiden eines jeden einzelnen mitfühlt, die, ach! bei dieser unglückseligen Belagerung unvermeidlich sind. Sie entführt mir auch meinen teuren Freund noch zwei Stunden weiter fort und nimmt mir die Möglichkeit, ihn so oft wie ich möchte zu sehen, gewiß ein wirklicher Verlust für mich, den wir aber etwas durch unsern Aufenthalt in Braunshardt mildern werden. Ich habe niemandem als Papa mitgeteilt, was Sie mir geschrieben haben, er war durch Schack [Adjutant] davon unterrichtet; im übrigen verspreche ich Ihnen das strengste Stillschweigen. Ich erhielt Ihren Brief im Zimmer der Großmama, sie sah auf meinem Gesicht einen Ausdruck der Niedergeschlagenheit, und man mußte ihr wohl etwas sagen, worauf ich ihr unter dem Siegel der Verschwiegenheit mitteilte, daß Sie mit dem König im Lager und dadurch verhindert wären, am Montag zu kommen, sie spricht aber mit niemand davon. Sie läßt Ihnen sagen, daß sie über diese Störung sehr ärgerlich ist, aber sie verspricht uns dafür B[raunshardt] und bittet Sie nur, mir vorher einen Tag anzugeben, an dem Sie hoffen kommen zu können, da das Wetter augenblicklich für den Landaufenthalt nicht sehr einladend ist; das ist gleich, sagen Sie mir nur einmal ▷aufs Geratewohl◁, daß Sie zu kommen hoffen, damit wir aufs Land gehen. Ich werde Sie dann wissen lassen, wann wir dort sein werden, und dann kommen Sie, wann Sie wollen und können. Mir werden Sie, lieber Freund, immer willkommen sein, mein Herz wird immer entzückt und niemals glücklicher sein, als wenn es Sie besitzt. Dieses gleiche Herz wird auch unruhige Augenblicke haben, wenn es Sie von Gefahren umgeben weiß, ja sicherlich, es hat oft solche Augenblicke und sogar immer, aber Gott und mein Gebet werden Ihnen überall folgen, und Sie können in Wahrheit sagen, daß sich niemand mehr für Sie interessiert als Ihre Luise. Wenn meine Briefe Ihnen einigen Trost bieten können, so seien Sie ganz sicher, daß Sie sie oft erhalten werden. ▷Die Szenen des menschlichen Unglücks und Elendes werden Sie öfter sehen, auch manchen braven Krieger beweinen, schämen Sie sich aber der Tränen nicht, sie sind edel und sind der Beweis Ihrer Seele, die Gefühl hat, auch die meinigen werden unbekannterweise fließen, denn der Gedanke ist schrecklich, daß durch eines *Menschen* Willen so viele seiner Brüder fallen, und wie wichtig ist dieser Gedanke nicht◁. Herr Himmel [Musiker] läßt sich zum dritten Male bei der Landgräfin [Luise von Hessen-Darmstadt] hören, und ich habe diese Zeit benutzt, um Ihnen zu schreiben, da ich es morgen nicht kann. Ich beschwöre Sie, mir diese Schmiererei zu verzeihen, aber meine Seele ist zerrissen vom Schmerz über all das Unglück, das es gibt, und die heilige Handlung, die morgen für mich stattfinden wird, beschäftigt mich unendlich. Die Medaillen für die Soldaten haben mir große Freude gemacht, denn sie werden natürlich alles tun, was sie können, um sie zu verdienen. Denken Sie manchmal an Ihre ergebene Luise, an Ihre treue Freundin. Trommel und Trompete verbieten mir, mehr zu schreiben, ein andermal werde ich Ihnen sagen, wo ich heute stehengeblieben bin, nämlich, daß ich Sie von ganzem Herzen liebe. Leben Sie wohl, lieber Freund, Ihre Luise ist nicht fähig, sich zu ändern, werden Sie dessen immer mehr gewiß durch die Art, in der sie ist

Luise

22. An den Kronprinzen — Den 18. Juni [1793]

Nun muß ich Ihnen erzählen, was wir Sonntag abend gemacht haben. Als wir unser Abendessen beendet hatten, kam einer der Diener und sagte mir, es wäre eine Kanonade wie ein Gewitter. Ich wußte, um was es sich handelte und ich schwöre Ihnen, ein Schauder überfiel mich wie ein Fieber und ließ nicht nach bis zu dem Augenblick, als ich einschlief. Man schickte dann einen Diener zum Schloß, um zu sehen, ob man das

Feuer der Geschütze erblicken könne, die Antwort war ja, und wir faßten alsdann den Entschluß, auch hinzugehen, wo wir die Landgräfin [Luise von Hessen-Darmstadt] und alle Damen und Kinder in dem Zimmer ihrer Tochter [Luise, 14jährig] fanden. Sie haben keinen Begriff von dem heftigen Feuer, das wir sahen, unter anderem ▷waren acht Kanonenblitze auf einmal◁. Die Phantasie unserer Umgebung arbeitete derart, daß sie die Kanonen von Mainz und die der Preußen sahen. Es ist indessen wahr, daß auf der Mainzer Seite das Feuer eine ganz andere Farbe hatte, wie das Licht einer Kerze mit einem fürchterlichen Docht, aber es machte keinen Lärm, was man uns schließlich als Signale erklärte. Von ganzem Herzen wünsche ich, daß, wenn Sie etwas Neues unternehmen, es besser geht und der Erfolg nicht mit zu viel Menschen bezahlt wird.

Ihr Bruder [Prinz Ludwig] ist seit gestern Morgen hier und wird bis Freitag bleiben, wie ist Friederike glücklich! Wir haben gestern ziemlich heiter bei Papa zu Abend gegessen, ich dachte viel an Sie, an Ihr Zelt und an die der armen Soldaten, die offenbar die beste Kühlung der Welt genossen haben. Großmama und Papa haben mich beauftragt, Sie zu fragen, ob es gefährlich sei, bis zur Ginsheimer Brücke zu gehen. Wenn es das nicht ist und Sie dorthin kommen können, wollen wir, d.h. Friederike, Prinz Louis [= Ludwig], Großmama, Papa und ich morgen früh um 10 Uhr an der Brücke sein, um Sie dort zu sehen. Papa tritt soeben ein und sagt mir, er sei morgen bei Ihnen und würde mit Ihnen sprechen, deshalb wird die Partie morgen früh nichts werden und wir werden bis zu Papas Rückkehr nichts beschließen. Der Bote ist beauftragt, Ihnen einen Kirschkuchen und eine Schachtel mit Kirschen und ▷Erdbeeren◁ zu übergeben, ich wünschte, dies alles möge Ihnen Freude machen ▷, teilen auch hübsch tunlich mit an die Ihnen umgeben◁. Ich habe soeben einen sehr gnädigen Brief der Königin [Friederike von Preussen] erhalten. Leben Sie wohl, mein lieber Prinz; wenn Sie nicht zu schlechter Laune sind, dann denken Sie recht oft an mich.

Luise, ganz die Ihrige

23. An den Kronprinzen — Darmstadt, den 21. Juni 1793

▷... und ich, ich möchte Ihnen vor Dankbarkeit um den Hals fallen und Ihnen recht herzlich küssen. Ich habe großes Behagen dazu.◁

Adieu, mon cher, mon unique, mon bon ami. Soyez bien persuadé de l'amitié sans égal de votre amie de votre bien tendrement altesse
▷nebst guten Kirschen◁ *Louise*

21. Juni: Die Franzosen lehnten eine Aufforderung zur Übergabe von Mainz ab. – Preußischerseits begann die Beschießung der Festung. – Friedrich Wilhelm berichtete von der *»Eröffnung der Laufgräben«*.

24. An den Kronprinzen

Darmstadt, den 24. Juni 1793

... Seit einiger Zeit beschäftige ich mich mit Scharpiezupfen, ich habe schon einen guten Vorrat; wenn ich viel habe, werde ich sie Ihnen schicken und dann geben Sie sie denen, die die Kranken versorgen ... Ich habe das Medaillon mit Ihrem Bildnis erhalten. Tausend Dank, lieber Prinz, für dieses Geschenk, das mein einziger Trost seit Ihrer Abreise ist. Ich trage es alle Tage, und wenn ich es ablege, lege ich es so, daß ich es beim Erwachen immer sehen kann. Möge das meinige Ihnen auch manchmal mich ins Gedächtnis zurückrufen, die ich Ihnen so treu zugetan bin.

Luise

25. An den Pfarrer Johann Wilhelm Lichthammer

[Darmstadt, den] 28. Juni 1793

▷Ich reiße mich los von jenem herrlichen Buche, welches Ihre Güte mir vor einiger Zeit gab, um nicht bloß Ihnen meinen Dank noch einmal mitzuteilen, sondern ich füge die Bitte hinzu, mir das Buch Mendelssohns von der Unsterblichkeit von Frankfurt kommen zu lassen. Sie können sich nicht vorstellen, wie sehr glücklich mich das Buch macht, die Lehren, die es enthält, sind so wahr, so treffend und gut, daß es mir ein wahrer Schatz für meine Seele geworden ist. Meine Seele wünscht außerordentlich sich zu bilden und sich nützliche Kenntnisse der Menschen, des Geistes der vergangenen Welten zu sammeln. Verhelfen Sie mir dazu, ich bitte Sie. Ich beschäftige mich immer; was ist eine Monatschrift, eine hübsche Zeichnung oder eine schöne Sonate für den Geist? Es zerstreut sie wohl, aber gibt ihr keine Kraft, denn so gut wie der Körper nicht von Anschauen und Anhören leben kann, ebensogut kann die Seele keine Fortschritte machen, wenn sie keinen Stoff zum Denken hat. Ich verbleibe ewig Ihre Freundin Luise ◁

Der genaue Titel des *Buches* von Moses Mendelssohn: »Phädon oder die Unsterblichkeit der Seele«; es erschien 1767.

29. Juni 1793: Friedrich Wilhelm schrieb seiner Braut von dem Plan einer Einladung an Prinzessin George zum Besuch des Lagers Marienborn. Marchese Lucchesini (Begleiter des Königs) traf hierfür Vorbereitungen.

26. An den Kronprinzen

Darmstadt, den 30. Juni 1793

... Der Marquis [Lucchesini] ist ein reizender Mann, ich bin ihm recht gut, denn er ist immer aufmerksam, wenn er uns gefällig sein kann. Sagen Sie ihm ein Wort von mir, wenn Sie wollen. Andererseits bin ich auch sehr zufrieden, daß alle überzeugt sind, wir kommen nicht *nur* um zu essen und zu trinken; lassen Sie uns beim Aussteigen merken, daß auch Sie so denken. Verstehen Sie, mein Herr? Ich werde so glücklich sein, wenn ich Sie wieder sehe, daß ich glaube, ich bin imstande und tanze wie ▷, Herodes Töchterlein ◁, ein Solo vor der ganzen Armee, nach der Weise: ▷Wenns immer, wenns immer, wenns immer so wär ◁! Großmama scheint mit allem zufrieden zu sein, sie fürchtet sich nur vor den Anstrengungen des Tages, was aber das Souper anbelangt, so will sie nicht davon reden hören; ich sagte ihr gestern Abend, wir könnten doch nach dem Souper in Gerau schlafen, aber sie antwortete mir: ▷Ach gehe doch nur weg, das sind recht verliebte Gedanken und damit Amen ◁. Sie sehen hier ist eine kleine Schanze unüberwindlicher als die Albanischanze [vor Mainz] ... Ihre Freundin Luise

▷Promemoria von Eure Großmama.
Ich muß in Kerch gehen, sonst schlägt mich mey alt Großmäme. Die Friederiken ist sauwohl, war aberst krank gewesen ◁. Um Gottes Willen, verzeihen Sie mir dieses ▷Cripcrapsgekritzel ◁. Gestern Abend tanzte ich in allen Zimmern umher und schrie ▷: Ich segn mei Schatz witter, ich segn mei Schatz witter ◁!!!
Es wird fürchterlich geschossen, ich bin närrisch und die Großmama wird mich schelten, weil ich nur Torheiten mache.

27. An den Kronprinzen

Darmstadt, den 3. Juli 1793

▷Eben komme ich von der Großmama, welche mir aufgetragen hat, Ihnen viele Komplimente zu machen, und Ihnen zu sagen, sie täte alles in der Welt, um Ihnen Vergnügen zu machen, und mit Freude ging sie nach Großgerau, um Ihnen dorten zu empfangen und Ihnen mit einem kleinen Mittagessen zu traktieren, welches sie aber schon zum voraus entschuldiget und um Schonung bittet, weil sie die Küche des Herrn Engeroffs gar nicht kennet. Ich bitte bei Ihnen auch um Schonung, wenn mein Gesicht vielleicht etwas weniges von der Sonnenhitze verbrannt ist, ich denke aber, Gesundheit gehet vor alles, und da gehe ich auch recht fleißig spazieren, welches sich aber nicht mit der angeborenen Koketterie des Frauenzimmers verträgt; glauben Sie daher *tout bonnement*, daß ich es bin. Ich versichere Ihnen, ich ärgere mich recht herzlich, daß ich Ihnen so öfters schreiben muß, denn es ist ganz natürlich, daß ich Sie zuletzt mit meinen Briefen langweile und Überdruß verschaffen muß, aber sagen Sie selbst, habe ich Schuld daran? Gewiß nicht. Vermutlich werden Sie mein[en] Brief morgen frühe bei Ihrem Erwachen bekommen, denn der Reitende soll diese Nacht wegreiten, dann denken Sie bei Ihrem Kaffee an Ihre Freundin und an ihre einfältigen Briefe, worum ich sehr um Verzeihung bitte; aber Sie wissen, man ist nie dümmer, als wenn man wünscht, recht artig und klug und angenehm zu sein. Da dies mein Wunsch nun immer ist, wenn ich an Sie denke, so ist die Folge davon unvermeidlich, und deswegen Nachsicht!... So eine infame Feder besinne ich mich nicht gehabt zu haben. Sie ist wie ein Besenstiel so dicke. Wenn Sie mit meinem Geschmiere zu Ende sind werden Sie sagen: »Pfui Teufel, wie hat die Jungfer Luise geschrieben!« Gnädiger Herr, sie kann nichts dazu. Und damit Amen.

Luise von M◁

Der für den 5. Juli 1793 vorgesehene Besuch im Lager Marienborn wurde vom König verschoben. – Friedrich Wilhelm schlug eine Zusammenkunft in Großgerau vor.

8. Juli 1793: Besuch der beiden Prinzessinnen mit ihrer Großmutter im Feldlager Marienborn. Anschließend Übersiedlung nach Braunshardt, einem Schloß (unweit von Darmstadt), das der Großmutter gehörte.

28. An den Kronprinzen

Braunshardt, den 9. Juli 1793

In Ihrem lieben, reizenden Briefe wünschen Sie mir einen guten Tag, und ich bin in der Lage, Ihnen einen guten Abend zu wünschen, denn ich benutze die Zeit, wo die anderen spazieren fahren, um Ihnen zu schreiben. Wir sind gestern Nacht um 12 1/2 Uhr hier angekommen, und ich war überglücklich, zu Bett gehen zu können, das ich diese Nacht mit Friederike teilte. Ein glücklicher Fall, nicht wahr? ... Großmama war so geschmeichelt durch Ihren Dank, daß sie sagte: ▷Ach du scharmanter Kronprinz, nein, so dankbar ist er doch, wir müssen ihm für alle Güte danken, die er uns erwiesen hat; wo ich denn auch von ganzem Herzen mit einstimme und Ihnen, bester Freund, versichere, daß ich gewiß recht sehr Ihre Liebe und Freundschaft, die Sie für mich haben, erkenne◁. Der gestrige Tag war bezaubernd▷ und das königliche Zelt dazu◁, denn seien Sie überzeugt, das hat uns geholfen, die Kühle in Ihrer reizenden Buchenlaube noch angenehmer zu finden.

Die Erinnerung an gestern wird für mich immer besonders angenehm sein. Die Hautboisten, ▷der kühle Wind, die türkische Musik, der Kirschenkuchen, das Vorlesen◁, kurz alles war reizend. Nur Ginsheim war nicht angenehm, weil es mir meinen guten Freund nahm, den ich gern hierher gebracht hätte. Wenn Sie mein kleines Zimmer sehen könnten, so nett, ▷so traulich und gut◁, wären Sie sicherlich zufrieden. Von meinem Zimmer aus kann man jede Feuerbombe, jeden Kanonenblitz sehen, und *angeblich sind sogar die Trommeln vernommen worden*, ▷woran ich einen untertänigsten Zweifel habe◁. Vielleicht haben die Leute Ihr *dum tete dum* gehört. ▷Jungfer Luise◁ hat alles wiedergefunden, was sie nicht hatte; tausend Dank für meinen Fächer. Ich weiß nicht, wer an Jungfer Husch denkt; verstehen Sie, mein Herr? Die Gélieu [Erzieherin] befindet sich recht wohl, sie bleibt sich immer gleich, sie ist nicht größer geworden, ihr hoher Absatz bleibt immer gleich, ebenso ihr Schritt, genannt ▷einundzwanzig, zweiundzwanzig usw.◁. Die Bosen [Hofdame der Großmutter], die nicht wußte, wer nebenan weilte, sprach laut, während sie sich auszog; wie groß war ihr Erstaunen, als sie die Tür ihres Zimmers öffnen hörte und die Gélieu im *Hemde* erblickte, blink und blank und ...

Wir haben heute einen höchst langweiligen Nachmittag verbracht; wir lasen ein Buch, das Damen durchaus nicht verstehen können und alle

Herren nicht, ▷die nicht Freimaurer sind◁. Am angenehmsten ist es für mich, wenn ich mich vormittags, nachdem ich in Gesellschaft Pyrmonter Wasser getrunken und gefrühstückt habe, zurückziehe, dann beschäftige ich mich mit sehr ernsthaften Dingen. Eine Stunde habe ich der Lektüre der *Principes philosophiques, politiques et moraux* von Major Weiß gewidmet und habe dann Auszüge gemacht. Darauf lese ich Heiteres, und manchmal, aber selten, denke ich dann an Sie, mein Freund!... ▷Mein Lieblingsgedanke, Sie bald hier zu sehen, verläßt mich nicht, aber frühe müßten Sie ausreiten◁. Leben Sie wohl, mein lieber Prinz, ein für allemal, ich bin Ihre Freundin Luise

22. Juli 1793: Kapitulation von Mainz. General d'Oyré stellte sich bis zur Bezahlung der französischen Schulden als Geisel.

29. An den Kronprinzen

Braunshardt, den 30. Juli 1793

... Immer noch Belagerungen, das ist schrecklich; wenn es diesmal nur nicht Landau ist, denn man sagt, daß diese Festung viel stärker als Mainz sei. Sie können mir glauben, es ist unterhaltend, diese Herren Offiziere über die Belagerung sprechen zu hören; jeder hatte Unfälle, jeder Erlebnisse, kurz, ihre Tapferkeit und ihre Parteinahme bietet vielen Stoff *zum Lachen* und zum Nachdenken. Meine Kur ist noch nicht beendet, aber ich gedenke sie Anfang nächsten Monats zu machen. Meine Gesundheit ist gut, die Bewegung, die ich mir morgens zu Fuß und nachmittags im Wagen mache, tut mir gut. Ich wünschte, ich könnte heute Sie an Stelle von Großmama spazieren fahren. In einer Stunde fahren wir nach Mönchsbruch, einem Jagdschloß, 3 Stunden von hier. Dort essen wir zu Mittag und kommen dann wieder, um alles einzupacken. Ich werde noch schöne Heldentaten an Geschicklichkeit und Mut verrichten, denn ich kenne den Weg durchaus nicht. Herr von Bose ist noch hier, er ist so gut, mich singen zu lehren. Er findet meine Stimme leidlich; wenn ich Sie wiedersehe, werde ich Ihnen zur Ehre und zum Ruhm ein Lied singen. Friederike bekam heute morgen einen Brief von Prinz Louis; der meldet ihr, daß die Franzosen sich alle auf Landau zurückgezogen haben und wie besessen gelaufen sind, um es zu erreichen. Die Einnahme von Mainz hat sie in großen Schrecken versetzt, und ich hoffe, das wird ihrer Tapferkeit Eintrag tun. Man sagt hier, d'Oyré [franz. General] habe keine Lust, Mainz zu verlassen, weil er die Belohnung aller Männer von Ehre zu erhalten fürchtet, nämlich die Guillotine. Ich verlasse Sie, um mich fertig machen zu lassen; wir müssen um 11 Uhr abfahren und es ist schon nach halb. Bleiben Sie sich immer gleich und bewahren Sie mir Ihre Freundschaft und Ihre Achtung. Ich bin fürs Leben Ihre treue Freundin

Luise

22. Juli 1793: Kapitulation von Mainz. General d'Oyré stellt sich bis zur Bezahlung der französischen Schulden als Geisel.

30. An den Kronprinzen

Braunshardt, den 1. August 1793

Alles, was ein zärtliches, treues Herz empfinden und wünschen kann, möchte ich, daß Sie haben. Es wäre mehr als lächerlich, wenn ich zu Ihrem Geburtstage alle die guten Wünsche auspacken wollte, die ich täglich für Sie hege, und ich wäre sehr zu beklagen, wenn Sie von meiner wahrhaften Anhänglichkeit nicht fest überzeugt wären. Einer meiner glühendsten Wünsche geht dahin, Sie so glücklich zu machen, wie Sie es verdienen und wie Sie zu werden hoffen. Seien Sie auch bitte überzeugt, daß ich keine größere Freude habe, als wenn ich sehe, daß meine Denkweise und mein Verhalten Ihren Wünschen entspricht, denn dann kann ich mir mit Gewißheit sagen, daß ich zu Ihrer Befriedigung beitrage. Erlauben Sie mir, diesem Briefe einen kleinen Malkasten beizulegen; es schien mir, als gefiele er Ihnen, ich konnte aber in Frankfurt keinen haben, deshalb möchte ich Ihnen meinen anbieten, ich habe ihn nie benutzt und hoffe, in Zeiten der Muße wird er Ihnen einige Freude machen und eine kleine Erinnerung an Ihre Luise sein. Wenn ich Ihnen eine Freude habe machen können, mein lieber Prinz, wäre ich sehr zufrieden; aber ich beschwöre Sie, machen Sie keinen langen Dankbarkeitserguß, denn dadurch würden Sie mich sehr betrüben. Ich hatte immer gehofft, diesen *für mich so glücklichen* Tag mit Ihnen zu verbringen, aber das Geschick hat es nicht gewollt; glauben Sie also in der Ferne, was ich Ihnen in der Nähe hätte sagen können, nämlich, daß ich Sie von ganzem Herzen liebe ...

31. An den Kronprinzen — Darmstadt, den 8. August 1793

Viktoria! Viktoria! Ein Brief von meiner Tante lädt uns nach Mannheim ein, ich bin außer mir vor Freude; übermorgen reisen wir dahin ab; verstehen Sie wohl, übermorgen, den 10., werden wir in Mannheim sein. Wann werden Sie dorthin kommen? Ich freue mich außerordentlich über diesen glücklichen Gedanken und über die Verwirklichung des reizenden Planes, Sie wiederzusehen; sehen Sie, ich hatte durchaus recht, wenn ich sagte, wir würden uns bald wiedersehen, aber gestehen Sie, daß wir auch außerordentlich glücklich sind. Prinz Louis hat auch ein Unterkommen in Mannheim; lassen Sie ihn mitkommen, meine arme Schwester hat ihn seit vier Wochen nicht gesehen. In meinem Kopf geht alles drüber und drunter; verzeihen Sie also, aber haben Sie Mitleid mit meiner Erkältung, die sich diese Nacht auf die Brust gelegt hat, ich huste beängstigend und habe eine schreckliche Stimme, bald rauh, bald ▷ganz kläglich◁. Adieu, mein lieber Freund, lassen Sie sich's gut gehen, ▷die Gesundheit ist doch das Edelste◁. Luise

Dieser Brief ist der großartigste, den Sie noch von mir erhalten haben.

meine Tante: Auguste Wilhelmine Pfalz/Bayern (Schwester von Luises Mutter, Gemahlin des – ab 1805 – Königs Maximilian I. von Bayern) hatte ihre Mutter (Luise Hessen-Darmstadt) mit deren Enkelinnen Luise und Friederike nach Mannheim eingeladen. Sie blieben dort vom 10. bis 30. August.

32. An die Königin-Mutter Friederike von Preussen — Darmstadt, den 30. August 1793

Madame!
Ich bitte Eure Majestät, mir die lange Verzögerung meiner Antwort auf Ihren letzten, liebenswürdigen Brief zu verzeihen, aber eine Reihe kleiner Ausflüge, die bis heute seit mehr als vier Wochen andauern, hat mich völlig am Schreiben gehindert. Vor allem hoffe ich, eine triftige Entschuldigung zu finden, wenn ich Eurer Majestät sage, daß ich die Freude hatte, den Kronprinzen in dieser Zeit sehr oft zu sehen; er hat mich erst gestern verlassen, nachdem er vier Tage mit mir in Darmstadt verbrachte, wohin ich erst vor fünf Tagen zurückkehrte. Ich bitte Eure Majestät von meiner Dankbarkeit überzeugt zu sein, die sehr groß ist,

für die herrlichen Tassen, die Sie die Güte hatten mir zu schicken; überzeugt zugleich davon zu sein, daß nicht Nachlässigkeit daran schuld ist, daß so lange Zeit verronnen ist, ohne daß ich die Versicherung von Dankbarkeit und Anhänglichkeit abfaßte, die mein dankbares Herz erfüllen.

Möge Eure Majestät gütig entgegennehmen die Versicherungen tiefer Hochachtung meiner würdigen und lieben Großmama [Prinzessin ›George‹ von Hessen-Darmstadt] und mögen Sie nicht zweifeln an meiner respektvollen Ergebenheit, mit der ich die Ehre habe zu sein

Madame
Euer Majestät
sehr bescheidene und sehr gehorsame Dienerin
Louise von Mecklenburg

33. An den Kronprinzen

Auerbach, den 31. August 1793

... Ich bin ganz sicher, der König wird Ihnen gestatten zu entwischen; er ist so gut zu Ihnen und hat Ihnen davon so viele Beweise gegeben, daß Sie nicht mehr daran zweifeln können. Machen Sie also Vorbereitungen, daß Sie bald nach Darmstadt kommen. Wir werden Montag hier abfahren, zu meinem großen Bedauern; aber ich sage mir ▷man muß des Guten auch nicht zuviel haben◁.

Ihr preußischer Soldat wird mit Ungeduld erwartet, vor allem, um zu sehen, ob er die Lobreden, die sie ihm gütig spenden, verdient. Wissen Sie, wie Sie ihn mir zukommen lassen müssen? Durch Sie selbst, mein lieber Prinz. Diese Gelegenheit würde mir am liebsten sein. In diesen Tagen werde ich mich wieder ans Malen machen und dann sollen Sie meine Talente sehen, die Sie noch nicht kennen. Allabendlich gibt es hier Gesang, und meine Stimme hat seit der Pyrmonter Wasserkur sehr gewonnen, ohne indes, das schwöre ich Ihnen, den geringsten Anspruch auf Schönheit zu haben...

Ihre gütige Erinnerung an meine Gesundheit hat sehr gewirkt, das versichere ich Ihnen, denn kein Abend vergeht, an dem ich nicht Schals, Krawatten, Mäntel usw. anlege...

Adieu, ich liebe Sie. Luise

Auf der Rückreise nach Darmstadt machten die Prinzessinnen auf Einladung ihres Onkels Ludwig x. von Hessen-Darmstadt in Auerbach (an der Bergstraße bei

Bensheim) Station. Hier befand sich das landgräfliche Sommerschloß Fürstenlager. – Friedrich Wilhelm war nach Edenkoben (an der Weinstraße) versetzt worden und erhielt das Oberkommando über ein zur Belagerung von Landau eingesetztes Corps. In jedem seiner Briefe an Luise berichtete er von militärischen Aktionen. Mitunter beschäftigte er sich mitUniformentwürfen. Am 29. August 1793 schrieb er: »... *Der preußische Soldat, den Sie haben wollten, ist gestern nach dem Essen fabriziert worden ... und ist mir herrlich gelungen.*«

34. An ihre Schwester Therese, Fürstin von Thurn und Taxis

Darmstadt, den 9. September 1793

Nach und nach will ich versuchen, mein schlechtes Gewissen Dir gegenüber zu erleichtern, meine liebste Freundin, und deshalb lasse ich den jungen Marchand nicht abreisen, ohne daß er ein paar Zeilen für Dich, meine liebe Therese, mitnimmt; ich bin von ihm entzückt; er spielt wie ein Engel, und ich bin ihm manchen Dank schuldig nicht nur für die Harmonien und Melodien, die er dem Piano entlockt hat, um mein Ohr zu erfreuen, sondern auch für die guten Nachrichten, die er mir von Dir überbringen konnte. Was habe ich nicht angestellt, um von Dir sprechen zu können! Den Hof habe ich ihm gemacht, wie er an den Kamin getreten ist (in Auerbach, wo ich ihn das erste Mal sah)! Hinterhergelaufen bin ich ihm! Ich war immer an seiner Seite, und wir haben geschwatzt: über den Ton der Harfe, über Kanons, über Deine Schwierigkeiten, über Georg [Bruder], über ...
Und darüber, wie schön es wäre, wenn Du mich in meinem Berliner Zuhause besuchen könntest. Frag ihn, ob es stimmt. Ja, meine Teure – wenn ich auch verschiedener Dinge wegen Dir nicht schreiben konnte, so hat mein Herz doch nie aufgehört, Dich zu lieben. Gestern ist er hier gewesen, um Abschied zu nehmen, und ich habe diese Gelegenheit benutzt, ihn ganz allein für mich spielen zu hören, im Großen Saal; aber gegeben habe ich ihm nichts dafür, weil ich nicht wußte: was, und es ist doch das erste und letzte Mal gewesen, daß er allein für mich gespielt hat. Sonst immer nur für die Landgräfin [Luise von H.-D.]. Schreib mir mit Nächstem, was Du für richtig hältst: ein Paar schöner Spitzenmanschetten – glaubst Du, das geht? Sag ja oder nein, und in acht oder zehn Tagen hat er sie. Oder nenne mir irgendeine Kleinigkeit. Falls Du an die Lenthe [Hofdame von Therese] schreibst, so grüße sie und bitte sie auf Knien, daß sie mir die Liste derjenigen Bücher sendet,

von denen sie glaubt, daß sie für mich nützlich und schicklich sein könnten; sie hat sie mir mit so großer Freundschaft und Güte versprochen, daß ich auf sie zähle aufgrund dieser Eigenschaften. Die Minette hat mir gestern gesagt, Du seiest noch nicht entschieden, nach Berlin zu gehen. Diese Nachricht hat mich so erschreckt, daß ich Dich nur beschwören kann, Dich doch ja zum Heile Deiner Luise zu entscheiden, die Deinen Rat tausendmal nötig hat, auch Deine Kenntnis der Großen Welt, in der Du doch so viel erfahrener bist als eine arme Novizin; diese muß und wird wie ein seltenes Tier in Berlin betrachtet werden; ich habe solche Furcht vor diesen lästigen Beobachtern, die ihre Nahsichtbrillen und Lupen zücken werden, um meine Fehler ja recht genau zu erkennen, und nur wenige werden ihre natürlichen Augen benutzen, um einen Menschen zu beurteilen, der dies doch von ganzem Herzen ist. Du kannst Dir die Beklemmung nicht vorstellen, die mich befällt, wenn ich nur an das alles denke. Ade, unschuldiges Vergnügen; ade Jugendzeit, ade Fröhlichkeit – sie werden für mich nur zu bald zu Buchstaben- und Bilderrätseln werden. Papa ist zurück seit dem 6., Gott sei Dank gesund ... Ich kaufe unter Führung von G. M. [Grandmama] wie eine Verlorene. Und dann die Ängste, die mir das Bezahlen macht!

Es ist eine schreckliche Sache, das Heiraten, ich gesteh's. Adieu, liebste Therese. Ich schließe absichtlich; denn ich fürchte, daß ich Dir lästig fallen werde, wenn ich hier alle Einzelheiten ausbreite. Ich würde kein Ende finden, wenn ich anfangen wollte, Dir im einzelnen zu erklären, was mich dazu bringt, Dich innig zu lieben bis zum letzten Atemzuge meines Lebens.

Louise

35. An den Kronprinzen — Darmstadt, den 19. September 1793

Mehr als unerträglich ist mir der Gedanke, daß Sie sich nach einem Briefe von mir sehnen und keinen bekommen haben. Ich war in diesen Tagen ständig verhindert, Ihnen zu schreiben. Die Ankunft meiner Tante trug auch dazu bei, sie wird heute wieder abfahren; auch hätte ich Ihnen nicht schreiben können, wenn ich nicht völlig sicher gewesen wäre, daß mein Freund mir das Geschmier verzeihen würde, das ich während des Frisierens kritzelte. Sie haben mir einen reizenden Brief geschrieben, dafür bin ich Ihnen besonderen Dank schuldig, denn Sie sagen mir wieder soviel Freundschaftliches, Sie wollen mich glücklich machen, und Sie können es; ich habe den gleichen Wunsch, und ich hoffe, Sie sind davon überzeugt. Damit Sie diesen Brief recht schnell erhalten, will ich den Postmeister in Mannheim bitten, ihn durch einen Boten Ihnen zuzusenden, so daß Sie ihn morgen Mittag in Edenkoben lesen. Glauben Sie, daß ich ein bißchen prophezeien kann? Saarlouis wird dieses Jahr nicht durch Besuche der Preußen geehrt werden, und wer hat es immer gesagt und geglaubt? Ich lasse nie ganz die Vorstellung fallen, daß Sie bald hierherkommen werden, und die Hoffnung ist meine Stütze. Greifen Sie mit Glück Ihre Linien an, und führen Sie einen ehrenvollen Streich wie der Herzog von Braunschweig, dann werde ich jubeln und einen Teufelslärm machen. Aber alles hat seine zwei Seiten, der Freude folgt stets Schmerz; die Offiziere kenne ich zwar nicht, aber sie haben ein Recht darauf, von allen bedauert zu werden, besonders bei *uns* Preußen, weil wir kluge Köpfe verlieren. Sind nicht auch die armen Soldaten Menschen wie wir, haben sie nicht die gleichen Schmerzempfindungen wie wir? Ein General wagt diese Überlegungen nicht, wenn er zu einer Tat schreitet, er würde dann mit Sicherheit verlieren... Luise umarmt Sie und sagt Ihnen, daß sie wirklich Ihre Freundin ist. Herr Ewald [Kammerdiener] ist bereit, es ist 11/2 Uhr, und ich bin noch im Frisierrock. Übrigens schreibt Therese mir, sie möchte Bestimmtes über unsere Hochzeit erfahren. Darf ich sie im Geheimen mit Ihrem Brief vom 9. September bekannt machen? Antworten Sie schnell...

Der *Herzog Karl Wilhelm von Braunschweig,* Oberbefehlshaber der preußischen Truppen, hatte am *14. September* angreifende Franzosen bei Pirmasens geschlagen.

36. An den Kronprinzen — Darmstadt, den 22. September 1793

Seit vier Tagen bin ich ohne Brief, infolgedessen auch ohne Nachricht von Ihnen. Ich weiß gar nicht, wie diese schreckliche Post geht. Heute erfahre ich durch einen Brief Ihres Bruders, wie schlimm Ihr Los im Lager bei dem gegenwärtigen schauderhaften Wetter ist. Ich bin darüber wirklich sehr beunruhigt, denn ich fürchte immer die Erkältungen, ich bitte Sie, teurer Freund, geben Sie gut acht auf sich, ergreifen

Sie alle notwendigen Vorbeugungsmaßregeln. Wenn eine Weste Ihnen Freude machen könnte und Ihnen notwendig ist, verschweigen Sie es nicht. Sie wissen, wie gern ich jede Gelegenheit ergreife, um Ihnen zu dienen und angenehm zu werden. Diese Worte schreibe ich bei meinem Bruder Georg, denn wenn ich im Palais geblieben wäre, hätte ich nicht dazu kommen können, da ich dort eine Menge Herrschaften zurückgelassen habe. Ich muß zurückkehren, denn die Teestunde ist herangekommen und ich werde dazu erwartet. Leben Sie wohl, mein lieber Freund. Georg umarmt Sie in Gedanken ebenso wie ich. Ich bin Ihnen bis an mein Lebensende zugetan.

Luise

Am 30. September 1793 teilte der Kronprinz Luise mit: »... *Der König zeigt mir an, ... daß er sich gezwungen sehe, das Heer zu verlassen, um sich an die polnische Grenze zu begeben* [im Zusammenhang mit der zweiten polnischen Teilung] ... *daß mein Bruder* [Ludwig] *ebenso wie ich beim Heere bleiben sollten, bis dieses die Winterquartiere bezöge, und wir dann nach Berlin zurückkehren sollten, wohin er zu dieser Zeit ebenfalls zurückzukehren hoffe, um dort unsere Hochzeit festsetzen zu können.*«

37. An den Kronprinzen

Darmstadt, den 11. Oktober 1793

Die Freude über den Empfang meiner Briefe, die Sie mir aussprechen, ermutigt mich doppelt, Ihnen zu schreiben; doch ist gewiß, daß nur Ihre Liebe zu mir Ihnen mein Geschwätz erträglich macht, denn im Grunde schreibe ich schlecht und habe Ihnen niemals etwas Neues mitzuteilen; und nur Ihre nachsichtige Freundschaft und die Erinnerung an mich und die alte Versicherung, daß ich Sie liebe, macht Ihnen meine Briefe liebenswert ... Was für eine greuliche Feder! Ich hege die glühendsten und aufrichtigsten Wünsche für einen glücklichen Angriff auf die Linien. Schreiben Sie mir bitte, ob Truppen von uns und ob viele Truppen von uns in diesem Kampf beteiligt sind. Ich wage nicht, mich dem Gedanken an die Toten hinzugeben, die das unweigerlich kosten wird. Ach! So viele prächtige Menschen, die ich gekannt habe, sind in diesem höllischen Kriege untergegangen; ich beteure Ihnen, ich habe sehr traurige Momente, wenn ich daran denke, welche Schmerzen er verursacht ... Ich hege tausend Wünsche für ihr völliges Wohlergehen und möchte Sie einmal wiedersehen, denn mir scheint, es ist etwas Zeit verflossen, seitdem ich Sie nicht gesehen habe, und ich gestehe Ihnen

bei dieser Gelegenheit, daß ich so wenig davon vor Ihnen rede, weil ich die Unmöglichkeit einsehe, und damit Ihnen nicht das Wasser im Munde zusammenläuft. Übrigens bin ich sogar überzeugt, daß ich Ihnen davon nichts zu sagen *brauche*, weil Sie mich kennen und ich Ihnen wegen unserer Freundschaft keinen Zweifel einflößen kann. Leben Sie wohl, mein lieber Freund. Doch ehe ich Sie verlasse und Ihnen sage, daß ich Ihnen *zärtlich zugetan* bin, mein lieber Prinz, will ich nicht vergessen, Ihnen mitzuteilen, daß Papa mir heute morgen geschrieben hat; er drang in mich, Ihnen seine Freundschaft und seine unwandelbare Anhänglichkeit zu erklären, er ist Ihnen wirklich sehr zugetan; ich aber laufe ihm den Rang ab und liebe und schätze Sie doch noch mehr als er. Glauben Sie das? Antwort bitte?
Ich umarme Sie in Gedanken und bin mit Herz und Seele Ihre Freundin

Luise.

13. Oktober 1793: Preußische und österreichische Truppen eroberten die sog. *Weißenburger Linien* (in der Pfalz).

38. An den Kronprinzen

Darmstadt, den 15. Oktober 1793

Schon gestern hätte meine beredte Feder Ihnen den Ausdruck meiner Dankbarkeit darbringen müssen für die reizenden, herrlichen, feinen, gut ausgewählten Handschuhe, aber Kopfschmerzen machten mich darauf aufmerksam, daß meine Beredsamkeit dadurch ein wenig ▷gestockt◁ sein würde, darum habe ich Ihnen gestern nicht geschrieben und heute würde ich es ebenso gemacht haben, da ich noch dasselbe Leiden habe, aber ach! ich muß sagen, ich fürchte durch meine Schuld, da ich es gemacht habe wie ein gewisser Sterblicher, den ich zärtlich liebe, ich habe nämlich zuviel genascht. Um auf die Handschuhe zurückzukommen, müssen Sie also wissen, mein lieber Prinz, ▷daß Sie ein Schatz sind, der mir eine unaussprechliche Freude gemacht hat, meine Erkenntlichkeit ist groß, sehr groß, größer als ich sie ausdrücken kann. Ich möchte aber wohl Ihnen einen rechten *freundschaftlich dankbaren Kuß* auf der Backe drücken, ich glaube, es wäre Ihnen auch wohl nicht unangenehm? Viele Wünsche habe ich für den glücklichen

Ausgang der Attacke der Linien gemacht. Morgen ein mehreres, ich habe so Kopfweh und Magenweh, daß ich aufhören muß.

Luise

Deine getreue bis in den Tod ◁.

Friedrich Wilhelm antwortete (auf deutsch): »*vielen Dank für Ihren recht freundschaftlichen Kuß auf der Backe, ich wünschte auch, ihn erwidern zu können, und zwar durch einen recht herzlichen* auf dem Munde.«

39. An den Kronprinzen — Darmstadt, den 22. Oktober 1793

Soeben kommen wir gerade ▷von der leichten Infanterie- und Kavallerierevue ◁. Sie können mir den Vorwurf machen, warum ich Ihnen nicht gestern nach der Revue schrieb, aber ich will Ihnen sagen, daß die Besichtigung gestern erst um 2 Uhr zu Ende ging, so daß es nicht möglich war. Tausend Dank für Ihre Ananas, es gibt so wenig eßbare. Als ich sie gestern empfing, schickte ich sie dem Zuckerbäcker, der sie uns auf das köstlichste hergerichtet hat, ich habe sie auf Ihre Gesundheit gegessen, mein zärtlich geliebter Freund. ... Ich verlasse Sie, und warum? Um einen Brief von Ihnen zu lesen, den ich eben erhalte. Schnell habe ich diesen reizenden Brief gelesen und bitte Sie, bombardieren Sie schnell, kommen Sie schnell, ich will Sie schnell umarmen und wir werden zufrieden sein. Wir gehen und fahren immer noch spazieren, oft fahre ich selbst ... Die Abende wurden mit Teetrinken, Singen, Musizieren usw. zugebracht, aber das wird jetzt aufhören und wir werden sehr, sehr zu bedauern sein, denn wir sind von 4 bis 9 Uhr bei der Großmama und müssen vielleicht zu allem Überfluß dieses Reversis lernen, um in Berlin mit dem König spielen zu können, der doch niemals spielt. Nota bene: Die Erinnerung an die glücklichen Tage, die wir in diesem Sommer und Frühling erlebten, ist unauslöschlich und die Zukunft wird gewiß glücklich sein, sicherlich, ich hoffe es ganz gewiß; Sie lieben mich, ich liebe Sie, ein wenig Nachsicht von beiden Seiten und alles wird gut gehen. Ich habe meine Fehler, die Sie noch zu wenig kennen; deshalb bitte ich Sie im voraus, haben Sie viel Nachsicht mit mir, erwarten Sie nicht zu viel von mir, denn ich bin sehr unvollkommen, sehr jung, ich werde also oft irren. Aber wir werden doch glücklich sein. Ich bin ein wenig kühl von Natur, ich kann es nicht

so zeigen, wenn ich jemand liebe, das wissen Sie, aber ich liebe Sie deswegen nicht weniger.
Handeln Sie so, daß Straßburg in diesem Winter in unserer Hand ist, ich werde toll vor Freude darüber sein, denn Landau betrachte ich schon als unser. Denken Sie sich nur, wir haben nichts anzuziehen, alles ist und bleibt in Lyon, ▷das ist der Teufel, nicht wahr◁? Major Kuhn, der bei meinem Vetter Georg [von Hessen-Darmstadt] ist und baldigst nach Wien abgehen wird, ist ein recht liebenswürdiger Mann, ich glaube, er ist Ihnen bekannt, er soll Massow [Hofmarschall] sehr ähneln, nur soll der Letztere größer sein. Leben Sie wohl, viele Empfehlungen an Schack [Adjutant]. Ich liebe Sie wahrhaft. Luise

Apropos, die Franzosen, die durchgekommen sind, sind alle aus Quesnoy. Ich glaube, ich habe vergessen, mich für die Früchte und die Trüffeln zu bedanken, vielen Dank also.

28. Oktober: Eine Beschießung der Festung Landau hatte keinen Erfolg; der französische Kommandant ließ sich nicht zur Übergabe bewegen. – Am *16. Oktober* 1793 war Königin Marie Antoinette von Frankreich, Tochter des Deutschen Kaisers Franz I., enthauptet worden.

40. An den Kronprinzen — Darmstadt, den 2. November 1793

Ich bin recht ärgerlich, daß die Beschießung nichts Tatsächliches erreicht hat und der Verlust an Menschen und die Mühe umsonst gewesen sind, aber die Hoffnung, die Stütze der Unglücklichen und der Glücklichen, verläßt mich nicht und ich hoffe immer noch, daß sich Landau ergeben wird und Sie, mit Ruhm und Lorbeer gekrönt, dort einziehen. Ich wünsche es recht von Herzen; dann kommen Sie hierher nach Darmstadt und ruhen sich aus; ich werde versuchen, Sie zu unterhalten und Ihnen soviel Freude zu machen, wie ich kann. Ich habe recht wohl die französische Art bei der Enthauptung der unglücklichen Königin [Marie Antoinette] erkannt. Dieser Tod läßt erschaudern, ihre Wut hat sich noch nicht abgekühlt, denn es sind noch zwei arme Unschuldige [Kinder Ludwigs XVI.] umzubringen, es ist wirklich grausam. Wir sind jetzt alle auf sechs Wochen schwarz gekleidet. Sie würden mich nicht wiedererkennen, so schwarz bin ich... Die Porträts für die Königin [Friederike] sind fertig, und ich bitte um Ihren Rat, wie ich sie ihr zukommen lassen soll... Was den Wagen anbetrifft, so glaube ich, daß er sehr hübsch wird, aber erlauben Sie mir zu bemerken, daß Lord Elgin in London einen von gleicher Farbe anfertigen läßt und daß mein teurer Kronprinz schon einen ähnlichen hat, so daß wir der gelbe Hof werden. Ich bin über unsere Reise, ebenso wie über die von Papa und Großmama ganz beruhigt. Ich bin Ihnen sehr dankbar für den guten Rat betreffs meines Kammermädchens. Ich werde ihn sicherlich befolgen, ▷auf Ihr Wort◁. Sie ist mir ebenso notwendig, wie Ihnen Herr Passe, denn Sie wissen, daß es tausend Dinge gibt, die ein Dienstbote besorgen muß und von denen die Kammerdiener oder Kammerfrauen nicht reden hören wollen. Sie erwähnen in Ihrem letzten Brief vom 30. nichts davon, daß Sie die Scharpie erhalten haben. Ich bin umso besorgter, als sie sicherlich keinen großen Nutzen mehr haben wird, wenn sie zu spät kommt. Während dieser schrecklichen Tage des Durcheinanders sind unsere Spaziergänge etwas eingestellt worden. Heute habe ich mir jedoch durch Sturm und Morast einen Weg gebahnt und einen langen Spaziergang mit Fräulein v. Bose [Hofdame der Großmutter] gemacht, eingehüllt in Pelz, mit Pelzmütze, Muff usw. Es war sehr kalt, aber das schadet nichts, wenn ich nur an der Luft sein und mir Bewegung machen kann. Mein Befinden ist bewundernswert, ich habe weder Halsweh noch Schnupfen... Leben Sie wohl, mein teurer Freund, ich hoffe, daß Sie mit der Länge meines Briefes diesmal ziemlich zufrieden sind. Wenn Sie es nicht mit der Länge sind, so doch wenigstens mit dem Gefasel, das in einem Zimmer, kalt wie ein Gletscher in der Schweiz, niedergeschrieben wird. So habe ich doch wenigstens eine kleine Entschuldigung, Leben Sie wohl, immer die Ihrige

Luise

Die *Porträts für die Königin* (genauer noch beschrieben im Brief vom 9. November) sind unbekannt. – *Lord Elgin* (1766–1842) war 1792 englischer Gesandter in Brüssel, 1795 in Berlin, 1799 in Konstantinopel. Er wurde berühmt als Antikensammler.

41. An den Kronprinzen

Darmstadt, den 6. November 1793

... Die Belagerung von Landau verwünsche ich in die Hölle, wäre die nicht, würde ich Sie sehen und ganz zufrieden sein. Ich konnte mir

leicht ausrechnen, daß der Brief des Königs [Friedrich Wilhelm II.] Ihnen kein hervorragendes Vergnügen bereitete; stellte er Sie doch vor vollendete Tatsachen, während Sie bald von den militärischen Pflichten freizukommen hofften, um ein Wesen zu besuchen, dem Ihre Besuche und alle Ihre liebenswürdigen Worte über die Kunst des Liebens durchaus nicht gleichgültig sind. Ihre Verlobte ist ein gutes Geschöpf; sie wünscht nur, den Mann, der ihr in seinem letzten Briefe den liebenswürdigen Beweis seiner Liebe gibt, glücklich zu machen. Ihr Tageslauf ist allerdings sehr einförmig, das schlechte Wetter, das sich anscheinend des Himmels bemächtigt hat, hindert Sie auch an dem Vergnügen des Reitens, und so muß der Tag Ihnen noch länger als ohnehin erscheinen. Sie haben durchaus recht, der Übergang von der Belagerung von Landau in den Lärm von Berlin wird ein bißchen schnell sein; am Anfang, glaube ich, wird uns schwindlig werden vor Tanz und Putz. Auf den ersteren freue ich mich sehr, vor diesem aber, gestehe ich, graut mir. Was den Putz betrifft, so hat mir Papa heute ein Medaillon geschenkt mit seinem Bilde, umgeben von herrlichen Diamanten. Ich habe Ihre Briefe vom 1. und 3. November erhalten. Mit dem, was Sie mir in dem ersteren über unsere Ankunft in Berlin sagen, geht es mir ebenso wie Ihnen, ich denke unaufhörlich daran, und ich habe dazu so viele, viele viele Gründe.
▷Aller Augen warten auf die armselige Luise, wird es da heißen, und schon der Gedanke, so von allem und jedem beobachtet zu werden, ist ganz erschröcklich◁...

42. An den Kronprinzen

Darmstadt, den 9. November 1793

Hier ist der Winter richtig angekommen, es scheint, es ist kalt und feucht, und Sie, ach! sind in einem Unterstand. Ich beklage Sie von ganzem Herzen, aber doch nicht so sehr, wie die armen Soldaten in ihren Zelten. Wie müssen sie in der Nacht frieren, und besonders das Erwachen muß sehr angenehm sein, mit roten Nasen vor Kälte klappernd; mit einem Wort, ein warmes Zimmer ist mehr nach meinem Geschmack als ein Leinwandzelt, in dem man vor Frost erstarrt. Papa schickt einen Eilboten nach Mannheim, und ich benütze diese Gelegenheit, um Ihnen diese wenigen Zeilen zu senden, die ich gleich nach dem

Aufstehen schreibe; es ist noch nicht einmal Tag, denn es ist noch nicht 8 Uhr. Ich habe Ihren letzten Brief erhalten, teurer Prinz, und die Portraits gehen heute nach Berlin ab, zusammen mit einem Brief an die Königin [Friederike v. Pr.]. Man findet sie ziemlich gut und ähnlich. Die Bilder sind etwas kleiner als diese Seite, ungefähr vom Beginn der Schrift an bis nach unten. Friederike und ich geben uns die Hände, sie umarmt mich. Ich bin in weißen Flor gekleidet, mit einer Rosenborte, die Haare aufgesteckt, von Rosen durchflochten, mit schwarzem Band und einem Umhängetuch in Lila und Schwarz. Friederike ist in Lila, das Umhängetuch schwarz und lila, mit hochgestecktem Haar; aber nicht sehr ähnlich. Doch genug von den Portraits. Ich freue mich sehr, daß die türkische Musik bei den Preußen etwas in Mode kommt, denn sie ist meine große Leidenschaft. Der Marsch von Pellegrini hat hier großen Erfolg gehabt, alle Leute wollen ihn, alle spielen ihn, ich habe ihn schon in mehr als 6 Exemplaren abschreiben lassen. Was Märsche angeht, so schickt Ihnen Herr v. Bose [Bruder der Hofdame] einen, den er Ihnen in Braunshardt spielen mußte und an den er nicht mehr dachte; er hat daran sogar einige Änderungen für Sie gemacht. Leben Sie wohl, Papa hat mir zwei Diener geschickt, um mich zur Eile zu mahnen, ich muß sogar schließen, ohne Ihnen sagen zu können, daß Sie mein lieber Freund sind! Luise

43. An den Kronprinzen Darmstadt, den 15. November 1793

Sie sind doch ein reizender Kerl, ein liebenswürdiger Freund; Sie schreiben mir drei Briefe hintereinander, und ich? Ich little monster habe Ihnen nicht geantwortet. Ich gebe es zu, ich bekenne, bereue es und verspreche, diesen ärgerlichen Fall nicht wieder eintreten zu lassen. Die Ursache meines Schweigens war Papa; ich suchte ihn soviel wie möglich zu zerstreuen, und ach, es gelang mir am besten durch das Spiel, mein Abend war dem Spiel gewidmet, nicht aus Liebe dazu, sondern aus kindlicher Zärtlichkeit; wenn man das Glück hat, einen Vater wie meinen zu besitzen, ist nichts zuviel, kein Opfer zu groß. Mein Leben, ja mein Leben würde ich für sein Glück hingeben. Die beiden Tage seit seiner Abfahrt las uns Graf a Ponte [hess. Oberst] aus der Tragödie Codrus [Trauerspiel von J. F. v. Cronegk] vor. Wenn Sie das nicht gelesen haben, haben Sie nichts gelesen; in deutschen Versen, jeder Vers enthält vollkommenste Moral, sie rührt das Herz, und der Geist stimmt ihr zu. Wenn Sie wollen, können Sie es haben, aber Sie müssen mir bald antworten. Sind Sie vielleicht ohne Lesestoff, so wenden Sie sich bitte an Ihre zärtliche Freundin, die wird Ihnen mit Freuden zugleich nützlich und angenehm sein. Das ist etwas Seltenes, denn Sie wissen wohl, alles Angenehme ist nicht nützlich, und umgekehrt... Ich beglückwünsche Sie, daß Sie unter ein trockenes Dach kommen; ich gestehe, die ganze Zeit war ich wirklich in Sorge. Da ich Ihre häßliche Gewohnheit kenne, immerfort Zahnschmerzen zu haben infolge von Nässe oder Kälte, fürchtete ich jeden Tag zu hören, daß mein Prinz Zahnschmerzen oder gar eine geschwollene Backe mit Flußfieber hätte. Jetzt sind Sie nach dieser Seite gesichert. Ich möchte Sie sehen und Sie von Ihren Schmerzen und allem, was Ihnen unangenehm sein könnte, befreien können. Ja bei Gott, ich möchte es.

Ihre Liebe zu den Soldaten gefällt mir sehr, denn dadurch streben Sie Ihrem wahren Glücke zu; später werden Sie einmal nichts unternehmen, was ihnen schaden könnte, Sie werden die Menschen nicht als Spielzeuge Ihrer Laune betrachten, ▷aber Sie werden sie erkennen als Ihresgleichen, als Menschen, und die Menschen werden Ihnen lieben. Verzeihen Sie, teurer Freund, die flüchtigen Gedanken, die meine freche Feder niederschreibt; vielleicht gibt mir Ihre Beurteilungskraft doch nicht unrecht, und erkennt unter diesem Gewäsche das treue Herz Ihrer Freundin Luise◁

44. An den Kronprinzen — Darmstadt, den 4. Dezember 1793

...Mein Brief wird gewiß vor Ihnen in Berlin ankommen, er wird Sie bitten, in dem großen Tumult, der Sie umgeben wird, sich Ihrer zärtlichen Freundin zu erinnern, deren einzige Freude darin besteht, Pläne zu schmieden, wie und auf welche Weise sie Sie glücklich machen kann, wie ihr Herz es wünscht. Seien Sie immer *überzeugt*, daß ich *Sie von ganzem Herzen und aus tiefster Seele liebe*. Ihr Brief aus Frankfurt kam gestern hier an, er wurde mehrmals gelesen und mit großem Vergnügen genossen, denn mein Gedächtnis läßt unaufhörlich all die reizenden Augenblicke, die wir im Weißen Schwan zusammen verbrachten, wieder vor mir erstehen. Unsere Abreise nähert sich mit großen Schritten; Sie werden sicherlich nicht die Unruhe, den Lärm und die Umstände begreifen, die sie verursacht. Die Treppen sind nicht mehr gangbar wegen der Leute, die Kleider, Wäsche, Körbe, Koffer usw. usw. tragen. Werden Sie es wohl glauben, meine Verlegenheit wegen der Ankunft in Berlin wächst mit jedem Augenblick; deshalb sage ich es Ihnen vorher und bitte Sie, es allen Leuten zu sagen, daß ich ganz einfach bin. Sie werden es nicht glauben, daß ich die Abreise von hier weniger fürchte, seitdem ich Sie auf der Reise nach Berlin weiß. Ich hoffe, bald mit Ihnen zurückzukehren, wenigstens ist es mein einziger Lieblingsgedanke, den ich in der Hoffnung nähre, daß seine Verwirklichung nicht allzuviel Schwierigkeiten begegnen wird. ▷Gott gebe seinen Segen dazu◁. Die Prinzessin von der Pfalz [Auguste Wilhelmine, Pfalz/Bayern] ist seit Montag hier, sie hat mich beauftragt, Ihnen zu sagen, ▷sie hätte Ihnen freßlieb◁. Sie überschüttet mich mit Güte und Freundlichkeit; sie schenkte mir ihr Bild im Medaillon, von Perlen umgeben, es ist ganz reizend. Glauben Sie vielleicht, mein lieber Prinz, daß ich deswegen, weil ich jetzt soviel Medaillons habe, das Ihrige weniger trage? Sie täuschen sich sehr, denn sogar heute hängen Sie an meinem Halse an einer prächtigen goldenen Kette, die Sie ebenso wohl kennen. Vergessen Sie nicht, mich der Königin [Friederike v. Pr.] zu Füßen zu legen und tausend hübsche Dinge Ihrer Schwester Auguste und Ihren Brüdern Wilhelm und Heinrich zu sagen. Meine Empfehlungen an Frau von Voß und besonders viel Schönes an Henriette Viereck sowie ihre Schwester [künftige Hofdamen]; sagen Sie Henriette etwas von der Achtung, die ich für sie hege und dem Vergnügen, sie immer um mich zu wissen. Machen Sie es so, bitte, daß sie einen guten Eindruck von mir erhält; sagen Sie ihr wenigstens, ich hätte die beste Absicht, gut zu sein und das Gute zu tun. Kurzum, ich bin in guten Händen; aber ich warne Sie vor etwas, nämlich davor, daß die Liebe blind ist, also sagen Sie nicht zuviel, damit Sie nicht sich und die anderen anführen. Papa ist froh, Sie in Frankfurt gesehen zu haben; die freundschaftliche Art, in der Sie ihm entgegenkamen, hat ihn gerührt, er hegt für Sie die höchste Achtung und seine Freude, mich durch Ihre Liebe so glücklich zu sehen, macht seine Zufriedenheit übergroß. Sie sind die Quelle meines Glückes, mein zärtlich geliebter Freund, mein Herz segnet Sie dafür, meine Seele liebt Sie darum. Gott wird uns beide segnen und wir werden glücklich und zufrieden sein. Sicher werden sich Dornen auf meinem Wege finden; denken Sie daran, daß ich jung bin und wenig Erfahrung habe, anfangs keine Freundin und ich fürchte, auch später nicht. Denn unter uns gesagt, soviel ich von den Berliner Frauen habe reden hören, verdienen sie meine Freundschaft nicht. Die meisten von ihnen sind kokett und Sie wissen, lieber Prinz, wie ich die Koketterie verabscheue. Die Koketterie ist die Quelle der abscheulichsten Laster und ich wage es auszusprechen, mein Herz ist zu tugendhaft, um sich jemals ändern zu können und mich dazu zu erniedrigen, daß ich derartige Personen liebe. Übrigens hätte ich Ihnen das nicht zu schreiben brauchen, Sie kennen bereits diese Gefühle, die sich täglich mehr in mein Herz einprägen. George [14j. Bruder] ist überglücklich, nur in dem Gedanken, daß er vielleicht mitreisen darf; er verdient Ihre Freundschaft durch die Zuneigung, die er Ihnen entgegenbringt. Sagen Sie mir in Ihrem Briefe, den ich in Leipzig vorfinden werde, in welchem Anzug ich vor der Königin erscheinen soll. Leben Sie wohl, mein Engel, haben Sie mich immer lieb wie sonst und glauben Sie, ich bin Ihre treue Freundin

Luise

Am *20. November* 1793 teilte Friedrich Wilhelm mit: [der König schrieb mir aus Berlin] *»Ich werde ... an die Prinzessinnen schreiben und sie bitten, ihre Einrichtungen so zu treffen, daß sie am 10. nächsten Monats hier sein können.« ... »Ich wette, diese Nachricht wird Ihr ganzes Palais in Aufregung versetzen, alle werden ein Geschrei erheben über die Unmöglichkeit dieser plötzlichen Abreise. ... Herr v. Massow* [Hofmarschall] *behauptet ... unsere Hochzeit ... wäre ungefähr am 20. Dezember.«*

45. An den Kronprinzen

Darmstadt, den 11. Dezember 1793

Umgeben von Armen und von Leuten, die sich von mir verabschieden, will ich diese Zeilen an Sie schreiben, mein Liebster, um Ihre Wünsche zu befriedigen. Gewiß müssen Sie diesen Brief als Zeichen meiner zärtlichen, aufrichtigen Freundschaft betrachten, denn ich weiß nicht, wo mir der Kopf steht, und ob ich in einem Zimmer oder auf dem Römer in Frankfurt bin, denn auf Ehre, das macht keinen Unterschied. Ich werde Sie in kurzem sehen und bin überglücklich darüber. Seitdem Sie das letztemal hier waren, habe ich Mut gefaßt; ich bin gewiß, Gott wird mir Kraft geben, er wird mich führen und mich nicht verlassen. Meine heißen Gebete werden ihn rühren, und meine Grundsätze,

Frömmigkeit und Tugend, werden mich vor dem Bösen bewahren. Seien Sie ganz überzeugt, daß ich Ihnen gut bin und Sie liebe, daß ich alles nur mögliche tun werde, um Ihnen zu gefallen und Sie glücklich zu machen.▷Seien Sie mein Beistand und mein Freund und mein Rat, Sie werden keine Undankbare an mir finden◁.

Heute haben wir unsere Equipagen abgeschickt, die mit uns in Berlin eintreffen werden. Übermorgen früh um 4 Uhr werden wir nach Berlin abreisen. Der Abschied ist mir sehr schwer, aber er wird aufgewogen durch die Gewißheit, einen Freund zu finden, der mein Glück ausmachen wird. Tausendmal um Verzeihung für dieses Gekritzel. Gewiß raten Sie allenfalls aus dem Inhalt dieses Briefes, wer Ihnen eigentlich schreibt; Sie können es nicht erraten nach der Handschrift, die durch die große Eile unkenntlich ist.

Adieu, ich liebe Sie. Luise

13. Dezember 1793: Abfahrt der Prinzessinnen aus Darmstadt. Es ging über Würzburg, Hildburghausen, Weimar, Leipzig, Wittenberg. – *21. Dezember:* Empfang in Potsdam. – *22. Dezember:* Einzug in Berlin. – *24. Dezember:* Vermählung des Kronprinzen mit Prinzessin Luise. – *25. Dezember:* Einzug in das »Kronprinzenpalais Unter den Linden«. – *26. Dezember:* Vermählung des Prinzen Ludwig mit Prinzessin Friederike.

Ende Januar – Anfang Februar 1794: Die Hochzeitsgäste verließen Berlin wieder, zuletzt Großmutter »George« und die Brüder Georg und Carl. – Luises Schwester Friederike zog mit ihrem Gemahl Prinz Ludwig in das dicht neben dem Kronprinzenpalais gelegene (später sogenannte) Prinzessinnenpalais.

46. An ihren Bruder Georg

Berlin, den 14. Februar 1794

▷Bester Freund!

Nichts kommt dem Schmerz bei, den Deine Trennung meiner Seele verursacht. Ich kann mich nicht in den Gedanken finden, daß ich von Dir so weit entfernt leben muß, und dennoch zwingt mich die Wirklichkeit dazu, die mir denn auch alle Bitterkeit desselben empfinden läßt. Die Leere, die in meinem Hause ist, ist wirklich unbeschreiblich, und besonders die Frühstücksstunde ist für mich ganz erschrecklich. So ganz allein sitze ich denn da an meinem Fenster, bin aller angenehmen Unterhaltung mit Dir, bester George, beraubt und beschäftige mich allein mit dem Gedanken, wo meine lieben Reisenden sein werden, und alsdann erfolgen tausend heiße Wünsche für Euer Glück, Ruhe und Zufriedenheit. Gestern war ein harter Tag für mich; ich war über alle

Beschreibung melancholisch und traurig, kein Glied von meiner Gesellschaft war heiter, und keiner hatte das Herz, aus Schonung für mich viel zu sprechen, so daß das Mittagessen in tödlichster Stille vorbeiging. In dem Augenblick, als wir uns setzten, glaubte ich von Tränen erstickt zu werden, wie ich niemand von meinen Verwandten erblickte; ich mußte sie aber ersticken, weil Tränen öfters anders ausgelegt werden können. Genug hiervon, sonst fange ich wieder an zu brüllen, und das wäre sehr zur Unzeit.

Mein gestriger Lebenslauf war ganz stille bis um fünfe, wo Friederike zu mir kam, die mich noch schreibend antraf, denn den gestrigen Nachmittag benutzte ich, meinem Vater und an meinen Onkel [Georg von H.-D.] zu schreiben; wir tranken Tee zusammen, und vor sechse fuhren wir in die Komödie, um uns Zerstreuung zu suchen, welcher wir sehr bedurften. Der *»Hieronymus Knicker«* [Operette von Dittersdorf] wurde aufgeführt und recht gut und hat uns wirklich einigemal zum Lachen gebracht, was sehr schwer gestern war, da mein Gemüt zur tiefsten Trauer gesinnt war. Um neune kamen die Grafen und die Gräfin Wengersky [Kammerherr] zu mir und blieben zum Souper, und meine Schwester, Prinz Louis [= Ludwig] und Knobelsdorffen [Hofdame von Friederike] waren auch von dem traurigen Mahle, welches doch erträglicher war als des Mittags. Heute Freitags muß ich bei der alten Königin [Elisabeth Christine, Witwe Friedrichs des Großen] essen und Dich deswegen jetzt verlassen, damit ich zur bestimmten Zeit fertig werde. Wenn ich zu wählen hätte, ich hungerte lieber den ganzen Tag und bliebe, so, wie ich jetzt bin, ruhig und still in meinem kleinen Kabinettchen und schriebe Dir in einem weg, wenn auch ein Lötchen Unsinn dann mit untermischt würde, so wüßte ich gewiß, daß Dein Herz die Absicht und die Empfindungen, in welchen geschrieben worden wäre, nicht verkennen würde, und Deine junge, vortreffliche Seele würde mir doch Dank dafür wissen. Lieber, bester Junge, ich drücke Dich herzlich in Gedanken an mein trauriges Herz und versichere Dich, daß ich Dich mehr liebe als mein Leben. Adieu, vergesse nicht Deine treue Freundin und Schwester Luise

Mein Mann grüßt Dich, und Herr von Gräfe [Georgs Erzieher] findet hier tausend Empfehlungen und Versicherung der Freundschaft sowohl von seiten meines Mannes als von meinetwegen ◁.

47. An ihre Schwester Therese, Fürstin von Thurn und Taxis

Berlin, den 19. Februar 1794

Engel des Himmels, liebe Therese.
Während all dieser Tage war es mein fester Wille, Dir zu schreiben, aber daran wurde ich verhindert, zunächst durch die Abreise meiner lieben Eltern und dann durch ein leichtes Unwohlsein meines Mannes, das allerdings keine Folgen gehabt hat; denn heute fühlt er sich viel besser. Deinen letzten Brief erhielt ich am 12. dieses Monats, um Mitternacht, bei meiner Rückkehr von Potsdam, wo ich Großmama, Bruder Georg und all die anderen in Tränen zurückließ. Dieser Brief war wahrhaft Balsam für mein armes, von Kummer und Tränen zerrissenes Herz, und ich hatte nichts Eiligeres zu tun, als das Paket mit dem Portrait zu öffnen, aber leider war das Glas darüber völlig zerbrochen, doch die Malerei hatte dadurch keinen Schaden erlitten, so daß ich dennoch die schönen Gesichtszüge, die eine noch vollkommenere Seele verbergen, erkennen, betrachten und mich in aller Ruhe daran erfreuen konnte. Am nächsten Tag schickte ich das Portrait nach Strelitz.
Am 24. Februar vormittags, nahe einem geöffneten Fenster, da gibt das von Freude über das schöne Wetter erfüllte Herz meiner Feder neue Kraft, um all das auszuführen, was ich Dir noch zu sagen habe. Aber ich kann nicht fortfahren, denn da erscheint meine Schwester, die mich mit einem Zweisitzer abholt, um gemeinsam eine Spazierfahrt durch den Tiergarten zu machen.

Den 25. Februar

Du kannst Dir schwerlich den göttlichen Vormittag vorstellen, den wir gestern erlebten. Unsere Ehemänner erwarteten uns zu Pferde mit mehreren ihrer Freunde an der großen Allee im Park. Von da ging es in raschem Trab bis zu den Zelten, wo wir aus dem Wagen stiegen und ein reizendes Déjeuner einnahmen … Nachdem wir allerhand verspeist hatten, ging ich zu Fuß mit der Gräfin Rueff, geb. Hoym, und dem Grafen Medem voran, gefolgt von den anderen Herren zu Pferde, und wir promenierten zwei Stunden lang durch den enorm ausgedehnten Park. Während ich Dir millionenfach herzlich für die reizenden Hüte danke, möchte ich Dir sagen, daß ich mich gestern mit dem grünen

Hute geschmückt hatte, und sie alle wollten von mir wissen, woher ich diesen reizenden Hut bezogen hatte. Darin spüre ich Deine Güte, mein Engel, so wie ich es schon seit meiner zartesten Kindheit gewöhnt bin. Mit der nächsten Postkutsche schicke ich Dir ein Halstuch, Armbänder und ein Halsband aus rotem Leder (roter Saffian). Ich hoffe, daß das etwas Neues für Dich ist; jedenfalls ist das alles erst vor einer Woche neu aus London gekommen.
Jetzt, mein Engel, so wie ich nie aufgehört habe, etwas zu erbetteln, beschwöre ich Dich auf Knien, mir Dein Portrait zu schicken, so wie das für Papa, aber als Oval, und mit Deinem engelhaften [fast 2j. Sohn] Georg, der noch schöner ist als ein Seraph. Als Dank dafür werde ich Dir mein Portrait schicken. Ich möchte nur wissen, wie Du es gern hättest, im Profil oder en face. Und dann wollen wir ein Abkommen treffen, daß solche Portraits unsere Geburtstagsgeschenke sein werden. Ich gestehe ganz ehrlich, daß mich Deine Abmachungen für Dischingen [bei Dillingen] wegen der Entbindung [Anfang Juli 1794] und des Stillens in keiner Weise betreffen, weil ich für lange Zeit nicht das Glück haben werde, Dich wiederzusehen, und dabei weißt Du, welche Freude und welches Bedürfnis ich verspüre, mit Dir, meinem Herzensengel, zusammen zu sein. Wenn jedoch unsere Briefe fliegen und sicher und unversehrt am Zielort ankommen könnten, hätte ich diesem Brief noch tausend Dinge zugefügt, die nur Dich interessieren und die nur Du erfahren kannst. Ich erhalte ziemlich oft Briefe aus Darmstadt, aber erfahre nie Einzelheiten über das, was mich stark interessieren könnte. Du weißt, daß Jeniston in London ist, und man hofft, d.h. sie hofft, dort zu bleiben, aber ▷ daraus wird nichts ◁, denn ohne Vermögen ▷ ist nicht gut zu leben ◁. Im Übrigen ist De sehr traurig, denn Pappenheim hat seinen Abschied genommen, und Oyen ist nach Holland gereist, um seine dem Tode nahe Mutter aufzusuchen. Ich glaube, ich habe zu Dir bereits von Letzterem gesprochen. Mach Dich darauf gefaßt zu erfahren, daß ich bald sterben werde, denn seitdem ich mit diesem Brief begann, habe ich immer nur getanzt, und bis zu meinem Geburtstag finden noch sieben Bälle statt. Diese Lebensweise ist unglaublich anstrengend und ich achte nicht auf meine Gesundheit. Was das Tanzen angeht, so weißt Du, daß die Mecklenburger sich darauf verstehen und daß es sehr schwierig ist, sie völlig fertig zu machen. Gestern waren wir zum Konzert beim König [Friedrich Wilhelm II.], der immer äußerst

gütig zu mir ist. Gottseidank ist heute ein Ruhetag; am Abend gehen wir ins Theater, das sehr gut ist. Morgen ist Ball bei der Königinwitwe [Elisabeth Christine], übermorgen große Gesellschaft bei mir, Freitag Ball bei dem Grafen Alvensleben, für den Sonnabend ist Gottseidank noch nichts festgelegt, und das wird ein Ruhe- und Theatertag sein. Du mußt wissen, daß in der vergangenen Woche am Donnerstag bei mir Ball bis morgens 5 Uhr war, am Freitag Tanz bei Alvensleben, am Sonnabend bei Podewils und am Sonntag bei dem König. Da kann man wirklich seine Seele verlieren und sein Testament machen. Ich hoffe, Du wirst mit mir zufrieden sein, wenn Du diesen Brief erhältst, und Du wirst mich mit einem recht hübschen Brief erfreuen.

Du kannst Dir nicht vorstellen, wie freudig erregt ich bin, wenn ich Deine lieben Briefe erhalte; mach mich weiterhin mit Deiner Freundschaft glücklich! Du kannst mich von ihr nicht besser überzeugen, als wenn Du mir oft schreibst. Grüße Frau v. Lenthe [Hofdame] und Fräulein v. Ritter von mir; ich sprach oft mit der Schwester der letzteren; ich habe ihr Grüße für jene Dame aufgetragen, aber Fräulein v. Münchhausen versichert mir, daß sie fast nie Briefe von ihr erhält. Tu, was Du kannst, um mir immer ihre Freundschaft zu erhalten, und wenn sie mir gelegentlich schreiben will, könnte ich mich darüber nur freuen, denn ich nutze alle Gelegenheiten, bei denen ich meine Seele und meine Denkweise verbessern könnte. Leb wohl, mein Engel. Übermittle Deinem Papa [Karl Anselm Fürst von Thurn und Taxis] meine Hochachtung und meine Grüße Deinem Mann [Karl Alexander]. Die Angebote der Firma sind sehr anmutig und können uns nur schmeicheln, aber ich weiß nicht, ob wir darauf eingehen können.

Luise

PS Was farbige Portraits angeht, so glaube ich nicht, daß man hier welche anfertigt, aber Portraits en grisaille stellt man hier her, aber teuer.

Luises Schwester Therese erwartete ihre am 6. Juli 1794 geborene Tochter. *Frl. v. Ritter* und *Frau v. Lenthe* waren ihre Hofdamen. Fräulein *v. Münchhausen* hieß eine Hofdame der Prinzessin Wilhelmine (Schwester des Kronprinzen, seit 1791 mit dem Erbprinzen der Niederlande verheiratet).

Zur preußischen Hofgesellschaft gehörten:

Gräfin Rueff, geborene Gräfin Hoym. – Graf Christoph Johann *Medem* (Luise in Frankfurt 1793 begegnet). – Graf Johannes Friedrich *Alvensleben*, Kammerherr, Bes. von Redekin. – Graf Friedrich *Podewils*, Obermarschall Friedrich Wilhelms II. – Wer *Jeniston* ist, konnte nicht ermittelt werden. – Mit *De* meinte Luise vermutlich ihre Hofdame *Dorothee v. Viereck,* die sich wohl für den 1771 geborenen Grafen Karl Theodor *Pappenheim* (den Gräfin Lucie Hardenberg 1796 heiratete, die sich aber von ihm scheiden ließ und 1817 den berühmten Fürsten Pückler heiratete) und für den (ebenfalls 1771 geborenen) Grafen Heinrich *Oyen* zu Fürstenstein interessierte.

48. An ihre Grossmutter, Prinzessin von Hessen-Darmstadt

Berlin, den 15. März 1794

Liebste Großmama! Ich muß in Ihren Augen gewiß sehr schuldig scheinen und bin es im Grunde doch nicht, denn Sie haben keine Vorstellung von den dauernden massenhaften Bällen, die in der Stadt gegeben werden; unter anderem gab es in der vergangenen Woche zur Feier meines Geburtstages fünf Bälle hintereinander ohne einen Tag Ruhe. Wie mein Herz darunter leidet, dadurch meine Verwandten vernachlässigen zu müssen, läßt sich wohl fühlen, aber schwer aussprechen. Ich bitte um großmütige Verzeihung, und Sie werden mir die nicht abschlagen, wenn Sie merken, liebste Großmama, daß ich nur deshalb solange nichts von mir habe hören lassen, weil das Schreiben mir unmöglich war.
Durch meine Entschuldigung vergaß ich fast, aus welchem Grunde ich heute hauptsächlich die Feder ergreife. Zum erstenmal, ach, seit sieben Jahren finde ich mich in der harten Notwendigkeit, Ihnen zu Ihrem Geburtstag schreiben zu müssen; aber seien Sie überzeugt, verehrte Mama, meine Wünsche aus der Ferne für Sie sind ebenso aufrichtig wie die, die ich so glücklich war, mündlich an Sie zu richten. Möchte die göttliche Vorsehung meine heißen Gebete erfüllen und nichts wird Ihnen zu dem *so sehr, sehr* verdienten Glücke fehlen. Wie glücklich würden Sie sein, geliebte Mama, wenn alle guten Eigenschaften hier unten ihren Lohn finden würden; keine Sterbliche wäre glücklicher als Sie, wenn ich nur die Wohltaten rechnete, die Sie täglich meiner Schwester und mir zugewandt haben. Der göttliche Segen dürfte nicht von Ihnen weichen. Vor drei Tagen habe ich dem Postwagen Wedgewood-Leuchter anvertraut und bitte Sie, das mit Ihrer gewohnten Güte anzunehmen und den guten Willen für die Tat zu nehmen. Meine liebe Großmama wird heute einen Brief von Frau von Voß [Oberhofmeisterin] bekommen. Ich hoffe, sein Inhalt wird Ihnen nicht unangenehm sein, und ich empfehle mich von neuem Ihrer Huld mit der Versiche-

rung, ich bin mit Herz und Seele und mit tiefster Ehrerbietung, teuerste Großmama, Ihre sehr ergebene und gehorsame Dienerin und Tochter

Luise

10. März 1794: Luises 18. Geburtstag. – *16. März 1794:* 65. Geburtstag der Großmutter »George«. In ihrem Gratulationsbrief machte Luise eine Andeutung, daß sie ein Kind erwarte.

Zu den Frühlingsmanövern wurde ins Potsdamer Stadtschloß umgezogen.

49. An ihren Bruder Georg

Potsdam, den 4. April 1794

▷Bedenke nur, lieber George, daß ich in der festen Meinung war, daß Du mir einen Brief schuldig seist, und ich war ganz schrecklich ungehalten auf Dich, bis ich endlich aus dem falschen Wahn gerissen wurde durch die Überlesung Deines Briefes aus Darmstadt, den ich immer in der Tasche trage. Aber auch, lieber Freund, warum nicht ein Zeilchen von Dir in vier Wochen, Du weißt, wie sehr mir die Zeit kostbar ist, und wie wenig ich deren habe, um zu schreiben. Sieh mal, Du, Du hast den ganzen Nachmittag frei und hättest mir wohl einige Augenblicke davon widmen können; ach, einige Worte nur haben soviel *Trost* für mich. Ich brauche *ihn* mannigmal. – Berlin ist viel größer als Darmstadt, es sind auch viel mehr Leute allerhand Arten darin. – Das werde ich gewahr. –

Antworte mir bald, lieber, bester Mensch, und glaube nicht, daß die Seltenheit Deiner Briefe den Wert derselben ausmache. Du kennst meine Liebe, meine Freundschaft für Dich, lieber Junge, Du kennst die Festigkeit meines Charakters, auf Ehre, Du hast keine Veränderung bei mir zu fürchten, und wirklich, Du bist zu gut, um eine Veränderung fürchten zu brauchen. Das Gute wird nicht immer erkannt, glaube mir, ich spreche aus Erfahrung; deshalb muß man aber nicht ablassen, gut zu sein. Dies ist und bleibt mein Grundsatz. –

Ich bin in Potsdam und bleibe da sechs Wochen lang, bis die kriegerischen Übungen vorüber sind, alsdann gehe ich wieder nach Berlin zu meiner englischen Friederike, die ich leider habe zurücklassen müssen, nicht ohne Schmerz und Traurigkeit, aber ein Soldatenweib muß ihrem Berufe nachgehen, und das tat ich. Ich esse Punkt zwölf, ich trinke Tee nach fünf wie die alte Walbrunnen, und esse zu Nacht Punkt acht. Ich gehe zu Bett mit den *Hühnern, Küken* und *Kikerikis* und stehe mit *höchstdenenselben* wieder auf. Aber ich *bin* besser als *sie*, denn ich lese Geschichte, ich mache Auszüge aus Monsieur Weiß; schreibe Dir und anderen und lebe zum Vergnügen meines Mannes. Nun, Brüderchen, bald einen Brief und mir viel Freude und – Freunde …

Luise ◁

Die *alte Walbrunnen* war Witwe des hessisch-darmstädtischen Oberhofmarschalls Friedrich Kuno v. Wallbrunn. – *Monsieur Weiß* ein schweizerischer Offizier und Schriftsteller.

Nach der zweiten Teilung Polens (Januar 1793) gab es Unruhen. – *17. April 1794:* Aufstand in Warschau. Die russischen Besatzungstruppen mußten die Stadt räumen. Daraufhin ließ Preußen sein Heer in Polen einrücken. – *13. Mai:* Kronprinz Friedrich Wilhelm und sein Bruder Ludwig brachen mit ihren Regimentern nach Posen auf. Luise und Friederike begleiteten die Prinzen bis nach Steinhöfel, dem bei Fürstenwalde gelegenen Gut des Hofmarschalls Valentin v. Massow. Hier mußten sie sich am Morgen des 15. Mai voneinander trennen. – Frau v. Massow – 10 Jahre älter als Luise – war die Tochter des preußischen Staatsministers Graf Blumenthal.

50. An den Kronprinzen — Steinhöfel, den 15. Mai 1794

Dies ist nun das einzige, was mir bleibt, um mich mit Dir zu unterhalten, mein teurer, geliebter Freund: Eine Feder soll Dir sagen, was Dir mein Mund millionenfach versichert hat: daß Du mir unbeschreiblich teuer bist. Wie hart ist es für mich, Dich nicht mehr bei mir zu sehen, verlassen und einsam gebe ich mich ganz meinem Schmerze hin und habe nur den einen Trost, auf dem Sofaplatz zu sitzen, wo Du immer gesessen hast. O Gott! Wenn Du mich sehen könntest, wenn Du Deine unglückliche Frau sehen könntest, wie sie über Deine Abreise seufzt, wie sie unglücklich und verlassen ist; die Tränen sind mein einziges Labsal und dieses Labsal ist bitter. Vergiß mich nicht, mein teurer Freund, denke an Deine Luise, die nur für Dich lebt und ohne Dich unglücklich ist. Die Tränen ersticken mich fast. Wenn Du doch sehen könntest, wie traurig hier alles ist; es herrscht Totenstille, eine wahre Friedhofsruhe, man hört nichts als meine Seufzer, die Dir nachziehen, mein lieber Engel. Ich kann Dir nicht schildern, was ich beim Abschied von Dir gelitten habe; als Du nachher unten auf Deinen Bruder wartetest, da stand ich am Fenster, um noch einen wohltuenden Blick zu erhaschen. Aber umsonst, und ich war zu schwach, um Dir ein Lebewohl zuzurufen; ich fürchtete, Du könntest gerührt werden, was

Dir vor so viel Leuten unangenehm gewesen wäre. Aber was ich gelitten habe, als ich Deinen Wagen fortfahren sah, davon kann sich wahrhaftig niemand eine Vorstellung machen; ich glaubte, mir würde die Seele aus dem Leibe gerissen, und so ist es auch, denn was bin ich ohne Dich, geliebter Freund? Ich bin sehr lange durch den Besuch der Frau von Massow aufgehalten worden und habe diese Zeit benutzt, um an Deinem Strumpf zu stricken; wir haben nur von Dir gesprochen, mein lieber Freund, und nur das tue ich mit Freude. Es ist fast 11 Uhr und wir haben nachgerechnet, daß Du schon über Frankfurt hinaus bist, ach – immer weiter weg von mir, mein angebeteter Freund. Du hast wenigstens schönes Wetter, das ist doch schon etwas; möge Gott es Dir erhalten. Morgen wirst Du in Posen sein, und ich bitte Dich nicht, mir zu schreiben, wenn Du ausruhst, denn ich brauche das wirklich nicht; Deine wahre und zärtliche Liebe zu mir, die Du mir so göttlich und durch *so viele, viele Liebesbeweise* gezeigt hast, verbürgt mir mit Sicherheit, daß Du es tun wirst sobald Du kannst. Sage mir in jenem lieben Briefe, den ich mit solcher Ungeduld erwarte, wann Du in Deinem Quartier angelangt bist und wie Du den ersten Tag verbracht hast. Du bist gewiß ganz trübsinnig und still und Deine Gedanken weilen immer bei mir. O, geliebter Engel, sei doch immer von meiner zärtlichen Liebe so überzeugt, wie ich es von der Deinen bin. Ich schwöre Dir bei Gott, nichts kommt der Liebe gleich, die ich für Dich hege, nicht die für Vater und Mutter, noch Bruder oder Schwester. ▷Du bist mein alles, Engel meiner Seele, in Dir finde ich all mein Glück, und ohne Dich ist mir alles nichts, und ich bin unglücklich. Ich bitte Dich um Gottes willen, antworte mir recht aufrichtig, ob Du auch recht innig und wahrhaftig von meiner wahren, reinen Liebe zu Dir überzeugt bist◁?

Es ist bald Zeit mich zu frisieren und dann mich anzuziehen; wie fürchte ich mich davor, hinunter zu gehen, wie einsam und unglücklich werde ich mich ohne Dich fühlen. Großer Gott, wie soll ich nur ohne Dich leben; diese Vorstellung macht mich wieder so traurig, daß von neuem meine Tränen fließen, die seit einer halben Stunde versiegt waren. Wenn ich doch ebenso glücklich wäre wie mein Brief, der morgen abend bei Dir ist. Ich fühle nur zu gut, daß mein Brief Dir mehr weh- als wohltun wird; denn er ist so traurig; aber er ist der volle Ausdruck meiner zerrissenen Seele. Ich sehe aus wie eine Tote, so viel habe ich geweint, und so bin ich von Kummer überwältigt. Jetzt muß ich mich noch einmal schriftlich von Dir trennen, weil Massow [Hofmarschall] einen Eilboten nach der ersten Station schickt, wo ihr die Pferde gewechselt habt (ich habe den Namen vergessen), dort ist ein Kurier, der nach Posen gehen wird. Leb' also wohl, mein lieber, lieber Freund; ich fürchte, ich habe Dir mißfallen, weil ich Dich mehrfach lieber Engel genannt habe, was Dir vielleicht zu süßlich vorkommt; verzeihe es mir, lieber Freund, ich versichere Dir, es ist mein Herz, das sich hat gehen lassen, und das es so wohltätig empfindet, wenn es Dich nennt, wie ich fühle. Leb' wohl, Gott sei mit Dir, sei, bitte, meiner Liebe und Treue versichert, die nur mit meinem Tode aufhören wird.

Dein treues Weib Luise

51. An den Kronprinzen — Sanssouci den 16. Mai 1794

Kaum hier angelangt, zärtlich geliebter Freund, so siehst Du mich auch schon bei meiner Lieblingsbeschäftigung; schon bin ich dabei, Dir zu schreiben, ohne zu wissen, wann und wie mein Brief zu Dir gelangen wird. Ich habe immerhin den Trost, mich mit Dir und für Dich zu beschäftigen, wenn ich an Dich schreibe, und das ist dann der einzige Augenblick, wo ich frei atme und wo ich mich etwas weniger unglücklich fühle. Ich bin verlassen, so einsam, wie werde ich nur Dein Fernbleiben ertragen! Ganz gewiß, von seinem Gatten getrennt zu sein, einem Gatten, wie es der meinige ist, den ich von Grund meiner Seele liebe und anbete, ist das Schlimmste, was geschehen kann. Ich habe oft von Papa, von meinen Schwestern, kurz, von meinen Verwandten Abschied genommen, aber das ist wahrhaftig nur ein Scherz im Vergleich mit dem schrecklichen, grausamen, schmerzlichen Abschied, den ich von Dir, teurer Freund, genommen habe. Wenn Du mich sehen könntest, wie ich darunter leide, fern von Dir zu sein, ich kann nur immer weinen und finde nirgends Trost. Alle Welt sagt mir, daß Du bald zurückkommen wirst, aber was hilft es mir, dann muß ich mich ein zweites Mal von Dir trennen, der Du all mein Glück und meine Seligkeit bist; um Dich zur Rheinarmee ziehen zu sehen, ohne Dir folgen zu können, und Gott weiß, ob ich einen zweiten Abschied überleben werde. Jedoch, trotz all meinem Unglück, kann ich Gott gar nicht genug für meine gute Gesundheit danken. Ich habe weder Kopfschmerzen noch Zahnschmerzen, obgleich ich darauf gefaßt war nach den vielen Tränen, die ich vergossen habe und die immer von neuem fließen.

Der gestrige Tag war grausam; jedesmal, wenn ich wieder in unser Schlafzimmer trat, blieb ich wie angewurzelt auf der Stelle stehen, wo Du mich, ach, zum letzten Male, umarmt hattest. Das Diné verlief düster und traurig. Am Nachmittag habe ich an Deinem Strumpf gestrickt und bin hinauf in mein Zimmer gegangen, wo immer dieselbe Scene sich abgespielt hat, im Schlafzimmer; ich habe ganz laut auf der Stelle geweint und konnte mich gar nicht trennen. Nach dem Thee, gegen 7 Uhr, bin ich im Garten spazieren gegangen, nur, weil ich Dir versprochen habe, es täglich zu tun, und um Dir Freude zu machen und zum Besten unseres armen Kindes. Wie alles Übrige, so war auch dieser Spaziergang schrecklich traurig, weil ich noch vorgestern genau um dieselbe Zeit dort mit Dir gegangen war. Nach dem Abendessen ging ich wieder hinauf in mein Zimmer, aber, welch ein Unterschied gegen die früheren Abende; als ich dann Dein flaches leeres Bett sah, geriet ich ganz außer mir. Ich habe die ganze Nacht kein Auge zugemacht, und mehrmals habe ich die Hand nach Dir, Engel meiner Seele, ausgestreckt, ach! vergeblich, denn der, den meine Seele suchte, war nicht mehr da. Fühlst Du wohl die Bitterkeit dieser schrecklichen Nacht? Dazu kommt noch, daß die Fliegen mich so gestochen haben, daß mein ganzes Gesicht entstellt ist; es ist übersät mit Flecken. Heute früh bin ich um 1/2 5 Uhr aufgestanden und um Punkt 6 sind wir von Steinhöfel weggefahren. Noch einmal habe ich von der Stelle Abschied nehmen müssen, wo Du mich zum letztenmal umarmt hast, und mit Schluchzen habe ich sie verlassen. Hier sind wir glücklicherweise vor 3 Uhr angelangt, und alle Orte, wo ich so oft mit Dir gewesen bin, sind von Neuem Zeuge meiner Tränen und meiner Verzweiflung. Hier hast Du einen getreuen Bericht von allem, was ich getan und gedacht habe. Nur an Dich denke ich immer, für Dich lebe ich. ▷Ach Gott, warum müssen wir jetzt getrennt sein ◁! Friederike läßt Dir viele zärtliche Empfehlungen sagen und bittet Dich dringend, mit Deinem Bruder öfters über sie zu sprechen, damit sich sein Geist immer öfter mit ihr beschäftigt, damit er sie mehr lieben möge. Ihre letzten Gespräche gefallen mir nicht. Er hat sie merken lassen, daß er eine gewisse Person noch immer liebt, worüber sie außer sich ist, denn sie betet Louis an. *(Aber ich wette, daß sie ihn nicht mehr liebt, als ich Dich liebe.)* Du darfst aber nicht so tun, als ob Du einen Auftrag hättest. Vergiß es nur nicht, ▷bei Zeit und Gelegenheit◁. Ach, was bin ich dagegen glücklich, so ganz überzeugt von Deiner großen und innigen Liebe (Du bist doch auch von der meinigen überzeugt?) lebte ich so froh und heiter an Deiner Seite und Du an der meinigen! Ach, mein Freund, vergiß nicht dein teures Weib! Sie verdient es, ich schwöre es Dir zu.

Den 17. Mai

Heute früh ist der Jäger Kienast bei Frau v. Voss gewesen, um auf des Königs Befehl zu hören, wie wir uns befänden, und dann hat er uns noch die angenehme Nachricht mitgeteilt, daß heute abend um 6 Uhr einer der Minister eine Staffette nach Polen schicken würde. Diese Nachricht hat mir große Freude gemacht, weil Du dann bald einen zweiten Brief von mir bekommen wirst. Ich bin sicher, daß Du Dich darüber freust, und daß er Dir eine Art Tröstung sein wird.
Gott sei Dank, ich befinde mich wohl, und meine Gesundheit hat nicht unter dem Unglück gelitten, das ich jetzt durchlebe, ach, mein Freund, wenn Du bei mir wärst, wie würde alles anders sein und wie zufrieden wäre ich! In diesem Augenblick kommen die Vierecks [Henriette und Dorothee] an, ich habe sie gestern bei meiner Ankunft nicht angetroffen, weil ihr Vater tatsächlich kränker geworden ist. Dennoch haben sie ihn heute früh verlassen, um hier zu wohnen. Nach allem, was Schilden [Kammerherr] zur Voss gesagt hat, ist die ältere viel ruhiger, seitdem sie Potsdam verlassen hat. Er hat sie jeden Morgen besucht und hat sie nicht mehr in Tränen gefunden wie früher. Eines ist ganz sicher: sie hat Berlin nicht verlassen, also hat sie auch kein Rendez-Vous mehr gehabt. Wenn ich noch etwas erfahren sollte, wirst Du es ganz gewiß hören. Gestern Abend habe ich einen Brief von Petermann bekommen, der mich fragt, ob er heute hierher kommen kann, um mich zu sprechen. Und an Friederike hat er ganz dasselbe geschrieben. Er ist noch nicht hiergewesen, aber unterdessen habe ich Friederike mitgeteilt, was Du mir über ihn gesagt hast und worum Du mich gebeten hast, und ich werde mich vor ihm in Acht nehmen. In meinem nächsten Brief wirst Du erfahren, was er gewollt und was er gesagt hat, und Du wirst mir

dann Deine Ansicht aussprechen. Er hat mir auch ein merkwürdiges Buch geschickt, dessen Titel mir sehr komisch vorkommt: »Erfahrungen des Lebens oder das Geheimnis, sich ohne universale Arzneien, Charlatans und Wunder-Männer, natürliche und teuflische Magie, gesund an Leib und Seele zu erhalten.« Herausgegeben von einem *Laien*. Ich hoffe, daß er seine Besuche nicht oft wiederholen wird. Ich fürchte, daß sonst die Berliner sagen möchten, Petermann interessiere uns ▷in abstrakten Dingen◁ oder er beschwöre Geister für uns. ▷Du weißt am besten, lieber Engel, wie die Menschen urteilen, und man muß alles tun, um den bösen Schein zu meiden, und das verspreche ich Dir auch, daß ich das tun werde◁. Wie ich mich nach einem Briefe von Dir sehne. Das ist dann wenigstens etwas von Dir, und ich werde etwas über Deine Gesundheit hören, und von allem, was mich interessiert. Hast Du auch wirklich keine Zahnschmerzen, lieber Freund, und hast Du Dich auch wirklich auf Deiner Reise nicht erkältet? Ich habe die erste Nacht hier sehr gut geschlafen, aber das Erwachen ist immer grausam für mich, die ich daran gewöhnt bin, Dich bei mir zu haben, Dich an mein Herz zu drücken; ich fühle dann immer wieder, was ich alles an Dir verloren habe. Heute vormittag haben wir noch keinen Spaziergang gemacht, weil wir unsere Sachen eingeräumt haben und ich am Strumpf strickte. Aber heute nachmittag gehe ich bestimmt aus. Lebwohl, mein lieber Engel, mein teurer Freund, ich will Dir Kirschen einpacken, die ich heute früh aus dem Garten bekommen habe und versuchen, ob die Staffette sie mitnimmt. Denke Dir, daß diese herrlichen Früchte mir gar nicht gefallen wollen; wahrscheinlich, weil ich sie früher stets mit Dir gemeinsam verzehrt habe, auf unserem Sofa in Potsdam. O, wie grausam und süß zugleich ist diese Erinnerung.
Ich umarme Dich und drücke Dich tausendmal in Gedanken an mein zärtliches Herz. Warum kann ich es denn nicht in Wirklichkeit!

Luise

Petermann: Vermutlich Johann Samuel, Mecklenburg-Strelitzscher Hofmeister.

52. An den Kronprinzen — Sanssouci, den 21. Mai 1794

Gestern nachmittag hatte ich das Glück, Deinen aus Posen datierten Brief zu erhalten; meine Freude war groß, etwas von Dir zu haben, und in der Gewißheit, daß dies Papier Dich erst vor 4 Tagen verlassen hatte, und daß Deine lieben Hände darauf geruht hatten, habe ich es mehrmals geküßt. Gott sei Dank weiß ich jetzt, daß Du glücklich angekommen bist, daß Du Dich wohl befindest, und ich kenne Deinen Bestimmungsort. Wenigstens habe ich den Trost, Dir auf der Karte zu folgen, mein lieber, mein vortrefflicher Freund, und obgleich Du Dich mit jeder Minute immer weiter von mir entfernst, so ist es mir doch tröstlich, zu wissen wohin. Die große Karte von Polen wird heute Abend ankommen, und ich werde alle Orte anzeichnen, von denen Du mir geschrieben hast....

Leb wohl, lieber Engel, bewahre mir einen Platz in Deinem zärtlichen Herzen, das ich brennend liebe. Leb wohl, hundertmal lebe wohl, Deine kleine Frau umarmt Dich in Gedanken und liebt Dich *sehr, sehr* innig.

Luise

Posen, den *21. Mai 1794* – Friedrich Wilhelm an Luise:
[Zitat vom Ende des Briefes in deutsch] ▷»... *eigentlich weiß wohl noch keiner, vom höchsten bis zum niedrigsten, welchen Zweck wir bei unseren Operationen vorhaben, und aus welchen Gründen wir Offensive mit der ganzen Armee agieren wollen, ohne einmal die Absichten Rußlands zu wissen, deren eigentliche Sache wir doch wieder auszumachen haben. Denn sonst glaube ich, daß wir uns ruhig auf der Défensive halten könnten, und bloß unsre Länder zu sichern bemüht sein müßten*...« ◁

53. An den Kronprinzen

Sanssouci, den 25. Mai 1794

Deinen Brief vom 21. bekam ich gestern Abend um 7 Uhr, gerade als die Königin [Friederike v. Pr.] abfuhr, die uns gestern Morgen um 11 Uhr eine freudige Überraschung bereitete und in angenehmster und heiterster Stimmung war. Sie überhäufte uns mit Güte und Freundlichkeit und trug mir tausend Empfehlungen an Dich auf. Sie hat sich hier sehr gut unterhalten ... ▷Wenn ich schadenfroh wäre, so sagte ich, daß ich dem Könige ein bißchen seine Langeweile gönnte ◁, denn wer hat so gedrängt wie er. Was Du mir am Schlusse Deines Briefes sagst, ist, wie ich fürchte, gut und ganz richtig überlegt, ▷aber wird man denn nie durch Schaden klug? Mich deucht, die Rheinkampagne hätte um vieles vorsichtiger machen sollen ◁! Ich setze alle meine Hoffnung auf Gott, der alles zum Besten leiten wird. Du wirst über mich lachen, weil ich mich mit politischen Reden beschäftige. Aber ich wünschte wohl, daß man an das Glück denkt, das wir hätten genießen können, wenn man noch etwas mit Eurer Abreise gewartet hätte. Ich freue mich nur, daß Du das alles so gut erträgst und Dein Magen nicht unter Eurer schrecklichen Kost zu leiden hat. Alle Orte, die Ihr nach Deinen Erzählungen auf dem Wege nach Pilica passieren werdet, sind schon auf der großen Karte bezeichnet; ich werde immer in Gedanken mit Dir reisen. Wie schön wäre das in Wirklichkeit und wie glücklich und zufrieden wären wir in Deinem reizenden Reisewagen gewesen; nun ist alles anders und ich bin, ach! von Dir getrennt, Gott weiß, auf wie lange. Als ich gestern im Garten des Königs spazieren ging, dachte ich an unsern letzten Spaziergang, bei dem ich immer Deine Hand hielt, wir waren so glücklich. Wenn ich daran denke, wird mir das Herz schwer und ich kann kaum die Tränen zurückhalten. ▷ Ach, es ist doch alles so leer ohne Dich und kein wahres Vergnügen kann gar nicht ohne Dich bestehen. Bin ich auch einmal ein wenig lustig, so ist es wohl nur eine Minute lang, und um meinen Schmerz, so weit von Dir getrennt zu sein, nur noch heißer zu empfinden ◁ ...

Moellendorff [Oberbefehlshaber der Rheinarmee] bei der polnischen Armee wäre, denn er ist in Polen sehr beliebt und ich glaube, seine Anwesenheit würde eine gute Wirkung ausüben. Dieser Gedanke ist nicht in meinem Kopf entstanden, sondern Mama [Königin Friederike] sprach gestern davon und ich glaube, sie hat nicht Unrecht. Ich sehne mich wirklich nach dem 28., dem Tage Eurer Abreise aus Posen; dieser Aufenthalt ist wirklich eine harte Probe für Euch, besonders, wenn

54. An ihren Bruder Georg

Sanssouci, den 28. Mai 1794

▷ Du bist ein Rabenbruder, Du hast recht häßlich gegen mich gehandelt; gestern bekam Friederike einen göttlichen langen Brief von Dir, indem sie Dir so gut eine Antwort schuldig ist als ich, und ich hingegen bekomme heute morgen einen dicken Pack, worüber ich mich halb tot freue, auch von Deiner Hand, nur mit dem Unterschied, daß, als ich Deinen Brief lesen wollte, sogleich mir zwei in die Hände fielen, für Knechte und Mägde. Ist das eine hübsche Behandlung? Ich muß auch noch die Beweise Deiner mir so teuren Freundschaft entbehren, da ich in diesem Augenblick so unaussprechlich unglücklich bin über die Trennung meines Mannes, den ich mehr liebe als mich selbst. Ach,

George, wenn Du mich sehen könntest, wie manche Tage ich in Tränen der zärtlichsten Liebe und Freundschaft zerfließe, wie ich mich da von allen Menschen verlassen fühle, und alles um mich her so öde finde, wahrlich, ich würde Dich dauern, und Du würdest mich nicht mehr mit leeren Kuverten kränken.
Doch meine Vorwürfe sind nicht so hart gedacht als gesagt, und ich weiß doch, daß Du mich liebest und mich ungern betrübest. Bester Freund, fahre fort, mich zu lieben, denn ich halte unaussprechlich viel darauf, und sie ist mir wirklich zu meiner Zufriedenheit nötig. Mein Mann ist wirklich seit dem 15. Mai von mir getrennt und ist bis jetzt in Posen gewesen, von wo er heute abgereist ist, um nach Pilica [Piliza im südl. Polen] zu gehen, eine kleine Reise, die nur fünf Tage dauern wird. Ich habe bis jetzt ziemlich öfters Briefe von ihm erhalten, aber dieser Trost wird mir nun auch genommen werden, weil Pilica sehr weit von hier ist, und ich also viel seltener welche erwarten darf.
So ein Abschied wie der war, welcher mich von meinem Mann trennte, ist glatterdings nicht zu schildern. Er war so gerührt und so unglücklich darüber, daß er selbst als Mann dachte, es nicht überstehen zu können. Ach, lieber Junge, ich bin außerordentlich glücklich durch ihn, und es fehlte meinem Glücke *nichts als herzliche Teilnehmer*...
Öfters, wenn wir so traulich beisammen saßen und er mir vorlas, so unterbrach er sich schnell und sagte: »Du, die Du all mein Glück und meine Seligkeit ausmachst, [Dich] soll ich verlassen! Ach Gott, wie hart!« So eine Zusicherung macht einen doch wahrlich glücklich, besonders wenn man nur den einen Wunsch hat, seinen Mann recht glücklich machen zu wollen.
Dein letzter Brief war göttlich schön, und mein Mann und ich haben ihn wohl dreimal durchgelesen; Du sprichst weise und gut, ohne Pedanterie. Überhaupt, die sechs Wochen, die ich in Potsdam mit ihm zugebracht habe, waren unstreitig die glücklichsten meines Lebens. Ganz ohne *Gêne* und *Etikette*, so ganz nach seinem Willen hab' ich gelebt, und ich fühlte das Glück, solch ein Leben zu führen, nie lebhafter, als wenn ich von Berlin Nachricht bekam: heute ist großer Ball oder heut ist groß Konzert und Souper. Ach, da war ich vergnügt, mich an der Seite meines Mannes zu finden, in einer Linonchemise und ausgekämmte [unfrisierte] Haare, und ihm recht vorschwatzen zu können, wie sehr ich ihn liebte und schätzte, und dann so gegen 7 Uhr,

gerade um der Zeit, wo die Tanzenden sich fürchterlich zerhabten und zersprangen, um warm zu bekommen, setzte ich mich im Wisky [leichter, einspänniger Wagen] mit ihm, um Gottes schöne Luft zu genießen, mich dadurch gesund und frisch zu machen und ihm, unserm guten Vater, recht herzlich und inbrünstig zu danken, mich an der Seite meines Gatten gebracht zu haben.

Nach dem alles, was ich Dir schrieb, bester Georg, kannst Du wohl begreifen, wie es meinem Herzen wehe tun muß, dieses alles jetzt entbehren zu müssen. Mein Geist ist lange nicht so munter mehr, als er sonst war, und hat viel gelitten, besonders in meinen jetzigen Umständen, wo die Nerven viel delikater und reizbarer sind als sonst....

Den 30. Mai. Hast Du lange keine Briefe von der Lololololo [Schwester Charlotte] erhalten? Sie schreibt mir immer die launigsten und hübschesten, die man sich nur denken kann. Mit Meiningen ist sie gar nicht zufrieden, da der Herzog immer äußerst unartig ist und sich ordentlich über sie ärgert, daß sie sich besser als er amüsiert hat. Gestern bekam ich Gott lob wieder zwei Briefe auf einmal von meinem Mann, die wieder äußerst zärtlich und gut sind. Die Russische Kaiserin [Katharina II.] hat einen Curier am Könige [Friedrich Wilhelm II.] geschickt, um ihn zu benachrichtigen, daß sie erschrecklich aufgebracht wäre wegen der Polen, und daß sie entschlossen sei, fürchterlich den Schimpf zu rächen, den ihre Truppen aus Warschau erduldet hätten; sie würde deswegen einen russischen General zum Könige schicken, um einen Plan d'operation zu arangieren, damit er nach *seinem* Willen eingerichtet würde und sie gemeinschaftlich agieren könnten. Die Russen und wir sind also sehr gut zusammen, und Katarinchen und ich, wir sind natürlich Busens-Freunde, ich bin ihr so gut, den *ehrlichen Absichten*, daß ich sie [ihr] mit Tränen-Augen vergeben mögte, denn sie meint es gewiß wieder recht ehrlich mit uns, das unschuldvolle Engelchen. Ein Gedanke, der mir wirklich die Seele durchbohrt, ist, daß kein Ende wieder bei diesem Krieg zum voraus zu sehen ist, als Hunger und große Not. Und Gott weiß, ob mein Mann wieder bei mir sein wird, in den Stunden der Angst und Schmerzen, die mich im Oktober erwarten. Sage mal, hättest Du wohl wieder Lust, zu mir zu kommen? Ach, das wäre göttlich, da bäte ich Papa gleich darum. Und Du kämst 14 Tage nach meiner Niederkunft nach Berlin. Und wir würden alsdann recht glücklich beisammen wohnen, zubringen, und Du würdest ein Kind

von mir sehen und würdest Dich wahrlich drüber freuen und über den Gedanken lachen, daß Luise ein Kind hat.
Adieu, lieber Bruder, ich verlasse Dich, weil ich meinem Mann schreiben will. Nehme meine Versicherung der wahren innigsten Freundschaft von mir an.

Luise ◁

Meiningen: Herzog Georg von Sachsen-Meiningen (1761–1803).

2. Juni 1794: Tod des regierenden, kinderlosen Herzogs Adolf Friedrich von Mecklenburg-Strelitz (als »Dörchläuchting« durch Fritz Reuter volkstümlich geworden). – Es folgte Luises Vater als Herzog.

55. An ihren Vater

Sanssouci, den 5. Juni 1794

Geliebter Vater!
Erlauben Sie, lieber Vater, daß ich Sie als eine der ersten zu dem eingetretenen Ereignis beglückwünsche. Sie werden jetzt noch viel mehr als bisher Ihren Drang, Gutes zu tun, befriedigen können, und dazu beglückwünsche ich Sie wirklich. Im übrigen, glaube ich, lieber Vater, macht Regieren nicht sehr glücklich, es ist immer eine harte Last. Ich denke, Sie werden heute abend in Strelitz ankommen, es wird Ihnen sicher sonderbar zu Sinn werden, wenn Sie in das Land eintreten, das Sie bisher als fremd angesehen haben und nun plötzlich als Ihr eigen betrachten. Wenn Sie einen Augenblick Zeit übrig haben, lieber Vater, antworten Sie mir bitte, ob der Besuch von Friederike und mir Ihnen angenehm wäre. Auf jeden Fall habe ich am 3. Juni an den König geschrieben und ihm den Tod meines Onkels [Herzog Adolf Friedrich IV. von Mecklenburg-Strelitz] angezeigt und anschließend um die Gnade gebeten, daß wir einige Zeit bei Ihnen, lieber Vater, zubringen dürften. Ich wage auch noch die Frage, ob meine beiden lieben Brüder, Georg und Carl, Ihnen bald nach Strelitz folgen werden, oder was Sie für diese beiden geliebten Wesen planen. Ich hoffe, der König wird den Schwarzen Adlerorden des verstorbenen Herzogs an Georg senden, wenigstens wäre das nur gerecht, da er noch nichts für ihn getan hat.
An dem Tage, wo ich den Tod des verstorbenen Herzogs erfuhr, hatte ich gerade Posttag nach Hildburghausen, mein Brief war schon ganz geschlossen, da kam die Stafette von Strelitz, und nach einiger Überlegung habe ich ihn nicht abgeschickt, weil er Sie in Hildburghausen

nicht mehr angetroffen hätte, ich lege ihn also diesem bei und bitte Sie um Verzeihung für seine Verzögerung. Unterdes habe ich auch das Bildnis von Tielker [Miniaturmaler] erhalten, ich möchte nur wissen, ob Sie mit der Ähnlichkeit zufrieden sind; falls Sie es gut finden, schicken Sie es bitte zurück und geben Sie die Größe des Rahmens an, den Sie dafür wünschen, und ich werde ebendieses Bild kopieren lassen. Ich beehre mich mit tiefster Ehrerbietung, lieber Vater, als Ihre sehr ergebene und sehr gehorsame Dienerin und Tochter.

Luise

Johann Friedrich *Tielker*, Miniaturmaler aus Darmstadt, siedelte 1796 nach Berlin über. Von seinen Porträts der Königin wurden eine Kreidezeichnung und ein Kupferstich mit federgeschmückter Frisur bekannt.

56. An den Kronprinzen

Sanssouci, den 9. Juni 1794

...Der Gedanke an Deine Strapazen, Deine schlechte Lage macht mich untröstlich. Ich bin kein Soldat, aber ich kann voraussehen, daß Du nichts ausrichten wirst ▷mit dem Häuflein Soldaten◁. Du bist Spielball, wie mir scheint, ich folge Dir immer auf der Karte und habe gesehen, daß Du einen unglaublichen Weg umsonst gemacht hast. Ich wüßte gern, weshalb man Dich in Polen spazieren schickt, wahrscheinlich weil das Land so schön ist. Ich bin wirklich etwas zornig und könnte den schlagen, der diesen dummen Plan ausgedacht hat, der zu nichts anderem gut ist als Dich zu ermüden und von dem großen Armeekorps fernzuhalten, wo die interessantesten Begebenheiten vorfielen. ▷Du bist ordentlich abgesondert von der ganzen Menschenheit und bist vergraben bei die infamen Polen. Gott verzeihe mir meine Sünde, aber ich weiß nicht was ich schreibe noch tue vor Wut, denn schon Dich betrübt und böse zu wissen ist mir schmerzhaft, aber Deine üble Lage dabei macht mich ganz mürrisch, doppelt, da ich alle Galle für mich behalten muß und es keiner merken darf. Denn sonst würde es gewiß zu dero höchstem Wissen kommen, denn ich habe wenigstens genug Spione um mich◁. Ich werde Dir diesen Brief nicht durch Kienast [Bediensteter der Gräfin Lichtenau] schicken. Ich habe bis jetzt geglaubt, er habe nur den Befehl vom König, einen reitenden Boten in die Stadt zu schicken, um die Briefe zum Minister von Alvensleben zu bringen; keineswegs, er schickt sie zum *Oberkastellan Lehmann*, der der Spion des Königs ist und sicher meine Briefe öffnet. Ich habe schon seit der Geschichte mit der Strelitzer Reise Verdacht geschöpft, weil der König so vollständig voraus wußte, was keine lebende Seele ihm gesagt haben konnte. Seit aber *Kienast* bei Frau von Voß [Oberhofmeisterin] gewesen ist, um ihr zu sagen, daß er gescholten worden sei, weil er keine Briefe mehr schicke, haben sich meine Befürchtungen vermehrt, denn was kann das Lehmann ausmachen, ob er Briefe von mir hat oder nicht? Ist das nicht wahr, außer wenn er vernünftige Gründe hat, die es ihn wünschen lassen? Die Voß war am nächsten Tag bei Tisch wirklich grob zu mir, Friederike und der Gräfin Brühl [Oberhofmeisterin von Friederike], weil wir behaupteten, daß die Sendungen von Alvensleben ebenso rasch gingen wie die anderen; »o nein«, sagte sie, »er hat (d. h. Lehmann) viele Gelegenheiten und Geschäfte, von denen Alvensleben nichts weiß«. »Davon bin ich überzeugt«, erwiderte ich ihr. »Ja«, sagte sie, »und diese Sachen interessieren den König sehr und gehen viel schneller.« Da habe ich ihr gesagt: »Verzeihen Sie mir, wenn ich Ihnen widerspreche, aber ich glaube, daß die Staatssachen viel interessanter sind als die, die ihm Herr Kienast senden kann und daß diese Kuriere ebenso schnell gehen.« Sie hat es sehr übel aufgenommen, denn sie sagte noch vieles, was ich Dir nicht erzählt habe, in einem möglichst entschiedenen Tone, *als ob sie wirklich in die Geheimnisse dieser Herren eingeweiht wäre*. Das mag sein, ich kann es nicht sicher behaupten. Denn sie paßt immer auf, wann ich Dir schreibe und auf welchem Wege. Alles in allem nimmt sie manchmal einen anmaßenden Ton an, den ich gar nicht leiden kann, und wenn sie das bemerkt, ▷so ist sie mannigmal so kriechend, daß ich sie treten könnte. ... Nachdem ich recht meine Galle ausgeschüttet habe und so konfus als möglich in meinem gerechten Zorn geschrieben habe, so schäme ich mich, die Klaue und den gerechten Unsinn fortzuschicken und habe mir noch einmal was zu Gute getan und Deine beiden letzten Briefe durchgelesen. Du bist doch so zärtlich und gut, ach, ich möchte Dich küssen vor Dankbarkeit, wenn ich nur könnte. Du bist wahrhaftig ein Engel gegen mich, und Du wirst gewiß sehen, daß ich alles anwenden werde, um immer mehr Deine Liebe und Güte zu gewinnen und zu verdienen. Wenn Du nur wieder da bist bis zu meinen Wochen, ich wünsche es gar zu sehr, damit Du mir durch Deine liebe Gegenwart beistehen kannst in den großen und schrecklichen Schmerzen, die mich erwarten. *Gern* will ich dann *leiden*, was nur ein Mensch *leiden* kann, wenn ich nur dann auch die *Belohnung* habe, Dich bei mir zu haben. Sage mir recht aufrichtig, glaubst Du, daß es bis dahin möglich ist? Ist es nicht, nun so ist es besser, ich schmeichle mir nicht mit falschen Hoffnungen und ich ergebe mich in Gottes Hand, der wird alles gut machen ◁.

Den 10. Juni.

Dem armen Schack [Adjutant Friedrich Wilhelms] geht es sehr schlecht, er ist in das Haus des Herzogs von Oels gezogen, um die milde Luft des kleinen Gartens zu genießen, ▷ aber er zehrt ab wie ein Skelett und hat gar keine Stimme mehr, ist gegen alles sehr gleichgültig, sein Blick immer trübe und beständige Nachtschweiße. Man sagt, daß, wenn er von Dir reden hört, so belebt er sich wieder und scheint Anteil zu nehmen; man glaubt nicht, daß er mehr als zwei bis höchstens drei Monate lang leben kann. Es ist mir sehr leid, daß ich Dir die böse Nachricht geben muß, aber es ist besser, Du bereitest Dich allmählich auf seinen Verlust, es ist gewiß ein sehr großer für Dich ◁...

Am 4. Juni hatte Friedrich Wilhelm geschrieben, daß er mit einem kleinen Corps nach Malagocz marschieren solle, um einen sinnlosen – wie er meinte – Ablenkungsangriff auszuführen. Am Ende des zumeist in deutscher Sprache verfaßten Briefes heißt es: ▷*»Ich bin ganz mißvergnügt, niedergeschlagen und unzufrieden. Nichts Reelles, was man sich wünscht, wird einem gewährt. Will mich der König zu nichts ordentlichem gebrauchen, so lasse er mich zu Hause.«* ◁

Am *7. Juni 1794* schrieb Friedrich Wilhelm an Luise:
▷*»Eigentlich kann ich Dir wahrhaftig versichern, liebste Luise, daß seitdem ich Dich verlassen habe, ich noch keinen wirklich fröhlichen und zufriedenen Augenblick genossen habe. Sollte man nicht bald sagen, daß es töricht wäre, sich eine Frau zu nehmen, der man so mit Leib und Seele zugetan ist, daß einem alles übrige gleich bleibt?... Immer denke ich mit Traurigkeit vermischt mit Freude an das vergangene Jahr und den vergangenen Sommer, wenn ich so im gestreckten Galopp durch das Darmstädter Land und über die Ginsheimer Schiffbrücke ritt, um zu meiner innigst geliebten Luise zu kommen, wo ich dann immer so liebevoll empfangen wurde... Lebe wohl, recht wohl, liebe Herzensluise! Gott – warum sollen wir nicht unser junges Leben in Freuden genießen. Adieu. Friedrich Wilhelm.«* ◁

57. An den Kronprinzen

Sanssouci, den 15. Juni 1794

Gestern bei meiner Rückkehr von Charlottenburg fand ich zwei von Deinen lieben Briefen vor, 11 und 12, und ich habe sie mit der gleichen Bewegung und der gleichen Freude wie gewöhnlich in Empfang genommen. Du bist meinem Herzen wahrlich sehr teuer, ich habe Dich lieb wie mich selbst und habe mir schon oft gesagt, ich könnte Dich unmöglich noch mehr lieben; doch finde ich bei jedem Briefe, wo Du so liebevoll und gütig zu mir redest, neue Gründe, Dich zu lieben. O mein Engel, niemand, nein, gewiß niemand kann Dich liebhaben wie ich, niemand kann wie ich das Unglück empfinden, von Dir getrennt zu sein, mein lieber, mein einziger Freund; habe ich in Dir nicht aber auch alles verloren? Warst Du es nicht, auf dessen Wort ich bauen konnte? Wenn Du mir einen Rat gabst, konnte ich gewiß sein, daß er gut war, und konnte ihn ohne Furcht befolgen; wo soll ich eine Gesellschaft finden, die der Deinen gleichen könnte, die ich so lebhaft suchte, in der ich mich immer so glücklich befand? Wo soll ich überhaupt jemand finden, der mich so rein, so wahrhaft lieb hat wie Du, und ich kenne auch niemand, von dem ich so gern geliebt würde, wie von Dir, mein trefflicher Freund. Du bist der einzige; Du bist auch der einzige, der mein *ganzes Glück* ausmacht, und ohne Dich *gibt es keines für mich*. Ich war, offen gestanden, auf die Nachricht gefaßt, Du wärest krank; denn ich kenne Dich und weiß, welche Störungen eine *derartige Abweisung* bei Dir haben kann. Auch wirst Du in meinem Briefe Nr. 14 sehen, daß ich Deinen Ärger wohl empfunden habe und selbst gewünscht hätte, Du wärest im Kampf gewesen; ich begreife, wie das auf Dich gewirkt haben muß, wie wenn ich selbst Soldat wäre. Jeder Mann, jeder Offizier wünscht sich in seiner Laufbahn auszuzeichnen, dieser Wunsch drängt nach Verwirklichung, und es ist grausam, wenn man sich fähig fühlt, seine Pflicht zu erfüllen, und vor Begierde brennt, sich auszuzeichnen, und dann wird man durch ... Gott weiß was daran gehindert. Doch haben wir noch eines zu bedenken, mein lieber Freund, nämlich daß nichts, im größten wie im kleinsten, ohne Gottes Willen geschieht. Warum hat er nicht gewollt, daß Du diese Schlacht *mitmachtest*? Seine Gründe sind gewiß vollwertig, ▷und er hat immer die besten *Mittel* zur Ausführung seiner Absichten, wenn nicht immer die *angenehmsten* für uns Menschen. Erwäge dieses Mal recht gründlich und denke, daß Dein Schicksal unmittelbar von Gott komme, und daß der immer etwas zu unserm Besten einrichten will. Wer weiß, vielleicht hast Du auch bald das Glück, Dich recht auszeichnen zu können, so daß Du darüber das Unangenehme und die bittere Vergangenheit vergessen kannst◁.

58. An den Kronprinzen Sanssouci, den 24. Juni 1794

... Was Du mir über Köckritz [vertretender Adjutant] sagst, hat mich sehr gefreut, da Du mit ihm und seiner Einsicht sowie dem richtigen Verstande in seinen Urteilen zufrieden bist; ich glaube aber, da er nicht an die große Welt gewöhnt ist, wird er trachten, sich davon fernzuhalten; Du wirst ihn daher nicht behalten, weil Berlin und seine Lebensweise nichts für ihn sind. Ich würde darüber recht mißgestimmt sein, denn Köckritz ist ein Mann, der mir sehr gefällt. Ich glaube, er ist kein Mensch, der schmeichelt; er wird Dir eher seine Empfindungen ganz offenherzig sagen, wenn er Dir auch dadurch mißfallen könnte, als gegen seine Überzeugung zu handeln und zu reden. Schon das ist eine so seltene Eigenschaft und doch so notwendig; kein Höfling besitzt sie in der Reinheit, wie ein Mann, der nur durch das Gefühl seiner Pflicht und sein Gewissen geführt wird. Ich bin sicher, lieber Freund, daß Du meiner Ansicht bist, wie ich vollkommen der Deinigen über Schack; er ist in jeder Beziehung ein seltener Mann, den ich mit großem Bedauern dahinsiechen und sterben sehe. Das ist in jeder Hinsicht ein unersetzlicher Verlust; erstens ist ein Freund und Mensch wie Schack sehr selten zu finden, so vollendet und gebildet wie er, und zweitens bist Du nicht der Mann, *Gott sei dafür gelobt*, der sich mit aller Welt einläßt; es braucht Zeit, sogar Jahre, ehe Du anfängst, Dich jemandem mitzuteilen, und Schack hat Dein Vertrauen sicherlich mit vollem Recht. Ich fürchte, Du wirst niemand finden, den Du für würdig erachtest, es zu besitzen, und ein Freund ist doch so notwendig! Ach, wer könnte mehr als ich das Glück anerkennen, das ich in Dir gefunden habe, mein lieber, ausgezeichneter, einziger Freund, und wer könnte dankbarer sein als ich für diesen seltenen und großen Vorzug. Der Himmel gebe es, daß ich Dir auch einmal irgendwie nützlich sein kann, aber ich erkenne meine Schwäche und es bleibt mir nichts übrig als der Wunsch, in anderen das erfüllt zu sehen, was ich Dir nicht sein kann. Der beste Wille wird immer meine schwachen Kräfte unterstützen und der Wunsch, mich Deiner Freundschaft immer würdiger zu erweisen, alle meine Schritte leiten. – Denke Dir nur, was für eine reizende Vergnügungspartie uns heute erwartet. ▷Die allerliebste und vielgeliebte Schützengilde hat sich schon zum zweitenmal die Ehre ausgebeten, uns bei sich zu sehen, mit dem angenehmen Zusatz, daß sie hätten ein Zelt aufschlagen lassen und zwei Schildwachen davorgestellt, damit wir nicht von dem Pöbel belästigt würden, hätten allerhand Eis und Kuchen backen lassen und freuen sich höchlich uns zu sehen; was bleibt uns also übrig, wir müssen, wollen wir oder wollen wir nicht, uns schmoren lassen und vielleicht gar toll werden, um die Ehre zu haben, den Bürgern die cour zu machen. Adieu, lieber Herzensmann, könnte ich Dich so recht herzlich an mein Herz drücken und Dir sagen, daß ich Dich herzlich liebe! Hoffe aufs beste, nämlich, daß wir wieder gesund von der Schützengilde kommen, nebst dem gesunden Verstande.

Luise ◁

59. An den Pfarrer Johann Wilhelm Lichthammer

Sanssouci den 28. Juni 1794

▷Ich habe durch einen Brief von meiner Schwester Therese erfahren, daß Sie, lieber Herr Lichthammer, sehr krank waren, und hart darniederlagen, am hitzigen Gallenfieber. Der wahre Anteil, den ich an alles nehme, was Ihnen angehet, verehrungswürdiger Freund, erlaubt mir nicht, diesen Vorfall mit Stillschweigen zu übergehen, um Ihnen auch wirklich einen Beweis von meiner Teilnahme zu geben: und denn auch besonders wünschte ich, jetzt von Ihnen selbst zu hören, wie es Ihrer Besserung gehet, und ob Sie vollkommen auf dem Weg der Besserung sind. Ich fürchte sehr, daß Sie sich Ihre Krankheit geholt haben, dadurch, daß Sie immer bei Tag und bei Nacht gefährliche Kranke besucht haben, und daß Sie zu sehr der Stimme Ihres mitleidigen Herzens gefolgt haben, ohne auf Ihrem eigenen Wohl genug bedacht zu sein; denn ich weiß es nur gar zu sehr, wie unermüdet Sie immer waren: *Gutes zu tun!*

Ich bin von Ihrer Freundschaft für mich überzeugt, daß Sie mich gewiß *recht sehr* bedauert haben bei der schrecklichen Trennung von meinem Mann. Sie können sich aber auch wahrlich keinen Begriff von solch einem Abschied machen. Bedenken Sie, aber, nur diesen einzigen Gedanken, daß er mich unter lauter fremde Leute zurückließ, die ich nicht kenne, mit deren *Charakter* und *Verbindungen* ich ebenso wenig bekannt bin, als die *Absichten*, wodurch sie handeln. Kein Freund, kein Ratgeber habe ich, ich bin ganz verlassen; denn Sie wissen selbst, wie rar man mit dem Namen ›Freund‹ und wie vorsichtig man in der Wahl derselben sein muß. Dieses ist eine Lehre, die Sie mir so öfters gegeben haben, und die ich tief in meinem Herzen geschrieben habe. Meine Zuflucht nehme ich zum Gebet, um Weisheit und Verstand, in dem ich mir nichts übels bewußt bin, und immer die Absicht vor Augen habe, gut zu handeln: und der Tugend und Religion ewig treu zu bleiben. Dieser Monat wird Ihnen wohl auch recht lebhaft erinnert haben an den *Tag* unserer Konfirmation. Mir ist er noch sehr wichtig, und den 15. haben wir uns den ganzen Tag, Friederike und ich, mit frommen Erinnerungen beschäftigt. Möchte doch ein jeder die Wichtigkeit dieses Tages recht einsehen und so stets entschlossen sein, als ich es bin, immer mehr alles das in Erfüllung zu bringen, was man Gott gelobt, zu sein. Ich ersuche Sie, dem Herrn Frey recht sehr viele Komplimente von mir zu machen. Sowie auch dem Herrn Petersen und Herrn Baer. Ihre kleine Tochter wird sich wohl schwerlich meiner noch erinnern. Fährt sie fort, Ihnen noch immer viele Zufriedenheit zu geben? Ich wünsche es Ihnen, so wie auch, daß Sie recht überzeugt wären von meiner wahren und aufrichtigen Freundschaft. Luise ◁

3. Juli 1794: Tod des um 1750 geborenen Adjutanten Johann Georg v. Schack. Seine Witwe war eine jüngere Schwester des Hofmarschalls Valentin v. Massow.

60. An den Kronprinzen Sanssouci, den 6. Juli 1794

... Um auf die arme Schack zurückzukommen; sie nahm mich bei der Hand und sagte mir weinend: »*Jetzt bin ich ganz getrennt von Ihrem Hofe*, das schmerzt mich unaussprechlich, und ebenso auch von dem teuren Kronprinzen, dem ich so herzlich ergeben bin, aber mein Herz wird sich immer fester an Sie beide anschließen, ▷denn ich habe doch nichts mehr auf der Welt ◁«. Ich kann Dir nicht sagen, wie anziehend diese Frau ist, ich glaube, sie wünscht wirklich, wieder zu uns zu kommen, ▷denke doch einmal darüber nach, wie das zu machen wäre ◁. Es wäre sicherlich eine recht interessante Erwerbung dabei zu machen, denn sie ist eine Frau mit viel Verstand und Kenntnissen und von prächtigem Charakter und Herzen. Eine Frau, die weiß, was sich schickt, die Welt gut kennt, ▷und zu der ich ein ordentliches Vertrauen habe, und die mir gewiß nie ein[en] Rat geben würde, den ich nicht befolgen dürfte, denn sie hat weder *weitläufige Bekanntschaften noch geheimes Interesse*, welches sie *handeln* machen könnte, und würde sich gewiß nie zum Spion brauchen lassen ◁. Ich habe deshalb gedacht, wenn Du ihr ein für allemal Tischrecht bei uns gäbest, damit wir sie täglich sehen, dann könnte sie uns täglich begleiten, auch künftig nach Oranienburg [Sommerschloß, das Friedrich Wilhelm II. Luise schenkte], wir hätten eine nette Gesellschafterin mehr. Wie Du Dir denken kannst, lieber Freund, habe ich mit ihr nicht darüber gesprochen, und es ist nur ein Gedanke von mir. Ich habe ihr den Vorschlag gemacht, ob sie den Rest des Sommers bei uns in Sanssouci verbringen möchte, sie hat ihn noch nicht gleich angenommen, weil sie sagt, daß wir Erheiterung brauchen und nicht Trauer, vielleicht aber würde sie uns gegen Ende unseres Aufenthaltes dort besuchen. Ich weiß nicht, wie ihre *Vermögenslage* ist, ich glaube, daß Schack von sich aus nichts hatte.

Ich habe Dir auf einer der vorhergehenden Seiten angegeben, daß ich gestern früh eine Stunde geschlafen habe. Denke Dir, ich hatte die Freude, noch dasselbe Kissen zu finden, auf dem Du gelegen hattest; ich legte meinen Kopf darauf und habe recht friedlich geschlafen, aber nicht auf dem Bette, das wäre mir zu schmerzlich gewesen, sondern auf dem Kanapee. Ich bin auch keineswegs in Deine Zimmer hinuntergegangen, wo wir noch in den letzten Tagen so glücklich waren, sondern habe mich im Gegenteil vor den Schreibtisch gesetzt, den ich Deiner Güte verdanke und die Soldaten und Offiziere angesehen, die Du gemalt hast, die, die mir gehören und die Dir sind; ich dachte dabei recht lebhaft daran, wo der eine oder der andere gemalt worden ist. Es sind solche aus Braunshardt, aus Darmstadt, die in einem meiner Zimmer und andere, die im Zimmer der Großmama gemacht worden sind. Mehrere sind auch in Marienborn [Feldlager von 1793, bei Mainz] entstanden, in der reizenden Weißbuchenlaube, wo wir den angenehmen Nachmittag zubrachten, der etwas heiß war, wobei wir aber trotzdem glücklich und zufrieden waren. Wie haben sich die Zeiten geändert, der arme Schack hielt noch die Großmama fest, damit sie uns mit ihren Geschichten in Ruhe ließ und mit ihren so geistreichen Bemerkungen, denn wenn man sie hätte gewähren lassen, so würde sie uns keinen Augenblick Ruhe gegönnt haben, und ich glaube, sie hätte es gern gesehen, wenn Du ihr anstatt mir den Hof gemacht hättest....

Ich lebe jetzt in größter Aufregung wegen Warschau, ▷ich habe sozusagen keine ruhige Stunde, denn Gott weiß, ist eine Bataille oder ist keine. Gott bewahre Dich und schütze und segne Dich, das sind die wahren innigen Wünsche Deiner treuen ängstlichen Luise. Hätt ich Dich doch nur bald wieder bei mir, sonst ist doch kein wahres Glück bei mir, denn Du weißt es aus allen meinen Briefen, Du bist doch allein mein Glück und meine Freude. Dies ist was altes, lieber Freund, nicht wahr, aber eine glückliche Wahrheit, wovor wir Gott nicht genug danken können ◁. Die Versicherung, daß Du mit Deiner lieben kleinen Frau zufrieden bist, macht sie glücklich, unendlich glücklich, und hoffentlich wird das immer so bleiben; wenigstens schwöre ich Dir, ich habe die allerbesten Absichten, alles zu tun, was Dich glücklich und zufrieden machen kann....

Gestern sah ich niemand von Deinem Regiment als die Schildwache vor dem Schloß, die war sehr sauber; ▷ich als Generalin gebe sehr acht darauf ◁...

61. An den Kronprinzen — Sanssouci, den 21. Juli 1794

... Warum glaubt man denn, die Einnahme von Warschau werde schwierig sein, und man müsse jetzt die Stadt bombardieren? Ich fürchte schon im voraus für die armen Menschen, die bei diesem Kampfe untergehen und das Opfer dieses Sieges sein werden. Was sagst Du zu den unglücklichen Kämpfen in Brabant und zu dem Plan, Marschall Möllendorf [Oberbefehlshaber der Truppen am Rhein] solle auch dorthin gehen? ▷ Die Menschen, die da hingehen, kann man gewiß für lebendig tot halten ◁. Übrigens soll Möllendorf erklärt haben, die Österreicher gingen nach den Niederlanden, wie es den Anschein hat; unsere preußischen Truppen seien Futter für die Teufel von Franzosen, die in einer Stärke von *hunderttausend* Mann am Rhein sind. Dann soll er dem König bemerklich gemacht haben, bald würde seine Anwesenheit in *Westfalen* nötig sein, wo die Teufel wieder beginnen, ▷sich zusammenzuziehen ◁. Welch ein Unglück, wenn alle Truppen das Reich verlassen; meine armen Verwandten wären verloren und am Bettelstabe, das ist infam, diese Vorstellung ist grauenhaft.

▷Ich werde mich malen lassen. Wird es nicht ähnlich, so bekömmst Du nichts, bis daß Du wiederkömmst; wird es ähnlich, da bekömmst Du es in einer fausse montre. Wenn Du willst, mit lauter solitaires besetzt. Mille graces, mon cher ami, daß Du die Reise nach Strelitz bewirkt hast◁. ...

Die militärischen Unternehmungen Preußens in Polen blieben erfolglos. Nach einem mißlungenen Angriff auf Warschau entschloß sich König Friedrich Wilhelm II. Anfang September zum Rückzug. – Auch der Koalitionskrieg im Westen verlief nicht nach Wunsch. Friedrich Wilhelm II. hatte mit England und Holland einen Subsidienvertrag geschlossen. Die beiden Seemächte forderten als Gegenleistung für ihre Geldzahlungen die Verteidigung der Niederlande. Generalfeldmarschall v. Möllendorff lehnte jedoch die Entsendung seiner für den Schutz des Rheinlandes unentbehrlichen Truppen ab.

62. An den Kronprinzen

Sanssouci den 23. Juli 1794

▷Das war wohl wieder ein Briefchen, der hatte sich gewaschen und mich wieder recht glücklich gemacht. Wiss und wahrhaftig, ich liebe Dich über alles, und dennoch bekomme ich Dich bei jedem Brief lieber, Du guter, vortrefflicher Mensch; wenn Du wüßtest, was Du mich so ganz glücklich machst, wenn Du wüßtest, wie ich mit meinem Schicksal zufrieden bin und wie mein Los, Dein Weib und Freundin zu sein, vorzüglich *glücklich* vorkömmt, wahrlich, Du hättest Deine große Freude daran, denn Du kannst Dir mit gutem Gewissen sagen: Dies ist mein Werk. Beinahe, so lieb ich Dich auch habe, hätte ich Lusten, Dich ein bißchen herunterzumachen über den Schnack, den Du führst; als könnte ich Dich vergessen, wenn das Glück in Erfüllung gehen sollte, Papa und meine Schwester zu sehen. Aber das ist es eben; der kleine *Schalk* weiß sich zu feste, und da möchte er denn wohl wieder hören, alles, was sein *zärtliches Weibchen* ihm für hübsche Sachen sagen würde, um ihn noch fester zu machen. Nicht wahr, Liebes'chen, ich bin kein Dummes'chen und verstehe so ein bißchen die *Ränke* des gnädigen Herrn! Nun, so nehmen Sie denn hin die Versicherung, daß Du mir viel zu *teuer* und *wert* bist, als daß ich Dich je vergessen könnte, und daß, wenn ich einmal eine vergnügte Stunde habe, *der* Gedanke sich in derselben wohl tausendmal regt: ach, wäre doch mein guter Mann, mein lieber Fritze, bei mir, da wäre meine Freude erst vollkommen. Sieh', so ist es in meinem kleinen Herzen bestellt, immer schlägt es für Dich darin, und die besten, sanftesten Gefühle sind für den

Gegenstand meiner wahren Liebe darin aufbewahrt. Bist Du nun zufrieden, da Du mein aufrichtiges Glaubensbekenntnis weißt?
Ich bin ganz erstaunend dankbar für die Gnade des Königs, daß er an mich hat denken wollen; ich bitte Dich, bei Gelegenheit lege mich ihm doch ganz untertänig zu Füßen und sage ihm, wie sehr ich über sein Andenken gerührt sei. Du mußt aber jetzt eine Kommission übernehmen: als zukünftiger Herr Papa mußt Du dem König melden, daß ich über die Hälfte meiner Schwangerschaft wäre; was Du aber sagen sollst, und wie Du Dich dabei zu benehmen hast, das weiß ich nicht. Gemeldet muß es ihm aber werden, weil er alsdann befiehlt, daß in der Kirche für mich gebetet wird. Ich stelle mir Dein Gesicht recht lebhaft vor, wenn Du ihm die Sache vortragen wirst, und ich möchte mich totlachen, wenn ich daran denke.
Ich werde Papa bitten, daß er hierherkömmt mit der Lotte [Schwester Charlotte], und ihm schreiben, daß für diesmal wir nicht zu ihm kommen. Es ist jetzt so besser wegen meines dicken *Bauch* und wegen der *Kasse*, die darunter gelitten hätten. Auf ein andermal gehet es dann vielleicht eher. Papa wird vermutlich erst im September kommen, und vielleicht, ach, göttlicher Gedanke, bist Du wieder hier; es ist doch möglich, wenn alles gut gehet. Jetzt wird bald das Bombardement bei euch losgehen, und Gott gebe seinen Segen dazu, daß unsere Leute geschont bleiben, und die Polen bald wieder zur Vernunft kommen mögen, und wir nicht gar zu sehr von der Eroberungssucht angesteckt mögen werden. Das sind recht patriotische Gesinnungen, nicht wahr, lieber Engel? Ach, Lieber! sind die letzten Nachrichten aus dem Reich *nicht* gut! Unsere Armee hat viel gelitten und das schöne Regiment Kleist allein 200 Mann verloren, General Pfau tot, so wie sein Adjutant, und Gröben tödlich blessiert. Der letzte ist ein Onkel der Knobelsdorffen, die seine Frau kennt, welche ihren Mann über alles liebt, 5 oder 7 Kinder hat und nichts weniger als reich ist. Gott, welch ein Unglück ist das wieder. Überall siegen die infamen Canaillen und töten die rechtschaffenen Menschen. Ganz Niederland ist hin. Ich nehme mehr teil an diesem Verlust, als Du wohl glaubst, weil dadurch das halbe Einkommen des Fürsten von [Thurn und] Taxis geschmälert wird, und er und mein Schwager wohl in der Folge, sowie Therese, darunter leiden werden. Bedenke nur, diese letzte hat mir heute geschrieben, als 14 tägige Wöchnerin, sagt mir, sie hätte nie so glückliche Wochen gehabt

und wünscht mir ebensolche glückliche. Das gebe Gott! Ihr gutes Exempel gibt mir viel Mut. Sie ist aber sehr betrübt über Brabant, wie man sich leicht denken kann.
Inländische Nachrichten gibt es, gottlob, wenige. Die Unordnungen der Handwerksburschen sollen so gut wie beseitigt sein. An Eben [Major] seiner Geschichte ist nichts, und ich, ich habe aus dem Mund der Frau v. Gaudy [Oberhofmeisterin der Königin Friederike] gelogen; meine Schuld ist es also nicht, daß ich die Unwahrheit geredet habe. Die Vossen hat mir heute morgen im Vertrauen gesagt, daß, als sie Sonntag aus der Kirche zur G. [Generalin] Bischoffwerder gegangen wäre, so hätte sie angefangen ihr zu erzählen, daß der Kontrakt, den Haugwitz [Minister] mit die Engländer geschlossen hätte, der allerdümmste wäre, den man sich denken könnte, indem man für die Subsidien-Gelder, dem Engländer versprochen hätte, nichts von den *Banken*, die wir acquirieren könnten, zu behalten. Sondern alles bar den Engländern abzuliefern. Ob es wahr ist, weiß ich nicht. Aber die Voß sagte noch dazu, daß *er* Bischoffwerder [Generaladjutant von Friedrich Wilhelm II.] und sie, den Minister Haugwitz nicht ausstehen könnten, und sie hat gesagt: *voilà quand on envoit des Bêtes ce qui résulte.* Diesmal will ich nicht über Hitze klagen, da Du schrecklich zu bedauern bist, und mehr als ich, weil Du Staub, Sonne und Hitze beständig hast. Freilich war es ganz anders voriges Jahr in Braunshardt [Schloß bei Darmstadt], das waren glückliche Zeiten! Die Erinnerung allein daran macht einen heiter. Und die Beschreibung, die Du mir davon machst, ist so göttlich und so wahr, daß ich die Stelle wohl 6mal wieder gelesen habe. Mein treuer Schimmel, was der wohl machen wird? Inzwischen freue ich mich recht sehr, daß Du wieder ein gutes Pferd hast, welches Dir behagt. Nur keinen Sturz mehr, bitte ich um Gotteswillen! Meine Wolter [Kammerfrau, Tochter des Rentmeisters] will verzweifeln, weil ihr Vater über 4 Wochen nicht an ihr und ihre Mutter geschrieben hat; schmähe ihn aus über seine Faulheit, denn sie ist schimpflich. Meine Complimente Köckritz [Adjutant] und Jagow [Oberstallmeister des Kronprinzen]. Es ist schade, daß der letzte keinen Schafpelz hat, bei der geringen Hitze könnte er sich doch wenigstens wärmen. Adieu, lieber guter Engel, ich liebe Dich und herze Dich in Gedanken.

Ich bin und bleibe ewig Dein
getreues Weibchen Luise ◁

▷Friederike läßt Dir viel Schönes sagen, sowie auch der Hof, der wibbelnd und kribbelnd zu Deinen Füßen liegt. Wie bin ich denn dazu gekommen, Dir einen teutschen Brief zu schreiben ◁? –

Mitte Juli waren Gefechte bei Kaiserslautern. Die Stadt ging verloren. Dabei fiel der fast siebzigjährige Generalmajor *Theodor Philipp v. Pfau.* – Ende Oktober 1794 wurden die Preußen über den Rhein zurückgedrängt. – Die Franzosen eroberten Holland. Dies hatte Folgen für den Fürsten von Thurn und Taxis. Als »Erb-General- und Oberpostmeister im Heiligen Römischen Reich, Burgund und den Niederlanden« mußte er mit finanziellen Einbußen rechnen. – Luises Schwester Therese (verheiratet mit dem Erbprinzen Karl Alexander von Thurn und Taxis) hatte am *6. Juli 1794* eine Tochter, Marie Therese, bekommen.

63. An den Kronprinzen

Sanssouci, den 25. Juli 1794

... Die Voß scheint sehr zufrieden und heiter zu sein, sie befindet sich sehr wohl, ihre Gesundheit ist wieder vollkommen hergestellt; ich behandele sie mit der größten Höflichkeit und sie scheint sehr zufrieden mit ihrem Schicksal zu sein. Man sagte mir, sie hätte erwartet, daß ich sie recht maltraitieren würde, damit sie eine gültige Ausrede habe, um sich von unserm Hof zurückzuziehen und dann machen könne, was sie wolle. Sie hat sich aber sehr in ihrer Rechnung getäuscht, und auf diese Weise werden wir uns niemals trennen. Man erschaudert, wenn man liest, welche Ausschreitungen sich die nichtswürdigen Kosaken erlauben; wenn sie nur nicht in Warschau einziehen,▷ sonst bleibt kein Stein auf dem anderen, und das wäre doch recht traurig ◁. Es betrübt mich, daß Du das kleine schattige Wäldchen nicht mehr um Dich hast und jetzt vollständig der Hitze ausgeliefert bist. Ich hoffe jedoch nicht, daß all diese großen Vorbereitungen, die man macht, uns ebenso weit wie bei Mainz glücklichen Angedenkens führen. Ja, auf Ehre, glücklichen Andenkens, denn damals waren wir sehr glücklich und sehr zufrieden, obgleich die Liebe uns nicht fühllos gegen die Leiden des Krieges gemacht hat. Nein, sicher nicht. Friederike läßt Dir viel schöne Dinge sagen, sie ist Dir recht herzlich zugetan und hofft alles von Dir. Lebe wohl, teurer Freund meiner Seele, möge alles, was ich Dir wünsche, in Erfüllung gehen, dann wirst Du immer glücklich sein. Ich umarme Dich in Gedanken und bin auf ewig dieselbe

Luise

Gestern wurde ich an der geplanten Beendigung meines Briefes durch die Ankunft des Grafen [Friedrich Wilhelm, Minister] und der Gräfin Arnim verhindert, die unmittelbar von Karlsbad zurückkommen. Sie hat bei uns zu Mittag und Abend gespeist, er ebenso, und sie sind erst um 10 Uhr abends fortgegangen. So haben unsere Gäste unsern ganzen Tag ausgefüllt, aber auf denkbar angenehmste Weise, da sie von ihrem Badeaufenthalt und kleinen Erlebnissen dabei erzählten. Unter anderem betrübte mich sehr das Verhalten der Österreicher zu uns; glaubst Du wohl: diese garstigen Leute haben alle Nachrichten, wahre und falsche, verbreitet, die für uns nachteilig waren. Unter anderem, der Marschall M[öllendorff] sei völlig geschlagen, hätte 30000 Mann Tote, Verwundete und Gefangene bei den Franzosen verloren; dann kamen immerfort schlimme Nachrichten von Polen; wenn die jetzt kämen, wären sie leider glaublicher als damals! Ich komme nun recht spät auf das, was mich doch am meisten in Herz und Seele beschäftigt, nämlich auf Deinen Brief vom 2. August, den ich gestern abend erhielt. Eure Lage ist wirklich recht verdrießlich, und es ist wirklich unglaublich, wie man nach solchen Erfahrungen sich immer wieder zu neuen Dummheiten verleiten läßt. ▷ Immer wird alles, um es durchzusetzen, leicht, ganz leicht vorgestellt, haben wirs dann erlangt, so nehmen wir alles auf der leichten Achsel, übereilen uns, und soll es dann auf etwas Ordentliches hinausgehen, dann sitzen wir in der Brèdouille, haben vorne und hinten nichts und geben uns immer ein großes Ridicule ◁. Bei Gott, man könnte toll werden, wenn man sich dies überlegt und wirklich, ich bin so traurig und niedergeschlagen von all diesen Störungen und unangenehmen Nachrichten; in manchen Augenblicken sind meine Gedanken ganz schwarz und zornig. Dazu kommt, daß ich nicht wage, zu irgend jemandem darüber zu sprechen und wegen meiner Umgebung keinen Wechsel der Stimmung merken lassen darf, so daß wir, Friederike (die von ihrem Gatten dieselben Nachrichten hat), und ich, wenn wir allein sind, ▷ recht nach Herzenslust ◁räsonnieren. Unglücklicherweise können wir dadurch nichts an dem Unglück ändern, das aus der geringen▷ Überlegung ◁bei al len Dingen entstanden ist; ich fange an, daran zu verzweifeln,▷ daß man je durch Schaden klug wird ◁ Was soll man dazu sagen, daß eine Belagerung in aller Form gegen eine Stadt eröffnet wird, die keine Festung und nur durch Mauern, Verschanzungen und Redouten befestigt ist, zu deren Herstellung wir so gefällig sind, ihnen die Zeit zu lassen. Welche Quelle von Witzen und Spötteleien für unsere Feinde, welchen Nutzen werden sie nicht daraus ziehen!▷ Es ist wahrhaftig, um die Schwarzegelbsucht zu bekommen! Doch bitte ich Dich, Deine so sehr lobenswerte Art, Dich gegen niemand *auszulassen*, jetzt mehr als jemals zu beobachten, denn ich traue niemandem, und Deine Worte könnten auf eine üble Art ausgelegt werden. Etwas, was mich schrecklich beunruhigt, das ist die ungünstige und schlechte Lage Eures Lagers, das durch die Kanonenkugeln des Feindes erreicht wird; es ist kein Spaß, das ist eine sehr üble Sache. Wenn ich Dich nur schon wo anders wüßte, samt die armen Soldaten, denn diese nicht zu verlassen, finde ich sehr gut, besonders nach den Gründen, die Du mir sehr gründlich in Deinem vorigen Briefe anführst und die nichts weniger als zu verwerfen sind◁ ...

Am *2. August 1794* übte der Kronprinz in einem Brief an Luise Kritik an der preußischen Kriegführung in Polen:
▷»... *Es fehlt uns an allen Mitteln dazu, denn man ist mit nichts von dem, was man braucht, gehörig versorgt... Das kommt daher, weil man alle Kriege zu Anfang auf die leichte Achsel nimmt... Gott, was ist dies wieder für ein elender Krieg! Ich bitte Dich aber recht sehr, solche Äußerungen bleiben ganz unter uns. Derjenige, der aber diesen Brief unverschämterweise aufmachen sollte, mag sie immerhin lesen, denn es ist die reine klare Wahrheit.*« ◁

65. AN IHREN BRUDER GEORG — Sanssouci, den 9. August 1794

▷Es wäre herzlich traurig für mich, wenn ich heute anfangen müßte, Dir die Versicherungen meiner Liebe und Freundschaft bekannt zu machen. Du bist recht innig davon überzeugt, das weiß ich, bester, lieber Junge, Du weißt, daß ich täglich für Deine Erhaltung bete, so wie auch, daß ich den besten Segen von Gott Dir erflehe. Warum, da Du dieses alles weißt, es Dir heute sagen wollen, das brauche ich nicht; denn mein Herz kann nicht höher den 12. August [Georgs 15. Geburtstag] für Dich schlagen, als es sonst auch tut, also laß ich die Zeremonie-Briefe weg und schreibe Dir einen ganz ordinären, nach meiner dummen Einfalt, damit muß Du nun auch hübsch vorlieb nehmen, so wie mit den kleinen Geschenken, die Dir Friederike und ich bei der

Gelegenheit Deines Geburtstages schicken. Die Schatulle, die wir Dir übersenden, enthält viele Kleinigkeiten, die Dir wohl auf Deiner Reise nützen können. Da ist eine Schublade drin, die ist ganz für weibliche Arbeit eingerichtet, die habe ich gleich excomunicieren wollen, aber Friederike, die alles ordentlich haben will, befiehlt ihre rechtmäßige Anerkennung, ich indessen bleibe dabei, daß Du sie heraustust und an der leeren Stelle die Briefe Deiner getreuen Freundinnen Luise und Friederike hinlegst, damit sich diese zwei guten Geschöpfe Deines Andenkens immer gewärtigen können. Ferner, lieber Georg, wissen wir, daß Du, ohne im mindesten Fat [frei »Zieraffe«] zu sein, Dich doch gerne hübsch anziehest. Das Neueste, was jetzt ist, ist ein Frack von Trico, samt der Veste und Beinkleider, welche schon für Dich bestellt sind, aber noch nicht haben geändert werden können. Nimm dieses an, mit Güte, und denke dabei ›*meine Schwestern haben mir ein kleines Vergnügen machen wollen.*‹ Dies ist wahrhaftig wahr, und ich wünsche, daß es eintreffen möge. Fahre fort mich zu lieben, lieber bester Bruder, ich werde wahrlich mich Deiner reinen Freundschaft und Deiner Achtung durch keinen Abweg der Tugend unwert machen; und werde immer die alte Luise bleiben.
Die Freude, die ich über Deinen langen Brief gehabt habe, ist unglaublich, besonders, da ich habe so lange darauf warten müssen. Über einen Monat ist er herumgeirrt, aber alsdann hat er auch herrliche Wirkung getan, und ich *labe* mich noch recht recht öfter dran. Aber was für einem *infamen Wisch* folgte dieser liebe Brief, dessen Beantwortung, so ärgerlich sie mir auch ist, doch am Herzen liegt. Ich fange gleich mit dem an, womit Du anfingst, nämlich mit Herrn *Feist* [Bankier], der ein rechter *Esel* ist, der mir, da er mir seinen *Zettel* übergab, sagte: mit der Bezahlung hat es 3 Jahre Zeit. So lange hätte ich ihn nun auf keinen Fall warten lassen (denn ich bekomme zu meinen Wochen Geld statt Juwelen von dem Könige, das ich dazu anwenden will, meine Schulden im Reich zu bezahlen). Du wirst aber gestehen, wenn man mir auf 3 Jahre borgt und mahnt mich dann wieder nach 9 Monaten Zeit, daß das eselhaft ist. Und wie mahnt er mich; schreibt mir selbst und durch andere, so daß es unausstehlich ist und verdrischt mich vielleicht noch? Der Feist hat mir ungefähr vor 6 Wochen geschrieben, er bäte mich, ihm die 800 Gulden zu schicken. Drauf schrieb ich Papa, ob Heißler [vermutl. Rentmeister] sie mir nicht aus seiner Kasse vorstrecken

könnte, worauf ich denn monatlich von meinen Schatullgeldern (aber langsam) meine Schuld an meinen Vater abbezahlen wollte. Darauf habe ich denn noch keine Antwort erhalten, habe aber wieder flehentlich um eine Antwort, diesen Posttag und den vergangenen, gebeten. Sobald ich nur eine habe, so werde ich sie Dir schreiben. Ich kann jetzt eben ein Kapital hier haben (denn das muß ich, um zu bezahlen), welches ich aber noch nicht getan habe, da ich keine Antwort von Papa habe und ich mich doch nicht gern doppelt verschulden möchte. Übrigens lasse ich Dir zu überlegen, wie man auf einmal 800 Gulden bezahlen soll, wenn man monatlich nur 600 Taler hat, die kaum dazu hinreichen, meine Bedürfnisse (die jetzt durch die Annäherung meiner Niederkunft sehr zunehmen) zu bestreiten. Ich muß mir millionen Sachen anschaffen, wo kein Mann einen Begriff davon hat, wohl aber ich, die ich sie brauche und bezahlen muß, und dabei muß ich alles xmal teurer bezahlen als andere. Wenn du wüßtest, wie es in meinem Kasten aussieht, ich wette, ich dauerte Dich ...

Gott segne Deine Kur, die Du in Wiesbaden vorhast und schenke Dir Dein Gehör ganz wieder. Nun, lieber Georg, bist Du ganz im Bilde über meine Angelegenheiten und wirst, so hoffe ich, mit mir zufrieden sein. Ich kann Dir heute nicht auf Deinen langen Brief antworten, weil ich nicht wohl bin und äußerst betrübt über viele unglückliche Nachrichten des Krieges, am Rhein und in den Niederlanden. Gott wolle dem bald ein Ende machen und Frieden schenken! Bitte dieses mit mir. Man sagt für gewiß, Cleve und Geldern seien verloren! für uns! Dies ist der Lohn für unsere Mühe, für unsere armen aufgeopferten Menschen und für unser unglaublich vieles verlorenes Geld. Wie es mit Polen gehen wird, weiß allein Gott. Vielen Dank an Herrn von Gräfe [Erzieher des Erbprinzen] für seinen Brief, der mich ordentlich glücklich gemacht hat. Heute bin ich es nicht, ehe was anderes als glücklich. Adieu, warum sollte ich Dich auch herunterstimmen. Viele Complimente Herrn von ... [?] und der alten Mutter [Großmutter] und der Lotte [Charlotte, Schwester]. Ich küsse Dich in Gedanken.

Louise ◁

66. An Fräulein v. Gélieu, ehemalige Erzieherin

Sanssouci, den 15. August 1794

Meine liebe, vortreffliche Gélieu!
Ich habe Ihnen unendlich unrecht getan, ich erkenne es an, ich bin tief beschämt darüber, und nur Ihre aufrichtige, unerschütterliche Freundschaft ermöglicht mir die Hoffnung, Sie werden diese Zeilen von Ihrer Freundin gütig und nachsichtig aufnehmen, das Vergangene vergessen und jetzt überzeugt davon sein, daß ich Sie von Herzensgrund liebe, daß meine Seele Ihnen ewig zugetan ist, daß meine dankbaren Empfindungen Ihnen gegenüber, meine treffliche Freundin, nie abnehmen werden! Der Hauptgrund, weswegen ich mein Schreiben so lange aufschob und mir Vorwürfe von allen Seiten zuzog, ist ein äußerst eifriger Briefwechsel mit meinem teuren, unvergleichlichen Gemahl; er gibt mir so oft wie möglich Nachrichten, und die sind nicht immer gut. Ach, denken Sie, liebe Freundin, wie mußte mich die Botschaft erschrecken, daß er einen Ruhranfall gehabt hat. Doch hat ein Brief vom 9. dieses Monats meine aufgeregte Seele wieder beruhigt; in diesem Briefe meldet er mir, er sei ganz wiederhergestellt, und die Heilmittel, die er glücklicherweise noch rechtzeitig genommen hat, hätten Wunder gewirkt. Gewiß werden Sie mit mir Gott loben, meine liebe Freundin, daß er ihn dieser schrecklichen Krankheit hat entgehen lassen, die letztes Jahr in dem lieben Darmstadt so viele unglücklich gemacht hat. Meine Phantasie war davon noch so erfüllt, daß ich, bevor ich die letzten Nachrichten erhielt, mich mit recht düsteren Gedanken quälte und beunruhigte. Überhaupt ist meine Seele nicht mehr so heiter wie sonst; aber das ist so natürlich, wenn man das Unglück hat, von einem Mann getrennt zu sein, den man anbetet, der all unser Glück ausmacht. Dann verläßt uns die närrische Laune, und man ist oft melancholischen Stimmungen unterworfen. Ihre Wünsche und Ihre *Gebete*, meine liebe Freundin, werden gewiß erhört, denn ich bin die glücklichste Frau, mein Gemahl macht mich so ganz glücklich, er ist so gut, ich habe soviel Gründe, ihn zu *lieben* und zu *schätzen*, daß ich mir wohl zuversichtlich schmeicheln darf, mein Glück wird dauerhaft sein, da es auf dem starken Grunde der *Achtung* und *Freundschaft* ruht. Es ist Ihnen nicht unbekannt, meine liebe Gélieu, daß ich schwanger bin, und jetzt bin ich meinem Ziele ganz nahe; im Monat Oktober habe ich nur

noch 18 Tage damit zu gehen. Beten Sie wohl für mich, meine *würdige Freundin*, der Himmel wird Ihre eifrigen Gebete erhören. Er hat Sie doch erhört, da er mich reines, vollkommenes Glück genießen läßt. Er wird es Ihnen nicht versagen, mich bald als glückliche Mutter zu sehen. Ich habe sehr teilgenommen an dem Kummer, den Sie gleich bei der Ankunft in Ihrem teuren Vaterlande hatten, und ich hoffe, Frau Misch [?] (ihr wie Herrn [Misch] sagen Sie bitte viele Grüße von mir) wird von ihrem üblen Rheumatismus ganz wiederhergestellt sein. Und wie haben Sie den Sommer verbracht? Wenn meine Wünsche erfüllt sind, dann müssen Sie völlig wohl sein, dann wird der Himmel Ihnen fortan sehr friedliche und glückliche Tage schenken, eine gerechte Entschädigung für die guten Taten, die Sie durch Ihre Erziehung vollbracht haben. Niemals, meine liebe Gélieu, werde ich vergessen, was Sie für mich getan haben, und mein Leben lang werde ich Sie dafür segnen. Erzählen Sie mir in Ihrem nächsten Briefe ein bißchen, wo Sie wohnen, wie Sie Ihre Zeit verbringen, wie Sie Ihre Eltern gefunden haben, und ob Sie, mit einem Worte, recht zufrieden sind.
Jetzt zu geschäftlichen Dingen. Wie Sie wissen, meine liebe Freundin, haben meine Schwester [Friederike] und ich sich die Freiheit genommen, Ihnen eine kleine Pension anzubieten. Glauben Sie nicht, wir hätten es vergessen, klagen Sie unsere Herzen nicht solcher Undankbarkeit an; aber weil wir Ihren ständigen Aufenthaltsort nicht kannten und kein sicheres Mittel hatten, um Ihnen die kleine Summe zukommen zu lassen, haben wir noch nichts getan. Sagen Sie mir also, liebe Freundin, wie sie Ihnen mit Sicherheit zuzustellen ist. Durch einen Bankier? Das wäre, wie mir scheint, das beste. Wie denken Sie dazu? Nennen Sie zu diesem Zwecke einen Bankier in Neufchâtel, und der ganze Betrag wird Ihnen auf einmal übermittelt werden. Aber sagen Sie mir ganz aufrichtig, wie Sie es für künftige Jahre geordnet wünschen, vierteljährlich oder halbjährlich oder jährlich; mir ist es ganz gleich, ich wiederhole nur: Ich möchte wissen, auf welche Weise es Ihnen am angenehmsten wäre.
Friederike umarmt Sie und will Ihnen bald schreiben. Erzählen Sie mir, wo, in welchem Zimmer Sie unsere vier Bildnisse untergebracht haben? Ich nehme an, über Ihrem Bett, wie Sie sich vorgenommen hatten, um sie immer beim Erwachen zu sehen. Achten Sie nicht zu sehr auf die scheußliche Kritzelei meines Briefes, aber ich schreibe in größter Eile

kurz vor Tisch und habe mich noch nicht angezogen. Sie wissen, es ist meine Gewohnheit, dabei ein bißchen zu bummeln; wenn jedoch mein Mann bei mir ist, bin ich sehr pünktlich; er mag das gern und legt sogar großen Wert darauf. Leben Sie wohl, liebe Gélieu, verzeihen Sie mein langes Geschwätz, aber ich habe sehr lange nicht mehr mit Ihnen geplaudert. Noch eins: Ich bitte Sie sehr, in Ihren Briefen das lächerliche »Madame« und »Königliche Hoheit« wegzulassen, verstehen Sie wohl! Nennen Sie mich »Freundin«, denn ich bin es mit Herz und Seele und hoffe dessen auch nicht unwürdig zu sein. Leben Sie wohl, ich umarme Sie in Gedanken und bin fürs Leben unwandelbar die Ihre.

Luise

67. An den Kronprinzen — Sanssouci, den 28. August 1794

Ich beginne mit einer Nachricht, die zu interessant ist, als daß ich sie auch nur einen Augenblick länger bei mir behalten könnte, ohne sie Dir mitzuteilen. Wir tranken Tee bei der Generalin Bischoffwerder, um ihr gleichzeitig einen Wochenbesuch zu machen, und sie versicherte mir, daß Ihr, der König, Du und der Prinz Louis [Ludwig, Gemahl Friederikes] und alle in längstens einem Monat zurück sein würdet; das wäre ganz sicher, wenn es auch nicht zum [50.] Geburtstag des Königs [am 25. Sept.] sein würde, dann höchstens einige Tage später. Mein lieber, ausgezeichneter Gemahl, hörst Du, denke darüber nach und dann frage Dich, ob Deine Frau nicht halb närrisch ist vor Freude; seit dem glücklichen Augenblick, als mir diese Hoffnung gegeben wurde, bin ich viel fröhlicher, ich nehme an der Freude der anderen teil und habe nicht mehr diese Zeiten, ▷wo ich manchmal verzweifeln möchte◁. Aber seit gestern nachmittag nun freue ich mich dieser Hoffnung nicht mehr ganz so rein wie vor zwei Tagen als ich Deinen Brief erhielt, der wirklich nicht viel Tröstliches enthält. ▷Wird sich denn nicht eine Macht unter der Sonne finden, die es treu und ehrlich mit uns meint, denn mit den Russen siehet es jetzt wieder sehr windig aus und wir, wir werden dennoch, aller Allianz ungeachtet, noch den kürzeren ziehen, Menschen und Geld aufopfern und nichts davor haben◁, denn ich höre schon seit mehr als fünf Wochen, daß sich die russische Armee mit Euch vereinigen soll, um Euch bei Warschau zu unterstützen, weil Kosciüszko so stark und ihr im Vergleich dazu so schwach sein sollt.

Aber es scheint mir, daß sie Lust haben, in Kurland zu bleiben, wo sie sind, und Euch Eurem Schicksal zu überlassen. Wenn es also wahr ist, wie Dein Bruder gestern an Friederike schrieb, daß ihr noch Arbeit für drei Wochen habt, dann muß ich mir wohl sehr, sehr wider meinen Willen sagen, daß eure Rückkehr in vier Wochen fast unmöglich ist. Aber andererseits hoffe ich immer noch, daß der König daraus ein Geheimnis für euch machen will, um euch plötzlich im letzten Augenblick desto angenehmer zu überraschen. *Wolle Gott, daß es so ist!* Gestern erhielt ich eine Staffette von Papa aus Hannover mit der glücklichen Nachricht, daß er Montag, den 1. September, hier bei uns sein wird. ... Du mußt Deine Befürchtungen nicht wiederholen, daß ich imstande wäre, während dieser sechs glücklichen Tage, die ich in Papas Gesellschaft zubringen werde, Dich zu vergessen, wirklich, ich werde Dir sonst gehörig den Kopf waschen! Papa benachrichtigte mich gleich in seinem Brief, daß es ihm völlig unmöglich wäre, länger als bis zum Sonnabend, den 6., zu bleiben. Wir wollen sehen, ob unsere Bitten etwas bei ihm ausrichten können; ich zweifle daran, da er mir sagt, daß seine Geschäfte (unter uns gesagt, noch reichlich verwirrt) ihn sehr bedrängen und seine Anwesenheit mehr als je erfordern. ... Deine Absichten gegen die Schack [Frau des verstorb. Adjutanten] sind vortrefflich und machen Deinem Herzen alle Ehre, immer gut, immer dankbar. Wenn sie Deine Anerbietungen nicht annimmt, so sieht sie doch wenigstens Deine Absicht und wird sicherlich sehr empfänglich dafür sein, wie sie es auch, aber in anderer Weise, dem wenig großmütigen Vorgehen des Königs gegenüber sein soll, das ich gar nicht verstehe. Waren M[anstein] oder B[ischoffwerder] [Generaladjutanten von Fr. W. II.] dem achtbaren Verstorbenen vielleicht nicht wohl gesinnt? ▷Gott gebe doch, daß die Sachen bei Polen bald ein Ende nehmen mögen, und daß der babylonische Turmbau, nämlich die Konfusion, bald beigelegt werden möchte und ihr endlich zu etwas Ordentlichem gelanget◁ ... Lebe wohl, ich will ausfahren, es ist eher kalt als warm. Meine Empfehlungen an den Major, Jagow [Adjutant] und Wolter; was sagt dieser denn zu der allmählichen Vermehrung Deiner Wäsche durch die Strümpfe, die ich so hübsch und vor allem so fein stricke? ▷Ich werde nächstens wieder mit einem Paare aufwarten. Adieu, Engelsmännchen, ich liebe Dich verzehrentlich aus ganzem Herzen und von ganzer Seele. Amen◁ Luise

Thaddäus *Kosciuszko* (1746–1817), ehemaliger (1777) Adjutant Washingtons – seit März 1794 von der polnischen Nationalversammlung zum Diktator proklamiert – wies in Warschau alle Angriffe der preußischen Truppen zurück. – Am *6. September 1794* wurde die Belagerung aufgehoben. – *Absichten wegen der Schack:* Der Kronprinz wollte die vom König in Aussicht genommene Pension für die Witwe seines Adjutanten verdoppeln.

68. An den Kronprinzen

Sanssouci den 1. September 1794

Kaum habe ich mein Bett in der Früh verlassen, so schreibe ich Dir schon wieder; Du mußt zugeben, daß ich Dich mit Briefen überschütte. Ich kann Dir nichts Neues mitteilen, außer, daß ich das Vergnügen hatte, mich mit Dir zu unterhalten: die ganze Nacht hindurch habe ich von Dir geträumt und war sehr glücklich zusammen mit meinem liebsten, teuren Freunde.
Wir erwarten Papa zu Mittag, da er nur noch 3 Meilen zurückzulegen hat, und deshalb werden wir uns bald umziehen, um ihn schicklich empfangen zu können. Wenn Du mich sehen könntest, würdest Du gewiß im ersten Augenblick zweifeln, ob ich es bin, die die Ehre hat, Deine Frau zu sein; denn ich versichere Dir, ich bin ein kleines dickes Ungetüm, nichts als Bauch, von welcher Seite Du es auch betrachten magst. Trotzdem würde ich viel darum geben, wenn ich Dich noch vor meinen Wochen sehen könnte; ich hoffe es alle Tage. Die Generalin Bischoffwerder hat mir gestern durch die Viereck [Hofdame Luises], die sich gleich nach Empfang der guten Nachricht zu ihr begab, versichern lassen, daß Ihr sicher vor Ende September alle zusammen hier sein würdet. Die Nachricht von der Einnahme Warschaus verbreitete sich gestern eine Stunde nach dem ich Deinen Brief erhielt, so daß wir alle in Aufregung gerieten. Wir machten eine Wagenfahrt und liefen selbst zur Post, um zu sehen, ob ein Kurier eingetroffen sei; ▷da war es aber nichts◁. Die Generalin Bischoffwerder schickte uns auch einen Brief ihres Gemahls, um uns den errungenen Sieg mitzuteilen. Er schrieb ihr ausdrücklich: »Der König wird diesen Winter nicht an den Rhein gegen die Franzosen ziehen, weil ihn politische Angelegenheiten daran hindern; er würdigte mich der Ehre, hierüber mit mir zu sprechen und mich zu beauftragen.« Diese Gewißheit ist herrlich, und Gott sei Dank, daß der König diesen Entschluß gefaßt hat. Die

Tapferkeit unserer Truppen und der Mut, den sie gezeigt haben, hat mich wahrhaft gerührt, ▷die Preußen werden doch immer ihren alten Namen behalten◁!

Denke Dir, Papa hat uns überrascht! Soeben kommt er an; ich eile in seine Arme. Wann werde ich in die Deinigen fliegen?

Deine Louise

Nachmittags um 4 Uhr: Papa ist heute früh um 8½ Uhr angekommen. Er trägt mir tausend schöne Dinge für Dich auf. Er ist gut, zärtlich, verehrungswürdig wie immer.

Die *gute Nachricht* von der Einnahme Warschaus war ein Irrtum. Am *1. September* schrieb der Kronprinz an Luise (auf deutsch): ▷»... es ist die höchste Zeit, daß wir Hand übers Herz legen und den Ruhm hierselbst fahren lassen. Die Retraite ist also bestimmt«◁ [d. h. der Rückzug ist befohlen].

69. An den Kronprinzen

Sanssouci, den 4. September 1794

Ich möchte Dir beweisen, mein lieber vortrefflicher Freund, daß ich Dich im Glück ebensowenig vergesse wie in den Zeiten des Kummers und der Einsamkeit, und schreibe Dir deshalb heute, wo Papa noch hier ist. Du warst mir immer im Geiste gegenwärtig und bist oft der Gegenstand unserer Unterhaltung gewesen. Seit Montag früh habe ich eine recht glückliche Zeit verlebt; wir sind immer zusammen, Papa, Friederike und ich, wir plaudern, erzählen uns von Vergangenem und machen Pläne für die Zukunft. Der Plan, uns bei sich zu sehen (natürlich mit unsern Männern) macht ihn außerordentlich glücklich, denn er ist tatsächlich sehr einsam und verlassen in Strelitz. Ja, dieser liebe und angebetete Vater, der immer gewöhnt war, seine Kinder und Enkel um sich zu sehen, hat jetzt nichts, er ist ganz allein im Strelitzer Schloß. Das macht ihn natürlich sehr traurig; ich gestehe, wenn ich nicht in dem gegenwärtigen Zustand wäre, würde ich nicht zögern, ihn bis zu Deiner Rückkehr zu begleiten. Deine Freundschaft für Papa würde Dich das Unrecht vergessen lassen, das ich begehen würde, wenn ich Dich nicht benachrichtigt und Deine Einwilligung eingeholt hätte. Aber ich versichere Dir, Papa macht mir unbeschreiblichen Kummer, denn er selbst ist so unglücklich über diese Einsamkeit. Du weißt doch, daß die alte Christine [älteste Schwester des Herzogs] tot ist, und daß er hier die Nachricht davon bekommen hat; unser Bitten und Flehen hat ihn endlich bewogen, noch einige Tage bei uns zu bleiben und uns nicht auf der Stelle zu verlassen, wie er zuerst wollte. Aber ach, ich wage nicht daran zu denken, daß er uns morgen verlassen wird; es ist zu hart, als daß ich daran denken könnte. ... Mein Gott, wie ist Deine Schilderung vom 28. so ergreifend und hinreißend. Papa und ich hatten dicke Tränen in den Augen, als wir Deinen Bericht lasen. ▷Was sind doch unsere guten Preußen verehrungswürdig und wie glücklich ist es, Herr und König solcher braver biederer Menschen zu sein◁! Ich kann Dir nicht sagen, wie gerührt ich über dieses Ereignis war, obwohl es uns unglücklicherweise soviel tapfere Leute kostete. ...

Am *28. August* hatte der Kronprinz einen – von ihm kritisierten – Angriff auf polnische Schanzen vor Warschau geschildert (deutsch):
▷ »... Es war ein mörderliches Feuer, und wir haben grausam viel Menschen verloren ... Ich kann Dich versichern, ich habe so etwas noch nicht gesehen. Die Blessierten kamen immer haufenweise zurück, so daß der König sie einmal für ein zurückgekommenes Bataillon hielt. Der Anblick war erschrecklich, und man mußte ohne Empfindung sein, um dieses mit Gleichgültigkeit mit anzusehen. Ich konnte es nicht und die Tränen standen mir und mehreren in den Augen ... Nein, gewiß, ich vergesse es nie ... Was gibt uns dies alles aber für Aussichten in die Zukunft, wahrlich nicht die besten.« ◁

70. An den Kronprinzen

Sanssouci, den 7. September 1794

▷ Aus lauter Vaterlandsliebe bist Du gestern die *Unterdrückung* gewesen, herzensliebes Männchen! Deine Erzählung von dem 28. hat mein Innerstes so sehr gerührt, daß ich gleich den Entschluß gefaßt habe, soviel als möglich Scharpie zu zupfen, um den armen, unglücklichen Blessierten *einige* Hilfe zu leisten. Hierbei schicke ich Dir nun alles, was meine armen Finger in drei Tagen zustande bringen konnten, und ich bitte Dich, es an Ort und Stelle, wo es nötig ist, hinzuschicken, jedoch nicht zu vergessen, dabei anzumerken, es sei meiner Schwester und mein *Fleiß* ◁. Ich hoffe, Du wirst mit mir zufrieden sein, daß ich aus Wohltätigkeit diese Arbeit getan habe, denn ich kann Dir nicht sagen, wie Deine Erzählung von den Leiden unserer tapferen Preußen

mein mitleidiges Herz gerührt hat. Die Verwundeten werden also die Ursache sein, daß Du meinen Brief einen Tag später erhältst, als ich wollte, und Du wirst es ihnen verzeihen. ...
Ich habe Deinen Brief vom 1. September durchgelesen, den ich gerade eben bekam, und Du kannst Dir denken, daß ich ganz ebenso sehr wie Du wünsche, dies möchte der letzte Monat sein, den Du in dem elenden Polen, von mir entfernt verbringst. Gott wolle es, aber der Schluß Deines Briefes läßt mich fast befürchten, daß wir noch weiter hineingeraten, als wir voraussehen. Zum Beispiel hat eine Wendung stattgefunden, auf die ich nie, niemals gefaßt gewesen wäre; gestehe nur, wir haben recht viel Unglück mit unseren Kriegen gehabt! In den Herren Russen habe ich mich doch nicht getäuscht, wie Du aus einem meiner letzten Briefe sehen wirst; wenn man sie braucht, lassen sie einen in der Sauce allein. Erzähle mir doch in Deinem nächsten Brief, was Warschau für ein Los haben wird; vielleicht werden die Russen es bekommen. *Gayons que maintenant ils trouveront assez de troupes,* ▷da sie nun gedenken, es allein zu erobern und zu behalten. Ich möchte wahrlich Verstand genug besitzen, um Manstein und Bischoffwerder [preuß. Generäle] ganz aus dem Fundamente zu erkennen, denn dieses kann und tut kein Mensch. Bald glaubt man, der eine, bald der andere sei besser; dabei bleibt es, und weiter kann niemand nichts sagen ◁.

6. September 1794: Aufhebung der Belagerung von Warschau. Rückzug der preußischen Truppen.

Am *7. September* schrieb der Kronprinz (deutsch): ▷ »... Sage mir zunächst, engelgleiche Luise, würdest Du erschrecken, wenn unerwartet einer, der Dir nicht gleichgültig ist, ... erscheinen würde? ... kann Dein Herz wohl erraten, um wen es sich hier handelt? ... Alles, was ich Dir sagen kann, ist, daß er fast närrisch vor Freude ist, aber er wagt nicht, sie merken zu lassen ...« ◁ – Luise war im neunten Monat.

71. An den Kronprinzen

Sanssouci, den 12. September 1794

▷ Folle, Splitter rasend toll vor Freude, kaum fähig, die Feder zu führen ◁, in diesem Zustande befinde ich mich, und das – ich wette, Du wirst es schon erraten haben – und das durch Deinen göttlichen Brief vom 7. September, den ich kurz vor Tisch erhielt. Welch göttliche Nachricht, erst recht angenehm, weil ich gar nicht darauf zu hoffen wagte. Kurz, ich weiß nicht, wo mir der Kopf steht, ich weiß nicht, was ich machen soll. Ich zitterte vor Freude, als ich Deinen Brief las, mein Atem wurde ganz kurz, ganz kurz, noch jetzt weiß ich nicht, was ich tun soll und kann kaum meine Feder nach meiner Gewohnheit führen. ▷Was wird es erst geben, wenn Du kommst? Wenn ich nur nicht niederkomme vor Freude! Aber ein rechtes Glück ist es, daß ich es so lange voraus weiß, wahrhaftig, ich glaube, ich wäre *umgekommen*, denn so eine Sensation läßt sich gar nicht beschreiben! Ach Gott! Was ein Glück! welche Freude erwartet meiner, ich zittere an Arm und Bein, wenn ich daran denke! Dein Brief war *recht willkommen* und tausend- und tausendmal habe ich die Stelle vom 7. durchlesen. Was mich nur der Gedanke quält, wann ist der Tag, *wo er kommen* wird, das ist nicht zu sagen. Du willst den Tag unseres Aufbruches von dem geliebten Sanssouci wissen? Der ist heute über acht Tage festgesetzt, nämlich den 20. Ich bitte Dich aber auch recht inständig, mir den Tag Deiner Ankunft zu schreiben, denn ich muß es wahrhaftig wissen, sonst sterbe ich oder erschrecke wenigstens zum Tode, kämst du so und machtest eine Surprise. Sollte Deine Ankunft früher als den 20. sein (welches ich nicht glaube), so laß es mir durch eine Stafette, wo nicht ein Kurier geht, wissen, denn da käme ich eher nach Berlin, um Dich da zu empfangen, weil Mama, wenn Du und Dein Bruder noch ein paar Tage hier bei uns zubrächtet, es grimmig aufnehmen würde◁.

Ich schwöre Dir, ich weiß nicht, was ich tue, ich will Dir einen langen Brief schreiben, ▷aber das gehet gar nicht◁, denn meine Gedanken verwirren sich so, daß ich nicht weiß, ▷wo herausfinden◁. Dies ist wahrscheinlich der letzte Brief, den ich Dir schreibe, denn ich weiß nicht, wohin ich adressieren soll; da Du nicht mehr beim König bist, sondern ihm immer vorauseilst, könnte es leicht sein, daß die Kuriere an Dir vorbeifahren, ohne Dir die Briefe zu geben. Unser Hof ist Dir zu Füßen. Im ersten Augenblick schrie und lachte alles und tanzte vor Freude, aber die arme V[iereck] wurde nach kurzem Bedenken traurig und jammerte. Lebe wohl, ich umarme Dich, toll vor Freude

Luise

21. September 1794: Der Kronprinz kehrte nach Berlin zurück. – *7. Oktober:* Geburt des ersten Kindes von Luise, einer Tochter, die tot zur Welt kam. – *30. Oktober:* Luises Schwester Friederike wurde von ihrem ersten Sohn Friedrich Ludwig, genannt Fritz Louis, entbunden.

72. An ihren Bruder Georg
Berlin, den 1. November 1794

⊳Bester George! Schon längst hättest Du ein paar Zeilen von meiner Hand erhalten, wenn ich nicht durch Augenschmerzen wäre verhindert worden; und ob sie gleich noch immer dauern, so kann ich doch nicht umhin, Dir zu sagen, daß ich gottlob wohl bin, und daß ich Dich, lieber, guter Junge, immer noch entsetzlich gut bin. Auch von Friederike kann ich Dir die besten Nachrichten geben; ob sie gleich sehr viel litt, so hat sie doch für ihr Leiden eine große Entschädigung, denn sie hat ein lebendiges, gesundes Kind zur Welt gebracht, das sie schon jetzt unaussprechlich glücklich macht. Ach, lieber George, wer besser als Du könntest meine Freude meine Wonne, mein Glück teilen, wenn ich Dir auch von *meinem Kinde* schreiben *könnte*, so aber kann ich Dir leider nur sagen: *Es war schön!* Meine Tränen ersticken mich. Ich murre nicht, ich trage mit Ergebung den Willen Gottes, der bei allen seinen Fügungen unser Glück und unser Bestes vor Augen hat. Auch sind Tränen kein Murren, sondern Empfindungen der Wehmut, der sich ein mütterliches Herz nicht erwehren kann! Dem Oberst [Gräfe] tausend Schönes; ich weiß schon, daß er mich ein wenig bedauert. Die Bose [Hofdame der Großmutter] vergesse ja nicht! Lege mich der *teueren* Großmama zu Füßen und sage ihr, ich dürfte nicht schreiben, der Doktor *Braun* [kgl. Leibarzt] hat es mir im Ernst verboten. Adieu, lieber, bester Bruder. Ich drücke Dich an mein Herz. Luise

Mein Mann grüßt Dich wie auch den Oberst. Er macht mich zum glücklichsten *Weibe* der Erde. Es ist ein seltener Mann.
Antworte mir bald. Meine Augen tun mir schrecklich wehe.⊲

73. An ihre Schwester Therese, Fürstin von Thurn und Taxis
Berlin, den 18. November 1794

Endlich, meine liebe Therese, nach einem unermeßlich langen Schweigen, ist es mir erlaubt, die Feder, die gegen meinen Willen hatte ruhen müssen, wieder in die Hand zu nehmen. Ich mußte meine Augen schonen, die nach meiner Niederkunft sehr gelitten haben, eine recht natürliche Sache infolge der Tränen, die immerzu meine Augenlider

benetzten und die ich, soweit mir das möglich war, heruntergeschluckt habe, um nicht meinen lieben und ausgezeichneten Mann unglücklich zu machen und ihm Kummer zu bereiten. Er selbst brauchte Trost wegen der Befürchtung, daß mein bettlägeriger Zustand nach der Geburt eines toten Kindes gefährlich werden könnte. Oh, liebe Freundin, das war ein wundervolles Kind, meine arme Kleine. Ach, warum ist sie mir entrissen worden?
Ich muß Dich verlassen, die Königin [Friederike, geb. 1751] kommt.

Luise

den 25. November

Das wirre Leben, das ich seit dem 18. führen mußte, hat mich daran gehindert, diesen Brief zu beenden, denn seit dem 20. bin ich gar nicht mehr bei mir. Das war genau der Tag, an dem ich zum erstenmal wieder in die Kirche ging, und der Tag war für mich herzzerreißend, denn ich ging in die Kirche, in der mein kleiner Engel beigesetzt ist. Du, engelhafte Therese, spürst gewiß, was ich erleiden mußte, aber Schluß damit. Ich möchte zu Dir lieber von meinem Glück sprechen, das darin besteht, das ich einen Mann habe, der ein Engel ist und der mich wirklich glücklich macht. Zudem ist Mama [Königin Friederike] so gut, voller Güte und Freundschaft, und sie wiederholt uns – Friederike und mir – gegenüber immer wieder, daß sie zwischen ihren Kindern und uns keinen Unterschied machen kann. Der König ist immer der gleiche, er ist von grenzenloser Güte und Rechtschaffenheit; er war von Potsdam sofort hierher geeilt, um uns beiden niedergekommenen Frauen einen Besuch abzustatten, und er kehrte sogleich nach Potsdam zurück.
Ich möchte Dich auch über unsere Geschenke unterrichten, an erster Stelle über den wunderbaren Diamantenstrauß des Königs. Dann zu nennen ein Medaillon von Mama mit ihrem Portrait und einem Spruch in Diamanten und eine reizende kleine Halskette mit Goldketten und Diamanten, in der Mitte ein großer Rubin. Von meinem Mann eine ganze Reihe von Sachen, Tassen, einen pelzgefütterten Mantel ▷mit Zobel◁, Parfümfläschchen, Fächer, ein Jäckchen und 200 Louisdor, aber ich bitte Dich nachdrücklich, über diese letzte Sache nicht zu sprechen, weil er es mir verboten hat, darüber zu irgendjemandem zu sprechen; daher bitte ich Dich, auf keinen Fall davon zu sprechen. Ich

danke Dir vielmals für die Modellhemden und die Zeitschriften. Ich werde sie Dir mit dem nächsten Lastpostwagen zurückschicken, sobald ich von meiner lieben Therese darauf Antwort habe, ob sie getigerte und dreifarbige Federn hat., ▷ nämlich lila ◁, gelb und weiß. Es sind auch getigerte Bänder zu haben und englische Sitzkissen und Hüte. Göttliche Hüte mit riesigen Federn. Davon habe ich einen reizenden ganz weißen, der mit zwei riesigen Federn geschmückt ist; ich hatte ihn kürzlich zu einem Essen bei der Königin auf, und jedermann fand ihn göttlich. Teile mir Deine Befehle mit, und ich werde gehorchen. Schick' mir doch bald die anderen Zeitschriften, die Du mir versprochen hast. Adieu, die Post geht ab, und ich muß noch einige Zeilen an Großmama kritzeln. Luise

Friederike umarmt Dich; sie hat Dein hübsches Geschenk erhalten ▷das Landschäftgen in Gold ◁, wovon sie entzückt ist, und sie dankt Dir tausendmal durch meine Feder, weil sie es nicht wagt, sich wegen ihrer Kopfschmerzen mit irgendetwas zu beschäftigen.
Ich bin noch in der süßen Erwartung, ▷ was mir Deine Güte bescheren wird ◁, ich warte ungeduldig auf alle Posttage. Mein Mann liegt Dir zu Füßen, ich umarme Georg und Therese [die beiden kleinen Kinder Thereses]. Meine Grüße an die Damen und den Fürsten.

74. An ihre Schwester Therese, Fürstin von Thurn und Taxis

Berlin, den 5. Februar 1795

Oh! meine engelhafte, vielgeliebte Therese, wenn Du wüßtest, wie ich an Deinem Schmerz Anteil nehme, wie sehr ich Dich beklage und wie deutlich ich das Ausmaß Deines Verlustes sehe und erkenne, dann hättest Du mir nicht geschrieben, ich möge um Deinen Engel einige Tränen vergießen. Stell' Dir nur vor: in den Zeitungen habe ich diese schreckliche Nachricht in dem Augenblick gelesen, als wir zu Tisch gingen; da stürzten mir die Tränen aus den Augen; um nicht vor Schrecken zu ersticken, konnte ich mich nicht zu dem Essen begeben, an dem viele Leute teilnahmen. Aber am Abend mußte ich zu einer großen Gesellschaft gehen, auf der alle Leute wegen meiner rotgeweinten Augen miteinander flüsterten. Ich stand wie auf Kohlen, denn mit meinem schweren, übervollen Herzen wußte ich nicht, wohin ich mich wenden sollte, um eine Ecke zu finden, in der ich meinen Tränen freien Lauf lassen konnte, ohne gesehen zu werden. Ach! meine Tränen, mein Schmerz, all das kann Dir nichts nützen, erweckt nicht den Gegenstand Deines Glückes wieder zum Leben. Oh Gott, wie sehr erinnert mich dieser Verlust an meinen eigenen, und um wieviel mehr habe ich jetzt daran teilgenommen. Ja, lieber Engel, Dein grausames Geschick ist zu beklagen; es ist grausam, ein Kind im Alter von drei Jahren zu verlieren, ein Kind, das alles versprach, das so gut und so liebevoll war. Oh! Du unglückliche Mutter, ich möchte Dir tausendfach Trost zusprechen, aber mein Herz findet keine Tröstung; ich sehe ein, ich spüre zu stark das Grausame Deiner Lage.

Es ist zu spät, fast Mitternacht; ich habe absichtlich diese Zeit gewählt, zu der alles still ist, außer meiner Seele, meinem Herzen und meiner Phantasie; ich habe die Nacht gewählt, weil ich zu stark das Unglück meiner vielgeliebten Schwester mitempfinde; ich kann diese Zeilen nicht schreiben, ohne Tränen zu vergießen; zur Zeit ist hier niemand zugegen, ich lasse sie ohne Besorgnis fließen, aber bei Tage gibt es tausend Menschen, die mich mit Fragen quälen, nicht weil sie für meine Person Interesse hätten, sondern aus Neugierde, und das ist grausam.

Sag' mir ganz offen, liebe Therese, würde Dir eine Reise nicht gut tun? Wenigstens entfernt Dich das einige Zeit lang von dem Ort, an dem Dich alles an den lieben Georg erinnert. Glaube nicht, das mein eigenes Interesse mich zu diesem Vorschlag bringt, und ich mache diesen Vorschlag nicht, um das *Glück* zu genießen, Dich *wiederzusehen* und Dich zu *besitzen*. Gewiß nicht darum, sondern aus Anhänglichkeit zu Dir, da ich Deine große Empfindsamkeit kenne, und besonders Deinen Hang zur Schwermut. Begib Dich nach Hildburghausen [zur Schwester Charlotte], gewinne andere Eindrücke, und besonders bitte ich Dich im Namen Gottes, im Namen Deines Vaters und im Namen Deiner Schwestern: Gib Dich nicht einer düsteren Schwermut hin, denk an das, wozu Du verpflichtet bist, denke an sie, wie unglücklich sie wären, Dich in einem solchen Zustand zu wissen, der Deine Gesundheit untergraben und Deine Lebenstage verkürzen würde. Oh welch grausame Vorstellung! Adieu! Denk an Deine Schwestern, an Deine arme [kleine Tochter] Therese, adieu, liebe mich und vergiß nicht Deine getreue Luise

Am *20. Januar 1795* starb der dreijährige Prinz Georg von Thurn und Taxis, Sohn von Luises Schwester Therese. Deren Tochter Therese war damals erst ein halbes Jahr alt.

Im *März 1795* hatte die Kronprinzessin Besuch von ihrem 15jährigen Bruder Georg in Begleitung seines Gouverneurs Oberst v. Graefe.

75. AN IHREN BRUDER GEORG

Berlin, den 1. April 1795

▷Ich kann dir die Empfindung nicht beschreiben, lieber George, als ich dich noch einzuholen hoffte, in der größten Geschwindigkeit die Treppe hinunter eilte und eben deinen Wagen über die Brücke rasseln hörte; ich dachte, dich noch einmal an mich zu drücken, dachte, dir das letzte Lebewohl zu geben, und nun sah ich mich aufeinmal so ganz von dir gerissen. Oh, es war abscheulich, und ich weinte hell auf, denn ich konnte mich gar nicht finden in dem Augenblick. Was waren wir doch glücklich, lieber bester Freund, die paar Wochen, die wir zusammen zugebracht haben. Alles ist mir nun so leer, so unheimlich.
Gestern früh hättest du mich nur sehen sollen. Wie ich in die blaue Stube kam, so war ich im Begriff, zu sagen, man sollte dich rufen. Und als dann meine Tasse kam, konnte ich unmöglich auf unserem alten Platz sitzen bleiben, denn da kamen mir so erschrecklich traurige Gedanken, daß ich mich ans Fenster setzte und den Rücken der Stube und unserem lieben Kanapee zudrehte.
Wenn er nur bald wiederkommen könnte (sagen wir, Friederike und ich) nur bald wiederkommen, ach, der gute George. Du weißt ja, lieber bester Bruder, wie wir dich so innig und so wahr lieben. Also hoffe ich, daß du dieses, wie es auch ist, für Sprache des Herzens hältst, ganz ungekünstelt, aber so, wie ich es fühle. Nichts ist angenehmer, wenn man erst kürzlich von einem Orte weg ist, als zu wissen, was die lieben Hinterlassenen machen, und was sie den Tag nach der Abreise getan haben. Deswegen will ich dir in kurzem unseren gestrigen Tag beschreiben.
Der Herr Hake [Gesangslehrer?] kam um halb 11. Meine Stimme war sehr zitterich, wie du wohl denken kannst. Mein Mann kam nach Hause, und nun fuhren wir nach dem Tiergarten und gingen zu *fuße* bis *Charlottenburg*. Mein guter Mann war sehr gut aufgeräumt und versüßte mir dadurch manchen traurigen Gedanken. Wir hatten etliche

Offiziere zu Tische. Nachmittags ritt mein Mann aus, ich schrieb, und zwar an Therese, viel von dir, Lob, großes Lob, und doch nur – Wahrheit. So gegen halb Sechse holte mich Friederike ab im offenen Wagen, da fuhren wir bis halb sieben herum, gingen alsdann zu ihr, tranken Thee, arbeiteten und gingen zu Tische. Freilich war der Abend lange nicht so angenehm wie sonsten unsere. Denn erstlich fehltet ihr uns, ihr guten, nämlich der Oberst [Gräfe] und du, und dann war es oben und nicht mehr beim Prinzen. Im Grunde bin [ich] moralisch überzeugt, daß es besser war, daß wir mit vielen Leuten oben saßen ◁, [bricht ab] ...

76. An ihre Schwester Therese, Fürstin von Thurn und Taxis — den 5. April 1795 (22. Geburtstag der Schwester)

Nach 5 Tagen schrecklicher Schmerzen kann ich mich nur mit Mühe an meinen Schreibtisch schleppen, um Dir, mein Engel, zu schreiben. Und wenn das Ereignis des 5. April nicht stärker wäre als der Wunsch nach Ruhe und dem Segen, den die Ruhe meinem armen Kopf verschafft, wäre ich dazu noch unfähig. Aber das Interesse, das dieser Tag in mir weckt, versteht es, alles zu besiegen. Und ich könnte mich auch nicht irgendwelcher Ruhe erfreuen, ehe ich nicht zu Dir von meinen guten Wünschen und meiner Freundschaft gesprochen habe. Möge Gott Dich segnen, lieber Engel, und möge er Dir das Glück und die Freude schenken, die Du verdienst. ›Therese‹ war heute mein erster Gedanke, und ich werde den ganzen Tag über an Dich denken, und das auch noch, wenn ich die Augen schließen werde, um den Tag zu beenden. ▷Wieviele und wie mancherlei Gedanken sich heute in der Erinnerung und in den Wünschen für Dich in meiner Seele auftürmten, brauche ich Dir wohl nicht zu sagen; wie gerne hätte ich Dir nicht manches herbeigezaubert, um Dir den Tag recht glücklich zu machen. Ich betete auch inbrünstig für die ewige Erhaltung des Glücks, wie es jetzt ist. – Gott erhöre mein Gebet. Amen, amen, amen!
Ich muß schließen; ich leide fürchterlich seit dem 1. April an Zahnschmerzen, habe zwei spanische Fliegen [Pflaster] hinter den Ohren und zwei auf den Armen, d.h. zweimal frisch aufgelegt – ich leide fürchterlich, kein Seelenleiden, d.h. ein anderes als über den Tod

meines Luis'chens [Oktober 1794] quält mich nicht, aber es vergeht kein Tag, wo ich nicht mit der innigsten Trauer des Engels gedenke. Adieu. Sei glücklich und lebe wohl ◁!
Die Kleinigkeiten, die ich für Dich bestimmt habe, werden zu Dir gelangen, sobald ich dazu in der Lage bin – ich kann nicht mehr.

77. An ihre Grossmutter, Prinzessin von Hessen-Darmstadt

Berlin, den 14. April 1795

Teure Großmama!
Wirklich mit tausend peinlichen Empfindungen setze ich mich heute an meinen Schreibtisch, da ich nichts tun konnte in einer Sache, die ich gern mit höchstem Eifer betrieben hätte. Aber ich konnte nichts tun; zu mehreren Personen, die ich um Rat gefragt hatte, ob ich zu ihm davon reden sollte oder nicht, hat der König [Friedrich Wilhelm II.] geäußert, er wünsche und hoffe, daß ich mich mit nichts bemenge, besonders was die Politik betreffe. Dann war der König fort, so daß keine Möglichkeit mehr bestand, ihm den Brief zu zeigen; und selbst wenn er hier gewesen wäre, hätte ich es nicht gewagt, denn obgleich er mir viel Freundlichkeit und selbst Freundschaft bezeugt, fragt er oft, ob ich mich auch gewiß mit nichts bemenge. Seien Sie überzeugt, liebe, verehrte Mama, wenn ich gekonnt hätte, würde ich Himmel und Erde in Bewegung gesetzt haben; aber wie Sie sehen, sind mir die Hände gebunden, und ich kann nicht alles, was ich will. Der König hält so genau an dem Grundsatz fest, daß eine Frau sich durchaus mit nichts bemengen darf, was Politik betrifft, daß er mit meinem Mann schon vor unserer Ehe davon geredet hat und hinzufügte: ▷Ein Mann darf das nicht leiden; er muß regieren, und eine Frau muß gehorchen; alles, nur nicht unter den Pantoffel kommen, davor hüte Dich ja ◁. . . .

Prinzessin »George« hatte ihre Enkelin gebeten, wegen einer Geldforderung des hessisch-darmstädtischen Hofes bei König Friedrich Wilhelm II. vorzusprechen.

Im *Sommer 1795* waren Luise und Friederike mit dem Kronprinzen und dem Prinzen Ludwig zusammen einige Wochen in Schloß Oranienburg. – Am *15. Juli* erlebten sie im Johanniter-Schloß zu Sonnenburg (in der Nähe von Küstrin/Neumark) die Feier des Ritterschlages mit. Herrenmeister des Johanniterordens war Prinz Ferdinand von Preußen (jüngster Bruder Friedrichs des Gr.). Die Tochter des Prinzen Ferdinand, Prinzessin Luise, hatte sich am *18. Juni 1795* mit dem Fürsten Anton Radziwill verlobt.

78. An ihren Bruder Georg Berlin, den 13. Oktober 1795

▷Einmal muß ich dir noch schreiben, lieber bester Freund, ehe ich mich in Federn und Decken verstecke; ich muß dir noch in der allergrößten Eile (denn das Schreiben ist mir verboten) sagen, daß die paar Tage, die du hier warst, göttliche Tage waren, und daß ich sie unter den glücklichen meines Lebens zähle. Die Liebe und Freundschaft, die du mir stets bewiesest, deine eigene Vortrefflichkeit, die Liebe, die zwischen uns *Dreien* herrscht, alles dieses sind Quellen reiner wahrer Freuden, die ich mit vollen Zügen einschlürfte und deren Erinnerung mir immer teuer und lieb bleiben wird. Ich war so voll von diesen Gedanken des anderen Tages, daß ich, da ich gerade an Therese schrieb, ihr mein ganzes Glaubensbekenntnis über dich sagte. Ich erwarte mit Verlangen, welche Wirkung dieses Bekenntnis machen wird. Sei nicht böse darüber, lieber George, es geschah ja nicht in der Absicht, euch mit Gewalt zu versöhnen, oder als Mittelsperson zwischen euch zu treten. Nein, sondern, da traf das Sprichwort recht ein: Wovon das Herz voll ist, gehet der Mund über◁.

P.S. [von ihrem Gemahl, dem Kronprinzen] 16. Oktober 1795

▷Die gute Luise hatte diesen Brief für Sie angefangen. Da sie ihn aber in den nächsten Tagen wohl schwerlich endigen wird, so hat sie mich gebeten, ein paar Worte hinzuzufügen, um Ihnen zugleich zu sagen, wie sehr glücklich sie sich jetzt fühlte, Mutter zu sein. Verzeihen Sie, bester Freund, daß ich Ihnen keinen förmlichen Meldungsbrief schreibe. Ich habe auch schon den Herzog [Carl von M.-Str.] gebeten, meine *excusen* zu machen, denn es geht jetzt alles hier so drunter und drüber, daß ich keine Minute Zeit mehr erübrigen kann. Meine Freude können Sie sich leicht denken und Ihrer Teilnahme bin ich überzeugt. Das Übrige erfahren Sie umständlicher durch mein Schreiben an den Herzog. Der Oberst [Gräfe], bin ich gewiß, wird recht viel Freude bei dieser Nachricht empfinden. Leben Sie wohl

Friedrich Wilhelm

15. Oktober 1795: Geburt des Kronprinzen Friedrich Wilhelm (des späteren Königs Friedrich Wilhelm IV.). – *28. Oktober:* Taufe im Kronprinzenpalais »Unter den Linden«. Taufzeugen waren: Der König (Friedrich Wilhelm II.), die regierende

Königin (Friederike), die verwitwete Königin (Elisabeth Christine), Prinz Heinrich (Bruder Friedrichs des Großen) und Prinzessin Heinrich (Wilhelmine), Prinz Ferdinand (Bruder Friedrichs des Großen) und Prinzessin Ferdinand (Luise) und Herzog Carl von Mecklenburg-Strelitz, Luises Vater.

79. An ihren Bruder Georg

Berlin, den 22. Dezember [1795]

▷Erinnerst Du Dich noch der Feier des heutigen Tages [Einzug nach Berlin 1793], wie bange wohl mir das Herz pochte, als ich den Toren Berlins näher kam und alle die Freuden- und Ehrenbezeugungen empfing, die ich dazumal noch nicht verdiente als durch den festen Vorsatz, alles mögliche zu tun, meinen zukünftigen Mann recht fröhlich und womöglich glücklich zu machen, und dadurch den Beifall des guten Volkes zu verdienen. Ja, bester Freund, es war eine feierliche Stunde für mich, in der ich Berlins Einwohnerin ward und gleichsam von allen meinen Lieben, Eltern, Geschwistern und Freunden losgerissen; aber nie werde ich diesen Augenblick bereuen, da ich hier so ganz unaussprechlich glücklich bin an der Seite eines in jedem Sinn rechtschaffenen Mannes. Aber nun, da ich Dir viel von meinen Gefühlen des Glückes, der Dankbarkeit und Zufriedenheit gesagt habe, nun heraus mit der Sprache, Madame, und gestehen Sie nur, daß Sie eine faule, unerträgliche Person ist, die [man], wenn man sie nicht besser kennte, für eine gefühllose, abscheuliche Freundin halten müßte; hingegen, lieber George, kennst Du das Innere meines Häuslichen, weißt, daß mein Mann *glücklicherweise* immer bei mir ist, kennst die Pflichten, die mir als guter Hausfrau und Mutter obliegen, nicht wahr, Du verzeihest mir nun mein langes Stillschweigen und liebst mich nun und immerfort als Deine gute Schwester? Hier liegt ein Brief an Dich angefangen seit acht Tagen, da kam aber mein lieber Mann dazu und sagte: »Sollst nicht schreiben, sollst hübsch lustig sein.« Wer kann da nein sagen! Dann waren die Prinzessinnen von Koburg [Sachsen-Coburg] hier, die, wenn wir nicht zusammen bei den Königinnen waren, immer bei mir und der guten *Ika* [Schwester Friederike] vorliebnahmen. Ein Wort, was sie betrifft, und das eine Wort ist: sie sind sehr liebenswürdig. Ganz Natur, aber guter Natur, keine Prinzessinnen, nämlich nicht *stolz* und *eingebildet*, sondern gut erzogen, *sanft*, *modest*, eben das, was dazu gehört, um zu gefallen. Die Mutter [Erbprinzessin Auguste, geb. Grfn Reuss] voller Verstand, nicht hübsch, aber ein Ausdruck von Güte auf ihrem Gesichte, was jeden für sie einnimmt. Wie die Prinzessinnen aussehen, davon ein Mündliches, weil es zu weitläufig wäre, es zu schreiben; nur soviel: ich glaube, sie können und werden ihre Männer glücklich machen, weil sie gut sind.

Nun lieber George sind die Ferien bald heran und wie wirst Du es halten? Wenn ich Dich zu sehen kriege, freue ich mich unbändig, das weißt Du so gut als ich; allein, mir fällt was bei; nur acht Tage aufs höchste kannst Du hier sein und eben so lange in Strelitz. Welche kurze Zeit, um vielleicht auf ein ganzes Jahr getrennt zu sein. Wäre es nicht besser, Du wartest den traurigen Januar ab und kämst Ende Februar nach Strelitz und bliebst den ganzen März bei den Häschen, die da geboren sind? Ich höre auf, muß aufhören, denn mein Mann kömmt von dem Exercieren wieder, wo er mit dem Könige [Friedrich Wilhelm II.] samt allen Generalen war. Er läßt sich Dir aufs beste empfehlen und trägt mir auf, Dir zu sagen, er hätte Dich herzlich lieb und es würde ihm sehr lieb sein, Dich bald bei ihm zu sehen und ob Du nicht die Oper Alceste [von Gluck] sehen würdest. Er ist *Dir herzlich gut.* Heute ist Ball bei Graf Arnim[-Boitzenburg], gestern war Soupé bei dem Könige, vorgestern Cour bei der Königin [Friederike], vorgestern Abschieds-Diné bei Friederike für die P. [Prinzessinnen] von [Sachsen-] Coburg, und die ganze vorige Woche Ball, Diné, Soupé im Schloß bei den 3 Majestäten. Eben höre ich zu meinem großen Jammer, daß die Post nach Rostock erst übermorgen abgeht; jeden Augenblick, den ich finde, werde ich noch anwenden.

Sonntag. Da höre einer das Wunder an; er sitzt in Strelitz und ich denke ihn ruhig hinter seinem Tintenfaß in Rostock. Da kömmt mein Brief auf alle Weise und in jedem Verstand zu spät, wie denn auch, um Dir ein rechtes Vergnügen zu machen, denn in Strelitz hast Du so genug Vergnügen und Zerstreuung, so daß mein Brief nicht die Wirkung auf Dich machen wird als in Deiner Einsamkeit ◁.

Die im *Dezember 1795* in Berlin zu Besuch weilenden Prinzessinnen *von Sachsen-Coburg* waren: *Auguste*, geboren 1757, 2. Gemahlin des Erbprinzen Franz und ihre beiden noch unverheirateten Töchter – *Sofie*, geboren 1778 (1804 vermählt mit Graf Mensdorff-Pouilly) und *Antoinette*, geboren 1779 (1798 vermählt mit Herzog Alexander von Württemberg). Die dritte Tochter *Juliane* (geboren 1781) heiratete am 26. Februar 1796 den Großfürsten Konstantin von Rußland (Sohn des Zaren Paul II.) und hieß seither Großfürstin Anna (den neuen Namen bekam sie beim

Übertritt zum russisch-orthodoxen Glauben). Vermutlich machten ihre Mutter und ihre Schwestern auf der Reise nach Rußland Station in Berlin.

80. An ihren Bruder Georg

Berlin, den 28. [März] 1796 – um 12 Uhr

▷Alles liegt schon in Morpheus Armen, außer ich; denn mich läßt der Gedanke, daß Du schon 14 Tage von mir entfernt bist, ohne ein Wort von mir zu hören, nicht ruhen. Ich dachte weiter – morgen kömmt die *Großmama*, dann adieu alles Schreiben, alle Augenblicke werden zwischen ihr und dem Bolo Fräulein Wohlgemuth [Hofdame Frl. v. Bose] geteilt sein, und mein armer bester Freund bleibt wohl noch 14 Tage ohne Brief, dies konnte mein Herz nicht zweimal denken, ohne daß wahre Wehmut über das, was geschehen ist und noch geschehen könnte in mir entstand. Gleich, pflugs ergriff ich die Feder und schreibe Dir diese wenigen Zeilen, um Dir alles zu sagen, was Dir nur einigermaßen lieb sein könnte. Den Sonntag nach Deiner Abreise (wo ich den Abschied mit Wehmut in Erwägung bringe) war zwar keine Cour, *aber!* ein Conzert bei der K. [Königin Friederike] wo sich zuerst ein Improvisatori hören ließ, dessen Figur schon Carikatur war, und der auf Mama [die Königin], unendlich auch auf mich, in der größten Geschwindigkeit auf meinen Mann und alle übrigen Prinzen und Prinzessinnen des hohen Hauses, auf *Italienisch improvisierte.* Denke Dir die Trauer im Herzen und solches Zeug. Dann kam ein Professor, der sagte Fabeln her, die er, wie er sagte, nach den Griechen studiert hätte... und in der Art gings den ganzen Abend. Den anderen Tag... in der Comödie und dann die ganze Woche sehr sehr stille. Nun gehet eine Prüfungszeit für mich an, nämlich mein Engel [ihr Söhnchen Friedrich Wilhelm] ist schon in der Vorbereitung zu seiner Impfung, die heute über acht Tage erst vor sich gehen wird, und alsdann bekömmt er sie 14 Tage drauf. *Bete* für *mich* und für *ihn:* es ist meine Pflicht, es zu tun, da ich es für gut halte, Kinder so frühe als möglich diese Krankheit aufzusetzen, weil sie weniger dabei leiden und ihr Leben weniger in Gefahr ist; freilich für die Mutter ist es ernstlicher, aber Du weißt doch, daß ich gerne mein eigenes Ich hintenansetze, so bald ich jemanden dadurch glücklich machen kann◁...

Zu Anfang des Jahres *1796* war Erbprinz Georg einige Wochen in Berlin.

Impfungen gegen Pocken wurden damals noch versuchsweise, einzeln und privat vorgenommen. 1796 starben in Preußen über 24000 Menschen an Pocken (Meyers Lexikon 1907). Die bekannten Berliner Ärzte Heim und Hufeland begannen um 1806, öffentlich zu impfen; erst 1874 trat das deutsche Impfgesetz in Kraft.

81. An ihren Bruder Georg

Potsdam, den 10. April [1796]

▷Mit was für einem Gesicht soll ich vor Dir erscheinen, Du Muster der besten Brüder und Freunde; ich Bild des Leichtsinns und der Vergeßlichkeit. Mit solchem Glaubensbekenntnis heule ich auf, ich wage nicht die Augen aufzuschlagen. Allein, Du, die Güte selbst, hebe mein Haupt in die Höhe, um den Bruderkuß und den Kuß der Versöhnung auf meine Lippen zu drücken. Tausend Dank dafür, lieber bester Bruder, ja, Du verzeihst mir, lieber Freund, o ja, Du bist zu gut, um mit Deiner Luise zürnen zu können, die es im Grunde so gut, ach so herzlich gut mit Dir meint. Meine Büste mußt Du haben, diese schickte ich Dir *ohne* Zeilen, weil ich nicht im Stande war zu schreiben. Denke Dir meinen Engelsjungen [Pr. Friedrich Wilhelm, ½j.] in tausend unaussprechlichen Leiden, da lag nun der Wurm, rang mit *Leben* und *Tod*, und ich konnte noch leben? Der gute Voto [Oberhofmeisterin Frau v. Voß] war Zeuge meiner Leiden. 8 Tage hatte ich kein trockenes Auge, grämte mich heimlich ... daß ich sichtlich abnahm, und mein Kind, mein armes einziges Kind litt alle Leiden der Welt; und ich, ich mußte ausgehen, mußte tanzen, aber mit welchem Herzen, ach! das weiß Gott allein, der die heimlichsten Gedanken des menschlichen Herzens siehet. Ihm allein, dem gütigen Schöpfer, habe ich die Erhaltung meines Jungen zu danken, und ewig werde ich diese Liebe nicht vergessen. So lange ich hier bin, habe ich noch keinen gesunden Augenblick gehabt, als seit gestern und heute; wo sollte ich aber auch gesund sein, wo ein Schwert immer dem anderen folgt. Ach! bester Bruder! Dahin ist wieder eine Blume des Paradieses, deswegen wurde sie gepflückt! Der Tod der Herzogin hat mich unaussprechlich unglücklich gemacht, und ich kann nichts anderes denken als [an] sie. Es ist ein schreckliches Bild der Verwüstung! – Dann die Rötheln von Schwedt. Was sagst Du dazu. Tot habe ich mich beinah geängstigt, ehe Brown [Hofarzt] dagewesen war und einen tröstlichen Rapport geschickt hatte, besonders wegen meiner armen Schwester [Friederike], die gewiß wieder schwanger ist und wo so eine Krankheit immer doppelt gefährlich ist, besonders für's Kind hat es beinah immer traurige Folgen. Von der Seite bin ich nun ruhig, denn Brown glaubt nicht, daß sie Friederike bekommen wird...

Prinz Ludwig (Bruder des Kronprinzen) wurde zum Chef des Dragoner-Regimentes Nr. 1 ernannt, dessen Stab in *Schwedt an der Oder* in Garnison lag. Deshalb zog der Prinz mit seiner Familie, Prinzessin Friederike und ihren beiden kleinen Söhnen Friedrich (geb. 1794) und Carl (geb. 1795) in das Schwedter Schloß.
Am *30. März 1796* starb Herzogin Auguste von Pfalz-Zweibrücken, (vor 1795 Prinzessin von der Pfalz), eine Tante Luises (Schwester ihrer Mutter). *Die Herzogin* hinterließ zwei Kinder: Ludwig (König von Bayern, 1825) und Auguste (1806 verheiratete de Beauharnais).
Der damals 32jährige Bildhauer Johann Gottfried Schadow schuf 1794 Marmorbüsten der Kronprinzessin Luise und ihrer Schwester Friederike. Von der Büste Luises ist bekannt, daß sie auch in Papiermaschée kopiert wurde (Schloß Fasanerie bei Fulda). Vielleicht sandte Luise ihrem Bruder Georg eine solche Kopie.

82. An ihren Bruder Georg — Berlin, den 5. August 1796

▷Bester teuerster Bruder. Ich bin Deiner Worte wohl eingedenk, das siehest Du wohl, lieber George, denn der erste Augenblick, der mein ist, wird dazu angewandt, meinem lieben guten Freund Nachricht von mir zu geben. Könnte ich statt dieser Zeilen selbst auf ein Stündchen zu Dir eilen und Dir alles mündlich sagen, was meine Feder nur immer unvollkommen ausdrücken wird! Von meiner fortdauernden Freundschaft zu Dir sage ich gar nichts, teils, weil Du es fühlen mußt, daß, wenn man so denkt und handelt wie Du, man nie fremd gegen Dich werden kann, sondern daß jede Empfindung für Dich, jedes Gefühl erhöht werden muß, weil Du an allem, was gut und recht ist, mit jedem Tage zunimmst, und ich? Ich werde gewiß nicht die letzte sein, die Dir von ganzem Herzen huldigt.

den 6.

Gestern, wie ich dachte, lange mit Dir plaudern zu können, siehe da, da kam mein Mann von Potsdam zurück und ich konnte nicht fortfahren. Heute geht's so lange es geht, und mein Brief wird wohl nur so gelegentlich fertig werden.

den 10.

Es liegt, glaube ich, ein heimlicher Fluch auf meinem Schreiben, denn sieh', lieber Freund, wie weit ich in 8 Tagen gekommen bin. Aber heute laß ich mich nicht von meinem Schreibtisch abbringen, denn ich habe Dir gar zu viel zu sagen; Morgen geht's nach Schwedt. Ich laß mir den Gedanken gar nicht in den Kopf kommen, daß mir die Reise noch angenehmer sein könnte, wenn – doch Pflicht zu erfüllen ist auch schön, und das kannst Du, das hast Du schon so oft bewiesen. Adieu, Lieber, ich muß wider meinen Willen aufhören, denn Vorbereitungen zur Reise rufen mich ab. Mein kleiner Junge [Kpz Friedrich Wilhelm, ¾j.] ist ein wahrer Engel, hat zwei Zähne, und ich finde ihn sehr zugenommen an Begreifen, er lallt auch einige Worte, die auf Papa und Mama herauskommen. Das ist eine herrliche Freude, er gehet auch etwas. Adieu noch einmal, ich drücke Dich an mein Herz.

Luise ◁

Im *Juli 1796* unternahm das Kronprinzenpaar eine vierzehntägige Reise nach Strelitz zu Luises Vater und Großmutter. – Im *August* besuchten sie ihre Geschwister in Schwedt: Prinz Ludwig und Prinzessin Friederike von Preußen.

83. An ihren Bruder Georg

Potsdam, den 31. August 1796

▷In dem vielgeliebten Potsdam bin ich, gottlob seit einer Stunde erst, aber so entzückt über den herrlichen Lausch [verborgener Ort], den ich getroffen habe, daß ich es kaum ausdrücken kann. Nun werde ich auch recht fleißig schreiben und auf Deinen Brief antworten, der die Reise nach Schwedt vergebens gemacht hat und mir also erst spät in die Hände kam. Doch, lieber bester George, brauche ich Dir wohl nicht zu sagen, wie sehr viel Vergnügen er mir gemacht hat, und ich bin Dir sehr dankbar, daß Du gleich in Rostock hast an mich denken wollen und mir so weitläufig geschrieben hast. Ich will Dir (um meine Dankbarkeit zu beweisen) so gut wie ich kann meine kleine Reise beschreiben: freuen wird es Dich auf alle Fälle, denn – ich habe nichts als Gutes von der guten Ika [Friederike] zu sagen; sowohl Gutes von ihr selbst, als auch lauter Erfreuliches von ihrer Lage. Friederike ist immer das liebe sanfte Geschöpf. Denke sie Dir aber so hübsch, so heiter, so vergnügt, als Du sie nie gesehen hast, umringt von ihren Kindern, die ohne Vorurteil ganz allerliebste Geschöpfchen sind und so gut und zärtlich um sie tun.

den 4.

Prinz Louis [Friederikes Gemahl] ist ein ganz anderer Mensch in Schwedt, gut und *zärtlich* mit seiner Frau, seine Laune heiter, seine Stirne ohne Runzel und der kleine Fritz [2 ¾j.] sein kleiner Abgott; wie natürlich ist es, daß ein Teil der Liebe auf diejenige zurückfällt, die ihm das liebe Kind gab; auch wenn seine Frau kein anderes Verdienst hätte, so wäre dieses Kind doch genug, um ihn zu fesseln. Ganz anders stehet das aber mit der Beschreibung der übrigen Personen; Die B. ist eine wahre kleine pertnes [impertinente Person?] geworden, nimmt alles übel, findet sich immerfort beleidigt über Sachen, die sie nichts angehen und war meiner Schwester in meinem Beisein recht grob; so daß, wenn ich wäre länger dagewesen, ich a mon tour ihr den Kopf gewaschen hätte, obgleich es sonst nicht meine Sache ist, mich in fremden Handel zu mischen, aber ich hätte es bei Gott getan. ...[weiter über das »unschickliche« Benehmen einiger Hofdamen] Die Z. ist gut und nicht so dumm, als wir glaubten... das einzige, sie rapportiert alles ihrer Mutter, wo Friederike Gott auf Knieen dafür dankt, denn dadurch wird bekannt, wem zu Ehren die häufigen Besuche des S. sind. Von den drei übrigen Herren spreche ich Dir nicht, da Du sie kennst und alles noch beim alten Schlendrian fortgehet. Allein sagen muß ich Dir, daß Friederike engelrein bei allem dem Gesudel dastehet und sie nur ihre Pflicht und ihren Mann vor Augen und im Herzen hat. Es ist ein gar vortreffliches Weib. Indem ich so bedenke, was ich geschrieben habe, so kömmt es mir vor, als schriebe ich la *Cronick Scandaleuse*, allein, es interessiert Dich und kann doch nicht anders als interessieren, weil das unsere Ika so nahe angehet. Doch genug von heute. Erstens wird es dunkel, zweitens habe ich eine geschwollene Backe und recht viele Schmerzen an meinem Zahngeschwür, und drittens gehet die Post nicht heute, sonst könnte ich nicht aufhören, denn ich bin Dir noch viel schuldig.

den 27. September in Berlin

Ach, lieber George, was hat sich doch nun wieder alles geändert, seit ich diesen Brief angefangen habe. Die erste Ursache, warum dieser Brief nicht fertig geworden ist, daß ich recht krank noch an dem oben erwähnten Zahngeschwür geworden bin, welches ein reumatisches [?] Geschwür geworden war, 6 Zähne bedeckte und mit denen schlaflose Nächte und viel Fieber begleitet war. Wie ich nun wieder gesund war, so mußte ich von Potsdam weg, und seit ich hier bin, habe ich ein halb Dutzend Diners gehabt und selber welche gegeben, zwei Bälle durchschwärmt. *Robe* und alles, was dazugehört, ausgehalten, kurz, ich bin eine wahre Mondäne geworden, seit ich Potsdam auf dem Rücken habe. An eine Reisebeschreibung ist auch nicht mehr zu denken, denn diejenige, die uns alle die ländlichen Vergnügungen gab, die, von der ich bei allen Erwähnung tun muß, diese liebe Ika ist hier, gesund und frisch, mit ihren [Kindern]. Du verzeihest mir also gewiß, daß ich statt der Beschreibung auf einige Augenblicke zu Ika laufe, es ist wenigstens so natürlich, daß ich wünsche bei ihr zu sein, da ich so lange dieses Vergnügen entbehren mußte. Worüber ich mich aber recht herzlich freue, ist, daß Therese [Schwester, Thurn und Taxis] nach Strelitz kömmt. Nun hören aufeinmal alle kleinen Mißverständnisse und Zwistigkeiten auf und ich sehe euch einig so gut zusammen, wie wir übrigen Geschwister, und ich werde nun keinen losen Ring mehr in der Kette unserer *Eintracht* sehen. Nur bitte ich Dich noch eins recht inständig, sei nicht zu empfindlich, und wenn ich mich des Ausdrucks bedienen darf, laß in dieser Sache mehr dein *Herz* als Deinen *Verstand* wirken. Folge dem ersten ohne *Aparat* und ohne große *Vorbereitung*, Dein Herz ist gut und zärtlich und wird Dir den besten, den richtigsten Weg zeigen (Wie leicht können nicht ein paar Menschen, nicht Bosheit nicht Schicksal, sondern kleine Mißverständnisse, Umgangsformen trennen). Dieses sagt Lafontaine in einem seiner Romane und es ist so wahr.

den 30ten

Lieber George, unsere Ika ist *nieder*! Das wirst Du nun bald erfahren! welche Freude! Sie ist so wohl, als man nur sein kann, und zum Erstaunen, da sie zwei ganze Nächte nicht geschlafen hat und diese letzte wirklich viel ausgestanden hat. Die kleine Madmoisel [Prinzessin Friederike, geb. 30. Sept. 1796] befindet sich auch recht wohl und ist ein hübsches Kind, *gleicht keinem*, ist aber ein recht gut gebildetes Kind, und besonders gegen den Carl [geb. 26. Sept. 1795] ein *Adonis*. Ich will erst morgen abend meinen Brief schließen, weil ich mir vorstellen kann, daß Dir eine frische Nachricht von Friederike angenehm sein wird. Also Adio für heute. Sage mir doch vorher noch, hast Du die Worte von Lafontaine nicht gelesen, unter anderem nicht seinen *Sonderling* und seinen Naturmensch? Du mußt es alsbald lesen, ich will es Dir für den Fall schicken.

den 1. Oktober

Ich habe Dir die besten Nachrichten zu geben, lieber George. Friederike hat so gut, so sanft und so lange geschlafen, daß sie heute äußerst wohl ist und sich erstaunend gestärkt fühlt. Sie hat es mir selbst gesagt, daß sie in keinen Wochen noch so wohl war als in diesen. Gott-Lob, dachte ich bei mir selbst, schon wieder eine Folge von der Gemütsruhe, die sie genießt. Prinz Louis hat noch die Niederkunft seiner Frau abgewartet und ist um sieben Uhr frühe nach Schwedt abgereist in militärischen Amtsgeschäften, wovon er sich nicht dispensieren konnte; welches mir sehr lieb ist, denn da ist er gut aufgehoben. Ich verspreche Dir, lieber Freund, Du sollst täglich Nachricht von der lieben Ika haben, aber abschicken kann ich es doch nicht eher als den Donnerstag, das ist der 6. Vermutlich bist Du da schon unterwegs nach Strelitz, und also werde ich mein Brieflein dorthin adressieren. Mein armer Junge [Friedrich Wilhelm, »Fritz«] ist gar nicht wohl seit ein paar Tagen, er bricht viel Schleim und hat Fieber. Ich hoffe, es ist nichts als ein Katarrh, der durch Verkältung entstanden ist. Die kleine Demoiselle [Friederike 2] ist wohl, wird aber nicht allgemein hübsch gefunden. Dafür kann ich nun nicht, was aber sicher ist und bleibt, ist, daß sie nicht dem Carl gleicht!!!

Sieh doch, ein angefangener Brief an Mabuscha [Großmutter]. Viele Entschuldigungen kann ich deshalb nicht machen, denn Du weißt, daß ich gewöhnlich keine Ökonomia mit Papieren mache und daß es also bloß der Zufall machte, daß ich auf einem angefangenen Bogen kritzele. Für heute sage ich Dir atie und morgen ein mehreres wegen der Ika.

den 2.

Noch weiß ich selber nicht, was unsere liebe kleine Wöchnerin macht. Doch habe ich schon hingeschickt und hoffe in einigen Minuten Antwort zu erhalten. Ich schreibe in unendlicher Angst, denn bald gehet die Post ab, und wenn mein Brief heute nicht abginge, ärgerte ich mich tot. Eben ist die Antwort da: Friederike hat eine gute Nacht gehabt und ist heute morgen wohl, also hat sie auch kein Fieber. Heute ist eigentlich der Milchfiebertag. Wenn sie sich ruhig verhält, vielleicht bekömmt sie nur einen leisen Rückfall. Adieu, lieber Freund. Mein bester Freund und Mann empfiehlt sich Dir. Ich bin die alte Luise.

Soeben läßt mich die Ika rufen, ehe sie das Fieber bekömmt, möchte ich kommen. Ich folge dem Ruf und liebe Dich doch von Herzen. Dem Obersten [v. Gräfe] viel Schönes und sage ihm, es ist alles gut und der Himmel hängt voller Geigen.

Luise ◁

Erbprinz Georg, begleitet von seinem Gouverneur Oberst v. Graefe, studierte an der Universität Rostock.

84. An ihren Bruder Georg — Berlin, den 3. Oktober 1796

▷Wie Du siehst, lieber Bruder, bin ich wie versprochen treu und heute fahre ich in meinem Journal fort. Gestern gegen mittag fand sich das *Milchfieber* wirklich ein und die arme Ika hatte starkes Kopfweh; doch war das Fieber nicht stark. Sie war unruhig bis gegen 12 Uhr des nachts, alsdann schlief sie ein und wachte heute morgen um 8 auf ohne Fieber und ohne Kopfschmerz; aber hatte einen starken Schweiß, der ein Beneficium natures ist (schönes Latein) und der sie vor fernerem Fieber bewahren wird. So weit wären wir denn nun wieder. Den bösen dritten Tag haben wir überstanden, und nun ist die Bataille unser. Mein Fritzchen [ihr fast 1j. Sohn] hat heute ein Vomitif eingenommen. Und ich hoffe, es wird ihm jetzt vom Husten helfen. Sonst nichts Neues, alles beim Alten, wie Du mein Häußliches verlassen hast. Mein Mann ist immer der nämliche und ich wünschte auch nicht ein Haarbreit Veränderung, denn mir gehet's wohl. Die Hamburger Zeitungen lügen nicht ganz, doch waren sie viel zu vorlaut und naseweiß. Mein englischer Sprachmeister ruft mich ab.

den 4.

Ich komme eben von Friederike her. Die ist so wohl, daß man sie wahrhaftig nicht für eine fünftägige Wöchnerin halten sollte. Sie hat ihre roten Backen, spricht so stark wie ein Dragoner und hat Kräfte wie ein Bär. Ein kleines niedliches Portrait. Doch auf Ehre; ich sah noch nie so eine Wöchnerin. Die kleine Demoiselle ist auch so wohl, wie ein Fisch im Wasser, ist aber nicht viel größer wie Rheingrundlinge. Gestern habe ich einen göttlichen Abend bei der Prinzess Heinrich [Wilhelmine, 70j. Gemahlin des Bruders von Friedrich d. Gr.] zugebracht, ach! das Gott erbarm, da habe ich nun wieder gottserbärmlich colperieren müssen, wie so ein *ennuyanter* Geselle sagt, daß ich Heulen und Zähneklappern davon bekommen habe. Doch genug davon – morgen ein mehreres –

den 5.

Die Ika mit ihrem Demoiselle befinden sich wohl. Ich habe die Mama nicht gesehen, da sie eine Abführung eingenommen hat und deswegen nicht im Stande ist, jemand zu sehen.

den Nachmittag

Soeben bekomme ich einen Brief von Therese [Schwester, Thurn und Taxis], von Strelitz, wo sie mir schreibt, daß sie Dir eine Überraschung gemacht hat und nach Rostock gekommen ist, daß sie Dich nicht nur sehr verändert findet, sondern Dich herzlich lieb hat und Du wärst ein lieber Junge. Sage mir doch bald, wie Du Therese findest, gewiß auch recht gut und liebenswürdig, wie ich immer gesagt habe, daß Du sie finden würdest, wenn Du sie kenntest. Gott-Lob, nun sind wir ja alle einig und Gott wird uns fernerhin seinen Segen geben.

den 7.

Gestern wurdest Du verdelegiert, aber nicht mit Vorsatz, sondern aus Unvermögen: höre nur. Den Morgen um halb 11 ein Dejeuner bei der verwitweten Königin [Gemahlin Friedrichs des Großen] in Schönhausen, welches dauerte bis um 2, wie es sich gehört, dann gegessen, dann den Nachmittag bei Kaufleuten herumgerutscht und für Papa etwas ausgesucht, dann in der Comödie, wo das *»Neue Sonntags-Kind«* zu sehen war, ein Leibstück von meinem Mann, wo man Gefahr läuft, nicht mit heiler Haut herauszukommen, so muß man lachen. Und bei allem diesem war ich doch noch bei der Ika und habe *par entier* den Staat von Therese besorgt und ihr geschrieben. Das nenne ich doch was tun! Heute habe ich einen Boten an Papa geschickt, habe ihm einen sehr langen Brief geschrieben und konnte den Boten nicht warten lassen, weil alles sehr eilig war ◁.

85. An ihren Bruder Georg — Berlin, den 3. November 1796

▷Ich habe leider die gestrige Post verfehlt. Und noch manche hinzu, denn heute haben wird den 9., und mein Brief ist nicht um eine Zeile länger geworden. O schwere Zeit, o schwere Zeit, mußt Du und ich rufen, denn Du bekömmst keinen Brief, und ich kann keinen fertig bekommen, denn es liegen wenigstens wieder ein halb Dutzend hier herum, die samt und sonders geendigt werden sollten, und wo keiner fertig werden konnte. Mein Mann kam eben an den Tisch, wo ich schreibe, und sagte ganz trocken: »Und dieser (als den Brief gemeint) wird vermutlich der siebente werden, der nicht fertig ist, und der die Zahl der Papiere vergrößern soll, die so ordentlich um Dich herumliegen.« Ich hoffe aber sicherlich, ihn heute zum Lügner zu machen, indem dieser Brief nicht die Nacht in meinem Hause zubringen soll und morgen um sieben Uhr schon Berlin im Rücken haben wird. Du bist nun schon wieder recht lange in Rostock und studierst, daß Du schwarz wirst; ich hingegen studiere nichts als Englisch, bin auf Bällen, wo ich nicht tanze, und in Gesellschaften, wo ich mich ennuyiere, und doch in der großen Welt? Ach, ich möchte, ich wäre in der kleinen Welt, da amüsier' ich mich viel besser, dann sind wir einmal ganz allein zu Hause des Abends und trinken Tee in unserm kleinen Zirkel, lesen nachher und freuen uns des kleinen Engels [1j. Sohn »Fritz«]; da bin ich so vergnügt, wie ich in meinem Leben nirgend anders bin.

Verzeih, wenn mein Brief nun noch etwas häßlicher gekritzelt wird, denn Herr Ewaltinchen [Ewald, Kammerdiener] rufen mich, und ich muß auch diese Zeit benutzen, sonst behält mein Mann recht. Der Prinz von Kassel [Erbprinz Wilhelm von Hessen-Kassel, 19j.] ist hier und hält uns recht in Atem, denn ihm zu Ehren haben wir schon große Diners, Soupers und Bälle gegeben. Ich nehme die Feder zwar wieder, aber ich weiß nicht, ob ich dennoch den Brief werde endigen können, denn ich habe kurz vor Tisch so heftige Kopfschmerzen bekommen und mein dummer Kopf ist mir so eingenommen, daß ich selbst nicht weiß, was ich tue; auf alle Fälle wird es ein dummer Brief...

Ich wünsche nicht weniger als Du, daß der kalte November samt seinem Bruder im Meere der Vergangenheit verschwunden wäre; aber warum sollt' ich's leugnen, ich wünsche ebenso sehnlich, daß wir den Januar und Februar mit den *Mardigras et maigre* [Fastnacht und Fastenzeit] begraben hätten; denn bedenke, wo Kräfte herbekommen, um alle die Nachtwachen mit einer sechsmonatlichen Schwangerschaft auszuhalten. Für meine Lunge ist es gut, denn ich werde beinahe nichts tanzen, aber Nachtwachen erhitzen das Blut und schaden mir und dem kleinen Wesen; ich schwöre Dir, es ist mir sehr bange für die Zeit; wenn nur alles gut abläuft! Gott wird stärken. Ich freue mich aber recht herzlich, Dich bei mir zu sehen, denn erstens liebe ich Dich so sehr, Du

Herzensjunge, und freue mich über alles, wenn es Dir gut gehet und ich Dich fröhlich sehe. Mein Mann ist immer der alte Pracht, der gute, der liebevolle Mann, er ist es, der mich vom Tintenfaß wegjagt, weil er glaubt, es möchte mir für heute schaden. Doch noch ein Wort von Therese [Schwester, Thurn und Taxis], sie kömmt Ende der zukünftigen Woche, hat sie mir heute sagen lassen; ich weiß, sie liebt Dich und Du sie, sie hat unter anderem gesagt: *Je suis vaine de pouvoir lui: dormes le titre de frère.*
Wie ist denn die Lenthe [Hofdame von Therese], gelehrt, angenehm, prüde oder zimperlich? Wie ziehet sich Therese an? So wie wir? Besser oder schlechter? Mit oder ohne Halstücher? Ach, Luise ist ein Weib wie alle andern, sagt mein guter Georg und der Oberst [v. Gräfe] und leider, ihr habt *gewissermaßen* recht. Auch Sie, Oberstchen, finden hier viel Schönes von mir, Adieu, mein Mann grüßt Euch beide.

Luise ◁

86. An ihren Bruder Georg — Berlin, den 27. November 1796

▷Wovon das Herz voll ist, da gehet der Mund über: sagt ein altes, bewährtes Sprichwort: höre also, Dienstag abend um halb sieben ist Therese [Schwester, Thurn und Taxis] samt ihrer kleinen Therese hier bei mir. Die Freude, die ich darüber empfinde, ist dermaßen groß, daß, wenn ich daran denke und noch einmal überdenke, welche Freude mir bevorstehet, so bekomme ich so ein Gekribbel in Händen und Füßen, daß es ordentlich fieberartig wird. Du lieber George teilest gewiß recht aufrichtig meine Freude, deshalb mußt Du es auch gleich wissen. Nun, da es herunter ist, komme ich zu Deinem Brief zurück, den ich vergangenen Mittwoch erhielt und der mir sehr viel Freude gemacht hat. Ich will, so viel ich kann, Deine Fragen beantworten, doch sage ich Dir, ich habe nur ein halbes Stündchen Zeit. Nachher ist die Post leider davon und mein Brief bleibt liegen. Meine Gesundheit ist gut, sehr gut, aber deshalb bin ich doch nicht weniger besorgt wegen des Carnevals, weil ich bei mancher Gelegenheit nicht anders als dem Strom folgen kann. Z. B. mein *Horreur*! die Redouten. Mein Mann bleibt immer bis 1 Uhr da. Du kannst Dir wohl vorstellen, daß ich ihn nicht allein lassen werde, denn warum die gute, sehr gute Gewohnheit unterbrechen, nie in zwei Partien an einen solchen ... [?] Orte zu gehen und von solchem

sich zusammen zu entfernen. Du kannst nicht glauben, welchen Abscheu ich allein vor einem solchen Gedanken habe. Glaubst Du etwa nicht, es würden sich genug Freunde finden, die andere Arten von Vergnügungen vorzuschlagen wüßten, um die Stunden der Nacht, die ich vielleicht verschlief (in der Zukunft vielleicht verweinen müßte) weiter durchzubringen. Du siehst gewiß ein, wie wichtig es für meine Ruhe, für mein Wohl ist, mich nach seinem Willen zu richten. Die Eile erlaubt mir nicht, weitläufig und richtig überdacht zu schreiben. Vielleicht gibt mein Stil meinen Gedanken eine schlechte Richtung, doch Du, Du wirst nur Gutes daraus sehen und vielleicht eine zu besorgte, aber bis jetzt recht glückliche Frau im Hintergrund entdekken. Aber wie erlaubt ist dieses nicht! – Meine Bemerkung über die Ankommende werde ich Dir alle haarklein mitteilen und sehe ich eine angehende Philosophin in Therese, so schlage ich mit Feuer und Schwert drein, und ihre Lenthe [Hofdame von Therese], bemerke ich da sowas, so sage ich's schnell heraus, denn meine gute Therese darf nicht *Gelehrtheit* mit einem angenehm ausgebildeten Frauenzimmer vermischen. Ich weiß noch lange nicht genug, besonders habe ich vieles vergessen, was ich gewußt habe. Es ist daher meine Idee, mir jemand anzunehmen, der einen Kurs *d'Histoire* mit mir machen soll. Apropierst Du das und Dein Freund?, denn ihr seid eins, deswegen grüße ich euch auch zusammen und wünsche euch einen rechten guten Sonntag.
Adieu, lieber George. Luise

Schicke ich diesen Wisch heute nicht fort, so muß ich warten bis Donnerstag und da ist dieses besser als gar nichts.
Der Fürst von Taxis [Karl Anselm] kömmt heute an, gehet morgen weiter nach Regensburg, weil sein Notar es will ◁.

87. An ihren Vater — Berlin, den 25. Dezember 1796

Lieber Vater!
Frau v. Gundlach [?] hat mich davon unterrichtet, daß sie heute eine Botschaft an Sie, mein lieber Vater, absenden würde. Ich habe diese Gelegenheit nicht versäumen wollen, Ihnen ein paar Worte zu sagen, wie sich hier die Lage seit einigen Tagen verschlimmert hat. Die arme Friederike wird Sie bereits über den traurigen Gesundheitszustand

ihres Mannes unterrichtet haben. Ja, lieber Vater, dieser arme Prinz ist wirklich in Lebensgefahr, und meine arme Schwester! Wie stark fließen unsere Tränen! Und wir sind ständig voller großer Unruhe. Bisher bestand seine Krankheit aus Verstopfung, nächtlichen Fieberausbrüchen und viel Schwäche. Seit fünf Tagen hat er Gallenfieber [?], und gestern, nach dem Essen, bekam er Nasenbluten, das befürchten läßt, daß sich ein Faulfieber entwickelt. Es stimmt, daß man schon Menschen gesehen hat, die diese Krankheit hatten, aber die schreckliche Schwäche des Prinzen Ludwig, eine sehr beunruhigende Schwäche, die erhöht die Gefahr.

Ich habe mich inzwischen noch einmal erkundigt; man sagte mir, daß er eine ruhigere Nacht hatte und das Fieber geringer wurde als gestern. Ich selbst habe nicht mit Herrn Brown [Leibarzt] gesprochen, aber Herr v. Köckritz [Adjutant] hat ihn gesehen, und er hat ihm gesagt: »Gott sei Dank, es geht ein wenig besser«. Möge Gott geben, daß es ihm besser und besser geht, um seiner selbst willen und um der Ruhe meiner lieben Friederike willen, die sich bisher gut hält. Sie läßt sich Euch zu Füßen legen. Seit Dienstag sind wir leider von Therese [Thurn und Taxis] getrennt; wir haben sie bis Potsdam begleitet, wo sie uns um 10 Uhr morgens verlassen hat, unter tausend Tränen, begleitet von unseren besten Wünschen. Gestern habe ich von ihr Briefe erhalten, die in Magdeburg geschrieben sind, wo sie glücklich am Mittwoch um ein Uhr mittags angekommen war.

Ich bin sicher, daß Sie, lieber Vater, etwas wissen von der Angelegenheit, die uns noch frisch in der Erinnerung ist. Ich nenne keinen Namen, ich spreche darüber so wenig wie möglich, aber Ihnen sei gesagt, daß mir deswegen mein Herz schmerzt und blutet. Sie haben keine Ahnung von den Gemeinheiten, die bei dieser Gelegenheit begangen wurden. Seien Sie so gütig, meinen Brief Großmama und [Bruder] Georg mitzuteilen, sie aber auch zu bitten, sie möchten nicht mit anderen darüber sprechen, lieber Vater, überhaupt, daß Sie nichts über die Lebensgefahr verbreiten, in der sich Prinz Ludwig befindet, denn man weiß sogar hier zum Teil nichts davon. Ich verspreche Ihnen, daß ich sofort eine Nachricht sende, wenn die Gefahr größer geworden ist; falls alles gut geht, werde ich am Mittwoch Vormittag eine Nachricht schicken, deren Eintreffen Sie nicht erschrecken soll, da das nur geschehen soll, um Ihnen Neues zukommen zu lassen. Seien Sie so

gütig, Großmama, der ich mich zu Füßen lege, zu sagen, daß ich mich um die Wertsachen der Emigrantin gekümmert habe und daß ich hoffe, sie gut zu verkaufen. Viele liebe Grüße an meine Brüder. Wann gedenkt Georg hierher zu kommen? Wir erwarten ihn täglich. Ich liege Ihnen zu Füßen und bitte Sie tausendmal um Verzeihung wegen meiner Kritzelei. Wenn Sie dies nicht lesen können, lassen Sie sich bitte von Georg helfen. Ich hoffe, daß Sie zufrieden damit sind, daß ich Sie über alles, was sich zuträgt, unterrichtet habe. Ich hätte fast vergessen, Ihnen zu sagen, daß der Herzog von Zweibrücken [Maximilian, seit dem Tode seines Bruders Karl 1795 Herzog von Pfalz-Zweibrücken/Bayern] hier ist, daß er uns gestern vormittag einen Besuch machte und mit uns im Anschluß an ▷das Christkindchen◁ zu Abend speiste. Niemals bisher ist ein Weihnachtsabend so traurig verlaufen wie der gestrige, denn das Wissen darum, daß es dem Prinzen Ludwig so schlecht geht, hat all seine Schwestern und seinen Bruder [Kronprinz Friedrich Wilhelm] zu Tränen gerührt. Und ich habe Kopfweh, denn Friederike anzusehen ist zu traurig.
Haben Sie die Güte, nicht auf das mit der ›Angelegenheit‹ zu antworten. Ich bin mit Ehrerbietung Ihre gehorsame Tochter

Luise

Mein Gemahl bezeugt Ihnen seine Hochachtung.
Mein Fritz [einjähriges Söhnchen] ist allerliebst.

28. Dezember 1796: Tod des 23jährigen Prinzen Ludwig von Preußen, Gemahles von Prinzessin Friederike (Luises Schwester). Er starb an Bräune, wie die Diphtherie damals genannt wurde.

88. An ihren Vater

Berlin, den 15. Januar 1797

Teurer, geliebter Vater!
Ich bitte Sie nicht um Verzeihung dafür, daß ich meinen Brief an Sie so lange verzögert habe, lieber Vater, denn ich erwiese jedem eine Wohltat, wenn ich ihm die Mühe ersparte, etwas von mir zu lesen. Mein Herz war durch tausend gleichzeitige Schläge zerrissen und hegte nur trübselige, düstere Gedanken, die hätte ich mitgeteilt, ohne es zu wollen, und selbst heute fürchte ich in diesen Fehler zu verfallen, denn

wir sind alle sehr unglücklich geworden. Meine Gesundheit hat Gott sei Dank standgehalten, trotzdem meine Lage schrecklich war; bedenken Sie, lieber Vater, den Schmerz, einen Schwager [Pr. Ludwig von Preußen] zu verlieren, einen jungen Menschen von 23 Jahren sterben zu sehen, das allein mußte schmerzen; aber fügen Sie dazu den Anblick einer geliebten, verlassenen, im höchsten Maße unglücklichen Schwester und eines angebeteten Mannes, der einen Bruder und Freund verlor; großer Gott, welch ein Bild, ich werde es mein Leben lang nicht vergessen. Dann die Krankheit meines Mannes, ich wußte ihn in Gefahr, ich sah ihn leiden; ach, es war schrecklich, und ich werde diese Unglückszeit nie vergessen. – Der König [Friedrich Wilhelm II.] hat uns mit Freundlichkeiten während dieser ganzen Zeit überhäuft, er hat sich als wahrer Familienvater gezeigt. Er selbst ist seit drei Tagen unwohl, er hat einen heftigen Husten und etwas Flußfieber, weswegen er seit vorgestern nicht zu uns gekommen ist. Mein Mann beauftragt mich mit tausend Freundschaftsversicherungen; Gott sei Dank geht es ihm besser, und er hat seit einigen Tagen wieder guten Appetit, das läßt mich hoffen, daß er bald seine Kräfte und sein *embonpoint* wiedergewinnen wird, denn er hat erschreckend abgenommen und sieht schlecht aus. Ich bin recht froh, daß Herr v. Hobe [Hofmarschall des Vaters] zufrieden ist; dazu muß man so höflich sein wie er, denn ich war so wenig imstande, ihm Höflichkeiten zu erweisen – war ich doch immerfort Krankenwärterin am Bette meines Mannes –, ▷daß er den guten Willen für die Tat hat nehmen müssen◁. Der Herzog von Zweibrücken [Max Joseph von Pfalz-Zweibrücken/Bayern] reist morgen ab; ich kann nicht anders sagen, als daß er sich als guter Verwandter gezeigt hat, sich alle mögliche Mühe gab, mich zu erheitern, und uns eine große Hilfe in dieser Unglückszeit war.

Ich bin Ihre Dienerin, lieber Vater; fahren Sie fort in Ihren Freundlichkeiten zu mir, niemand weiß sie besser zu schätzen als Ihre Tochter

Luise

13. Januar 1797: Tod der 81jährigen Witwe Friedrichs des Großen. Königin Elisabeth Christine (geboren am 8. November 1715 als Prinzessin von Braunschweig) starb in Schloß Schönhausen bei Berlin. – Schönhausen wurde nun Witwensitz für Prinzessin Friederike.

13. Februar 1797: Hochzeit der Prinzessin Auguste von Preußen (jüngste Schwester von Friedrich Wilhelm) mit dem Erbprinzen Wilhelm von Hessen-Kassel (1821 Kurfürst Wilhelm II.). – *22. März 1797:* Geburt des Prinzen Wilhelm, des späteren

(1861) Königs und (1871) Kaisers Wilhelm I. – Anfang April siedelte der Kronprinz zum Frühjahrsexerzieren nach Potsdam über, wohin ihm Luise tagebuchartig schrieb. Sie mußte wegen ihrer »Wochen« im Kronprinzenpalais in Berlin bleiben.

89. An den Kronprinzen

Berlin, den 2. April 1797

Guten Tag, mein lieber Freund. Meine ersten Gedanken gelten Dir; zwar kann ich kaum meinen Augen folgen, um die Buchstaben, die ich schreibe, zu erkennen; dennoch habe ich der Versuchung nicht widerstehen können, die beiliegenden Orangen, mit denen Fräulein Viereck die ältere [Henriette, Hofdame] sich freundlicherweise belädt, mit ein paar Zeilen zu begleiten. Sie fährt nach Glienicke, wo die Gräfin Lindenau [Frau des Oberstallmeisters] aus vollem Halse nach ihr schreit, die noch immer in Gefahr ist. Denke nur, mein lieber Freund, ich habe mir die Haare schneiden lassen, ich habe sie rollen lassen, alles, damit ich Dir morgen recht gefalle. ▷Nehme Dich recht zusammen, denn ich armer Blasfisch werde gar zu schön sein◁. Leb wohl, meine Augen sagen mir, daß es damit genug ist. Ich liebe Dich mit Herz und Seele.

Luise

Der kleine Fritz ist artig, und Wilhelm ist sehr anmutig. Großmama [Luise von Hessen-Darmstadt] fährt um 4 Uhr ab, sie will Dir noch empfohlen sein.
Deinen Herren viel Schönes. Ich habe Dir eine Neuigkeit zu sagen, die Du kaum glauben wirst.

90. An den Kronprinzen

Berlin, den 8. April 1797

▷Ich kann noch nicht zurückkommen von meinem Erstaunen über den Vorbeimarsch, mit dem Du so zufrieden bist; und beinahe hätte ich darüber vergessen, Dir, lieber Freund, tausendmal für Deinen lieben Brief zu danken, der mir außerordentlich viel Freude gemacht hat. Aber dennoch komme ich auf den Vorbeimarsch [Parade] zurück und sage Dir, daß ich kaum meinen Augen traute, als ich es [Die Manöverkritik] las! Ich freue mich herzlich darüber, besonders da ich weiß, wie sehr es Dich gefreut hat, und Du weißt ja, Lieber, daß niemand in der Welt mehr Anteil nimmt an dem, was Dir Vergnügen macht, als Dein altes Weibchen ◁ ...

[Der Brief endet mit Hofnachrichten in französischer Sprache]

91. An den Kronprinzen Berlin, den 21. April 1797

[Luise beginnt in franz. Sprache, sie berichtet, daß es ihr gesundheitlich nicht gut geht, weiter deutsch:] ▷Sage mir ... was war in dem Paket, was man auf der Post aufgerissen hatte? Sind es wieder Karrikaturen aus Paris, so schicke sie mir doch, um mich in meiner Einsamkeit zu amüsieren. Apropos von amüsieren: Gestern war Prinzessin Henriette bei mir und vorgestern Ferdinandine, meines schrecklichen Kopfwehes ungeachtet. Auguste soll schwanger sein ◁.

Besuch bei Luise am *20. April 1797:* Prinzessin *»Henriette«* = Wilhelmine, Gemahlin des Prinzen Heinrich. – *»Ferdinandine«* = Prinzessin Luise, Gemahlin des Prinzen Ferdinand, Mutter des Prinzen Louis Ferdinand und der Luise, Fürstin Radziwill. *Auguste,* die am 13. Februar dieses Jahres mit dem Erbprinzen von Hessen-Kassel verheiratete Schwester des Kronprinzen bekam ihr erstes Kind (Wilhelm) allerdings erst am 9. April 1798.

92. An den Kronprinzen Berlin, den 25. April 1797

Ihre stets sehr ergebene und gehorsame Dienerin! Vergebens habe ich den ganzen Tag gewartet. Keine Nachricht, kein Brief, keine Antwort von Seiner Königlichen Hoheit, und ich bin so weit und so klug wie gestern, ehe ich Ihnen schrieb. ▷Das Gallenfieber ärgere ich mich am Halse, doch das will ich bleiben lassen und Dir sagen, daß ich mich recht sehr wohl befinde, heute etwas eingenommen habe, worauf ich mich gestärkt und erleichtert fühle ◁. Im Kopfe ist mir sehr wohl und so leicht geworden, daß ich ihn überhaupt nicht mehr spüre. Heute sehe ich auch besser aus als neulich, und im allgemeinen bin ich ▷ein[em] Fisch im Wasser ähnlich ◁. Herr Brown [Leibarzt] wird Dir diesen Brief bringen, und da Du gewohnt bist, daß er nie ▷mit leeren Händen ◁ kommt, wird er Dir Kirschen mitbringen, die hoffentlich Deine Billigung finden. An Neuigkeiten weiß ich nur, daß Mama [Königin

Friederike von Preußen] gestern in Charlottenburg gewesen ist; heute ist sie bei mir, (ohne mir etwas davon zu sagen), und morgen wird sie um 8 Uhr zur Fasanerie reiten. Übrigens, ▷teuerster Gemahl◁, ist es 10 Uhr, ich opfere für Dich Schlaf, Augen, Gesundheit und alles, nur um mit Dir zu reden, weil ich Dich – liebe.
Apropos, ▷ich habe mir was ausgedacht◁. Um Dich dafür zu bestrafen, daß Du Sonnabends *so viel Champagnerwein* trinkst, teile ich Dir mit, daß ich mich für die ganze Zeit meines Aufenthalts in Potsdam schminken lassen werde, und wenn ich erfahre, daß Du kommenden Sonnabend auch noch soviel trinkst, werde ich es auch in Paretz ebenso machen, ▷ja, ja◁. Jetzt hast Du Dich nur so zu benehmen, daß ich diese letzte Strafe nicht brauche, denn der ersten entgehst Du nicht mehr, ▷nein, nein◁. Ich glaube wirklich, ich bin der kleine Amor vom Baume der Diana, der sich verbirgt und immer ruft: ▷ja, ja, nein nein◁.
Denk nur, Heinitz [F. A. v. Heynitz, Verwalter der Kunstakademie] war gestern bei der Voß und hat ihr gesagt, er wisse, daß es unhöflich sei, aber trotzdem würde er morgen früh mit diesem schwedischen oder dänischen Maler [Henrik Ploetz] kommen und mich malen lassen, weil er, die Akademie, die Porzellanmanufaktur, kurz alle Welt danach begehre und schreie. ▷Wohl oder übel muß ich armes Weibsen dran. Also morgen um 11 sitze ich da und blase höllisch Trübsal◁.
Leb' wohl, ich will meine Anmut ausruhen, um frischer zu sein als der anbrechende Morgen. Ich fühle es, morgen werde ich selbst Venus eifersüchtig machen. Wenn aber der eifrige Jünger des Mars mich immer lieb hat, überlasse ich Venus gern ihre Schönheit und Anmut, das *Glück* ist bei mir. ▷Du lieber Kriegsknecht, bleibe mir treu und gut, und mache mich stets so glücklich, wie ich es nun drei Jahre durch Dich bin.

Deine Luise◁

Ein Bildnis der Kronprinzessin, gestochen von Meno Haas nach einer Zeichnung von Henrik *Ploetz*, veröffentlicht bei Schuster: Königin Luise, Historische Bilddokumente, 1934. – Bereits 1795 hatte Friedrich Wilhelm das Gut *Paretz* erworben (nahe Potsdam). Unter der Oberaufsicht von Hofmarschall v. Massow wurde das Gutshaus von David Gilly (Vater von Friedrich Gilly) klassizistisch umgebaut und für das Kronprinzenpaar eingerichtet.

93. An ihren Bruder Georg Potsdam, den 1. Mai 1797

▷Kaum bin ich hier angelangt, so denke ich auch schon daran, meine Schuld gegen Dich, lieber George, abzutragen. Einige Briefe befinden sich in Berlin, die sich die Motion machen, von einer Stube in die andere zu promenieren, aber die unglücklichen angefangenen konnten nicht vollendet werden. Warum? Weil ich keine Zeit hatte, weil ich Wöchnerin war, weil meine Augen mich schmerzten, weil weil – u. s. w. und aus noch mancherlei Weiler (ein schönes Wort.) »Der Luisch ist noch mehr ein Narr worden seit ihre Wochen« das hör ich sagen, und ich antworte; gottlob ja! Mein Gemüt ist etwas heiterer geworden seit dieser Epoche, und ich hoffe, daß die öfter noch bittren traurigen Stunden, die ich mit der armen Friederike zubringe, immer weniger werden sollen. Diese hat mich heute hierher begleitet und gehet heute abend weiter fort und Freitag ziehet sie nach Schönhausen ...
Und Du, Du gehest nach Wiesbaden, Du glücklicher Glücksvogel, nun ist Frieden, und jetzt lachst Du Dir ins Fäustchen und wirfst all Deine Briefe, Pässe, und wie die Dinger alle heißen, ins Feuer, und reisest in dulci jubilo nach Darmstadt. Mein Mann steht neben mir und sagt mir *»allo allo hör auf und schreibe secreter tres ... [?]«*
Also gehorche ich und bin Deine Luise. Mein Mann sagt Dir viel Schönes ◁!

94. An ihren Vater Berlin, den 6. Mai 1797

Mein lieber Vater!
Die Lebensweise, die ich seit meiner Rückkehr von Potsdam geführt habe, war so voll Zerstreuungen, daß ich noch nicht dazu kommen konnte, Ihnen zu schreiben, lieber Vater; ich war vorgestern zum erstenmal in Schönhausen, und dort empfing ich aus den Händen meiner Schwester [Friederike] den Brief, den Sie die Gnade hatten, mir zu schreiben. Ich freue mich sehr über das Glück, das die gute Charlotte [Schwester, Sachsen-Hildburghausen] erwartet, das Glück, Sie bei sich zu haben. Ich kenne wohl andere Personen, die es nicht weniger und ebenso glühend wie sie wünschen; aber bis jetzt war dieser Wunsch vergeblich; wir müssen hoffen, daß Ihr Rückweg Sie gerade nach Berlin führen wird, und ich beteuere Ihnen, lieber Vater, die Personen, die Sie dort erwarten, werden Sie mit offenen Armen

aufnehmen. Ich hege viele Wünsche für die Kur in Pyrmont, die Sie gebrauchen wollen; ich hoffe, die Quellen werden Ihnen denkbar wohl tun, und Sie werden sich ebenso wohl befinden wie die anderen Jahre. Ich weiß, lieber, vielgeliebter Vater, Sie können nicht schreiben während Ihrer Kur, ohne sich zu schaden, darum beschwöre ich Sie, scheuen Sie sich nicht und seien Sie überzeugt, jede Woche werden Sie einen Brief von mir bekommen; haben Sie bitte nur die Güte, mir von Hildburghausen schreiben zu lassen, wann Sie nach Pyrmont abreisen. Mein Mann läßt sich Ihnen empfehlen; er, meine Kinder und ich, wir befinden uns Gott sei Dank außerordentlich wohl. Aber ich gestehe Ihnen, unendlich entbehre ich Potsdam und die Nähe des Gartens, in dem ich einen großen Teil des Tages verbringen könnte; hier dagegen kann man nicht aus dem Zimmer hinaus, wenn man nur das Geringste unternehmen will, morgens sich beschäftigen, lesen oder schreiben, weil alles so weit entfernt und jeder Schritt beengt ist, und nur um zum Park und wieder zurückzufahren, ist mindestens soviel Zeit nötig wie für eine halbe Spazierfahrt. Ich kann es nicht erwarten, daß es nach Paretz geht, und ich hoffe, das wird spätestens in vier Wochen möglich sein, denn die Mauern sind so gut getrocknet, daß schon mit der Möblierung der Zimmer begonnen wird. Die Gesundheit des Königs [Friedrich Wilhelm II.] bessert sich Gott sei Dank von Tag zu Tag, es ist im Grunde nur eine Magenschwäche, die bei etwas Mäßigkeit sehr schnell vergehen würde, aber – daran fehlt es uns. Vielleicht werden Sie ihn in Pyrmont sehen; eine gewisse Gräfin [Lichtenau] wird sicher hingehen, und man sagt sogar, schon am 10. des nächsten Monats; das ist ein Bissen, den ich nicht verdauen kann, und wenn ich einmal das Glück habe, Sie zu sehen, werde ich Ihnen Einzelheiten erzählen, die werden Sie nicht wundern, sondern umwerfen; ich, lieber Vater, achte mich selbst zu hoch, um ihr das geringste Entgegenkommen zu beweisen. Ich bin höflich zu ihr, und ich versuche zu vergessen, welches Verhältnis uns diesen gesellschaftlichen Zuwachs verschafft hat; aber glauben Sie, man will uns das erkennen lassen, und das Zartgefühl der beiden Großen ist nicht groß genug, um die Erinnerung daran auszulöschen; doch erkennt man ihr daraufhin Vorrechte aller Art zu. Es ist empörend. Ich bin Ihnen zu Füßen, lieber Vater, und bitte Sie um Verzeihung für mein langes Geschwätz.

Ihre sehr ergebene Dienerin und Tochter Luise

»eine gewisse Gräfin«: Luise meinte die 1796 zur Gräfin erhobene Wilhelmine Rietz. Geboren 1752 als Tochter des Musikers Enke, lernte Friedrich Wilhelm II. noch als Kronprinz die damals 13jährige Wilhelmine kennen, ließ sie in Paris ausbilden und 1782 pro forma mit dem Kammerdiener Rietz verheiraten. Seit 1796 hieß sie Gräfin Lichtenau.

95. An ihren Bruder Georg

Berlin, den 24. Juni 1797

▷Mein Herz blutet! Friederike ist seit dem 22ten nachts um 12 Uhr von hier abgereist. Wehe! noch nie ist mir eine Trennung von ihr so schwer gefallen als diese. Bedenke, liebe teilnehmende Seele, von welcher Wichtigkeit diese Reise für ihr ganzes zukünftiges Leben sein kann! Sie kommt da in Pyrmont unter den Abschaum von Menschen von ganz Berlin. Wie leicht können sie ihr Fallstricke legen, wieviel Behutsamkeit, sogar Weisheit gehört dazu, es mit keinem zu verderben und mit keinem zu gut zu werden. Wenn ich dieses alles bedenke, so sträubt sich mein Haar, mein Herz klopft schrecklich, und unwillkürlich fallen mir die 19 Jahre meiner Schwester, ihre Unerfahrenheit und ihre zu große Gutmütigkeit ein. Gott wird alles gut machen, Er hat schon öfters geholfen und wird auch hier nicht fern sein. Wenigstens habe ich mir nichts vorzuwerfen, denn ich habe ihr alles gesagt, was ich glaubte ihr nützlich zu sein, und sie sah es zuletzt gottlob ein. Überhaupt mein Gemüt hat wieder viel gelitten. Erstlich die Reise hat mir viel Kummer gemacht, weil das Publikum so sehr verschieden darüber urteilt; dann die Krankheit des Königs [Friedrich Wilhelm II.] macht mich höchst traurig. Ihn, den guten Mann, leiden zu sehen. Dies traust Du mir zu, ist ein nagender, elender Anblick. Die Möglichkeit einer Änderung unseres so glücklichen Schicksals macht mich beinah trostlos; dann gute Nacht schöne Freiheit, schöne Unabhängigkeit. Doch genug von traurigen Gegenständen.

Die Ursache, die mich bewog, Dir diesen Brief zu schreiben ist folgende. Meine Schwester hinterließ mir einige Briefe, die ich lesen sollte◁... [es folgen verschlüsselte Gedanken wohl über Versetzung von Hofdamen].

Vom *14. bis zum 16. Juni 1797* reisten der Kronprinz und die Kronprinzessin nach Magdeburg, besichtigten die Festung und nahmen an Festlichkeiten teil. Anschließend kam Prinzessin Friederike zu Besuch nach Berlin. – König Friedrich Wilhelm II. *»kränkelte«*, (zitiert nach Klöden) *»im Laufe des Sommers zeigten sich Symptome der Brustwassersucht.«* Er fuhr in Begleitung der Gräfin Lichtenau nach Bad Pyrmont.

96. An ihren Bruder Georg — Berlin, den 1. Oktober 1797

▷Heute Morgen empfing ich Deinen Brief vom 22. und gestern Deinen letzten. Obgleich diese beiden Schreiben viel Ähnliches haben, so sind sie mir beide viel wert, denn dein edles Herz, lieber guter George, ist in beiden ganz sichtbar, so wie Deine ungeheuchelte Liebe zu Friederike. Ich bin sehr beunruhigt durch die guten Nachrichten, die Du mir gibst, und bin so wie Du überzeugt, daß es nicht aus bösem Herzen war, daß sie anfangs nicht hören wollte, sondern Ungewohnheit, daß man an ihr was tadeln konnte, da sie das Gegenteil gewohnt war. Alsdann kommt noch dazu, daß das Gewissen nicht ruhig war, und daß sie es klopfen fühlte, wo wir es gar nicht vermuten konnten. Was bleibt uns wohl da zu tun übrig, lieber, guter Freund? Bedauern, Verzeihen, Vergessen und das Vornehmen, Gutes zu stiften, wo wir können. Dieses Letzte habt Ihr denn, ihr Guten, schon herrlich begonnen und Euer Versprechen in Paretz herrlich erfüllt. Empfangt meinen Dank, lieben Leute, und haltet Euch überzeugt, daß Ihr meinem Herzen noch teurer geworden seid. –

Was mich aber recht herzinniglich betrübt, ist unser Wiedersehen. Mein Verstand kann nicht anders als den Vorsatz, Rostock eifrig zu hüten, loben; mein Herz, ach! das schwache Herz, das so voll von reiner Liebe ist, blutet. Ich hoffte recht viel und stark auf den 10. Oktober [56. Geburtstag ihres Vaters], allein mein Mann (der schrecklich verdrießlich ist), will nichts davon hören; Du wirst mich vermutlich nie mehr so glücklich sehen, als Du mich verließest. Die Gesundheitsumstände [des Königs Friedrich Wilhelm II.] werden täglich betrübter und der Ursachen viel, zu weinen. Daher ist denn alles um mich düster; nichts als mein Fritzchen [3j. Sohn] lacht mich an, und da möcht' ich weinen, wenn ich den kleinen Engel sehe. Ich bin nicht zur Königin geboren, das glaube mir, doch will ich gerne das Opfer werden, wenn nur sonst in der Zukunft mal dadurch was Gutes gestiftet werden kann. Es ist heute ein häßlicher, abscheulicher Tag, so neblig, so grau, so düster, und Du weißt, das hat sehr viel Gewalt über mich. Ich will abbrechen, denn ich bin unerträglich, und will von recht gleichgültigen Dingen sprechen ...

Prinz Solms von Braunfels ist seit dem Manöver hier. Es ist ein guter, angenehmer junger Mann. Er hat viel Unglück gehabt, das macht ihn ein wenig verschlossen. Schade ist es, daß er keinen Freund hat. Seine besten Freunde sind tot, so wie seine liebsten *Schwestern*.

Nachts um 12.

Adieu lieber George, schlaf wohl, ich liege schon zu Bette, kann aber doch nicht einschlafen, bis daß ich Dir Lebewohl gesagt habe. Ich bitte Dich *inständigst*, mir doch bald zu schreiben und mir Dein Herz recht auszuschütten. Dem Oberst viel Schönes. Ich danke ihm, daß er so gut Wort gehalten hat. Er hat mir dadurch einen rechten Beweis seiner Freundschaft gegeben. Ich bin

Deine Luise ◁

17. Oktober 1797: Friede von Campo Formio zwischen Frankreich und Österreich. In einem Geheimartikel war vorgesehen, daß der größte Teil des Rheinlandes an Frankreich kam.

97. An ihre Grossmutter, Prinzessin von Hessen-Darmstadt

[Berlin, den 9. November 1797]

Teure Großmama!

Nur im Hinblick auf Ihre Güte wage ich noch zu schreiben; ich fühle, daß ich mich ein bißchen unwürdig benommen habe. Aber Sie kennen die wichtigsten Gründe, die mich verhindert haben, Ihnen zu schreiben, und sie müssen sicher so traurig und schwerwiegend sein, wie sie sind, um mir das Vergnügen rauben zu können, daß ich mich brieflich Ihnen zu Füßen lege. Die Gesundheit des Königs [Friedrich Wilhelm II.] ist leider durchaus nicht gut, aber es scheint, als ginge es eher etwas besser als schlechter, der Atem ist nicht mehr so kurz wie sonst und der Kopf ganz frei. ▷Ich fürchte, daß dies alles nur eine Henkersfrist ist◁ und daß plötzlich alles schlecht gehen wird. Ich weiß nicht, liebe, verehrte Großmama, ob Ihnen schon bekannt ist, daß diese Teufel von Franzosen Mainz, Worms und Speyer, Germersheim, Koblenz und noch eine Menge Städte, deren Namen ich vergessen habe, behalten;

soviel ist sicher, man sagt, das linke Rheinufer sei ihnen abgetreten, und ihre neuen Besitzungen erstrecken sich bis *Wesel.*
Ich bin ganz bekümmert, daß ich schließen muß; aber mein Mann wartet auf mich zum Schauspiel, und es ist schon fast 3 Uhr, so daß ich Sie verlassen muß, liebe, gute Großmama. Ich empfehle mich Ihrer Güte und bin in tiefster Ehrerbietung, liebe Großmama, Ihre sehr ergebene und sehr gehorsame Dienerin und Tochter

Luise

1797–1806
Als Königin vor der Niederlage von Jena

98. An ihren Vater

Potsdam, den 17. November 1797

Mein lieber Vater!

Ach! Der König ist nicht mehr seit gestern abend 9 Uhr, und wir armen Kinder, wir beweinen ihn und härmen uns. Obgleich es im Grunde ein Glück ist, daß sein schweres, schmerzliches Leben zu Ende ist. Die letzten Tage waren mehr als schwer, denn man fürchtete, er könne vor Schmerz den Verstand verlieren. Gott sei seiner Seele gnädig und helfe meinem Mann in seinen schweren Arbeiten, die schrecklicher sind als man glaubt. Ich empfehle mich Ihrer geschätzten Güte und beschwöre Sie, lieber Vater, mir Ihre Freundlichkeit für die Zukunft zu bewahren; sie allein kann mich glücklich machen. Ich bin mit tiefster Ehrerbietung, lieber Vater, Ihre sehr ergebene und sehr gehorsame Dienerin und Tochter

Luise

16. November 1797: Tod König Friedrich Wilhelms II. Er starb im Marmorpalais in Potsdam.

99. An ihren Vater

Berlin, den 26. Dezember 1797

Mein lieber Vater!

Ich bitte Sie zunächst für meinen heutigen Brief um sehr viel Nachsicht, denn meine Seele ist so traurig und hat soviel Gründe zur Beunruhigung, daß ich meine Gedanken nur mit Mühe sammeln und verbinden kann. Erstlich bringt in dieser Zeit mir jeder Augenblick wieder herzzerreißende Erinnerungen, jeder Tag erneut in uns traurige und düstere Auftritte; sie liegen wohl im Vergangenen, sind aber doch sehr betrüblich; am meisten aber ficht mich die Zukunft an. Der Gang der Politik muß den müßigsten Zuschauer unruhig machen; wie soll ich es nicht sein, lieber Vater, da mein Mann zum ersten Male handelt und sich durch seine Handlungen einen Namen fürs Leben machen soll?

Und auf der anderen Seite strecken die Franzosen die Hand nach dem Lande Hannover aus, was wir nicht gleichgültig ansehen können; muß das nicht alles bekümmern und trostlos machen?
Ich bin sehr dankbar für die Briefe, die Sie mir huldvoll geschrieben haben, und für Ihre Versicherung, daß Sie mir die 100 Louis vorstrekken wollen; anbei die Quittung.
Gestern war der glückliche Abend, der mir die schönen Weihnachtsgeschenke brachte; mein Mann schenkte mir unter anderen Herrlichkeiten zwölf sehr große birnenförmige Perlen und vierzehn kleinere. Sie können nicht glauben, welche Freude mir das macht. Ich will gerade viele Herrschaften empfangen. Deshalb schließe ich für heute mit der Versicherung, daß Herr von Schacht, der Gesandte in Regensburg, Ihnen Nachrichten von uns bringen wird. Ich bin mit Ehrerbietung Ihre anhängliche und ergebene Tochter

Luise

Hannover, nach dem Frieden von Basel 1795 neutral, sollte durch Napoleon in den Krieg mit England hineingezogen werden.

17. Oktober 1797 Friede zu Campoformio (Dorf in der Provinz Udine): Beendigung des ersten Koalitionskrieges. Österreich trat Belgien gegen Venedig an Frankreich ab. Es stimmte der Abtretung linksrheinischer Reichsgebiete an Frankreich zu.

100. An ihren Bruder Georg

Berlin, den 14. März 1798

▷Soeben erhielt ich Deinen Brief, Du lieber, bester George und die wenigen Zeilen des guten Obersten [v. Gräfe]. Ich hätte gewünscht, daß Du die Freude gesehen hättest, mit welcher ich Deinen Brief empfing und durchlas, um auch recht überzeugt zu sein, wie dankbar mein Herz Dir entgegenschlägt, für alles Liebe und Gute, was ich darin fand. Die Wünsche, welche Du für mich gen Himmel schickst, die Versicherung von Deinen Gesinnungen gegen mich, die immer zärtlich und gut und unwandelbar sind, machen mich unaussprechlich glücklich; obgleich ich sie schon kannte und auf ihre Dauer zählen konnte, so kannst Du mir glauben, lieber George, wie gut es mir tut, wenn ich von Zeit zu Zeit neue Beweise habe, denn was man gern hat, kann man nie zu oft hören. Dein liebes Veilchen ist noch ganz frisch angekommen und, was unglaublich ist, ist, daß es noch recht stark riecht. Auch dafür gehört Dir mein Dank, da ich so ganz die Hand kenne, die dieses zog. Meine Gesundheit ist gottlob ganz wieder hergestellt, und ich bin wirklich so wohl, als es nur irgend möglich ist zu sein nach den Masern und in meinem dicken Zustand. [Luise war im 5. Monat] Ich verspreche Dir aber aufs heiligste, mich so inacht zu nehmen und mich auf alle Art und Weise recht zu schonen, sowohl beim Tanz als bei allen Lustbarkeiten. Die GM [Großmama, Luise von Hessen-Darmstadt] ist den 12. mit dem Boto [Frl. von Bose, Hofdame der Großmutter] abgereist, und ihre Abwesenheit tut mir auf Ehre recht leid. Des morgens, wenn ich erwache, so ist mein erster Gedanke (wie das stets meine erste Frage war) *»ist der Boto da, nun so bestelle den Kaffee«*, denn sie trank ihn immer mit mir, und das war ein herrlich Stündlein, und die Stimme von GM, die ich meist so um 11 Uhr hörte, fehlt mir auch. Den Abschied, den wir voneinander nahmen, den laß Dir von Boto erzählen, der diesmal weniger traurig schied, weil er die süße Hoffnung nährt, bald wiederzukommen. Aber ganz ohne Tränen ging es doch nicht ab. Sonst aber war es so lächerlich, im Grunde, wie möglich. Ich war geputzt voller Juwelen, steif wie ein Brett, umringt von Fürsten und Großen des Reichs, so wurde sie [sie, muß »ich« heißen] zur Türe hinausgeschoben, um nur geschwind ins Audienzzimmer zu kommen, wo Gesandte und 100 Menschen nicht die gefühlvolle Enkelin, sondern die Königin von Preußen erwarteten. Jetzt, da es vorbei ist, könnte ich mich totlachen, wenn ich den Kontrast von ihnen und [ihrem] Benehmen in einer Minute bedenke. Aber die Ausführung selbst ward mir doch manchmal schwer. Meine Augen, die zum erstenmal nach den Masern bei Licht schreiben, empfinden es sehr, aber dieses Opfer bin ich Dir wahrhaftig schuldig gewesen, denn zählen wollen wir nicht, wie lange es ist, daß Du nicht meine Krakelfüße sahest! Adieu, es bleibt beim Alten, und das ist am besten. Nicht wahr? Deine Dich immer liebende

Freundin und Schwester Luise ◁

101. An ihren Bruder Georg — Potsdam, den 11. April 1798

▷Dein Brief vom 2. April will und verlangt eine weitläufige Antwort, und die will ich Dir herzlich gerne geben, da ich hier [in Potsdam] imstande bin, länger als 5 Minuten auf einem Platz zu sitzen und meine Augen und Ohren mehr Ruhe haben als in dem lärmenden Berlin. Dein Brief hat mir sehr viel Vergnügen gemacht, lieber George, und vor allen Dingen muß ich Dich und den Oberst [v. Gräfe] beruhigen über den kleinen Mißverstand, der über euer Herkommen scheint entstanden zu sein. Mein Mann und ich sind nichts weniger als böse auf euch, vielmehr lobt der erstere eure Beharrlichkeit, euren Vorsatz so getreu auszuführen, da er immer für das Solide ist, so gefällt ihm dieses sehr. Ich aber, als der zweite und schwächere Teil, finde es schön, lobenswert, aber etwas unerträglich und äußere daher oft und an mehrere Menschen, den sehnlichsten Wunsch, dich bald, lieber guter Freund, nebst dem Oberst wiederzusehen. Unter anderen sagte ich es auch an den Prinzen von Schwerin [Friedrich Ludwig, Erbpr. von Mecklbg. Schwerin, 20j.], der Dir die Sache, wie es scheint, nebst der Großmama etwas tragisch vortrug. Und es bleibt noch immer mein innigster Wunsch, Dich bald wiederzusehen. Diesen Nachmittag sprach ich mit meinem Mann über Deinen Brief, der mir auftrug, Dir zu sagen, es würde ihm immer lieb sein, Dich zu sehen wie auch Deinen Mentor; macht dieses wahr, doch nun muß ich selbst bitten: nicht eher als nach meiner Zurückkunft [siehe den Schluß dieses Briefes]. Nun sage mir mal einer, ob ich meinen Satz nicht schön ausgearbeitet habe, so daß Du volle Freude und Genügen daran hast. Wie gut geht es mir nicht in der Welt, und wie verschieden ist das Schicksal gegen der guten Friederike [ihre verwitwete Schwester]. Verdiene ich es denn mehr wie sie? Nein, gewiß nicht; Gott muß es ihr noch einmal in der Welt recht gut gehen lassen; sie verdient gewiß Glück und hat nichts als Kummer. Ihre schönste Jugend gehet unter Tränen dahin, und unser Vater im Himmel ist gerecht, kann also keine Freude an unverdienten Leiden haben, wird also die Tränen der Unschuld trocknen und Freude den betrübten Herzen geben. Das ist meine Zuversicht und mein Trost, wenn ich die auf's neue betrübte Mutter sehe. Ach! sie hat wieder einen schrecklichen Verlust getan und ihr Schmerz war tief und still. Ich ging nach Berlin, um zu sehen, wie es ihr und dem in Gefahr kranken Kinde ginge. Und denke Dir meine Empfindung, da ich ihn [den 2½jährigen Carl, den 2. Sohn Friederikes] in Agonie fand. Ich war ohne meinen Mann gegangen, hatte ihm mein Wort gegeben, denselben Tag wiederzukommen; war also gebunden und hatte nicht den Trost, sie im

Augenblicke des Todes ihres Kindes zu trösten, das erst 24 Stunden nachher verschied. Doch ihre Briefe sprechen laut von ihrem Gram. Mein Mann hat sie gleich hergebeten, allein, sie hat es ausgeschlagen und will lieber ihren Schmerz allein tragen und die zukünftige Woche [erst] Zerstreuung in Potsdam suchen. Und darin hat sie recht, die wird ihr werden, denn wenn es schön warm ist, ist Potsdam ein Paradies. Es war schon so warm, daß wir Landpartien gemacht haben. Doch nun ist es wieder kalt. Genug für heute. Ich gratuliere dem Oberst zu seinem Patchen, ich tue mich dicke darauf, daß er meine schöne Auguste nicht verschmäht hat. Adieu, ich küsse Dich und liebe Dich. Louise. Viel Schönes dem Oberst.

Ich werde reisen. Wohin, warum, wann und wie, dieses sind Ursachen, die vermutlich diesen Bogen einnehmen werden. Ich reise also mit meinem Mann zu der Huldigung nach Ost- und wirklich Preußen, komme vorher durch *Danzig* und nachher begleite ich ihn nach Warschau und Breslau, eile mich, daß ich nach Berlin zurückkomme, und halte meine Wochen und bin Ende August fix und fertig. Nun die Frage, wann und wie, die ich geschwinde beantworten werde, um Deine Besorgnisse, die Du wegen mir hast, zu stillen. Der 24. Mai ist zu meiner Abreise bestimmt; den ersten Tag mache ich nur 6 Meilen, um mich allmählich ans Fahren zu gewöhnen, und das stärkste ist 12 Meilen des Tages. Mein Mann und ich kommen immer an den Hauptorten zusammen an, reisen aber verschieden; da er 20, 25 Meilen des Tages macht, welches zu fatigant für mich wäre, so hat man es so eingerichtet, daß ich kleine Tagereisen mache; dieweil er Revue hält, die ihn öfters drei und vier Tage an kleinen Orten aufhalten, wie z. B. Stargard, Posen usw., so gewinne ich Zeit und gehe meinen langsamen, bedächtigen Weg und komme immer zur rechten Zeit an. Außerdem noch werden alle Wege meiner teuren Person wegen ausgebessert, ich habe meinen eigenen Kutscher und Vorreiter, die mich fahren, und die kleine Frau Schultzen mit, die mich warten und pflegen soll, wenn ich des Tages Last und Hitze getragen werde haben. Nun, warum reise ich? Dieses läßt sich leicht erraten, weil mein Mann es wünscht; dieser Wunsch, ich möchte ihn begleiten, machte mich sehr glücklich, ein neuer Beweis seiner Liebe kann mir nicht gleichgültig sein; eine so große Reise zu machen unter den bewandten Umständen, ist höchst angenehm; sonst reiste ich nach Frankfurt, um Krönungen zu sehen, jetzt lasse ich mich *beinahe doch nun* selbst krönen. Alsdann weiß ich mit Zuverlässigkeit, daß ich meinem Mann von Nutzen bin. Du weißt, er liebt nicht *Cour, Gêne, Etiquette*, und wie die Dinger alle heißen, und diese Reise ist eine Kette von solchen Dingerchen; ich werde also diese Last ehrlich mit ihm teilen, und die *Gêne* fällt größtenteils auf mich zurück, die ich aber nicht achten werde. Ich werde alles *anwenden*, um ohne *Zwang die Liebe der Untertanen* durch *Höflichkeit, zuvorkommendes Wesen, Dankbarkeit da*, wo man mir *Beweise der Liebe* und *Anhänglichkeit geben wird, zu gewinnen* und *zu verdienen*, und so, glaube ich, werde ich mit Nutzen reisen. Ein höchst interessantes Journal könnte ich liefern, das bin ich überzeugt, ob ich aber Zeit finden werde, das ist, woran ich stark zweifle; doch wenn die Huldigung in Berlin (wo ich den 28. Juni wieder eintreffe: die den 6. Juli ist) vorbei ist, so habe ich Zeit zu wiederholen, in den 6 Wochen, die ich still zuhause bleiben werde, und wo werde ich diese verleben? Denke Dir, in Charlottenburg werde ich [meine] Wochen liegen ... Ende August verlasse ich Charlottenburg und werfe mich ins Kriegsgetümmel in Potsdam, wo große Herbstmanöver seit Friedrichs [des Großen] Tod das erste Mal sein werden. Dann weiß ich keinen Plan mehr für den Herbst ◁. –

Am *6. April 1798* starb der dreijährige Prinz Carl von Preußen, Sohn von Luises Schwester Friederike.

Auf dem Wege nach Königsberg reiste das Königspaar durch Hinterpommern mit Aufenthalten in den Städten Stargard und Köslin. Pommern bestand damals politisch noch aus drei Teilen: Schwedisch-Vorpommern (nördlich des Flusses Peene), das erst 1814 preußisch werden sollte, Vorpommern und Hinterpommern, beides seit 1720 preußisch. – Luises erste Übernachtung war in Freienwalde an der Oder, einem Badeort mit eisenhaltiger Quelle.

102. Tagebuch der Reise durch Pommern

Stargard, den 25. Mai 1798

Ich habe versprochen, meinen Freunden zu schreiben, sobald ich könnte, und ich will schnell mein Versprechen erfüllen, da ich Zeit habe und imstande dazu bin. Meine Reise verlief bisher glücklich und pünktlich; nur die Erinnerung an meine Kinder und an meine Schwestern, die ich gestern in Berlin zurückgelassen habe, ist mir schmerzlich. Warum kann man nicht alles, was erfreut, vereinigen? Immerhin habe ich Hoffnung, sie bald wiederzusehen, und in Erwartung dieses Momentes werde ich ihnen Nachricht von mir geben, sobald die Umstände es gestatten. Gestern vor 9 Uhr kam ich in Freienwalde an, und Frau von Kahlen war so aufmerksam gewesen, den ganzen Weg von der Quelle bis zu dem neuerbauten Hause festlich zu beleuchten; das Portal war wie ein Tempel gestaltet, was die allerhübscheste Wirkung hatte. Ich hatte noch das Vergnügen, Onkel Ernst [Pr. von Mecklenburg-Strelitz, Bruder des Vaters von Luise] dort zu finden; er speiste mit mir zu Abend und teilte mir, Gott sei Dank, beständige Nachrichten über Papas Gesundheit mit. Als wir morgens um 6½ Uhr abgefahren waren, legte ich die 12 Meilen bis Stargard in einer Zeit von 7 Stunden zurück; an jeder Station fanden wir eine Menge Leute, drei- oder viermal frühstückten wir; ich litt sehr unter der Hitze und wurde hier von allen Generalen und Offizieren der Regimenter, die zu den Revuen anwesend sind, empfangen. Sie machten mir ihre Aufwartung, und nachdem ich einen kleinen Höflichkeitsumgang gemacht hatte, war ich sehr froh, mich einige Augenblicke auf meinem Sofa auszuruhen. General Pirch, der Inspekteur und Kommandant von Stargard, lud mich für morgen zu einem Tanz-Tee nach dem Mittagessen ein. Wenn das Fest stattgefunden hat, werde ich Bericht darüber erstatten. Ich vergaß zu sagen, daß die weibliche Jugend von Stargard mich am Eingang meines Hauses unter grünen Arkaden empfing; mit einer Ansprache wurde mir ein goldgesticktes Kissen überreicht mit Bändern voll schmeichelhafter Verse; der Weg war mit Blumen besät, und ich gab mir alle mögliche Mühe, um meine Dankbarkeit dafür zu beweisen. Gegen Abend kam mein Mann, das Abendessen wurde früh aufgetragen, um uns für den 26. auszuruhen. Der war anstrengend; um 6 Uhr morgens ging ich fort, um die Spezialrevue der drei Infanterie- und fünf Kavallerieregimenter zu besichtigen. Die Chefs der Infanterieregimenter sind die Generale von Pirch, Borck[e] und Owstien, die Chefs der Kavallerieregimenter sind der Prinz Louis von Württemberg für die Kürassiere, die Generale von Katt[e], von Strantz und von Kalckreuth für die Dragoner, der General Blücher für die Husaren. Abends gab General Pirch einen Tanztee, zu dem der ganze Adel aus der Umgegend und aus der Stadt zusammenkam. Der Ball begann nach endlosen

Vorstellungen und war sehr belebt; die Hitze war ungeheuer; dieselben Gründe, die uns am Tage vorher die Ruhe suchen ließen, bestanden auch diesmal, und alle waren erfreut, zu Bett zu kommen. Am 27. fand ich mich morgens vor 6 Uhr auf dem Exerzierplatz ein; ich sah dort die Truppen manövrieren, die das zur großen Befriedigung meines Mannes ausführten. Nach Tisch hörte ich die Janitscharenmusik und die Hoboisten aller Regimenter an; dann verließ ich Stargard voll dankbaren Herzens für alle Freundschaftszeichen, die mir dort zuteil geworden waren. Die guten Pommern, die immer ihren Königen zugetan waren, bewiesen mir ihre Liebe durch endlose Vivatrufe, als ich ihre Stadt verließ, und meine Dankbarkeit ist ihnen gewiß bis ans Ende meiner Tage. Gegen 9 Uhr kam ich in Plate an bei Herrn und Frau von Osten, sehr höflichen und artigen Leuten; sie besonders ist eine liebenswürdige Frau, für mich sehr interessant, da sie in Strelitz geboren und mit Herz und Seele meinem Vater zugetan ist, und er verdient gewiß die Anhänglichkeit aller, die ihn kennen. Am 28. machte ich mich in fürchterlicher Hitze auf den Weg nach Köslin; auf der Fahrt nach Köslin machte ich einen Mittagsaufenthalt, und wurde fast erstickt durch die Menschenmenge, die sich zu meiner Durchfahrt versammelt hatte. Das hinderte jedoch nicht, daß ich um 4 Uhr glücklich in Köslin ankam, wo die Bürger sich auf dem Marktplatz versammelt hatten und einen entsetzlichen Lärm mit Zimbeln und Trompeten machten. Zwanzig junge Mädchen standen an der Tür des Hauses, wo ich abstieg, und besäten unter Freudenrufen meinen Weg mit Blumen. Eine Stunde nach meiner Ankunft wünschten die Damen des Adels, mir vorgestellt zu werden; das geschah; darauf ging ich ans Fenster, um mich dem Volk zu zeigen, das aus allen Gebieten Pommerns zusammengeströmt war. Ich bemerkte vor allem mehrere Landleute aus dem Dorfe [?], die das Kostüm der alten Wenden bewahrt haben, hübsch und eigenartig, mit Goldkränzen, Blumenschmuck und tausend Zierstückchen, sehr weiten, gefalteten Röcken und einer kleinen Versteifung unter den Röcken, was drollig wirkt. Ich begrüßte noch Abgeordnete von Kolberg, die mich sehr einluden, in ihre Stadt zu kommen; diese Einladung nahm ich selbstverständlich mit vielem Dank an, ohne ihnen indessen etwas zu versprechen. Nach allem, was ich von der Wesensart der Pommern bemerken konnte, scheinen sie mir von großer Biederkeit zu sein; der Bauer scheint im ganzen nicht arm zu sein, er ist sehr fleißig und arbeitet alles, was er in seiner Wirtschaft braucht, selbst. Ihre Kleiderstoffe wie ihre Kleider machen sie mit eigner Hand; der Boden ist zwar hier und dort etwas sandig, gibt ihnen aber genug, um ausreichend davon zu leben, und mehrere Landleute, die ich fragte, ob sie mit ihrem Auskommen zufrieden und ob sie reich wären, sagten mir ganz ehrlich ▷Reich sind wir nicht, aber *zufrieden*, und haben unser Auskommen◁. Wie wenig Menschen können wahrheitsgemäß sagen, daß sie sich zufrieden fühlen. Möge Gott ihnen dieses glückliche Gefühl bewahren und sie niemals mit den Bedürfnissen und dem Prunk der Städte bekannt machen, die so viele Familien ins Unglück stürzen, weil sie den Launen der Mode, des größten Tyrannen unserer Tage, nicht genug tun können.

103. An ihren Bruder Georg — Königsberg, den 4. Juni 1798

▷Lieber bester Freund! Viele hundert Meilen entfernt nehme ich die Feder und denke Dir Freude zu machen, indem ich Dir sage, daß ich sowohl als mein Mann, die Fatiguen der Reise ungeachtet, die beste Gesundheit genießen. Es ist mir selbst ein Rätsel, wie das zugehet; denn Menschen und Hitze setzen uns und unserer Geduld oft so zu, daß wir Halali sind; aber dennoch gibt uns Gott Kraft, dies alles zu ertragen, und der Gedanke, daß bei all der Neugierde doch auch wirklich Liebe und Anhänglichkeit zum Grunde liegt, versüßt die Bitterkeit der Beschwerde. Was ich bis Danzig gemacht, wirst Du bei dem Empfang dieses Briefes alles wissen durch eine konfuse Beschreibung, die ich an Friederike [ihre verwitwete Schwester] gemacht habe; es ist mir leid, daß Zeit und Umstände mir nicht erlauben, Dir das alles mitzuteilen, was ich wirklich sah, hörte und empfand, weil es wirklich viel interessanter war. Die schöne Natur habe ich bewundert, sowohl auf festem Lande als zu Wasser. Oliva, eine Meile von Danzig, ist ein irdisches Paradies seiner schönen Lage halber, Berge, Kaskaden, Täler, schöne, majestätische Aussichten ins Meer gewähren dem Auge beständige, höchst angenehme Abwechslungen. Den folgenden Tag war meine Sehekraft ganz mit andern Dingen beschäftigt, nämlich nichts als Schiffe, Wasser, See, Handel, Industrie beschäftigten meine Phantasie, und ich genoß einen der vergnü[gte]sten Tage, die ich in langer Zeit hatte. Doch ich muß Deine Neugierde unbefriedigt lassen, indem ich in keine minutieuse Beschreibung mich einlassen kann, da heute Toilette, Cour, Diner, Souper und alles dergleichen mich erwartet, und ich dazu schreiten muß, um fertig zu sein ◁...

Am *3. Juni 1798* trafen Friedrich Wilhelm III. und Luise in Königsberg ein. *5. Juni 1798:* Huldigungsfeier in Königsberg. – *Oliva* bei Danzig: eine 1170 gegründete und 1829 aufgehobene Cisterzienserabtei. Olivia gehörte zum Bistum Ermland, das nach der ersten polnischen Teilung, 1772, zu Preußen gekommen war. Es gab dort ein Abtei-Schloß mit Parkanlagen. – Der *»gute Hohenzollern«*, Abt von Oliva: Prinz Joseph von Hohenzollern-Hechingen (geboren 1776), wie die Königin 22jährig. Die Park- und Gartenanlagen von Oliva existieren (restauriert und gepflegt) bis in die Gegenwart.

104. An ihre Schwiegermutter, Königinwitwe Friederike

Königsberg, den 9. Juni 1798

Seit einigen Augenblicken bin ich im Besitze Ihres liebenswürdigen Briefes; mein Herz ist so lebhaft erfüllt von Dankbarkeit für dieses neue Zeichen Ihrer Güte, daß ich mir nicht die Befriedigung versagen kann, Ihnen dies schriftlich zu beweisen. Zugleich bin ich ganz stolz darauf, daß mich mein Gemahl damit beauftragt hat, Ihnen die Medaille zu übersenden, die man für die Huldigungen geprägt hat; ich glaube, daß sie Ihnen, liebe Mama, Freude bereiten wird, da wirklich Ähnlichkeit besteht und da es die erste Medaille ist, die von meinem Gemahl hergestellt ist, seitdem er König ist. Er hat mich heute am Morgen um 11 Uhr verlassen, um heute abend in Georgenburg [bei Insterburg] einzutreffen, und er hat mir aufgetragen, seine ehrerbietigen Grüße der besten der Mütter zu übermitteln. Unser Aufenthalt hier war sehr ermüdend, da jeder Tag durch Bälle, Festlichkeiten, Versammlungen bemerkenswert war, nicht zu vergessen ein großer Empfang bei mir, wobei ich glaubte, auf der Stelle zu sterben.

Ich habe hier die Bekanntschaft von sehr vielen liebenswerten Menschen gemacht, und im allgemeinen herrscht hier ein guter gesellschaftlicher Ton.

Sehr gedacht habe ich an meine gute Mama in Oliva, wo ich einzigartige Dinge gesehen habe; der Teil des Gartens, den der gute Hohenzollern [Pr. Josef, Abt von Oliva] angelegt hat, ist bezaubernd. Unter anderem gibt es dort einen Wasserfall, der wirklich außerordentlich hübsch ist. Die Natur hat am Carlsberg [bei Oliva] alles von sich aus getan; so daß man sich nur die Mühe zu machen brauchte, einen Weg anlegen zu lassen, um mit dem Wagen fahren zu können, und wenn man auf der Höhe des Berges angelangt ist, steigt man in ein chinesisches Haus, von dem aus man vor sich das Meer entdeckt, in seiner ganzen Großartigkeit und Majestät. Es war von zahlreichen Schiffen belebt, was einen herrlichen Eindruck machte. Auf der rechten Seite sieht man eine Hügelkette, die ganz als englischer Garten angelegt ist, und am Fuße jedes Berges liegt ein Garten im altholländischen Stil. Dort stehen die Häuser der reichen Kaufleute von Danzig. Dahinter erstreckt sich ein besonders schönes Tal, bedeckt von göttlichem Grün. Die friedliche Ruhe, die in diesem Tal herrscht, steht in einem großartigen und eindrucksvollen Gegensatz zu dem brausenden Meer, und ich habe im Ganzen empfunden, daß diese Wunder der Natur das Herz des Menschen hin auf den Schöpfer all dieser Schönheiten richten, und, obwohl wir unser Nichts im Vergleich mit Ihm spüren müssen, kann und soll uns dies nicht erniedrigen, da wir die Überzeugung haben, daß Er alles gemacht, alles geschaffen hat um des Glückes Seiner irdischen Kinder willen.

Morgen verlasse ich *Königsberg* und werde am 13. in Warschau eintreffen, und am 18. ist der große Tag, an dem ich Arkadien sehen werde [die Gartenanlage der Fürstin Radziwill]; ich bin ganz außer mir in Vorfreude, und ich bedaure nichts so sehr, als es nicht in Ihrer Gegenwart, liebe Mama, bewundern zu können. Gewiß werde ich der Prinzessin Radziwill von Ihrem Plan berichten, sie eines Tages zu besuchen; auf diese Weise sind Sie sicher, freundlich empfangen zu werden. Verzeihen Sie bitte, liebe Mama, die Länge dieses Briefes; und gestatten Sie, daß, bevor ich ende, ich Sie bitte, mir Ihre Güte zu bewahren, die Anteil nimmt an meinem Glück.

Ich bin mit Hochachtung und Anhänglichkeit

Ihre sehr bescheidene, sehr gehorsame
Dienerin und Tochter Louise

Ich freue mich sehr aufrichtig über die Veränderung der [Friederike] Königin von Schweden, die, nachdem sie anfangs in Schweden unglücklich war, angefangen hat, sich dort wohl zu fühlen, und ich hoffe, daß der König [Gustav IV. Adolf] ihr gegenüber Verständnis aufbringen wird mit der Zeit.

Arkadien oder Arkadia (westlich von Warschau) ist einer der bedeutendsten polnischen Landschaftsparks (auch heute noch). Er entstand für die Fürstin Helene Radziwill durch den Hofarchitekten Szymon Bogumil Zug in den Jahren 1778 bis 1798. Königin Luise gehörte also zu den ersten Besuchern des vollendeten Parks, in dem es u. a. eine gotische Cottage gab, einen klassizistischen Dianatempel und auf einer Insel ein an Rousseaus Grab erinnerndes Monument.
Der schwedische *König Gustav* IV. Adolf (1778–1837) – seit 1792 an der Regierung – war seit dem 31. Oktober 1797 verheiratet mit Friederike (1781–1826), Tochter des Markgrafen Karl von Baden (Vaters auch der Zarin Elisabeth). Diese Ehe wurde 1812 geschieden. – König Gustav IV. Adolf verlor 1809 durch eine Militärrevolte seinen Thron. Es folgte ihm sein Onkel *Karl* XIII. (1748–1818), der – nachdem ihm zwei Kinder kurz nach der Geburt verstorben waren – 1810 den französischen General Bernadotte als Thronfolger adoptierte.

105. An ihre Grossmutter, Prinzessin von Hessen-Darmstadt

Brogatte, den 12. Juni 1798

Meine teure Großmama!
Ich bin nur noch 17 Meilen von Warschau entfernt, und da ich sehr fürchte, daß mir an besagtem Ort die Zeit zum Schreiben fehlen wird, ergreife ich diesen Augenblick, um Ihnen Nachricht von mir zu geben. Gott sei Dank befinde ich mich wundervoll und merke nichts von dem anstrengenden Aufenthalt in Königsberg und von meiner Reise dorther. Indem ich Ihnen Nachricht von mir gebe, wünsche ich aus bestimmten *Gründen, Ihnen* sichtbar zu machen und zu *versichern* daß es mir völlig gut geht; denn ich fürchte sehr, daß das Gerücht, ich sei mit meinem Wagen gestürzt, sich schon bei Ihnen verbreitet hat, da Nachrichten dieser Art immer früher ihren Weg nehmen als die guten. Allerdings bin ich gestürzt, und das tüchtig, denn das Wagenverdeck lag viel tiefer als die Räder; aber dabei habe ich doch Glück gehabt, denn die Sache ging so langsam vor sich, daß ich Zeit hatte, zu denken: Wir werden fallen, wir fallen, wir sind gefallen. Die göttliche Vorsehung und die Sorgfalt, mit der man mich so umsichtig wie möglich aus der Karosse zog, bewirkten, daß ich bei meinem Zustand keine verderblichen Folgen verspürt habe; aber ich muß gestehen, ich habe viel Glück, und der liebe Gott beschützt mich sichtbar. Ich bitte Sie, Papa meine ehrfurchtsvollen Grüße zu entbieten und ihm diesen Brief

mitzuteilen, woraus er allmählich meinen ärgerlichen Unglücksfall erfahren wird, ebenso Onkel Ernst [Bruder des Vaters] und Carl. [12j. Halbbruder der Luise] Ich bin mit den Gefühlen, die Sie an mir kennen, meine liebe Mama, Ihre sehr ergebene und gehorsame Tochter und Enkelin

Luise

Warschau, den 17. abends.

Morgen verlasse ich diese Stadt, wo es mir so gut wie nirgends noch gefallen hat. Meine Gesundheit hält wunderbarerweise den zahl- und namenlosen Anstrengungen stand, die ich durchmache. Am 29. bin ich in Charlottenburg, und der Gedanke daran ist mehr wert als alle Beruhigungsmittel der Welt.

6. Juli 1798: Huldigungsfeiern in Berlin. – *13. Juli 1798:* Geburt einer Tochter im Charlottenburger Schloß. – *3. August:* Taufe von Prinzessin Charlotte (spätere Zarin Alexandra Feodorowna), zugleich 28. Geburtstag des Vaters, Friedrich Wilhelm III. – *Herbst 1798:* übliche Manöver in Potsdam.

106. An ihren Bruder Georg

Potsdam, den 6. November 1798

... ▷Unser Aufenthalt hier wird nun wohl nicht mehr lange sein, und ich glaube, daß wir in kurzem wieder in [der] stolzen Königstadt sein werden. Sobald ich ankomme, werde ich meinen Plan, mir nützliche Kenntnisse zu verschaffen, im Werke bringen, und ich bitte Dich, lieber George, mir den Namen des Mannes zu schreiben, den mir der Oberst [v. Gräfe] (da der junge Spalding [Lehrer am Grauen Kloster zu Berlin] nicht die Zeit) rekommandierte. Denket doch darüber nach und saget mir alsdann, ob Ihr auch der Meinung seid, daß ich mit der Geschichte den Anfang mache. Meine erste Unterredung mit dem Mann wird sehr *embarassant* sein, denn doch so gerade herauszusagen: Ich weiß nichts, ist doch nicht sehr angenehm. Ich denke, ich will es dem Mann überlassen, ob ich Auszüge von dem machen soll, was ich bei ihm gelesen habe, oder ob er sich bloß mit der mündlichen Rekapitulation begnügen wird. Doch bitte ich Dich noch, den Oberst zu bitten, nichts davon an den Mann zu schreiben, weil ich ihn nicht nehmen werde, wenn mein Mann ihn nicht approbiert. Vergesse doch ja nicht das *Abrégé*, welches Du mir versprochen hast; einer Deiner

Professoren gab es Dir, und eine Abschrift des Originals sollte mein werden. Adieu, lieber, bester George, ich schließe und küsse Dich in Gedanken.

107. An ihren Bruder Georg — Berlin, den 8. Dezember 1798

▷Gestern bekam ich Deine Briefe, freute mich wie ein Kind, war begierig wie ein Habicht, sie zu lesen, war auch schon dabei, als plötzlich eine Gestalt vor mich trat: die Frau Klugheit! und mir sagte *»ob du gleich eine Frau Königin bist, so mußt du dich so gut unter meinen Willen beugen als andere – alles zu seiner Zeit, sprach Salomon, mein Cousin, das laß dir gesagt sein, deshalb wende deine Blicke hinweg von dem Papier mit schwarze Charaktere, und schau dich in den Spiegel* (es war aber der der Klugheit – nicht) *damit du fertig wirst und du deine Cour mit Anstand und Würde halten kannst, damit du Bewunderung durch deine Artigkeit, Beifall durch deine höfliche Acouratessè und Vergnügen durch deine Anmut erregst.«* Sie verschwand, und ich gehorchte. Der Ewald [Kammerdiener] frisierte, die Milius faßte Brillanten, und die Schadow [Kammerfrau] nähte an einem goldenen Besatz auf einem weißen Atlasrock, und in weniger als zwei Stunden stand ich da, wie ein Engel in einer weißen Angloise nur aussehen kann – Ach! Gott, die große Welt und die Eitelkeit und der Putz hat meiner armen Schwester den Kopf verdreht! – Bitte recht sehr, ich bin sehr gescheit; und sehe noch aus wie die Zukunft, nämlich mein Gesicht ist noch jung. Die Frau von Voß [Oberhofmeisterin, 69j.] siehet wie die Vergangenheit aus. – Aber liebe Luise, wer spricht denn davon! – Ich meine, lieber George, ich in Person, denn du weißt, daß die Zeit mit zwei Gesichtern vorgestellt wird, das eine nach vorn, das andere, mit Respekt zu sagen, nach hinten. Wenn nun mein Kopf verdreht wäre, so müßte ja mein Gesicht die letzte Positur bekommen haben, die schrecklich wäre. Deshalb sehe ich auch wie die Zukunft aus, die das Gesicht nach vorne hin hat, also ich sehe aus wie die Zukunft. – Das war eine Definition, die Deinen Professors Ehre machen würde. Und da in der Welt nichts Schöneres ist als *Lehrbegierde* , so erlaube ich Dir, es ihnen vorzulesen, damit sie ihre Kenntnisse erweitern. Du seufzst, ich auch! Ach, liebe Luise, ich möchte gerne bei dir sein, um dich *klüger* zu machen. Und ich, lieber Herr Bruder, um Dich *toller* zu machen. Nicht *räsonniert*, Herr Bruder, oder ich nehme Dich unter meinen Nagel und zerknick-knick-knick knicke Dich – aus. – Herr! ich bekenne vor Dir, daß ich eine arme Sünderin bin, die alle möglichen Fehler an sich hat, Anlage zu allem Bösen (das ist die Folge der Erbsünde), aber ich tue nicht viel Böses und so viel Gutes, als ich nur immer kann, obgleich ich immer noch mehr tun könnte und auch gerne wollte. Verzeihe mir daher, wenn mein Geist manchmal ein bißchen ausschweift, es ist nicht gern geschehen, und ich will auch alles wieder gut machen, indem ich einen rechten *schönen, weisen, klugen* Brief an Oberst Gräfe schreiben will, mit diesem gesungen, sage ich, singe ich, *blöke* ich. Amen. *ainsi soit il.* – Und Du sagst, lieber George, »*es war doch noch nicht aus, als sie dies Wort eben hinschrieb!*«

Das ist wahr, aber ich will mich nun bessern und bitte Dich für das Geschmier um Vergebung und für die Zeit, die es Dir wegnahm. Dein Brief ist mir so angenehm; ist so liebevoll wie alles, was von Dir kömmt und mein herzlicher Dank ist Dir ganz gewiß, so wie meine Liebe und Freundschaft.

den 21.

Wie lange liegt der elende Wisch da! Verzeihe, aber ›keine Zeit‹ [fehlt das Wort »veranlaßte«] diese Gleichgültigkeit. Mein Brief an den Oberst ist angefangen aber auch nicht vollendet. Mache ihm viele Complimente und vertröste ihn einstweilen mit der Hoffnung. Ich schreibe lieber heute nicht mehr, damit Du nur einmal etwas von mir hörst. Antworte mir bald und liebe Deine

Luise

Die arme Therese [Schwester, Thurn und Taxis], wie bedaure ich sie ◁.

Therese hatte ihre erst am 9. August dieses Jahres geborene Tochter Luise am *1. Dezember 1798* durch den Tod wieder verloren.

10. Dezember 1798: Heirat von Prinzessin Friederike (Schwester Luises) mit dem Prinzen Friedrich von Solms-Braunfels (1770–1814). Der Prinz wurde vom Garde du Corps zurückversetzt nach Ansbach.

Friederike mußte auf das preußische Wappen, den Titel Königliche Hoheit und den Hofstaat verzichten. Sie war im 6. Monat einer Schwangerschaft. Eine Anfang März 1799 (siehe Brief Nr. 110) geborene Tochter lebte wohl nur kurz. Friederikes preußische Kinder, Friedrich Ludwig, »Fritz Louis« und Friederike wurden in der Königsfamilie miterzogen.

▷Sie ist fort! ja, sie ist auf ewig von mir getrennt. Sie wird nun nicht mehr die Gefährtin meines Lebens sein. Dieser Gedanke, diese Gewißheit umhüllen dermaßen meine Sinne, daß ich auch gar nichts anderes denke und fühle. Ach Gott! helfe mir diese schwere Trennung tragen sowie auch die Ursachen, die sie veranlaßten. Der Himmel allein weiß, was ich die Zeit über litt, und wie viel Tränen heimlich des Nachts mein Lager netzten. O! wie gerne will ich dieses alles erduldet haben und mit Freuden noch einmal (dieses ist zwar schrecklich) so viel auf mich laden, hätte ich nur die Gewißheit, daß ihre Zukunft heiter und glücklich wäre. Ach! lieber George, wie viel Prüfungen sind wir unterworfen, und wie unbegreiflich sind die Ratschlüsse Gottes! Das unumschränkte Vertrauen, was ich zu Gott habe, der Glaube an seine Liebe erhält mich, daß ich nicht ganz kleinmütig werde. Wenn ich mir vorstelle, daß Friederike unglücklich werden könnte, so recht elend und gequält, so kann ich Augenblicke haben, wo ich ganz verzweifelt und trostlos bin. Ach, gütige Vorsehung, verhindere dies. Es wäre mein Tod, das fühl' ich, so wahr ich lebe. O lieber George, ich kann nicht mehr.

Den 12.

Ich verließ Dich gestern, weil meine Tränen mich erstickten und ich ihnen freien Lauf lassen mußte, um meinem armen, zerrissenen Herzen Luft zu machen. Doch ich spreche immer von mir und meinen Tränen, als ob Du nicht alles begreifen könntest, da Du mich kennst und meine Teilnahme, die ich an jedem Unglücklichen nehme, aber wenn diejenigen unglücklich sind, die ich liebe, und das noch obendrein durch ihre Schuld, o! dieser Gedanke ist nicht zu ertragen. – Ich hoffe, Papa wird Dir Nachricht von allem gegeben haben, was die arme Friederike angeht.

Den 14.

Du verzeihest mir gewiß, lieber Freund, daß ich nicht früher schrieb und Dir alles vertraute, was die unglückliche Geschichte anging; allein urteile, ob es möglich war, wenn ich Dir werde gesagt haben, daß *ich* diejenige war, die es Papa hat schreiben müssen zu zwei verschiedenen

Gelegenheiten, daß auch ich es habe müssen in Hannover an einen sehr interessierten Teil bekannt machen, daß aus Schonung für ihn ich an O[nkel] E[rnst Mecklenburg-Strelitz, Bruder ihres Vaters] eine Stafette geschickt? Damit er es nicht gleich auf einem Schlag erfuhr. Dann stelle Dir meine Leiden, die Krankheit meines Mannes, meine eigene Krankheit, die unbeschreibliche Tränenflut, die Tag und Nacht meinerseits flossen, [vor], und die Depression, in der sich Friederike befand, urteile, ob es möglich war. Ich habe meine Pflichten treu und redlich gegen sie erfüllt und habe mir nicht den geringsten Vorwurf zu machen, weshalb ich auch eine Art Ruhe genieße, die ich einem jeden wünsche. Mein Trost ist, daß sie den Prinz Solms über alles liebt, daß sie in ihrer neuen Karriere, wenn sie will, glücklich werden kann. Daß sie ihn liebt, beweist ja wohl die heimliche Verbindung, die sie einging, aus Furcht, von ihm getrennt zu werden; wenn sich diese erhält, so ist alles gewonnen, und kommt noch dahinzu, daß wirklich *agréments* in ihrer neuen Lage zu finden sind. Die Nähe von meinen Schwestern, besonders der von Hildburghausen [Charlotte, Sachsen-Hildburghausen] kann ihr nicht anders als sehr angenehm sein, und die Möglichkeit, sich mit ihnen zu vereinen, ist eine große Sache. Du verzeihest mir, daß ich endige, indem ich so verstört werde, wenn ich viel von der Sache rede, daß ich auf einen ganzen Tag nichts mehr tauge, und heute muß ich noch zur Königin-Mutter [Friederike, Witwe Friedrich Wilhelms II.] zur Cour, so daß ich meine Sinne brauche.
Adieu, lieber George; ich verlasse Dich mit gepreßtem Herzen und bin ewig Deine

Luise.

Dem Oberst [v. Gräfe, Erzieher Georgs] meine Komplimente, er hat doch wohl keine Demarchen bei Spalding [vorgesehener Lehrer für Luise] gemacht, ich werde einen *anderen nehmen* ◁.

Luise machte Andeutungen, daß eine sich anbahnende Verbindung für ihre Schwester mit einem Prinzen des englischen Königshauses – entweder dem 1776 geborenen Wilhelm Herzog von Gloucester oder dem 1774 geborenen, Adolf Herzog von Cambridge – diplomatisch gelöst werden mußte.

109. An ihren Bruder Georg [Februar 1799]

▷Tausend Dank für den Brief mit der Beschreibung von Ludwigslust und seinen Bewohnern. Ich verwundere mich gar nicht mehr, daß die Prinzess [Helene Paulowna] ein Königliches *air* annehmen will, denn wer einen solchen Vater [Zar Paul I.] hat, von dem muß man sich nichts besseres erwarten als alles was auffallend ist. Gestern sah ich von ungefähr Herrn v. Lützow [Schweriner Oberhofmeister] bei der Vossen [Oberhofmeisterin], der hier ist, um die Verlobung auszuposaunen. Der hat mir denn Wunderdinge erzählt, die da noch kommen werden. Aber eins, was schon ist, bestehet darin, daß die Prinzeß Braut alle Mittage und Abende am Arm ihres Herrn Vaters *vor* der Herzogin [Luise, Mecklenbg.-Schwerin] daherschlendert, immer die erste Partie hat, *et tout ce qui s'en tint, comme de raison* ◁

Im *Januar 1799* war Erbprinz Friedrich Ludwig von Mecklenburg-Schwerin (1778–1819, er kam nie zur Regierung, weil sein Vater Friedrich Franz I. ihn überlebte) zur Brautwerbung nach Rußland gefahren. Er wurde von seiner Mutter, Herzogin Luise (1756–1808) und ihrem Oberhofmeister Herrn v. Lützow begleitet. Es kam zur Verlobung mit der am 24. Dezember 1784 geborenen Großfürstin Helene, Tochter des Zaren Paul. Die Vermählung fand am *23. Oktober 1799* in Gatschina statt. Das junge Paar – die Braut war kaum 15 Jahre alt, der Bräutigam 21 – blieb bis Anfang 1800 in Rußland.

1799–1802 zweiter Koalitionskrieg: Frankreich kämpfte gegen die Verbündeten England, Rußland, Österreich, Neapel, Türkei, Portugal.

110. An ihren Bruder Georg Berlin, den 7. März 1799

▷Verzeihe bester George! daß ich dir so lange nicht schrieb, allein ich wußte, daß der Brief meines Mannes, den dir der Oberst [v. Gräfe, Erzieher Georgs] gewiß mitgeteilt hat, Ruhe in deine Seele bringen würde, und dieses ist es, was meine Feder hemmte. Ich bitte dich, sage mir, wie du ihn fandest, was der Oberst dazu gesagt hat und was nun weiter mit diesem Brief soll vorgenommen werden, denn daß damit noch soll gehandelt werden, bin ich überzeugt. Ich kann mir es nicht recht denken, daß das was du mir schriebst, in Strelitz ist gesagt worden, und noch weniger, von wem dieses soll gesagt worden sein. Was ich aber von dort her erfuhr, war mir sehr und höchst unangenehm, (ich erfuhr es weder von Papa noch von dem Präsident, sondern wildfremde Leute erzählten es hier) nämlich den Streit, den der O. [Oberst] mit Papa an der öffentlichen Tafel hatte, wo Papa sich so geärgert hat, daß er [... ?] aufstand und wütend in sein Zimmer ging, und um welche Kleinigkeit: ich tadle den Oberst hierin, da er weiß, welchen Einfluß Ärger auf Papas Gesundheit hat, und dann bleibt Papa Vater, und als dieser hat er Recht, von dir Gehorsam zu fordern, und besonders, wenn dieser zärtliche Vater besorgt für dich und deine Gesundheit ist, müssen aller Eigensinn und Gewohnheiten aufhören. Nun genug hiervon und jetzt zu etwas Besserem; nämlich ich eile, dir die gute Nachricht von Friederikes [Schwester, Solms-Braunfels] glücklicher und schleuniger Entbindung zu geben. Ich war äußerst verlegen bis ich diese erhielt, denn jetzt darf ich es sagen, daß ich mit sehr vielem Kummer diesem Augenblick entgegensah, weil ihre Gesundheit merklich durch die heftigen Gemütsbewegungen gelitten hatte. Von diesem glücklichen Ereignis an von sich selbst [als solchem], wo doch für mich immer viel Trauer und Kummer verborgen ist, eile ich weg, ganz weg, um dich und mich mit der frohen Zukunft zu erheitern. Ich will dich nämlich von meiner Reise, die im Frühjahr geschehen soll, unterhalten. Dein zärtliches, teilnehmendes Herz wird gewiß viel Freude über mein Glück empfinden. Doch alles in der Folge, so wie mein Plan ist: den 5. Mai reisen ich und mein Mann nach Magdeburg, wo wir bleiben bis zum 28., den wir in Braunschweig zubringen. Den 29. in Minden, da verlasse ich meinen Mann, den 31. nachmittags und gehe Tag und Nacht bis nach – *Hildburghausen*, wo ich den 2. Juni ankomme und alle meine Schwestern treffe!! –! Lieber George, wie wird dir bei diesem Gedanken, doch dieses ist noch nicht genug, da bleibe ich bis zum 7., des morgens gehe ich weg und komme den 8. nach Kassel, da wird geblieben bis zum 12. und dort treffe ich mit meinem Mann zugleich ein, von da gehen wir nach Bayreuth, durch Hildburghausen, von Bayreuth nach Anspach, von A. nach Hanau, da bleiben wir zum wenigsten 8 Tage. Von Hanau aus werden alle Excoursionen vorgenommen, nach Darmstadt! Wie wird dir dabei? Frankfurt! Alsdann wird die Rückreise über Weimar, Halle, Dessau, Wörlitz, Potsdam nach Charlottenburg, wo ich in der Ruhe mein Herz gegen Gott erheben werde und in der Erinnerung versunken meinen Dank dem Allmächtigen stammeln werde. Die Freude macht mich nicht stumpf gegen alle andern Gefühle, das schwöre ich, und ich denke jetzt,

und werde auch im vollen Genuß an die zurückgelassenen Glieder meiner Familie denken und heimlich wünschen, was jetzt nicht scheint in Erfüllung gehen zu können. Aber glücklich bin ich doch über alles, denn nicht nur die sichere Hoffnung, des Wiedervereintseins mit allen denen, die mir teuer sind, erfüllt mich so sehr mit Freude; wisse noch, daß mein Mann allein, ohne daß ich daran dachte, mit dem Plan meiner ganzen Reise hervorrückte, und daß er es ist, der alles, alles arrangierte. Nun denke dir diesen neuen Beweis seiner Liebe gegen mich – zu allen anderen – und empfinde lebhaft, was mein Herz gegen diesen edlen, durchaus rechtschaffenen guten Mann empfindet! Hat dir F. [Friederike] noch nicht geschrieben? Verzeihe ihr! Adieu, bester George, lebe wohl und denke an deine *Luise*.
Mein Mann läßt dich grüßen und ich grüße den O. [Oberst] ◁

Die Meinungsverschiedenheiten zwischen Herzog Carl von Mecklenburg-Strelitz und dem Gouverneur seines Sohnes führten zur Entlassung des Herrn v. Gräfe. – Von Anfang Mai bis Anfang Juli befand sich das preußische Königspaar auf Reisen. Luise traf mit ihren Schwestern zusammen, Prinz Georg kam hinzu. Eine der letzten Reisestationen, 1. bis 3. Juli, war Weimar.

111. An ihren Bruder Georg — Charlottenburg, den 16. Juli 1799

▷Wahre Freundschaft, innige teilnehmende Freundschaft, und nicht nur Schall, dieses so oft gemißbrauchten Worts, läutete heute meine Feder. Ach! möchtest du, lieber George, diese Zeilen recht beherzigen, ruhig darüber nachdenken und dann einen Entschluß fassen. Du weißt lieber Freund, ich war gewöhnt von jeher, nicht nur an das Gegenwärtige zu denken, sondern mich auch mit dem Zukünftigen zu beschäftigen. Deine Zukunft ist es, lieber George, die mir so unaussprechlich am Herzen liegt, die ich wünsche so viel als möglich ins Reine zu bringen. Teile mir deine eigenen Gedanken darüber mit, ich als Freundin will Dir alles sagen, was ich darüber denke, alles, was mich quält und was ich wünsche, das geschehe.
So wie es jetzt ist, kann es nicht bleiben, denn du nützest niemandem und hängst an nichts. Beschäftigung, diese muß dir werden, diese muß ein jedes denkende Wesen sich machen, um nicht ohne Nutzen in der Welt zu stehen, wo doch ein jedes Ding seine Bestimmung hat.
Der eine hat eine große Bestimmung, der andere eine kleine, dem einen

ist ein großer Wirkungskreis gegeben, dem andern ein kleiner; aber um zu wirken müssen wir handeln. Also ist das Resultat, daß ich wünschte, du möchtest jetzt anfangen zu handeln.

Als Militär verbot deine physische Konstitution dir früh eine Karriere zu suchen; es wurden daher Studien für dich gewählt, die dich geschickt zu deiner künftigen Bestimmung machen sollten. Diese, wie man sagt, sollst du nicht erlangt haben in Rostock; ob dieses gegründet ist, weiß ich nicht. Doch erwarte ich von dir, lieber George, daß du in einer so äußerst wichtigen Sache aufrichtig sein wirst, Eigenliebe beiseite setzen wirst, um gerade zu sagen, wie es mit deinem Wissen steht. Steht es mit diesem wirklich nicht so gut, wie es sollte, so mußt du notwendigerweise suchen, es noch zu erlangen in den Zeiten, wo es noch ein leichtes ist. Dazu sind nun zwei andere Sachen unumgänglich nötig. Die erste ist, daß man einen Ort ausfindig macht, wo du deine Studien vollendest. Die andere, daß du einen Mann findest, der dir mit Rat und Tat beisteht in den tausend mancherlei Fällen, die in der Welt vorkommen. Über beides spreche doch mit Therese oder der Lenthe [Hofdame Thereses], der Woltzogen und mehreren anderen klugen Männern. Engelhart scheint mir sehr fähig, dir einen klugen Rat zu geben. Als Student kannst du wohl nirgends mehr hinziehen; aber mir ist was eingefallen. Wie wäre es, wenn du nach Weimar gingest. Ich bin überzeugt, dort findest du die Männer, die dich das lehren könnten, was dir fehlt (ich bin selbst zu unwissend, um sagen zu können, was dir noch fehlt, aber ich glaube, um auf Kammern arbeiten zu können, muß man Finanz- und Cammeral-Wissenschaften erlernen). Was denkst du darüber? Mich dünkt, daß Weimar wirklich unaussprechlichen Reiz für dich haben müßte. Denke dir einmal die herrlichen Erholungsstunden in Wielands und Goethes Gesellschaft. –

Nun noch die große Frage, wo denn solchen Menschen hernehmen, der als Freund dir folgen soll. Freunde wirst du dir bald machen, denn du bist gut und hast herrliche Anlagen, die einen jeden freuen und attachieren. Aber wo den Mann finden, der sich dahin paßt, vielleicht wissen ältere Leute als wir Rat. Wenn dieser nur gefunden wäre, du dann die notwendigen noch fehlenden Kenntnisse erworben hättest, was würdest du dann anfangen ◁?

112. AN FRIEDRICH WILHELM III. Paretz, den 10. September 1799

▷Allerdurchlauchtigster, Großmächtigster König und Herr!
Unter den vielen Bittschriften, die Ihre Königliche Majestäten täglich bekommen, möge doch der Herr wollen, daß diese mit einem gnädigen Blick beleuchtet werde, damit meine alleruntertänigste, demütigste, wehmütigste Bitte nicht unbefriedigt bleibe. Hierbei liegende Strümpfe sollen als Probe meiner Geschicklichkeit in der Strickerkunst zum Beweise dienen und mir hoffentlich mein Gesuch zu erlangen helfen, es besteht nämlich darin: *»daß Ihro Majestäten die Gnade für mich hätten und mir zukünftig alle dero Strümpfe stricken ließen und mir dabei den Titel als wirkliche Hofstrickerin allergnädigst erteilen ließen«*
Diese hohe Gnade würde ich all mein Leben in tiefster Untertänigkeit erkennen und mit dankbarem Herzen ersterben. Ew. Königl. Majestät als aller untertänigste Magd und Untertanin

Luise.

Untertänigstes Postskriptum.
Ist noch zu bemerken, daß jede Masche, so ich knütten würde, von Dankbarkeit durchdrungen wäre◁.

113. AN IHREN BRUDER GEORG Potsdam, den 11. Oktober (1799)

▷... Das Schreiben wird mir herzlich sauer, dennoch will ich dir einige Gedanken mitteilen, ehe ich auf lange Zeit hinter die Gardinen gebannt werde [wegen Niederkunft] und diese betreffen deine Pläne wegen zukünftigen Winter. Warum nach Regensburg und nicht nach Berlin? Kömmt es dir auf eine zärtliche, teilnehmende Freundin an, bei Gott! Die hättest du an mir ebenso wie an Therese [Schwester, Thurn und Taxis]! Und was die Gelehrsamkeit anbetrifft, die ist wohl hier mehr zuhause als in Regensburg, da es in Berlin Professors aller Wissenschaften gibt. Ich weiß nicht, welcher Wissenschaft du dich ergeben willst. Dich aber hierin zu leiten und mit gutem Rat beizustehen, ist wohl niemand geschickter als der junge Spalding [Lehrer am Grauen Kloster], der dir schon lange bekannt ist, und dessen Kenntnisse und Rechtschaffenheit du sicher hast preisen hören. Was sagst du hierzu?

Ich glaube, es läßt sich nichts einwenden. Die Carnevalszeit über würde freilich nicht so recht viel getan werden, wegen der wenigen Zeit, die man für sich hat und wo man nicht für sich arbeiten kann. Aber laß den Januar vorbei sein, so hast du noch 2 ganze Monate, die du recht gut verwenden kannst, bis wir von Berlin weggehen. Wenn du nun den Tag über recht gearbeitet hast, erholst du dich den Abend in unserer Gesellschaft; vielleicht erlaubt auch mein Mann, daß du im Ludwigschen Palais [Unter den Linden] wohnen darfst, die Nähe würde auch sehr angenehm sein, und es wäre so gut, als wohnten wir in demselben Hause. In Betracht der Economie, würde Papa sein Beutel auch gewinnen, denn was kostet eine Reise nach Berlin von Strelitz, gegen die nach Regensburg. Wünschest du Englisch fortzusetzen, so ist Bernford ganz [geeignet] dazu und du kannst alle nur mögliche englische Schriftsteller bei uns zu lesen bekommen. Mit einem Worte, jedes Fach kannst du hier erlernen, und die erlernten Wissenschaften auch anwenden, da hier Departements [Botschaften] genug sind, worin du in der Folge arbeiten kannst, um Kenntnisse und Routine der Geschäfte zu bekommen. Bedenke dieses alles recht und gebe mir bald Antwort. Es würde mich sehr freuen, wenn ich mich nicht in meinen Hoffnungen irrte und dich bald an mein Schwesterherz drücken könnte.

Luise ◁

14. Oktober 1799: Geburt einer Tochter, Prinzessin Friederike. Sie wurde nur ein halbes Jahr alt.

Im Folgenden geht es um Hofklatsch, den Freiin v. Bose anrichtete, ehemalige Hofdame der Landgräfin George von Hessen-Darmstadt. *Die Bosen* oder auch *der Boto* genannt, heiratete später einen Herrn v. Jasmund.

114. An ihren Bruder Georg — Potsdam, den 14. November 1799

▷Meiner schwachen Augen ungeachtet will ich's versuchen, einige Zeilen zu schreiben, die ganz der Freundschaft gewidmet sind. Dir, mein lieber Freund und Bruder, herzlichen Dank für Deine Briefe, auf denen ich aber nicht weitläufig antworten kann, weil ich dazu wirklich noch nicht Sehekraft genug habe. Deine Sachen stehen gut. – Du kommst nach Berlin und sollst, hoffe ich, recht viel lernen und viel Nutzen von Deinem Aufenthalt haben.

Nun zu einer anderen Sache, die mich jammert. Ich schließe den Brief von der Bosen [Hofdame] hier mit ein, hoffe, Du wirst keinen anderen Gebrauch davon machen als ihn lesen und ihn mir wieder schicken. Vielleicht stiftet er Frieden. Frieden mit allen Guten der Erde; es gibt ihrer so wenig. Ich bin ein schwaches Weib, das fühle ich alle Tage mehr; aus Güte des Herzens werde ich schwach. Ich wünschte, es ginge allen Menschen wohl, deshalb verzeihe ich leicht, vergesse gern, schelte nicht, wo ich sollte, um nicht zu betrüben, und ich fürchte, ich stifte doch nichts Gutes, weder außer mir noch in mir; denn die menschliche Natur ist verdorben, sie will Härte um der Besserung willen, sie dürfte nicht geschont sein, und ich habe mir zum Grundsatz gemacht, sanft, schonend, gütig gegen jeden zu sein, und eben dadurch, fürchte ich, werde ich schwach und meine Selbständigkeit verlieren. Beruhige mich darüber, lieber George, Du bist ein gefühlvoller Mensch, nur zu gefühlvoll, das ist Dein Fehler, manchmal schwärmerisch. Es darf nicht geschwärmt sein; in der wirklichen Welt müssen wir bleiben, uns durcharbeiten, so will es das Schicksal. Kommt es bloß auf mich allein an, so traue ich mir zu, nicht schwach zu sein, so wenig in meinen Handlungen als in meinem Urteile. Ist aber ein anderer damit verbunden, hat mein Urteil Einfluß auf das Wohl eines zweiten, so schwanke ich, obgleich das Gefühl des Rechts tief und klar in meinem Herzen schlägt. Was ist dieses Schwanken? Ist es Schwäche, oder ist es Menschenliebe? Seine Pflichten zu erfüllen, ist schön, und ich setze schnell hinzu: und schwer –

den 20.

Ich wurde letzlich gestört und fand seit der Zeit keinen Augenblick mehr, dir zu schreiben und meiner Tränen wegen fortzusetzen. Heute will ich es besser machen als letzhin und gerade zur Sache ohne Umschweif. Die Bosen also ist der Gegenstand, der heute soll vorgenommen werden. Sie ist traurig in ihrem Brief und ich glaube, sie ist unglücklich. Sage ihr lieber, was du gegen sie hast, und erkläre auch. Ich glaube, daß dies dumme Geschwätz, was sie von mir hielt, weniger durch ihr als durch den Monsalant [?] ging und herum kam. Ich weiß mich durchaus unschuldig und kann es mit dem schwersten Eid beteuern, wenn es von mir verlangt würde, daß ich nicht einmal an die Menschen dachte, die man behauptete, daß sie mich und ich sie distin-

guirte. Aber höre mich einmal, lieber George, ganz kalt an, und sage mir, ob ich mich ganz irre. Du weißt, der guten Boto gefällt's nicht in Berlin, nicht in der großen Welt, wo viel der Schein residiert und man in dem großen Getümmel und Gedränge nur nach dem Äußern urteilt. Was macht den Namen in der großen Welt? Ein schönes Gesicht, *Grazie*, Anstand und Leichtigkeit beim Tanz, ein bißchen Coketterie usw. Dieses alles hat die Bosen nicht. Deshalb die gänzlich gleichgültige Rolle, die sie hier spielt. Auf Bällen tanzt sie nicht, sondern sitzt und hört auf alles aus Langeweile. Daß hie und da nicht junge ungezogene Herrn sich dumme Späßchens oder Bemerkungen erlauben sollten, und *mich* sowenig als andere damit verschont lassen, ist sehr glaubhaft. Sie nimmt das auf's *tragique* und glaubt, da ich ihr Ideal (unwürdigerweise) bin, daß alles verloren sei, wenn man etwas an mir tadelt, in dem die Gardeler [Gardeoffiziere] nicht einmal wissen, daß sie mißbilligen, nur glauben, ein *bon mot* gesagt zu haben. Habe ich Recht? Also aus Liebe zu mir hat sie mir vielleicht geschadet. Ich bin der leidende Teil und verzeihe, folge mir. Ich habe ihr antworten lassen, sie möchte ruhig sein und wenn sie hierher käme, würde sich alles aufklären.
Wenn sie hierher kommt, so habe ich mir vorgenommen, ihr vorzuhalten, warum sie diese falschen Nachrichten nach Strelitz brachte und ausschüttete. Ich glaube sie unfähig, aus böser Absicht dieses getan zu haben. Deshalb will ich eine Erklärung zum Beweis meiner Richtung. Antworte mir? …
Mein lieber Freund, ich freue mich recht, dich den Winter hier zu haben, da sollst du mal mit Augen sehen, wie ich mich betrage und ob ich einen Schritt tue, der mit deiner und des Obersten strenger Moral für Frauen nicht paßt.
Deine treue Schwester und Freundin

Luise ◁.

115. An ihren Bruder Georg — Berlin, den 14. Dezember 1799

Euer hochfürstliche Durchlaucht sind ein wahrer Einfaltspinsel aus meinem Briefe allerhand Dinge zu sehen und zu ahnden und nicht zu ahnden, die gar nicht darin enthalten sind. Geruhen Erlaucht doch nur zu beherzigen, daß das so allgemein bekannte Stinkloch die Frau

Reichsgräfin zu Castell mir gegenübersaß, in dem ich dir französische Zeilen niederschrieb, meine Sinne von dem Dunst so umnebelt waren, daß ich glaubte, griechisch und arabisch zu schreiben und kaum das notwendigste zusammenbringen konnte. Nun aber jetzt, da ich alle meine Sinne zusammenhabe und ihrer mächtig bin, so brülle ich mit vollem Halse: ich freue mich halb tot, Dich hier, und das bald, zu sehen. Du wirst in des seeligen Prinzen [Ludwig, gest. 1796] seinen Stuben wohnen [...?]

Vorläufig muß ich Dich mit einer Art Unglück bekanntmachen, d.i. daß die Marchetty [Sängerin] vermutlich gar nicht auftreten wird diesen Winter, weil sie mit einer Schwangerschaft behabt ist und gerade Ende Dezember niederkommen soll, aber noch kein Anschein dazu da ist. Nun deute Dir dies!

Alsdann komme ich auf etwas Solideres, nämlich Deine Studien. Ich wünsche nämlich, daß Du ein *résumé* machtest, ehe Du hierher kömmst, von allem, was Du wünschest zu lernen; die Idee wegen Jeoffroid ist sehr gut, daß der dann die Männer wählt, die dazu am paßlichsten sind, was Du Dir zu lernen wissen mußt und willst. Aber eins, lieber George, und dieses lege ich Dir sehr am Herzen, hoffe und fordere ich von Dir, daß Du keine Ausschweifung keiner Art begehest; dieses wäre das sicherste Mittel, uns auf ewig zu entzweien, und Du würdest in mir die kälteste, fremdeste Person finden, so wie Du jetzt keine wärmere Freundin hast; Du würdest Dir meines Mannes ganze Verachtung zuziehen und die übelste Lage Dir bereiten. Im Monat Januar kommen gerade die Geburtstage der Könige und des Prinzen August von Engeland vor, die mit großen Diners und entsetzlichem Saufen begleitet sind, wodurch danach andere *horreurs* entstehen; wenn ich so etwas an Dir erlebte, ich heulte und schämte mich tot. Lieber George, ich hoffe, mich nicht in Dir und Deines Freundes Erziehung geirrt zu haben und dieses ersprießliche Gute davon zu sehen, daß Du ein tugendhafter junger Mensch bist, der seine Jugend nicht wie die meisten jungen débauchés und namentlich die engl[ischen] Prinzen *hinbringen* kann man nicht sagen, sondern hinwelken werden. Ich bitte Dich bei allem, was heilig ist.

Adieu, lieber George. Ich bleibe ewig, so lange Du bleibst, wie Du jetzt bist, Deine treueste Freundin

Luise ◁

Frau Reichsgräfin zu Castell-Rüdenhausen, war die 1755 verheiratete einzige Tochter der Oberhofmeisterin v. Voss, damals (1799) 44 Jahre alt. – Geburtstag *der Könige:* gemeint ist der 18. Januar 1701, Krönung des Kurfürsten Friedrich III. zum ersten König in Preußen. Der 18. Januar wurde alljährlich als »Krönungs- und Ordensfest« gefeiert. – Prinz August von Großbritannien, Herzog von Sussex, war der am 27. Januar 1773 geborene 6. Sohn des Königs Georg III. und der Königin Charlotte (Tante Luises).

116. An Friedrich Wilhelm III. [30. März 1800]

Lieber Freund! Unser armes Kind lebt nicht mehr seit einigen Minuten. Mein Herz ist zerrissen. Sie hat nicht mehr gelitten und ist gestorben, wie Du sie verlassen hast, nämlich immerfort schlafend. Mehr kann ich Dir nicht darüber sagen. Wenn meine Gesundheit es erlaubt, werde ich morgen abend in Potdsam sein. Ich bin wohl, aber in Tränen, das Herz von Schmerz und Traurigkeit durchbohrt. Leb wohl, mein lieber Freund, verändere Dich nie mir gegenüber, das wird immer mein Trost und mein Glück sein. Unwandelbar

Luise

30. März 1800: Tod der am 14. Oktober 1799 geborenen Prinzessin Friederike.

117. An ihre Schwester Therese, Fürstin von Thurn und Taxis

Potsdam, den 18. April 1800

Ich bringe keinerlei Entschuldigung, lieber Engel, wegen meines langen Schweigens vor, da ich davon überzeugt bin, daß ich in Deinem empfindsamen und mitfühlenden Herzen meine Verzeihung gefunden habe. Ja, lieber Engel, ich habe seit drei Wochen schrecklich gelitten, und erst seit einigen Tagen fängt meine Seele an, ruhiger zu werden. Der grausame und herzzerreißende Verlust meiner kleinen Friederike und die Krankheit des Königs, ehe sie ihre entscheidende Wende nahm, ließen mich vor Angst sterben; alles das hat mich gleichzeitig angegriffen ▷ Ich war in einem bedauernswürdigen Zustand, das schwör' ich Dir. Meine Tränen, die gerecht waren, stockten plötzlich vor Schreck, als ich eines morgens meinen Mann in starkem Fieber und sehr krank fand. Des Nachts weint' ich, bei Tage am Krankenbett lächelt' ich, um dem Leidenden Mut zu geben, bei den schönsten Sommertagen sein Leid zu tragen. Besonders ist es, daß wir beide an denselben Tagen trauerten. Den 30. [März] verlor ich meinen Engel; ihre Agonie dauerte von 8 bis 6 des Abends. Da verschied der Engel und erwartet mich nun oben in besseren Sphären und mit aufgeklärterem Geiste. Gott gebe, liebe Therese, daß Deine Angst nun vorbei sei und daß Dein mütterliches Herz sich ganz der Hoffnung weihe. Nur behüte Dich die Vorsehung vor getäuschter Hoffnung, denn die habe ich ganz in ihrem Glück und Grausen empfunden ◁.

Meine Gesundheit hat wunderbarerweise all diesen Unglücksfällen standgehalten, und Gott hat mich bisher vor der Ruhr [oder Röteln?] bewahrt, von der der König ergriffen wurde. Ich sende Dir alle guten Wünsche, liebe Freundin. Erhalte mir Deine Freundschaft, die mich so glücklich macht. Du könntest mir dafür keinen größeren Beweis geben, als wenn Du für nur vier Wochen zu mir kämest. Lieber Engel, am 24. Mai bin ich in Charlottenburg allein; vierzehn Tage stehen mir zur Verfügung, die ich ganz der Freundschaft weihen würde, wenn der Gegenstand, der seine Gefühle besiegte, sich meinen Wünschen fügte. Nach all dem Kummer verdiente ich diese Belohnung, die mir die größte erschiene. Verlier mich mit meinem dahinsiechenden Herzen nicht aus dem Blick. Vielleicht wird Dich dieser Anblick zu meinen Gunsten entscheiden lassen.

Deine Luise

Am 5. April dankte ich Gott für Deine Existenz [Geburtstag der Schwester: 5. 4. 1773]; wir feierten diesen Tag an meinem Hofe nicht wie geplant, als Landpartie.

Eine ganze Kleinigkeit, ein entzückend gearbeiteter Pfeil für die Haare, den ich Dir anzubieten wage, wird Dir, wie ich hoffe, gefallen. Zwei in Filigran gearbeitete Spangen für die Ärmel sind noch nicht fertig.

Luises Schwester Therese hatte am *4. März 1800* eine Tochter, Prinzessin Marie *Sophie* bekommen.

Der Erbprinz von Mecklenburg-Strelitz hatte sich während seiner Studien in Rostock in ein Fräulein Grebe verliebt.

118. An ihren Bruder Georg [Potsdam], den 18. April 1800

▷Lieber Freund, ich bitte Dich recht inständigst, höre mich an und begreife mich. Die erste Pflicht des Menschen ist, Herr über seine Leidenschaften werden. Du hingegen handelst gerade diesem Grundsatz zuwider. Alles was Du nur aufbringen kannst, tust du, um Deinen Kopf noch mehr zu erhitzen und Deine Liebe anzufeuern. Siehe doch nur in der Zukunft, lese darin wie unangenehm Deine Existenz sein wird. Mit Deiner ganzen Familie brouilliert, wo wirst Du Ruhe finden. Glaube doch lieber George, Papa willigt nie ein darin. Wolltest Du denn ihm Kummer verursachen?
Ich bitte Dich um Gottes willen, ermanne Dich und spreche mit Dir, wie es einem Manne geziemt, der Festigkeit hat, und lasse Dich nicht so gehen wie einen Romanheld. Denke, Du lebst in einer wirklichen Welt, dessen Vorurteile in die einmal eingesetzte Ordnung Du Dich so gut unterordnen mußt wie alle andern Menschen. Du wirst in dieser wirklichen Welt auf lauter Menschen stoßen, die in ihrem Leben Leidenschaften genug zu besiegen hatten und deren Herr geworden sind, folge ihrem Beispiel und wende alles an, was in Deinen Kräften steht, um ebensoweit zu kommen. Ich sehe unzählige Chagrins für Dich in der Zukunft, denen ich Dich gern überhoben sehen möchte, jetzt wo es noch Zeit ist. Höre auf meine Stimme, höre mein Flehen, Du wirst es *nie, nie* bereuen. Gott, lieber George, wenn ich Dir nur jetzt als ein Engel des Himmels erscheinen könnte, um Dich in Deinem Kampf zu stärken. Überwinde ihn, sage nur einmal: *Ich will, Ich muß*, und alles gehet nachher. Dein Herz wird bluten, besser jetzt als zu spät, wenn Du Deine Familie, bald zurückhaltend, verändert, fremde sehen wirst. Wenn jedermann nach seinem Gang handeln wollte, jeder seinen Neigungen folgen; was würde da aus uns allen werden. Hätte ich nicht so gut wie Du eine Leidenschaft fassen können zu jemandem, der nicht von meinem Stand gewesen wäre, was hättest Du dann dazu sagen wollen, wenn ich von unüberwindlicher Leidenschaft gesprochen hätte wie Du jetzt. Hättest Du nicht ebenso gehandelt wie ich in diesem Augenblick? Ich bitte Dich noch einmal, höre auf mein Flehen. Ich

sehe nichts wie unübersteigliche Felsen und Klippen überall. Vor 18 Monaten, wo Du mir zuerst von dieser Geschichte sprachst, warst Du so vernünftig, sprachst davon wie einer Sache, die abgemacht war und an der Du nur noch aus Mitleid dachtest; denn dazumal erinnere ich mich sehr gut, daß die Leidenschaft von ihrer [Frl. Grebe, ▷ Brief 129] Seite nur so heftig war und Du mir selbst sagtest: Du fühltest sehr gut, daß bei Dir der Eindruck lange nicht so stark *gewesen* sei als bei ihr, die Ideen des Heiratens von ihr kommen, und daß Du dazumals nicht mit einer Silbe daran dachtest, sogar es mit Lächeln es mir im Wagen bei einer Spazierfahrt sagtest. Erinnerst Du Dich daran? Woher dann diese Veränderung nun jetzt? Ich bin so überzeugt, wie von meinem Leben, daß *sie Dich* mehr liebt als Du sie; das glaubst Du nicht. Aber ruhige Beobachter sind bessere Zeugen und ich bin völlig davon überzeugt. Noch eins und was sonst Wichtiges. Sei vollkommen überzeugt, daß ich bei allem nicht an mich dachte, *aber an Dich*, an unsern *guten Vater*, an alle die Hindernisse *nahe* und *ferne*. Gott, wodurch kann ich nur meiner Stimme Gewicht geben. Denke an meine Freundschaft, denke an die Zärtlichkeit, die ich für Dich habe und dann überlese noch einmal meinen Brief und sage Dir, was hat sie dazu bewegen können, mir diesen erschütterten Brief zu schreiben? Alsdann gehen Dir die Augen auf und Du siehest, es ist Liebe, Freundschaft Deiner Luise, die Dich unaussprechlich liebt und schätzt, die Dein Bestes will und ewig sein wird die alte treue Freundin und Schwester

Luise ◁

119. An ihre Schwester Therese, Fürstin von Thurn und Taxis

Potsdam, den 13. Mai 1800

▷Wie konntest Du einen Augenblick zweifeln, daß ich Dich von Deinen Pflichten abhalten würde? Gesiegt hat das Muttergefühl, sobald ich Deine Gründe las, und die Schwester stehet gern den Kindern nach. Bleib' beste Therese, bei Deinen lieben Kindern, sorge für sie, pflege sie, und wenn Du glücklich durch die Erfüllung Deiner Pflichten bist, *so denke*, daß *ich Dich nicht hinderte*, diese seligen Gefühle zu genießen. Ich gestehe Dir dennoch meine Schwachheit, daß gestern, als ich Dein[en] Brief (in Charlottenburg gerade) empfing und las, einige Tränen dem schön geträumten Traum flossen. Nenne es

Eigennutz, nenne es aber auch *Liebe*, denn wahrlich, ich liebe Dich! und es kostet mir nicht wenig, ganz den Gedanken zu unterdrücken, Dich nicht zu sehen, indem ich die Hoffnung unserer Vereinigung so lange und so besorgt nährte. Tausend Wünsche schicke ich zum Himmel für *Dein Wohl*, für das moralische Wohl Deiner *Therese* und für die Stärkung Deiner kleinen *Sophie*. Meine Engels sind wohl, und Gott wird mir, hoffe ich, mein Kleeblättchen [»Fritz«, Wilhelm und Charlotte] erhalten. Mein armes Engelchen, welches in höheren Sphären lebt, kann ich nicht vergessen, und alle die betrübten Herzen, deren es Tausende in Berlin gibt und täglich vermehrt werden, vermehren auch meinen Schmerz. Ach! es ist sehr hart, ein Kind zu verlieren.

den 18ten.

Was sind wir Menschen doch für schwache Geschöpfe; kaum haben wir einen Entschluß gefaßt, so wanken wir auch schon wieder. Glücklich, wenn wir nur wanken und nicht ganz erschüttert mitsamt den Wurzeln untergehen. Dieses hat Bezug auf meinem Zustande. Denke, liebe Therese, daß ich in diesem Augenblicke Deine beiden Briefe empfangen, den vom 8ten und 11ten. Verführerisch über alle Maßen ist der letzte mit dem Einschluß. Mein Herz bebte und fühlte noch einmal mit aller Lebhaftigkeit das Glück unserer Vereinigung, die seligen Stunden, die sie uns gewährt haben würde; doch nein! das, was ich einmal für gut erkannt, dem bleibe ich treu. Du bleibst bei Deinen Kindern; ich bleibe ohne Schwester! aber doch mit dem Bewußtsein, *recht* getan zu haben, das wird mein Trost sein. Ich bin in einer traurigen Gemütsstimmung heute. In ein paar Stunden verlasse ich Potsdam und so ungerne als möglich. Hier sind die Leute besser als irgendwo, und in dieser Überzeugung werde ich alles anwenden, um in der Nähe hier zu bleiben, wenn der König verreist ist. Ich wünsche und werde vermutlich in Sanssouci bleiben, wenn es nach meinen Wünschen gehet, und so in der Ruhe, entfernt von allen Geräusch und Menschen wird es mir wohl sein. Eine Bitte habe ich zu Dir, bester Engel, schicke mir eine Kleinigkeit, die Du aber viel trägst und getragen hast. Ein Ring oder Band oder eine Kette, nur etwas, ich bitte Dich. Diese Kleinigkeit verläßt mich dann nicht die Zeit, die wir hätten können zusammen sein, und ich sehe es an, drücke es an mich und denke Dein! Schicke es mir durch eine Stafette, ich bitte Dich, dann kann ich es bald haben. Die heutige bringt Dir mein Bracelet; es ist schön, und ich hoffe, Du wirst mit meiner Erfindung zufrieden sein. Adieu Engel! Es ist kalt, graues und trauriges Wetter. Gott gebe Deinem Herzen immer Sonnenschein.

– Sterbliche sind wir, und sterblich alle unsere Wünsche.
Leid und Freud, sie gehn, oder wir gehen vorbei.

Wie wahr ist dieses! Leb wohl, bester Engel, und vergesse um Gottes willen nicht meine Bitte.

Deine Luise

Deinen Damens, dem Prinz u. deinen Kindern viel Schönes ◁

120. AN FRIEDRICH WILHELM III. 25. Mai 1800

▷ Um deine Wünsche zu befolgen, lieber, bester Freund, komme ich nicht mehr zu dir, und ich glaube es ist für uns beyde besser. Du kannst nicht glauben, wie leid es mir thut und wie schmertzlich mir der Abschied war. Leb wohl, recht wohl, lieber Alter! Denke zuweilen an deine

Luise ◁

Nach Beendigung der militärischen Frühjahrsbesichtigungen bei Potsdam fuhr König Friedrich Wilhelm III. – in Begleitung seines Bruders Heinrich – zu weiteren Revuen nach Stargard (Pommern), Graudenz (Reg.-Bez. Marienwerder), Mockerau (Reg.-Bez. Marienwerder) bis Posen. Am *9. Juni* kehrte er nach Charlottenburg zurück.

121. AN FRIEDRICH WILHELM III. Berlin, den 26. Mai 1800

Guten Tag, lieber Freund, meine Gedanken sind oft bei Dir und ich bedaure, daß meine Person es nicht sein kann. Ich habe Dich gestern morgen abfahren sehen, es war fünf Minuten vor 6 Uhr; ich wachte um dreiviertel auf, ohne wieder einschlafen zu können; mehrmals war ich in Versuchung, zu Dir zu gehen, um Dir zum letztenmal Lebewohl zu sagen; da Du mich aber so inständig darum gebeten hattest, es nicht zu tun, widerstand ich meinen Wünschen. Immerhin habe ich Dich gesehen, denn als Du Dein Zimmer verließest, sprang ich aus dem Bett und folgte Dir mit den Augen bis zum Wagen. Dann ging ich in das gelbe Zimmer und in das blaue und sah Dich am Schloß vorbeifahren.

Ich habe Dir tausendfach eine glückliche Reise gewünscht; das kann Dir nur segensreich sein. Jetzt besichtigst Du die pommerschen Regimenter und bist sicher zufrieden mit ihnen. Abends, wenn Du den Zapfenstreich hören wirst, denke bitte an mich und an die Freude, die er uns schon vor zwei Jahren gemacht hat. Ich werde Dir kurz, aber genau erzählen, was ich gestern getan habe. Nach dem Bade besuchten mich meine Brüder [Georg und Carl von M.Str.], ich zog mich an und um 11 Uhr saß ich Herrn Schröder [Bildnismaler] gegenüber, der, nebenbei bemerkt, heute noch einmal wiederkommt. Um 2 Uhr gingen wir zum Mittagessen zu Mimi [Wilhelmine der Niederlande, Schwester von Fr. W. III.], dann zum Prinzen [Wilhelm der Niederlande, Gemahl der Wilhelmine], dem es gut geht, und der Sonnabend abreisen wird. Ich wollte gehen, um an Papa zu schreiben, aber Mimi wollte es nicht, und ich war genötigt, von dort aus an Papa zu schreiben; nachdem mein Brief beendet war, kehrten wir nach Hause zurück. Ich nahm Abschied von Carl, der sehr traurig ist. Als er zurückkehrte, fand er seinen Wagen ausgespannt, was ihn sehr verwunderte. Sein Gouverneur hatte die Pferde zurückgeschickt und sie erst um 10 Uhr abends bestellt. Zum Tee waren Graf und Gräfin Hatzfeld bei mir, die übermorgen abreisen, die hübsche Castell, die Heinrich Brühl, Mimi, Wilhelm und die Gaudi. Nach dem Tee wurde musiziert, und Graf Hatzfeld sang. Um 8 Uhr entließ ich die Leute wieder, die Familie bestieg einen Wagen und machte eine Fahrt durch den Park, wo noch viel Leute waren und vor allem die Bäume ganz entzückend glänzten. Als wir am Hofjäger vorbeikamen, dort, wo der Weg recht eng ist, sahen wir ein Wisky [einspänniger Wagen] kommen. Rate, wer war darin? Niemand anders als Prinz Louis Ferdinand, von dem man sagte, daß er sehr krank wäre, im Frack, wie es beim Inkognito nötig ist; ein sehr eleganter Frack fuhr ihn, mit ungepuderten Haaren, wie es zur höchsten Eleganz gehört. Und dieser Frack war der liebenswürdige *August*, der bei meiner Annäherung so außer Fassung geriet, daß er nicht wußte, wo er den Kopf hinwenden sollte; wir unsererseits brachen in Lachen aus! Um 9 Uhr aß man im grünen Zimmer an verschiedenen Tischen zu Abend, und um 10 ½ Uhr zog man sich zurück. Das ist haarklein alles, was ich getan habe ...

Ein Pastellbild der Königin von Joh. Heinr. *Schröder* ist abgebildet bei Schuster; Königin Luise, Bilddokumente, 1934.

Teebesuch: Graf Franz Ludwig *Hatzfeld* (1756–1827) seit 1799 verheiratet mit Friederike (1779–1832), geborener Gräfin Schulenburg-Kehnert. – Gräfin *Castell-Rüdenhausen* (geb. 1755), Tochter der Oberhofmeisterin v. Voß. – Gräfin *Brühl* – entweder – *Laura* (1759–1824), Witwe (1792) des Generals Graf Heinrich Brühl. Sie war bis 1798 Grand Gouvernante bei Prinzessin Friederike (Schwester Luises) – oder: *Sophie* (1761–1837), Gemahlin des Generals Karl Adolf Graf Brühl, der Gouverneur des (damaligen Kronprinzen) Königs Friedrich Wilhelm III. war. – *Mimi,* Wilhelmine (Schwester von Friedrich Wilhelm III.), verheiratet mit dem Erbprinzen *Wilhelm* Friedrich der Niederlande (Holland war z. Z. Republik). – Frau v. *Gaudy,* Oberhofmeisterin der Königinwitwe Friederike von Preußen.

Im einspännigen Pferdewagen begegneten der Königin die Brüder Prinz *Louis Ferdinand* (1772–1806) und der noch nicht ganz 21jährige Prinz *August* von Preußen.

Am *28. Mai* antwortete Friedrich Wilhelm an Luise aus Stargard: *»Du hast also geglaubt, daß ich nicht Deine Anwesenheit an den Fenstern ... bemerkt hätte; nein, gewiss, ich habe Dich wohl bemerkt ...«*

122. An den Dichter Jean Paul Friedrich Richter

Sanssouci, den 29. Mai 1800

▷ Ich habe Ihren »Titan« erhalten und daraus mit Vergnügen ersehen, daß Sie noch immer fortfahren, Ihre Zeitgenossen mit Wahrheiten zu unterhalten, die in dem Gewande romantischer Dichtkunst, mit welchem Sie sie zu bekleiden wissen, ihre Wirkung gewiß nicht verfehlen werden. Ihr Zweck, die Menschheit von mancher trüben Wolke zu befreien, ist zu schön, als daß Sie ihn nicht erreichen sollten, und es wird mir daher auch eine Freude sein, Sie während Ihres Hierseins zu sehen und Ihnen zu zeigen, wie sehr ich bin

Ihre wohlaffektionierte
Luise ◁.

Seit Ende 1799 lebte der (1763 geborene und noch unverheiratete) Dichter Jean Paul Friedrich Richter in Berlin. Er schrieb an seinem Roman »Titan«, der in Folgen von vier Bänden zwischen 1800 und 1803 erschien. Er heiratete 1801, verließ bald danach Berlin wieder. Luise war der Dichter im Sommer 1799 in Hildburghausen vorgestellt worden (wo sie ihre Schwester Charlotte besucht hatte und mit ihren anderen Geschwistern zusammengetroffen war).

Sicherlich, lieber Freund, langweile ich Dich bestens mit meinen ewigen Briefen, wenigstens läßt Dein Schweigen es mich befürchten. ▷Dem sei, wie ihm wolle◁; es befriedigt mich sehr, mit Dir mich zu unterhalten, deshalb mußt Du mir meine Geschwätzigkeit verzeihen. Seit gestern sind Wilhelm [Bruder von Fr. W. III.] und mein Vater bei mir, wir waren zusammen im Schauspiel, wo man gab: *»Das Blatt hat sich gewendet.«* Am Tage vorher hatten der Prinz [August] von Neuwied und die Kleists bei mir Tee getrunken, ein Abendessen auf der Terrasse beschloß den Tag. Heute habe ich dieselbe Gesellschaft gebeten. Die Kleists und besonders die Frau [Marie v. Kleist, geb. v. Gualtieri] ist eine so ausgezeichnete Person, daß ich mich schon vorher darauf freue, während meines Aufenthaltes hier viel von ihr zu haben. Heute habe ich einen schrecklichen Spaziergang zu Fuß gemacht, von 11–1½ Uhr, von hier bis zum Antikentempel, von dort zum neuen Palais, dann zum Freundschaftstempel und zum japanischen Haus. Ich habe Blut und Wasser geschwitzt in meinem Kleide, und war um 2 Uhr fertig, ▷das nenne ich doch was◁. Und diese Spaziergänge wiederholen sich täglich. Ich bitte Dich, mich noch einmal wissen zu lassen, ob Du am 9. oder 10. zurückzukommen gedenkst, denn die Behauptungen darüber sind verschieden. Unsere Kinder sind Gott sei Dank gesund und alle sehr artig. Fritz trägt kleine Nankinghosen, die ihm sehr gut stehen. Meine ganze Gesellschaft ist Dir zu Füßen und ich an Deinem Halse in gewohnter Weise. Tausend schöne Dinge an Heinrich und Deine Herren.

Deine treue Luise

Das Schauspiel war gestern nicht voll; in acht Tagen gibt man *»Wallensteins Tod«* bei dessen Ankündigung alle so zufrieden waren, daß man aus allen Logen hörte: ▷Ah, Wallensteins Tod◁!

Luise kannte »Wallensteins Tod«; sie hatte im *Juli 1799* einer Aufführung in Weimar zugesehen, bei welcher Gelegenheit ihr Schiller, Goethe und Wieland vorgestellt worden waren.

124. An Friedrich Wilhelm III. Sanssouci, den 30. Mai 1800

Oh, lieber bester Freund, wie soll ich Dir meine Freude ausdrücken, die verschiedenen Empfindungen, die meine Brust durchkreuzten, als ich Deinen reizenden, mehr als reizenden lieben Brief las. Du bist doch immer der gleiche gegen mich, immer gut und nachsichtig, denn Du liebst mich trotz meiner Fehler. ▷Könnte ich Dir meine Seele nur so ganz aufschließen, damit Du hineingehen könntest, sehen und empfinden, was Du mir bist. Ja wahrlich, viel, sehr viel◁! Gewiß, wenigstens fühlen wir immer uns unglücklich, wenn wir nicht zusammen sind, und wir werden es hoffentlich noch recht lange bleiben. Ich bin hier so glücklich, wie ich es ohne Dich sein kann, deshalb wünschte ich, daß Du nach Sanssouci kämst, wenn auch nur für acht Tage, damit ich vollkommen glücklich sein kann. Sag, wäre es bei Deiner Rückkehr nicht möglich? Schreibe mir nur ein Wort und ich komme Dir entgegen, wohin Du willst und führe Dich hierher, ins irdische Paradies, denn ich versichere Dir, es ist ein Paradies ...

125. An Friedrich Wilhelm III. Sanssouci, den 6. Juni 1800

Du bist doch ein entzückender Mensch und guter Ehemann, und ich liebe Dich so zärtlich, wie mein Herz es vermag. Ich habe Deinen lieben Brief aus Mockerau erhalten; er bürgt mir dafür, daß Du Dich meiner erinnerst, wo Du bist. Mir geht es ebenso; ich denke viel an Dich; ich freue mich wie ein Kind, Dich Dienstag wiederzusehen; aber ich habe noch den einen Wunsch, es möchte *hier* geschehen, denn Sanssouci ist tausendmal angenehmer als Charlottenburg. Wir benehmen uns hier wie die Tollen, Mimi [Wilhelmine der Niederlande, ihre Schwägerin] und ich und unsere Brüder [Wilhelm v. Preußen und Georg von Mecklenburg-Strelitz]. Gestern abend um 10½ Uhr haben wir uns maskiert als Hexen und Teufel. Unter dem Vorwande, daß wir unsere Musselinumhänge anlegen wollten, um bequemer im Mondschein spazieren zu gehen, haben wir uns maskiert, und als die Gesellschaft sich dem Orte zu bewegte, wo die Hunde begraben sind, haben wir sie umschlossen und einen Teufelslärm gemacht; dann zur Voß [Oberhofmeisterin], bei der wir sangen: ▷... »Wach auf, wach auf aus

Deinem Sündenschlaf«, aus der beliebten Oper von Ihro Königlichen Majestät◁ und der Spektakel dauerte bis 12½ Uhr, denn die Doris [v. Viereck, Hofdame Luises] und die Münchhausen [Hofdame Wilhelmines], die sich zurückgezogen hatten, mußten auch aufgeschreckt werden. Wilhelm und Georg sind zu den Herren Schilden [Kammerherr Luises] und Schack [Gouvern. d. Pz. Wilhelm] gegangen, aber wir ▷züchtige Damen◁ haben dem aus der Ferne zugeschaut. Heute fahren wir nach Paretz, um ihm Lebewohl zu sagen. Denk nur, den Tag, als wir auf der Pfaueninsel waren, vergangenen Dienstag, hatten wir ein Gewitter, wie ich es mein Lebtag noch nicht gesehen habe; man glaubte, Paretz hätte gebrannt. ▷Wenn das gewesen wäre, ich hätte mich tot geheult◁. Um auf das Gewitter vom vergangenen Dienstag zurückzukommen, so waren wir kaum auf der niedlichen kleinen Barke (die wir zusammen unter Segel sahen) angekommen, da zog das Gewitter auf, rollte der Donner. Der Wind pfiff, daß wir alle, die es hörten, glaubten, ein Kind sei zwischen zwei Türen geraten und schrie so vor Schmerz; das wiederholte sich aber so oft, daß man bald merkte, es sei der Wind. Darauf ein Regen, ▷daß ich glaubte, es wär' ein Wolkenbruch. Nachdem dieses eine Stunde gedauert hatte, so hofften wir wieder absegeln zu können, da kam das zweite ebenso stark. Da wurde nach die Wagens geschickt; wie die nach einer Stunde kamen, kam das dritte und vierte und so fort bis um 11 Uhr, wo wir inmitten vom Regen uns übersetzen ließen und uns einsetzten, und kaum waren wir eingesetzt, so heiterte sich das Wetter auf und kam ein bißchen Mondschein an, aber auch nur so lange, bis wir in Ohnesorge waren, da gings wieder an. Dort haben wir uns die Zeit mit Narrheiten verkürzt, mit das Lied vom Pfaffenschmidt, mit dem: »mein Ellenbogen ist über und über mit Leder bezogen«, Graf Götzen [Friedrich, später Flügeladjutant] hat uns eins vom Wind, Windripind gelernt, das ist ganz göttlich und in Deinem Genre. Ein Teller gedreht und gefangen haben wir auch gespielt und gelacht, daß uns die Bäuche beinah geplatzt sind über alle die Figuren, die es gegeben hat, wenn man in der Angst hinläuft, um den Teller zu haschen. Nun hast Du wohl genug von meinem Geschmier und von unserer Tollheit, mitten unter diesem allen ist Dir mein Herz so gut, als Du es kennst, und an Deinem Hals will ich Dir sagen, wie ich Dich liebe. Deine

Luise◁

126. An Frau v. Kleist [Charlottenburg], den 19. Juni 1800

Also schon elf lange Tage sind vergangen, seit sich der kleine Kreis von Sanssouci zerstreut hat! Seitdem hat die Natur gewechselt, vom Sommer, in dem wir gelebt haben, in die Schrecken des Winters, (denn ich friere schrecklich und ein großes Kaminfeuer brennt neben mir). ▷Unser kleiner Zirkel enthielt so viel warme Gefühle der Freundschaft, daß sich jeder einzelne Mensch daraus nun unter kalte Menschen versetzt glaubt, das bin ich überzeugt. Daraus wäre eine Anwendung auf dem Wetter zu machen◁. Wie denken Sie darüber, liebe Frau von Kleist? Nicht um vieles würde ich diesen köstlichen Aufenthalt hergeben, aus mancherlei Gründen und besonders deswegen nicht, weil ich das Vergnügen hatte, Sie oft zu sehen, und weil ich glaube, daß es auch Ihnen Freude machte, mit uns zusammen zu sein. Die ich liebe, kann ich nicht oft genug um mich haben. Sie haben mich so gesehen, wie ich bin, empfindsam, ausgelassen, heiter usw., ich bin entzückt darüber, denn ich hoffe von Ihrer Freundschaft, wenn an meinem Verhalten irgendein Vorwurf zu machen wäre, würden Sie es mir sagen oder werden es noch tun, meine teure Freundin. Ich denke oft an Sie und bin mit meinen Gedanken in Wörlitz zu jeder Stunde des Tages, bei Ihren Spaziergängen und Ihren Unterhaltungen mit dem Fürsten [Leopold von Anhalt-Dessau] und ich wollte, ich könnte Sie auch zu den Soupers auf der Plattform begleiten ▷und mich der Zeiten freuen, wo ein ehrlicher Mann sich wieder über den Mond freuen darf◁. Ach, das schlechte Wetter erlaubt nicht, was uns nach einfachem Verstand erlaubt sein müßte. Charlottenburg ist äußerst trübselig, man kann sich keine Vorstellung davon machen, nur dauernde Beschäftigung läßt die Beschlüsse der Vorsehung mit Ergebung ertragen. Ich habe meine Unterrichtsstunden mit Zöllner [Johann Friedrich, Probst in Berlin] wiederaufgenommen, ich schreibe mit ihm, beschäftige mich mit meiner Korrespondenz, betreibe ernsthafte Lektüre, Musik und Handarbeiten. Ich spiele mit meinen Kindern, bin viel mit meinem Mann zusammen, und so vergehen die Tage. Selten bringen Spaziergänge oder Schauspiel Abwechslung in die Regelmäßigkeit, und ich lege mich nieder ohne mir Vorwürfe zu machen. Das ist schon etwas. Ich verlasse Sie, um mich zum Tee zu Mama [Königinwitwe Friederike von Preußen] zu begeben; auf morgen, meine teure Freundin.

127. An ihren Bruder Georg [Potsdam, im Juli 1800]

▷Hier deine Briefe, lieber George! Ich habe sie mehrmals gelesen und versichere dir, daß ich das Mädchen nicht genug bewundern kann; wie edel ist das nicht von ihr, *alles* aufzugeben, um deine Ruhe wiederherzustellen; aber es kostet ihr viel! Das ist begreiflich, und deshalb noch bewunderungswürdiger. Die so sehr erwünschte Ruhe, die wird sie noch einige Zeit vermissen, dennoch hoffe ich, daß Copenhagen ihr gut sein wird. Zerstreuungen gibt es da mehr als in R. [Rostock]. Ihre Schönheit und ihr hinreißendes Wesen würden bald wieder jemand fesseln, und dann, wenn auch ihr Herz nicht mit dem anderen Gegenstand in den sanften Gefühlen übereinstimmt, so hat es doch Beschäftigung, und der starke Eindruck, den es jetzt hat, wird nach und nach vergehen. In ihrem jetzigen Zustand kann sie eigentlich von nichts bestimmten urteilen, und deshalb ist der Schluß, daß sie in dem Maße nie geliebt hat, zu übereilt. Sie ist jetzt zu sehr mit dir beschäftigt, um eigentlich zu wissen, was noch alles in ihrem Herzen – ruht. Du bist der Gegenstand, der alles in sich begreift, gleichsam ein dichter Nebel, der alles umhüllt, und durch den sie nichts unterscheiden kann, was in ihr ist und in ihr vorgeht, als gerade das, welches Beziehung auf dich hat. Ich glaube, du wirst mir darin recht geben, und sehen, daß ich mich ordentlich tag und nacht mit euch herumschleppe. – Uns gehet es hier gut. Das Wetter begünstigt uns, und wir machen alle Tage Landpartieen, die jetzt doppelten Reiz für uns haben, da der Gedanke der baldigen Entbehrung jeden Genuß würzet. Gestern aßen wir im *Neuen Garten*, in der *Orangerie*, die jetzt wieder so schön ist, daß man sich mit Mühe davon trennt. Die Bäume [Kübelpflanzen] sind wieder in den beiden Sälen, die an den mittelsten angrenzen, die schönen Blumentöpfe wieder mit den hübschesten, wohlriechendsten und bunten Blumen geziert, der Fußboden mit Teppichen belegt, mit einem Wort: es ist eine Wonne, darin zu sein, die mein Herz (das empfänglich für Schönheit der Natur ist) in vollem Maße genoß. Wir sind glücklich! Ich? So sehr als es eine Königin sein kann: Es ist aber doch nicht das Glück einer Kronprinzeß. Ich bin heute so im *train* zu schreiben und zu plaudern, daß ich ganze Bogen vollschmieren möchte, aber, ich muß aufhören, um an Großmama und Papa zu schreiben. Sieh, lieber George, ich führe lieber fort, mit dir zu plaudern, allein der Gedanke (denn Interessantes habe ich gar nicht für sie) meinen Eltern dadurch Freude zu verschaffen, macht, daß ich willig diese Feder niederlege, um eine neue zu nehmen und besser zu schreiben. Dieser Gedanke verhinderte mich, einen ungerechten Wunsch zu äußern, nämlich, als ich von dem Glück sprach, so wollte ich sagen *»Könnt' ich doch Rang und Würde ablegen und bloß mit Menschen umgehen, die ich lieben könnte«* die Überzeugung aber, daß ich Gutes stifte in der Lage, wo ich bin, gibt mir Kraft und belebt meine Seele auf's neue mit dem Heiligen Feuer, das nur Tugendhafte fühlen können, wenn sie sich vornehmen, immer gut und tugendhaft zu sein. Adieu, lieber, guter Mensch. Liebe mich immer und fühle, ich bin deiner Freundschaft nicht unwert.

Luise ◁

128. An ihren Bruder Georg [Juli 1800]

▷Ich habe soeben den Brief von der G. [Grebe] gelesen, deinen hatte [ich] dabei beinah noch nicht geendet, kann aber meinen Gefühlen keinen Zwang mehr antun und herausschreien; das ist ein ehrentlicher Brief. Arme arme Leidende, könnte ich doch nur etwas Balsam in ihre Wunden gießen, wie gerne geschähe es! Sie ist weit mehr zu beklagen als du, denn ihre Leidenschaft ist ohne Grenzen, und deine hingegen ist nur leises Gefühl der Liebe, und dieses ist zu deinem großen Glück so, denn du wärst nie, nie! glücklich mit ihr gewesen, das bin ich so überzeugt, als ich das Leben habe. Bedenke es recht, wie viel millionen Gründe dafür sind. Unterschied des Alters – des Standes, deine große Jugend und Unerfahrenheit, wärest du älter geworden, hättest mehr liebenswürdige Gegenstände gesehen, so wäre sie als Frau tausendmal vergessen, tausendmal dir (ja, ich getraue es mir zu sagen) unausstehlich geworden. Denn sie hätte dich mit Eifersucht fürchterlich geplagt. Deshalb ist sie in diesem Augenblick nicht weniger zu beklagen, denn sie leidet wirklich. Doch Copenhagen und, wie du sagst, die Freundschaft der Radowschen Familie wird vieles wieder gut machen. Besonders wenn nach einiger Zeit die Erinnerungen des Vergangenen geschwächt sind und ihr Herz vielleicht wieder ein Attachement findet – nun wieder gelesen – ja, ich will ihr schreiben, und deinem Plan folgen und alles dazusetzen, was mir noch einkömmt.

Da ist er fertig, dir zur Übersicht geschickt, du schickst ihn mir wieder zurück, damit ich ihn abschreibe. Findest du etwas zu verbessern, so setze es hinzu, hörst du!

Luise ◁

129. An Fräulein Grebe in Rostock [Juli 1800]

▷Sie werden sehr verwundert sein, Zeilen von meiner Hand zu bekommen; doch verdenken können Sie mir es unmöglich, daß ich Ihnen schreibe, da mein Herz, meine Gefühle mich dazu bringen. Mein guter, lieber, bester Bruder sprach mir schon öfters von Ihnen, und jedesmal wünscht' ich, Ihre Bekanntschaft zu machen, da ich mich zu Ihnen hingerissen fühlte, allein nie wünschte ich es so sehr, als seit er mir aufrichtig über ihrer beider Lagen sprach; denn seit der Zeit ist meine Achtung für Ihnen aufs höchste gekommen. Sie sind ein sehr edles Mädchen, und haben viel *Edelmut* viele *Kraft* gezeigt! Ich glaube es Ihnen schuldig zu sein, ich fühle einen höheren Grad der Freude darin, Ihnen sagen zu können, daß Sie nicht verkannt, nicht einen Augenblick von mir verkannt wurden; ich weiß aus Erfahrung, daß nichts Schrecklicheres in der Welt ist, als dieses, und ich fürchte, daß diese Besorgnis nur zu leicht in Ihrem Herzen Platz finden konnte, da Sie mich nicht kennen; nehmen Sie daher diese aufrichtige Versicherung mit Zuversicht an. Um Ihnen einen rechten Beweis zu geben, wie sehr ich Sie schätze und achte, welchen Anteil ich immer an Ihrem Schicksal nehmen werde, zum gleichen wie wahr diese meine Gesinnungen sind, bitte ich Sie, ein Andenken von mir anzunehmen; es ist zwar sehr einfach, aber es muß von Wert für Sie sein, wenn ich dazusetze, daß nur meine besten und liebsten Freundinnen von meinem Haare bekommen. Ich bin überzeugt, daß wenn ich Sie persönlich kennte, ich Sie recht lieben würde, denn Sie wissen ja, wahre Freundschaft kann nicht ohne Achtung bestehen und diese haben Sie ja in vollem Maße. Ich habe nur noch eine Bitte an Sie: Verzeihen Sie meinem Bruder, wenn er oft mehr der Stimme seines Herzens, als der Vernunft Gehör gab. Sein Alter, seine Gefühle müssen ihn entschuldigen, wenn auch nicht schuldlos machen; ich danke Ihnen daher doppelt für Ihr edles Benehmen und tue es im Namen der Familie, welche es Ihnen schuldig ist. Ich wünsche Ihnen von ganzem Herzen Glück, Ruhe und Zufriedenheit, und diese muß Ihnen werden, wenn Sie denken wie edel und gut Sie sich benommen haben. Halten Sie sich recht versichert, daß das *Vertrauen*, welches Sie und mein Bruder in mir haben nie mißbraucht wird, es wird in dem Busen einer Freundin ruhen und mit ihr ins Grab gehen.

Luise ◁

130. An ihren Bruder Georg — Pfaueninsel, den 5. August 1800

▷Am goldnen Morgen meiner Tage,
Bei süßer Kindheit Spiel,
Wie frei war ich von Schmerz und Klage!
Mein Wunsch kein fernes Ziel.
...
Noch prangt in immer gleicher Schöne
Der Schöpfung Freude um mich her,
Nur schlägt mein Herz in ihre Töne
So wonniglich nicht mehr.
...
Nicht mehr sind mir des Lebens Sorgen
Blos finstre Träumerei,
Heut rauschen froh; doch weinen morgen
Die Stunden mir vorbei.
...
Hier soll ich lernen, dulden, üben,
Gefahr der Sinne reuen,
Mich kennen, Gott im Menschen lieben,
Zur Ernte Samen streuen!

— von der Fürstin von Neuwied

Geschrieben auf der Pfaueninsel, den 5. August 1800, mit dem innigsten Wunsche, Daß du lieber, guter George, nie diese traurigen Erfahrungen machen mögest, aber alle die Stärke des Geistes erstreben mögest, um Dich gefaßt auf alle Vorfälle des Lebens zu machen.

Luise ◁

Zum 21. Geburtstag ihres Bruders Georg schrieb Luise ihm ein Gedicht der *Fürstin von Neuwied* ab. Es war dies Luise Wilhelmine *Fürstin zu Wied* (1747–1823), geborene Gräfin Sayn-Wittgenstein aus Berleburg, mit dem Fürsten Friedrich Karl zu Wied verheiratet. Aus dem langen Gedicht sind hier nur einige Verszeilen zitiert.

Vom *14. August bis zum 2. September 1800* unternahmen Friedrich Wilhelm III. und Königin Luise eine Reise nach Schlesien. Zur besonderen Ehrung der Königin ließ Graf Hochberg auf einer – in der Nähe seines Besitzes Fürstenstein gelegenen – neugotischen Burg ein mittelalterliches Turnier veranstalten. Es wirkten die »höchsten Personen des schlesischen Adels« mit (zitiert nach Klöden). Nach dem Stechen »vertheilte die Königin die Ritterdanke«. – Erbprinz Georg von Mecklenburg-Strelitz war unterdessen in Rostock und traf noch einmal mit Fräulein Grebe zusammen.

131. An ihren Bruder Georg

Potsdam, den 8. Dezember 1800

▷Mein Erwachen wurde sehr angenehm begegnet, indem dein lieber Brief das erste war, was meine halb geöffneten Augen erblickten. Der Gehalt preßte meiner Brust ein unwillkürliches lautes »Gottlob« aus, was die Beendigung der Sache gewiß verdient.

Lieber George, diese Sache sei dir aber ein recht warnendes Beispiel, deinem Herzen nie mehr den Zügel ruhen zu lassen, wie du es unbedachtsam und ordentlich tollkühn tatest. Ich glaube, daß du an den Folgen dieser unbedachtsamen Liebe genug hast, und daß, wenn du recht aufmerksam an die mancherlei traurigen Folgen denkst, die es für dich hätte haben können und zum teil gehabt hat, du schaudern wirst und die Vorsehung dankend lieben wirst, die dir unter den härtesten Prüfungen eine Freundeshand nie entsagt hat.

Ich mißbillige keineswegs die Gefühle der Wehmut, mit welchen du die Andenken deiner ersten (aber leider enttäuschten) Liebe zurückschikkest. Ja, schmerzlich war es. Süße Augenblicke, in welchen du dich an der Seite eines Engels glaubtest, und die seligen Stunden, die sie dir durch ihren Verstand und angenehmen Umgang geweiht, darfst du nie vergessen, weil es glückliche Zeiten waren, und daß du nie das Gute vergessen darfst, was du hinwider genossest, damit dein Herz immer bereit sei, dankbar gegen den Geber alles Guten zu sein.

Nicht so ruhig darfst du an deine letzte Reise nach Rostock denken, denn die war frevelhaft gegen das Mädchen, und von der Zeit stammte alles Böse und höchst Unangenehme her. Ihr Benehmen in den letzten vier Monaten entschuldigt, wenn du willst, etwas diesen Schritt, weil sie nicht das edle Mädchen ist, welches du vermutetest. Aber dennoch wußtest du es nicht dazumal und gabst ihr zu starke Hoffnungen, als daß ihr Herz, ihr Stolz, ihre gekränkte Eigenliebe sogleich hätten davon loslassen können. Also etwas Schuld hast du daran, obgleich ich mir getraue, wenn ich an ihrer Stelle gewesen wäre, mit mehr weiblichem Stolz und Würde würde gehandelt haben. Du verzeihst mir, lieber George, bester Freund, diesen Vorwurf. Was ist aber Freundschaft?, wenn sie nicht das Recht hat, das, was sie bemerkt und gebessert haben wünscht, ohne Scheu zu sagen. Du folgtest blos deinen überströmenden Jünglingsgefühlen und dein Verstand hatte keinen Teil an diesem unbesonnenen Schritt. Noch eines; ich bitte dich, lieber George, lege Maß und Ziel in deine Liaison mit der Berg [Frau v. Berg], tue dir Zwang an, aber laufe nicht so oft zu ihr, man spricht sonst wahrhaftig darüber.

Alsdann habe ich überhaupt gemerkt, daß alles, was du unternimmst, ordentlich in einer Art von Übermaß geschehen muß. Die B. gefällt dir, du bist ihr Dankbarkeit schuldig, ihr Umgang ist äußerst angenehm und hinreißend, für dein Herz allein und einzig in Berlin. Deshalb nicht aber zum Morgen, abends, nachmittags hingegangen. *Il n'ya que yeux pour Elle* und sw. Dieses lieber Freund ist wirklich nicht gut. Sei Freund als Mann, aber laß dich nicht zu sehr gehen.

Das ist einmal eine rechte Predigt, aber in meinem ruhigen Potsdam da denke ich nach über alles, was dir [und] mir nachteilig sein könnte, und so muß es aus dem Herzen in die Feder.

Adieu Engel, lebe wohl und liebe

deine Luise ◁

Vom *Ende Januar bis Mitte März 1801* besuchten der Erbprinz von Mecklenburg-Schwerin und seine Gemahlin Helene Paulowna Berlin.

9. Februar 1801: Friede zu *Lunéville* zwischen Frankreich und Österreich. Frankreich erhielt die linksrheinischen Gebiete (bestätigt am Ende des zweiten Koalitionskrieges) und wurde Bürge für die Durchführung der Säkularisationen (staatliche Einziehung kirchlicher Besitzungen) zur Entschädigung. – *21. März 1801:* Ermordung des *Zaren Paul* I. Sein Nachfolger: der 23jährige *Zar Alexander I.* – Vom *24. bis 29. Mai* begleitete Luise ihren Gemahl nach Magdeburg.

132. An ihren Bruder Georg

Charlottenburg, den 2. Juni 1801

▷Da Du mir, mein guter, lieber Bruder, ein wahres Opfer brachtest, nämlich das, mit müde Stummel und mit Schweiß bedeckt, zu schreiben, um mir das Vergnügen zu verschaffen, Dich bei meiner Rückkehr zu lesen, so ist es nicht mehr wie billig, daß ich Dir auch eins bringe; ich reiße mich nämlich los von der göttlichen Lektüre der *»Reise auf Ätna«* von Engel [J. J., ehemaliger Lehrer von Fr. W. III.]. Ich hatte mich ganz hinein gedacht, begriff ganz, was er sagte, genoß mit einem Worte die Wahrheit ganz, daß das Fortstreben unserer Seele und der unwiderstehliche Drang dazu eigentlich der Weg zu unserer Seligkeit ist und hienieden allein wirkliche Freuden gibt; als der Kabinettsbote gemeldet wurde, der sich in aller Niedrigkeit empfehlen ließ und nichts Sehnlicheres wünschte und nach nichts so stark strebte, als abgefertigt zu werden. Das Buch wurde auf der Seite gelegt, und nun sitze ich und denke Dein und danke Dir herzlich für Dein letztes Schreiben.

... ein Wort von meiner Reise, sie war glücklich und schnell, bekam mir aber nicht allzu gut, da ich beständige Kolik, Magenkrämpfe und *dégage* hatte, welches dem Wasser, der Hitze und der *fatigue* zuzuschreiben ist. Jetzt bin ich ganz wohl, hätte aber sehr gewünscht, es auch in Magdeburg [zu] sein, wo ich meine Kräfte wegen dem *jolie Cour* und dem *aimable* machen gebraucht hätte. Ich habe denn dort manches erlebt, welches ich Dir, soviel ich kann, mitteilen will. Leider aber sehr in der Kürze, denn wir haben ein Diner von 40 Menschen, wo der alte Henry [Prinz Heinrich, Bruder Friedrichs des Großen] auch davon ist. Die Luise jetzige Coethen [Anhalt-Köthen] war da, die *mir mißfiel.* Sie ziehet sich an wie eine Bärensträßerin, hat etwas sehr Gemeines angenommen in ihrem Äußeren mit den Herren, und in ihrem Inneren siehet es auch besonders aus. Lebet so fort in der Welt, ohne Plan und ohne Satz, folgt ihren ersten Aufwallungen, läßt sich zu Extrems hinreißen, mit einem Worte, ich sehe da kein gutes Ende in der Zukunft. Der Herzog von Braunschweig [Generalfeldmarschall] wie immer sehr vergnügt, weil sein Regiment ganz göttlich war und so vom Könige gefunden worden. Der Herzog von Weimar [Karl August von Sachsen-Weimar] als Inspekteur der Kavallerie ganz besonders, und ich machte die Entdeckung, daß er eigentlich ein sehr schwaches Fürstenkind ist, welches jede Meinung annimmt, sobald es mit eigne[m] Inter-

esse einstimmt, oder klug vorgestellt wird. So fand ich ihn noch mehr als in Berlin liiert, gut Freund untertänig, beinah kriechend mit General *Meyendorf* [russ. Diplomat], der dort war, Abschied nahm, um als Berufener nach St. P[etersburg] zu gehen. Er ist *erstaunend* mit Pahlen [Chef der russ. Polizei] liiert von jeher; diese Freundschaft bekömmt aber jetzt erst ihr völliges Gewicht, da Pahlen *alles ist, alles gemacht hat, was da geschah*, alles macht, was geschiehet. Meyendorf wußte, daß was mit dem alten Paul [Zar Paul I.] gemacht werden sollte vier Wochen vorher, aber doch nicht bestimmt was. Das, was aber geschehen, findet er und der Herzog *superbe*, weil es *Freund* Pahlen machte, und der andere, weil es der Freund vom Freund find[et], der viel Einfluß hat, und weil wir einen Sohn [Erbpr. Karl Friedrich von Sachsen-Weimar] haben, der eine Million heiratet, nebst einer Frau [Großfürstin Maria Pawlowna] und Juwelen und hohem Rang. Versteh' Du nun. Und dieser Herzog ist doch unleugbar ein kluger Kopf, der Verstand besitzt. Dieser selbe Kopf aber war vor anderthalb Jahren zum Herbstmanöver bei uns, *stolz, unzufrieden, böser humeur*, tadelsüchtig, weil Paul den König zur Koalition zwingen wollte, und wir unsere Meinung für uns hatten wie unseren Willen. Damals leckte er Paul die Füße; heute klatscht er Beifall, da sein Blut durch Mördershände floß. Und es ist doch derselbe Kaiser, – nur mit dem Unterschied, daß er damals lebte, handelte, und nun ruhig, tot daliegt. O Welt, Welt, was erlebt man in dir nicht. ––
Insgeheim noch was. Es war schon eine neue *conjuration* gegen den jungen Kaiser [Zar Alexander I.]. Er war von Petersburg entfernt, um die Arbeiten der Flotte usw. zu besehen, als ein Offizier mit der Nachricht kam, daß man etwas entdeckt hätte, aber nicht aufs genaue wüßte. Er A[lexander] er reiste nach P[etersburg], ließ die drei Subow [Teilnehmer an der Verschwörung gegen Zar Paul I.] arretieren, behandelte sie aber unschuldig, und ein Bennigsen, der Mörder des Vaters, der *conspirateur*, weil er sich nicht genug geehrt gefunden für seine Tat. Die Soldaten blieben unters Gewehr über Nacht; die Deklarierten aber, sie ließen sich *nun* nicht mehr zu einer Schandtat gebrauchen, wenn man sie vielleicht deswegen zusammengerufen hätte. Es wurde ihnen denn weisgemacht, es wäre, um die Statue des *Successeurs* aufzustellen, daß sie unters Gewehr wären, welches sie glaubten, und die Statue wurde, aber am hellen lichten Tage erst, aufgestellt. Teile dies Papa mit,

mit der Bitte, es im Innersten Eures Herzenskämmerleins zu halten. Ich küsse Papa die Hände und bin Deine Freundin

Luise

Es ist 12 vorbei.
Du sollst hier im Schloß wohnen, hat der König gesagt, der Dich grüßt sowie Papa ◁.

133. An ihren Bruder Georg — Charlottenburg, den 18. Juni 1801

▷... Das Lob der Berg macht mir außerordentlich viel Vergnügen, da ich daraus ersehe, daß sie wirklich eine hohe und gute Meinung von mir hat. Stolz werde ich dennoch nicht werden, da ich, wie ich mich selbst am genauesten kenne, auch mein Unvermögen und mein Zurückstehen hinter das Lob der Berg am genauesten beherzigen kann. Im Gegenteil wird es mir ein Sporn sein, *weiter* in allem, was ich für *gut* und *Veredlung meiner selbst erkenne*, zu kommen, teils um meiner *Bestimmung gemäß zu leben*, teils um die *gute Meinung, so edle Menschen* von mir haben, zu *rechtfertigen*. Mit der Reise auf den Ätna [▷ Brief 132] habe ich mir noch recht *bene* getan, indem ich sie mit Zöllner durchlas und er mir jedes Wort, was mir nicht recht klar war, erklärte und mir auf diese Weise eine der schönsten Stunden gewährte, die ich seit langer Zeit durchlebte. Meine Zeit auf der Pfaueninsel hab' ich nicht minder gut benutzt; ich lese nämlich zum zweitenmal den Agathon und fühle seine Schönheiten im ganzen Umfange. Stellen, die mir am besten gefielen, extrahiert' ich und sammelte mir einen Schatz. Ich möchte gern noch viel sagen; aber nach einem großen Diner und während man Tee trinkt, kann ich nicht. Nur noch soviel, daß ich den Genius von Schiller nie las, und daß die Wahrheit, die ich Dir mitteilte, aus mir selbst kam, und zwar wurde ich durch Vergleichungen darauf aufmerksam. Mündlich ein Mehreres, ich werde gerufen. Lege mich Papa zu Füßen.

Deine Luise

Mein Mann läßt Dir viel Schönes sagen ◁

»Agathon«: Roman von Wieland.
In Schillers Gedicht *Der Genius* heißt es:
»Hast du, Glücklicher, nie den schützenden Engel verloren,
Nie des frommen Instinkts liebende Warnung verwirkt,
...
O dann gehe du hin in deiner köstlichen Unschuld!
Dich kann die Wissenschaft nichts lehren. Sie lerne von dir!«

134. An ihren Bruder Georg

[Mitte Juni 1801]
[▷ Seite XX]

▷Noch ein Wort über die Wahrheit, *daß ein reines Herz keiner Philosophie bedürfe*. Du wolltest nämlich gerne wissen, wie ich auf den Gedanken oder zu dieser Überzeugung gekommen wäre. Ich kann Dir versichern, lieber George, daß ich sie allein aus meinem eigenen Herzen habe. Du weißt, wie ich von jeher gehandelt habe, ich darf sagen, ohne wenig Zubereitung, immer nach meinen Empfindungen, und ich habe mir keine Vorwürfe zu machen. (Ich sage dieses jetzt nicht mehr von mir, denn da meine Lage sich verändert hat, ich in tausend Verhältnisse verwickelt werde, so brauchen meine Handlungen auch mehr Überlegung.) Nun hörte ich öfters Menschen über Pflichten, Rechte, philosophische Prinzipien reden, und disputieren, und wunderte mich des Todes, daß man erst darüber reden müßte, um überzeugt zu werden, daß man so und nicht anders handeln müßte, wenn man gut und rechtschaffen sein wollte. Über Pflichten gegen Gott, gegen die Menschen und sich selbst, über Pflichten als Gattin und Mutter, über häusliche und öffentliche Angelegenheit, darüber zu debattieren, war mir unglaublich, denn, sagte ich mir, es ist nur ein Weg, glücklich zu werden, nämlich der, der Stimme seines Gefühls, seines Herzens zu folgen. Und nun, hoffe ich, lieber George, habe ich Dir das Rätsel gelöst und Dich befriedigt. Wo nicht, so schreibe mir Zweifel, Einwendungen usw., ich will sie, so viel in meinen Kräften steht, *alle* beantworten. Eine Gelegenheit, wo mir diese Wahrheit wieder ganz besonders auffiel, war, wie Therese [Thurn und Taxis, ihre Schwester] zum ersten Male hier war, nach meiner Heirat, wo sie und die Lenthe [Hofdame Thereses] so viel philosophierten, letztere Therese absolut die Kantsche Philosophie beibringen wollte und sich doch beide des Todes verwunderten, wie es möglich wäre, so ganz seinen Pflichten zu leben wie ich, seinen eigenen Geschmack verleugnen und alles zu tun, was zum Glück eines guten, geliebten Gatten beitragen konnte. Aber, mein Gott, dachte ich, zu was denn all das Studieren, wenn es einem nicht einmal Kraft gibt, seinen Geschmack, Lieblingsideen und Gewohnheiten aufzuopfern, um einen anderen glücklich zu machen? Diese und tausend ähnliche Fälle gaben mir Anlaß, mich zu überzeugen, daß man nicht grübeln müßte, um gut zu werden, sondern daß Gott die schönen Lignamente tief in unsere Seele und Herz eingegraben hätte, und daß man nur diesen folgen müßte, um auf dem rechten Wege zu bleiben ◁.

29. Juni 1801: Geburt des Prinzen Carl in Schloß Charlottenburg. – Erbprinz Georg von Mecklenburg-Strelitz verbrachte einige Sommerwochen in Berlin.

135. An ihre Tochter Charlotte [Anfang August 1801]

Meine gute Charlotte. Ich sende Dir hierbei einen Taler. Glaube nicht, daß ich damit die reizende kleine Girlande bezahlen will, die Du mir geschickt hast und die mir soviel Vergnügen macht. Man kann nicht bezahlen, was Liebe uns darbietet, diese Liebe, die Dich diese Girlande winden ließ und dabei denken: *»sie wird Mama Vergnügen machen, und ich mache Mama so gern Vergnügen«*. Sondern ich sende Dir diesen Taler, damit Du heute das Vergnügen haben kannst, einem Armen zu helfen und dafür zu sorgen, daß ein Familienvater mit Frau und Kind vielleicht einmal eine gute Suppe essen und sich sättigen kann. Ich weiß, daß der Gedanke, andern Gutes zu tun, ein wahrer Genuß für Dein gutes kleines Herz ist, und ich bin erfreut, ihm indirekt diesen Genuß verschaffen zu können.
Deine zärtliche Mutter und Freundin

Luise

136. An ihren Bruder Georg Paretz, den 28. August 1801

▷Mein erster Gedanke gestern und heute warst du, mein lieber guter George. Meine Wünsche, meine Gedanken, mein bester Segen begleiten dich überall, und du mußt des überzeugt sein, so fest, wie von

meiner Freundschaft, und alles das Liebe und Gute, was daraus fließt und was mich so unaufhörlich an dich kettet. Nun bist du bald in Braunschweig, Hofdienst den einen Tag, den anderen bist du tröstender Freund, welches ein bißchen besser ist. Sage der Trostbedürfenden viel Schönes von mir. Doch wohin denk' ich, – nicht mehr in B. trifft dich dieser Brief –, sondern in Hannover. Versäume nicht, in unser altes Haus zu gehen und denke mit Dankbarkeit an die, die uns mit Schmerzen geboren.
Paretz ist schön, lieblich, freundlich, wie immer, nur manchmal trübt die Erinnerung der Vergangenheit die Gegenwart. Den ersten Abend ging ich in den Garten, es lag zentnerschwer auf meinem Herzen, Therese, George, dacht' ich ... und seufzte, ohne in dem Augenblick deutlich zu wissen, warum. Es ist nicht so wie vorigen Jahr – es ist aber doch recht gut – Ein guter, liebevoller Mann ist der Grundstein *alles Guten*, der Gedanke, andere glücklich zu machen, macht auch glücklich, deshalb der Anblick der GM [Großmama], die vergnügt ist, zufrieden macht in dem Sinne –

den 29.

Soeben muß ich einsteigen, um nach Charlottenburg zu fahren, ... Also schließ ich. Es sind wenig Zeilen, allein, doch besser als nichts ... Ich küsse dich – in Gedanken und wünsche den lieben George öfters her. Heut seh' ich meine Kinder, O Lust und Freude.

Deine Luise

Wenn der O. [Oberst v. Graefe] es will, bleibe lieber noch einen Tag länger und besuche unser Herrenhausen ◁

137. An ihre drei ältesten Kinder — Paretz, den 9. September 1801

▷Lieber Fritz! Lieber Wilhelm! Liebes Charlottchen!
Guten Morgen, liebe Kinderchen. Papa küßt Euch alle in Gedanken mit mir, und trägt mir auf, Euch zu sagen, daß ihm wie mir die Mohrrüben, Erbsen, Kerbel, Petersilie, Bohnen, Kohl und Salat aus Eurem Garten außerordentlich viel Vergnügen gemacht haben. Das

sind recht fleißige Kinder! hat Papa gesagt, ich will alles auf ihre Gesundheit essen; und ich sagte, die guten Kinder haben es so *gerne* gegeben, es machte ihnen so viel *Freude*, es zu schicken, weil sie wußten, Papa und Mama würden sich *recht freuen*, und das tat ihren kleinen Herzen wohl! – Ja, liebe Kinderchen, wir haben uns recht dazu gefreut, und es allen Menschen gezeigt und herbeigerufen, daß sie Euren Fleiß bewundern sollten. Heute mittag essen wir ein Gericht Mohrrüben, das Ihr gepflanzt und gezogen habt. Das wird schmecken! Nun hört einmal recht aufmerksam zu, was nun kömmt.

Papa und Mama erlauben Euch, da Ihr Euch gut und folgsam aufgeführt habt, Sonntag zum *Erntekranz* hierher nach Paretz zu kommen, um die Freude der Bauern zu sehen. Ihr müßt einen viersitzigen Wagen nehmen, und da Schwester Charlottchen wegen Carlchen nicht abkommen kann, Cousin Fritz Louis und Reimann mitbringen. Eine Stube ist noch leer, da könnt Ihr die Nacht schlafen, und den andern Morgen zieht Ihr ab. Du, lieber Fritz, und Wilhelm müßt die Kosten bezahlen und den Cousin als Gast traktieren. Papa freut sich recht darauf, Euch zu küssen, und ich auch. Kommt hübsch beizeiten. Mache recht viele Komplimente an Delbrück [Erzieher] und an die Flesche; danke dem ersteren für seinen hübschen Brief. Nun lebet wohl, liebe Kinder, ich liebe Euch von ganzer Seele und von ganzem Herzen und bin ewig Eure zärtliche Mutter

Luise

Das Briefchen, welches Du Delbrück diktiert hast, macht mir viel Freude, aber der Name Fritz war nicht *hübsch gemacht*. Ich glaube, es wird am besten sein, wenn Ihr Postpferde nehmt da, wo Eure Pferde nicht mehr fort können ◁

Cousin Fritz Louis ist der 7jährige Sohn von Prinzessin Friederike, der Schwester Luises. Er sollte mit seinem Erzieher Julius *Reimann* nach Paretz kommen. – Joh. Friedrich *Delbrück* (1768–1830) war seit Juli 1800 Erzieher und Lehrer des Kronprinzen *Fritz*. – *Flesche* ist die Kinderfrau.

138. An ihren Bruder Georg

Potsdam, den 26. September 1801

▷Ein halbtausend Briefe liegen um mich her, die alle beantwortet sein wollen, aber wem bin ich wohl am meisten schuldig, als dir, du guter

treuer George! Auf Weg und Steg dachtest du mein und bewiesest es mir durch zwei *liebe liebe* Briefe und durch einen, den mir die Berg mitteilte. Dein erster aus Braunschweig war mir lieb wie alles, was von dir kömmt…, der zweite aber, aus dem lieben Frankfurt [a. M.], der Ort unserer ersten Freuden, unseres ersten Umhersehens in der großen Welt, der Ort, wo ich die interessantesten Bekanntschaften meines Lebens gemacht habe! –
Der Brief freute mich über alles, und ich lese ihn gewiß ein oder noch mehrere Mal im Tage und immer mit neuer Freude und Vergnügen. Auch hättest du schon lange Antwort, aber die Manövers! – die herrlichen Manövers, die über alles brillant und schön dieses Jahr waren, ließen es schlechterdings nicht zu. Wie tausendmal habe ich dich hergewünscht, denn du kannst gar nicht glauben, wie brillant und zahlreich an Freunden aller Art, 24 Fürstliche wenigstens, die Prinzessin Luise und Radziwill und Pr. Louis [Louis-Ferdinand] und August, Oncle George, der Landgraf von Barchfeldt [Hessen-Philippsthal-Barchfeld] nebst Frau und Sohn, der Herzog von Braunschweig, alle diese wohnten im Neuen Palais; die drei ersten von einem so göttlichen Humor, daß wir meistens an der Erde lagen und lachten, mit einem Worte, ich habe so noch nichts erlebt. Zwei artige Österreicher und ein schöner Prinz Lubomirsky, die Ö[sterreicher] waren, Graf Bubna und Spiegel. Ersterer Adjutant beim prächtigen Erzherzog Carl (ach mein Carlchen!) ein sehr artiger Mann, der mir sehr wohl gefiel, und dem ich so viel von seinem guten Herrn vorgesagt habe, daß er mich ordentlich lieb hatte. Prinz Lubomirsky ist ein sehr aimabler und artiger und schöner Kopf, denn Mann darf man nicht sagen, weil die Figur häßlich ist, nämlich zu stark, aber sonst schön. Spiegel hatte ich in Frankfurt auf der letzten Krönung *de gloriosa memoria* gesehen, haben uns von erinnert, und auch wo, bei Manskopf auf dem dejeuné, darüber war er außer sich, und hat mir gar viel Schönes gesagt, die anderen aber waren mir lieber – untertänigst aufzuwarten –
Wo ich die gute Laune hernehme, begreife ich nicht, denn es ist ein Wetter… es regnet seit 3 Tagen ineins weg, ganz fein und ganz dicht, so daß es bereits Nacht wird, ohne Tag gewesen zu sein, ich glaube meine Laune stammt aus deinem Brief, über deine comische Geschichten…

den 3. Oktober

Wer hätte heute vor 8 Tagen geglaubt, daß ich 24 Stunden darauf totkrank sein würde und doch war es so. Die Nacht bekam ich ein solches Fieber, solche Kopfschmerzen, solches Gliederreißen, mit einem Worte, ward ich so krank, wie ich beinah' noch nie war. Eine starke Erkältung und Schnupfen und Husten waren der Grund zu allem Bösen, dieses dauerte zwei Tage, und ich war wieder besser, doch nicht wohl, denn ich habe 4 Tage geschwitzt, so aber, daß ich mir Husten und Schnupfen weggeschwitzt habe und nun wohl bin. Ein Pferdsnatürchen. Daß ich doch allemal krank sein muß, wenn die Schweriner [Mecklenburg-Schwerin, Helene Pawlowna] herkömmt, dieser ihre Ankunft ist auf den 5. angesetzt, will nur 2 Tage bleiben, wir wollen sie aber gern hierbehalten, bis daß Auguste [Hessen-Kassel, Schwester von Friedrich Wilhelm III.] kömmt, die den 12. hier ist: werden sehen ob wir reussieren ◁...

Gemeinsam mit dem österreichischen Offizier Baron *Spiegel* (aus westfälischer Familie) erinnerte sich Luise an ihre Verlobung in Frankfurt im Hause des Geheimrates Johann Nicolaus Manskopf. Dieser schrieb damals, 19. März 1793, in sein *Livre de Depences: 4 C. Musikanten wegen einem Ball zu Ehren des Königs von Preusen, Printzen und Printzessl von Mecklenburg.* – Anfang Oktober besuchten Erbprinz Friedrich Ludwig von Mecklenburg-Schwerin und Erbprinzessin Helene Paulowna (Schwester von Zar Alexander I.) noch einmal (in diesem Jahr) Potsdam und Berlin. Sie kamen von den Krönungsfeierlichkeiten in Moskau und schlugen Friedrich Wilhelm III. und Luise eine Begegnung mit Zar Alexander vor.

139. An ihren Schwager Herzog Friedrich von Sachsen-Hildburghausen

Potsdam, den 13. Oktober 1801

▷Lieber Schwager!

Die Nachricht, die Sie mir gegeben haben, von der glücklichen Entbindung meiner Schwester, hat mich so über alles glücklich gemacht, daß ich es nicht mit Worten auszudrücken vermag. Gott sei tausendmal gedankt für den neuen Beweis seiner väterlichen Liebe gegen uns alle, die uns unsere teure Lotte erhielt und uns die Freude an einem neugeborenen kleinen Sohn gab. Die Vorsehung läßt Sie und seine Mutter viel Freude an ihm erleben und ihn zu Ihrer beider Glückseligkeit geboren sein. Meine Schwester küssen Sie, lieber Schwager. Verzeihen Sie die Confusion dieses Briefs; die Erbprinzessin von Schwerin, der Erbherzog und noch eine menge Leute sind um mich und machen solch einen Spektakel, daß ich nicht weiß, wo ich hin soll. Ich schließe und bin ewig Ihre Freundin und Schwägerin

Luise ◁

Charlotte, Herzogin von Sachsen-Hildburghausen, die älteste Schwester Luises, hatte am 4. Oktober 1801 ihr zehntes Kind, den Prinzen Friedrich bekommen. Er lebte unverheiratet bis 1870. Zwei weitere Kinder folgten: im Februar 1803 Prinz Maximilian (gest. März 1803), im Juli 1804 Prinz Eduard (lebte bis 1852).

140. An Frau v. Kleist [Potsdam, 24./26. November 1801]

den 24.

Ein Wort an Sie, meine liebe Kleist, und an Massenbach [Christian v., Schwager der Frau v. Kleist], der, weit entfernt mein ▷strafender Genius◁ zu sein, ein wohltätiger Geist für mich ist. Ich habe viel an ihn gedacht, als ich mich gestern zurückgezogen hatte; ich schulde ihm Dankbarkeit, denn er hat mir durch sein Geschichtsbuch eine angenehme Stunde bereitet. Wilhelm [Erbpr. von Hessen-Kassel, seit 1797 verheiratet mit Auguste, Schwester von Fr. W. III.] las vor, Auguste und ich arbeiteten und unterhielten uns außerordentlich gut.

den 26.

Von der gestrigen Abendunterhaltung könnte ich nicht dasselbe sagen, denn nachdem ich mich in mein Zimmer zurückgezogen hatte, war der König in der allerschlechtesten Laune, besonders deswegen, weil ich heute nach Berlin fahre. Ich gestehe Ihnen, wenn ich allein von der Partie gewesen wäre, würde ich darauf verzichtet haben, wirklich, obgleich ich sie harmlos finde und er noch dazu *sie mir versprochen hat* und mir Aufträge dafür gegeben hat. Ich sah ganz richtig, daß es nur *schlechte Laune* war, die ihn so reden und handeln ließ, und das schnitt mir ins Herz, denn ich verdiene sie nicht. Diese *Jeanne d'Arc* macht mir keine Freude, denn sie kostet mich Tränen –

Die Tage folgen sich, doch sie gleichen sich nicht; Gott, das ist wirklich wahr. Denken Sie sich, als ich abends von Ihrer Wohnung zurückkam, las ich meinem Mann *»von den 4 Jahreszeiten der Liebe«* vor; beim Lesen unterbrach er mich und machte die für *mich* so *wichtige* und *wohltuende* Bemerkung, daß Jean Paul zu schnell über den Sommer der

Liebe hinweggegangen sei. – Als ich geendet hatte, sah ich, daß er gerührt war, und an seinem Halse weinte ich Tränen der Freude und Dankbarkeit, daß unsere Herzen so ähnlich denen waren, die Jean Paul beschrieb, und ich war den ganzen Abend glücklich; warum ist das nicht immer so? Sicherlich hatte ich gestern abend unrecht, denn als ich ihm gute Nacht sagte, war ich kalt und innerlich ärgerlich, aber, großer Gott, ich bin kein Engel, sondern eine Frau und durch meine Natur schwach.

Luise

Diese Jeanne d'Arc: Aufführung von Schillers »Jungfrau von Orleans«.

141. An ihren Bruder Georg — zu Berlin, den 24. Dezember 1801

▷ Gestern abend bekam ich den Brief vom 20., der die böse Nachricht enthält, daß du nicht den 20., wie ich es so sehnlichst wünschte, kommen würdest. Ich kann es Papa nicht verdenken, und an seiner Stelle hätt' ich es ebenso gemacht; dazu kömmt noch, daß ich überzeugt bin, daß es den Mecklenburgern lieb und wert ist, dich einmal lange hintereinander bei sich zu haben, deswegen beschwör ich [dich], laß es dir nicht merken, daß es dir so übel gefällt, die Folgen sind gar zu wichtig für dich. Zeigest du ihnen Gleichgültigkeit, so werden sie auch kalt gegen dich und es wird ein ewiger Mißverstand zwischen euch herrschen. Die gute Meinung, die ich dabei habe, muß dir die Sache erträglich machen, so wenig sie es für dich ist.
Ich freue mich schon auf den 3. Januar. Heute war Probe im Schloß [...?], die sehr gut gegangen ist... Glaubst du wohl, lieber George, daß bei allen diesen Vorbereitungen zum Toben, Vergnügen und Lust, mir doch das Herz oft sehr schwer wird, wenn ich denke, daß dieser Winter der letzte glückliche ist, wo wir zusammen sind. Was sind sie dann für mich? Adieu, Engel. Es tobt, saust und galloppiert alles um mich herum, denn es wird arrangiert und gleich beschert. Ich liebe dich und bin ewig

deine Luise

Carl [ihr 15jähr. Bruder] ist neben mir und küßt dich ◁

Bruder Georg sollte im Frühsommer 1802 zu einer längeren Reise nach Italien aufbrechen. – Zu Ende des Jahres 1801 gab es in Berlin Vorbereitungen für die

Neueröffnung des von Karl Gotthard Langhans auf dem Gensdarmenmarkt erbauten Schauspielhauses, das im Januar 1802 mit einer Rede von Iffland und der Aufführung der »Kreuzfahrer« von Kotzebue eingeweiht wurde. – Der königliche Hofstaat probte eine Quadrille.

142. An ihren Bruder Georg

Potsdam den 6. April [1802]

▷Mein bester George! Ich danke dir herzlich, mein Guter, für deinen Brief. Du kannst dir die Freude nicht denken, die er mir gemacht hat; gerade in diesem Zeitpunkt war er mir viel, sehr viel wert, denn ich leugne's nicht, der Anfang war bitter. Die letzte Zeit war Berlin eigentlich erst recht amüsant, wenigstens für mich waren die Proben, da sie etwas Außerordentliches waren, und mich aus dem gewohnten Schlendrian heraushoben, äußerst angenehm. Die wenigen Tage nachher bemühten sich auch noch, mir jeder etwas zu tun, um uns Vergnügen zu machen, und hier war es tot, wie im Grab, noch obendrein kalt wie in Kamtschatka [Sibirien], kein Ort in der ganzen Stadt, wo man sich hätte (wie z. B. in unserer kleinen Loge in Berlin) einige Zerstreuung holen können; der Abschied von Auguste [Hessen-Kassel, ihre Schwägerin], die Trennung, die so ganz ungewöhnliche Trennung meiner Kinder, alles, alles kam zusammen, um mich gänzlich zu verstimmen. Doch nun scheint die Sonne, alles grünt und bricht auf, alles freut sich! wie sollte ich die einzige sein, die das beglückende Gefühl nicht hätte? Auch ich bin heiter und werde es immer mehr werden, je weiter es hinkömmt und ich es gewöhnt werde.

Du wünschst zu wissen, was ich mache, das sollst du ersehen. Ich habe mir gleich eine Handarbeit angefangen, mit der ich eilen muß, wenn sie nützen soll; das ist ein *jillet [gilet]* von Wolle für Wilhelm [Bruder von Fr. W. III.]. Ich wählte eine solche, um ein Ziel zu haben und mich zu treiben und zu eilen. Ich lese Karls des Fünften Geschichte mit viel Interesse. Ich lerne sehr fleißig die Guitarre. Ich singe, gehe und reite spazieren, und so vergehet, da es dazu sehr warm ist, der Tag recht angenehm. Den 2. April, als vorigen Freitag, war ich zur Comödie bei Radziwills. Ich sah da meine ganze Quadrillen Gesellschaft ... Meine Kinder fand ich auch alle wohl, Carl [¾jährig] schöner und lieblicher als jemals. Er erkannte mich und schmiegte sich mit Behagen an meinen Hals und Gesicht, und die anderen etwas brutaler aber doch lieblich für mich, machten es ebenso.

Freitag gehe ich wieder nach Berlin, zu einer Comödie bei Mama [Königinwitwe Friederike von Preußen], die Wiederholung des *Celibataire*, auf ihrem Theater. Ich freue mich sehr darauf, besonders meiner Kinder wegen; die Kuh-Pocken sind sehr gut, obgleich der Kleine [Carl] soll viel Fieber und viel Unbehagen, der inflamierten Arme halber, ausgestanden. Denn gesehen habe ich ihn leider nicht, da der König wünschte, ich möchte bleiben. Dazu kam noch, daß gerade gestern, an dem Tag des Fiebers, die Bürgerschaft ein großes Fest hatte, zu Ehren der Sachen, die ich Ihnen geschenkt habe. Wäre ich nun in Berlin gewesen, so hätte ich dabei figurieren müssen, wäre eigens hingefahren, so hätte es ausgesehen, als suchte ich mit Begierde diese Ehrenbezeugungen.
Von hier ist nichts Neues, als daß die Soldaten exercieren und die Offiziere tränieren und hernach alles tot ist. Adieu ich küsse dich und bin deine treue Freundin

Luise

Ich freue mich sehr, dich zu sehen. Ich habe Papa weitläufig darüber geschrieben ◁

Königinwitwe *Friederike* residierte in Schloß Monbijou, dessen einer Flügel für Theateraufführungen eingerichtet war. – Die Bürgerschaft der köllnischen Vorstadt gab am *5. April 1802* ein Fest, weil Königin Luise eine Fahne geschenkt und der König verfügt hatte, daß diese Vorstadt Berlins künftig den Namen »Luisenstadt« führen dürfe.

143. An ihren Bruder Georg

Potsdam, den 22. April 1802

▷Um jottes Willen! Mein Bruder ist'n Narry befor er unter den Orangenblüten ist spazieren gegangen, was wird es werden, wenn Sie erst alle die süßen Gerüche, Getöne, Gesänge, die Nasen, die Rabenhaare, die funkelnden Augen der schönen Italienerinnen werden gesehen haben. Ach! mir ist ganz bange. Alles wird zu enge und zu klein sein, die Schwesterchen verrostet, die Berliner kleinstädtisch, die Opera *affreuse*, sogar die Marquetti [Marchetti-Fantozzi, Opern-Sängerin] wird am Nagel der hintersten Garderobe gehängt werden! Du lieber mein Himmel gib deinen Segen dazu, oder wir sind alle verloren! Nun aber ohne Spaß; die Heiterkeit deiner Laune, die Fröhlichkeit deines Brief's, ist mir ein sicherer Beweis, daß du wohl

und froh bist. Die frohe Aussicht, dich bald wiederzusehen, zwar nur auf ein paar Tage, macht mir auch sehr, sehr viel Freude.
Den 1. also kömmst du, und Papa den 2. Ich bitte mir über Papaens Ankunft die allerglücklichsten Nachrichten aus, da ich mir ein wahres, unaussprechliches Vergnügen daraus mache, alles nach seinen Wünschen einzurichten. Ihm entgegen komme ich positiv bis nach Berlin, wo ein Diné seiner warten wird. Bleibt Papa bis den 5. Mai bei uns in Potsdam, so wird die Comödie so von selbst da sein, weil alle Mittwoch eine ist. Bleibt er nicht so lange, was ich zu Gott nicht hoffe, so bin ich überzeugt, daß der König gerne ihm zu Ehren es auf einen anderen Tag verlegen wird. Wie wär' es aber, lieber Papa bliebe hier bis den 7. morgens, wo wir uns nach Charlottenburg begeben (so ginge der eine rechts, der andere links). So gewönne ich ein paar Tage mehr, den guten lieben, über alles teuren Vater zu sehen und zu sprechen. Ich habe noch ein Projekt, was du Papa vorlegen sollst, nämlich, wenn er vielleicht wünscht, das Mädchen von Orléans zu sehen, (was schon ist hier gegeben worden), so könnte es ja den Tag seiner Ankunft in Berlin gegeben werden, wir zusammen in die kleine Loge gehen, und nach dem Souper nach Potsdam gehen, oder, wenn ihn das zu sehr fatigierte, eine Nacht in Berlin schlafen. Sage ihm doch dies, auf diese Art würde Papa zwei Comödien sehen. Die Einwilligung des Königs (nämlich was meine Abwesenheit betrifft) hoffe ich gewiß zu erlangen, da es um Papaens willen ist. Ich wünschte auch zu wissen, welches Stück ungefähr Papa wünschte zu sehen?
Es ist heute göttliches Wetter und ich war der allerbesten, allergnädigsten *humeur*. Ich wünschte, du wärst heute hier, ich glaube, wir könnten etwas vor uns bringen im Tollieren.
Die Schwesterchen werden sich auch recht freuen, dich zu sehen. Und ich, ich freue mich schon zum voraus, wenn ich denke, daß ich sie zukünftiges Jahr sehe, Halleluja!
Adieu, dein Bote bläst Trübsal auf der Treppe, deshalb eil ich und, um bald baldigst bald Antwort zu haben, denn meine Arrangements Papa sei'm Willen, die Zeit, Gelegenheit, alles muß gut und pünktlich arrangiert werden. Lege mich Papa zu Füßen, der Alten [Großmutter Luise Hessen-Darmstadt] auch, ich schreibe nicht, weil du ihm gewiß dies alles mitteilen wirst. Ich umhalse Sie und bin Ihre alte

Luwatze ◁

▷Lieber George. Gestern bekam ich deinen lieben Brief aus Leipzig, der, da er in aller nur möglichsten Eile ist geschrieben worden, doppelten Wert hat, da ich sehe, daß du aus Liebe zu mir, alle Augenblicke zu nutzen suchst, die andere junge Leute vielleicht würden anders und sogar du auch angenehmer zubringen könntest. Dank, tausend Dank für diesen neuen Beweis deiner Liebe. Auch deine Zettelchen beim Weggehen hebe ich sorgfältig auf, mit dem festen Vorsatz, und deinem Wunsch gemäß, zu bleiben wie ich bin. Die Tasse hat dem König sehr viel Vergnügen gemacht, und er trägt mir auf, dir dafür tausendmal zu danken. Wir sind bereits wieder in den Monat Dezember eingerückt, Feuer in allen Öfen, blaue Arme, Geheul und Zähneklappern, mit einem Wort, ich befinde mich furinös. *En attendent*, so habe ich mich malen lassen in Miniatur, und dieses ist wirklich ein Meisterstück der Ähnlichkeit und des Malens. Wenn du wiederkommen wirst und ich nicht mehr glatt, sondern verrostet sein werde, so wird es mich freuen, daß du deine Schwester *en Portrait* noch wohl finden wirst. Ja, ja, der Zahn der Zeit – Morgen kommen 8 Fürstlichkeiten aufeinmal an. 3 Württemberger, 2 Coburger, 1 Leiningen und mein Herr Bruder, ohne den H. von Brunsvik [Hz. von Braunschweig] zu vergessen. Um den 25. geht es in alle Welt und ich bitte sehr, mir zu schreiben, denn 200 Meilen weiter oder mehr, fühle ich, sehne ich mich und denke an dich. Unter anderen Fremden, die hierher kommen, kömmt auch Pourtalès [aus Neuenburg in der Schweiz], das freut dich gewiß. Ich werde ihn in deinem Namen embrassieren. Daß die [??] sich um 9 ins Bett legt, kömmt auch von dem Verrosten her. Dabei habe ich dennoch einen Vorzug für sie, denn wenn ich verroste, lege ich mich wie gewöhnlich zu bette. *Pas raison raisonnante*. Charles [ihr Bruder Carl], der soeben kömmt, läßt dir tausend Schönes sagen und entschuldigen, daß er noch nicht geschrieben. Adieu nun muß ich fort, denn draußen poltertst und der Mann von der Jagemann [Weimarer Schauspielerin] kommt, nämlich sie ist sey [sein] Kebs Weib. Ich habe die Ehre zu sein deine rechtschaffene

Schwester Luise◁

Der zu den Frühjahrsmanövern anreisende *Graf Pourtalès* war entweder James Alexander (1776–1855) oder sein älterer Bruder Ludwig (1773–1848), der Präsident und Staatsrat im Fürstentum Neuenburg wurde. – Mit *Mann von der Jagemann* und *sey Kebs Weib* machte Luise eine Anspielung auf das Verhältnis des Herzogs Carl August von Sachsen-Weimar zu der Schauspielerin Henriette Karoline *Jagemann*. Diese (geboren den 25. Januar 1777) war seit 1797 am Weimarer Theater angestellt. Der Herzog schenkte ihr das Gut Heigendorf und machte sie (allerdings erst im Januar 1809) zur Frau von Heygendorff. Ein Sohn, Karl Wolfgang von Heygendorff, wurde sächsischer Generalmajor und starb 1895 in Dresden.

145. An ihren Bruder Georg — Charlottenburg, den 18. Mai 1802

▷ Lieber George. So eben komme ich hier an und finde die Sachen für die Gélieu fertig. Meines Versprechens eingedenk, schicke ich dir sogleich das Medaillon und die Dose und bitte dich, selbiges der guten Gélieu mitzubringen.

Du sagst ihr, wie aufrichtig ich sie liebe, wie dankbar ich gegen sie bin und wie sehr ich wünsche, ihr dadurch (durch die Kleinigkeiten) Vergnügen zu machen. Ich lasse nichts mehr hinzusetzen, da ich der guten G. noch schreiben will. Die Revue und das heutige Manöver war superbe. Rüchel hat den Schwarzen und Puttkamer den Roten Adler Orden bekommen. Ersterer ist sehr krank an seinen Schlaganfällen und wird es wohl nicht mehr lange machen.

Vergesse ja nicht, mir Nachrichten von Coburg zu geben. Die Anna ist glücklich entbunden, das Kind nach Franken in ein Dorf gebracht worden. Was für ein Schicksal für ein Kaiser- und Großfürstenkind. Er soll etwas – samt anderen – teil daran haben. Die Württemberger hat ihren Sposa [Gemahl] in 2 Jahren nicht gesprochen, hat sich aber ein Kind angeschnallt und der Papa ist ein Herr von Höbel, Domherr. Dieses alles weiß ich vom Herzog von Weimar und ist heilig wahr. Spreche mir nur von's äußere, Bewegung, Schmuck, *[Maintien?]*, Conversation, Ton usw.

Der Erbprinz, der hier ist, ist schön. Aber, wie die Voß sagt: *Schönheit ohne Tugend ist ein leerer Tand der Jugend.* Das trifft ein auf's Härchen. Viel Glück auf die Glätscher, Splügen, Mont Blanc usw. Wann hältst du gleich Brennus [Fürst der Gallier, die 390 v. Chr. Rom eroberten] deinen Einzug in Rom? Schilden [Kammerherr Luises] ist wieder hier seit einer Stunde, legt sich dir zu Füßen und wünscht deinen Reiseplan, in omnitu, wie sei Fru, zu wissen.

Adieu, lebe wohl und denke mein, so wie ich dein. Auf ewig deine unveränderte Luise

Bist du bei einer Schwester, so herze sie und küsse sie. Bringe der Gélieu mein Portrait, denn ihres ist infam ◁.

Ernst *v. Rüchel*, 1798 Kommandeur des Regiments Garde, 1799 Generalleutnant, wurde am *18. Mai 1802* Ritter des Hohen Ordens vom Schwarzen Adler. – Georg Henning *v. Puttkamer*, 1800 Generalleutnant, erhielt am *18. Mai 1802* den Roten-Adler-Orden. – *Nachrichten von Coburg: Anna*, geborene Prinzessin von Sachsen-Coburg, seit 1796 verheiratet mit Großfürst Konstantin (Ehescheidung 1820) bekam ein Kind. Ihre um zwei Jahre ältere Schwester Antoinette (geboren 1779) war seit 1798 mit dem Herzog Alexander von *Württemberg* verheiratet. – *der Erbprinz* ist vermutlich der damals 19jährige Karl Friedrich von Sachsen-Weimar.

146. An Friedrich Wilhelm III. Mockerau, den 2. Juni 1802

▷ Lieber Freund, ich habe schon so oft mit Dir von meinen Geldangelegenheiten gesprochen, allein nie hat sich's treffen wollen, daß Zeit und Gelegenheit von meiner Seite recht gewählt wurden, so daß Du Muße gehabt hättest, die Sache recht zu überlegen. Ich werde mir Mühe geben, Dir alles recht deutlich auseinanderzusetzen, um Dich zu überzeugen. Alsdann kann natürlich nichts anderes als eine gerechte und gute Resolution für mich daraus folgen.
Die erste Königin von Preußen bekam Nadelgelder, 12000 Thaler. Dieses bekömmt die jetzt regierende auch. Alle Gehalte von jedem Diener sind seit der Zeit erhöht worden, nur die Nadelgelder der Königin nicht. Dazumal waren 12000 Rth. viel, jetzt ist wenig, sehr wenig. Alles ist teurer. Alle Pretentionen gestiegen. Die Geschenke die ich geben muß, sehr viele und sehr hoch im Preise, und in gar keiner Proportion mit meinen Revenuen. Daher, daß ich nicht auskommen kann und mit dem besten Willen Schulden machen muß. Ende vorigen Jahres nahm ich ein Capital auf, weil ich erfuhr, daß man darüber sprach, daß so wenig Leute bezahlt würden. Zu dem Ende, um das Capital abzubezahlen, assignirte ich 100 Fr'dor aus meiner Chatulle monatlich; bleiben mir also nun nur 100 übrig. Bis nun meine Pensionen bezahlt sind, behalte ich nichts übrig, um meine übrigen Ausgaben zu bestreiten. Ich komme also nun tiefer und tiefer in's Verderben, wenn Deine freundschaftliche Hand mich nicht herausziehet. Mein Wunsch gehet dahin, Du möchtest mir 1000 Thaler von Deiner Chatulle monatlich zulegen, alsdann *hoffe* ich, wenn ich mein aufgenom-

menes Capital erst einmal bezahlt habe, (wozu strenge *économie* ein paar Jahre gehört) reichlich oder wenigstens auszukommen.
Wo nicht, so bin ich wirklich autorisiert, Schulden zu machen, da ich meinen Namen soutenieren muß, ohne gehörigen Fonds zu haben. Ich hoffe also von Deiner Freundschaft und Gerechtigkeit und bin ewig Deine

treue Luise ◁

Am *26. Mai 1802* begaben sich Friedrich Wilhelm III. und Luise auf eine Reise zu Truppenbesichtigungen nach Königsberg. Stationen waren Stargard (Pommern), Graudenz und Mockerau (Reg.-Bez. Marienwerder). Am 1. Juni erreichten sie Königsberg, am 7. Juni Memel, wo am 10. Juni auch Zar Alexander I. – aus St. Petersburg kommend – eintraf.

147. An ihren Sohn, Kronprinzen Friedrich Wilhelm

Königsberg, den 7. Juni 1802

▷ Lieber Fritz! Ich gebe Dir den Auftrag, den guten, lieben Wilhelm, die Charlotte und Fritz Louis [Sohn von Friederike] tausendmal zu küssen und ihnen zu sagen, wie oft ich an sie denke; auch Du, mein gutes liebes Kind, bist ebensooft der Gegenstand, der mich beschäftigt. Es liebt Dich niemand so zärtlich als ich. Ihr lieben Kleinen!, mein Segen begleitet Euch auf jedem Schritt. Ich danke auch für die Blümchen, die Ihr mir geschickt habt; sie haben mir sehr viel Vergnügen gemacht, da ich sehe, daß Ihr auch entfernt an Eure Mutter und Tante [Marianne von Preußen] denkt. Sage an Delbrück [Erzieher ihrer ältesten Söhne] und Reimann [Erzieher des Pr. Fritz Louis] viel Schönes und danke ihnen beiden für ihre Briefe und die guten Nachrichten, die sie enthalten von Eurem Wohlsein und Fleiß. Auch die Fleschen [Kinderfrau] grüße vielmals. Dem kleinen Carl sage recht öfters »Mama« vor, damit er es lerne. Ich sehe nichts Merkwürdiges, ich denke an Euch. Es gibt noch rudra [Ruinen] von alten Ritterschlössern hier in Preußen mit Türmen; da sehe ich Dich, lieber Fritz, gleich hubzen und springen in Gedanken, wenn Du die sehen könntest. Auch habe ich für jeden von Euch ein paar Muscheln gesammelt längs dem Frischen Haff. Ich hoffe auf der Kurischen Nehrung noch schönere zu bekommen, denn diese sind nur ganz klein.
Der gute liebe Papa läßt Euch tausendmal küssen, wie auch den lieben

Fritz Louis. Wir freuen uns beide recht sehr, Euch wohl, gesund und recht artig und folgsam wiederzusehen. Vergesse nicht meine Ermahnungen, lieber Fritz, recht aufmerksam zu sein, wenn man mit Dir spricht oder Dir etwas frägt, damit Du ordentlich und zusammenhängend antworten kannst. Du weißt, welche Freude Du mir dadurch machst, mir, Deiner Mutter, die dich so wahr, so innig liebt.
Gehe zur Tante Mimi [Wilhelmine der Niederlande] und sage ihr, ich dankte ihr vielmals für ihren Brief, und küßte sie herzlich, auch Deinen Cousins und Cousine von Oranien [Niederlande] mache viele Komplimente. Adieu, lieber guter Fritz, denke recht oft an Mama und an die Lehren, die ich Dir gegeben habe. Wenn Du sie befolgst, so wirst Du mir von Tage zu Tage lieber werden. Deine treue Mutter

Luise

Sage an Delbrück, daß ich seine Schwester gestern sah, die recht wohl ist. Wir sind gestern zu Wasser gefahren und hernach haben wir in der Börse getanzt. Von Memel werde ich an Tante Mimi schreiben. Danke auch in meinem Namen der Tante Ferdinand [Luise, Gemahlin des alten Pr. Ferdinand] und Prinzessin Luise [Radziwill] für ihre Briefe ◁

148. Aufzeichnungen über die Zusammenkunft in Memel 1802.

Der Kaiser [Zar Alexander I.] kam am 10. Juni zwischen zwölf und ein Uhr in Memel an. Alle Truppen, die dort zu dieser Gelegenheit zusammengezogen waren, standen unter Waffen und bildeten ein Spalier von dem am Stadttor erbauten Triumphbogen bis zu unserem Hause. Der König ritt dem Kaiser entgegen und führte ein gesatteltes Pferd und einen achtspännigen Wagen mit, damit er die Art seines Einzugs wählen könne. Eine Viertelstunde von der Stadt lernten die beiden Monarchen sich kennen. Der Kaiser sprang schnell aus dem Wagen; beide umarmten sich, begrüßten sich mit gegenseitigen Komplimenten dem Augenblick entsprechend und ritten zusammen zur Stadt. Sie stiegen ab vor dem Hause, das wir bewohnten. Ich erwartete den Kaiser in meinem Vorzimmer und ging ihm bis in die Tür hinein entgegen. Er küßte mir die Hände, und ich neigte das Haupt, wie um ihn zu umarmen – denn wohlgemerkt, es ist eine russische Sitte: wenn ein Mann einem die Hand küßt, muß die Dame ihn umarmen.

Ich sagte ihm, meine Seele sei in diesem bevorzugten Augenblick durch zu verschiedene Gefühle bewegt, als daß ich ihm richtig ausdrücken könnte, welches Glück ich dabei empfände, seine Bekanntschaft zu machen; er antwortete mir sehr höflich und anmutig, denn im allgemeinen ist er sehr liebenswürdig. Sein militärisches Gefolge, das ihm zu Pferd gefolgt war, wurde mir von ihm zuerst vorgestellt und ebenso die beiden anderen Herren, die kurz vor dem Mittagessen ankamen. (Der Oberhofmarschall Graf Tolstoi hatte mich vor seiner Ankunft begrüßt.) Dagegen stellte ich ihm meine beiden Damen vor, die Oberhofmeisterin Gräfin Voß und die Ehrendame Gräfin Moltke. Ich bot dem Kaiser Pfirsiche an, und er nahm sie mit den Worten, er habe dieses Jahr noch keine gesehen. So blieben wir fast eine Stunde zusammen; dabei leitete sich die Bekanntschaft schon etwas ein. Um zwei Uhr aßen wir zu Mittag, und ich wurde außerordentlich verwirrt, denn die sechs Russen mir gegenüber fixierten mich dauernd und beengten mich so mit ihren wenig nachsichtigen Blicken, daß ich fast nichts aß. Dazu mußte ich mit ihnen sprechen und ihnen Liebenswürdigkeiten sagen, und mein Nachbar, der mich immer zu Tische und wieder fortführte, durfte nicht vernachlässigt werden. Wir wußten schon aus aller Munde und noch besonders durch die Schwester und den Schwager des Kaisers, den Erbprinzen [Friedrich Ludwig] und die Prinzessin von Mecklenburg-Schwerin [Helene Paulowna], daß er Gezwungenheit und Repräsentation nicht liebt, daß er lieber mit uns allein sein und soviel wie möglich von dem König und mir haben wollte. Deshalb haben wir alles unterlassen, was zur Repräsentation gehört, und suchten seinem Geschmack soviel wie möglich entgegenzukommen. Und ebenfalls deswegen verbrachten wir auch den ersten Abend unter uns. Ich vertauschte ein reiches, sehr schweres Kleid und Diamanten für einige Millionen gegen eines von elegantem Musselin und wählte eine leichte Kopfbedeckung, wozu ich vorher den Kaiser höflich um seine Zustimmung gebeten hatte. Um 6½ Uhr kam er zu uns (um acht versammelte sich der Hof); wir setzten uns um einen Tisch und ich machte Tee; er mag ihn besonders gern und trinkt ihn oft und viel. Nachdem wir gekostet hatten, verbrachten wir den Rest des Abends, indem wir hin und hergingen, uns unterhielten, aus Höflichkeit gegen die Russen Rundgänge machten, verschiedene auf dem Wasser befindliche Musikkapellen, türkische und andere, anhörten; die Generäle und

Prinzen, die in unserem Gefolge waren, wurden dem Kaiser vorgestellt. Ich hatte den *Mut*, ihm zu sagen, daß sie es sehr wünschten, denn da er Zwang gar nicht liebt, war Mut *nötig*, um ihm vorzuschlagen, daß er mit fünfzehn Personen bekanntgemacht werden sollte, was immer sehr unangenehm ist. Als die Vorstellung beendigt war, kam er zu mir und sagte, er sei sehr froh, die Bekanntschaft dieser Herren gemacht zu haben, und fände sie sehr liebenswürdig. Ich antwortete: *»Sire, wer sie liebenswürdig findet, muß so gut und nachsichtig sein, wie Sie sind.« »Ach«, sagte er, »dieses Benehmen liebe ich sehr; in dieser Art liegt etwas Aufrichtiges, Biederes, Natürliches; wenn es bei uns doch ebenso wäre! Wir sind weit davon entfernt.«* Das zeigt, daß er fühlt, mit welchem Volke er es zu tun hat. – Um 9 Uhr wurde an kleinen Tischen das Abendessen aufgetragen, und diese Mahlzeit war weniger gezwungen als die erste. Wir zogen uns zurück, froh, daß wir uns am nächsten Tag wiedersehen würden.

Am 11. morgens Parade um 7½ Uhr; ich wohnte ihr bei. Der König machte die Sache ganz herrlich; die Truppen wurden zuerst in Linie aufgestellt, der Kaiser schritt die Front ab, und die Honneurs wurden ihm gemacht, während der König ihn mit gezogenem Degen begleitete. Nachdem die Schulmanöver beendigt waren, defilierte zunächst die Kavallerie, der König an ihrer Spitze begrüßte zuerst den Kaiser, und dieser war außer sich vor Dankbarkeit und Bewunderung für die Truppen. Der König tat dasselbe mit der Infanterie. Das war ein wirklich herrlicher, rührender und bewunderungswürdiger Anblick. Nach der Parade kam der Kaiser zu mir zum Frühstück. Er trinkt Tee (den ich jedesmal selbst mache) und manchmal Schokolade. Die Unterhaltung war belebt und interessant, besonders unter den beiden Monarchen; sie bewegte sich vor allem um militärische Angelegenheiten. Wir gingen auseinander, machten Toilette und kamen um 2 Uhr zum Mittagessen wieder zusammen. Nachmittags kamen wir um 6½ zum Tee zusammen, dann machten wir einen Ritt zum Lager, wobei ich mich auch beteiligte. Darauf ging's noch durch die ganze Stadt, und zum Abendessen kamen wir zurück. Der König sprach lange abseits mit dem Kaiser, dieser redete unaufhörlich leise auf ihn ein; ich hielt mich an einem offenen Fenster auf; der König kam zu mir heran mit dem Kaiser an der Hand und sagte zu mir: *»Das kann ich Dir versichern, die Russen haben niemals einen Kaiser wie den da gehabt; er* *hat lange mit mir geredet und hat Grundsätze geäußert, die ihm viel Ehre machen und mich ihm für das Leben verbinden.«* Der Kaiser sprach viel mit mir, war sehr höflich, zeigte jeden Augenblick sein gutes Herz und seine vornehme Denkweise durch die Art, wie er sich über die Soldaten und das Militär im allgemeinen aussprach. Er rühmte sehr die Höflichkeit ▷ und die *»Freundlichkeit«* ◁ mit der ich sie alle behandelte, und sagte mir, es wäre wirklich rührend zu sehen. Ich antwortete ihm, einem Stande, der so achtenswert, aber von soviel Mühen und Wechselfällen begleitet sei wie der militärische Stand, dem könne nicht genug Anteilnahme und Achtung bewiesen werden.

Am 12. wieder Parade und Exerzieren, wo ich auch dabei war. Der Kaiser war sehr zufrieden. Darauf kam er zu uns zum Frühstück, nachdem er zwei englische Handelsschiffe am Ufer hatte landen sehen. Der Vormittag war heiter. Vor Tisch machte ich die Bekanntschaft des Marquis von Riza, des portugiesischen Gesandten in Rußland. Er kehrte nach Portugal zurück. Der Kaiser hat ihn gern und wünschte, wir sollten ihn sehen. Er ist liebenswürdig und ohne Anmaßung. Nach Tisch große Toilette für den Ball, den die Kaufleute dem Kaiser und uns gaben. Er suchte uns auf, und wir fuhren im Wagen zu dem für das Fest bestimmten Hause; es war außen geschmückt, und ein großer, schöner Triumphbogen, durch den wir auf dem Wege hindurch mußten, wirkte abends, als er erleuchtet war, sehr hübsch. Der Ball war sehr belebt; er wäre es noch mehr gewesen, wenn die unerhörte Hitze nicht alle erschöpft hätte, derart, daß mir übel wurde, ich brach einen Tanz ab, um wieder Kräfte zu sammeln. Der Kaiser tanzte nicht alle Tänze und blieb einen Tanz über bei mir und dem Erbprinzen von Mecklenburg-Schwerin. Vor Tisch tanzte ich noch einen Walzer mit dem Kaiser, dann war Souper; nach Beendigung fuhren wir im Wagen, um die recht hübsche Illumination der Stadt zu besichtigen, die wenigstens den guten Willen der Bewohner zeigte.

den 13.

Es fand wieder Manöver statt; aber ich war nicht dabei, da ich eine schlechte Nacht gehabt hatte und äußerst erhitzt war. Der Kaiser nahm wie immer das Frühstück bei uns ein, die Hitze war außerordentlich; wir baten ihn so lange, bis er zu seinem Aufenthalt in Memel noch einen Tag dazugab. Ich überreichte ihm den Sanssouci-Orden und das dazugehörige Ordensband. Wir setzten uns auf einem Ledersofa nie-

der, um uns zu erfrischen; es war zwischen zwei Vorhängen, und der Kaiser schlug immer einen hoch, um sichtbar zu machen, wie er, der Erbprinz von Schwerin und ich dasaßen. Der König ging und kam, und scherzhaft nannten wir den Vorhang, den jener mit soviel Sorgfalt hochschlug, *die josephinische Draperie*. Es herrschte ausgelassene Heiterkeit; Der König wurde mit seiner Vorliebe für die Schwester des Kaisers geneckt, Helena, die Erbprinzessin von Mecklenburg-Schwerin, der Kaiser vom König mit den Bekanntschaften, die er in Riga gemacht hatte, einer Frau von Blanckenhagen und von Corbally. Kurz, wir lachten und waren glücklich. Dieser Tag war der [24.] Geburtstag des Erbprinzen von Schwerin; ich schenkte ihm eine Mütze von lila Band. Am Abend fand ein kleiner Ball bei uns statt von höchstens 15 Paaren. Die Musik war schlecht, die Gesellschaft nicht besonders elegant, dennoch aber vergnügten wir uns wunderbar. Ein Tanz war zu Ende, der Kaiser saß neben mir, um auszuruhen, wir sprachen miteinander; plötzlich stürzt alles ans Fenster, man fragt warum, und wir erfahren, jemand sei ertrunken. Wie der Wind ist er unten, um zu helfen; es war ein kleiner Knabe, den man schon herausgezogen hatte. Ich schaue aus dem Fenster, ich sehe, wie der Kaiser zurückkommt mit dem kleinen, ungefähr acht bis neun Jahre alten Knaben an der Hand. Im Hause gibt er ihm selbst Tee, und er trinkt ihn mit Vergnügen. Er steigt wieder herauf, als ob nichts wäre; ich sagte zu ihm, wie gut er sei, wie gerührt ich wäre; er erwiderte mir: *»Jeder würde das gern tun.« »Es wäre zu wünschen, Sire«*, antwortete ich. Wir tanzten Polonaise ohne Ende und Aufhören, man spielte sich gegenseitig Streiche, ein Schottischer und wieder eine Polonaise wurden getanzt, wir waren wie die Kinder, sprangen wie Zicklein, und alle waren glücklich und zufrieden. Es wurde spät, weil am nächsten Tage kein Manöver stattfand.
Um elf Uhr kam der Kaiser am 14. zu uns zum Frühstück, und die gute Laune hielt an; der Kaiser neckte den König sehr mit einem Frl. von Offenberg, einer Kurländerin, das vermehrte das Gelächter. Ich sang einige französische Romanzen, die ihm sehr gefielen. Während des Mittagessens befand ich mich sehr unwohl, und kaum hatte der Kaiser mich darauf von der Tafel geführt, da bekam ich zum erstenmal in meinem Leben Krämpfe und schreckliche Zuckungen, von Tränen und Beklemmungen begleitet. Dr. Wylie, der Arzt des Kaisers, wurde geholt, und nach einigen Stunden fand ich mich erholt, aber noch sehr

schwach. Indessen machte ich von meinem Kanapee aus wie alle Tage den Tee für den Kaiser und unsere Gesellschaft. Dann machten wir eine Wagenfahrt nach dem Leuchtturm, die Prinzessin von Würtemberg – geborene Coburg [Antoinette von Sachsen-Coburg], die Gattin des Prinzen Alexander von Württemberg [jüng. Bruder der Zarinmutter Maria Feodorowna]; sie fuhr nach Riga, und wir sahen sie in Memel bei ihrer Durchreise –, Gräfin Voß und ich. Nach der Rückkehr lag ich wieder auf dem Sofa, und der Kaiser war so freundlich, bei mir zu bleiben, ebenso der Erbprinz von Mecklenburg-Schwerin und die Prinzessin Alexander von Württemberg, während die andern kamen und gingen, weil die ganze Gesellschaft mich belästigt haben würde. Wir aßen zu Abend in meinem Salon, da ich zu schwach war, um auszugehen, und wir vergnügten uns recht gut. Unsere Gesellschaft war außer den Württembergern durch Onkel Georg [Bruder ihrer Mutter] aus Darmstadt vermehrt worden, der durch seine Heiterkeit und Liebenswürdigkeit beim Kaiser großen Beifall fand. Die Nacht verlief ziemlich gut, und am folgenden Tage, den 15., befand ich mich viel besser, aber noch schwach. Um 9 Uhr lag ich in Nachtmütze und Schlafrock auf meinem Sofa ausgestreckt. Plötzlich tritt der Kaiser ein, hinter dem König; ich war in äußerster Verlegenheit, aber er ist so nachsichtig, daß er den Mangel an Toilette nicht übel nahm. Es regnete sehr stark, das hielt die Manöver auf bis 10 Uhr, wo sie begannen. Nach ihrer Beendigung kam er zu mir, um Tee und Schokolade zu trinken; diesmal war ich angezogen. Wir blieben lange beisammen; er brach so spät auf, daß ich kaum Zeit hatte, meine Toilette fürs Mittagessen zu machen. Nach dem Mittagessen kam er bald wieder; da es der letzte Tag war, suchte man begierig jeden Augenblick zu nutzen. Schon schlich sich ein wenig Betrübnis unter uns ein. Gegen 8 Uhr machten wir noch einen Spazierritt, an dem ich auch teilnahm. Da unsere Pferde zunächst noch nicht gesattelt waren, gingen wir in dem Garten, der zu unserem Hause gehörte, spazieren. Der Kaiser ließ mir das ganze russische Exerzieren vorführen und kommandierte es selbst auf russisch. Als wir ritten, redete er viel mit mir vom König, wie gern er ihn hätte, wie er ihn achte; er lobte den General Kalckreuth, den Oberst Köckritz, die Majore Holzmann und Jagow [Adjutanten Friedrich Wilhelms III.], den Geheimen Rat Beyme und vor allem Lombard [Kabinettsräte]. Er sagte mir, er wäre sehr glücklich, alle diese Herren und unsere ganze

Art zu sein kennengelernt zu haben, glücklich, daß er imstande wäre, die falschen Nachrichten und schlechten Berichte zurückzuweisen, wobei ich doch merkte, daß solche über uns vorhanden waren. Ich benutzte diesen Moment, um ihm auch vieles zu sagen, was ich auf dem Herzen hatte. Ich bat ihn, so zu bleiben, wie er wäre; ich stellte ihm vor, wieviel Gefahren er zu bekämpfen habe, die Jugend, die Unerfahrenheit, die verschiedenen den Jahren der Jugend und der Kraft eigenen Leidenschaften. Er nahm diese verschiedenen Betrachtungen nicht übel, denn er erkannte wohl, daß ich ihm das alles aus Freundschaft zu sagen wagte. Wir aßen draußen zu Abend, aber es war schon ganz anders als sonst. Nach der Mahlzeit ließ er sein Gefolge vortreten, um Abschied zu nehmen. Es besteht aus sechs Kavalieren: Graf Kotschubej, der Minister der auswärtigen Angelegenheiten, Oberhofmarschall Graf Tolstoi, drei Generaladjutanten, nämlich Graf Lieven, Fürst Dolgoruki und Fürst Wolkonski, sein Jugendfreund, und ein Herr von Navasiltsow, Kammerherr und Staatsrat. Nach der Verabschiedung zog er sich mit uns in mein Zimmer zurück und nahm den König in ein anderes Zimmer, wo beide lange unter vier Augen miteinander sprachen. Alle waren traurig, es wurde wenig gesprochen, man dachte viel und seufzte von Zeit zu Zeit. Wir verabschiedeten uns, um uns am nächsten Morgen um 7 Uhr wiederzusehen.
Am 16., nach 7 Uhr morgens, erschien er äußerst bewegt, wie wir alle. Er fand mich mit der Beendigung und Siegelung von Briefen an die beiden Kaiserinnen [Zarinmutter Maria Feodorowna und Zarin Elisabeth] und an meine Verwandten beschäftigt. Er siegelte sie, um mir die Mühe abzunehmen, dann setzte er sich zu mir, und wir sprachen von sehr vielen interessanten Dingen; wir waren sehr traurig. Um 9½ Uhr ging er fort, mit großen Tränen in den Augen, ebenso wie der König, sein Schwager und ich. Alle begleiteten ihn hinunter; ich blieb oben an einem Fenster, das auf den Hof hinausging, wo sich sein Reisewagen befand; von dort trug mir ein letztes Neigen des Kopfes aus seinem Wagen sein Lebewohl zu und verriet seinen Schmerz, daß er uns verlassen mußte. General Kalckreuth begleitete ihn in seinem Wagen bis Polangen. Er sprach mit ihm viel von dem König und von mir, viel von seinem Lande und seiner Verwaltung. Er trug ihm tausend Dinge für uns und sein letztes Lebewohl auf. Das alles erzählte uns Graf Kalckreuth am 19. abends in Jerutten, wohin wir uns begaben, um die

Parade der Towarczys und des 13. Dragonerregiments zu besichtigen. Alle lieben den Kaiser, vor allem auch der König. Er ist gar nicht schwächlich und von Grund auf so gut und anständig, daß ich es nur mit der Denkweise des Königs vergleichen kann. Ich habe mich überzeugt, daß er mit seinen echten Vorzügen alle Liebenswürdigkeit verbindet, die für einen Mann Liebe erweckt.
Der Kaiser ist einer der seltenen Menschen, die alle liebenswürdigen Eigenschaften mit allen echten Vorzügen vereinen. Er hat die loyalsten, edelsten und gerechtesten Grundsätze und gleicht in allen wesentlichen Punkten dem König. Zwanglose Höflichkeit, große Liebenswürdigkeit, viel Geist (vor allem Rechtssinn) und Festigkeit, vereint mit seltener Volkstümlichkeit, die indessen niemals gewöhnlich wird, denn er bewahrt immer viel Würde, – das ist eine leichte, unvollkommene Skizze seines Charakters und seiner Wesensart. Er hat eine Engelsgüte, die sich in allen seinen Handlungen ausprägt, und der Eindruck davon verbreitet sich über seine ganze Erscheinung. Vor allem durch diesen Ausdruck gefällt er, denn er ist nicht von regelmäßiger Schönheit. Der Mund ist regelmäßig schön. Er ist wunderbar gut gebaut und von sehr stattlicher Erscheinung. Er sieht aus wie ein junger Herkules.

149. AN ALEXANDER I. Tilsit, den 17. Juni 1802

Sire. Der König teilt mir eben mit, daß er einen Kurier an Ew. Majestät absendet. Sie verstehen wohl, daß ich ihn nicht abreisen lasse ohne einige Zeilen für Sie. Vergeblich würde ich versuchen, Ihnen zu schreiben, wie schmerzlich mir Ihre Abreise war. Sie war schrecklich; nur die Hoffnung, Ew. Kaiserliche Majestät in zwei Jahren wiederzusehen, tröstet mich ein wenig. Unaufhörlich hege ich für Sie Tausende von Wünschen, lieber Vetter, und der König ebenso. Seien Sie glücklich, zufrieden, und Gott möge Sie mit allen Gütern segnen. Der König zählt sehr darauf, daß unsere Wünsche, uns in zwei Jahren wiederzusehen, Erfolg haben; auf dem Wege sprach er viel mit mir davon, ich begleitete ihn bis zu einer Meile von hier und bestieg dann wieder meinen durchkälteten und unbarmherzig durchnäßten Wagen. Ich wünsche, daß Ew. Majestät besseres Wetter gehabt und nicht unter den Anstrengungen der Reise gelitten haben. Die Güte, mit der Sie Anteil an meiner Gesundheit nehmen, verpflichtet mich, Ihnen zu sagen, daß ich mich besser befinde.

Verzeihen Sie dieses abscheuliche Geschmier, dieses grobe, gar nicht *elegante* Papier und die gewiß nicht übliche Aufmachung meines Briefes, aber der König drängt mich. Könnten Sie nur die Gefühle der Freundschaft und Hochachtung darin finden, die ich Ihnen für immer geweiht habe und mit denen ich bin

Sire, Ew. Majestät sehr ergebene Cousine
Luise

150. An ihren Bruder Georg — Charlottenburg, den 13. Juli 1802

▷Lieber George! Das französische Sprichwort, welches sagt: *à force de m'aimer tu me rends malheureux* [›Durch Deine Liebe machst Du mich unglücklich‹], fällt mir jedesmal ein, wenn ein Posttag verstrichen ist, den ich unbenutzt habe hingehen lassen, ohne Dir, mein guter, lieber Engel, zu schreiben. Ich wollte Dir nämlich einen recht langen, umständlichen Brief schreiben, und jedesmal hatte ich zu wenig Zeit dazu; statt daß ich nun lieber einen kurzen Brief hätte schreiben sollen als gar keinen, so ließ ich es immer bleiben, in der Absicht, Dir eine rechte Freude durch einen langen, mit allen Umständen beladenen Brief zuzuschicken. Ich sah zwar keine Alpen, aber ich sah Menschen, oder vielmehr *einen Mensch*, im ganzen Sinn des Worts, der durch einen Alpenbewohner ist erzogen worden und dessen Bekanntschaft mehr wert ist als alle Alpen der Welt. Denn diese wirken nicht, aber jener wirkt, verbreitet Glück und Segen mit jedem Entschluß, mit jedem Blick macht er Glückliche und Zufriedene durch seine *Huld* und himmlische Güte. Daß ich von dem Kaiser, von dem einzigen Alexander spreche, hast Du doch wohl beim ersten Wort verstanden. Lieber Georg. Ach! wie viel, wie viel ist mir diese Bekanntschaft wert! Nicht ein Wort, welches man zu seinem Lobe spricht, kann je in Schmeichelei ausarten, denn er verdient alles, was man nur Gutes sagen kann. Hättest Du doch den Mann gesehen, wie gut hättet ihr euch einander gefallen.–

Doch ehe ich weiter in dieser Tour fortfahre, so muß ich Dir erst antworten auf Deinen Brief aus Ludwigsburg und Stuttgart, in welchem die Beschreibung von dem Zustand der drei Schwestern enthalten ist. Gott Lob und er sei tausendmal dafür gelobt und gepriesen, daß es so sehr gut bei zweien gehet und weniger übel bei der dritten. Besonders wohltätig ist es meinem Herzen, die Bestätigung von allen Seiten zu hören, daß das Ixelchen [Friederike, Solms Braunfels] *glücklich* und *gut* ist. Gottlob.

Deine Beschreibung von Stuttgart ist göttlich, und die ehrliche Frisur und die goldene Girlande und die einzige Schwungfeder haben ihren Zweck nicht verfehlt und hätten beinah auch die Wirkung gehabt. Das alte Schloß von Hohenzollern hat mich sehr interessiert, und die Neigung nach Neufchâtel ist stärker denn jemals, so wie der Vorsatz gewiß, gegen das Frühjahr so zu poltern und zu lärmen und zu schreiben und zu bitten, daß ich hinkomme [...?]. Die Barchen [Frau v. Berg] ist so gut, und teilt mir alle deine Briefe mit. Es ist ein [Jammer] daß ich es nicht auch tun kann, aber die Familienverhältnisse kann man doch nicht zu lesen geben. Ich sah sie einmal *dans notre bon ville* [...?] aber wir genossen uns wenig, da sie doch äußerst angegriffen war von dem Tod unseres guten Carl Brühl [Reichsgraf v., General], der nur 50 Stunden krank war und unerwartet aus den Armen seiner ihn göttlich liebenden Familie und seiner Freunde entrissen wurde. Diesen Verlust erlitten wir nicht ganz 24 Stunden nach unserer Ankunft, die den 3. Juli geschah, nachdem ich meinen Carl [1jähr. Sohn] äußerst leidend an Zähnen fand der sehr krank war und den Tag vorher sterbend –

Nach allem diesem begreifst du, daß der Anfang in Charlottenburg nicht brillant war und mir gleich einen tiefen Eindruck der Trauer gab, der mich noch nicht ganz verlassen hat.

Ich bin etwas leidend gewesen (und dieses zwar an Nerven, ich und Nerven, ich Großmagd, wie der König mich nennt). Ich befürchte, wieder schwanger zu sein, doch weiß ich es nicht von sicher, man spricht also nicht davon. Heute ist Geburtstag hier von Charlotte [4jähr. Tochter]; eine Herde belagert mich, nämlich Kinder; der schöne Entschluß also, Dir eine Art von Reisebeschreibung zu machen, gescheitert, da ich zum Tee im Saal kommen *soll*. Doch noch eins. Die Memeler Entrevue war göttlich, die beiden Monarchen lieben sich zärtlich und aufrichtig, gleichen sich in ihren herrlichen Grundsätzen, der Gerechtigkeit, Menschenliebe und Liebe zum Wohl und Beförderung des Guten. Auch ihr Geschmack ist gleich. Viele Einfachheit, Haß der Etikette und Gepränge des König- und Kaisertums. Alles ging erwünscht und gut, und es wird immer so gehen. Mein guter König läßt Dir tausend Schönes sagen, benahm sich wie ein Engel und verbreitete Enthusiasmus. So aber auch der Kaiser. Der Ob[erst] Köckeritz [Generaladjutant] sagt, diente ich nicht meinem König, keinem andern dient' ich wie dem prächtigen Kaiser. Dieses diene Dir zum Beweis, was er ist und wie er ist. – Adieu Engel, ich liebe Dich und bin ewig Deine treue

Luise

Du hattest unrecht, auf mich zu schimpfen. Ich gedachte der Gélieu [ehem. Erzieherin] in meiner höchsten Not, d. h. *dans les arrangements de toilettes et de dépenses* ◁

151. AN ALEXANDER I. Charlottenburg, den 31. Juli 1802

Sire. Wäre ich nur der Neigung meines Herzens gefolgt, so hätte ich Ihnen noch an dem Tage, als ich Ihren teuren Brief erhielt, geantwortet, mein teurer Vetter, so große Freude hat er mir gemacht. Sie können nicht glauben, wie glücklich mich das neue Zeugnis Ihrer Freundschaft gemacht hat. Es ist unrecht, wenn Sie glauben, daß Ihr Brief zu lang gewesen wäre, denn als ich am Ende der vierten Seite war, glaubte ich noch auf der ersten zu sein. Es tut mir sehr leid, daß ich Sie nicht mehr *verziehen* kann, um noch längere Briefe von Ihnen zu bekommen; denn sie zu lesen, ist meine größte Freude.

Da Sie mir versichern, lieber Vetter, daß Sie sich über Nachrichten von mir freuen, schreibe ich Ihnen in vollem Vertrauen und ohne Sorge, indiskret zu sein. Die Erinnerung an Memel, die Sie in mir wachrufen, entzückt mich! Und ich knüpfe daran dieselben Gelöbnisse wie Sie – wie die Zeit hingeht, das ist unerhört und unbegreiflich.

Der König hat Ihr Gedenken sehr empfunden; er trägt mir alle Versicherungen wärmster und unwandelbarer Freundschaft auf; er ist in demselben Falle wie Sie, mein teurer Vetter, und würde gern das *»Mein Herr Bruder«* usw. unterlassen, und wenn Sie ihm ein Beispiel dazu geben, wird er es mit größtem Vergnügen befolgen; und meiner Ansicht nach haben Sie völlig Recht, sich von diesen alten Etiquetten zu befreien, die keinen Zweck haben.

Ich wünschte, Sie hätten besseres Wetter als wir hier, denn auf einen schönen Tag haben wir fürchterliche Gewitter und unerträgliche

Regengüsse. Wenn ich nicht ausreiten oder ausgehen kann, gehe ich aus Verzweiflung ins Schauspiel, und ich nehme an, Sie werden es ganz ebenso machen.
Ich danke Ihnen sehr aufrichtig für das Interesse, das Sie an meiner Gesundheit zu nehmen geruhen; sie ist besser, wenn auch noch nicht beständig geworden; ich hoffe, es wird besser gehen und so gut *wie möglich* gehen.
Ich bin damit beschäftigt, die besten Gravuren von den Schlössern und der Umgebung von Berlin und Potsdam zu sammeln, die Sie gern haben wollten; sie sind alle mittelmäßig. Es wäre sehr liebenswürdig von Ihnen, mein lieber Vetter, wenn sie mir Gravuren von Ihren Schlössern, vor allem Kamenoi-Ostrow und Peterhof schicken würden.
Empfangen Sie, mein teurer Vetter, die Versicherung meiner aufrichtigsten Zuneigung und wahrhaftigsten Freundschaft, mit der ich unaufhörlich bleiben werde, Sire, Ew. Majestät ergebenste Cousine und Freundin

Luise

Die Gräfin Voß [Oberhofmeisterin] ist außer sich vor Ehrerbietung und Dankbarkeit für das gnädige Gedenken, womit Sie sie geehrt haben, ebenso die Gräfin Moltke [Hofdame] und alle Herren, die das Glück gehabt haben, Ihnen ihre Aufwartung zu machen.

152. An ihren Bruder Georg — Charlottenburg, den 16. August 1802

▷... wie rührend war dein Empfang von der guten Gélieu. Ich habe diesen Augenblick herzlich tief empfunden, geweint, und mit eben dieser Rührung hab' ich deinen Brief schon 3 mal überlesen und werde ihn heute um 5 Uhr dem Könige vorlesen. Die gute Gélieu hat mir einen sehr rührenden und dankbaren Brief geschrieben.
...deine Beschreibung vom Lande, von den Bergen, vom See, von den Landhäusern, von den Menschen... Denke dir nur, wenn ich dich im Mai dort wiedersehen könnte, wie göttlich das wäre. Du kennst nun schon alles und würdest mich so *a mon air* setzen, und denke dir das Wiedersehen der Gélieu, den göttlichen Augenblick für uns beide. Ach! so etwas bestehet nur in der Einbildung! – Du bist dann in Italien, verliebt in die schwarzen Raaben-Haare und Augen einer reizenden

Italienerin, die mit ihrer Lebhaftigkeit, feurigen Einbildungskraft und wohl gar – wofür dich Gott behüte – mit einer himmlischen Stimme dich ganz bestrickt hat, und dich taub und stumm und blind für alles andere gemacht hat, was sie nicht ist – Narri, *mon enfant*, hieraus wird nichts; erstlich bist du dazu zu solide, und dann schicke ich dir ein paar Reisegefährten, die sich gewaschen haben und die dich für alles dieses schützen werden ... wer dies ist, wirst du doch wohl sehr bald erraten? Die Bargen [Frau v. Berg], die herrliche, kluge, gute, unvergleichbare Bargen und vielleicht auch die junge Voß ... ◁

153. An ihren Bruder Georg — Berlin, den 8. Februar 1803

▷ Gestern erfuhr ich durch Briefe des H. v. Humboldt an Hauckwitz [Kabinettsminister], daß du, lieber George, die Masern in Pisa bekommen hast. Obgleich er versichert, daß du wohl und schon wieder 10 Tage außer Bett bist, so kannst du doch leicht denken, lieber Freund, wie sehr ich mich über die böse Nachricht erschreckt, da die Krankheit an sich nichts, die Folgen aber *alles*, d. h.: das Wohl oder Kränkeln eines ganzen Lebens davon abhängt. Dazu noch die Unannehmlichkeit, deine Reise nicht fortsetzen zu können; *Roma* über die Weihnachtszeit nicht zu sehen, mit einem Worte, ich teilte alle die unangenehmen Empfindungen, die du nur selbst hast empfinden können. Einen Beweis, wie sehr du mir am Herzen liegst, geb' ich dir, indem ich dir heute schreibe, denn ich habe Zahnschmerzen, um toll zu werden, und eine (letzte) *redoute* noch vor mir, und ... *toiletta*, und eine Corpulentz. Trotz alledem muß ich dir sagen, wie sehr ich dich liebe, wieviele Wünsche ich für *chére George* zum Himmel schicke, und wie sehr du mir abgehest. Der König trägt mir auch auf, dir viel Liebes und Gutes zu sagen, und wie nah ihm deine Krankheit gegangen ist, und wie sehr er wünscht und hofft mit mir, daß deine Genesung vollendet und schnell gegangen ist. Schon dich nur, lieber George, ich bitte dich, erhitze dich nicht, tanze nicht, erkälte dich nicht. Das göttliche Klima von Pisa ist dir gewiß sehr zuträglich und mir sehr beruhigend, sowie der Gedanke, daß da, wo so viele Kranke hinreisen, gewiß auch gute Ärzte sind. Der Schmalensee hätte mir wohl schreiben können, ich hätte ihm seine Füßchens dafür embrassiert, nun soll er mir auf Erbsen knien, wenn er nach Deutschland kömmt, und die Bach täglich 3 Stunden in einem Bach Fußbäder gebrauchen. Mimi [Wilhelmine der Niederlande; ihre Schwägerin] läßt dir sagen, sie bedaure dich von Hertzen, du wärst ihr ebenso auch sehr abgegangen im Carneval, und sobald dieser Tumult vorbei wäre, so bekämst [du] solchen Brief, daß du dich erschrecken würdest. Es sind sehr viele Fremde hier, und der Carneval brillant ... ◁

Seit *Juni 1802* erwartete Luise wieder ein Kind.
23. Februar 1803: Geburt von Prinzessin *Alexandrine,* die 1822 den Sohn der Großfürstin Helene Paulowna von Mecklenburg-Schwerin, Erbprinz (Grh.) Paul Friedrich heiratete.

Reichsfürsten, die durch die Friedensschlüsse von Campoformio und Lunéville linksrheinische Gebiete verloren hatten, mußten entschädigt werden. Hierzu diente das von den Fürsten anerkannte Prinzip der Säkularisation (Aufhebung kirchlichen Besitztums). – Der Markgraf von *Baden* wurde Kurfürst und erhielt u. a. die ehemaligen Bistümer Konstanz, Basel, Straßburg, Speyer, die rechtsrheinische Pfalz mit Mannheim und Heidelberg. – Der Herzog von *Württemberg* wurde Kurfürst und erhielt Reichsstädte und Klöster in Oberschwaben. – Der Kurfürst (seit 1799) von *Bayern* bekam u. a. die Bistümer Würzburg, Bamberg, Freising und Augsburg.– *Preußen* erhielt die Bistümer Münster, Paderborn, Hildesheim, Erfurt, auch Quedlinburg (Abtei) und Reichsstädte wie Nordhausen und Goslar.

154. An Friedrich Wilhelm III. — Berlin, den 4. April 1803

Ich hoffe, mein lieber Freund, daß Du die Nacht besser verbracht hast als ich, die ich von Gedanken erregt und bekümmert, eine schlechte Nacht hatte. Die arme Holzmann ist in Verzweiflung und verläßt nicht den Leichnam ihres verstorbenen wackeren Mannes. Ich nehme lebhaften Anteil an dem Kummer, den dieser Verlust Dir verursacht haben wird, ebenso an der unglaublichen Verlegenheit, in die er Dich gebracht hat. Es kam mir in den Sinn, ob es nicht gut sein würde, Zastrow [Generalmajor, ehem. Generaladjutant] kommen zu lassen, der die Geschäfte weiterführen würde, bis man mit ihm über die Wahl eines neuen Mannes beratschlagt hätte, der unter ihm arbeiten und die notwendigen Dinge von diesem trefflichen Manne lernen könnte. Glaubst Du nicht, daß der Graf Götz[en] [Friedrich, Flügeladjutant] für diesen Posten geschaffen wäre? Er besitzt viel Kenntnisse, Fleiß und

Geist, beherrscht gut die beiden Sprachen und hat einen zuverlässigen Charakter. Verzeih dieses Weibergeschwätz, aber ich würde glücklich sein, wenn ich Dich vielleicht auf einen Gedanken gebracht oder die Deinigen erraten hätte.
Die Voß, die zu prophezeien liebt, fürchtet –, Du würdest es niemals erraten –, daß Du Schlieffen [Heinrich Wilhelm, Graf] zuneigen würdest, der ein guter ▷Exerziermeister◁ ist, das ist alles; er versteht kein Französisch und drückt sich nicht gut deutsch aus, im übrigen ▷ein recht ehrlicher Mann◁. Ich glaube, Du hast mir einmal von der Verlegenheit geschrieben, in der Du wegen Jagow [Friedrich Ludwig v., Adjutant] seiest, aber ich glaube, daß er zu einsichtig und zu fest mit der guten Sache verbunden ist, als daß er Ansprüche auf einen Posten erhebt, wo mehr als ein natürlicher Verstand notwendig ist, ▷mehr, wie Du sagst, als ein Naturmensch◁. Ich bemerke, daß mein langer Brief ohne besondere Bedeutung ist, denn er sagt nichts, was wir nicht schon wußten. Mein Familiendiner gestern war sehr vergnügt, wie waren die Kinder über alle Beschreibungen glücklich und artig; aber ich werde nicht soviel von dem Abend sagen, den ich schlecht verbrachte, bedrückt von dem Verlust, den Du und der Staat soeben erlitten habt. Leb wohl, lieber Freund, bewahre mir Deine Freundschaft, die mein Glück ausmacht, und glaube an meine unverletzliche Zuneigung.

Luise

Der kleine Carl [1 ¼jähr. Sohn] ist nicht wohl, jedoch Gott sei Dank kein Anzeichen von Scharlach. Er hat Hitze, ein wenig Fieber, und Brown [Leibarzt] glaubt, daß das von den Zähnen kommt.

Am *3. April 1803* verstarb nach einem Schlaganfall Johann Hermann *v. Holtzmann*, vortragender Generaladjutant des Königs. – Friedrich Wilhelm hielt sich wegen der Frühjahrsmanöver in Potsdam auf.

155. An ihren Vater

Potsdam, den 20. April 1803

▷Bester Vater! Ich bin glücklich, daß meine Commission Ihren Beifall erlangt hat und bin erbötig, alles zu übernehmen, was Ihnen angenehm sein kann. Ich freue mich, daß Ihre Gesundheit meinen Wünschen entspricht und hoffe, daß die des Onkels [Ernst, Mecklenburg-Strelitz] bald hergestellt und kein Hindernis mehr sein wird, Sie bald bei uns

hier zu sehen. Der König, der mir aufträgt, Ihnen tausend Schönes zu sagen, erwartet Sie mit tausend Freuden und versichert Ihnen, daß es ihm sehr angenehm sein wird, Sie zu sehen, je eher, je lieber.
Was die Reise der Großmama [Luise, Hessen-Darmstadt] betrifft, so kann ich Ihnen gar nicht sagen, wie sehr mich die gute alte Frau jammert. Gott verzeih's denjenigen, die ihr diese Tränen auspressen, denen kann nichts gedeien noch geraten. Überdies hab ich Sachen von dem Sohne erfahren, die ich Ihnen mündlich sagen werde und wofür Ihnen die Haare zu *Berge* stehen werden. Ich habe Ihren Wunsch dem Könige gesagt; er scheint mir nicht abgeneigt. – Er hat sich wieder ganz gräßlich über den Oncle George [Hessen-Darmstadt, Sohn der Großmutter] geärgert, den er ansieht (es bleibt unter uns) als die Plage der Großmama, der sie bei jeder Gelegenheit über die Ohren haut. Heute, als ich mich zum Schreiben setzte, sprach ich noch einmal mit ihm davon, und er gab mir zur Antwort: *»Wenn dein Vater hier ist, so wollen wir davon sprechen und es aufs Reine bringen.«* Geben Sie ihr doch noch keine Hoffnung, auch nicht einmal einen Wink, denn da ich *leider* (Gott weiß, wie leid es mir tut) nichts zu die 2000 [Thaler?] beitragen kann, kann ich auch nichts sicher versprechen. Meine Idee ist, alles zu sparen, was ich kann, um der armen Lotte [Sachsen-Hildburghausen, Schwester] 100 Fd'or mitzubringen, damit sie die Reise nach Wilhelmsbad machen kann. Zerstreuung nach ihrem Verlust [Tod des 11. Kindes, Pr. Maximilian] ist ihr gewiß nötig, und sie hat ja überhaupt so wenig Freude. – Sagen Sie mir doch, bester Vater, ob Friederike [Solms Braunfels, jüngere Schwester] noch gewiß diesen Sommer zu Ihnen kömmt. Ich habe mich in meiner Reiseroute geirrt, wir bleiben nur einen Tag zu Hildburghausen und nur zwei in Fürth. Ich habe gestern der Lotte geschrieben, um ihr zu sagen, daß, wenn sie und der Herzog [Friedrich von Sachsen-Hildburghausen] Gastfreiheit an uns üben wollen, wir einen Tag bei ihr zuzubringen gedächten. Ich lege mich Ihnen zu Füßen und schließe, denn wir werden sogleich in die Comödie gehen! Es ist ein scheußliches Wetter und zu nichts besseres wert, als in die Comödie zu gehen.

Ewig Ihre treu gehorsame Tochter Luise ◁

Für *Juni 1803* plante das Königspaar eine Reise nach Thüringen zur Besichtigung der neuerworbenen Gebiete sowie nach Süddeutschland zum Besuch von Verwandten.

16. Mai 1803: Kriegserklärung Englands an Frankreich. Napoleon ließ Hannover besetzen.

156. An ihren Bruder Georg

Charlottenburg, den 19. Mai 1803

▷Bester Georg! So oft schon sollte ein Brief von mir Dir, teurer Freund, meinen Dank und Anhänglichkeit beweisen, allein ihn zu enden, war mir stets untersagt; und da liegen nun zwei unglückliche angefangene und nie vollendete Fragmente um mich herum, die weiter nichts erwarten als ihr nahes Ende, welches sie sporenstracks in den Flammen finden werden. Dein letzter göttlicher Brief, lieber George, Dein Andenken an meinen Geburtstag, Deine Beschreibungen, Deine herrliche Laune, die Versicherung Deines Glücks, alles dieses zusammengenommen hat auf mich so herrlich gewirkt, daß ich mich einen Augenblick nah bei Dir glaubte. Empfange für diese herrliche Täuschung sowie für alles andere meinen aufrichtigsten, *zärtlichsten* Dank. Du bist meinem Herzen sehr viel, das empfinde ich alle Tage mehr, denn wenn die Rede von *Dir* ist, wo und wodurch Deiner gedacht wird, freue ich mich und fühle dieses durch alle Nerven, und gottlob, daß ich mich freuen kann. –

Für den Kleenen und die Kleene, die Canovas Fäuste erschufen, und die mir Deine brüderliche Liebe gab, danke ich Dir tausendmal; ich erwarte sie mit der allergrößten Ungeduld, fürchte aber, daß diese Jahre wird dauern müssen, wenn der Zuwachs meiner skulptierten Schätze den Weg der italienischen Blumen und Schokolade nimmt, die bereits im Juli vorigen Jahres annonciert, aber noch nicht arriviert sind. Wenn ich mich gehen ließe, so würde mein Brief nichts enthalten als Rekapitulationen Deines einzigen, der solche Epoche machte, daß ein jeder, dem ich davon erzählte und einige Stellen davon vorlas, Freude empfand und die meinige teilte. Die »*Roma*, Halleluja, mir *sein drein*«, hat Mimi [Wilhelmine der Niederlande, Schwägerin] beinah' das Leben gekostet, die so darüber lachte und krähete, bis ihr die Tränen über die Backen herunter liefen.

Nun einmal ein Wörtchen von mir. Ich bin so wohl und so glücklich nach meinen Wochen, als man es nur sein kann. Mein klein Töchterchen, Alexandrine Helene genannt [3 Monate alt], ist so hübsch, so fett, so rund, als ich es nur wünschen kann, und die Kuhpocken [Impfung],

die sie nun auch glücklich überstanden hat, geben mir nun auch auf einige Zeit die große Annehmlichkeit, wegen ihrer Erhaltung unbesorgt zu sein. Carl [fast 2jähr. Sohn] war seit einiger Zeit krank, er hat anfangs das kalte Fieber gehabt, und nun kränkelt er an Zähnen; er ist dennoch das schönste meiner Kinder. Charlotte [fast 5jähr. Tochter] ist sehr groß, sanft und gut, und ihre Erziehung wird nicht schwer sein. Wilhelm [6jähr. Sohn] ist ein sehr kluges, komisches Kind, possierlich und witzig. Fritz [der 7½jähr. Kronprinz] über alle Maßen lebhaft, oft unbändig, aber sehr gescheut und ein gutes Herz. Er verspricht viel, und Gott wird meine heißen Gebete nicht unerfüllt lassen. Seine Erhaltung ist mir beinah' ein sicherer Beweis dafür (d. h. daß er gut werden wird). Denn in den ersten Tagen seiner Existenz, da ich kein Kind außer ihm hatte, bat ich Gott mit aufrichtigem Herzen, mir ihn wieder zu entreißen, wenn er ihn nicht zu einem guten Menschen wollte erwachsen lassen, der seinem Berufe leben und sich ihm weihen wollte. Ich hoffe also, daß unter der guten Leitung des Herrn Delbrück [Erzieher des Kronprinzen] gewiß etwas Gutes herauskommen wird.
Ich gehe jetzt zu einem anderen Punkt über, den ich gewiß weiß, daß er Dich interessiert, den meiner bevorstehenden Reise nämlich. Es gehet ins Reich – es gehet zu den Ufern des alten Rheins – zu den Schwestern – nach der Darmstadt, nach Wilhelmsbad – auch ein Hallelujah.
Den 25. Mai gehen wir nach Magdeburg zur Revue, da Stillstand bis zum 28., den 29. Halle, den 30. und 31. in Erfurt. Den 1., noch den 2. und 3. Juni in Hildburghausen, den 4., 5., 6., 7. in Fürth und *réunion des soeurs*, von da nach Ansbach. Wie lange wir da bleiben, ist unbestimmt und wird von den Geschäften des Königs abhängen; von da nach Wilhelmsbad, wo wir sechs Tage frei bleiben, dann auf zwei Tage nach Fulda zu Mimi, dann nach Hildesheim und über den Harz zurück, dann Ruhe in Charlottenburg und, wenn mir's nach gehet, eine kleine Motion nach Mecklenburg zu dem guten Papa. Er war hier auf einige Tage, so vergnügt und so wohl, als ich ihn lange nicht gesehen habe. Aber auf die französische Reise gar nicht gut zu sprechen; ich brachte ihn einige Male darauf, es wurde aber davon abgebrochen, als existierte kein F[rankreich] in der Welt und keine Idee, es je zu sehen. Also wenig, um nicht zu sagen gar keine Hoffnung ... ◁

Von ihrem in Rom weilenden Bruder hatte sich Luise eine Plastik des Bildhauers Antonio Canova (1757–1822) gewünscht, *den Kleenen und die Kleene;* vielleicht

eine im Atelier des Künstlers in Rom entstandene Replik seines 1793 vollendeten Werkes »Amor und Psyche«.
Georg hatte offensichtlich vor, seinen Vater um Erlaubnis für eine Reise nach Frankreich zu bitten. – *nach Fulda zu Mimi:* Im Anschluß an den Reiseaufenthalt in Wilhelmsbad (bei Hanau) – wo Luise mit ihren drei Schwestern zusammentraf – fuhren der König und die Königin nach Fulda. Hier nahmen sie an dem Einzug des Erbprinzen Wilhelm der Niederlande und der Erbprinzessin Wilhelmine, »Mimi« (Schwester von Friedrich Wilhelm III.) teil; nach der Vertreibung aus Holland (1795) wurde dem Erbprinzen als Fürst von Fulda auch Schloß Fasanerie bei Fulda zugesprochen (bis 1806).

157. An ihren Sohn, Kronprinzen Friedrich Wilhelm

Ansbach, den 9. Juni 1803

▷Lieber Fritz. Ich danke dir herzlich, liebes bestes Kind, für deinen Brief; mit sehr vieler Freude hab' ich bemerkt, daß deine Hand viel besser und hübscher geworden ist, welches mir ein Beweis deines Fleißes und deiner Aufmerksamkeit ist, fahre so fort, mein lieber Fritz, so wirst du Papa und mir viel Freude machen, und wir werden dich immer lieber bekommen ...

Ich küsse Wilhelm und alle.
Luise◁

Die 19jährige Erbprinzessin von Mecklenburg-Schwerin, Großfürstin Helene Paulowna, Schwester des Zaren, war an Lungenschwindsucht schwer erkrankt. Königin Luise nahm lebhaften Anteil und korrespondierte mit ihrem Leibarzt Dr. Brown über die Kranke.

158. An den Leibarzt Dr. Brown

[Anfang Juli 1803]

Der König beauftragt mich, Ihnen zu sagen, mein guter Herr Brown, er wünsche, daß Sie sich in aller Eile nach Ludwigslust wendeten. Der Prinzessin geht es – Gott sei Dank, besser, das heißt den Umständen entsprechend, und man hofft, daß sie eine Seereise unternehmen kann. Ich lege Ihnen einen Brief Seiner Hoheit von Mecklenburg-Schwerin bei, aus dem Sie ersehen werden, daß es der Kaiser und die Kaiserin waren die ihren Arzt um Rat gefragt haben und die glauben, ihr damit etwas Gutes tun zu können, aber sie muß die Reise mit Ihnen und Böckler nicht zum Zwecke einer Konsultation unternehmen; die Kaiserin hat mir Sie genannt. Zögern Sie doch nicht, abzureisen, und geben Sie mir sofort nach Ihrer Ankunft Nachricht über den Engel [die Prinzessin], für den ich mich in inbrünstigen Gebeten an den höchsten Gott wende. Gute Reise, mein lieber Herr Brown. Wenn Sie die Prinzessin imstande finden, die Reise zu unternehmen, haben Sie dann die Güte und händigen ihr den Brief ein, wenn nicht, schicken Sie ihn mir zurück und richten allen meine besten Komplimente aus.

159. An die Oberhofmeisterin Gräfin v. Voss

Charlottenburg, den 23. Juli 1803

... Unser Aufenthalt auf der Pfaueninsel war angenehm, sehr heiß, bis auf den letzten Tag, wo wir ein Gewitter von über drei Stunden Dauer gehabt haben. Zu meiner Freude erfuhr ich aus dem Briefe an Schilden [Kammerherr], daß Sie in Giewitz [Gut der Gräfin Voß] alles Ihren Wünschen gemäß gefunden haben: die Wirtschaft glücklich, der Enkel [August, Graf v. Voß] wiederhergestellt, die Schwiegertochter [Luise, geb. v. Berg, Gemahlin von August] liebenswürdig und zugleich sehr wirtschaftlich, das Haus gut aussehend, der Urenkel [geboren August 1801] das achte Weltwunder, und die Herzen ganz der Großmutter ergeben. All das macht mir wirklich Freude, denn ich weiß, liebe Gräfin, wie glücklich Sie das macht und wie sehr Sie diese Gaben einer gerechten Vorsehung genießen.
Aus Schwerin haben wir gute Nachrichten; die Besserung hält an, und die gute Prinzessin [Helene Paulowna, Mecklenburg-Schwerin] hat in freundschaftlicher Weise selbst einige Worte an mich geschrieben; sie klagt über Schwäche, ihre Handschrift ist ein Beweis dafür; doch geht sie schon allein in den Zimmern umher, und das ist viel. Brown [Leibarzt] ist auf Befehl der Kaiserin-Mutter [Zarin Maria Feodorowna] hingefahren und soll befragt werden, ob sie zur See nach Rußland fahren soll oder nicht. Man glaubt, eine Seereise wird ihr sehr wohl tun.
Der König befindet sich, Gott sei Dank, wohl und läßt sich Ihnen vielmals empfehlen, ebenso meine fünf kleinen Würmer. Ich bin in Freienwalde gewesen und bin sehr zufrieden mit meiner Reise; Mama [Königinwitwe Friederike von Preußen] fand ich *in dulci jubilo* ...

160. An Alexander I. [Charlottenburg], den 25. Juli 1803

Sire. Verzeihen Sie mir, mein lieber Vetter, wenn ich Sie von neuem belästige, aber die Gelegenheit ist zu verlockend, um sie zu versäumen. Der glückselige Prinz von Mecklenburg [Erbprinz Friedrich Ludwig von Mecklenburg-Schwerin] wird Ihnen dies zustellen, und ich bitte Sie, mein teurer Vetter, teilen Sie mir mit, ob er meine Aufträge ausgeführt hat, wie ich es ihm vorgeschrieben hatte; er sollte mich Ihnen nämlich in Erinnerung bringen, ehe er Sie noch umarmt hätte. Ich sage Ihnen nichts von meinen Ängsten, von meinem Kummer über den Zustand Ihrer Schwester. Sie kennen mein Herz und seine Empfindsamkeit, und ich überlasse es Ihnen, meine Leiden auszudenken. Ich stand tausendmal davor, sie zu besuchen, sie mit meiner Fürsorge zu überhäufen, obgleich es ihr daran sicherlich nicht mangelt, denn es ist doch ein Trost, diejenigen, die man liebt, zu sehen, selbst wenn man seine Schmerzen für den Rest des Lebens dadurch vermehrt.
Leben Sie wohl, teurer Vetter, haben Sie immer Ihre treue Cousine lieb

Luise

161. An ihren Bruder Georg Pfaueninsel, den 12. August 1803

▷Teuerster, liebster, bester George.
Das Datum dieses Briefes wird Dich überzeugen, teurer Freund meines Herzens, daß ich den Tag, der Dich werden ließ [12. August 1779], wohl weiß; die Kenntnis meines Herzens aber muß Dir sagen, daß ich ihn preise und Gott ewig dafür danken werde, der mir meinen Bruder gab, den ich mit allen starken und zarten Empfindungen meines Herzens und meiner Seele lieben kann. Ja lieber George, es ist eine außerordentliche Wohltat, einen Freund in der Welt zu haben, wie Du bist, auf den man bauen kann im Leben und im Tod, und dem man sich ganz hingeben kann, ohne irgend etwas zu fürchten. Wie viel moralischer Wert muß da vorauszusetzen sein, wo man das Gesagte mit voller Überzeugung sagen, fühlen und denken kann.

Charlottenburg, den 13. August.

Soweit war ich gekommen, als die gute Großmama [Luise, Hessen-

Darmstadt] mir eine *Morgenvisite* in der engen Pfaueninsel-Behausung machte, wo kein Schloß und kein Riegel vor Einbruch bewahrt, da das Gehör alles verdirbt und verrät, was die klügste Vorkehrung gut machte, da bekanntlich die Mauern von Papier sind und jeden Seufzer verräterisch seinen Nachbar hören läßt. Großmama ihre Schuld ist es also, daß der Brief einen Tag später abgehet. Der König, der Dir tausend Wünsche durch mich überschicken läßt und Dir viel Schönes sagen läßt, hatte den 11. (er glaubte, es sei der 12.) die Janitscharen [Militärkapelle] heimlich kommen lassen, um den Tag zu feiern, mich zu überraschen und zu erfreuen, da er wohl weiß, wie sehr und unendlich ich Dich liebe! – Gestern brachte er Deine Gesundheit aus mit *Champagner*, wir aßen auch auf einem neuen Platz, bei Brodes sein Haus nahe beim Wasser. Ich dachte viel und oft an Dich! – Nichts trübte diesen Tag als die Trennung von Dir, mein lieber George. Doch die Überzeugung Deiner Zufriedenheit und Dein Glück in Alba in dem gebildeten Zirkel Humboldts [Wilhelm v. H., Gesandter am Vatikan] usw. trösteten mich. Denn teurer Freunde Glück ist mir werter als eigenes. Zum 3. August [33. Geburtstag Friedrich Wilhelms III.] war Papa und O[nkel] Ernst [Mecklenburg-Strelitz, jüng. Bruder des Vaters] hier; sie waren vergnügt und zufrieden. Ich habe Hoffnung, auch noch dieses Jahr Mecklenburg zu bereisen.

Der Zustand der armen Erbprinzeß von Schwerin zerreißt mir das Herz. Sie ist sehr, *sehr* übel. Brown findet sie *elend* und sagt, es wäre viel mehr Wahrscheinlichkeit zum Tod als zum Leben! Beinahe möchte ich mit *Thekla* sagen: *»Das ist das Los des Schönen auf der Erde«* [aus Schillers *»Wallenstein«*]. Ihre einzige Hoffnung ist auf eine Reise nach Italien oder Frankreich gerichtet, die die Ärzte allgemein wünschen, obgleich es sehr wohl möglich ist, daß sie schon unterwegs stirbt. Mit 19 Jahren, ausgerüstet mit allem, was die Welt Glück nennt, Reichtum und Schönheit, ist es hart, sie zu verlassen, besonders da ihr Tod so viele Unglückliche machen wird, da ihre Herzensgüte viele beglückt und ihre zwei Kinder in traurigen Händen bleiben. Wen ich unter diesen traurigen Händen verstehe, begreifst Du! – Es ist möglich, daß Du sie vielleicht in Italien siehst.

Apropos, lieber George, ich bitte dich, nehme doch ja deine Rückreise über München, die Schönheit, die Liebenswürdigkeit A's [Prinzessin Auguste von Bayern] macht solchen Lärm, solche *epoque*, daß ich fürchte, sie wird gekapert. Unser neuer französischer Gesandte [Marchese Lucchesini] und seine Frau sprechen nicht von ihr, sondern *brüllen* von ihr. Da nun hier noch zwei ledige Ohren sind, die das hören, so *zittere* ich allemal.

Du weißt doch, daß Wilhelm [jüng. Bruder Friedrich Wilhelms III.] sich standepe in Prinzessin Marianne von Homburg [Hessen-Homburg] verliebt hat, daß er dem Könige es vertraute, daß dieser mit Freuden bewilligte, daß sie gefordert wurde und er keinen Korb bekommen hat, und daß die Heirat im Januar sein wird.

Die zwei noch ledige, unversprochene Ohme [Onkels] sind piquiert, wollen es aber nicht wahr haben, würden aber gern noch etwas Schöneres haben wollen, wäre es auch nur zum Possen. Deshalb beschwör' ich dich, zögere nicht, komme bald wieder, und gehe über München. Sie ist 15 sicher vorbei, *elle est grand fille depuis 2 mois*, also das wäre richtig. Wie sollte es mich freuen, wenn dein Glück auch so protegiert wäre.

Prinzeß Marianne ist regelmäßig schön, gut und sanft und wird gewiß eine angenehme Gesellschaft mehr für mich sein, da Mimi [Wilhelmine, der Niederlande] im Sommer immer bei sich ist. Nun ein Wort vom lieben Reich.

Ich war also wieder in den glücklichen Gefilden, wo wir unsere ungetrübte Kindheit und Jugend zubrachten! Ach! ich kann es nicht beschreiben, mit welchen Gefühlen ich sie durchlief. Doch das schwöre ich, daß Du immer mitten unter uns warst, wo die vier Schwestern waren, und daß unser Ausruf aus allen Kehlen gleich war: »*Gott, was sind wir doch glücklich, wäre George nur bei uns, so wäre es vollkommen*«, und was am sonderbarsten war, ist, daß diese Wahrheit sich bis auf die Kammerfrauen erstreckte; wie oft beim Ausziehen in Wilhelmsbad sagte mir die Schadow nicht: »*Es fehlt niemand wie der Herr Erbprinz, der macht alles schöner und lebendiger.*« Ich kam den 1. Juni nach Hildburghausen. Unten am Schloß standen die zwei ältesten Schwestern, alle Kinder, die sich nach der Reihe an meinen Hals, Kleider, Hände und Schleppe hingen. Das war wieder ein himmlischer Augenblick! Der Aufenthalt war von zwei freien Tagen, der erste mit Spazierengehen, Musik und Tee im Kümmelmannschen Garten, der zweite Ball. Den 4. Juni gingen wir über Koburg nach Fürth. In Koburg sah ich die Großfürstin Anna [Gemahlin Konstantins, des

Bruders von Zar Alexander I.]. Das ist ein deliziöses Weib, und ihr Anblick ist der größte Vorwurf für den Konstantin. In Fürth fand ich Friederike. Diese Zusammenkunft war beinahe mehr schmerzlich wie erfreulich. Ich glaube, wir empfanden in dem Augenblick des Wiedersehens und der ersten Umarmung den ganzen Umfang des Unglücks, voneinander getrennt zu sein, denn sie weinte so heftig, daß sie sich nicht erholen konnte, und ich, als sie mich aus ihren Armen losließ, beinah ohnmächtig. Ich fand sie so gut und hübsch als möglich. In der fünften Woche ihrer Wochen war sie zwar noch matt, doch sehr stark. Aber die schöne Haut noch nicht wieder *en beau*. Die Lotte [Charlotte, Sachsen-Hildburghausen] noch äußerst gebeugt über den Verlust ihres Adolfs [Maximilian Adolf, gest. März 1803], sehr matt und niedergeschlagen. Sie hielt sich krumm und ging schwankend. Doch die Freude, mich zu sehen, der göttliche, göttergleiche Aufenthalt in Wilhelmsbad hat sie sehr gestärkt, erholt und erheitert. Sie ist jetzt ihrer Gesundheit wegen in Bockenberg-Liebenstein.

Therese [Thurn und Taxis] stärker, weißer, hübscher, aber eitler, und im Costume, das der Coquetterie sehr gleich war. Die Geschichte mit P. S. [Prinz Solms?] *wahr*, sehr *wahr*, F. [Friederike?] mit tränenden Augen, hat sie mir gesagt. Ach! lieber George, da war es trübe! Die Geschichte hab' ich nicht erwähnt, da sie mir als Geheimnis anvertraut wurde. Doch hat sie Reflektion hervorgebracht bei F. von Aufopferung ehemaliger Größe etc. –, die mich in meinem Innern durchbebten – wegen der Folgen –. Ich habe meine Pflicht erfüllt, wo man Freundin sein will, muß man es beweisen. T. [Therese] ist mir in allem überlegen, aber meine Tugend machte mich stark. Ich sprach mit Kraft, ich tadelte, warnte, machte aufmerksam und sagte dabei die Wahrheit, nämlich, daß der Ruf gesunken sei und es an ihr und an ihrem Betragen sei. Ich betrübte, doch ich stärkte. Nun war ich so freundschaftlich, so nachsichtsvoll, so warm. Denn die Unglücklichen darf man nie verlassen. Ohne Beistand stürzen sie in das Prinzip, woran sie vorher nur standen. Mein George gibt mir recht, und hätte auch so gehandelt, wär er an meiner Stelle gewesen.

Den 12. kamen wir alle wieder zusammen in Wilhelmsbad, sowohl die preußische als die mecklenburgische Familie. Kaum waren wir beisammen, so kam Dein teurer Name in aller Mund und der Wunsch, Dich bei und um uns zu sehen. Der Zusammenfluß von Prinzen war

unbegreiflich. 42 Prinzen und Prinzessinnen waren wir bei Tisch. Die Landgräfin von Darmstadt [Luise, geb. 1761] kam den dritten Tag. Sie ist sehr *dick*. Ganz von nahem gewinnt sie dabei, denn die Haut ist aus*gedehnter*, wie vor vier Jahren, doch auf 12 Schritt weiß man nicht, was man sieht, denn sie sieht aus, als hätte sie ein permanentes Zahngeschwür, welches ihr geschwollene Lippen und Backen gibt.
Sie ist hoch darüber erfreut *»Ich hab'n dicken Bauch«* scheußlich, ...
Sonst petulanter [ungestümer] wie jemals, so daß Mimi [Wilhelmine der Niederlande] am Ende an der Tafel verstummte. Den 16. waren wir in Darmstadt, alle vier in einem Wagen. Alle Tore, Straßen, Gänge mit Bekannten und Leuten angefüllt, Hoffmann [Ob. Appellationsgerichtsrat], Strauß [Hoforganist], Lichthammer, alles fand sich wieder. Der Landgraf [Ludwig x.], einfach, aber herzlich. Die alte Rätin am Fenster streckte beide Arme aus und über den Kopf. Im Wagen schrie alles: »ach sehe, Papa sein Haus, dem Onkel Carl [H.-D., verst. 1795] seins, die vier Hessen«, und so bis ans Palais, wo Tränen mich erstickten, und so auch beim Aussteigen im Schloß. Ich konnte nicht sprechen, aber denken tat ich, fühlen und empfand das, was man nicht in Worten ausspricht! Ich wette, Du bist wie dahin verpflanzt beim Lesen dieser Zeilen und liest in meinem Innern. Gott, wie ist doch vieles so *gut, so sonderbar, so unbegreiflich* in der Welt.
Noch einige Nachrichten von hier und mir.
Unser Gesandter aus Konstantinopel, v. Knobelsdorff, ist hier und hat mir von der Prinzessin Ypsilanti ein *cadeau* mitgebracht (Fürstin der Walachei) von 8 Schals und vier Kleidern. Lombard [Kabinettsrat] hat Aufträge des Königs an den Konsul [Napoleon Bonaparte], findet ihn in Brüssel, Madame [Josephine Bonap.] schreibt den artigsten Brief, sagt: »Mme. Lucchesini étant aux eaux et m'ayant parlé souvent des commissions de modes de France pour V.M. Vous me permettrez de la suppléer en son absence et de Vous envoyer des modes et des dentelles de Bruxelles« usw.
Ich packe aus, finde 12 Hüte und Bonnets, einen Karton voll Blumen und einen Karton mit einem Spitzenkleid von ungeheurem Wert, ein schwarzes Sp[itzen]k[leid] und ein Ballkleid in Stahl gestickt, pompös. Wer hätte das je geglaubt???...
Nun adieu, bester George, ich liebe Dich, küsse Dich. Vergesse nie Deine Luise

Schmahl [Herr v. Schmalensee] und Beuth und Humboldt viel Schönes. Ich hab noch nicht den 'Kleener und die Kleene' [von Canova]. Wenn du den Blutjaspis noch nicht hast, so kauf den nicht ◁

die Liebenswürdigkeit A's: Nachdem sich Prinz Wilhelm (jüngster Bruder von Friedrich Wilhelm III.) mit Prinzessin Marianne von Hessen-Homburg verlobt hatte (kennengelernt dieses Jahr in Wilhelmsbad), machte Luise ihrem Bruder einen neuen Heiratsvorschlag. Es ging um die 1788 geborene Prinzessin *Auguste,* Tochter des Kurfürsten Maximilian von Bayern. – *zwei ledige Ohme,* die sich *wäre es auch nur zum Possen,* für Auguste ebenfalls interessierten: Luise meinte die Prinzen *Louis Ferdinand* (geb. 1772) und *August* (geb. 1779). Als Söhne des Bruders Ferdinand von Friedrich dem Großen waren sie tatsächliche *Ohme.* – Am Ende ihres langen Briefes nimmt Luise Bezug auf Geschenke von Madame *Josephine Bonaparte,* Gemahlin des damaligen Ersten Konsuls. Zum Schluß trug sie Grüße auf an: Herrn *v. Schmalensee,* den Begleiter ihres Bruders, Christian Peter *Beuth* (geb 1781) späteren Begründer des Berliner Gewerbeinstitutes, den Georg vermutlich beim Studium kennenlernte und Wilhelm *v. Humboldt,* der seit 1801(–1808) preußischer Ministerresident in Rom war. Erinnert sei daran, daß sich Schinkel von Oktober 1803 bis Mai 1804 auch in Rom aufhielt.

162. An Friedrich Wilhelm III. Charlottenburg, den 18. August 1803

▷Ich danke Dir noch tausendmal, lieber bester Freund, für die Liebe und Freundschaft, welche Du mir heute morgen in der Bezahlung meiner Schulden bewiesen hast. Ich werde nie die Délicatesse vergessen, die Du für mich hattest, schon vor 2 Jahren eine beträchtliche Summe für mich zu bezahlen, ohne Dich zu nennen; und meine Dankbarkeit wird nie enden mit meinem Leben und meiner Liebe. Wenn Du in mir, in dem Augenblick, wo ich nichts als Dankbarkeit war und sein sollte, noch einen heimlichen Wunsch in mir entdecktest, o, so glaube nicht, daß es ein Mangel der Dankbarkeit war, der mir diesen Wunsch auszusprechen vermögte, oder daß ich nicht durchdrungen war von allem dem, was Deine Liebe für mich tat. Es war vielmehr der Wunsch, für immer gewiß gesichert zu sein, nichts gegen Deinen Willen zu unternehmen, wodurch ich gewiß bin, Dir auf's äußerste zu mißfallen. Doch Du sollst in der Folge sehen, ob es mir Ernst ist, so ordentlich zu verfahren, als es mein Name und mein Rang, den ich nun all zu öfters bezahlen muß, zulassen. Niethe [Kabinettssekretär], der nun meine Geschäfte betreiben soll, wird Dir sagen, ob es an mir liegt, wenn es in der Folge nicht gehen sollte. Empfange noch einmal meinen wärmsten Dank und die Versicherung, daß, wenn Du in meinem Herzen lesen könntest, Du zufriedener sein würdest als jetzt, wo mein Wunsch der augmentation meiner revenuen eine Wolke auf Deiner Stirn gelassen hat, die ich sehr herzinniglich bedaure, da ich so gern Dich so vergnügt und glücklich gesehen hätte, als mich Dir wenig Sorgen machen [?]

Deine treue
Luise ◁

163. An den Leibarzt Dr. Brown   Charlottenburg, den 20. August 1803

Mein lieber Herr Brown, wir kommen! Am 22. werden wir aufbrechen und die Nacht in Kyritz verbringen, am 23. kommen wir an, rasten den 24. und brechen früh am 25. auf, um glücklich bei meinem Vater einzutreffen. Bevor wir uns indessen einschiffen verlange ich von Ihnen, daß Sie alles in der Welt unternehmen, um zu verhindern 1. daß die Prinzessin irgendwelche Anstrengungen hat wegen der Etikette, d.h. daß sie sich nicht erhebt als bis wir ihr Zimmer betreten, 2. daß sie nicht mehr anzieht als gewöhnlich und daß sie sich nicht mit dem Prinzen [ihrem Gemahl] abgibt. Sie zu sehen wird für uns ein wirkliches Glück und Ziel der ganzen Reise sein. Dann vertraue ich Ihnen noch einen sehr großen Wunsch an nämlich, daß ich die Prinzessin allein mit dem König (und dem Prinzen, wenn es sich als gut erweisen sollte) zu sehen wünsche und daß weder die Herzogin noch irgendein Familienmitglied dabei ist. Sie können das am besten herbeiführen, indem Sie sagen, daß zuviel Menschen aufeinmal für die Prinzessin schädlich seien. Überhaupt könnte mich, die ich alles auf der Welt tun würde, um der Prinzessin etwas Gutes zu erweisen, die Idee daran, daß sich dieser Engel quälen muß, nicht mehr loslassen und würde mich bis ins Grab verfolgen.
Der Erbprinz darf niemals erfahren, daß seine Frau und Miß Sims früher als er von diesem Plan Kenntnis hatten. Er wäre sonst imstande, eine grausame Szene zu machen. Sehen Sie sich also vor. Was Sie anbelangt, ist das eine andere Sache, denn es waren Sie, der uns dazu die Erlaubnis gegeben hat und ich werde es so in meinen Briefen an den Prinzen darlegen.
Sie haben mir oft gesagt, daß die Prinzessin uns liebt und von uns immer nur mit Zärtlichkeit spreche. Mein Gott, wenn unsere Prinzessin so sensibel werden könnte, daß wir uns Vorwürfe machen müßten!

Deshalb beschwöre ich Sie, lieber Herr Brown, tun Sie alles auf der Welt, damit sie sich auf diese Zusammenkunft vorbereitet, um nicht in Anbetracht ihrer großen Schwäche und der Reizbarkeit ihrer Nerven einen Rückfall zu erleiden. Ich würde verzweifeln, wenn sich ihr Zustand verschlechtern würde und mir mein Leben lang Vorwürfe machen. Ich kann hier keine Neuigkeiten mehr von Ihnen erhalten, da wir am Montag, dem 22. aufbrechen, aber ich bitte Sie, mich [in Ludwigslust] bevor wir zur Prinzessin gehen – auf ihren Anblick vorzubereiten, d. h. mir ihre Schwäche und ihr Aussehen darzulegen, damit ich der Hinneigung und Anhänglichkeit wegen, die ich ihr gegenüber trage, bei ihrem Anblick nicht von einer unentschuldbaren Schwäche befallen werde. Ich verbleibe zu Ihren Diensten; richten Sie der guten Miß Sims meine Komplimente aus.

Louise

Ende August reiste Luise kurz nach Ludwigslust und zu ihrem Vater nach Strelitz. – *Ludwigslust:* Die mecklenburg-schwerinsche Residenz war 1757 von Schwerin nach Ludwigslust verlegt worden. Um das 1772–1776 erbaute Schloß entstand eine neue planmäßig angelegte Stadt. Das repräsentative Schloß, am Rande eines großen Parkgeländes gelegen, hatte dreieinhalb Geschosse. Hier residierte Herzog *Friedrich Franz I.* (1756–1837) mit Herzogin *Luise* (1756–1808, aus dem Hause Sachsen-Gotha). Wohl in einem Schloßflügel wohnten ihr Sohn *Friedrich Ludwig* (1778–1819), seine kranke Gemahlin *Helene Paulowna* und die beiden Kinder *Paul Friedrich* (geb. 15. Stepember 1800) und *Marie* (geb. 31. März 1803).

164. An den Leibarzt Dr. Brown — Charlottenburg, den 29. August 1803

Mein lieber Herr Brown, es ist nötig, daß ich einmal vor jemandem, der der Prinzessin nahesteht, zu dem sie Vertrauen hat und von dessen Entscheidung im Augenblick alles abhängt, meine innersten Gedanken ausbreite. Seitdem ich in Ludwigslust gewesen bin und aus der Nähe die Bewohner und den traurigen Wohnsitz in dieser abscheulichen, grauenhaften und unseligen Stadt sah, habe ich keine Ruhe mehr, bis ich den Trost besitze, die liebe Prinzessin auf vier Rädern unterwegs zu wissen, um sich von diesem Ort, den sie verabscheut und wo sich alles vereinigt, sie am Ende dort zu behalten, zu entfernen.
Ich beschwöre Sie, mein lieber Herr Brown, kommen Sie [auch] zu uns nach Sanssouci, wo sie [die Prinzessin] mit der besten Freundschaft empfangen werden wird. Sie sagen mir, daß die Luft in Sanssouci doch

die gleiche ist; ich pflichte Ihnen bei, aber die Personen [in Ludwigslust] sind es nicht; vor allem die Herzogin, die sie nicht leiden kann; sie kann von ihrer groben Unhöflichkeit keine Freundschaft erwarten. Ich bin sehr davon überzeugt, daß sie sie nicht liebt und daß ihr die Sorge oft unerträglich und gegen die Natur ist. Ein derart schwacher Mensch, der außerdem keine seelische Ruhe hat, muß doppelt leiden; dies bedrückt sie und läßt sie schließlich sterben ...
In Sanssouci wird sie viel Ruhe haben, sie wird nur Menschen sehen, die sie liebt und bei denen sie beliebt ist, ihre Seele wird Ruhe finden, da ihr nicht von Personen Vorhaltungen gemacht werden, die sie nicht sehen will. Das Klima hier ist gesund, es gibt weder Sümpfe noch [?]. Die Zimmer haben den ganzen Tag über Sonne, sind groß und angenehm kühl. Sie liebt diesen Ort. Wenn es kälter wird, wird man dort Teppiche auslegen, Öfen aufstellen, usw., Sie werden alles gut finden. Sie wird hier auch so lange bleiben, wie sie will; dann kann sie, wenn sie wieder neue Kräfte geschöpft und während dieser Tage oder Wochen die Fürsorge ihrer besten Freunde genossen hat, ihre große Reise fortsetzen. Man hat soviel Kranke, deren Zustand auch so ernst war, wieder gesunden sehen, s. die Sartonis und viele andere. Glauben Sie indessen nicht, daß ich mir irgendwelche Illusionen mache, keinen Augenblick, aber es muß alles versucht werden und wir wollen erst einmal sehen, wie sie die Reise nach Sanssouci übersteht.

Sonntag

Ich habe gestern mit meinen Klagen und Wünschen nicht fortfahren können, die Nacht und Kopfschmerzen haben mich daran gehindert. Aber diesen Morgen fahre ich nun doch fort, wo ich gestern Abend aufgehört habe, nachdem mir Gott eine angenehme Nacht geschenkt hat (die ich meiner lieben Cousine wünsche), ich wieder frisch bin und meine Gedanken neue Kräfte geschöpft und lebendigere Farben angenommen haben. Gebe mir Gott genug Beredsamkeit, um Sie zu überzeugen, mein lieber Herr Brown, daß nicht ein Augenblick mit der Abreise der Prinzessin gewartet werden darf. Sie haben nicht einen Augenblick zu verlieren. Machen Sie sich auf den Weg und legen Sie nur wenige *Lieu* oder Meilen täglich zurück. Es ist alles bestens organisiert. Die besten Häuser mit der gesundesten Lage sind ausgewählt worden, endlich wird man alle Welt ausquartieren, damit sie eine ruhige Nacht hat, aber machen Sie sich auf die Reise und verlieren Sie

keine Zeit. Sie werden etwa acht Tage hier brauchen, d. h. in Sanssouci, verbringen; die Kinder der lieben Kranken sind unterwegs und werden genau wie sie in Sanssouci untergebracht werden. Mein Gott, mein lieber Herr Brown, kommen Sie doch! Wenn ich in Ludwigslust wäre, würde ich mich allen, die etwas zu sagen haben, zu Füßen werfen, um ihre Herzen zu erweichen. Glauben Sie nicht, daß ich Ihnen dies alles sage, um selber eine Reise nach Ludwigslust zu vermeiden. Mein Gott ist mein Zeuge, daß ich – sollte ich damit meinem Engel einen Gefallen erweisen – noch vor ihrer Abfahrt bei ihr sein würde. Nach meinem Kalender haben Sie nicht mehr viel Zeit zu verlieren, beschleunigen Sie Ihre Reise so gut Sie können und kommen Sie schnell, schnell nach Sanssouci. Nehmen Sie nicht jeweils das Beste für die Prinzessin wahr, lieber Herr Brown? Sie liebt uns. Aus Freundschaft zu uns hat sie die Milch der Amme genommen; ich mache mich anheischig, daß sie alles einnehmen wird, was wir ihr geben, wenn ich bei ihr bin und ihr mit Liebe darstelle, daß sie wieder gesund werden muß und daß dazu Fügsamkeit notwendig ist. Endlich, Herr Brown, verspreche ich mir alles davon, daß ich Sie im Namen Gottes beschwören kann, alle Kräfte für das Gelingen des Plans zur Verfügung zu stellen. Sie merken genau, daß ich nicht alleine dies wünsche, die Einladung ausspreche und Sie dränge, sondern daß der König – genau wie ich es sage und in meinem Brief schreibe – das Beste und Angenehmste für die Prinzessin wünscht.
Ich habe gestern die Prinzessin Ferdinand gesehen, die über den Umstand der Prinzessin fast verzweifelt und darüber betrübt ist, daß man nicht Heim [Arzt] hinzugezogen hat. Sie sagt, daß Sie das Übel seien und daß sie Sie nur noch zu sehen hofft. Es scheint mir, daß, da Herr von Boeckler nicht auf Reise gehen will, Sie doch der einzige Arzt sein werden, auf dem die ungeheure Last der Verantwortung für die Prinzessin ruht. Sie erweisen mir einen Gefallen, wenn Sie noch jemanden hinzuziehen. Holen Sie Heim, zeigen Sie ihm die Kranke, konsultieren Sie diesen Menschen, der auf diesem Krankheitsgebiet einen guten Ruf hat.

Zusatz: Ich habe nicht nötig, Ihnen zu sagen, mein lieber Herr Brown, daß dieser Brief nur für Sie bestimmt ist, und daß er für Sie der Garant meiner Wertschätzung und meines Vertrauens in Sie ist. Sie haben mir

immer offensichtliche Beweise Ihrer vornehmen Denkweise gegeben und Sie wissen, daß ich mich erkenntlich zeige!
Das Glück meiner Schwester ist Ihr Werk.

165. An Helene Paulowna, Erbherzogin von Mecklenburg-Schwerin.

Charlottenburg, den 30. August 1803

um 10 Uhr morgens

Liebstes Hähnlchen! Nachdem ich Dich in Gedanken eine Million mal umarmt und Dir mit aller Inbrunst die Hände gedrückt habe, Dir auch alles gesagt habe, was dankbare Freundschaft mitzuteilen hat, um Dich davon zu überzeugen, welch übergroße Freude mir Deine reizende, wundervolle Vase gemacht hat, komme ich jetzt doch auf ein anderes Thema, das mich ziemlich beschäftigt. Der König und ich nämlich möchten Dich in Sanssouci sehen, das Du liebst und wo man Dich mit aufrichtiger Herzlichkeit empfangen würde. Wenn Du also Deine große Reise in die südlichen Länder antreten wirst, dann ist es absolut unumgänglich, daß Du für acht oder 14 Tage bei uns bleibst, um hier die beste Luft, die es gibt, mit uns zu teilen. Man wird alles so gut wie möglich zu Deiner Bequemlichkeit arrangieren. Ich selbst würde die Hofmeisterin sein, auch selbst die Vorkehrungen treffen. Du würdest Dein Sofa mit Dir führen, und außerdem Deinen Reisewagen, und ich den Zweisitzer des Herzogs [Friedrich Franz I. von Mecklenburg-Schwerin]. Du könntest hier einige Male ausfahren, und der gute Bischoff [?] könnte mit von der Partie sein, um Dich nach Deiner *facon* zu geleiten. [...?] Deine Kinder [Paul Friedrich, 3jähr. und Marie, ½jähr.] würden mit nach Sanssouci kommen, wo sie auch wohnen und meine Kinder kennen lernen könnten. Wir hätten also einen Schwarm von 7 Kindern; welch ein Lärmen und welch Vergnügen für die Lieben! Liebes Hähnlchen, Engel meines Herzens, komm! – Das schöne Sanssouci wird Dich auch mit seinen guten Früchten in Versuchung führen und Deine Freunde ein wenig. Ich würde Dir ein Lager aus Pfirsichen und Trauben bereiten, wenn Du Dich nach der einen Seite wendest, würde ein Pfirsich in Deinen Mund fallen, und wenn Du Dich dann zur anderen wendest, präsentierte sich Dir eine Traube, damit Du sie ißt. Welch herrliches Leben! Dann würde ich Dr. Brown inständig

bitten, mir zu erlauben, daß ich einige Zeit des Tages bei Dir, meine liebe Freundin, verweilen darf! – Ich würde Dir die tollsten Geschichten erzählen. Du siehst: man muß nach Sanssouci – ohne Sanssouci kein Heil. Der König ist zu Deinen Füßen und dankt Dir mit mir für den lieben kleinen Brief, den Du uns geschrieben hast, und wir bitten Dich, liebe Freundin, doch ja der Amme zu folgen, die Dich bald wiederherstellen wird. Du bist es uns schuldig, liebstes Hähnlchen, ganz genau den Vorschriften der Ärzte zu folgen; denn wir haben Dich lieb und Dein Wohlsein ist uns teuer. Du kannst nicht gesund werden, wenn Du nicht den wohltätigen Vorschriften folgst, die Dir in allerkürzester Zeit ein gutes Ende der Krankheit verschaffen werden, allerdings verbunden mit dem excellenten Klima von meinem Sanssouci. Ich umarme Deine Amme, denn sie ist es, die Dich gesunden läßt. Blick doch auf Deine [kleine] Marie: wie ist sie rund und gesund, das kommt alles von der Milch der Amme. Wenn Du nicht auch davon drei- oder viermal am Tage nimmst, dann ist es der Fehler von Brown, der Dich nicht daran erinnert; denn Du bist ein Engel, der uns hält, was er einmal versprochen hat. Es ist ein heiliges Versprechen, das Du uns gegeben hast!
Ich fürchte, daß Brown schelten wird, wenn er diesen langen Brief sieht, den Du lesen sollst; möchte er es jedoch nicht übelnehmen. Ich umarme zuallererst den kleinen Paul, bevor ich schließe, und sende tausend Grüße an die Comtesse Henkel und an die gute Miß Sims. Ich werfe auch Deiner Amme einen Handkuß zu und schließlich umarme ich Dich und sage Dir vielmals Adieu, mein liebstes Hähnlchen, ein Adieu bis Sanssouci, wo Dich wiedersehen wird

Louise

166. An den Leibarzt Dr. Brown — Paretz, den 5. September 1803

Ihre beiden letzten Briefe zerreißen mir das Herz, mein lieber Herr Brown. Die Leiden, die Schwächezustände dieser teuren, ausgezeichneten Prinzessin gehen mir unaussprechlich nahe. Nur meine Tränen erleichtern mir manchmal die Last, die mich unaufhörlich niederdrückt, denn ich sehe nur Unglück und Betrübnis voraus. Ich weiß nicht, worauf man wartet, bis sie reist, seit 9 Wochen wird davon gesprochen, und sie fährt nicht. Warum haben Sie sie nicht reisen lassen, lieber Herr Brown, als es ihr kürzlich sechs Tage besser ging? Sie

hätte mindestens 18 Meilen zurücklegen können, und ich bin sicher, die Veränderung des Ortes, der Umgebung, der Gegend hätten viel zu ihrer Besserung beigetragen. Ich verhehle Ihnen nicht, die Ablehnung von Sanssouci schmerzt mich mehr, als ich Ihnen sagen kann, denn ich hatte mir davon viel für diese teure Prinzessin versprochen, die ich an kleinen Mängeln hinsterben sehe. Wenn sie (ein Gedanke, den ich angstvoll ausspreche) bei uns gestorben wäre, so wäre sie in den Armen der Freundschaft gestorben und hätte die letzten Tage angenehmer als da unten verbracht, wo sie ihren Aufenthaltsort verabscheut, wo ihre Umgebung ihr in höchstem Grade unangenehm ist. Ich flehe Sie an, Herr Brown, reisen Sie mit ihr fort; die Prinzessin ist schwach, das ist wahr, aber Sie sehen wohl, daß Sie in Deutschland vergeblich von ihrer Natur eine Besserung der Kräfte erwarten, daß Sie die nicht erlangen werden; die Jahreszeit schreitet immer weiter vor, ihre Krankheit nimmt nicht ab, reisen Sie also in Gottes Namen ab. Sie können sich nicht vorstellen, in welcher schrecklichen Erregung ich bin; Tag und Nacht sehe ich diesen Engel sterbend vor meinen Augen, und in diesem kalten Klima stirbt sie sicherlich...
Der Prinzessin viel Schönes. Sagen Sie ihr, ihre Haare hätten mir innigste Freude gemacht. Auch Sie haben das getan, indem Sie mir den Wunsch dieses Engels mitteilten, mein Bildnis zu haben; es ist bestellt, und sie wird es bald bekommen. Die Versicherung, daß ich ihrem Herzen teuer bin, und vor allem, daß sie mich mit ihrer Mutter zusammen genannt hat, rührt mich so, daß ich zu ihr fliegen und diese teure Freundin meines Herzens umarmen möchte. Ich bitte Sie, geben Sie mir weiter genaue Nachrichten über die Prinzessin. Mein einziger Trost ist es, wenn ich sie beweine!

167. An Frau v. Berg — Paretz, den 15. September 1803

Ohne die geringste Eitelkeit kann ich sicher sein, daß mein Brief in Ihrem kleinen, aber sehr interessanten Kreise Freude bereiten wird. Es handelt sich nicht um mich, sondern um ein Wesen, das ich mindestens ebenso liebe wie mich; es ist das Tagebuch des lieben Georg, das ich Ihnen schicke, und das diese Freude verbreiten wird. Immerhin muß ich bemerken, daß ich, um Sie zu erfreuen, einiges wage. Dieses Tagebuch ist nicht das Original, das, wie Sie wissen, in Berlin begraben

ist, sondern dasjenige, das der König für sich abschreiben ließ. Sie müssen sich deshalb beeilen, es schnell lesen und mir schnell zurückschicken, denn wenn die Manöver zu Ende sind, wird er es lesen wollen, und wehe dem Frieden, wenn es fehlt und wenn ich es bin, die nach Gutdünken über sein Eigentum verfügt hat. Aber um anderen Leuten Freude zu machen, muß man sich schon einigen kleinen Unannehmlichkeiten aussetzen.
Ich füge noch ▷ *die Braut von Messina* ◁ hinzu. Ich habe sie noch nicht gelesen, aber ich will Sie nicht länger dieses Genusses berauben. Aber wir können dabei einen Vertrag abschließen. Sie geben mir dieses Buch wieder, nachdem Sie es gelesen und die schönsten Stellen bezeichnet haben, ich werde es ebenso machen und wir tauschen so unsere Gedanken und Gefühle. Ich muß Ihnen aber erklären: da ich wenig Kunstverständnis habe, werde ich gewiß nicht das anmerken, was am meisten zu bewundern ist; aber alles, was zum Herzen spricht und was ich fühle, werden Sie dort finden. Aber Geduld, denn ich bin unter Soldaten, und die Kanonen und der Pulverrauch betäuben mich für einige Zeit.
Den zweiten Band der Gedichte Schillers genieße ich seit Beginn dieses Monats, es sind göttliche Sachen darin, aber sie lassen mich nicht den ersten Band vergessen, in welchem sich ▷ *»die Ideale«* ◁ befinden; ▷ *»So willst Du treulos von mir scheiden«* usw. ◁ das ich bewundere, besonders den Schluß, der mehr als alles andere den Wunsch in mir erregte, mich zu bilden. Ich habe noch nicht ▷ *»Die Künstler«* ◁ im 2. Band gelesen, die man als sein Meisterwerk bezeichnet, aber da ich dumm bin, habe ich aus Eitelkeit, die meistens mit der Dummheit verknüpft ist, es noch nicht unternommen, aus Furcht, jeden Augenblick mit dem Kopf vor der Wand zu stehen.
Die Briefe von Herder zur Beförderung der Humanität sind gekauft, liegen vor mir und ich werde sie lesen. Wenn Sie unterdeß mir die Briefe bezeichnen wollen, von denen Sie annehmen, daß sie mir gefallen und mir am meisten nützen, so würden Sie mir einen Gefallen tun ▷ wegen der unten angegebenen Ursache. Im Journal von George sind göttliche Sachen, herrliche Gedanken, rein und erhaben wie sein Herz und Geist. Ein Gedanke ist darin, der mich sehr rührte, ich nenne ihn nicht, Sie müssen ihn finden, beste Frau von Berg. In Herders Zerstreuten Blättern gefiel mir auch einer sehr gut, es ist auch darin eine sanfte

Nutzanwendung. Sein Urteil über Rousseau und Voltaire sind nach meinem Gefühl auch richtig, ich kann das Portrait des Letzteren gar nicht vergessen. Sie sprachen mir auch von der *Adrastea*, auch darüber seien Sie deutlicher. Sie werden finden, daß ich wie G[eorg] eine rechte Herrschaft bin, die es sich gern gemütlich macht ◁.
Unsere Nachrichten von der armen Helena [Mecklenburg-Schwerin] sind weniger schlecht. Brown sagte mir, daß die Krankheit im Augenblick stillsteht. Ich fürchte, ihr Dasein wird nur einen Augenblick gewesen sein, denn wir werden sie verlieren. Sie ließ mich um mein Bild bitten, d.h. sie sagte zu B[rown], daß sie es haben möchte, um es zusammen mit dem ihrer Mutter an ihr Herz zu drücken. Diese Zuneigung hat mich mit Schmerz erfüllt, denn sie muß uns für immer verlassen. Wenn sie noch am Leben bleiben würde, könnte ich ihr, wie ich glaube, von Nutzen sein, denn ohne allzuviel Geist zu besitzen, habe ich doch praktischen Verstand, wie man ihn haben muß, um einen guten Hausstand zu führen, und das ist schon etwas für hier unten. Sie war glücklich mit ihrer Familie, weniger wenn sie getrennt von ihr war. Man muß sich sein Glück schaffen, man ergreift es nicht bequem mit der Hand. Sie wissen, der Mensch lebt von der Erinnerung, wenn man etwas hat, um daran zu denken, etwas Gutes, dann kann man nicht ganz unglücklich sein. Aber wohin bin ich gekommen, ich wollte mit Ihnen über ein Hochzeitsgeschenk für meine zukünftige Schwägerin [Marianne, geb. Hessen-Homburg] sprechen...

168. An ihren Bruder Georg — Potsdam, den 27. Oktober 1803

▷... Nichts kann mir Deine Abwesenheit [sic] ersetzen, unsere Seelen verstehen sich so ganz, ein Hauch belebt die Saiten und der Accord ist da und wird ewig da sein.
Was ich litt seit meinem letzten Brief, kann ich Dir nicht sagen. Der Tod der engelsguten, engelsreinen Erbprinzeß [Helene Paulowna] hat mich um vieles in dieser Welt gebracht. Ich glaube, ich sagte Dir schon einmal, daß sie sich in dem letzten Jahre ganz besonders an mich geschmiegt hatte; in den vier Wochen, die sie vorigen Herbst hier zubrachte, hatte sie *mich* ganz genau kennenlernen. Kein Geräusch der großen Welt entfernte uns, und daß ich in ihren Augen bei näherer

Bekanntschaft nicht verlor, hat sie mir durch unzählige Proben gezeigt. Die Bekanntschaft mit ihrem Bruder [Zar Alexander], den sie anbetete, die näheren Verhältnisse, die dadurch zwischen ihrer Familie und der unserigen entstand[en], flößten ihr unbegrenztes Zutrauen ein. Sie war so gut gegen mich, der König war ihr mit so vielem Wohlwollen zugetan, wir verlebten so angenehme Stunden in ihrer Gesellschaft. Sie hatte so wenig kleinliche weibliche Fehler an sich, die so oft Freundschaft stören und untergraben, sie war so unfähig, etwas zu unternehmen, was mir oder ihr nachteilig sein konnte; alles dieses ist dahin und wie fürchterlich dahin! Unter welchen Leiden gab sie ihren Geist auf! Ja, sogar die *Agonie*, die bei dieser Krankheit nie, nie stattfindet, war fürchterlich. Hier ist unserem Denken eine Linie gezogen, worüber wir nicht schreiten dürfen, denn es gibt ja eine Vorsehung, die alles leitet. Der Verlust für die Kinder, Mann, Land, Mutter, Verwandten ist grenzenlos, sowie der Schmerz, der in den Gemütern wütet. Ich war sehr herunter, und auch meine Gesundheit hat gelitten, doch meine eiserne Natur hat gesiegt, und der eiserne Wille, den König nicht durch meinen Schmerz zu plagen, hat mir Mut gegeben, wieder Fröhlichkeit zu sein und zu scheinen. Gerade an dem Tag, wo Du mir zum letztenmal schriebst, daß Du überzeugt wärest, sie könne nicht sterben, starb sie. Den 24. September um halb zehn. Und ich, ich tanzte den Tag. Dieses ist mir eine so horrible Idee, die mich quält und plagt. Du begreifst es gewiß.

Luise ◁

Am *24. September 1803* starb die erst 19jährige *Helene Paulowna* (Schwester des Zaren), Erbprinzessin von Mecklenburg-Schwerin. Sie wurde in einem tempelartigen Mausoleum (erbaut 1804–1806 von Ch. J. Lillie) im Schloßpark von Ludwigslust beigesetzt.

169. An die Oberhofmeisterin Gräfin v. Voss

Potsdam, den 1. November 1803

Frau Oberhofmeisterin. Da Sie nicht nur die ▷ Oberhofmeisterin ◁, sondern auch die ▷ Oberaufseherin des königlichen Gesichtshäutchen ◁ sind, würden Sie sehr schelten, wenn Sie wüßten, daß ich nach Tische, erhitzt, mit geröteter Nase schreibe. Aber meine kindliche Ergebenheit

zwingt mich dazu. Ich bitte Sie, schicken Sie diesen Brief durch einen Boten an Papa und ▷ Großmama ◁; da es ein Jahrhundert her ist, daß ich ihnen geschrieben habe, kümmere ich mich nicht um gerötete Nase, Erhitzung, verdorbenen Teint usw.
General Bischoffwerder ist gestorben; lassen Sie der Tochter ein höfliches Wort von mir sagen. Sein Tod war sanft und ohne Todeskampf.
Gestern sah ich die unglückliche Plettenberg. Sie zerriß mir das Herz, und ich bitte Sie, ihr diesen Brief zu schicken. Wenn sie Ihnen einen Besuch macht, sagen Sie ihr auch, sie solle ihren Gemahl überreden, die Regelung anzunehmen, die der König ihm anrät, für die auch ich ihr schreibe.
Leben Sie wohl, liebe Gräfin, ich mache heute unerhörte Sachen; ich habe schon vier Briefe geschrieben, habe gelesen, gegessen und will jetzt spazierengehen. Alexandrine [¾jähr. Töchterchen] hat ihren zweiten Zahn bekommen, heiter und wohl, als ob nichts wäre. Sagen Sie das Brown [Leibarzt], denn sie ist sein Liebling. Ich komme Sonnabend an; vielleicht bleibe ich Sonntag, das ist nicht ganz sicher. Sagen Sie an Lentz [Hofrat], wenn die Kopfkissen für mein Bett noch nicht gemacht sind, so bitte ich ihn, sie rosafarbig zu machen, aus Taft oder Atlas, das ist gleich. Dann die Decke von weißem Atlas, ▷ gesteppt ◁. Ich würde Sonnabend in Charlottenburg gern die Teppiche in den Galerien sehen. Wenn meine gute Gélieu [ehem. Erzieherin] dies alles lesen würde, würde sie mit Recht sagen: »Das sind sehr viele nichtsnutzige Einfälle«. ▷ Adieu, Frau Voten ◁, Rex und Regina sind Ihnen gut. Die Prinzen sagen Ihnen viel Schönes.

Luise

Johann Rudolf *v. Bischoffwerder* (geb. 1741) starb am *31. Oktober 1803* auf seinem Landgut Marquart bei Potsdam. Er war 1791 Generalmajor und wurde 1798 von Friedrich Wilhelm III. pensioniert. Als Vertrauter von König Friedrich Wilhelm II. hatte er für Preußens Teilnahme am ersten Koalitionskrieg gestimmt. Bischoffwerder gehörte dem christlichen Geheimbund der Rosenkreuzer an. Eine Tochter des Generals, Charlotte (1776–1812, aus erster Ehe) war Hofdame.

170. An Frau v. Kleist — Potsdam, den 27. November 1803

Meine teure Kleist. Sie haben mir ein Buch von Tieck versprochen, ich *will* es haben, ich fordere es von Ihnen aus Leibeskräften. Nun, dieses *»ich will«* erinnert ein wenig an die Königin als Freundin. Aber meine gute Kleist weiß wohl, daß das nicht meine Meinung ist, und ich bitte sie, mir alles zu schicken, so wie ich sie von Herzen bitte, mir ihre teure Freundschaft zu bewahren, die von einem Wert ohnegleichen, unschätzbar für mich ist. Der reizende Vormittag, den wir zusammen vor acht Tagen verbrachten, war entzückend, wohltuend, interessant und unauslöschlich in meinem Gedächtnis. Wie angenehm ist es, eine Freundin zu haben, die die Sprache des Herzens begreift, die alle meine Gedanken versteht, selbst die leichtesten Regungen werden aufgenommen und verstanden. Kurzum, ich bin überzeugt, daß Sie mir eine *Seelenverwandte* sind.

Je mehr ich die M[oltke] [Charlotte, Hofdame Luises] beobachte, je mehr ich von ihr reden höre, desto lächerlicher finde ich sie. Und wenn die Wissenschaft und das Wissen weniger *empfindsam* machten, würde ich alle Bücher in die Havel werfen, denn die echte Empfindsamkeit ist das erste Gut des Menschen. Die M[oltke] hat seit diesem Sommer, von dem ab ich in der Hauptsache den Mangel an Zusammenhang in ihren Gedanken rechne, viel weniger Aufmerksamkeit für mich übrig. Seitdem wir in dem trübseligen Potsdam sind, war sie noch keine zwei Tage hintereinander zu Haus, höchstens an den Tagen des Dienstes und sogar von diesem machte sie sich möglichst frei. Möge Gott mich davor bewahren, meinen Geist zu pflegen und mein Herz zu vernachlässigen! In eingebildeten Welten mich zu ergehen und den *Pfad* zu verschmähen, den die Vorsehung mir hier unten *vorschreibt*. Wir werden uns immer auf diesem Pfade begegnen, aber Sie werden mir immer darauf entgegenkommen, und ich werde mir Mühe geben müssen, Ihnen zu folgen. Wenn ich Sie allein sprechen werde, will ich Ihnen eine Unterhaltung erzählen, die ich mit der M. im Wagen auf der Fahrt nach Berlin hatte; da die 2 Viereck [Hofdamen Luises] Zeugen waren, sagte ich ihr nicht alles, was ich auf dem Herzen hatte. Aber denken Sie sich, sie behauptete unter anderem, daß Luise Voß [geb. v. Berg] mehr wert sei als die Mutter [Caroline v. Berg]. Aber Sie verstehen wohl, daß sie nicht den Takt gewahrt hat. Sie liest und verehrt die Schlegel [Caroline], die sie zwar göttlich findet, aber nicht versteht. Gab es jemals solche Torheit? Und sehen Sie denn nicht, daß sie lieber glänzen als geschätzt werden will. Leben Sie wohl, ich sehe zu sehr in die Ferne, glaube ich. Vergessen Sie weder mein Buch noch mein Leinenzeug und glauben Sie an meine unverletzliche Zuneigung und Freundschaft. Luise

Buch von Tieck: Von Ludwig Tieck waren 1798 in Berlin erschienen »Franz Sternbalds Wanderungen« und 1799–1800 in Jena zwei Bände »Romantische Dichtungen«. – Die von Luise kritisierte Hofdame Comtesse Charlotte *Moltke* (geb. 1780) heiratete 1809 Friedrich August v. der Marwitz-Friedersdorff. – Caroline *v. Schlegel* (1763 geborene Michaelis, 1784 verheiratete Böhmer) hatte sich 1796 mit August Wilhelm v. Schlegel vermählt, von dem sie sich 1803 wieder trennte. Aufsätze von ihr erschienen weiter unter dem Namen v. Schlegel. 1808 heiratete sie den Philosophen Friedrich Wilhelm v. Schelling.

171. An ihren Bruder Georg

Potsdam, den 5. April 1804

▷Lieber George!

Wie viele Entschuldigungen müßte ich zur Welt bringen, um mich gegen Dich, Du bester Mensch, zu rechtfertigen; ich will mich gar nicht rechtfertigen und geradeheraus sagen: *Herr, ich bin eine Sünderin!* Doch mit einiger Modifikation: die Zeit gebrach mir wahrlich, und wenn Du Dir das nicht denken kannst und Dir die göttlichen *Südwinde* und die Reize der Prinzessin Borghese das Gedächtnis nicht ganz geschwächt haben, – so bitte ich recht sehr, an die verlebten Berliner Karnevals zu denken und Dir dazu noch eine Hochzeit (ganz pompös) zu denken, die die *Kartons* der Nitzen, Quittels, Michelets, Vorasts und Vibeaus so anhäuften, daß knapp der König durch meine Zimmer einen engen Fußsteig finden konnte. Nun haben Durchlaucht *en raccourci le précis de ma vie.* Denn die Bälle, Konzerts, *Courses,* Opern, Assembléen, die erinnerst Du Dich doch auch noch und weißt, daß sie Kräfte nehmen, und daß man Kräfte herbeischlafen muß.

Den 14. April.

Vom 5. bis heute bin ich ein Miserableches gewesen; Reißen im Kopf, Fluß, ein ungeheures Zahngeschwür, Fieber usw. haben mich auf meiner Chaiselongue gehalten, gezerrt, geplagt und mich des Vergnügens beraubt, mit Dir zu sprechen und mich eines sehr angenehmen Auftrags zu entledigen; nämlich der König läßt Dir tausend Schönes sagen, Dir tausendmal für Deinen Brief danken und für den Anteil, den Du an der *bonne ville* ihrer Gloire nimmst. Er dankt Dir herzlich für die Mühe, die Du übernehmen willst wegen der schönen Abgüsse, und akkordiert die Summe, die Du vorschlugst, von 5000 Talern. Nur bittet er Dich, erst eine Liste zu schicken von all dem, was Du Dir so gedacht hast herzuschaffen; die will er erst sehen und sehen lassen, damit keine

Dubletten unnötig herkommen. Du hingegen richtest es so in *Roma* ein, daß man nur zu pfeifen braucht, damit die lieben Puppen (auf gut Berlinsch) sich zu bewegen anfangen und so nach und nach ihren feierlichen Einzug durch das Brandenburger Tor in die *bonne ville* halten. Ich halte es dabei wie in Bürgers Leonore, ich ziehe den Kommenden entgegen und schmücke mich dazu mit grünen Reisern.
Das wäre eins, was abgemacht wäre; nun an das zweite.
Wie soll ich dir die Freude beweisen, die Du mir mit den unvergleichlichen Pasten [Gipsabgüssen] gemacht hast, gesehen, geschaut und geguckt habe ich an ihnen wie'n Nari und habe aufgehört, mich in das Fragment des Äskulaps zu verlieben; Gottlob, daß weder Brown noch Hufeland diesem gleichen; ich hätte keine gesunde Stunde mehr und ihre Hilfe müßte *stets* um mich sein und wachen. Denke Dir aber, George, denke Dir, daß gerade diese Paste mir gestohlen und unersetzbar für mich ist; ich bitte Dich, bring mir wieder so eine mit, oder ich tröste mich nicht.
Auch für den unvergleichlichen Brief danke ich Dir, der sie begleitete, auch für den, den Du zum Andenken des 10. [März, ihr 28. Geburtstag] schriebst. Du erwähnst darin eines Sirokkos, der aus der Mitte Afrikas blies, und mich wehete ein Nordostwind an, der mit 10 Grad Kälte begleitet war und grad von Spitzbergen kam. Ach, du himmlisches Klima, ich bin für Dich geboren, aber die Kälte, Gott bewahre, die erstarrt alles, alles. Aber die Prinzeß Borghese, nicht wahr, die erwärmt noch den Sirokko? – Ha! Ja, das ist auch eine hübsche Wärme, aufs Land hat sie gemußt mit dem Gemahl, *ah, Barbaro! non credo possibile, a such unhappiness* und welch eine *attention* dem *liebenden* Bruder so allerliebst auf der *Fête* der *»ma soeur«* ein Diner geben zu wollen, und dieses alles macht der Wille eines O. zu Wasser, nein, das ist abscheulich.

Den 1. Mai.

Denke Dir, wieder bin ich krank gewesen, und wie elend! den Ziegenpeter und ein Zahngeschwür; 14 Tage habe ich damit zu tun gehabt und bin noch matt und etwas *rostig*. Heute ist hier Gesang und Tanz, nämlich auch Auguste [Hessen-Kassel, Schwägerin] ihr [24.] Geburtstag. Der Professor Kiesewetter [J. G., Prof. an der Berliner Militärakademie] wird Dir diesen Brief übergeben; wie beneide ich ihn, daß er Dich einige Monate früher sieht! Mit welcher Freude werde ich Dich an

diesen treuen Schwesterbusen drücken! Hierbei Briefe aus München, die Dir zeigen werden, daß man für Dich portiert ist. Ich hoffe, es wird alles nach Wunsch gehen.
Ich muß schließen, denn morgen geht Kiesewetter; und heute ist es schon spät, und meine Kinder sollen noch fort nach Berlin und ihn mitnehmen. Adieu! Tausendmal küsse ich Dich in Gedanken.

Luise

Die Großfürstin Anna kömmt den 6., eine charmante, artige Frau, auf der ich mich freue ◁.

Am *12. Januar 1804* im Berliner Schloß: *Hochzeit* des 20jährigen Prinzen Wilhelm (Bruder des Königs) mit der 18jährigen Prinzessin Marianne von Hessen-Homburg. – Am *10. März 1804:* Der *28. Geburtstag* Königin Luises wurde mit einem Maskenball im Schauspielhaus gefeiert. Luise selber erschien als Statyra, Tochter des Darius. – *Nitzen, Quittels, Michelets, Vorasts und Vibeaus:* Berliner Modegeschäfte. *Prinzessin Borghese:* Napoleons – des Präsidenten der Italienischen Republik (seit 1802) – Schwester Pauline hatte 1803 den Fürsten Camillo Filippo Borghese geheiratet. – *Bürgers Leonore:* Die berühmteste Ballade des Dichters Gottfried August Bürger (1748–1794) erschien 1774 im Göttinger Musenalmanach. – *Großfürstin Anna,* Gemahlin des Großfürsten Konstantin (Bruder des Zaren) kam am 6. Mai aus St. Petersburg nach Berlin, begleitet von ihrem Bruder Erbprinz Ernst von Sachsen-Coburg. Sie war unglücklich verheiratet (geschieden 1820) und wurde von Luise – die sich mit ihr anfreundete – scherzhaft griechische Heidin genannt, weil sie zum russisch-orthodoxen Glauben übergetreten war.

172. An Friedrich Wilhelm III. — Charlottenburg, den 28. Mai [1804]

▷Holdseliger Gemahl. In der schönsten humeur von der Welt schreibe ich Dir, mein bester Freund, und versichere Dir, daß *ich* bei unserem *Schlaraffenleben* stets und oft und gerne an Dich denke. Ich hoffe, Deine Revue war schön, trocken und nicht kalt. Gestern war es kalt hier, wir gingen aber in der Komödie, um uns zu erwärmen, allda wir auch vorgestern und heute anzutreffen sein werden. Ein Diner hatte ich den Tag nach Deiner Abreise, wo Alopeus [russ. Gesandter in Berlin] zugegen war. Gestern war die griechische Heidin bei ihm im Hause, um ihre falsche Götter zu frönen. Heute hab' ich die ganze Familie hier, Männer und Weiber; morgen ist groß Konzert bei Radziwills, wozu wir eingeladen sind. Übermorgen kömmt Mama [Königinwitwe Friederike von Preußen] zum Tee und bleibt bei uns auf unbestimmte Zeit. – Die Großfürstin [Anna] läßt Dir tausend Schönes und Süßes sagen.

Sie hält ein großes Stück auf Dich und hofft alles von unserm Beistand in ihren miserablen Angelegenheiten. Alopeus sagte mir, daß es für gewiß heiße, der Kaiser [Zar Alexander I.] käme nach *Riga*. Wenn dieses wäre, und er hätte Dir nicht eine freundschaftliche Einladung gemacht, wie es die Abrede war, so bin ich überzeugt, Konstantin und Österreich haben gesiegt. Adieu, bester Engel, die Kinderchen sind wohl, und ich auch und liebe Dich treu und wahr, so wie Du es verdienst.

Deine Luise ◁

Friedrich Wilhelm III. reiste im *Frühjahr 1804* wieder zu Truppenbesichtigungen nach Stargard und Mockerau.

173. An ihren Bruder Georg

Im Tiergarten, den 30. Mai [1804]

▷Denke, lieber George, ich bin bei der Berg, allein, in ihrem kleinen Stübchen, und noch ein dritter ist bei uns, ohne hier zu sein; das bist Du, bester Engel. Dein eben angekommener Brief, die frohen Aussichten wegen München, alles dieses hat uns in eine solche Bewegung gebracht, daß bloß von Dir die Rede ist und wir beide so gut als nicht existierend nebeneinander sitzen. Dein Brief gab uns viel und mancherlei zu denken; Du bist in Rom *durch alle Empfindungen ›et par tous les liens qu'on peut imaginer‹*, gefesselt! Dieses gibt uns zu denken. Die Kunst hat großen Anteil an der Anhänglichkeit, das sehen wir aus dem Ende, aber Dein Herz leidet auch, das fühl' ich wahr, und dieses Gefühl trügt mich nicht. Nun berichte! Die Berg sagt mir, ich sollte ein groß, recht großes Fragezeichen machen, das erfolgt befohlenermaßen??? Nun morgen ein mehreres, denn ich will auch mit ihr reden und des seltenen Vorzugs genießen, mit ihr allein zu sein. Adieu, bester George, liebe mich und denke oft an Deine

Luise

Wenn ich so recht lebhaft daran denke, daß Du bald wiederkömmst und ich in Deine Arme sinken werde, so bin ich so außer mir, daß ich nichts sagen kann, aber in meinem tiefsten Busen fühl' ich Wonne und Freude ◁!

15. Mai 1804: Napoleon wurde durch einen Senatsbeschluß zum Kaiser der Franzosen erhoben.

174. AN FRIEDRICH WILHELM III. Charlottenburg, den 30. Mai [1804]

Du bist ein gütiger Engel, mein lieber bester Freund, da Du mir einen so reizenden Brief geschrieben hast; ich kann Dir meine Freude und Überraschung, als ich während des Mittagessens den General Elsner mit Deinem lieben Brief ankommen sah, gar nicht beschreiben. Deine Zufriedenheit mit den Revuen hat mir große Freude gemacht, da ich weiß, welchen Wert Du darauf legst und legen mußt wegen des Nutzens, den der Staat im Notfalle davon hat. Elsner hat uns von Deinen Gnadenbeweisen für die Generale und Kommandeure erzählt. Ein Wort von hier: Gestern sind wir spazieren geritten, abends Konzert bei den Radziwills, die Hitze war groß, aber die Musik gut. Bei der Rückkehr hatte das Gewitter die Luft so gut erfrischt, daß es kühl war, das hat mir Zahnschmerzen gemacht. Heute morgen frühstückte ich bei der Berg mit der Mogaline, die dann zurückfuhr, um einen Kurier abzufertigen; ich fuhr zur Stadt, um mit Mimi [Wilhelmine der Niederlande] unsern Abschied zu beweinen. Sie umarmt Dich von Herzensgrund. Ich erwarte jeden Augenblick Mama [Königinwitwe Friederike von Preußen], die heute hier übernachten will; wie lange sie bleibt, weiß Gott. Die Voß ist ein kleiner entfesselter Teufel, und Buch [Kammerherr Luises] und alle, die sich nur auf drei Schritte ihrer Person nähern, sind Zielscheibe ihrer Verwünschungen. Jedoch denke ich darin Ordnung zu schaffen, denn ein Mann, den Du zum Kammerherrn ernannt hast, muß vor den Schmähungen der Gräfin geschützt werden. Ich habe Nachrichten aus München, daß mein Bruder Auguste [von Bayern] haben kann, wenn sie ihn will. Du kannst Dir denken, wie mich das glücklich macht. Die Großfürstin [Anna] gewinnt mit jedem Augenblick in meinem Herzen. Sie ist auch ▷ in Ungnaden ◁ bei der Alten [Oberhofmeisterin Gräfin Voß], so daß ich mich heute morgen recht über sie erregt habe. Gott segne Dich, mein bester, lieber Freund, für die Wohltat, die Du mir durch Deinen Brief erwiesen hast. Jagow [Adjutant Friedrich Wilhelms III.] macht mir Sorge und ist noch recht schwach. Lombard [Kabinettssekretär] geht es besser. Morgen wird hier großes Konzert in der Kapelle stattfinden, um Mama und die

Großfürstin zu ehren. Es wird von Mamas Befehlen abhängen, ob Zuhörer dort sein werden oder nicht, um den harmonischen Klängen zu lauschen, die Eure Majestät bezahlen. Die Annahme der Kaiserwürde durch Bonaparte verwirrt allen hier die Köpfe, man ist empört darüber. Wie Du weißt, verlieren wir Laforest [franz. Gesandter in Berlin]. Ich fürchte, daß Natzmer [Oldwig v., Adjutant] verdreht geworden ist und sich zum Kaiser von Pommern machen wird, da er in dieser Provinz die Nachricht erhielt, daß er Dich begleiten dürfe. Mimis Abreise bekümmert mich sehr. Der Herzog von Weimar [Carl August] ist Dir zu Füßen, er reist morgen ab. Die Mogaline schreibt Dir selbst und ich umarme Dich von Herzensgrund und bin fürs ganze Leben Deine treue Freundin

Luise

175. An ihren Bruder Georg — Charlottenburg, den 8. Juni 1804

▷Bester George! Mit tausend Freuden überschicke ich dir die Briefe von Papa [Herzog Carl von Mecklenburg-Strelitz], und seine Einlagen, weil ich hoffe, dir die Gewißheit deines zukünftigen Glück's dadurch zu versichern. Ich sehe die Sache wie ganz ausgemacht an, da sie blos von euch beiden jungen Leuten abhängt, und da die Gesinnungen der Auguste [von Bayern] immer gut für dich waren, wie die der Wurmb [wohl Hofdame]. Gott gebe, daß sich alles zu deiner Zufriedenheit wende, und daß du dein Glück in dieser Verbindung unwiderruflich finden möchtest. Ich fürchte nur (nach deinem Brief an die Berg [Caroline v.] zu urteilen), ich fürchte, daß dein Gemüt in diesem Augenblick nicht empfänglich, wenigstens nicht in der Stimmung ist, so ganz die Freude darüber zu empfinden, die die Nachricht unter deinen Freunden verbreitet hat.

Verzeihe, bester George, daß ich dir nur wenig schreiben kann, allein, der Besuch der Großfürstin Anna erlaubt mir es nicht. Es ist ein allerliebstes Weibchen, und ich wünschte, daß du sie kenntest, ich bin überzeugt, sie würde dir gefallen.

Ich schicke diesen Brief durch eine Staffette an den Graf Keller [pr. Gesandter] nach Wien, der wird dir ihn weiterschicken, nach Venedig, oder wo du bist. Ich bitte dich recht inständig, mir in deinem nächsten Brief zu sagen, wann du ungefähr glaubst, hier sein zu können. Gott welch ein Augenblick! Ich bin die letzte der Schwestern, die dich sehen wird – und doch bitte ich dich, lieber George, verkürze deinen Aufenthalt ja nicht bei keiner, um mich früher wiederzusehen, du kannst nicht wissen und begreifen, wie *alle* dich lieben, aber *wir* werden auch *alle* geliebt, wie man nicht alle Tage liebt. Ich träume mich oft schon in der Zukunft, wie du glücklich mit Auguste, und wie du oft bei mir sein wirst. Nur eins fürcht' ich, wir werden nie recht vertraut werden, wegen meiner Jahre, die so sehr verschieden sind. 12 Jahre [älter], es ist fürchterlich; und wenn deine beste Freundin nicht auch die meine werden kann, so erhänge ich mich. Ich habe die Berg recht oft gesehen, und diese Bekanntschaft schmeckt nach mehr. Adieu, bester George, ich küsse dich in Gedanken und liebe dich von ganzem Herzen. Deinen Cumpans viel Schönes,

Luise ◁

176. An die Grossfürstin Anna von Russland

Charlottenburg, den 21. Juni 1804

Es wird mir schwer, liebe Cousine, Dir den Kummer zu schildern, den Deine Abreise mir verursacht hat, und die schreckliche Leere, die sie hinterlassen hat. Ich werde immer die Tage zu den glücklichsten zählen, welche ich mir Dir und Deinem Bruder [Ernst, Erbprinz von Sachsen-Coburg] zugebracht habe, dem ich tausend Empfehlungen mache. Unsere Rückreise war traurig und öde, niemand sprach ein Wort, umsomehr aber gaben wir uns unseren Gedanken hin und empfanden den Verlust, den wir soeben erlitten haben, indem wir Dich verloren. Ich glaube, daß ich Dich nicht zu erinnern brauche, daß ich Dich ganz aufrichtig liebe und daß ich Dir für das Leben zugetan bin. ▷ Ich freue mich so innig, daß ich Dich ganz kennen und Dich so herzlich lieb haben kann, bleib mir auch immer ein wenig gut ◁! –
Mein heutiger Morgen ist recht traurig und einsam vergangen; mein einziger Trost war, mich mit Dir, meine teure Freundin, zu beschäftigen. Ich komme diesen Augenblick von Berlin zurück, wo ich alle Deine Kommissionen besorgt habe, und ich hoffe, daß Du damit zufrieden bist. Die Stoffe für die Prinzessin von W[ürttemberg] sind reizend; ich sende Dir Muster davon in meinem nächsten Briefe. Bei Michelet hat sich ein fertiger Hut gefunden, der nach Deiner Bestellung

gearbeitet ist wie der, den ich für Deine Schwester von W[ürttemberg] [Antoinette, verh. 1796 Alexander v. W.] machen lasse. Ich schließe ihn deshalb dem großen Packet bei, das ich baldigst nach Coburg senden werde, weil ich vermute, daß Du es für die Prinzessin von Leiningen bestimmt hast. Ich schließe hier zwei Muster von ▷ Lakirte Huete ◁ bei für Deinen Bruder, der wählen mag, welches er will, das feine oder das grobe. Es sind keine anderen augenblicklich zu haben, aber sie sind bestellt. Der Himmel hat Dir für Deine Reise schönes Wetter beschert, ich wünsche, daß sie glücklich und rasch sei. Ich danke Dir vielmals für all die freundlichen Worte, die Du mir durch den Stallmeister, der Dich begleitet hat, ausrichten ließest. Er wurde noch viel über Dich ausgefragt. Gott weiß es, was ich dafür gegeben hätte, Dich noch länger hier zu behalten. Wir waren so traulich beisammen, daß es wirklich grausam vom Schicksal war, uns zu trennen. Du glaubst nicht, welch allgemeine Betrübnis Deine Abreise verursacht hat. ▷ Ich bin ganz verstöhrt, niedergeschlagen und miserabel traurig, und Kopfweh von der andern Welt ◁. Der König [ist] ganz ebenso traurig wie ich. Meine Damen betrauern Deine anmutige Anwesenheit und die reizende Gesellschaft Deiner Damen und Herren. Mache Deinem Hofe meine schönsten Komplimente und sage ihm, daß jeder mich auf eine andere Art zu fesseln verstand, durch Geist, Frohsinn, angenehme Talente, Liebenswürdigkeit, kurz durch alle guten Eigenschaften, welche ich in ihnen entdeckte. Vergiß nicht, mich Deinem Bruder in Erinnerung zu bringen und ihm in meinem Namen inständig zu sagen, sich wacker zu halten; mische ein bißchen Zärtlichkeit bei, damit er nicht übel nimmt ▷ den guten Rath ◁. Adieu liebes ▷ und bestes Kind, vergiß mich nicht und liebe mich immer so wie ich Dich liebe. Ich werde nie aufhören, tausend Wünsche für Dein Glück und Deine Ruhe zu machen. Auf ewig Deine

treue Freundin Luise ◁

177. An ihren Bruder Georg — Charlottenburg, den 23. Juni 1804

▷ Bester George! Je mehr sich der Augenblick nähert unseres glücklichen Wiedersehens, je mehr muß ich Dir von all meinen Empfindungen reden, die mich durchströmen, wenn ich so recht lebhaft daran denke, daß nun bald meine Arme Dich umfangen werden. Es sind so viele Leute besorgt, daß Du einen fürchterlichen Abstand finden wirst, und daß es Dir wohl gar nicht mehr in Deutschland gefallen werde. Denen lach' ich ins Gesicht. Ich kenne Dein Herz, das sich nie gegen seine Freunde ändert. Hier auf dem mütterlichen Boden, wo Dich alles liebt und schätzt, wo Du zurück in eine Familie kömmst, die Dich so liebt, Dir so zärtlich anhängt, die Dich mit offenen Armen erwartet, solltest Du, gerade Du, nicht mehr glücklich sein? Das ist unmöglich. Und hättest Du auch, ohne es Dir zu gestehen, so ganz heimliche Ahndungen davon, komm nur, je les défais toutes. Mein Herz, das Du ewig verstanden hast, schlägt so warm, so innig für Dich und freuet sich so sehr, jetzt gewiß noch weit mehr Ursache zu haben, Dich zu lieben. Gehet alles in München so, wie wir's hoffen, bekömmst du Auguste, nun so bleibt mir vorderhand nichts mehr zu wünschen übrig; dann bist Du, mein teurer, bester Freund, gewiß glücklich! Die Sanftmut, die Güte, die so allgemein gepriesenen guten Eigenschaften Augustens läßt mir gar kein[en] Zweifel mehr! Verliere nur keine Zeit, lieber George, eile nach München und mache dort alles richtig. Sie soll jetzt wieder so verschönert sein, daß man mit Recht behauptet, sie wäre die größte Schönheit in Teutschland. Wenn Du sie hierher bringst, so wird eine gewisse Schwester im Hintergrund die dunkelgelbe Wolke vorstellen, wo der Rost gar nicht mehr zu leugnen ist. Bringen Sie sie nur, ich habe große Schritte in der Weisheit gemacht und habe gelernt: *Qui n'a pas l'esprit de son âge, de son âge a tout le malheur. Malheureuse* will ich nicht sein, also hab' ich Verstand, und bin Deine treue Luise ◁.

178. An ihren Bruder Georg — den 10. Juli 1804

▷ Gestern abend empfing ich Deinen Brief, in 9 Tagen war er in meinen Händen, und sonst in 4 Wochen. Also so viel näher dacht' ich und hopste vor Freude. Soeben ist Großmama [Luise, Hessen-Darmstadt] aus ihrem kleinen Wagen angekommen und ich habe keine Zeit, das begreifst Du auch so gut als die Wohltat, die von einem Ende Deines Briefes bis zum andern über mich kam. Vorgestern bist Du also fort nach München. Nun Gott wird seinen Segen zu allem Guten geben; wenn alles richtig ist, ne Stafette, das bitt' ich mir aus. Ich will sie auch in der Nacht weiterschicken, wenn sie kömmt und es sein muß. Ich will mich auch nicht ledern machen gegen meine Frau Schwägerin, das verspreche ich. Sage mir nur, ob Du von München weiter nach Wien gehest. Nichts mehr von der gelben Wolke, aber wenn Du noch lange bleibst, so kömmst Du zu einer Tonnen-Gestalt und wirst vermutlich wie jüngst mich fett bis in die Augen finden. Apropos, die grau-blaue [Wolke] bist Du gewiß quitt gegangen wegen des Kalben, das macht mich desperat. Atieu, Atjis, Mabuscha kömmt. Dem Kurfürst [Maximilian von Bayern] tausend Schönes und der lieben Auguste ebenfalls. Der Kurfürstin [Caroline] auch mein Kompliment und tausend Zärtliches für meinen teuren George.

Deine Luise ◁

Luise erwartete wieder ein Kind, sie war im fünften Monat. *Mabuscha* nannte sie ihre Großmutter Hessen-Darmstadt.

179. An ihren Bruder Georg — Charlottenburg, den 2. August 1804

▷ Lieber George, hättest du nur die Freude, das Geschrei, das Geheul, das Gelache, das Herumtraben sehen können, welches Dein Brief mit der so erwünschten Nachricht hervorbrachte. Alle die Empfindungen zu schildern, die ich empfand, ist ganz unmöglich. Freude, Wünsche für dich und für Auguste, für Euer Wohl, Euer Glück, waren wohl die Hauptempfindungen. Aber es ging doch noch so viel in meiner Seele vor, was sich nicht sagen läßt, wohl aber dichten; und mir ist nie das schönste Wort der alten Voto [Gräfin Voss] lebhafter eingefallen, *»Es sagt sich nicht, es fühlt sich nur«*, als bei dieser Gelegenheit. Der König läßt dir auch tausend Schönes, Liebes und Gutes sagen und herzlich gratulieren. Ich gratuliere auch und bin ganz außer mir vor Freud. Sage doch an Auguste, wie sehr ich mich freute, sie Schwester nennen zu können, da dieser Name der beste wäre, den ich für die Empfindungen kennte, die ich von Kindesbeinen für sie gehabt hätte. Und dem Churfürsten [Maximilian von Bayern] sage doch, daß ich es nie vergessen könnte, wie freundschaftlich und väterlich er sich gegen dich betragen hätte, ich hätte ihn aber auch recht freßlieb dafür. Und wenn ich das Glück hätte, ihn zukünftiges Jahr in Ansbach zu sehen, so wollt'

ich ihn totmachen für *plaisir*. Mach es aber doch ein wenig hübscher in der Natur.
Vergesse nicht, mir die »Aufzählung« des Schmuckes von Auguste zu machen, erstlich, weil ich den zu besorgen habe, den Papa [Mecklenburg-Strelitz] ihr schenken will, 2. weil ich ihr gern etwas hübsches geben möchte und 3. weil ich die Doubletten ersparen möchte. Papa ist auch ganz außer sich für Freude, und hat so eine herzliche Freude darüber innerlich. Er denkt so für sich nach, und dann kömmt wohl wieder so eine ganze *boutade* vom Empfindungen heraus, und ein recht zufriednes Lächeln überströmt sein Gesicht. Wann kömmst du denn wieder. Wann glabe Se denn, sich zu vermarjaschieren? ich hab' noch gar viel mit Ihne zu rede, aber die Hitze, mei Freind, die ist so, daß, wenn ich nicht aufhöre, so ist es mir auf ewig aus, denn ich triefe und schwitze wie ein *porc*.
Gestern haben wir 4 Gewitter gehabt und heute ist es noch ein bißchen wärmer wie gestern. Ich glaubte hier zu enden, allein mir ist noch etwas eingefallen, was ich dir sagen muß, also noch einen Bogen. [fehlt] ◁

180. An ihren Bruder Georg — Charlottenburg, den 16. August 1804

▷ Bester George! Soeben bekomme ich endlich von Strelitz Deinen Brief mit der Hiobspost an Papa. Mein Verlangen, die Auslegung von den Uriasworten (welche nicht ausgelegt in Deinem Wisch, nur angedeutet waren) zu erfahren, war unbegrenzt. Unter allen den Grübeleien, deren ich natürlich *Legionen* des Tages anstellte, verfiel ich auch auf das Katholischwerden der Töchter; aber freilich nicht auf der fatalen Art, wie die Sache ist vorgestellt worden. Nun will ich Dir in ein paar Worten sagen, wie ich die Sache einsehe. Erstens wird *Papa*, das *Land*, *Du* und *alle* , die Anteil an Dir nehmen, *nie, nie* zugeben, daß Deine Töchter *katholisch* werden; daraus wird nichts, darauf wird von keiner Seite, d.h. von unserer, nachgegeben, es entstehe daraus, was da will. Sie ist und bleibt untunlich und unmöglich. Zweitens glaubt *Montgelas* [Graf, bayr. Minister], einige sogenannte wohlgemeinte Räte, auch Pfaffen, diese Gelegenheit nützen zu müssen, um dem dickhäutigen bayrischen Volk zu zeigen, daß ihr Herr ein außerordentlicher guter römischer Katholik sei, und halten sich nun an die unschuldigen Teile und lassen die in Gottes Namen leiden, um die *Kloster*aufhebungen, das *infame* Betragen im Würzburgischen und Bambergischen und mehrere solche Dinge zu bemänteln und womöglich in Vergessenheit geraten zu machen. Drittens ist auch Stolz des Kurfürsten [Maximilian von Bayern] mit im Spiel, der denkt, daß ein herzogliches Haus einem kurfürstlichen weichen müsse. Was diesen Artikel anbetrifft, so wird man ihn damit demütigen können, daß man das Beispiel des Schweriner Hauses anführt, welches die *Enkel* eines Kaisers [Kinder der Helene Paulowna] in der Religion des Vaters erziehen läßt. Was mich am meisten embarassiert, ist ein kluger, feiner, höflicher aber fester Kopf zu finden, welcher die Ehepakten imstande zu machen ist, welches ein hübsches Stückchen Arbeit sein wird, nach dem *début* zu urteilen. Ich gestehe Dir frei, daß ich wütend über der Art und Weise bin, wie man mit dem Katholischwerden herausgerückt ist, und welche Wendung man der Sache gegeben hat. Sie siehet aber dem Mann mit der *scheppen Schulter* und *rundem Katzenpuckel* ganz ähnlich, Montgelas genannt; daß man der Sache erwähnen würde, war sehr *natürlich* zu erwarten, daß man aber den ohnmächtigen Papst [Pius VII.] mit ins Spiel bringt und eine Sprache des 13. Jahrhunderts führet, ist dumm, miserabel und zeigt bösen Willen. Daß man den Kurfürst von dem legalen Schritt so geschwinde abzubringen imstande war, durch den Kurfürsten die Sache Papa zu detaillieren und Dir zu untersagen, an den Papst zu schreiben, das ist mir leider ein Beweis mehr zu der Geistes- und Regentenstärke und -wille. Ach Du mein Gott! Es ist begreiflich, lieber George, daß wenn so etwas ganz Unvorhergesehenes geschieht, man dann anfängt, über alles andre nachzudenken. Sage mir aufrichtig, ist Auguste so anspruchslos und so ohne Gedanken über großen Hof, Großtun, Etikette usw. usw., *wie wir* es waren, oder hat der kurfürstliche Papa mit seinem Großtun und die kurfürstliche Mama [Caroline, geb. Baden] mit ihrem Stolz etwas Eingang gefunden? Das wäre nicht gut, denn dieses alles können *wir* in keinem Sinn brauchen. Ich kann den Augenblick kaum erwarten, daß ich Dich wiedersehe; denn die hundert große und ebensoviel kleine Fragen, die ich auf dem Herzen habe, kannst Du Dir gar nicht denken. Und das Übelste sehe ich vorher, daß vor purem Pläsier ich alles vergessen werde ◁ ...

Vom 18. bis 30. August war Luise in Schlesien, ihrem Gemahl folgend, der dort Truppenschauen abhielt. Sie hatte gehofft, in Teplitz ihren Bruder – nach seinen Aufenthalten in Rom und München – wiederzusehen.

181. An ihren Bruder Georg — Charlottenburg, den 3. September 1804

▷... Du wirst mich unersättlich finden, bester George und denken, daß ich, die Dich so zärtlich liebt, doch Freude genug empfinden müßte, Dich nach 2 Jahren und 5 Monaten an meine treue Brust zu drücken; die Freude ist wohl die reinste, größte, die ich seit langer Zeit empfinden werde; aber Strelitz ist sehr nahe, Papa seine Rechte größer und heiliger als die meinen, die Meinung des Landes zu schonen und zu berichtigen, die Ungeduld Papaens unbegrenzt, Dich wiederzusehen, er liebt Dich so rein, so wahr, ist so mit Dir und Deiner Aufführung, Deiner Delicatesse in München z. B. und im Ganzen zufrieden, daß er es gar nicht erwarten kann, Dich zu sehen und zu äußern. Nun, wo bleibe ich da? Gott segne Dich und mache Dich glücklich. Ich bin so froh, froher als ich's äußern kann, daß wir in allen Hauptsachen übereinstimmen◁. – ...

182. An ihren Vater — Potsdam, den 20. Oktober 1804

▷Bester Vater!
Indem ich Ihnen die dem König [Friedrich Wilhelm III.] überschickten Briefe wieder zurückstelle, so berufe ich mich auf die Antwort des Königs an Sie, worin Sie finden werden, daß er Ihre Vorkehrungen und Maßnahmen nicht nur billigt, sondern sie auch als die allein möglichst anwendbaren erkennt. – Was das Betragen von München betrifft, so ist es so unter aller Kritik, daß Sie mir es wohl nicht ungnädig nehmen werden, wenn ich in gar keine Details eingehe. Ich danke nur Gott, daß es Ihrer Gesundheit nicht geschadet hat und daß George seine Zukunft dadurch nicht getrübt ist. Ich habe nur eine Hoffnung und Hauptwunsch, das ist die Alliance mit England. Ich schicke Ihnen auch die Briefe von und an den Ch[evalier] de Bray [bayr. Gesandter in Berlin]. Ich habe etwas Kopfschmerzen, deswegen bitt' ich Ihnen um Verzeihung wegen meinem dummen Brief, aber ich bin dumm. Carl [Meck-

lenburg-Strelitz, ihr Halbbruder] legt sich Ihnen zu Füßen; er kam gestern gegen Abend an, er wird Ihnen morgen durch der Post schreiben. Es tut mir sehr leid zu hören, daß Sie noch beständig mit die verwünschten Schwindel geplagt sind; gottlob aber, daß es nichts auf sich hat und daß Hieronymi [Leibarzt des Vaters] Sie gewiß davon befreien wird. Ich küsse Ihre teuren Hände und bin ewig

Ihr treues Kind Luise

Ich werde alles besorgen wegen der Brillanten. Carl hat mir auch die Kommission wegen das Medaillon gemacht, ich werde noch darüber referieren. Großmama und Oncle Ernst werden beide verzeihen, wenn ich heute nicht antworte, ich lege mich zu Füßen und bitte um Aufschub bis Morgen ◁

Allianz mit England: Luise suchte nun eine Braut für ihren Bruder in England. Es kamen in Frage die jüngsten Töchter ihrer Tante Königin Charlotte; die Prinzessinnen *Marie* (geb. 1776), *Sofie* (geb. 1777) oder *Amalie* (geb. 1783) von Großbritannien. – *13. Dezember 1804: Geburt* des Prinzen *Ferdinand.* – *2. Dezember 1804:* Napoleon krönte sich und Josephine zum Kaiser und zur Kaiserin und ließ sich von Papst Pius VII. salben. Papst Pius VII. (Graf Barnaba Chiamonti 1740–1823); den Napoleon im Juli 1809 verhaften ließ.

25. Februar 1805: Tod der 1751 geborenen *Königinmutter Friederike* – zweite Gemahlin König Friedrich Wilhelms II. –, die als Tochter des Landgrafen Ludwig IX. von Hessen-Darmstadt (1719–1790) eine Tante Luises war. Sie hatte noch am 6. Januar den kleinen Prinzen Ferdinand über die Taufe gehalten. – Im *März* kam Bruder Georg aus Mecklenburg zu Besuch nach Berlin. Am *3. April* zog der königliche Hof nach Potsdam.

183. An ihren Bruder Georg

Potsdam, den 3. April 1805

▷ Unsere Trennung war so rührend für mich, und hat mir mehr gekostet wie je, so daß ich noch ganz außer meiner gewöhnlichen Fassung bin. Ich hatte mir vorgenommen, dir heute nicht zu schreiben, lieber George, um *nichts* zu erneuern, was doch einmal nicht zu ändern ist, allein bei all dem Vornehmen starb ich doch vor Lust, dir noch einmal an diesem Tag adieu zu sagen, und war daher zu glücklich, als ich die Kupfer aller Sänger und Sängerinnen entdeckte, die ich dir schicken *mußte*; um mich selbst zu überreden, daß es nun sein müßte. Lebe tausendmal wohl, mein bester, teurer George; die glückliche Zeit

unserer Vereinigung ist *dahin*. Doch murr' ich nicht, sondern danke Gott für das empfangene Gute und wünsche, daß es bald wiederkommen möge. Habe noch die Güte und laß der Gräfin Voß sagen, mir meine 3 Petschafte zu schicken, 1. mit dem doppelten Wappen, 2. mit Namen. Dann hab' ich noch vergessen, einen großen blauen Umschlag (Couverte) auf dem Fenster neben meinem Schreibtisch, wo alle meine Briefe, die ich zu beantworten habe, drin liegen, und Gott weiß was alles. Noch das Andachtsbuch von Zollikofer, welches im runden Kabinet liegt, auf dem Tisch am Fenster, nebst anderen Andachtsbüchern zur Kommunion, welche morgen über 8 Tage ist.
Verzeih' mein Bester, daß ich dich mit Kommissionen quäle, allein, wenn man von der *bonne ville* entfernt ist, wird man gleich krähewinklich.
Tausend Schönes Mutter und Tochter Voß und der guten Berg. Ich drücke dich mit aller Zärtlichkeit an mein Herz, so wie heute morgen *noch* in der Wirklichkeit und bleibe stets deine treue

Luise

Auch Schönes an Schmalensee ◁

Georg Joachim *Zollikofer* (1730–1788): zuletzt in Leipzig wirkender evangelischer Theologe, der Predigten und das »Neue Gesangbuch« veröffentlichte. – *Tochter Voss:* die 1770 verheiratete Gräfin *Castell-Rüdenhausen.*

184. AN IHREN BRUDER GEORG

Berlin den 20.
nein Potsdam, den 21. April 1805

▷ Bester George. Obgleich Misebrätchen [??] nur auf ein paar Tage hier ist und ich gerne jeden Augenblick nutze, um mit ihr zu sein, so laß' ich sie doch heute unbesucht, um mit dir, mein Guter, zu reden, und um womöglich die glücklichen Augenblicke, wo dieses noch mündlich geschah, zu vergegenwärtigen. Doch hierin eine Illusion zu bewirken, ist umsonst. *Je préfère la realité!* Ich kann dir nicht sagen, wie sehr mich die Nachrichten aus Strelitz bekümmern. Papa sein neues Kranksein moquirt mich doppelt, aus Rücksicht für dich. Du [läßt] also lieber die Sachen, so wie du sie fandest nach deiner Zurückkunft aus Italien; das tut mir sehr, sehr leid, ich stütze meine Hoffnung auf dein Alleinsein, wo du manches Gute schaffen und mit fester Hand erhalten wirst; denn wenn einmal was im train ist, so hoffe ich, gehet es fort wie eine gute aufgezogene Uhr. Oder vielmehr, wenn einmal die Uhr aufgezogen ist, so gehet sie vonselbst.

nachmittags

Ich wurde heute morgen unterbrochen durch einen Brief aus Ansbach. Voller Freuden erbrach ich ihn, doch blieb meine Stimmung nicht lange dieselbe, da Friederike [Schwester, Solms-Braunfels] Unannehmlichkeiten mit P.[?] gehabt hat und diese ihren Abschied fordert, worum Friederike auch herzlich bittet. Hinge die Sache von mir ab, so wäre sie schon beendigt, nämlich die P. raste so weit sie ihre Beine tragen könnten. Allein *so* sehe ich dem Ausgang ängstlich entgegen. Wenn ich mit dem Brief den gehörigen Gebrauch gemacht habe, so schicke ich ihn dir und du wirst daraus ersehen, wie die Sachen stehen. Ich aber bin heute dumm darüber und mein Brief wird darunter leiden. Um mich zu zerstreuen, will ich mit dir von noch unerfüllten Plänen reden, denn du weißt, daß die Weisen aus Morgenland behaupteten, daß Zukunft und Vergangenheit mehr wert wären als der Genuß selbst. Ich sage nicht zu allem ja, behaupte den Weisen zum Trotz, das Alles Ausnahmen verdient, und verweise dich deshalb an den Anfang dieser Zeilen, wo ich von der Realität spreche. Nun zur Sache. Nämlich für morgen ist Spezialrevue, wenn die Stabskapitäne abgefüttert sind, so stürze ich mich atemlos in meinen Wagen und rolle, rolle nach Berlin, putz' mich, wasch' mich und renne mit majestätischem Anstand zu Radziwills, wo Komödie sein wird. Von da soupiere ich bei Misebrätchen, schlafe, frühstücke und – putze mich, fahre im Ponny[wagen] zur alten Ferdinand [von Preussen, Luise, 67. Geb.] gratulieren, zum grauen Haar, und esse im Palast, welcher nicht so groß ist, wie Diocletian seiner, aber freudiger bewohnt wird; und ich glücklicher als Valeria seine Tochter bin. Dann kömmt was gefahren, es ist der *Rex*, der schon wieder bestellt, daß angespannt wird, und wir fahren nach dem Komödien-Häußel, um den 3. Teil der Donau-Nymphe zu sehen. O weh! soeben bekomme ich Briefe, Bettel nichts als Bettel, und das Repertorium von Iffland, und der dritte Teil wird erst Donnerstag gegeben. Der *Rex* ist ausgeritten, und mein Schicksal hängt an einem Haar. Sonst wäre ich aber gewiß nicht vor Montag nacht hier angelangt. *Grant tié.* Ich bin übrigens recht froh und glücklich hier, ich nahm, glaube ich, die beste Partie nämlich in dem Augenblick, als ich den 3. April aus dem Wagen stieg, so nahm ich ein Buch, *Gibbon*, und las und las, so daß mir Hören

und Sehen verging, arbeitete an einer mühevollen Arbeit des Abends, schreibe und bekümmere mich um nichts, was in Berlin passiert, als mit Ruhe.
Dieses tue ich noch und befinde mich herrlich dabei, bin wohl, werde *nicht* mager trotz des frühen Erwachens, Aufstehens, Spazierengehen und Reiten ungeachtet *prospérant*. Der Husten vorbei und zufrieden. Ich finde aufs neue die Wahrheit bestätigt:

Beschäftigung, die nie ermattet,
Die langsam schafft, doch nie zerstört,
Die zu dem Bau der Ewigkeiten
Zwar Sandkorn nur für Sandkorn reicht,
Doch von der großen Schuld der Zeiten
Minuten, Tage, Jahre streicht.

Auch verweise ich Dich auf den vorletzten Vers und wende ihn auf den König und Dich an, lieber, guter George. Adieu! –
Ich küsse Dich in Gedanken und liebe Dich in der Wirklichkeit aus dem besten Eckchen meines Herzens. Der *Rex* sagt Dir tausend Schönes, und ich bin

Deine Luise ◁

Luise hatte offensichtlich im Werk des englischen Historikers Edward *Gibbon* (1737–1794) über den römischen Kaiser (von 184–305 n. Chr.) Diocletianus C. Valerius gelesen. – *Iffland* (1759–1814); seit 1796 Direktor des Berliner Nationaltheaters. – Das zitierte Gedicht ist die Schlußstrophe aus »Die Ideale« von *Schiller*, der – 18 Tage, nachdem Luise dies abschrieb – in Weimar am *9. Mai 1805* starb. Der Dichter war erst 1804 in Berlin gewesen. Iffland und Friedrich Wilhelm III. wollten ihn damals bewegen, zu bleiben.

185. An ihren Bruder Georg — Potsdam, den 24. Mai 1805

▷ Bester George. Dämlich und wirblich im Kopf von einer Fahrt im ... Wagen mit dem König von Berlin hierher, setze ich mich hin und schreibe; gleichsam, wie die Johanna sagt, *»hör mich Gott in meiner höchsten Not«*, so sage ich *»Hör' mich George in meiner höchsten Not!«* Denke nur, was mich erwartet; der charmante Herr *Churfürst von Bayern* [Maximilian] tut uns die unendliche Gnade und kömmt nach Fürth zum Besuch. In welche Freude mich das setzt, kannst du nach dir schließen. Nun aber ist die Frage die, wie soll ich ihn behandeln? Folgte

ich meinem Gefühl, oder besser in Französisch gesagt, *mon ressentiment*, so geb' ich ihm einen Tritt, da wo die Großmama ne Nas' hat; doch auf der anderen Seite weiß ich gar zu bestimmt, hat ihm die *ruption* leid getan, indem er von Herzensgrund diese Verbindung gewünscht hat. Es bleibt nur fraglich zu wissen übrig, ob er aus väterlicher Güte und Liebe nachgegeben hat, oder ob er als Wischlappen der keifenden Frau [Caroline] und Schwiegermama [Amalie, Prinzessin von Baden] nachgegeben hat. Nun bitte ich dich, spreche mit Papa (dem ich mich zu Füßen lege und die Hände küsse und um Verzeihung bitte, daß ich nicht schreibe, aber ich kann vor Eile ja nur kratzen) und mit dir selbst und rate mir! Wie soll ich ihn behandeln? Was soll ich von *euch* sagen, wenn er mir von der Sache spricht? was ohnfraglich geschehn wird! – Was mich betrifft, so weiß ich schon, was ich sagen werde, kurz , höflich, das bin ich mir selbst schuldig; aber bündig. Recht deutlich bitte ich! ... –
Nun das Itenerario [der Reise]:

den 24. von Berlin nach Potsdam
den 25. nach Magdeburg oder Cörbelitz, wo 24 französische Offiziere
den 26., 27., 28. in Magdeburg
den 29. nach dem Manöver von Cörbelitz nach Wernigerode
den 30. auf dem *Blocksberg* bei der Hexe
den 31. nach Elberich
den 1. Juni in Erfurth
den 2. in Erfurth
den 3. in Hildburghausen
den 4. in Beyersdorf
den 5. in Fürth

den 9. nach Bayreuth, aufs Ungewisse,
nach meinen Wünschen aber lange Zeit bei Bayreuth.
Ich habe auch mit Beyme [Kabinettsrat] wegen Hildburghausen gesprochen, worüber er sehr flattiert war. Nun hoffe ich, habe ich nichts vergessen; ich kann nix me, nix me, ach Gott, ich bin matt. Atsché die Dolgorucki [Fürstin] ist in Berlin, *besuffig* von Paris, und *Italien* in der größten Bagatelle tractirent, sie sagte mir wohl 5 mal in zwei Augenblicken, die ich mit ihr sprach *»j'ai eté 22 Mois a Paris«* usw. Sie ist in 3 Wochen und 4 Tagen von Rom nach Berlin, hat alles

miserabel gefunden – Adieu, lieber George, bleibe mir gut, wie oft wirst du Gegenstand unserer Gespräche und Wünsche sein.

Deine Luise ◁

Die Reise des Königs und der Königin dauerte vom *25. Mai* bis zum *6. Juli.* Am 30. Mai bestiegen sie den Brocken im Harz. Am 5. Juni besuchten sie in Fürth Kurfürst *Maximilian von Bayern.* Seine Frau: Karoline, geborene Prinzessin von Baden. Seine *Schwiegermama:* Erbprinzessin Amalie von Baden, geborene Prinzessin von Hessen-Darmstadt. Sie war eine Tante Luises, zugleich *Schwester* der Herzogin Luise von Sachsen-Weimar (Gemahlin Carl August's) und der im Februar 1805 verstorbenen Königin Friederike von Preußen. – *die Dolgorucki:* Fürstin Anastasia, Gemahlin von Peter Petrowitsch (1777–1806, Generaladjutant des Zaren) oder Fürstin Katharina Dolgorucki, geborene Fürstin Bariatinsky.

Am *13. Juni* reiste das Königspaar zu einem Kuraufenthalt nach Alexandersbad (bei Wunsiedel).

186. An ihren Bruder Georg

Alexandersbad, den 22. Juni 1805

▷ Bester George. Gestern empfing ich deinen Brief mit einem Freuden-Schrei wie gewöhnlich. Über die guten Nachrichten tat ich zwar keinen Schrei, aber sie gingen tief in mein Herz, erwärmten dasselbe so herrlich, daß die Landpartie, das Wetter, die Menschen, die ich gestern sah, die Gegend, alles davon verherrlicht und verschönert wurde, und ich wirklich einen schönen Tag verlebte. Nicht wenig trug zu dem schönen Tag die Möglichkeit der Mitteilung des erhaltenen Briefes an ein liebes, gefühlvolles Wesen bei, welches ich in der guten Ika so wahr und so innig finde. Wie glücklich mich diese Vereinigung macht, kann ich dir gar nicht sagen. Unser Aufenthalt ist durch die Kur des Königs gottlob, Gott sei es gedankt und gepfiffen, verlängert worden, und ich und Friederike dabei unbeschreiblich glücklich. Dir das ganze Schöne zu schreiben ist unmöglich. Sonst gäbe es ein wahres Archiv. Und jeweils mangelt mir die Zeit. Aber das muß ich dir noch sagen, daß die Natur hier wirklich unbegreiflich schön und groß ist, und daß das Bayreuther Land im Ganzen ganz göttlich ist, ein wahres Eden! –

den 27.

Ich wurde wieder abgehalten dir zu schreiben, bester George und wiewohl ist es nicht meine Schuld, daß dieser Brief nicht fort ist, da der Kurier ohne mein Wissen abgefertigt wurde, und ich also nicht meinen Wisch abschicken konnte. Ach, lieber George, wie schade, daß du

nicht auch hier bist. Du glaubst gar nicht, was wir für herrliche Partien machen und welch herrlicher Genuß, nach kleinen Nachteiligkeiten, belohnt, und wie glücklich wir sind. Gestern war mal ein wirklicher Garaus, das war ein Tag. Darauf waren wir in Eger! in Eger sag' ich dir, und haben die Merkwürdigkeiten dort besehen, die uns interessierten. Die Lanze, womit Wallenstein umgebracht worden ist, sein Portrait, sein Schwert, die Stube auf welcher er den schön heroischen Geist aufgab. Von da nach einem Landgut des K K Generals Zubwitz, wo wir zu Mittag aßen und dann nach Franzensbrunnen, der wirklich allerliebst ist. Da auch wieder alles besehen und dann hetzelich nach Haus. Unterwegs alles lustig und guter Dinge, gelacht, gesungen, mit einem Wort seliche. Küsse Carl [Bruder] von mir und sage ihm, daß der König ihm den Urlaub accordierte. Die Pastorella [?], die heute morgen unter 1000 Grüßen abfuhr, läßt dir und Carl viel Schönes sagen. Die Queen [Königin Charlotte von England] trägt dich wenigstens auf Händen, nach dem Anfang zu urteilen. Gott gebe seinen Segen. –
Adieu, ich muß noch viel schreiben und habe wenig Zeit. Ich bin und ersterbe dero Sorella tendra

Louise

Friederike küßt dich ◁

Luise machte sich Hoffnungen wegen der Verbindung ihres Bruders mit einer englischen Königstochter.

187. An ihren Sohn, Kronprinzen Friedrich Wilhelm

Alexandersbad, den 27. Juni 1805

▷ Liebstes bestes Kind! Deine 3 letzten Briefe haben mir und Papa wieder sehr viel Freude gemacht, er läßt dir sagen, daß er sehr zufrieden wäre, daß du so oft und so gut schriebest und daß es ihm sehr lieb sei, seine lieben Kinder alle so vergnügt und wohl zu wissen. Daß es euch wohl geht, ist mir zuverlässig auch das liebste auf Erden. Der Himmel wolle mein Gebet erhören, daß es immer so bleibe! – Wir erleben auch hier schöne Tage und machen alle Tage schöne Landpartien. Die Luxburg, die uns gerade gegenüber liegt, haben wir schon 3 mal bestiegen; so etwas kann man sich gar nicht denken, wenn man es nicht gesehen hat. Unglaubliche Felsklumpen sind übereinander gestürzt. Durch diese kann man kriechen und kommt dann wieder auf schöne

Plätze, die man sich nach solcher dunklen Promenade gar nicht mehr vermuten kann. Die Aussicht von oben, wenn man den ganzen Berg erklettert hat, ist außerordentlich schön und schauerlich. Gestern waren wir in Eger und haben da die Lanze, womit Wallenstein erstochen worden, gesehen. Auch die Stube und der Fleck, wo die Greultat geschah. Sein Portrait hängt auf dem Rathaus und das Schwerdt, was ihm immer vorgetragen wurde, auch. Dann gingen wir nach dem Franzens-Brunnen, der sehr schön gelegen ist. – Alle die schönen Berge, die hier in der Nähe sind, die haben wir alle bereist, außer nicht den Schneeberg und den Ochsenkopf, weil der Schnee sie erst vor 14 Tagen verlassen hat und sie daher sehr sumpfig waren, was das Besteigen verhinderte. Die Kösswiese, den Burgstein, den Hohen-Berg, Thierstein, alle diese Orte haben wir gesehen, und ich will dir recht viel davon erzählen. Ich habe commission gegeben, daß man sich erkundigen soll, ob die Gräfin Rosenberg auf der Plassenburg zu haben ist, ich sah sie dort nicht. Küsse deine Geschwister recht herzlich von mir und dem Papa. Wir bringen schöne Spielsachen mit. Ich gratuliere dem Bruder Carl zu seinem vierten Geburtstag herzlich. Den werdet ihr wohl schön feiern. Sage an Charlotte, daß ihr Briefchen mich ungeheuer gefreut hätte. Sie schreibt schon recht hübsch.
Adieu. Fritz Louis tausend Schönes. Deine zärtliche Mutter

Luise ◁

Plassenburg: ehemalige Burgfeste, 1393 bis 1603 Residenz der hohenzollernschen Markgrafen, gehörte 1791 bis 1806 zu Preußen, wurde dann von den Franzosen eingenommen und 1807 geschleift.

Kurz vor der Rückreise nach Potsdam setzte die Königin noch ihre Unterschrift unter ein wohl von ihrem Sekretär Johann Niethe verfaßtes Schreiben (hier als Beispiel für viele solcher Art). Die Schützenfahne ist im Museum zu Wunsiedel noch erhalten.

188. An die Schützengesellschaft in Wunsiedel

Alexandersbad, den 3. Juli 1805

▷ Bei Gelegenheit des für Mich getanen besten Schusses wünsche ich der guten Stadt Wunsiedel und der Schützen Gesellschaft in derselben ein Andenken des großen Vergnügens zu hinterlassen, welches Ich in diesen schönen Gegenden und unter den biederen Bewohnern dersel-

ben empfunden habe, so wie meines aufrichtigen Dankes für die Beweise ihrer treuen Anhänglichkeit an den König und an Mich.
Die hierbei überkommende Fahne wird die Erinnerung daran erhalten und ihnen ein Merkmal sein von dem Wohlwollen ihrer gnädigen Königin.

Luise◁

189. An ihren Bruder Georg ▷bei den Pfauen, den 17. Juli 1805

Hertemahl, lieben Herren Brider,
Beede kann ich *nit* me schreibe
aber ihr derft beede kimme!
Rex hat *ja* gesagt und ich habe
Ja gebrüühhlltt, wollte sagen gebrüllt.
Also ihr kommt den 27. O große Freud. Ich bedarf ihrer,
denn die Trennung von Friederike liegt mir noch in den
Knochen ... ich bin Samebimi dero Schwester

Lofice◁

Die beiden Brüder der Königin kamen Ende Juli noch einmal nach Berlin. Am *3. August 1805* wurde der 35. Geburtstag des Königs, am 12. August der 26. Geburtstag des Erbprinzen Georg von Mecklenburg-Strelitz gefeiert. Es war das letzte heitere Fest in Charlottenburg; die Schloßterrasse schmückten Orangenbäume in Kübeln, es wurde in Kostümen italienischer Bauern und Bäuerinnen der Albaner Berge getanzt.

Inzwischen hatten sich Großbritannien, Rußland, Österreich und Schweden zum dritten Koalitionskrieg gerüstet. Preußen – in der Absicht, seine Neutralität zu behaupten – begann am *7. September 1805* die Armee zu mobilisieren. – Am *24.–26. September* überschritten französische Truppen den Rhein, am *1. Oktober 1805* erklärte Napoleon den Krieg. Bayern, Württemberg und Baden schlossen sich Frankreich an.

190. An die Grossfürstin Anna von Russland Potsdam, den 9. Oktober 1805

Liebe, vielgeliebte Anna. Dein Eilbrief hat auf mich eine Wirkung ausgeübt, wie das Evangelium sie unter dem Beispiel ▷von den feurigen

Kohlen ◁ erzählt, ▷ die man aufs Haupt des Beleidigers sammelt. ◁ Ich muß in Deinen Augen undankbar erscheinen, schlecht, kalt, abscheulich, daß ich Deinen lieben [24.] Geburtstag vorübergehen ließ, ohne ein Lebenszeichen von mir zu geben. Aber ich will Dir ganz rein die Wahrheit sagen. Ich konnte nicht schreiben, wegen dessen, was in dieser schrecklichen Zeit der Gewitter und der Erschütterungen in der Welt vorging. Bis jetzt waren wir im Norden *bedroht*, und Deine Idee vom ▷ gefallenen Engel ◁ kam mir oft wieder ins Gedächtnis; jetzt aber hat sich das, was wir allein zu fürchten haben, in Franken gezeigt. Nein, das ist infam, ich bin ganz erschüttert dadurch. Du siehst es wohl, da ich noch immer unterlasse, Dir meine aufrichtigen Glückwünsche, meine zärtliche, grenzenlose Zuneigung auszusprechen; aber Du mußt davon überzeugt sein und für immer daran glauben. Du hast also wieder Zeiten des Kummers und der Schmerzen erlebt, und Deine schönen Augen brannten von Tränen des Unglücks! Warum kann ich Dir nicht manchmal in Deinem von Alabastervasen erleuchteten rosa Zimmer erscheinen? Wäre es auch nicht, um Dich zu trösten, so doch, um mit Dir zu weinen. Ich nehme aufrichtig an all Deiner Unruhe und Deinem Kummer teil, von denen Du mir schreibst; was Du nicht erwähnen kannst, nimmt mein Herz auf, und ich beweine es mit Dir, das schwöre ich Dir.

Gibt es denn noch ein Glück auf der Welt? Ich frage mich danach, und dann glaube ich es, wenn ich die Schwestern ansehe, die das Schicksal mir gegeben hat, um mich zu trösten, um die furchtbare Last zu erleichtern, die es uns manchmal auferlegt. Sie haben mich gestern verlassen und sind nach Strelitz gefahren, um Papas Geburtstag zu feiern, der morgen ist. Ich sollte auch hinfahren, der König hatte mir es erlaubt, mein Vater war früher aus der Schweiz zurückgekehrt, als er sich vorgesetzt hatte, um mich dort zu empfangen; aber die Umstände haben es nicht erlaubt, und ich habe meinen Pflichten ein sehr großes, schmerzliches Opfer gebracht; aber sie sind mir so heilig und teuer wie sonst nichts.

Man drängt mich, zu schließen, der Eilbote des Königs soll gerade abgehen. Ich kann Dir nur schnell sagen, daß ich den Brief von Prinz Ernst [Sachsen-Coburg] erhalten habe; er hat mir Vergnügen gemacht wie alles, was mir ▷ von euch ◁ zukommt. Möchten die Erinnerungen von Alexandersbad immer heilig bleiben ▷ und daß Ihr vielen, großen lieben Anteil daran habt. Viel Schönes am Guten, Längsten. Vergeßt auch nicht und liebet immer Eure treue Freundin

Luise ◁

▷ Schlammerchen viel Schönes! ◁

Mein Angebinde für das Fest meines Herzens ist eine goldene Kette. ▷ Nehm es gütig an und liebe Deine treue Luise, beste Anna. Könnte die Kette Dich noch fester an mich ketten; sie folgt nächstens ◁

191. An die Oberhofmeisterin Gräfin v. Voss

Paretz, den 19. Oktober 1805

Sehr verbunden, liebe Voto, daß Sie meine Aufträge so genau verrichtet haben. Ich bitte Sie, lassen Sie der Prinzessin Ferdinand [Luise von Preußen] meinen Dank für die wohltuenden Pastillen zukommen, die sie mir geschickt hat; sie tun mir wieder unendlich wohl, und ebenso dem König ...

Es hat mich unendlich gefreut, Brown [Leibarzt] wiederzusehen. Er hat mir wieder Chinarinde und isländisches Moos verordnet. Er scheint viel Kummer und Trübsal gehabt zu haben, vor allem der Tod Richards zehrt an ihm. Ich sehe augenblicklich keine Möglichkeit, nach Strelitz zu fahren, und doch wünschte ich es so sehr, eine solche Ablenkung würde für meine Gesundheit Goldes wert sein, aber ich kann doch nicht. Der König war gestern hier und ist heute nach Potsdam, um die Regimenter zu besichtigen. Die Nachrichten von der österreichischen Armee sind immer noch trostlos. Ich umarme meine Söhne und meinen Neffen. Der König ist sehr zufrieden mit Fritz [Kronprinz, 10jähr.], mit seinem Aussehen und seinem Benehmen. Sagen Sie das Delbrück [Erzieher]. Was mein Herz empfindet, ist unsagbar! Aber es ist wahr, er hat sich an seinem Geburtstag außerordentlich gut benommen. Gott segne ihn und seine neue Laufbahn und den König und das Heer und ganz Preußen.

Leben Sie wohl, liebe Voß; wenn keine Änderung eintritt, werden wir Montag von hier nach Potsdam abfahren. Ihre Freundin

Luise

Drängen Sie bei der Porzellanmanufaktur darauf, daß wir die Tassen und Teller von Lapis-Lazuli bekommen. Schicken Sie mir die aus meinem Zimmer in Charlottenburg, aber nicht durch einen Eilboten, sondern durch eine andere Gelegenheit.

17. Oktober 1805: Kapitulation einer österreichischen Armee bei Ulm. – *21. Oktober:* Seeschlacht bei Kap Trafalgar. Die Engländer unter Nelson besiegten die französisch-spanische Flotte. – *25. Oktober:* Napoleon in München. – *13. November:* Napoleon in Schönbrunn bei Wien.
vom *25. Oktober* bis zum *4. November* war Alexander I. in Berlin und Potsdam.

192. An die Oberhofmeisterin Gräfin v. Voss

Potsdam, den 17. November 1805

Tausend Dank für Ihren Brief, liebe Voto, für Ihre Freundschaft und alles, was Sie mir darin mitteilen. Mein Schmerz wird mich nie verlassen, und ich werde nie anders reden, als ich kann. Ich habe gestern einen Brief von unserem Kaiser [Zar Alexander I.] bekommen, aus Schmiedefeld; er schreibt mir, er betrete wieder unsere Staaten, und wenn es auch aus betrüblichen Ursachen geschehe, freue er sich doch, wieder in unser Gebiet zu kommen. Immer gütig, immer sich gleich. Adieu, lassen Sie sich's gut gehen und glauben Sie an meine Freundschaft.

Luise

2. Dezember 1805: Dreikaiserschlacht bei *Austerlitz*. Sieg Napoleons über Alexander I. und Kaiser Franz I. – *4. Dezember:* Waffenstillstand zwischen Frankreich, Österreich und Rußland. Der Zar mußte seine Truppen nach Rußland zurückziehen.

193. An ihren Bruder Georg

den 8. Dez. 1805

▷Wie gehet's dir bester George? Mir gehet's miserable. Die Ursache davon in dem Brief an Papa. Therese [Thurn und Taxis] ist leider leider weg! Und dein Brief soll Dienstag folgen. Ich beklage dich von Herzen wegen der ausgestandenen Schmerzen und affreusen Krankheit. Gott behüte dich und mache dich glücklich. Ich glaube an kein Glück mehr hinieden und möchte wie Talbot sprechen *»so geht es in der Welt zu«*. Der König ist gut und liebevoll für mich, und die Nachrichten, die die Voß ausgesprenkt hat auf dem *Marcht* unglaublich. Wenn ich dich *sehe*, so werde ich dich recht von allem instruieren. Ich verlebe harte Augenblicke, aber mein Häußliches leidet nicht darunter im Ganzen.

Verschiedene Meinungen ziehen Wortwechsel nach sich, und das ist alles. Adieu Bester. Friederike küßt dich herzlich und ich bin deine alte

Luise ◁

26. Dezember 1805 Friede zu Preßburg: Österreich verlor Venedig, Tirol und Gebiete in Süddeutschland. Kleinere deutsche Staaten und Städte wurden mediatisiert, d. h. sie gingen ihrer Reichsunmittelbarkeit verlustig und kamen unter Landeshoheit. Die deutschen Fürsten erhielten volle Souveränität. – Bayern und Württemberg wurden Königreiche, Baden wurde Großherzogtum. – Die neuen Souveräne, *Zaunkönige*, wie Luise schrieb: *Maximilian I. von Bayern,* in zweiter Ehe (1797) verheiratet mit Karoline, Tochter des (1801 verstorbenen) Erbprinzen von Baden. – *Friedrich I. von Württemberg,* in zweiter Ehe (1797) verheiratet mit Charlotte, Tochter der Königin Charlotte von Großbritannien (Luises Tante). – *Karl Friedrich Großherzog von Baden,* in zweiter Ehe (1787) verheiratet mit Luise Geyer v. Geyersberg. – Der 1728 geborene Großherzog von Baden hatte als Enkelinnen: Königin Karoline von Bayern, Zarin Elisabeth von Rußland und Königin Friederike von Schweden.

194. An den Freiherrn v. Hardenberg [Anf. Januar 1806]

Es freut mich, daß ein Brief meiner Schwester von Hildburghausen [Charlotte] mir das Vergnügen verschafft, diese Zeilen an Sie zu richten, die Ihnen meine Beunruhigung über Stadtgespräche Ihretwegen aussprechen sollen. *Unmöglich* können *Sie* in diesem *Augenblick* den Dienst des Königs und Ihren Platz im Kabinett verlassen wollen. Wenn Sie auch nicht *all* das Gute, das Sie gewiß wünschen, tun können, so können Sie doch *vieles* tun, und es ist mir sehr tröstlich, die Politik in Ihren Händen zu wissen, in den Händen des *achtbarsten* und *reinsten* Mannes, den es gibt. Fürst Wittgenstein [Wilhelm] wird Ihnen sagen können, wie sehr mich allein der Gedanke niederdrückt; seien Sie gewiß, daß meine Wertschätzung nur mit meinem Leben enden wird.

Karl August *Freiherr v. Hardenberg* (1750–1822, niedersächsische Familie), leitete seit 1804 das Preußische Ministerium des Auswärtigen mit Christian August *Graf v. Haugwitz* (1752–1832), der seit 1792 amtierte. – Im *Januar 1806* bot Hardenberg seinen Rücktritt an, weil ihn Napoleon öffentlich als Parteigänger Englands angegriffen hatte. Graf Haugwitz führte nunmehr allein das Außenministerium. Er stimmte der von Napoleon beorderten Besetzung Hannovers durch Preußen zu. – Wilhelm *Fürst zu Sayn-Wittgenstein* (1770–1851) war preußischer Gesandter bei den Hessischen Höfen und persönlicher Freund von Friedrich Wilhelm III.

195. An ihren Schwager Karl Alexander, Fürsten von Thurn und Taxis

Berlin, den 8. Februar 1806

Mein lieber Bruder!
Sie wissen, daß ich immer gewünscht habe, meine vielgeliebte Schwester an meinem Geburtstag wiederzusehen, und ich glaube sogar, daß ich zu Ihnen darüber in dem Brief gesprochen habe, den Ihnen Therese überbracht hat, aber wenn ich in diesem Augenblick Ihnen gegenüber diesen Wunsch wiederhole, wenn ich Sie dränge, meine Schwester fahren zu lassen, so geschieht das weniger um meines Vergnügens willen als zu Ihrem eigenen Wohl. Ich glaube, es wäre sehr weise, Therese diese Reise machen zu lassen, die für Sie von großer Nützlichkeit sein könnte, wenn Therese in Berlin ist, um dort für das Wohl Ihres Hauses zu wirken, da sie sich nahe der Quelle befindet, und, um dann auch dem König für seine tatkräftige Unterstützung zu danken und von ihm die Weiterführung zu erbitten. Jedoch darf ich Sie bitten, *nicht* von diesem *Ratschlag* zu *sprechen* und darin nur die Freundschaft einer Schwägerin zu sehen, die im Grunde ihres Herzens den Wunsch hegt, das Haus von Thurn wieder im gleichen Zustand des Glanzes wie einst zu sehen. Die beiden neuen »*Zaunkönige*« haben bei Ihnen so hübsche Sachen vollbracht, daß man auf Ehre alle Mittel, die das Glück Ihnen schenken mag, gegen sie ergreifen und daraus rasch Nutzen ziehen muß. Ich bin sicher, daß Thereses Gegenwart viel bewirken wird. Ich spreche viele Wünsche für das Gelingen all dessen aus, was ich Ihnen an Gutem und Glücklichem wünsche und werde immer verbleiben als Ihre ergebene Schwägerin

Luise

Das Haus Thurn und Taxis hatte die Postgerechtsame verloren. Luise hoffte, ihrer Schwester Therese in Berlin »nützlich« sein zu können. – Mit den *beiden Zaunkönigen* meinte sie Maximilian I. von Bayern und Friedrich I. von Württemberg.

196. An ihren Bruder Georg

Berlin, den 18. Februar 1806

▷Ich danke Dir tausendmal, bester George, für Deine Zeilen vom 11. aus Leipzig. Unsere Gedanken folgten Dir treu, und unsere Teilnahme ebenfalls wegen der bösen Wege und des fürchterlichen Wetters. Ich wünschte, daß Dir die paar Stunden in *Pegau* Ersatz für *alles das* sein

mögen, was zu erkämpfen und bekämpfen ist. Noch bin ich so glücklich, die gute Lotte bei mir zu haben; Gott weiß, daß die Einigkeit im Innern doch das Einzige ist, was Glück zu nennen ist; übrigens ist auch alles so *affreux* um und über mir, der Horizont so schwer und grau, weil die Teufel Macht haben und die Gerechten untergehen sollen, daß ich mehr als jemals das Glück erkenne, einen solchen Mann und solche Geschwister zu haben. Ach ja, bester George, das Diadem ist schwer, wenn man gut und ehrlich bleiben will, wenn man nicht schlecht mit Schlechten werden will, wenn einem nicht alle Mittel gleich sind, um das Beste zu erlangen und zu erhalten. Ich bin wieder einmal recht herunter an Leib und Seel', und gerne gäbe ich 20 Jahre meines Lebens hin, und hätte ich nur noch zwei zu leben, wenn dadurch die Ruhe in Teutschland und Europa zu erlangen wäre. –
Um Dir was Angenehmes zu sagen, so will ich Dir die gute Nachricht geben, daß Carl [Bruder] recht gesund und wohl wieder angekommen ist, ich finde ihn stärker und wohler aussehen. Er ist ungemein glücklich über seine Kompagnie, kann sich aber gar nicht trösten, Dich verfehlt zu haben. Er sagt Dir tausend Schönes und küßt Dich in Gedanken. Geschähe es in der Wirklichkeit, und ich sähe zwei Männer sich küssen, so sage ich: *les ânes se caressent*. Nun adieu.
Papa schickte mir [beiliegenden] Brief und empfahl ihn mir als äußerst wichtig; da ist er, und ich bin wie immer Deine zärtliche Freundin und Schwester

Louise ◁

Pegau: sächsische Stadt zwischen Leipzig und Zeitz, *anmutig gelegen*, mit einem ehemaligen Klostergut.

10. März 1806: der dreißigste Geburtstag Luises wurde in Schloß Charlottenburg gefeiert. – *30. März 1806:* Napoleon erklärte seinen Bruder *Joseph Bonaparte* zum König von Neapel und Sizilien.
1. April 1806: Tod des erst eineinhalb jährigen Prinzen *Ferdinand*. Luise weilte in Berlin. Aus Potsdam schrieb ihr Friedrich Wilhelm am *2. April: »Glaube mir, liebe Freundin, in dem Augenblick, als ich das Schloß verließ, war mein Herz so eigentümlich bedrückt, und ich war tief ergriffen, als ich noch einen letzten Blick auf die Fenster des Zimmers warf, wo die leblosen Überreste des armen kleinen Kindes noch aufgebahrt sind ... ich bin nicht ▷ empfindsam ◁, aber trotzdem, versichere ich Dir, konnte ich mich der Tränen nicht erwehren, ... Möge Gott Dich erhalten und stärken; Du weißt, mein ganzes Glück hängt von Dir ab.«* Des Königs Brief kreuzte den der Königin.

197. An Friedrich Wilhelm III. Berlin, den 2. April 1806

Ich kann den Tag nicht verstreichen lassen, ohne Dir Nachricht von mir und den Kindern zu geben, die Gott uns gelassen hat. Sie befinden sich wohl. Von mir kann ich nicht dasselbe sagen; die Nacht war nicht gut, ich habe Migräne und eine unbegreifliche Schwäche. Ich hege tausend Wünsche für Dich, mein lieber Freund, und hoffe, daß es Dir gut geht. Ich will auf eine Stunde mit dem Wagen ausfahren auf Befehl von Hufeland und Brown, die die Luft rein und gut finden, und dann werde ich ganz ruhig bleiben mit meinem grausamen Schmerz und Kummer. Der arme kleine Ferdinand hat sich im ganzen nicht verändert, er sieht aus, als ob er schläft und ein Engel ist.
Leb wohl, mein teurer Freund, ganz Dein und fürs Leben Deine treue

Luise

198. An Friedrich Wilhelm III. Berlin, den 2. April 1806

Unaussprechlich, lieber Freund, hat mich Dein Zartgefühl für mich und Dein armes Kind gerührt. Gewiß, der Engel, den wir verloren haben, war von himmlischer Art, und seine Liebe zu Dir muß Dich ganz besonders rühren, denn das letzte Wort, das er hervorstieß, war: Papa. Er ist gar nicht verändert, und sonderbarerweise sind seine Lippen heute ganz rot. Hoffentlich kommst Du bald wieder. Leider ist mein Befinden heute nicht sehr gut; ich habe schlecht geschlafen und bin unglaublich schwach. Wolle Gott, daß ich meine Kräfte und meine Gesundheit wiedergewinne, um Dir nicht als ein unnützes Möbel zur Last zu fallen. Ich erwarte in einer halben Stunde die Prinzessinnen; das strengt immerfort an. Die Nachrichten aus Westfalen sind schlimm. Ich rate Dir, von Bonaparte darüber Rechenschaft zu fordern. Da nicht *er*, sondern dieser elende Murat es ist, muß er ihn ignorieren und Dir ihn ausliefern, wenn er noch ein Körnchen Ehre im Leibe hat. Übrigens beweist das immer mehr, daß seine Politik nichts achtet. Je mehr Nachgiebigkeit man ihm zeigt, um so mehr spottet er derer, die so dumm sind. Gewalt gegen Gewalt, das ist meiner Meinung nach das einzige; wir haben einen guten Bundesgenossen [Zar Alexander I.], nutzen wir ihn. Sei so gut und sage mir, ob es wahr ist, was von Truppenbewegungen berichtet wird, und wohin? Ich begreife nichts dabei. Ich verspreche Dir, so stark zu sein, wie ich kann; aber manchmal ist mein Schmerz allerdings stärker als meine Vernunft; doch gestehe, wir haben einen Engel verloren. Leb wohl, lieber Freund, ganz die Deine, Deine treue

Luise

Friederike bittet mich, sie Dir zu Füßen zu legen.

In seinem Brief vom *2. April* hatte Friedrich Wilhelm noch mitgeteilt, daß Napoleons Schwager Joachim *Murat* (1771–1815), der am 15. Februar 1806 Großherzog der bis dahin preußischen Fürstentümer Cleve und Berg geworden war, auch von den Abteien Essen, Elten und Werden Besitz ergriffen hatte.

199. An ihren Vater

Berlin, den 11. April 1806

▷Bester Vater. Ihr gütiger und gnädiger Brief, der so ganz Ihre väterliche Zärtlichkeit für mich an den Tag legt, hat mich tief in der Seele gerührt. Wie gern würde ich nicht von Ihrem gütigen Anerbieten Gebrauch machen, wenn es mir nur möglich wäre, allein, so gut und wohltätig mir Veränderung wäre, und besonders, bei Ihnen zu sein, so gestatten es meine Verhältnisse jetzt nicht. Ich soll nach Pyrmont gehen, und um dieses zu erlangen, welches meiner Gesundheit so sehr nötig ist, will ich gern alles, was Annehmlichkeit, aufgeben, um das Nützliche nicht quit zu gehen.

Ich danke Ihnen tausendmal, küsse Ihnen die Hände und bin zeitlebens Ihre treue Tochter

Luise◁

200. An Friedrich Wilhelm III.

Berlin, den 12. April 1806

▷Bester Freund! Die Ärzte wünschen ernstlich mit Dir reden zu können wegen meiner miserablen Gesundheit, die, ich kann es nicht leugnen, wirklich durch Seelenkummer, der seit dem September unaufhörlich an meiner Lebenskraft nagte, sehr herunter ist. Du kennst meine Gesinnungen, meine Liebe für Dich, Du kannst Dir also leicht denken, daß eine *Trennung* von fünf oder sechs Wochen grade in einer

Zeit, wo Du meiner bedarfst, mir viel kostet, aber ich glaube, um eine *längere* zu verhüten, bin ich Dir, mir und unseren Kindern schuldig, alles zu tun, um mich zu *erhalten*. Tue ich nichts Ernstliches dieses Jahr, so wird mein Zustand der Schwäche und Entkräftung mit jedem Monat ärger, und ich werde Dir in einem Jahre vielleicht schon *zur Last*, ein Gedanke, der mir manche bittere Träne kostete. Es ist also besser, ich gehe, wohin der Ausspruch der Ärzte mich schickt; es ist besser, daß wir uns auf einige Zeit trennen, als bald auf immer. Bin ich gestärkt, geheilt, so bin ich die alte wieder, Dir eine heitere Gesellschafterin und Freundin (denn mein frohes Gemüt ist jetzt mit einem Nebel umzogen), und meinen Kindern eine nützliche Stütze. Vergib diese Zeilen, die Dir vielleicht einen Augenblick Mißmut verursachen werden, allein die Notwendigkeit meines Zustandes machte sie nötig. Liebe immer Deine treue

Luise

Die Ärzte kommen um 10 Uhr, um mit Dir zu sprechen ◁

201. An ihren Vater — Berlin, den 13. April 1806, nachmittags

▷ Dieser Brief, der zu spät auf die Post kam, also nicht angenommen werden konnte, muß also durch meine Boten abgefertigt werden. Ich wollte Ihnen, bester Vater, die *gute Nachricht* geben, daß der König heute meine Reise nach Pyrmont zugegeben hat, welches mich unaussprechlich froh macht, weil ich doch nun Hoffnung habe, wieder besser zu werden. Meine Absicht ist, am Badehaus zu wohnen, und das zwar oben, wenn Sie diese Etage nicht haben. Es ist bereits heute darum geschrieben worden. Ich werde nicht vor dem 15. Juli und nicht später als den 21. reisen, da ich 4 Wochen die Kur brauchen soll und 5 dasein muß und den ersten August spätestens wieder hiersein muß wegen dem 3. August [Geb. Fr. W. III.]. Ich werde mich in Braunschweig aufhalten zwei Tage.

den 16.

Unausstehliche Kopfschmerzen verhinderten mich, diesen ewigen Brief zu enden, der Ihnen nun bestimmt durch den Herrn von Altenstein übergeben wird. Ich machte seine Bekanntschaft gestern, und es schien mir zwar kein Weltmann zu sein, doch ein sehr schlichter, nach seinen Äußerungen, braver Mann. Ihren Brief an Beyme [Kabinettsrat], den ich durch Therese empfing, hab ich schon übergeben ... Ich werde unter einem anderen Namen gehen und incognito, um alle *Etiquette* zu verscheuchen. Ihr dortiger Aufenthalt ist mir unglaublich lieb. Wann werden Sie denn gehen? Adieu, bester Vater, meine Kopfschmerzen nötigen mich, mein Sofa zu suchen. Ich bin zu Ihren Füßen und werde ewig sein Ihre gehorsame Tochter

Luise

Sagen Sie doch George die gute Nachricht ◁.

202. An ihren Vater — Potsdam, den 29. April 1806

▷Bester Vater! Ihr vorletzter Brief, der mir abermals ein Beweis Ihrer väterlichen Huld ist, zu beantworten, ist mir süße Pflicht, so wie auf alle Punkte zu antworten, daß ich nach Pyrmont gehe. Nun wäre noch eins zu berichtigen, nämlich wegen Hieronymi. Wie sehr ich gerührt bin durch Ihre väterliche Fürsorge, kann ich Ihnen gar nicht genug wiederholen, und ich freue mich, in Pyrmont Ihnen die Hände dafür küssen zu können. Doch ehe Ihr gnädiges Anerbieten geschah, waren vorläufig alle Anstalten gemacht wie folgt: Hufeland [Leibarzt] geht nach Nenndorf, also ganz nahe, um mich wöchentlich zu besuchen, außerdem geht der Regiments Chirurgus Wiebel mit mir, der von Brown und Hufeland alle Vorschriften bekommen hat, um meine Kur zu leiten, der ein sehr geschulter Mann ist. Überaus angenehm ist es mir aber, daß der brave, von mir hochgeschätzte Hieronymi ebenfalls da ist, dessen Rat mir immer höchst angenehm und nützlich sein wird. Könnte ich Ihnen nur beschreiben, wie mein Herz Ihre Gnade tief erkennt, und wie sehr ich wünsche, Ihnen meine Dankbarkeit beweisen zu können.

Ich fürchte mich ordentlich, in der Nähe von Hannover zu sein, denn jetzt werden mich die Menschen hassen, die mich sonst mit Freuden wiedersähen. Wie schmerzlich mir dieses Gefühl und die Ursache davon ist, überlasse ich Ihrem feinfühlenden Herzen zu beurteilen.

Ich bin zu Ihren Füßen mir dankbarem Herzen, Ihre treue Tochter

Luise

Wohnen Sie oben oder unten im Badehaus ◁

Luise sollte von den königlichen Ärzten Christoph Wilhelm *Hufeland* (1762–1836), späteren Professor an der Universität Berlin, und Johann Wilhelm *Wiebel* (1767–1847), begleitet werden. Ihr Vater bot zudem seinen eigenen Hofarzt *Hieronymi* an. – Da Hannover von Preußen besetzt war, fürchtete sich Luise, in einer Gegend zu sein, wo man natürlich gegen Friedrich Wilhelm III. eingestellt war. – Die Kriegserklärung Englands an Preußen stand bevor *(11. Juni 1806)*.

203. An ihren Sohn, Kronprinzen Friedrich Wilhelm

Potsdam, den 16. Mai 1806

▷Lieber Fritz. Auch ohne deinen Brief, der mir sehr viel Vergnügen gemacht hat, hättest du heute erfahren, daß du morgen nebst Wilhelm und Fritz Louis [Sohn ihrer Schwester Friederike] zum Lager herkommen sollst. Papa gab mir nämlich den Auftrag, es euch alle wissen zu lassen, da er sich eine wahre Freude daraus macht, euch froh zu wissen. Da die Truppen morgen schon um 8 Uhr ausrücken, so glaub' ich, wäre es am besten, ihr führet heute nacht hierher, denn sonst müßt ihr gar zu früh aufstehen. Meinen Brief bekömmst du um 3 oder 4 Uhr, also glaub' ich, gehet es noch. Wir sind in Sanssouci zu finden. Papa küßt dich nebst die Geschwister und ich drücke dich an mein Herz und bin deine treue Mignana

Luise ◁

204. An Alexander I.

Charlottenburg, den 21. Mai 1806

Ich wünschte sehr, Sie könnten hier sein, mein lieber Vetter, und könnten den Zauber des entzückenden Charlottenburg genießen und ein Urteil abgeben, was wirklich daran ist. Mein geliebter Balkon, den Sie leider mit Schnee und Eis bedeckt sahen, ist wieder göttlich, und ich *lade Sie wieder ein*, hier mit mir zu *frühstücken*. Der Tee wird vortrefflich sein und die Eier ganz frisch. Wenn das möglich wäre, wie glücklich wäre ich! Aber ich fürchte sehr, der 4. November [1805] wird für immer der letzte Tag des Glückes sein. Sehen Sie, ich werde närrisch bei dem Gedanken, daß ich hier eine Zeit mit Ihnen verbringen könnte, lieber Vetter, und ich schmeichle mir, Sie würden mit Ihren Freunden zufrieden sein. Das sind Luftschlösser, sie tun wohl und heben einen über die traurige Wirklichkeit hinaus, denn im Grunde finde ich wenig Glück in mir und außer mir. Auf meine Gesundheit wirkt Beunruhigung immer ungünstig ein; sie ist wirklich sehr erschüttert und hat vor allem durch den Tod meines Kindes einen Stoß erlitten. Ich muß nach dem Rat der Ärzte die Pyrmonter Quellen gebrauchen, ich werde im Monat Juni fortreisen und will sehen, ob es ein Heilmittel gegen die Leiden der Seele gibt. Ungern verlasse ich den König, der mir mehr als je die rührendste Anhänglichkeit und Freundschaft beweist. Ich sage Ihnen das, weil ich weiß, daß es Sie interessiert, und um die falschen, aber ebenso verbreiteten Gerüchte zu berichtigen, als bestände in dieser Hinsicht eine unerfreuliche Veränderung. Wer sich bis ins Einzelne auszusprechen wagt, muß Ihre Güte und Vollkommenheit so gut wie ich kennen.

Wissen Sie, daß ich mich ein wenig über Sie zu beklagen habe? Es ist wirklich etwas grausam, daß Sie mir auf meinen Brief vom 19. März nicht geantwortet haben. Ich erwarte mit Ungeduld Ihre Antwort auf meinen letzten Brief vom April, an dem so viele Teile interessiert sind. Vergessen Sie nicht die *Büste*, die Sie mir versprochen haben; ich lege unbeschreiblichen Wert darauf. Ich wäre nicht übel versucht, mit Ihnen um vielerlei ein bißchen Krieg zu führen und Sie zu fragen oder *Mutmaßungen* auszusprechen, welche Gründe Sie so *ablenken*, daß Sie Ihre alten Freunde *vergessen*; aber die Ehrfurcht, die ich einem gekrönten Haupte schulde, rettet Sie für diesmal. Doch nach der Pyrmonter Kur, die mir alle meine Kräfte wiedergeben soll, sehen Sie sich vor! Ich könnte der Versuchung erliegen, Sie die Überlegenheit meiner Rechte fühlen zu lassen, das heißt: meiner Rechte auf Ihre Büste.

Wenn mein Brief Ihnen langweilig ist, haben Sie nur den Fürsten *Trubetzkoi* zu strafen, der hat mich geplagt, um einen Brief zu bekommen, und ihn denunziere ich als den Schuldigen bei dieser Sache. Wenn es in der Luft von Petersburg ansteckend ist, daß sie alte Bekanntschaften vergessen macht, so hat mich General Tolstoi offenbar gegenwärtig vergessen; ich aber wohne in Charlottenburg, einem Orte, der *Gedächtnis* und *Erinnerung* stärkt, und so bitte ich Sie, mich ihm zu empfehlen und ihm zu sagen, ich würde niemals den Stettiner Aufenthalt vergessen, der mir den Vorzug verschafft hätte, ihn näher kennenzulernen. Ich will Ihnen ganz leise sagen, daß ich ihn sehr gern habe. Mein guter Herr Wylie [Leibarzt des Zaren], der, wie ich hoffe, Erinnerungsvermögen hat, findet hier schöne Grüße.

Und Sie, mein teurer Vetter, werden aus diesem Geschmier ersehen, daß trotz einem bißchen Bosheit Freundschaft für Sie in meinem Herzen vorherrschen wird, und daß *all meine Hoffnung* auf Ihnen ruht, denn ich bin überzeugt, daß das wahre *Wohlergehen Ihres Freundes* Ihnen mehr am Herzen liegt als das Interesse Englands, das alles in Bewegung setzt, um uns mit der guten Partei zu überwerfen, denn der König von Schweden [Gustav IV.] ist ganz gewiß ein Werkzeug dieser Macht. Sein Verhalten ist unter aller Kritik, und die Mäßigung des Königs ist sehr lobenswert. Bleiben Sie unser Freund, unsere Stütze gegen die Böswilligkeit, und zählen Sie für immer auf die Gefühle derjenigen, die mit Herz und Seele ganz die Ihre ist

Luise

In einem Brief vom *17. April* an den Zaren hatte Luise die Hoffnung einer Vermählung des Prinzen Heinrich (geb. 1781), Bruder ihres Gemahls, mit der Lieblingsschwester des Zaren, Großfürstin Katharina (geb. 1788), ausgedrückt. Aus diesem Plan wurde nichts. *Katharina* heiratete 1809 – in erster Ehe – den Herzog Georg von Oldenburg, in zweiter Ehe, 1816, König Wilhelm I. von Württemberg (1781–1864). Prinz *Heinrich,* genannt »der Römer«, blieb unverheiratet. – Luises Kritik an dem König von *Schweden* bezog sich auf dessen Weigerung, Preußen das zu Hannover gehörende Herzogtum Lauenburg freizugeben. Lauenburg wurde von preußischen Truppen besetzt, worauf Schweden die preußischen Ostseehäfen blockierte.

205. An ihren Bruder Georg — Charlottenburg, den 23. Mai 1806

▷Tausend tausend Dank, bester George, für deine lieben Briefe. Sie freuten und rührten mich, denn sie tragen beide das Gepräge deines edlen Herzens. Der Abschied! Ach, der Abschied ist in der Hölle erfunden worden, ich sah dich nicht mehr, aber ich erreichte dich [mit] tausend Tränen beim Nachgehen. Ja! *Scheiden* und *Meiden* tut weh!

Der Göben werde ich sicher Visite machen, d. h., sie kommen lassen, wie du es wünschst. Es ist zwar eine äußerst possierliche Proposition, aber es hat mehr wie eine Seite, und daher auch dieses. Verzeihe das Geschmier, allein, wenn du sähst, wie ich sitze, und was alles um mich geschieht, so würdest du dich nicht mehr wundern. Ich sitze an einem

Stückchen Toileter [Toilettentisch] aber nur an einem Stückchen, so daß mir die Ecke den Magen drückt. Carl (der kleine) [Sohn, fast 5jähr.] erzählt mir Geschichten vom Räucherkerzchen und Louise [Gräfin Voß] spricht auch zuweilen.
Du kennst meine und deine Passion für Berlin. Wenn es aber immer so wäre, als wie die 3 Tage, so könnte ich es nicht ausstehen, denn es ist, wie Chateaubr[iand] sagt, eine wahre Parforce Peitsche hinter uns – 2 Revue Tage, alles Visiten, mit und ohne Kinder, denn alles will die Kinder sehen, und man findet sie göttlich, man raffolliert an ihnen. Gestern hat die alte Ferdinand sich das Augustchen [Solms, fast 2jährig] in den Wagen heben lassen als sie mir eine Visite machen wollte. Heute war ich mit allen Kindern bei der Louise Radziwill und beim alten Ferdinand zum Gratulieren – er war sehr gerührt, ein gewisser Mensch kam dazu und wurde ganz still und traurig, als er die Kinder sah. Louise, an deren Seite ich schreibe, sagt, deine niederträchtige Commission hat durch diesen Boten noch nicht wirken können, wegen mangels der Zeit und wegen der gewissen *Peitsche*, die uns heute zum großen Diné karpatscht hat, des Nante [Prinz Ferdinand] zu ehren der heute 76 alt wird, und nun zum [?] bei Wilhelms oben droben im Schloß. Ich bin dero devoteste Luise. Dis Louissch'is a Nari! und war krank an *Coliqùe* heute. Nächstens mehr! oder ist oft und kurz besser als selten und viel? Allen, denen du willst, viel Schönes. Lese meinen Brief an Papa.

Luise saß beim Schreiben neben Gräfin *Louise Voß* (1780–1865), Tochter der Frau v. Berg, die seit 1800 mit dem Enkel der Oberhofmeisterin Graf August Voß verheiratet war. Die Oberhofmeisterin wurde scherzhaft *Parforce-Peitsche* genannt. – *Augustchen:* Prinzessin Auguste Solms-Braunfels (1804–1865), Tochter von Luises Schwester Friederike aus deren zweiter Ehe. Auguste heiratete 1827 den Prinzen Albert zu Schwarzburg-Rudolstadt. – Prinz *Ferdinand* (jüngster Bruder Friedrichs des Großen) hatte am 20. Mai 1806 seinen 76. Geburtstag. *die alte Ferdinand* seine Gemahlin: Luise, geb. Brandenburg-Schwedt. Deren Kinder: Prinzessin Luise, verheiratete Radziwill, Prinz Louis Ferdinand und Prinz August. – Mit *Wilhelms* meinte Luise ihren Schwager Prinz Wilhelm von Preußen mit seiner Frau Marianne.

Napoleon hatte den Besitz von Hannover unter der Bedingung zugesichert, daß es Partei gegen England nahm. Infolgedessen erklärte England am *11. Juni 1806* offiziell den Krieg an Preußen, dem sich Schweden anschloß. Um so geheimer und außerhalb des Ministeriums mußten Verhandlungen arrangiert werden, die Hardenberg mit dem russischen Gesandten Alopeus führte, um eine friedliche Verständigung mit England zu erreichen. Vorschläge hierfür hatte Graf v. der *Goltz*, der preußische Gesandte in St. Petersburg, in Form einer Denkschrift gemacht.

206. AN DEN FREIHERRN V. HARDENBERG — Charlottenburg, den 12. Juni 1806

Ich bin vom König beauftragt worden, Ihnen mitzuteilen, daß er wünscht, Sie möchten sich morgen um ein Uhr in *meinen Zimmern* einfinden, damit jeder Verdacht fern bleibt. Die Reise nach Pyrmont könnte als Vorwand dienen, wie wenn Sie in dieser Sache mit mir zu reden hätten. Ich glaube, *alle spitzen die Ohren*; ich will Ihnen morgen mehr darüber sagen. Die Denkschrift von Goltz [pr. Gesandter in St. Petersburg] habe ich gelesen und glaube, seine beiden Modifikationen sind sehr wünschenswert. Ich bin mit der vorzüglichsten Hochachtung Ihre Freundin

Luise

Ich glaube, es wäre sehr klug, einige Worte an Frl. v. Viereck [Hofdame] zu schreiben, um ihr mitzuteilen, daß sie um eine Unterredung mit mir nachsuchen möge.

Am *15. Juni 1806* begab sich Luise auf die Reise nach Bad Pyrmont. Sie machte Stationen in Magdeburg und in Braunschweig beim Herzog Karl Wilhelm Ferdinand (1735–1806), der als Oberbefehlshaber der preußischen Armee (im Herbst dieses Jahres 1806) fiel. – Friedrich Wilhelm schrieb Luise am *15. Juni: »... Wie war mein Herz beengt heute früh, als ich Dich abreisen sah, ein Gefühl, das noch lange nachher anhielt ...«*

207. AN FRIEDRICH WILHELM III. — Braunschweig, den 18. Juni 1806

Mein lieber Freund. Wenn ich auch sterbensmüde bin, möchte ich diesen Ort nicht verlassen, ohne Dir einige Worte zu schreiben. Die Höflichkeiten des Herzogs [von Braunschweig, Generalfeldmarschall] überschreiten alle Vorstellung; er ist mir über eine Meile entgegengeritten und wir sind im Galopp eingefahren, er voraus, da er einen Platz in meinem Wagen nicht angenommen hatte. Das Schauspiel hier ist reizend, aber ich habe es nur halb genossen, da es mir gar nicht gut geht. Die Reise von Magdeburg hierher war die unangenehmste meines Lebens. Der Staub war so schrecklich, daß ich dreimal fast erstickt wäre, und das ist keine Redensart, sondern bei Gott gewiß, ich glaubte zu sterben. Meine Kräfte waren erschöpft, und die Gala von gestern, die Kälte, die Zugluft und die Strapazen haben mir Kopfschmerzen auf der rechten Seite, Schnupfen und Erkältung zugezogen, abgesehen davon, daß mir mehrere Male fast übel geworden wäre.

Der Herzog hat mich beauftragt, ihn Dir zu Füßen zu legen und ist sehr erkenntlich für die Mütze und Dein Gedenken. Er hat die Befehle für das Regiment Tauentzien erhalten und ist der Meinung, man dürfe es nicht vollmachen, weil das die *denkbar schlechteste Wirkung* haben würde. Er fügt hinzu, jeder gute Preuße müsse dem König Hannover wünschen, aber er könne es unmöglich behalten, das würde ihn in das größte Unheil verwickeln und würde uns mit unserm wahren Alliierten und Freund sicherlich überwerfen, und das ist der wirkliche Nutzen, auf den Frankreich rechnet. Darauf sagte ich ihm, ich glaube, das wirkliche Glück bestände darin, daß wir ein oder zwei Jahre Ruhe hätten. Er erklärte mir, das *könne man gar nicht wünschen*; »es würde schön sein, aber man darf nicht daran denken, es ist eine Schimäre, und der König *muß* sich *entschließen*, wen er in diesem Kampf unterstützen will, denn sonst wird er mit *Gewalt* in die Sache einer Partei verwickelt werden, und das scheint mir wirklich unvermeidlich«. Wenn der Herzog derartiges so entschieden und ohne Umschweife ausspricht, dann ist es gewiß sehr wahr, denn Du weißt, lieber Freund, wie gern er sonst Ausflüchte macht. Ich hielt es für meine Pflicht, Dir eine so wichtige Meinung mitzuteilen, weil das Dich wegen der Sache mit Hardenberg und Alopeus [russ. Gesandter in Berlin] vielleicht mehr auf dem Laufenden hält. Der Herzog ist äußerst gespannt auf das Ergebnis ihrer Unterredung und auf Deinen Entschluß. –

Ich werde um 2 Uhr hier abfahren, nachdem ich ein mittägliches Frühstück eingenommen habe, und werde gegen 6 oder 7 Uhr in Hildesheim sein. Weiter brauche ich nicht. Du kannst nicht glauben, wieviel Freude mir darüber bezeugt wurde, daß ich mich in unserem Lande sehen lasse. General Schwerin hat mir bei Wanzleben ein reizendes Frühstück unter einem Zelt gegeben; ein Triumphbogen, Verse, Musik, nichts war vergessen. Alle Offiziere ritten mir entgegen, es war prächtig. Das Offizierkorps des Herzogs tat ebenso, und Halberstadt war mit Blumengirlanden an den Fenstern der Häuser geschmückt, das war reizend. Da Du nicht dabei warst und kein Verbot für ▷ Freudensbezeugungen ◁ bestand, haben sie sich im allgemeinen gehen lassen. Unsereins ist mehr oder weniger Märtyrer davon. Ich darf nicht vergessen, Dir mitzuteilen, daß meine kleine Eitelkeit sehr dadurch niedergestimmt wurde, daß ich am ersten Abend im Schauspiel recht wenig Eleganz entfalten konnte, ▷ denn ich bin mit allem Staub und Dreck ins Komödienhaus geschleift worden ◁; das zog ich der Aussicht vor, das Publikum warten zu lassen, und darin wirst Du mir recht geben. Leb wohl, mein lieber bester Freund. Habe mich immer lieb, wie ich Dich fürs Leben liebe. Deine treue

Luise

Ich umarme meine lieben Kinder und Mimi [Wilhelmine der Niederlande, ihre Schwägerin]. Heute herrscht ein Sturm und eine Kälte, die der Pfaueninsel würdig wären.

Luise machte auch Station in *Hildesheim*. Das Bistum kam 1803 (Reichsdeputationshauptschluß) zu Preußen. Bischof war Franz Egon Freiherr *v. Fürstenberg* (gest. 1825), zugleich Fürstbischof von Paderborn. – Am *19. Juni* erreichte Luise den Kurort.

208. An Friedrich Wilhelm III. Pyrmont, den 20. Juni 1806

Heute früh wurde ich auf das glücklichste durch einen Brief von Dir geweckt, mein lieber Freund. Ich bin Dir außerordentlich dankbar für die Freundschaftsbeweise, die Du mir darin gibst und für die Einzelheiten, die Du berichtest. Du weißt wohl, lieber Freund, wie ich Dich liebe und wie mich alles interessiert, was Dich angeht. Du kannst mir kein größeres Vergnügen machen, als wenn Du oft wieder solche Briefe schickst. Ich bin ganz gerührt von all dem, was Du mir darin sagst, und ich bin ebenfalls ganz traurig darüber, Dich vereinsamt und verlassen zu wissen, und nur die mir obliegende dringende Notwendigkeit, in die Kur zu gehen, konnte mich den Entschluß fassen lassen, Dich in dieser trostlosen Zeit zu verlassen.

Ich bin gestern gegen 7 Uhr angekommen, bei herrlichem Wetter, d. h. für die Reise, denn heute ist es *kalt* und regnet, worüber ich mich durch

den Gedanken tröste, daß Tausende von Herzen von der Furcht vor Teuerung befreit sind, die die Magdeburger und alle die Gegenden, durch die ich gereist bin, außerordentlich fürchteten. Der Empfang, den man mir in Hildesheim bereitete, übersteigt jede Vorstellung. Ich habe niemals etwas Hübscheres gesehen als die Ausschmückung der Straßen, durch die ich kam. Sie sahen wie ein Wald aus, unterbrochen von Gärten und Blumenbeeten. *»Vivat Luise«* und *»Vivat der König und die Königin«* konnte man überall hören. Junge Mädchen mit ▷Streublumen◁ standen von den Toren der Stadt an bis zum Hause. Zuletzt hätte ich wahrhaftig aus Angst vor Verwirrung und Müdigkeit umkommen können, denn ich mußte antworten, die Liebenswürdige spielen und war noch ganz erschöpft von Braunschweig. Ich hoffe jedoch, meine Pflicht getan zu haben. Die Zeitungen werden Dir sicherlich das übrige sagen. Der Fürstbischof, der mich empfing, ist ein Mann von Geist, ▷ganz schlicht◁ und bescheiden. Der Dom ist herrlich und von blendendem Reichtum. General Graf Schulenburg [Fr. W., pr. Staatsminister] bereitete mir das Vergnügen, mich zu besuchen; er litt an nervösen Kopfschmerzen, sieht aber trotzdem gut aus. Er sagte, daß er mit vielen Schwierigkeiten zu kämpfen habe. Ich glaube es, denn in Hameln war man nicht sehr höflich zu mir, kaum zog man die Hüte ab. Die Umgebung von Hameln ist erstaunlich hübsch. Die Franzosen haben fürchterlich Holz geschlagen und die Gärten der Einwohner verwüstet; sie sind zwar wieder hergestellt, aber die Obstbäume sind für immer zerstört, und trotzdem liebt man sie. Das Land Hildesheim ist prächtig und ist nur zu vergleichen mit dem Magdeburger Land, aber die Bauern haben nicht Aussehen und Haltung wie dort, zum Ausgleich sind die Pferde von großer Schönheit.
Du glaubst nicht, wie glücklich ich bin, angekommen zu sein, denn die Reise hat mich grausam erschöpft, und meine Kräfte, ach sie gaben mir einen neuen Beweis ihrer Unzulänglichkeit. Ich hoffe alles von den Bädern, der Luft und den Spaziergängen, zu denen mich Hufeland [Leibarzt] für den ganzen Tag verurteilt hat. Morgen fange ich mit einem Glase Wasser an. Der Becher und die Uhr, die ich als letztes Zeichen Deiner Liebe aufbewahre, werden meine liebsten Gefährten sein, da ich sie aus den Händen erhielt, die mir am teuersten sind. Ja, lieber Freund, ich freue mich sehr, ein Ende unserer Trennung zu sehen. ▷Es ist mir Wie und Weh◁, wie man im Reich sagt, ▷ohne

Dich ◁ und ich hoffe, daß unsere Vereinigung das Zeichen der Ruhe und des Glückes für das menschliche Geschlecht sei. Ich rechne, daß man in sechs Wochen viel tun kann; vielleicht wird dann Friede herrschen. Hast Du von dem jüdischen Königreich reden hören, das Napoleon schaffen will, gegen Bezahlung von ich weiß nicht wieviel Milliarden von diesem Volke. Der Herzog von B[raunschweig] behauptet, daß Du es wüßtest, und daß man damit beschäftigt ist, reiche Juden in Berlin Deinem Staate abspenstig zu machen usw. usw. Wenn wir das Königreich Salomons wiederaufleben sehen würden, ich würde wirklich darüber lachen. Es sind nur noch wenig Leute hier, aber das ist mir sehr gleichgültig und sogar vorzuziehen. Die ersten Gesichter, die mir auffielen, waren Himmel [Musiker], der Maler Schröder (der ein göttliches Porträt Mimis für die alte Tante Oranien [Schwester Friedrich Wilhelms II.] gemacht hat), die Herren von Mirbach und de Foix, sonst kenne ich niemanden. Die angefügten Listen geben Dir Aufschluß über die gesamte gute Gesellschaft. Ich umarme den geliebten Kinderschwarm und Mimi von ganzem Herzen, und vor allem drücke ich Dich an mein zärtliches Herz, mein lieber, bester Freund. Liebe mich, wie ich Dich liebe und werde nicht zu philosophisch; denke auch Deiner treuen Luise, die sich auf Dich verläßt, ▷ trotz alle ◁ Damen mit Schals, für das ganze Leben. Leb wohl, teurer und bester Freund, immer dieselbe. Meine Damen und Herren sind Dir zu Füßen.

Luise.

Friedrich Wilhelm Graf v. der *Schulenburg-Kehnert:* 1742 geboren, 1771 Staatsminister, noch unter Friedrich dem Großen, 1790 Generalleutnant unter König Friedrich Wilhelm II., 1791 Kabinetts- und Außenminister. Er organisierte 1806 die preußische Verwaltung in Hannover.

209. An den Berliner Stadtpräsidenten Büsching

Pyrmont, den 20. Juni 1806

▷ Mein Herr geheimer Kriegsrat und Polizeidirektor!
Auf drei Ersuchen sind Sie zwar so gefällig gewesen, über die wirkliche Bedürftigkeit der Supplikantin Pose Ihr Gutachten zu geben, wofür ich recht sehr danke. Da mir aber nicht bekannt ist, wie ich die Bitte dieser armen Frau: ihre drei Kinder in eine freie Schulanstalt bringen zu

lassen, – auf das Preßlichste erfüllen soll, ohne mich selbst dabei in große Ausgaben zu verwickeln, so wünsche ich von Ihnen zu hören, ob diese Zwillingskinder irgendwo den freien Schulunterricht genießen können, und ob und wieviel ich vielleicht zur Erlangung desselben als eine Beihilfe – zu der ich gern geneigt bin – zu geben haben würde? Indem ich die Bittschrift der Frau Pose zurücksende, verharre ich,

Ihre affektionierte Königin
Luise ◁

Zum begleitenden Hofstaat der Königin gehörte der Sekretär Niethe. Er beantwortete vor allem Bittschriften, unter die Luise ihren Namen setzte. – *Büsching:* Berliner Stadtpräsident, Kriegsrat und Polizeidirektor, vermutlich Sohn des Geographen Anton Friedrich Büsching (1724–1793).

210. An Friedrich Wilhelm III. — Pyrmont, den 21.–23. Juni 1806

Guten Tag, teurer Freund, nachdem ich mein erstes Glas Pyrmonter Wasser getrunken, einen Spaziergang von einer guten Stunde gemacht, gefrühstückt und geruht habe, bist Du derjenige, mit dem ich gern sprechen möchte. Aber da das nicht geht, muß das Schreiben die Leere ausfüllen, die mich umgibt. Warum kannst Du nicht hier sein? Soeben höre ich, daß Papa heute abend ankommt; großer Jubel. Die Kälte, der Regen, der Wind, das sind unsere Gefährten, und obgleich ich noch wie im Winter angezogen bin, fühle ich mich doch nicht ganz wohl, da ich etwas Durchfall habe.

den 22.

Mein Vater kam gestern abend zwischen 5 und 6 Uhr an. Unsere Freude war außerordentlich. Er ist sehr munter. George [Bruder] und Onkel Ernst sind auch da, und ihre Anwesenheit bereitet mir großes Vergnügen, da sie von bezaubernder Laune sind, heiter und närrisch. Papa, der gerade ins Zimmer kommt, läßt sich Dir empfehlen, er ist Dir aufrichtig ergeben, mein teurer Freund. Heute morgen habe ich noch das Wasser getrunken, aber in kleinerer Menge als ich sollte, da ich gestern den ganzen Tag an Durchfall litt, und das leider auch einen Teil der Nacht. Ich bin wie im dicksten Winter gekleidet und friere mehr denn je. Ein Kaminfeuer, das das Glück des Menschengeschlechts ausmacht, erhält mich.

Die Damen, von denen ich Dir gestern erzählte und die ich in der Allee sah, sind liebenswürdig, besonders Lady Finlader. Die Mutter des Grafen Krasinsky ist darunter, schrecklich häßlich, der Sohn keineswegs. Heute hatte ich in der Allee die angenehme Überraschung, den Prinzen Ludwig von [Hessen-] Homburg zu treffen; er wollte mich sehen und reist heute Nacht nach Charlottenburg ab, wo Du, wie ich fürchte, ausreißen wirst, wie Mimi sagt.
Inliegend sind 2 Briefe, einer von der Landgräfin von Homburg, ihr Geld zu leihen, da sie nicht weiß, wo sie hin soll. Der Fürst von Wittgenstein [Gesandter in Hessen] versichert Dir, daß du keinerlei Risiko eingehst und daß Du sie aus einer schrecklichen Verlegenheit befreien wirst, in die sie unglücklicherweise geraten ist. Sie haben manchmal nicht das Notwendigste, um einen Tag zu leben. Der zweite Brief ist eine Unterhaltung der Voß [Oberhofmeisterin] mit dem Herzog von Braunschweig, die mir so interessant erschien, daß ich sie gebeten habe, sie aufzuzeichnen. Ich glaube, daß sie Dich belustigen wird. Verzeih' mir diese Schmiererei, aber ich bin sehr müde. Der Homburger Vetter hat mit mir zu Mittag gespeist, ebenso wie Herr v. Heister und seine Frau, die keineswegs eingeladen war. Das ist spaßig. Heister ist der Bruder von dem von den Voß-Dragonern. Leb wohl, teurer Freund, um 6 Uhr gehe ich in das Schauspiel, dann werde ich im Kursaal erscheinen, und um 10 Uhr ist alles zu Ende, ▷ es aus bei mir ◁. Der Sonntag in Charlottenburg wird nicht sehr glänzend sein, wenn das Wetter so wie hier ist, wo wir in Sibirien sind. Ich umarme unsere lieben Kinder, der gute Vater von ihnen ist immer ▷ mein Liebstes'ches. Auf ewig

Deine Luise ◁

Georg liegt zu Füßen tausendmahl.

den 23.

Da der Fürst von Wittgenstein den Homburger Vetter bis heute zurückgehalten hat, benutze ich diesen Aufschub, um Dir noch einen Bericht bis heute um 5 Uhr nachmittags zu geben. Die Komödie war abscheulich, feucht, kalt, ein schlechtes Stück. Um 8 Uhr ging ich in den Kursaal. Die Gesellschaft war sehr wenig zahlreich, besonders an Tänzern und jungen Damen; mit der größten Mühe der Welt stellte man 2 Anglaisen von 5 Paaren auf. Um 9 Uhr aß ich zu Haus zu Abend,

ein wenig Suppe und etwas kaltes Fleisch und um 10 Uhr auf Wiedersehen, gute Nacht. Es waren 6 oder 8 Offiziere vom Regiment Oranien da, darunter Geuder und Klüx, der Bruder unseres Adjutanten, die sich ebenso wie einige Mecklenburger vorstellen ließen. Das Ganze ist noch nicht glänzend, und die vornehme Welt wird erst in etwa 10 Tagen kommen. Auguste [Hessen-Kassel] schrieb mir, sie käme am 3. Juli, die Pr. [Erbherzogin Maria Paulowna] von Weimar übermorgen oder Mittwoch.
Es regnet, ist kälter als gestern, und alle Welt schimpft, friert und fühlt sich unbehaglich.
Was mich betrifft, so fühle ich mich heute sehr wohl, habe morgens 3 Gläser getrunken, und das Wetter war wenigstens trocken, wenn es auch während meines Spazierganges schrecklich kalt war.

der Homburger Vetter (Überbringer des Briefes): Erbprinz Ludwig von *Hessen-Homburg* (1770–1839), 1804 mit Auguste von Nassau-Usingen vermählt, 1805 wieder von ihr geschieden. Hessen-Homburg kam im Juli 1806 unter die Landeshoheit von Hessen-Kassel (Mediatisierung).

211. An Friedrich Wilhelm III. — Pyrmont, den 25. Juni 1806

Mein lieber Freund! Warum kann ich Dich nicht an mein Herz drücken, um Dir für den reizenden Brief zu danken, den Du mir geschrieben hast und den ich gestern noch bei meinem Erwachen erhielt. Die Briefe Friedrichs II. an den Herzog von Oels, die Du aus Freundschaft für mich abgeschrieben hast, habe ich noch nicht fertig gelesen; ich bin Dir dafür dankbarer, als ich es sagen kann. Das schlechte Wetter ist heute auf seinem Höhepunkt und bekümmert mich für Dich und für mich. Ich habe heute morgen Brunnen getrunken, den Regenschirm über dem Kopfe, die Röcke in der Hand und trotzdem beschmutzt bis zur Wade. Nein, das ist ein vollkommenes Mißgeschick. Jeden Nachmittag trinke ich meinen Tee in dem Saal, wo die Gesellschaft zusammenkommt, die einen spielen, die anderen unterhalten sich wohlwollend oder wandeln hin und her, weil der Himmel alle Annehmlichkeiten der frischen Luft und der hiesigen schönen Gegend verweigert. ▷ Ach Gott, was'n Schicksal ◁! Heute abend erwarten wir die Erbprinzessin von Weimar [Maria Paulowna, Schwester des Zaren Alexander I.], und in einigen Tagen den Herzog von Oldenburg

[Peter I. 1755–1829] und den Kurfürst von Hessen [-Kassel, Wilhelm I.]. Das wird ein Zweigestirn sein! Indessen befand ich mich in den letzten beiden Tagen sehr wohl. Am Vormittag bin ich etwas müde durch den Spaziergang, aber dann fühle ich mich sehr wohl und etwas munterer als in der letzten Zeit, wo ich immer unsern armen kleinen Ferdinand sterbend vor Augen sah. Diese Schwermut hat sich etwas behoben, und ich hoffe alles von der Zukunft. Die Bäder sind mir jetzt noch untersagt, wo die Kälte so beträchtlich ist. Mein Vater, Onkel und Bruder [Georg] sind Dir alle zu Füßen, und ich an Deinem Halse und fürs Leben Deine treue

Luise

Die Begegnung mit dem König von Schweden [Gustav IV.] ist von einer ausgesprochenen Lächerlichkeit, aber das gehört zum übrigen. Ich beabsichtige den Kurfürsten von Hessen wie einen Liebhaber zu behandeln, weil er sich so gut gegen uns verhält; nutze es aus, ich bitte Dich.

Begegnung mit dem König von Schweden: Graf Kalckreuth, Befehlshaber eines an der Grenze von Schwedisch-Vorpommern aufgestellten preußischen Corps, war damals bemüht, Differenzen mit König Gustav IV. beizulegen. – Der Kurfürst (seit 1803) von *Hessen-Kassel, Wilhelm I.* (1743–1821), Verbündeter Preußens, hatte Friedrich Wilhelm III. über die Bemühungen Napoleons zur Bildung des Rheinbundes unterrichtet.

212. An Friedrich Wilhelm III. — Pyrmont, den 27. Juni 1806

Dein Brief vom 24., mein lieber Freund, mein liebster Freund, traf heute morgen bei mir ein, als ich erwachte; ich sage Dir das nochmals, weil es bedeutet, daß der Tag gut begonnen und in seiner ganzen Länge glücklich für mich war, denn 24 Stunden habe ich darauf von den Annehmlichkeiten gelebt, die Du mir in Deinen lieben Briefen aussprichst, und eine wohltuende Heiterkeit verbreitet sich über mein ganzes Wesen. Zwei Dinge in Deinem letzten Brief haben mich vor allem betroffen, eines angenehm, das andere sehr unangenehm. Du hattest am 24. von mir noch keine Nachricht von hier erhalten, während ich die Pünktlichkeit selbst bin, das ist *sehr unangenehm*; aber mit Freude hat mich die Sendung *Krusemarcks* [pr. Gesandter in Paris] nach *Petersburg* erfüllt. Tausend wohltuende Gedanken steigen mir seitdem auf. Die Wahl ist vortrefflich, aber viel mehr ist die Denkschrift wert, die er überbringt, von Deiner Hand, von Deinem Herzen und von Deinem Geist, das habe ich von jeher gewünscht und das war nötig. Befolge immer diese Methode, und es wird nie Verwirrungen geben, wie ich mir schmeichle. Überhaupt ist mehr Selbstvertrauen das einzige, was Dir fehlt: hast Du es erst einmal gewonnen, wirst Du viel schneller einen Entschluß fassen, und hast Du den Entschluß gefaßt, so wirst Du viel strenger darauf halten, daß man Deine Befehle befolgt. Gott hat Dir alles gegeben, richtigen Blick und eine einzigartige Überlegung, denn die wird immer von Kaltblütigkeit beherrscht, und Deine Leidenschaften verblenden Dich nicht oder doch selten, welch ein Vorzug! Benutze ihn, und laß Deine Diener Deine Überlegenheit fühlen. Gott sei Dank hast Du sie allen gegenüber.

Die Großfürstin [Maria Paulowna, Sachsen-Weimar] ist vorgestern abend um 9½ Uhr hier eingetroffen, etwas erkältet und angegriffen durch die Kälte und Nässe von Wilhelmshöhe, die ihr mit dem Sturm auf den Leib gerückt ist. Euer Wetter in Charlottenburg ist dem unseren ebenbürtig. Ich habe auch noch das Wasser gebraucht, mit dem Regenschirm in der Hand, mit kurzem Rock und Schuhen, die der Jahreszeit entsprechen, ich war naß wie ein Pudel. ▷Ach, das sind schwere Zeiten◁. Ich trinke meinen Tee jeden Abend im Salon, ziehe mich um 8½ Uhr zurück, nehme abends nur ein wenig Bouillon und eine Scheibe kalten Bratens zu mir, gehe um 10 Uhr zu Bett und bin vor 8 Uhr an der Quelle. Ich bin jetzt auf fünf Gläser gekommen.

Adieu, die Post geht ab, und ich möchte sie diesmal um alles in der Welt nicht verfehlen. Leb wohl, auf immer Deine treue

Luise

Mein Vater, die Großfürstin, mein Bruder und Onkel liegen Dir zu Füßen, ebenso die Damen und Herren; sie sind voll Dankbarkeit für Dein huldreiches Gedenken.

In seinen Antwortbriefen gab Friedrich Wilhelm natürlich immer Nachrichten von politischen Ereignissen; z. B. daß er den preußischen Gesandten Friedrich Wilhelm *v. Krusemarck* (1767–1822) mit einem persönlichen Brief an den Zaren nach St. Petersburg gesandt hatte. Der König berichtete aber auch vom Ergehen der Kinder. Er schrieb Luise am *24. Juni 1806: »... Wilhelm hat etwas geschwollene Mandeln gehabt, aber es ist nichts. Die anderen Kinder befinden sich alle miteinander wohl,*

Gott sei Dank. Ich sagte der Bock [Kinderfrau], *daß sie auf den* [5.] *Geburtstag des kleinen Carl achten möge. Er wünscht sich eine Taschenuhr, sie wird einige kommen lassen und ich werde eine davon auswählen ...«* Einige Briefe der Königin an ihren Sohn Carl sind leider im Autographenhandel verschwunden.

213. An Friedrich Wilhelm III. Pyrmont, den 30. Juni 1806

Gestern war der erste schöne Tag, und ich wünschte, ich hätte Dich zu Deinem Vergnügen hierher bringen können, lieber Freund (ich spreche nicht von dem Vergnügen, das dieses Erscheinen mir gemacht hätte, ▷das ist so natürlich, daß es sich von selbst versteht◁), denn es war Pyrmont, so wie wir es von früher kannten, aber heute, ach! ein feiner dichter Regen will auch die allerkleinste Erinnerung daran wegwaschen, so daß uns nichts bleibt als Trauer, denn ▷es ist, um sich zu erhängen◁. Ich habe den gestrigen Sonntag angefangen, wie es sich gehört, d.h. nachdem ich ein wenig Wasser und dann Eselsmilch getrunken hatte, ging ich in die Kirche, aber rate, in welche Kirche. Zu den ▷Quäkern◁. Du wirst sicherlich wissen, daß sie durch Inspiration predigen, was auch gestern so wie immer der Fall war. Ein Seiler, den der Heilige Geist ganz besonders erleuchtet hatte, sagte uns recht nette Dinge, aber ich kann nicht sagen, daß ich davon ▷erbaut◁ gewesen wäre. Dann machte ich einen Spaziergang bis an den Fuß des Bromberges, und wenn nicht Damen dabei gewesen wären, die mit mir baden, so wäre ich wohl ohne Mühe bis zum Gipfel vorgedrungen, aber man mußte sie möglichst schnell im Wagen fortbringen, um nicht die vereinbarte Zeit zu versäumen. Ich fühlte mich wunderbar wohl, aber heute kann ich nicht dasselbe sagen; Kälte, Wind und Feuchtigkeit sind über mich gekommen und machen mir Kopfschmerzen.
Den 2. Juli. Wie bin ich reich, mein lieber Freund, durch Deine liebenswürdige Güte, die keine Gelegenheit vorbeigehen läßt, ohne mir zu schreiben. Ich danke Dir tausendmal dafür, liebster Freund; meine Worte sind nichts, aber ich hoffe wohl, wenn ich mit Dir vereint bin, Dir durch liebevolle Sorgfalt für Dich beweisen zu können, wie ich Deine Liebe zu schätzen weiß. Da Du mir sagst, daß Dich die kleinen Einzelheiten meines Lebens erfreuen, werde ich Dir soviel ich kann davon mitteilen. Sonntag abend war ich einen Augenblick in der Komödie, wo ich den ▷Schneider Fips◁ sah, ein schöner Name, aber schlecht gegeben. Die Langeweile hat mich daraus verjagt und beglei-

tete mich in den Saal, wo endlich der Ball, der um 8 Uhr begann und bis 9 Uhr dauerte, etwas aufheiternd wirkte. Am Montag regnete es, als ich meinen Brief begann. Der Abend endigte sehr vergnügt im Saal, alle spielten, nur die Großfürstin [Maria Paulowna, Sachsen-Weimar] und wenige Damen und Herren spielten nicht. Plötzlich packte uns der Neid, auch zu spielen, und ein kleiner runder Tisch, an dem sich ungefähr acht Personen niederließen, wurde zum zweiten Tisch für das Glücksspiel, die Gräfin von Hohenstein machte eine Pharaobank auf, wo die Spieler mit *Groschen* und Pfennigen setzten und wo aufrichtige Heiterkeit alles ganz reizend werden ließ. Wir lachten schallend, und Papa bog sich vor Lachen hinter meinem Stuhl. Gestern hat das Wetter, kalt und regnerisch wie immer, die tolle Menschheit ausgezankt, d. h. die Laune, die fast nicht mehr diesem Mißgeschick widersteht. Aber glücklicherweise befestigte sich meine Gesundheit, es geht mir *wirklich besser*, ich weiß, das wird Dir Freude machen. Gestern nahm ich mein erstes Bad, und befinde mich vollkommen wohl und, was noch mehr ist, ich verlasse Dich, um das zweite zu nehmen. Der Kopf ist mir wirr, da ich erst vor einer Stunde mit dem Wasser fertig geworden bin, ich darf nicht schreiben, leb wohl, mein Lieber, ganz die Deine

Luise

Verzeih mir, aber ich kann nicht mehr fertigschreiben, mehr ein andermal.

214. An Friedrich Wilhelm III. — Pyrmont, den 7. Juli 1806

Verzeih, lieber Freund, daß ich Dir am letzten Posttag einen mehr als dummen Brief geschrieben habe, aber auf meine Ehre, die Kur ist ernster zu nehmen als man denkt, und aus Mangel an Zeit und Kraft ist es fast unmöglich zu schreiben, das ist ein wirkliches Unglück. Ich stehe um 7 Uhr auf, gehe um 7½ Uhr zur Quelle hinunter, gehe bis 10 Uhr spazieren, schwitzend und bis zur Erschöpfung der Kräfte. Um 10 Uhr frühstücke ich, nach 11 Uhr gehe ich ins Bad, manchmal sogar um 11½ Uhr, da mein Vater dasselbe Bad benutzt wie ich. Gerade eine halbe Stunde bleibe ich dort, und gleich darauf gehts ins Bett. Dann ziehe ich ein Reitkleid an und reite im stärksten Sonnenschein, wenn der, wie seit drei Tagen, vorhanden ist; heute freilich regnet es ▷ nach

Herzenslust ◁. Ich komme gegen 2 Uhr zurück, und eine halbe Stunde darauf speise ich zu Mittag.
Der Kurfürst von Hessen [-Kassel, Wilhelm I.] ist seit drei Tagen hier, ebenso der Herzog von Oldenburg [Peter I.] und der Prinz von Waldeck [Georg, Graf von Pyrmont], und seit der Ankunft dieser ▷ hohen Gäste ◁ ist das Mittagessen ein bißchen anstrengend. Doch sind die Höflichkeiten erledigt; ich will es dabei bewenden lassen und mich wieder zurückziehen. Dabei wurde ich bis jetzt durch zwei oder drei Gastmähler erheitert, die mich erfreuten, ohne mich zu belästigen. Höre nur, was ich mit dem Kurfürsten [Wilhelm I. von Hessen-Kassel] gemacht habe. Waitz [hess. Gesandter in Berlin] schrieb an Wittgenstein [pr. Gesandter in Kassel], der Kurprinz [Wilhelm II., Gemahl von Auguste Preußen] sei von mir eingeladen worden, und wenn der Kurfürst es nicht wäre, so meinte er, würde er wieder Gicht bekommen, und seine Ankunft würde verschoben, ohne daß man sie auch nur festsetzen könnte. Ich fühlte den Kern heraus, ich dachte, gegenwärtig dürfe man nicht an die Person denken, sondern es sei meine Pflicht, Dir einen Freund mit 25 000 Mann zu erhalten; ich schrieb ihm einen äußerst höflichen Brief, wie sehr ich seine Gicht bedauere, da sie mir das Vergnügen vorenthalte, mich ihm mündlich über Deine und meine freundschaftlichen Empfindungen und über die Freunschaft zu reden, die er uns in diesem kritischen Moment zeige. Kurz, ich glaube, ich habe die gute Meinung von meinem Verstand, die Du in Deinem letzten Brief äußerst, nicht Lügen gestraft; er wird Dir immer zu Diensten sein, liebster Freund. Es tut mir leid, daß die Gabe des lieben Gottes nicht stärker ist, denn ich möchte Dir wirklich nützlich sein. Aber ich will den Faden meiner Erzählung nicht abreißen lassen; eine Antwort des Kurfürsten, seine Ankunft und seine vollste Zufriedenheit sind die Folgen meiner Handlungsweise, und ich schmeichle mir, es ist alles zu unserem Vorteil. Ich sagte ihm das, womit Du mich beauftragt hattest, und er ist dafür außerordentlich dankbar. Er sagte mir zuerst: ▷ Alles, was Sie die Gnade haben, mir zu sagen, ist dasselbe, was S. M. der König [Friedrich Wilhelm III.] mir selbst eigenhändig auf drei Bogen geschrieben haben ◁. Das ist ein Meisterstück von Dir. Ich rede mir ein, seine Truppen im Bunde mit den unseren werden Wunder vollbringen, um die verdammten Franzosen zu schlagen, die über die ganze Erde Unglück verbreiten. Die Allianz mit Sachsen begeistert mich. Wolle

Gott, daß Krusemarck [pr. Gesandter in Paris] jetzt gute Nachrichten bringt, dann werde ich für die ersten Monate ziemlich ruhig sein. Aber ich sehe ein, daß die Ruhe nicht von Dauer sein wird, wie Du mir leider in Deinem letzten Briefe schreibst.

Georg ist Dir zu Füßen und rechnet in seinem Junggesellenstand sicher auf den Genuß Deiner Einladung zu seinem Geburtstag; aber bei seiner Anhänglichkeit an Dich denkt er nicht nur an sich, und er wird am *glücklichen 3. August* [36. Geburtstag Friedrich Wilhelms] bei uns sein; er wird mit mir kommen, wenn Du es erlaubst. Seine Munterkeit hat mich sehr erfreut. Ich habe mit dem Kurfürsten verabredet, nichts Politisches von vergangenen Zeiten zur Sprache zu bringen; er hat es gehalten, und ich habe mir einen üblen Tag erspart. Das Wasser tut mir freilich gut, auch die Bäder, und ich hoffe alles von der Zukunft. Auguste [Hessen-Kassel, Schwester Friedrich Wilhelms] grüßt Dich, ihr Geschick ist immer gleich. Vorgestern hat der Prinz [Gemahl von Auguste] alle seine Leute bis 2 Uhr nachts geprügelt und dann vor Wut die Fenster eingeschlagen, kurz, es ist schauderhaft!

Ich muß Dich verlassen und in den Speisesaal gehen, wo die Großfürstin [Erbprinzessin von Sachsen-Weimar] einen Tee gibt; es ist 7 Uhr, und ich sollte schon um 6 Uhr dort sein. Aber Du hast unbestreitbares Anrecht auf meine Liebe, und ich setze mich über alles hinweg, wenn es für Dich geht. Ja, lieber Freund, meine Liebe zu Dir ist ohnegleichen, dann kommen die Kinder und der Staat, ▷ und mein Leben ist nichts, wenn ich euch glücklich machen könnte, wenn nur ein Vorteil für Dich, mein bester Freund, daraus entstehen könnte. Mein Vater liegt zu Deinen Füßen; es heißt, Du kämest her, sagt er eben; und er ruft mit mir: Amen, Amen. Wenn das wäre! Ich bin an Deinem Herzen und gottlob in Deinem Herzen auf ewig Deine

Luise ◁

Die Voß [Oberhofmeisterin], die Georg ▷ der Öllerich ◁ getauft hat, ist hingerissen von Deinem reizenden Brief, und er ist, bei meiner Ehre, göttlich.

Mein ganzer Hof liegt Dir zu Füßen.

Im *Juli 1806* traten 16 süddeutsche Staaten aus dem Reichsverband aus und bildeten unter dem Protektorat Napoleons den *Rheinbund*. Demgegenüber verbündeten sich Österreich, Preußen, Braunschweig und Kurhessen. Preußen verhandelte außerdem mit *Sachsen* wegen eines möglichen Truppendurchmarsches im Falle eines Krieges mit Frankreich.

215. An Friedrich Wilhelm III. Pyrmont, den 14. Juli 1806

Bei meiner Bettruhe nach dem Bade schreibe ich an Dich, teurer Freund, um den Kurier nicht zu versäumen, der gleich abgeht. Ich rechne damit, daß Herr Waitz [hess. Gesandter in Berlin] Dir heute meinen letzten Brief übergeben wird, in dem ich von einem Ausflug sprach, der nach Schell Pyrmont geplant war. Er fand statt und war herrlich. All die schönen Täler, die man sieht und die das Auge vom Königsberg aus beherrscht, wurden durchquert. Die Natur, ursprünglicher, aber nicht minder schön, begeisterte uns alle, und die ganze Gesellschaft atmete Freude und Vergnügen. Am Fuße des Berges angekommen, stieg die Reiterschar ab, und man erstieg den Berg, auf dessen Gipfel sich die Ruine des alten Schlosses der Grafen von Waldeck befindet. Aber wir waren nicht ganz oben, weil es zu heiß war und ich nicht zu spät zurückkehren durfte; sieh' an, wirst Du zu mir sagen, die Vernunft, durch meine liebe Frau verkörpert! Das Wetter ist schön, aber veränderlich, 2 schreckliche Stürme haben seine Laune etwas schwankend gemacht, aber der Schmutz behält noch immer die Oberhand. Graf Bernstorff, der jüngere Bruder des Ministers, ist der Führer der fröhlichen Schar und verspricht uns für heute abend eine schöne Gegend und einen angenehmen Spaziergang. Er hat auch eine hübsche Frau, eine geborene Hammerstein, die Dir aber nicht gefallen würde, weil sie mager ist. Gestern, am Sonntag, war Pyrmont prächtig infolge der erschrecklichen Fülle, aber der Kursaal aus demselben Grunde abscheulich. Auguste [Hessen-Kassel] umarmt Dich und ich auch. Alopeus [russ. Gesandter] war zwei Tage hier, gestern speiste er zu mittag mit mir, denn die Gräfin Hohenstein [das Incognito der Königin] kennt weder Etikette noch Rang noch Gesandte, sie kennt nur den Anstand, den Du, wie ich hoffe, auch an ihr kennst. Freitag werde ich ein großes Fest geben, Ball und Abendessen, auf das sich die Gesellschaft sehr freut. Im allgemeinen ist man mit mir zufrieden, wie man mir sagt, und da ich für Dankbarkeit empfänglich bin, bin ich meinerseits der Gesellschaft wohlgesonnen. Die schöne Scheel ist gestern angekommen, etwas verändert, ▷verblüht ein bißchen◁. Die

Figur sehr verdorben, ▷unelegant◁ und eine schreckliche Frisur. Die Schweichel [?] sind auch hier, Kielmannsegge, verheiratete v. dem Bussche, alle sehr höflich zu mir, die beiden ersteren von einer erschreckenden, betäubenden Liebenswürdigkeit. General Blücher kommt morgen an, der wackere Mann von Essen und Werden.
Die gute Nachricht, die Du mir mitteilst, war mir bekannt; Herr v. Plotow erhielt sie durch einen Kurier von Blücher, um sie mir mitzuteilen. Tausend gute Wünsche für Deine Gesundheit und Ruhe, aber ich glaube mit Dir, daß wir auf letztere nicht hoffen dürfen, denn ich sage mit Dir, das Feuer glimmt unter der Asche. General Blücher näherte sich mir gestern beim Frühstück und beglückwünschte mich zu Charlottens [8.] Geburtstag (wie es die ganze Gesellschaft tat) und brachte mir eine künstliche Rose mit einem Knopf, die er mir mit den Worten übergab: eine frisch aufgeblühte Rose ist das Sinnbild der Mutter und der Tochter. Ein Nebenbuhler mehr, teurer Freund, vor dem Du Dich hüten mußt. Ich vermute, daß Du gestern ganz vergnügt gewesen bist und mehr noch die Kinderschaft, ich habe wohl daran gedacht und alles verfolgt, was man tun würde, die Oboen von Möllendorf werden gestern das Fest verschönt haben. Was hast Du Charlotte geschenkt? Leb wohl, ich kann nicht mehr schreiben, da mir das Schreiben immer schlecht bekommt, ▷aber Du gehest doch vor alles, liebes Altes'chen

Deine Luise◁

Schell-Pyrmont: Ruine des fürstlichen Schlosses auf dem Schellenberg. – General Gebhard Leberecht *v. Blücher* – 64 Jahre alt – hatte 1802 Essen, Werden und Münster besetzt, befehligte 1805 Truppen in Bayreuth und war seit Februar 1806 wieder Kommandeur in Westfalen. – *Prinzessin Charlotte,* Luises älteste Tochter, wurde acht Jahre alt.

216. An Friedrich Wilhelm III. — Pyrmont, den 23. Juli 1806

Verzeih, mein lieber Freund, daß ich mich Dir gegenüber so im Rückstande befinde. Jetzt sind acht Tage ohne einen Brief verstrichen, aber ich bin auch während dieser Zeit bombardiert worden. Am Freitag war also das große Fest bei mir, das wunderbar gelungen ist, das heißt, alle waren zufrieden. Herr Tabord aus Frankfurt hat an jenem Abend die Allee illuminieren lassen, und *»Vivat Luise«* und mein Namenszug

leuchteten aus allen Ecken. Am Sonnabend war man und ich *halali* durch die Anstrengung des vorigen Tages. Am Sonntag gab man mir ein Picknick mit Kaffee, es war köstlich und man unterhielt sich wunderbar. Am Sonnabend abend machte ich noch einen reizenden Spazierritt, um mich zu entspannen. Am Montag gab es ein kleines Konzert bei mir, dann ein Frühstück als Mittagessen und zum Schluß etwas Tanz, bei dem ich aber nur ein Menuett und eine Polonäse tanzte, mit wem? Mit Knigge [Wilhelm Karl v.], ehemals in Deinem Regiment. Nachdem dieser Teil vorbei war, gingen wir nach den Salinen, um Tee zu trinken, die Großfürstin [Sachsen-Weimar] mit mir im Wisky, gefolgt von der ganzen Gesellschaft zu Pferde und im Wagen, dort spielten wir nach Gefallen kleine Spiele auf dem Rasen, was uns sehr unterhielt. Gestern machten wir einen Ausflug, halb zu Pferde, halb zu Wagen, nach Schell-Pyrmont [siehe Brief 215], wo der gute Prinz von Waldeck [Graf von Pyrmont] uns mit einem netten Vesperbrot überraschte und einer köstlichen Musik, die auf dem höchsten Berge versteckt war. Wir sahen göttliche Gegenden, wie ich sie noch nie in meinem Leben gesehen habe, steile Abhänge, schreckliche Abgründe, unfruchtbare Gegenden und gut angebaute Täler, dichtbelaubte prächtige Wälder, kurz, es fehlte nichts als Du, mein lieber Freund. Ich würde mich noch mehr daran gefreut haben, wenn Dein gestriger Brief etwas heiterer gewesen wäre, aber Du bist unter der Last Deiner Stellung erschöpft? Das konnte mich die Freude nicht ganz empfinden lassen, wie Du wohl weißt. Alle Kräfte, die ich hier wieder sammele, sind bestimmt, Dich zu trösten, um Dir das tragen zu helfen, was Dir der Himmel auferlegt hat, und Dir zu raten, wenn ich es kann.
Heute wurde das Konzert wiederholt. Es waren teilweise Dilettanten. Die Großfürstin begann und spielte zweimal das Klavier, dann sang ich Kleinigkeiten, Frau von Berg und meine Ehrendame, die Truchseß desgleichen. Ein gewisser Kiesewetter spielte Geige, und Himmel hat wie ein Gott gespielt. Kein Tanz, denn Herr von Mirbach und seine Frau gaben mir einen Tee mit Tanz, bei dem ich sitzen mußte, da ich mir den Fuß windelweich geschlagen habe. Morgen geben die Kurländer Deiner *sposa* einen Ball, übermorgen hat die Großfürstin die ganze Gesellschaft, und ich werde nichts tun als zusehen und die anderen beneiden, da ich nicht tanzen kann. Wie kannst Du glauben, daß ich noch länger hierbleiben möchte? Nein, sicher nicht, am 31. bin ich bei

Dir in Potsdam, ohne Verspätung. Hufeland will, daß ich im nächsten Jahre wiederkomme, Gott weiß, ob das geht. Nun danke ich Gott, so sehr ich kann, denn die Gewichtszunahme ist nicht wahr. Leb wohl, mein lieber Freund, ganz die Deine

Luise

die Kurländer: da Peter v. Biron, Herzog von Kurland (1730–1800) nicht mehr lebte, muß es Herzogin Dorothea, geb. Gräfin Medem (1761–1821) gewesen sein, die der Königin in Pyrmont einen Ball gab. Drei ihrer Töchter, Wilhelmine, Pauline und Johanna, waren bereits verheiratet, die jüngste, Dorothea, erst 13 Jahre alt.

1806–1810
Vom Kriegsausbruch bis zum Tode der Königin

Am *29. Juli 1806* reiste Luise von Pyrmont zurück nach Berlin.

3. August 1806: 36. Geburtstag von Friedrich Wilhelm III.

6. August 1806: Ende des alten Deutschen Reiches. Kaiser Franz II. legte die Deutsche Kaiserkrone nieder und regierte nun als Kaiser Franz I. von Österreich.

9. August 1806: Napoleon hatte den Engländern wieder Hannover zugesagt. Mobilmachung der preußischen Truppen.

217. An ihren Sohn,
Kronprinzen Friedrich Wilhelm Charlottenburg, den 18. August 1806

▷ Ich danke Dir, mein lieber Fritz, für Deine zwei lieben Briefe; die guten Nachrichten, die sie enthalten sowie die Beweise Deiner Liebe haben mich sehr beglückt. Besonders freut mich das Wohlbefinden Wilhelms [9jähr.] sehr, und ich erflehe von Gott für ihn und für euch, meine Lieben, Gesundheit und Wohlsein. Wir waren gestern auf der Pfaueninsel zum Mittagessen; wir hatten ziemlich schönes Wetter und wir waren *vergnügt*, welches besser ist als alles gute Wetter. Papa küßt Dich herzlich, so auch die Großmama und die Geschwister. Carl [5jähr.] ist nicht von der Fête gewesen, es überfiel ihn plötzlich eine Angst, die ihm alles verdarb, nämlich die Freude, und so ließ ich ab, ihn zu quälen, denn alle Dinge, woraus *nicht wahrer Vorteil* oder *wahrer Schaden* für euch hervorleuchtet, werden von mir nie erzwungen werden. Nur *dann*, wenn ich eine Sache für *gut* erkenne, werdet Ihr mich *unerschütterlich* finden. Ich drücke Wilhelm und Fritz Louis [Sohn ihrer Schwester Friederike] an mein Herz und sage ihnen viel Schönes. Wenn Papa mal nicht soviel zu tun hat als jetzt, werde ich ihn wegen Charlottens Reise bitten, solange geduldige Dich noch. Ich bedaure, daß Du kein Ritterschwert in der alten Burg gefunden hast; wer weiß, was Dir noch beschieden ist. Der arme Onkel Georg [Bruder Luises] hat gestern noch das Fieber gehabt, man hofft, zum letztenmal; er ist in der Stadt seit dem 14. morgens und nicht bedeutend krank bei dem Fieber. Die guten Tage wird des Abends bei ihm musiziert, welches sehr zu seiner Aufmunterung dient. Onkel Carl [Halbbruder Luises] ist heute nach Potsdam, um seine Sachen alle in Ordnung zu machen im Fall des Ausmarsches. Wäre es möglich, Frieden zu erhalten, so wäre es ein großes Glück; aber ich bin auch überzeugt, gibt es Krieg, so wird ein jeder mit aller Anstrengung seiner Kräfte den alten Ruhm Preußens zu erhalten suchen. Wirst Du einmal unter den Kriegern gezählt, so wirst Du gewiß Deine Schuldigkeit tun, Papa beistehen als ein gutes Kind, und durch Deinem Exempel im Frieden wie im Krieg einen jeden aufmuntern, das zu vollbringen, was ihm obliegt. Sonst wärst Du mein Sohn nicht. Mit den innigsten Wünschen für Dein Wohl und Gedeihen bin ich auf ewig Deine treue Mutter

Luise

Delbrück und *Reimann* [Erzieher und Lehrer] viele Komplimente ◁

Zitat aus Klöden: »Zu Anfang des Septembers rückten Heeresabteilungen nach Sachsen, da dessen Kurfürst sich, obwohl ungern, entschlossen hatte, ein früheres Bündnis mit Preußen aufrecht zu erhalten. Die französischen Heere in Deutschland standen schon längst auf dem Kriegsfuße. Napoleon aber nahm diese (preußische) Bewaffnung für eine Kriegserklärung und wußte den Rheinbund für seine Absichten förmlich zu begeistern. Der Kurfürst von Hessen, Preußens Bundesgenosse, wurde dadurch so eingeschüchtert, daß er das Bündnis aufgab, die Neutralität verlangte und erhielt.«
Herzog Karl Ferdinand von *Braunschweig* (1735–1806) übernahm das Oberkommando des preußischen Heeres. – Am *20. September* begab sich der König – begleitet von der Königin – zur Armee.

218. Tagebuchartige Aufzeichnungen über die Zeit vom 20. September bis zum 15. Oktober 1806 (Unterbrechungen durch eingeschobene Briefe).

Am 20. September 1806 brach der König von Charlottenburg auf. Den 21. von Potsdam nach Magdeburg.

Den 22. [September 1806 ging es weiter] nach Halle. den 23. nach Naumburg.

219. An ihre Schwester Friederike Prinzessin von Solms-Braunfels

Magdeburg, den 21. September 1806

Liebe Friederike. Der Schmerz, den ich empfunden habe, als ich Dich sah, um Dich im gleichen Augenblick wieder zu verlieren, läßt sich nicht beschreiben. Mehr als zwei Stunden danach habe ich nicht ein Wort gesprochen. Erst als ich mich Brandenburg näherte, habe ich die Sprache wiedergefunden und mich von meiner Bestürzung ein wenig erholt. Nun fühle ich mich hundeelend, ich habe schreckliche Kopfschmerzen ▷ Reißen im Kopf ◁ vermischt mit Zahnschmerzen. So habe ich die Nacht verbracht und den Tag, mit dem Unterschied, daß die Nacht wirklich unerträglich war. Der König, der die Befestigungen besichtigt, hat mir die Zeit gelassen, diese Zeilen an Dich zu schreiben. Nun nehme ich von Dir Abschied und bitte Dich, wenn möglich, mir einen oder zwei Näpfe Salbe für den Teint, von Thime, und eine Flasche Wasser [Kölnisch Wasser] zu schicken. Und wenn Du Wiener

Waschwasser hast, auch ein Fläschchen, ich habe davon nichts. Adieu, meine zärtlichen Grüße an Mimi [Wilhelmine, Schwägerin der Niederlande], Marianne [Schwägerin von Preußen] und die Cousine [Luise Radziwill]. Der König fühlt sich Gott sei Dank wohl. Deine getreue

Louise

[Am Rand des Briefbogens]

▷ Warum hab' ich Dich nicht gesprochen, wärest Du doch die Nacht gekommen, Dein Bett war fertig ◁.

Ich umarme Deine lieben Kinder und die meinigen sehr zärtlich, wie auch der König, der Dir viel Schönes sagt. Schreibe mir bald. Wenn Du mir nicht die Salbe von Thime schicken kannst, dann bitte die Meltzer [Kammerfrau], mir die von Hufeland [Leibarzt] zu schicken.

Ich drücke Georg an mein zärtliches Herz und hoffe, daß es ihm besser geht. Adieu Adieu heute fahren wir bis nach Halle, morgen bis nach Naumburg.

Der einzige (bisher gefundene) Brief Luises an ihre Schwester Friederike wurde nach Charlottenburg gesandt, wo die Prinzessin Solms nur wenige Augenblicke vor dem Aufbruch der Königin eingetroffen war.

220. An Alexander I.

Im Hauptquartier zu Naumburg,
den 29. September 1806

Ich weiß, lieber Vetter, daß es Sie freuen wird, wenn ich Ihnen von hier aus schreibe. Nicht als ob ich mir einbildete, der Anblick meiner Krähenfüße mache Ihnen großen Eindruck; aber der Ort, von dem mein Brief datiert ist, die Gründe, die uns hierher gebracht haben, und die feste Überzeugung, daß wir in kurzer Zeit vorrücken werden, alles das, weiß ich, dient Ihnen zur Freude.

Das *muß* gut gehen. Die Truppen sind von schönstem Eifer beseelt, sie brennen darauf, sich zu schlagen und vorzugehen; nie war der Soldat von solcher Wut gegen den Feind erfüllt wie heute, und nicht nur der Soldat, sondern die ganze Nation denkt ebenso und preist den König für den Entschluß, den er gefaßt hat. Die Beweise von Hingebung und Vaterlandsliebe sind wirklich ergreifend und geben Mut für die Zukunft.

Sie können nicht glauben, wie das alles mich bewegt, und wie ergriffen der König auf seiner Reise hierher war, als die Bauern an seinen Wagen herankamen, um ihm zu huldigen und ihm all ihr Hab und Gut anzubieten, zur Unterstützung der *guten Sache*, das war ihr eigener Ausdruck. Wenn wir unterliegen, werde ich mein Unglück mit Ergebung tragen, weil wir es nicht verdient und nicht mit Feigheit und Gemeinheit herbeigeführt haben werden. Wir gehen den Weg der Ehre, der schreibt uns unsere Schritte vor, und lieber unterliegen als zurückweichen. Darüber gibt es nur eine Stimme. Ich gebe Ihnen mein Wort, nicht einer sagt das Gegenteil. Ich bin äußerst zufrieden mit dem Grafen Haugwitz [Geheimer Staats-, Kriegs- und Kabinetts-Minister] und versichere Ihnen, er ist Ihres Vertrauens würdig. Sollte ich je das *Glück* haben, *Sie wiederzusehen*, könnte ich mit Ihnen ausführlicher darüber sprechen; davon zu schreiben, würde zu weit führen, aber glauben Sie meinem Worte.
Ich hatte vorgestern das Vergnügen, Ihre Schwester Marie [Erbherzogin von Sachsen-Weimar] wiederzusehen; Sie können nicht glauben, wie ich sie liebe und ihr zugetan bin. Wir haben viel von Ihnen gesprochen. Die Gräfin Naryschkin hat sich für heute anmelden lassen, sie war vorgestern hier auf der Reise nach Weimar, Ihre Schwester hat sie von meinem Fenster aus erkannt. Der Herzog von Braunschweig [Oberbefehlshaber der pr. Armee] wohnt in der Post, wo sie die Pferde gewechselt hat, und hat uns ihre Bestellungen überbracht. Ich hätte sie gern gesehen, ehe ich meinen Brief abschließe, um Ihnen zu berichten von ihr, wie ich sie gefunden hätte; das hätte Ihnen auch Freude gemacht; aber da der Kurier abgeht, kann ich es nicht; doch muß ich vor dem Abschluß hinzufügen, daß mir alles, was Ihnen gefällt, eine reine und wahre Freudenquelle ist.
Der König ist heute morgen zu sehr früher Stunde nach dem Schlachtfeld von Roßbach gefahren. Die ruhmreiche Erinnerung, die sich an jenen berühmten Tag knüpft, lebt im Herzen jedes guten Preußen, jeder bringt eifrig dem Ruhm der Vorfahren seinen berechtigten Tribut und besucht den heiligen Boden mit den Gebeinen der Toten, die dort mit Ruhm und Ehren für das Vaterland gefallen sind.
Herr von Krusemarck [pr. Gesandter] muß heute bei Ihnen eintreffen. Wollen Sie ihn von mir grüßen.
Leben Sie wohl, mein viellieber Vetter, ich bin sehr ungeduldig, von

Ihnen und von Ihren Heeren Nachrichten zu erhalten. Die Zukunft wird sehr von Ihnen abhängen, und ich bin ganz ruhig, da ich Sie kenne. Lieber als durch alle diese Briefe und Kuriere möchte ich Ihnen mündlich sagen, wie sehr ich Ihnen zugetan bin, wie sehr ich Sie liebe, weil Sie so gut sind, und wie unmöglich ich mich Ihnen gegenüber jemals wandeln kann. Ich werde mit Herz und Seele fürs Leben immer ganz die Ihre sein.

Luise

Mein Schwager Wilhelm, der gerade aus dem Quartier kommt, entbietet Ihnen seine ehrerbietigen Grüße.

Anfang September hatten der Freiherr vom Stein, Prinz Wilhelm (Bruder des Königs) und Prinz Louis Ferdinand die Absetzung des Ministers Graf Haugwitz gefordert. – Christian August Graf *Haugwitz* (1752–1831) blieb im Amt. Es hatte Verstimmungen in der preußischen Königsfamilie gegeben.
Luise empfing in Naumburg Fürstin Maria *Naryschkin.* Maria war drei Jahre jünger als die Königin, eine geborene polnische Prinzessin Czetwertynska und seit 1806 mit Zar Alexander I. sehr vertraut. Sie bekam eine Tochter von ihm, Sophie, die als junges Mädchen starb. – Mit der Erinnerung an die *Schlacht von Roßbach* meinte Luise den am 5. November 1757 von Friedrich dem Großen errungenen Sieg über die vereinten Franzosen und Österreicher (Reichstruppen).

221. An ihren Sohn, Kronprinzen Friedrich Wilhelm

Hauptquartier Naumburg, den 3. Oktober 1806

▷ Mein bester Fritz. Mit ebenderselben Freude, die alles bezeichnet, was mir von meinen lieben Kindern kommt, empfing ich heute Deinen lieben Brief. Du wünschest Nachrichten von uns zu haben, das ist so natürlich, daß ich schnell deine Wünsche erfülle. Vor allen Dingen wirst Du mit vieler Freude hören, daß gottlob Papa sehr wohl ist und ich auch wiederhergestellt bin. Morgen bricht das Hauptquartier auf und wird nicht nach Weimar, sondern nach Erfurt verlegt, wie lange weiß ich nicht. Auf große Ruhetage kann man wohl nicht mehr rechnen, da Napoleon schon in Person in Würzburg seit 3 Tagen ist. Papa küßt Dich und die Brüder und Schwestern herzlich, auch ich drücke sie alle an mein Herz und bin ewig Deine treue Mutter und Freundin

Luise ◁

Am 4. Oktober [fuhren wir] nach Erfurth. *Am 10.* nach Blankenhain, wo die schlimmsten Nachrichten von der Armeespitze unter dem Kommando des Prinzen Louis Ferdinand eintrafen und uns beunruhigten. Zwischen 8 und 9 Uhr abends erfuhr ich seinen Tod durch einen Brief eines Herrn v. Stein, der es einem seiner Freunde in dieser Gegend mitteilte. Der König kam, mir das zu sagen, und ich verzichte widerzugeben, welchen Eindruck dieser grausame Tod auf mich machte; von diesem Augenblick an hatte ich die schlimmsten Vorahnungen über diesen Krieg, der gerade erst begann, und ich fürchtete, daß er nur unglücklich enden könne, nachdem das erste Gefecht so unheilvoll war und uns einen Prinzen des königlichen Hauses gekostet hatte, auf den die größten Hoffnungen gerichtet waren. Die Nacht, die diesem furchtbaren Abend folgte, war auch ganz schrecklich. Das Hauptquartier befand sich ohne jeden militärischen Schutz, hierzu war Fürst Hohenlohe und die Armeespitze bestimmt; aber diese war zersprengt, ihr Kommandeur gefallen. Fürst Hohenlohe hatte eine Schwenkung nach links unternommen, um den sehr schwierigen Rückzug des Generals Graf Tauentzien zu decken. So war das Hauptquartier zu einer Art Vorposten geworden. Es mußte deshalb dafür gesorgt werden, Truppen von allen Seiten heranzuziehen. Die in der Nähe wurden durch Alarm herbeigerufen, der fortwährend gegeben wurde. Die großen und schweren Wagen des Königs, die sich in der Stadt [Blankenhain] befanden, erhielten den Befehl, aufzubrechen und zurückzufahren. Die Lage war weder ruhmreich noch ungefährlich. Dies alles ereignete sich nachts mit schrecklichem Krach. Er steigerte die Angst, die ein jeder hatte, weil man sich der echten Gefahr bewußt wurde, besonders wir Frauen, ich selbst, meine Hofdamen und meine Kammerfrauen, die wir nicht hatten ahnen können, was derartige Situationen bedeuten. Es ist verständlich, daß ich nicht einschlafen und kein Auge schließen konnte, und daß ich die ganze Nacht auf den Beinen war und angezogen und gequält von Sorgen, was in dieser Nacht und am nächsten Tag geschehen würde; man hatte den Plan, den Feind anzugreifen.

Am 11. [Oktober] brach ich um ½6 morgens auf, das Herz schwer, weil ich wußte, in welch gefährlicher Lage sich der König befand. Ich kam sehr müde in Weimar an.

Indessen war meine Angst unbegründet, denn gegen ein Uhr erschien der König, der Herzog von Braunschweig und der ganze Stab, um sich uns anzuschließen. Der Rest dieses Tages und der ganze *12. Oktober* diente Beratungen über die nächsten Schritte. – Ich halte hier mit meiner Meinung zurück über all die Personen, die Entschlüsse faßten oder diese wenigstens hätten fassen sollen. Der Herzog [von Braunschweig] wollte nicht wahr haben, daß die Armee von den Franzosen umringt worden war, während die unsrige in den Ebenen von Weimar in Ruhestellung lag, und daß der Feind seine Vorposten bereits in Naumburg stehen hatte.

Am 13. setzte sich unsere ganze Armee in Richtung Auerstedt in Bewegung. Der König glaubte, daß es für mich am sichersten wäre, wenn ich den Truppen folgte und im Falle einer Schlacht dahinter bliebe. Gemäß seinen Befehlen brach ich um 2 Uhr von Weimar auf und fuhr in dem Geländewagen des Königs mit der zweiten Division, zu meiner Rechten das Kürassierregiment Reitzenstein. Als ich Auerstedt fast erreicht hatte, angesichts des Schlosses Eckartsberga, kam der Herzog von Braunschweig, der mit dem König den Kolonnen gefolgt war, mit sehr ernster Miene an meinen Wagen (der König ging äußerst niedergedrückt, mit traurigem, sorgenvollem Ausdruck vorbei) und sagte mit sehr entschiedener Stimme, (es war das einzige Mal, daß ich ihn seine Meinung positiv und energisch in dem Moment aussprechen hörte, wo es zu handeln galt) *»Was tun Sie hier, Madame? Um Gottes willen, was tun Sie hier?«* Ich sagte ihm: *»Der König glaubt, daß ich nirgends sicherer bin als hier und hinter der Armee, da der Weg, den ich nach Berlin einschlagen mußte, schon nicht sicherer ist, denn die Franzosen haben Jäger zu Pferde in Auerstedt.« »Aber, mein Gott«?*, sagte er, *»sehen Ew. Majestät das Schloß Eckartsberga vor sich? Dort sind die Franzosen, die sind hier gegenüber und in Naumburg, und morgen müssen wir eine blutige und entscheidende Schlacht schlagen. Sie können hier nicht bleiben, das ist gänzlich ausgeschlossen.« »Ich werde es dem König sagen, und er wird entscheiden«*, erwiderte ich ihm, *»aber welchen Weg soll ich einschlagen?« »Sie werden über den Harz, Blankenburg, Braunschweig und Magdeburg nach Berlin reisen. Übrigens ist General Rüchel in Weimar, wo Sie die Nacht verbringen müssen, der wird Ihnen den Reiseweg angeben.«* Darauf ließ ich den König bitten, an meinen Wagen zu kommen; ich wiederholte ihm, was der Herzog mir gesagt hatte, und daß er glaubte, ich sei in größter

Gefahr. Da sagte der König zu mir: »*Wenn dem so ist, dann reise ab.*« Er gab mir die Hand, er drückte meine Hand zweimal und konnte kein Wort dabei hervorbringen, und so stieg ich auf der Landstraße aus seinem Wagen aus und in den meinen, mitten unter Infanterie, Kavallerie, Kanonen und Gepäck und Kriegsbeute. Escortiert von einem Offizier und acht Kürassieren schlug ich traurig wieder den Weg nach Weimar ein, das ich wenige Stunden vorher ohne eine Ahnung von der mir bevorstehenden Trennung verlassen hatte. Auf dem Wege nahm ich Abschied von meinen Schwägern Heinrich und Wilhelm [von Preußen], von dem Prinzen von Oranien [Wilhelm], dem Fürsten Leopold von [Hessen-]Homburg und schließlich von meinem Bruder Carl, der dem Reservecorps angehörte. Die Soldaten riefen in einem fort »*Es lebe der König, es lebe die Königin!*« und in dem Augenblick, in dem die Generäle ihnen sagten, morgen ginge es in die Schlacht, warfen sie ihre Mützen in die Luft und schrieen: ▷ »*Es lebe der König* ◁.« Mit zerrissenem Herzen nach dem Abschied vom König, niedergedrückt von tausend schweren Sorgen um den Ausgang der Schlacht und über das Schicksal so vieler geliebter Menschen, raffte ich mich zusammen und hielt meine Tränen zurück, damit man mir nicht eines Tages den Vowurf machen könnte, ich hätte eine unangebrachte Empfindsamkeit gezeigt, gerade in dem Augenblick, wo nichts von dem großen Geschehen ablenken durfte. –
Ich stieg im Weimarer Schloß ab und entschuldigte mich bei der Herzogin [Louise von Sachsen-Weimar, geb. Hessen-Darmstadt] meiner Tante, daß ich sie so spät noch störte. Ich ließ den General Rüchel suchen, der draußen war, um mit ihm die Anordnungen für den nächsten Tag zu treffen. Alles, was ich um mich herum sah, war düster und traurig und natürlich sehr ernst und wirkte auf mich immer schrecklicher. General Rüchel kam und bezeichnete mir die Route, die ich einschlagen sollte, und da er so aufgeregt war, daß er die Feder nicht halten konnte, schrieb sein Adjutant, ein Hauptmann v. Kleist, der Adjutant bei dem gefallenen Prinzen Louis Ferdinand gewesen war, für ihn.

222. An Friedrich Wilhelm III. — Weimar, den 13. Oktober 1806, abends 8 Uhr

▷ Gott segne Dich auf allen Deinen Wegen, teurer, lieber Freund. Es muß Dir gut gehen, denn Du bist der bravste Mann Deiner Zeit. Ich hoffe, bald was Gutes von Deiner Armee zu hören. Alle, denen ich begegnete, waren ganz toll vor Freude, als sie hörten (die Truppen nämlich), daß die Franzosen nahe und gewiß morgen eine starke Affäre sein würde. Gott stärke Dich! und gebe Dir eine tüchtig gewonnene Schlacht. Morgen früh um 5 Uhr, den 14., geh ich von hier weg über Erfurt, Langensalza, Mühlhausen, Dingelstadt, Heiligenstadt, wo ich zu Nacht bleiben will. Dann übermorgen, den 15., will ich bis *Braunschweig*, wenn es möglich ist (es ist Fritzens [des Kronprinzen 11.] Geburtstag), und den 16. nach Berlin. Ich bitte Dich knieend, schicke mir doch Nachricht von Dir, Du weißt nun, wie ich gehe, und kannst berechnen, auf welchem Weg Du am geschwindesten mich etwas von Dir hören lassen kannst. Du begreifst, wie mir daran liegt in diesem Moment! Ich spreche von nichts, was uns sonst betrifft, es ist nicht der Augenblick, sich auf irgendeine Art weich zu machen. Ich liebe Dich wahr und innig und bete für Dich! Adieu. Soeben kommt die Nachricht an General Rüchel, der meine Marschroute neben mir im Zimmer der Herzogin [Luise von Sachsen-Weimar] macht, daß die Franzosen bei *Jena* geschlagen sind, und daß der Fürst *Hohenlohe* sie verfolgt. Der Offizier, der dieses dem General Rüchel meldet, hat es selbst gesehen, daß der Fürst sie verfolgt hat. Das ist gottlob einmal etwas Gutes, und morgen gibt es gewiß noch mehr sich zu freuen. Ich bin hier nach 6 Uhr angekommen, alle Regimenter schrien: Vivat, es lebe der König und die Königin. Den acht Leuten von Quitzow [Eskorte der Königin] hab ich jedem einen Friedrichsdor gegeben und sie noch extra traktieren lassen. Ich bin auf dem Schloß abgestiegen, weil ich keine Küche habe, und da ich mich hier ohne Dich nirgends sicher glaubte. Adieu. Gottes bester Segen mit Dir. Laß mich nur nicht ohne Nachricht. Auf ewig Deine treue Luise.

Graf Moltke [Kornet im Regiment Gensdarmes] wird Dir dieses übergeben und um 9 ohngefähr wieder zu Dir abgehen. Ich hoffe, die Umstände bringen uns bald wieder zusammen.

Ich darf Dich noch einmal bitten, nehme mehr Zutrauen zu Dich selber und führe das Ganze; es gehet gewiß besser ◁.

Tagebuchartige Aufzeichnungen

Die Nacht, die ich ohne zu schlafen verbrachte, ohne die Augen zu schließen, war entsetzlich; ich hatte schrecklichste Befürchtungen wegen des nächsten Tages und über alles, was er mit sich bringen würde.

Ich brach *am 14.* morgens zu früher Stunde auf, kam durch Erfurt, von wo aus ich dem König schrieb, und ich konnte einen Kurier, den Haugwitz [pr. Kriegsminister] und der Marquis Lucchesini [pr. Gesandter] abfertigen wollten, benutzen, um dem König meinen Weg mit allen Übernachtungsstationen anzugeben, damit er mir Nachrichten über sich und über die Operationen der Armee schicken könnte. Als ich in Langensalza ankam, fand ich dort noch den französischen Gesandten Laforest vor, der durch den Leutnant v. der Schulenburg von der Garde du Corps bewacht wurde. Man hielt ihn dort zur Vergeltung fest für den General v. Knobelsdorff, der bei seiner Rückkehr aus Paris in Mainz festgenommen wurde. Natürlich habe ich ihn nicht gesehen.

Ich setzte meine Fahrt nach Heiligenstadt fort, wo ich sehr spät ankam, weil mein Wagen zusammengebrochen war, und übernachtete dort.

Am 15. fuhr ich bis nach Braunschweig, und stieg dort in einem Gasthaus ab, um das Hofzeremoniell zu vermeiden, in einem Augenblick, in dem meine Seele in schrecklichsten Ängsten und düstersten Sorgen war. Das erste, was ich erblickte, war ein Kammerherr ganz in schwarz und mit Trauerflor. Dieser Anblick ergriff mich unbeschreiblich; es erschien mir dieser Mann und der ganze, in Trauerkleidung für den Erbprinzen [Carl von Braunschweig, gestorben 20. September 1806] nach und nach im Hintergrund auftauchende Hofstaat wie eine Prophezeiung für alles kommende Unglück.

223. Angefangene Abschrift eines deutschen Briefes von Friedrich Wilhelm III. an sie selber.

Sömmerda, den 15. Oktober 1806

▷ Der gestrige Tag ist einer der unglücklichsten und traurigsten meines Lebens gewesen, wir haben Bataille gehabt, und zwar an drei Orten zugleich. Unsere Armee stieß gleich hinter Auerstedt zwischen Rehausen und Poppel auf den Feind. Ein starker Nebel, der die ganze Gegend verhüllte, begünstigte alle bereits vorbereiteten Bewegungen des Feindes, den man für weit schwächer allen Nachrichten zufolge hielt, als er *leider* war. Man glaubte anfänglich, nur mit drei Regimentern Chasseurs zu tun zu haben. Dies verleitete Blücher mit seiner Kavallerie zu rasch vorzugehen, wobei gleich viel Menschen durch Kartätschfeuer verloren gingen, die Kavallerie durch das viel zu lange Halten kopfscheu gemacht wurde und zwei reitende Batterien fast gänzlich in wenigen Augenblicken vernichtet wurden ◁...

224. An Friedrich Wilhelm III.

Berlin, den 17. Oktober 1806,
9 Uhr abends

Seit zwei Stunden, liebster Freund, bin ich hier. Graf Schulenburg [General, Gouverneur von Berlin] wünscht, daß ich morgen nach Schwedt abreise und übermorgen sicherheitshalber nach Stettin. Meine Kinder sind heute früh vor meiner Ankunft alle abgereist, ich habe sie nicht mehr vorgefunden. Da die Affäre von Auerstedt derartig ausgegangen ist, so hält man es für das beste, von Berlin abzureisen. Du warst mein einziger Gedanke während der harten und schrecklichen Reise, die ich hinter mir habe. Dich allein zu wissen, ohne mich, ist fürchterlich. Übrigens hoffe ich, daß noch nicht alles verloren ist und Gott uns noch helfen wird. Du hast noch Truppen, das Volk verehrt Dich und ist bereit, alles zu tun. Gott möge Dich segnen und Dir in dem schlimmsten Augenblick Deines Lebens helfen. Möge er Dir den notwendigen Mut geben und immer mit Dir sein. Ein Wort von Deiner Hand würde mich sehr beruhigen. Der Herzog [von Braunschweig] ist die einzige Ursache unseres Unglücks, er konnte das Heer nicht führen, wie man überall sagt. Möge Gott Dich erleuchten für die Ernennung eines Generals, der würdig wäre, diese herrliche Armee zu führen. Mimi [Wilhelmine der Niederlande], die Prinzessin Wilhelm [von Preußen, Marianne], meine Schwester [Friederike, Solms-Braunfels], Prinzessin Luise [Radziwill], alles reist nach und nach morgen nach den genannten Orten. Die einen frühzeitig, die andern spät. Ich um 6 Uhr, und dann die übrigen. Lebe wohl, teurer Engel, warum kann ich nicht bei Dir sein, und wann sehen wir uns wieder? Fürs Leben Deine treue

Luise

Da ich nicht weiß, wie lange ich in Stettin bleiben werde, habe ich

Wolter [Rendant der kgl. Schatulle] gebeten, mir 1000 Friedrichsdor für die notwendigen oder notwendig werdenden Ausgaben zu geben. Ich glaube, Du wirst nichts dagegen haben. Ich habe Herrn Brown [Leibarzt], der aus Geldmangel nicht abreisen konnte, auch 1000 Taler geben lassen. Das Geld scheint mir geringfügig, wenn ich daran denke, daß Du ohne jegliche Hilfe sein könntest, wenn Du krank werden solltest. Meine Schwester ist Dir zu Füßen. Ich dränge Herrn Brown sehr zur Abreise, deshalb habe ich dabei ausgeholfen.

225. An Friedrich Wilhelm III. Neustadt-Eberswalde, den 18. Oktober 1806

▷ Noch gestern ganz spät kam Niethe [Sekretär] zu mir und sagte mir Deine erstaunende Güte für mich, alle meine Schulden bezahlt zu haben. Tausend tausend Dank für den neuen Beweis Deiner Liebe für mich, ich kann Dir gar nicht ausdrücken, was ich empfinde, und muß nun von Dir getrennt sein, und kann Dir nicht mündlich danken für Deine Liebe. Wenn Du willst, fliege ich zu Dir. Wenn ich nur wüßte, wo Du wärst. Schulenburg [Graf F. W., Minister], den ich sprach, glaubt, wenn Du die Armee gesammelt hättest, ob Du vielleicht eine Stellung bei Magdeburg nehmen würdest. Ich bitte Dich um Gotteswillen, halte doch jetzt mehr Spione und mache Anstalten, daß Du was erfährst von dem Feind, denn die Unwissenheit des Herzogs [von Braunschweig] ist doch schuld an dem Unglück. Wird Hohenlohe [Fürst, General] das Kommando bekommen? Er ist wohl der Beste von allen. Adieu, teurer Freund, das ist also der zweite Brief, den Dorville [Adjutant] Dir mitbringt. Auf ewig Deine treue

Luise

Um Gotteswillen, daß Deine Herren mir Nachricht geben täglich ◁

226. An Friedrich Wilhelm III. Stettin, den 20. Oktober 1806

▷ Bester Freund. Es wäre vergeblich, die Empfindungen schildern zu wollen, die ich empfand, als ich Potsdam und Berlin wiedersah. Das Volk in Berlin, welches glaubte, ich sei gefangen, begleitete meinen Wagen und sammelte sich zu Tausende[n] am Palais unter meine Fenster und schrieen immer nach mir. Nein, solch ein Volk gibt es nicht mehr. 12000 Bürger wollen sich bewaffnen und 1500 von die Vornehmsten außer die 12000 [sind] ebenfalls bereit, Dir zu folgen und für Dich zu fechten, wo Du willst. Die Nachricht der unglückseligen Bataille, statt sie niederzuschlagen, hat sie nur noch mehr erbittert gegen den Feind und ihre Anhänglichkeit, Ergebenheit für Dich, für ihren König und Vaterland noch vermehrt. Es ist unbeschreiblich, wie sie Dich lieben, alle Aufopferung bereit zu bringen, ihr Blut und Gut; Kinder und Väter, alles steht auf, Dich zu schützen! Benutze die Gelegenheit ja, es kann was Großes herauskommen. Nur um Gotteswillen keinen schändlichen Frieden. Auch die Legion der Polen laß nicht außer acht. Der Augenblick ist kostbar, handle, wirke, schaffe, überall wirst Du im Lande guten Willen und Unterstützung finden. Ebenso ist die Stimmung hier in Stettin. Willst Du mich haben, spreche, ich fliege zu Dir! Gott, Du allein, das ist ein schrecklicher Gedanke. Ich wohne wieder hier, wo ich vor 6 Monaten in Saus und Braus lebte, wo wir die wegschickten, die unsere Hülfe jetzt sind. Die Kinder sind alle wohl, sie fragen alle nach Dir. Ich küsse Dich tausendmal in Gedanken und bin ewig Deine treue

Luise

Es ist unverzeihlich, daß keiner Deiner Herren mir geschrieben hat die Zeit vom 14. abends ◁.
Als ich diesen Brief schließen wollte, kam Dein Brief aus Wriezen vom 19. an. Ich reise sofort nach *Küstrin* ab und werde immer, immer weiter reisen, bis ich Dich gefunden habe. Lebe wohl, auf Wiedersehen.

Luise

Am Abend des *20. Oktober 1806* traf Luise Friedrich Wilhelm in Küstrin.

24. Oktober 1806: Napoleon in Potsdam.

26. Oktober: Napoleon in Schloß Charlottenburg.

27. Oktober: Napoleon in Berlin.

28. Oktober: das Corps des Prinzen Hohenlohe gezwungen, sich bei Prenzlau zu ergeben. Prinz August von Preußen gefangen. Kapitulation der Festungen Küstrin und Stettin.

7. November: Kapitulation des Generals Blücher bei Lübeck.

8. November: Kapitulation der Festung Magdeburg.
Flucht nach Ostpreußen: Luise folgte dem König zunächst nach Graudenz.

227. An ihre Schwester Therese, Fürstin von Thurn und Taxis (Ostpreußen) den 11. November 1806

▷Ich hoffe, beste Therese, daß du diesen Augenblick meinen letzten Brief empfangen hast, den ich als Antwort auf deinen ersten schrieb. Gerne würde ich deine Wünsche erfüllen, allein ich kann nicht anders als *so* dir Nachricht geben. Wir sind alle wohl vom ersten bis zum letzten, meine Kinder und Schwester [Friederike] alle zusammen in Ostpreußen und wohl. Ich war in banger Sorge für meine jüngste Tochter [Alexandrine], die in Lebensgefahr an Ruhr darnieder lag, es war grausam, aber es wunderte mich nicht, denn es ist jetzt die Zeit, wo die Ruhr nicht selten ist. Ich bitte dich, theure Therese, teile dieses Charlotten, meinen beiden Brüdern mit, sie weiß nichts von mir, ich konnte ihr nicht schreiben, wie ich wollte, mündlich einmal – ein weiteres. Es ist süß, sich geliebt zu sehen und Beweise der Liebe und Achtung von allen Seiten zu bekommen, in einem Augenblick, wo man sich wähnt das Gegenteil zu bewirken. *Es ist* mein großer Stolz, die Liebe meines Volkes zu *besitzen*. Gott weiß, ob du diese Zeilen je erhältst, denn ich muß sie anders fördern als die letzten. Doch dürfen alle Menschen wissen, daß ich unaussprechlich an euch meine Lieben hänge und daß der Gedanke, daß ihr ruhig und ohne Gefahr seid, mir wahre Freude verursacht.
Ich küsse deine Kinder in Gedanken – Charlotte und die ihrigen. Gott segne euch, Gott sei mit euch und beweise an euch, daß er lebe, sei und wirke.

Deine treue Luise◁

Ich vergaß es, Dir zu sagen, daß Dein letzter Brief so wie der erste geöffnet war; ich bin sicher, daß dieser Brief ebenfalls geöffnet wird, das ist mir einerlei. Schreibe mir bald. Das Gedenken meiner Freunde ist mir so teuer.
Schicke mir eine Nadel, die Du getragen hast.
Ich werde sie auch tragen, und sie wird mich an meine geliebte Therese erinnern. Ich trage ein Erinnerungsstück an Charlotte, ich werde sie auch um eine Nadel bitten.

228. An die Oberhofmeisterin Gräfin v. Voss

Graudenz, den 13. November 1806

Meine liebe Voto! Heute morgen erhielt ich Ihren Brief vom 10. des Monats, der mir die tröstliche Nachricht von der dauernden Besserung Alexandrines bringt. Ich danke Ihnen millionenmal, daß Sie die Freundlichkeit für mich gehabt haben, meine Tochter zu begleiten, und seien Sie überzeugt, dieses neue Pfand Ihrer Freundschaft und Anhänglichkeit für den König und mich erfüllt uns mit größter Dankbarkeit.

Es tut mir sehr leid, daß Ihre Gesundheit gestört ist, das Wetter ist seit einigen Tagen so schlecht, daß man sich auf alles gefaßt machen kann. Bitte, sorgen Sie gut für sich; Sie wissen, wie teuer uns Ihre Gesundheit ist.

Sie würden mir einen sehr großen Gefallen tun, wenn Sie in meinem Namen nach *Holstein* zu *General Rüchel* schicken würden, ihn um Nachrichten bitten und ihm mitteilen, daß ich an seiner Besserung unendlich teilnehme.

Ich umarme meine lieben Kinder und grüße herzlich meine Damen und alle, die für meine Kinder sorgen. Ich schmeichle mir, daß der Durchfall von Charlotte keine Folgen haben wird. Mir geht es gesundheitlich gut, und seitdem die Unglücksbotschaften nicht mehr so niederschlagend sind, wird es wieder ruhig in meiner Seele. Ich bin sehr abgemagert, und ich finde mein Aussehen schlecht, eine Folge der Tränen, der in Aufregung und Unruhe jeder Art verbrachten Nächte und des verzehrenden Kummers. Liebe Voß, wer hätte uns das vor 6 Wochen gesagt! Und was müssen Sie leiden, so innig wie Sie dem königlichen Hause zugetan sind.

Briefe, die aus Mecklenburg gekommen sind, bringen nichts Neues. Friederike wird Ihnen Carls [Bruder] Brief mitteilen. Ich wünschte sehr, der König könnte nach Königsberg gehen; ich würde dann mit Ihnen allen zusammen sein, und das wäre mir ein großer Trost. Man darf jetzt hoffen, daß Prinz Solms [Gemahl ihrer Schwester Friederike] gerettet wird; einige Zeilen von seiner Hand, um die Sie meine Schwester bitten können, werden Sie davon überzeugen.

Man erfährt nichts von Berlin. Bonaparte speit *Gemeinheiten* und *Beleidigungen* gegen mich aus. Seine Flügeladjutanten haben sich mit ihren Stiefeln auf den Sophas in meinen Gobelinsalons in Charlotten-

burg breitgemacht. Das Palais in Berlin ist noch respektiert worden; er wohnt im Schlosse. Es gefällt ihm in der Stadt Berlin, aber er hat gesagt, er wolle keinen Sand, er werde diese Sandgruben dem Könige lassen. *Und man lebt und kann die Schmach nicht rächen!*
Leben Sie wohl, liebe Voto, lieben Sie mich und schreiben Sie mir alles, was Sie tun. Ich bin sehr zufrieden mit der Truchseß [Hofdame]; wenn Sie ihre Tante sehen, sagen Sie es ihr mit vielen Grüßen. Ihre Freundin

Luise

Der König grüßt Sie vielmals, ebenso die Kinder und meine Schwester.

General Ernst Philipp *v. Rüchel* (1754–1823) wurde in der Schlacht bei Jena schwer verwundet. – *die Truchseß:* 19jährige Hofdame Luises, Berta Gräfin v. Truchseß-Waldburg, die später den mecklenburgischen Minister Karl v. Pentz heiratete.

229. An ihre Schwester Therese, Fürstin von Thurn und Taxis

Osterode in Preußen, den 21. November 1806

Liebe Therese, ich richte diese Zeilen abermals an Dich und bitte Dich zugleich, sie Charlotte zukommen zu lassen, die daraus erkennen wird, daß mein Herz, wenn es auch fern von ihr ist, immer nahe dem Menschen ist, den ich liebe, und so bin ich auch Dir nahe. Am 17. dieses Monats habe ich zu Gott gebetet, Dich zu segnen und meine vielgeliebte Charlotte und Euch den Segen zu spenden, den er anderen vorenthält.
Ich hätte Dir gern eine Kleinigkeit geschickt, die wir uns an unseren Festtagen zu schenken pflegten, aber ich lebe in einem so armseligen Städtchen, daß ich nicht einmal daran denken kann, Dir ein kleines Andenken zu schicken. Wenn je der Himmel sich wieder erhellt, werde ich meine Schuld begleichen. Meine Gesundheit ist keineswegs gut; Schnupfen und Husten quälten mich einige Tage lang, und die lebhaften Befürchtungen wegen der Gesundheit meiner Kinder verzehrten den Rest meiner Kräfte. Stell' Dir vor, mein armer Carl [5jähr.] hat ein heftiges Nervenfieber, ▷ ein hitziges Nervenfieber und *starke innerliche Krämpfe.*
Ferdinand verlor ich vor 8 Monaten an dieser Krankheit.
Gerechter Gott, ist mir *dieses* vielleicht auch noch aufbewahrt ◁! Ihr, die Ihr Mütter und zärtliche Schwestern seid, urteilt darüber, wie

ich leide, und dazu bin ich noch von meinen Kindern getrennt; sie sind in Königsberg. Dem König geht es recht gut, wie auch der übrigen Familie. Alexandrine [3jähr.] ist so weit etwa wiederhergestellt. Im Übrigen erfüllt mich eine Seelenruhe, die mir eine allmächtige Hand zukommen läßt, und, wie ich es zu sagen wage, ein festes Vertrauen. Der Mensch ist nie ganz unglücklich, wenn er diesen Schatz gerettet hat, so wie auch die Liebe guter Menschen. Schreibt mir oft Briefe. Ich bitte Euch, meine lieben Freundinnen, laßt mich wissen, daß Ihr und Eure Familien in Ruhe lebt und es Euch gut geht, daß Ihr mich liebt, und daß Eure Freundschaft so beständig ist wie Euer Gedenken.

Gott weiß, ob Ihr je diesen Brief erhalten werdet; zumindest habe ich dadurch mein Herz erleichtert, daß ich mich einige Zeit lang mit meinen liebevollen Freundinnen unterhalten habe. Wie süß ist es, sich geliebt zu wissen, meine Lieben.

Wie süß ist es für mich, mir vorzustellen, daß im Kreise Eurer Familie mein Name mit Freundschaftlichkeit, Verständnis und Zärtlichkeit ausgesprochen wird. Meine Gedanken sind so oft Euch nahe, dort ruhen sie sich in Freuden aus, so wie ermüdete Augen es als Wohltat empfinden, sich auf schönem grünen Rasen auszuruhen. Der arme Prinz Wilhelm [Bruder von F. III.] hat sein neugeborenes Kind verloren, und seine älteste Tochter [Amalie] leidet schwer an der gleichen Krankheit wie mein armer Ferdinand, aber sie hat mehr Kräfte, als er besaß ▷ – Ruhe mit seiner Asche! –

Gott segne Euch und bewahre Euch vor allem *Unglück.*

Singt öfters in meinem Namen die Romanze, die Ihr beide so sehr liebt. Therese kennt sie schon seit Jahren, Charlotte gab ich sie erst ganz kürzlich – besonders das Ende, *»Félicité«*, es ist so schön, und so wahr – besonders die 6 Worte, die darauf folgen, davon die 3 letzten *gewiß, gewiß* eintreffen werden – – –

Ja, sie treffen ein – – –

Und dann? – – –

Jenseits gibt es noch ein Leben, wo sich die Güten wiederfinden, dann sehen wir uns wieder, gewiß!

Gott segne Euch, Eure Kinder und alles, was Euch teuer ist.

Vergeßt mich nie, ich bin immer bei Euch mit meinen Gedanken, und meine Zärtlichkeit und Liebe hört nur mit meinem Leben auf ◁. Für das Leben und den Tod ganz Eure Luise

Von Graudenz ging die Flucht vor anrückenden Franzosen weiter ostwärts nach Osterode (westlich von Allenstein). Von hier schrieb Luise ihrer ältesten Schwester Charlotte zum 37. Geburtstag. Sie schickte die Glückwünsche aber an ihre Schwester Therese Thurn und Taxis, die sie abschrieb und nach Hildburghausen weitersandte.
Friedrich Wilhelm III. entschied am *21. November 1806* – auf einer Konferenz in Graudenz – die Fortsetzung des Krieges.

Während Oberhofmeisterin v. Voß mit den königlichen Kindern (darunter dem typhuskranken Prinz Carl) in Königsberg blieb, folgte Luise ihrem Gemahl nach Ortelsburg. – Ebenfalls auf der Flucht, aber in Danzig, verlor ihre Schwägerin Marianne – neun Tage nach dem Tod eines neugeborenen Kindes – am 23. November 1806 ihre einjährige Tochter Amalie und hatte nun kein Kind mehr.

230. An ihre Schwägerin Prinzessin Marianne von Preussen

Ortelsburg, den 28. November 1806

▷ Es würde schwer sein, das zu beschreiben, was ich empfand, als ich die traurige Nachricht von dem Tode Deines Kindes erfuhr. Traue es meinem Mutterherzen zu, liebe Marianne, daß vielleicht wenige Deinen Schmerz so wahr und innig empfinden und teilen als ich! Bittere Erfahrungen haben mich ihn kennen lernen, und ich setze mich so lebhaft in Deine Lage, empfinde so ganz die Größe Deines Verlustes, daß meine Tränen Dir aufrichtig fließen. Wie gerne eilte ich nicht zu Dir, um Dich zu trösten – doch dies vermag keiner in der ersten Zeit! Aber mit Menschen umgeben sein, die einen lieben, ist doch ein sanftes Gefühl, und dieses könnte ich Dir geben; denn ich liebe Dich heiß und wahr. Allein mein eisernes Schicksal gibt mir diese Linderung nicht, so wenig als meinen kranken Carl [5jähr. Sohn] zu sehen.
Gott hat Dich auf eine fürchterliche Art geprüft. Es kommen hier Umstände zusammen, die Dein Unglück noch schmerzhafter und fürchterlicher machen, und dieses alles unverschuldet! Du bist so gut, so rein, Deinen Pflichten so herzlich ergeben und erfüllest sie so treu – und doch diese Prüfungen, diese harten, kalten Schläge des Schicksals! Hier muß unser Auge sich erheben und fragend gen Himmel sich richten; denn hienieden gibt es keine Antwort.
Ach Gott, Marianne, auch mein Auge wendet sich oft dahin, tränenschwer, und fällt zur Erde zurück ohne Trost. Ich glaube! Ich hoffe! Aber es gibt Momente, wo man alles vergißt, nur das Unglück nicht, welches ein schweres Verhängnis über einen brachte und was einen zu

erdrücken droht. Möge der Schöpfer Dir alle den Trost gewähren, den Du bedarfst! Das wünsche ich Dir aus der Fülle meines Herzens.
Ich schreibe Wilhelm nicht, um mich nicht zu wiederholen. Ich hoffe, er kennt mich genug, und meine Freundschaft zu ihm ist von zu langer Dauer, als daß er in die schwersten Augenblicke des Lebens nicht ganz auf mich rechnen könnte. Sage ihm das und tausend Grüße von mir! ... Ich küsse Dich innig und wünsche Dir alles, was ein treues Schwesterherz Dir nur Trostwürdiges wünschen kann. Gott stehe Dir bei und verlasse Dich nicht!

Deine treue Freundin und Schwester Luise ◁

Die Flucht ging weiter. Am *10. Dezember* war die königliche Familie wieder zusammen – in Königsberg. *Mitte Dezember* erkrankte Luise am Nervenfieber, wie damals der Typhus genannt wurde.
26. Dezember 1806: Erfolgreiche Angriffe der Franzosen bei *Pultusk* (nördlich von Warschau). Die russischen Truppen unter General Bennigsen und die preußischen Truppen unter General L'Estocq traten den Rückzug an. Königsberg war gefährdet.

231. An ihren Vater

Königsberg, den 5. Januar 1807

▷ Ich bin zum Erstaunen wohl, mein bester Vater, und erhole mich schnell. Es ist heute der 26. Tag meiner Krankheit. 21 Tage dauerte das affröse Fieber. [Vor] solche[r] Krankheit behüte Gott jedermann. Ich habe viel gelitten, denn alles Übel sitzt in dieser Krankheit in den Nerven. Ein Nervenfieber ist fürchterlich und ich hab es leicht gehabt. Soeben packe ich mich nach Memel. Mein Wagen ist ein *Bett* geworden, Hufeland [Leibarzt] folgt mir auf dem Fuße, und so hoffe ich mit Gottes Hülfe in 4 Tagen hinzukommen. Ich liege zu Füßen der Großmama, dem O[nkel] E[rnst] viel Schönes. George drücke ich an mein Herz und danke ihm für seine teuren Briefe, Carl ebenfalls. Der Freundin B[erg] tausend Schönes. Adieu, bester Vater. Gott segne Sie und Ihr Land. Ich bin ewig Ihre treue

Luise ◁

Die preußische Königsfamilie floh in den nordöstlichsten Zipfel Ostpreußens, nach Memel an der kurischen Nehrung.
8. Januar 1807: Ankunft in *Memel.* Der Königin (und dem König) wurde das schönste Haus der Stadt als Wohnung zur Verfügung gestellt (sie wohnten hier schon einmal im Juni 1802). Das Haus gehörte dem Kaufmann Friedrich Ludwig Consentius (1755–1818) und seiner Frau Johanna Katharina (1779–1854), die es von ihrem Vater, dem Konsul Lorck geerbt hatte. Haus Consentius wurde 1845 von der Stadt

Memel gekauft und als Rathaus genutzt; die Räume, in denen die königliche Familie gewohnt hatte, sind mit Inventar erhalten und werden gezeigt.
28. Januar 1807: Friede zwischen England und Preußen. Friedrich Wilhelm III. verzichtete auf Hannover (das von den Franzosen besetzt war). – *7./8. Februar 1807:* Schlacht bei *Preußisch-Eylau* (südl. Königsberg). Es gelang russischen und preußischen Truppen, die Franzosen zurückzuschlagen. Große Verluste auf beiden Seiten.

232. An die Zarin Elisabeth

Memel, den 19. Februar 1807

Meine Frau Schwester und Cousine. Die Güte, in der Ew. M. sich meiner und meiner Vorliebe für den russischen Tee erinnert haben, hat mich lebhaft gerührt. Ew. Maj. waren niemals so unglücklich wie ich; Sie können sich also keine Vorstellung davon machen, welche Wohltat man empfindet, wenn man inmitten einer schmählichen Welt wie der unseren gute und mitleidige Wesen antrifft. Ihre gütigen Gedanken an mich, Madame, an das, was mir Freude machen könnte, haben auf mich so gewirkt, daß ich es wohl fühlen, aber kaum beschreiben kann. Möchten Sie sich entschädigt finden, wenn Sie sich sagen, daß Sie mir einen sehr glücklichen Augenblick verschafft haben, und empfangen Sie die Zusicherung meiner aufrichtigen Dankbarkeit, die nur mit meinem Leben enden wird. Die freundliche Anweisung Ew. M. über die Art, wie der Tee zu nehmen ist, wurde genau befolgt, und der neue Beweis Ihres Interesses für mich, den Sie mir damit geben, ermutigt mich, Ihnen mitzuteilen, daß ich, bis auf ein wenig Schwäche, völlig wiederhergestellt bin. Herr von Klüx [Adjutant von Fr. W. III.] sagte mir, Ew. M. hätten oft nach mir gefragt; diese Nachricht ist erst recht mit aller Empfänglichkeit aufgenommen worden, deren mein Herz fähig ist. Ach, Madame, welche Freundlichkeit. Ich bin sicher, Ihre Seele ist tief bewegt, da Ihre Verwandten gegen uns vereint sind und die Unmenschlichkeit eines einzigen Mannes alle Bluts- und Familienbande zerreißen konnte. Meine ganze Familie ist durch ihn unglücklich; man hat sie ruiniert, um andere zu bereichern. Die edle Freundschaft des Kaisers ist unser einziger Trost und unsere einzige Hoffnung. Die Vorsehung wird seine schönen und guten Absichten unterstützen wollen. Verzeihen Sie, Madame, daß ich Sie im Einzelnen von meinen Leiden zu unterhalten wagte; aber wer nur leidet, ist so glücklich, eine edle Seele zu finden, die an seinen Schmerzen teilnimmt. Ich danke Ew. M. nochmals für Ihre Freundlichkeit; empfangen Sie die

Versicherung der besonderen freundschaftlichen Empfindungen, mit denen ich bin, meiner Frau Schwester und Cousine, Ew. Kaiserlichen Majestät gute Schwester und Cousine

Luise

Die angesprochenen Verwandten der Zarin waren: Großherzog Karl Friedrich von Baden (ihr Großvater) und König Maximilian I. mit Königin Karoline von Bayern (Schwager und Schwester). Beide Fürsten standen auf Seiten Frankreichs gegen Preußen.

233. An ihren Bruder Georg

Memel, den 26. März 1807

▷ Mein bester George!

Nun sind es drei Monate vorbei, daß ich nicht eine Zeile von Dir und allem was mir teuer ist bekommen habe. Ob unser guter Vater den Brief von uns durch unsere alte Muhme hat, den ich aus K[önigsberg] d. 5. J[anuar] schrieb, um Euch zu sagen, ich wäre wohl nach der gräßlichen Krankheit, weiß ich auch nicht. Aber das weiß ich wohl, daß meine Liebe, Anhänglichkeit, Sehnen nach Euch, Ihr Guten! immer dieselbe ist und bleibt. Die gute B[erg] hat mir einen recht tröstlichen Brief geschrieben, den ich richtig erhielt, ach, er war Balsam für mein wundes Herz. Ja wohl, ja wohl, Liebe von denen, die man liebt, Anhänglichkeit, Achtung derer, die wir schätzen, ist uns viel im Unglück. Meine Familie (die große) ist so gegen mich, wie ich es wünschen kann. Therese schrieb ich schon fünfmal seit dem 8. Januar, immer durch Courier bis Wien, und von da sind sie alle unterschlagen, denn sie hat nicht einen bekommen seitdem, sagt sie. Ich liege zu den Füßen meines Vaters und der guten G[roß]Mama, C[arl], O[nkel] E[rnst], allen sage ich tausend Schönes. Vergiß ja nicht die B[erg] und wenn Du kannst durch ihr die K[leist] in N[eustrelitz]. Sie kümmern sich gewiß beide um mich. Der arme Wilh. hat auch das Nervenfieber gehabt, aber leicht und glücklich. Meine arme [Kammerfrau] Sch[adow] hast Du gewiß beweint. Sie ist neben mir gestorben [22. Januar 1807], daß ich selbst noch ganz elend war. Ach Gott! –

Ich bin ganz hergestellt, aber noch nicht völlig wohl; sehr empfindlich für alle Einwirkung der Luft. Das Klima ist schrecklich. Eis und Schnee überall, kein Veilchen gibt es nicht hier, doch es grünt noch in meinem Herzen, und meine Zuversicht zu Gott stirbt nie. P[yrmont] hat mir

doch unaussprechlich gut getan, denn die Krämpfe hab ich gar nicht mehr, nur etwas reizbar, was denn noch nicht vergehen kann, da immer Reiz da ist. Mein Mann ist im ganzen auch wohl, aber das Klima ist ihm auch schwer zu ertragen. Friederike [Schwester, Solms-Braunfels] hat einen Sohn [Alexander, geb. 12. 3. 1807] und ist wohl, gottlob! Die meinen sind alle gesund und geben schöne Hoffnungen. Ich möchte Dich wohl auf eine Viertelstunde sprechen, da aber das Totschießen auf der Übergabe eines Briefes stehet, so laß ich der Feder nicht einmal ahnen, was ich denke. Die gute B[erg] hat mir gesagt, wenn ich wünschte, so wollte sie kommen. Wünschen tu ich es mit vollem Herzen, aber dennoch kann ich nichts drüber sagen, als was wahr ist: 1. wo wird sie mich finden, 2. wie wird sie mich finden, denn wäre ich allein wie in P[yrmont], gewiß, ich bäte sie gleich, ihr Anerbieten auszuführen; aber wenn sie denn da wäre, so könnte ich doch nicht *ihr* sein, wie *sie* es, ihre *Freundschaft* und *ihr Gefühl* es verdienet und mein Wunsch es geben möchte, Du weißt schon wie es ist –. Und dann hätte sie keine Belohnung für der ungeheuren Aufopferung so ein[en] Weg zu übernehmen. Von Kopenhagen hieher kann man in zwei Tage sein, es sind eine Menge Schiffe so her gekommen.
Ach, lieber George! – Wenn Du kannst, so schicke mir durch diesen Weg recht viele Bücher, denn der Mangel ist nicht zu glauben, in beiden Sprachen. Adieu, mein Bester. Bald, wenn Du kannst, ein Wort des Trostes. Von meinem Vater nur eine Zeile seiner Hand, wenn es gehet, damit ich die geliebten Züge küssen kann! Ich erf[le]he tausend Segen über ihn! Über G[roß]Mama, über Carl, O[nkel] E[rnst] und alles, was mit Dir ist. Für Dich mein Guter, ach! wie viel nicht und was nicht alles! Behaltet mich in Euren Herzen, wie Ihr in meinem lebt auf ewig. –
Morgen geh ich zum Abendmahl, mit welchen Gefühlen – ◁

234. An Friedrich Wilhelm III. — Mulienen, den 10. April, 6½ Uhr

Ich konnte nur 8 Meilen zurücklegen, jeden Augenblick lief ich Gefahr, umgeworfen zu werden und zweimal in der Arge zu ertrinken, die in einigen Stunden so schrecklich über ihre Ufer getreten ist. Man kann sich nicht vorstellen, was das für Wege sind und ich bin so ermüdet und erschöpft, daß ich Gott dankte, als man sich weigerte, mich weiter zu fahren; ich hätte nur in Georgenburg Nachtlager finden können, wo ich nicht mehr vor Nacht ankommen konnte, und das wollte man nicht wagen. Ich bin ganz betrübt, teurer Freund, daß ich Kydullen verlassen habe, Dich dort allein ließ und eine fürchterliche Reise machte. Aber ich glaube, es ist in jeder Hinsicht das Beste, denn man würde sicher gesagt haben, daß ich mich in die Politik mische usw. Der Großfürst [Konstantin] machte unsern ▷Feldjäger◁ bis nach Lasdehnen, wo wir ausgezeichnet zu Mittag aßen, was uns eine Stunde aufhielt. Es war das geringste, was ich nach allen seinen Höflichkeiten gegen mich tun konnte, daß ich es annahm. Es war Nachmittag, als ich hier abfuhr und ich konnte seitdem nur 5 Meilen zurücklegen. Ich sah russische Husaren hier und da in den Hütten, und hier wohnt ein Oberst Travin von der reitenden Artillerie in demselben Hause wie ich, aber ich kann nicht mit ihm reden, denn er spricht nur russisch. Morgen werde ich noch 8 oder 9 Meilen zurücklegen, ich werde also in Taplacken oder Petersdorf bleiben. Übermorgen in Königsberg, wo ich spät ankommen werde; es wird von meiner Gesundheit abhängen, ob ich mich noch einen Tag länger ausruhe. Leb wohl, mein lieber Freund, ich umarme Dich aus Herzensgrund und bin Deine treue

Luise

Ich schreibe noch einige Zeilen an den Kaiser [Zar Alexander I.], um ihm für seine Güte zu danken und umarme Fritz[-Louis von Pr., Sohn Friederikes].

Luise

Morgen gehe ich nach Sanditten.

Vom *2. bis 4. April* war Alexander I. in Memel. Anschließend fuhr er in das russische Hauptquartier Kydullen (am Niemen, an der preußisch-russischen Grenze) und lud den König und die Königin zu einem Besuch ein. Graf Hardenberg, dem wieder die Leitung der preußischen Politik übertragen wurde, kam hinzu. Von Kydullen machte sich Luise am *10. April* auf den Rückweg mit Stationen (u. a.) in Mulienen und Taplaken zwischen Königsberg und Insterburg.

235. An Friedrich Wilhelm III. — Königsberg, den 14. April 1807

Mein lieber Freund! Borstell [Major v., Adjutant von Fr. W. III.] benachrichtigt mich soeben, daß Du gestern in Schippenbeil ankommen wolltest, ich richte deshalb meinen Brief dorthin, um mit Dir über mich und meine Absichten zu reden. Nachdem ich die schrecklichste Reise meines Lebens hinter mir habe, bin ich hier mehr tot als lebendig angekommen, ich habe gar keine Lust, mich ohne Grund in den Schmutz, Schlamm und das Wasser zurückzubegeben, außerdem brauche ich etwas Ruhe nach den verschiedenen Reisen, die ich gemacht habe (die ersten nach meiner Krankheit, die mich sehr geschwächt haben). Ich beabsichtige deshalb, noch einige Tage hier abzuwarten, bis der Schmutz trocknet. Ich werde Deine Antwort auf diesen Brief, die meine Rückkehr nach Memel bestimmen wird, hier erwarten; wenn Du willst, daß ich *vor Dir eintreffe* und wenn es die Wege *erlauben*, werde ich nach dem Empfang Deines Briefes abreisen, sobald die Anordnungen für die Pferde getroffen sein werden; wenn Du dagegen damit zufrieden bist, daß ich Dich hier erwarte, so werde ich auch zufrieden sein und mich nicht von der Stelle rühren. Königsberg gefällt mir sehr viel besser als im Winter, alles ist voll von Russen; man sieht allerdings auch traurige Bilder unter ihnen, denn sie sehen ziemlich krank und leidend aus. Ich wohne mit Friederike zusammen, da ich nur um ihretwillen gekommen bin und da ich seit meiner Krankheit eine Abneigung gegen das Schloß habe; aber wenn Du hierher kommst und eine Nacht in Königsberg zubringst, dann werde ich ins Schloß gehen, wenn Du willst. Lebe wohl, lieber Freund. Driesen [General v., Adjutant von Zar Alexander I.] hat mir den Pelz des Kaisers überreicht, es ist ein sehenswertes Stück und von welcher Schönheit! Ich schreibe ihm, um ihm dafür zu danken, sprich ihm auch noch meine Dankbarkeit aus. Das Militär kam gestern morgen, mir seine Aufwartung zu machen. Unter dem Freikorps gibt es sehr hübsche Uniformen. Solms[-Braunfels, Gemahl von Friederike] ist noch immer ziemlich leidend, obgleich man es ihm nicht ansieht, er ist dick, fett und rot. Friederike ist zu Deinen Füßen, und ich an Deinem Halse, lieber Freund. Ich bin ärgerlich, weil ich die Abende nicht bei Dir verbringen kann, um Dir den Tee zu bereiten und Dich zu zerstreuen. Behalte mich immer lieb und laß meinen Gefühlen gegen Dich Gerechtigkeit widerfahren, die unveränderlich sind wie meine Liebe.

Luise

Die russische Kutsche hat dem Wasser, den Löchern und dem Schmutze widerstanden, nicht ein Nagel fehlt. Driesen sagte mir, daß die Wege von der ▷ Nehrung ◁ ab gegenwärtig ungangbar sind, da das Meer alles überschwemmt habe.

Aus der Übernachtungsstation wurde ein zweimonatiger Aufenthalt. Luise blieb bis Anfang Juni in Königsberg. Sie wohnte diesmal nicht im Schloß, sondern im Hause des Grafen Schlieben, der Unterkunft ihrer Schwester Friederike. Prinz Friedrich Wilhelm zu Solms-Braunfels, Friederikes zweiter Gemahl, war schwer erkrankt. Friederike selber hatte am 12. März einen Sohn bekommen, Prinz Alexander, und mußte sich in ihren Wochen schonen.

236. An Friedrich Wilhelm III. Königsberg, den 16. April 1807

Mein lieber Freund. Driesen [Adjutant von Zar Alexander I.] plagt mich um einen Brief für Dich; ich weiß, welche Langeweile ich Dir verursachen muß; aber mein Gott, was soll ich tun? Man kann seinem Schicksal nicht entgehen. Dein Brief vom 13. ist mir zugestellt, und ich sehe daraus, daß Du zufrieden bist; das beglückt mich. Die Gardejäger und besonders das Milizbataillon müssen prachtvoll gewesen sein. Das schöne Wetter und die Freude, oft draußen zu sein, wird Dir wohltun, wie ich es Dir wünsche, d. h. es wird Deine Gesundheit befestigen.

Ich bin sehr neugierig auf die Nachricht, wann und wie Ihr endlich in Schippenbeil eintreffen werdet; denn diese Wege in Preußen – großer Gott, das ist ohnegleichen. Wird der Entschluß des Kaisers [Zar Alexander I.], sich nicht im Hauptquartier niederzulassen, sondern in Schippenbeil zu bleiben, Dich veranlassen, Deine *Entschlüsse* irgendwie zu *ändern*; würdest Du nicht besser mit ihm zusammenbleiben, solange er bei der Armee weilt? Denn ich glaube heute von *Czartoryski* [Fürst, russ. Minister] verstanden zu haben, daß er nicht lange dort bleiben wird. Dieser hat mir die Freude gemacht, mich zu besuchen, und ich habe ihn zum Mittagessen eingeladen. D[riesen] hat mir als sicher gesagt, er sei der wirkliche Macher und Budberg [Baron, russ. Außenminister] gebe den Namen. Ich denke, alle beide werden zufrieden sein mit ihrer Aufnahme und Du auch, lieber Freund. Denn mir scheint, man kann gar nicht zu höflich sein gegen Menschen, die das Vertrauen des Kaisers genießen, eines Fürsten, der so sehr unser Freund und unsere einzige Stütze ist. Ich bitte Dich, überlege wohl, ob Du nicht besser tust, mit ihm in Schippenbeil zu bleiben. Je mehr Ihr Euch kennt, um so mehr werdet Ihr Euch lieben und Euch wohl befinden. Lebe wohl, lieber Freund. Ehe ich schließe, habe ich noch eine Bitte an Dich zu richten: Du möchtest erlauben, daß die Husaren von Bila ein Korps unter sich bleiben und nicht ▷untergesteckt◁ werden. Hier sind 300 Männer, die sich ranzioniert haben und alle zusammen zu bleiben und zu dienen wünschen. Rüchel [General] will ▷unterstecken◁; aber wenn Du ein Wort sagen würdest, würde das eine große Ermunterung für die anderen sein, tüchtig zu handeln, wie sie es bisher getan haben; sie haben gut gedient und werden sicher weiter gut dienen. Alle russischen Offiziere möchten mich sehen, ich habe schon viele zweimal hintereinander gesehen. ▷Niemand weiß, daß ich um die Husaren schreibe◁, wenn Du sie also beläßt, so versichere ich Dir, werde ich mich vor der Welt nicht damit bemengen. Aber mir scheint, es war eine Pflicht, Dir ihre Wünsche mitzuteilen.

Nach und nach trafen in Königsberg Soldaten versprengter Truppenteile ein, die sich der französischen Gefangennahme entzogen hatten (= »ranzioniert«). Aus solchen Versprengten bildeten sich Freikorps, wie des damaligen Rittmeisters Friedrich August v. der Marwitz.

237. An die Oberhofmeisterin Gräfin v. Voss — Königsberg, den 17. April 1807

Liebe Voto! Ich bin hier, weil Gott es gewollt hat; denn eigentlich hätte ich unterwegs umkommen müssen. Ich habe den reizenden Aufenthalt in Kydullen teuer bezahlt, indem ich die abscheulichste Reise meines Lebens machte, auf Wegen, von denen ich bis jetzt wirklich keinerlei Vorstellung hatte, die ich aber unglücklicherweise passieren mußte. Ich bin mit Lebensgefahr durch ausgetretene Flüsse gefahren, und mein Wagen ist mitten auf der Landstraße im Schmutz steckengeblieben; zwei Pferde sind im Kot verschwunden. Nur mit kräftigen Armen hat man ▷Menschen und Vieh◁ aus dem Schlunde des Schmutzes hervorgezogen. Mehr tot als lebendig bin ich hier in drei Tagen angekommen, mitgenommen vom Wege, von den Beschwerden der Reise und der scharfen Luft eines offenen Wagens – den ich in Kydullen nehmen mußte, da mein großer Wagen zertrümmert war – vom schlechten Wetter, von dem Regen und dem Wind von vorn, und so brauchte ich einige Tage Ruhe, um mich ein wenig zu erholen; denn ach, meine Kräfte sind noch nicht, wie sie waren, und ich danke Gott, daß alles ohne Rückfall in die Krankheit hingegangen ist. Ich habe sofort an den König geschrieben und ihm mitgeteilt, daß ich hier zu bleiben gedenke, bis ich ohne Lebensgefahr die Reise nach Memel machen kann, und jeden Augenblick erwarte ich seine weiteren Befehle. Die schlechten Wege, die ausgetretenen Ströme und Flüsse haben Seine Kaiserliche und Seine Königliche Majestät verhindert, Kydullen zu verlassen; sie wollten am 12. abfahren, keine Möglichkeit; der 14. war der letzte Termin. Gott weiß, ob sie haben fahren können; ich glaube es nicht, denn heute, am 17., habe ich noch keine Nachricht von Schippenbeil, wo sie haltmachen.

Meiner Schwester [Friederike Solms] geht es, Gott sei Dank, gut, und sie hat ein prächtiges Kind [Prinz Alexander, geb. 12. März]. Ich selbst, bis auf die Erkältung, fühle mich auch wohl. Ich kann Ihnen nichts über meine Ankunft [in Memel] sagen; sie hängt von der Beschaffenheit der Straßen, meiner Kraft und vom König ab. Umarmen Sie meine lieben Kinder in meinem Namen. Ich bete zu Gott, daß es Fritz [Kronprinz] besser und daß es Wilhelm [10jähr. Sohn] gut geht. Meiner lieben Schwägerin [Prinzessin Marianne] und meiner Kusine [Prinzessin Luise Radziwill] gedenke ich voller Zärtlichkeit, und ich bitte Sie, ihnen meinen Brief mitzuteilen. Die preußischen und russischen Offiziere haben einen Empfang gewünscht, und ihnen wurde entsprochen. Die Damen wünschten, mich zu besuchen, und sie kommen allmählich abends zum Thee. Die erfreulichen Nachrichten von den Schweden werden Ihnen wie uns allen große Freude bereitet haben. Zwei Vertreter dieses Volkes wurden von ihrem Herrn [Gustav IV., geb. 1778] zum König [Friedrich Wilhelm III.] geschickt, der wie auf Kohlen stand, um seine Anweisungen zu erwarten. Man sagt, daß er nur einmal im Leben weise ist und daß er helfen will, so gut wie er kann ▷ wenig hilft wenig ◁, aber das ist besser als der ▷ Schaden ◁. Ich füge Briefe bei, die ich für Sie aus Kopenhagen erhielt; seien Sie mir, liebe Voto, nicht böse, daß ich zwei Siegel aufgebrochen habe, aber da ich davon überzeugt war, daß ich darin Briefe für die Moltke [Hofdame Luises] finden würde, habe ich diese Ungehörigkeit gewagt. Ich schwöre Ihnen, daß ich nichts gelesen und daß ich die Briefe eingepackt habe, sobald ich die Briefe für die Moltke gefunden hatte. Verzeihen Sie mir, liebe Voto, aber stellen Sie sich vor, daß jedermann überglücklich ist, wenn er die Hoffnung hat, Schriftliches von jemand zu sehen, der einem teuer ist.

Noch einmal, verzeihen Sie mir und behalten Sie immer lieb

Ihre Freundin Luise

Meine Empfehlungen den Damen. Ich bin mit den beiden sehr zufrieden, sowohl der Kikewitz wie auch der Delamith. Friederike [Prinzessin Solms] umarmt Sie, es geht ihr gut.

erfreuliche Nachrichten von den Schweden: König Gustav IV. Adolf von Schweden war schroff gegen Napoleon eingestellt. Er versuchte (wenn auch erfolglos), die Besetzung Vorpommerns durch französische Truppen zu verhindern.

238. An Friedrich Wilhelm III. — Königsberg, den 18. April 1807

Der junge Natzmer vom Regiment Zastrow hat mir Briefe von meinem Vater und meinen Brüdern zugestellt. Dadurch habe ich ihn kennengelernt und kann mich seinen inständigen Bitten nicht versagen, ihn Dir zu empfehlen zur baldmöglichsten Auswechslung, da er den lebhaften Wunsch hat, seinem *König* und seinem *Vaterlande* zu dienen. Ich wage Dich also zu bitten, lieber Freund, ihn vormerken zu lassen, ebenso meinen Bruder Carl (der mir durch ihn wieder den trübsinnigsten Brief geschrieben hat), Woburg [?] und Natzmer von der Garde. Alle diese haben mich erinnern lassen, sie Dir zu demselben Zweck zu nennen, und da es alles gute Offiziere sind, wirst Du es hoffentlich nicht mißbilligen, lieber Freund, daß ich ihrer Bitte entspreche. – Da ich nichts vom Hauptquartier höre, nehme ich an, daß die Scheschuppe [Szeszupe, Nebenfluß der Memel], die Arge, die Auer und der Pregel Dir denselben Streich wie mir gespielt haben, nur ▷ im vergrößerten Maßstab ◁, da der Regen seitdem angehalten hat und die Wege noch schöner sein müssen. Du wirst also bei Deiner Ankunft in Schippenbeil völlig bombardiert werden mit meinen Briefen, denn ich habe Dir dorthin fortwährend geschrieben, und wenn sie Dich auch zum Sterben langweilen sollten, so wirst Du wenigstens sehen, daß ich mich gerne, soviel ich kann, mit Dir befasse, und daß ich unmöglich existieren kann, ohne Dir meine Ideen und meine Gedanken mitzuteilen. Ich erwarte mit Ungeduld einen Brief von Dir als Antwort auf alle, die ich Dir von hier geschrieben habe, und ich gehe auch nicht fort, angesichts der schlechten Wege und der Antwort, die über mein Geschick entscheiden soll. Gesundheitlich geht es mir Gott sei Dank gut, aber glaube mir; erst seit gestern bin ich wieder ganz zu Kräften gekommen, so sehr hatten die beiden kurzen Reisen nach Kydullen und von dort nach Königsberg mich angegriffen und ermüdet. Ach, ich habe meine Kräfte noch nicht wiedergewonnen, und die geringste Sache ▷greift mich noch an◁. Ich weiß nicht, ob ich Dir geschrieben habe, daß ich schon zu verschiedenen Malen die Russen begrüßt habe, die mich zu sehen wünschten. Du kannst nicht glauben, wie gut sich die Offiziere hier aufführen, wie befriedigt die Bewohner der Stadt von ihrer Höflichkeit, von ihrer Erkenntlichkeit, von ihrem reizenden Benehmen gegen ihre Gastfreunde sind. Sage es auch dem Kaiser [Zar Alexander I.]; ich bin überzeugt, daß das ihm Freude machen wird. Ich bin im Wagen an den Kranken vorbeigefahren und war erschreckt über das Aussehen der Russen. Großer Gott, welch ein Schlag ins Gesicht der Menschlichkeit! Viele werden daran sterben. Die unseren sind nicht derartig und viel sauberer. Du kannst Dir denken, daß ich oft Besuch habe, und ich bin sehr glücklich, daß ich ihnen etwas helfen kann. Der alte Goercke [Generalstabschirurgus] wird hier gepriesen wegen seiner Menschlichkeit, Gewandtheit, seiner Geschicklichkeit und seines Wissens usw. usw. Kurz, man läßt ihm volle Gerechtigkeit widerfahren; man segnet die Hand, die ihm seine Tätigkeit ermöglicht hat. Meine Schwester [Friederike Solms] ist Dir zu Füßen. Unsere Lebensweise ist so, wie es sich in einer Wochenstube gehört. Damen, die zu mir wollen, kommen so, wie sie sich anmelden lassen. Ich habe nicht Hof halten wollen, und wie es die Höflichkeit gebietet, warte ich mit einer Tasse Tee auf; das vertreibt die Zeit. Es wäre nicht Dein Geschmack; aber bei Frauen liegt die Sache ganz anders. Die verschiedenen Uniformen der Freikorps sind sehr hübsch und sehr gut. Einige haben Kutkas, wie die ▷Reuter in Wallensteins Lager◁; sie sind aus der Not entstanden. Die Offiziere an der Spitze dieser Korps hatten alles verloren, wie das allen geschieht, die aus diesem Geraufe kommen. Da sie nur einen Überrock hatten, haben sie ihn beschneiden lassen und der Kutka ist fertig. Alvensleben ist grün, Moellendorf blau, Raven ist ein Husar, schwarz und gold, alle haben Tschakos außer Marwitz, der Ulanenmützen hat und blaue Kutkas mit sehr hübschen ▷gelben Schnüren◁ verziert. Lebe wohl, es ist genug des Geschwatzes. Ganz die Deine

Luise

Seit Ende November 1806 hatte sich Napoleon auch die beiden mecklenburgischen Herzogtümer angeeignet. – Junge Offiziere, wie z.B. Sekondeleutnant Oldwig v. Natzmer und Luises Bruder Prinz Carl wünschten nun nach Ostpreußen zu kommen, um in die preußische Armee aufgenommen zu werden. – Die Uniformen der neuen Freikorps, *Kutkas,* waren hüftlange Jacken, die hinsichtlich Schnitt und Farbgebung nicht voll dem militärischen Reglement entsprachen.

239. AN FRIEDRICH WILHELM III. Königsberg, den 22. April 1807

Ich werde mit einem Mute, den ich jedem Artilleristen wünschen möchte, das Bombardement mit meinen Briefen fortsetzen, die von Deiner Seite mit soviel Nachsicht und Güte angenommen werden, mein lieber Freund! Dein trefflicher und ausgezeichneter Brief vom 19. d. M. ist mir gestern durch Driesen [Adjutant von Zar Alexander I.] zugegangen, dieser brachte mir im allgemeinen sehr gute Nachrichten, die durch Deine liebe Epistel bestätigt wurden. Deine Reise war wirklich schrecklich, ich finde, die meinige hat viel Ähnlichkeit mit der Deinen, nur dauerte mein Steckenbleiben nicht vier Stunden und ich konnte den Weg in der Kutsche fortsetzen. Es freut mich, daß Du mit dem, was ich für die Russen tat, zufrieden bist und ich werde gewiß fortfahren, sobald sich die Gelegenheit dazu bietet. Meine Abreise steht immer nahe bevor (wie ich mich ausdrücke), die schlechten Wege halten mich fest usw. Das war schon vor Empfang Deines letzten Briefes meine Sprache und wird es noch mehr sein. *Hutchinson* [Lord, engl. Generalleutnant] ist gestern abend hier angekommen, Prinz *Radziwill* [russ. Generalleutnant] am Nachmittag, beide unter Lebensgefahr. Das Haff ist derartig über seine Ufer getreten, daß es ganze Gegenden überschwemmt hat, man passiert die Ortschaften in Kähnen unter wirklichen Gefahren, die Wagen bleiben vor Kranz zurück und man sagt ihnen Lebewohl, wenn auch nicht auf ewig, so doch für eine Zeitlang. Prinz R[adziwill] ist von Mülsen hierher zu Fuß herübergekommen, bis zur Wade im Schmutz, die Wagen konnten nicht mehr durch die Schokoladensuppe, die ein vollständiger Brei geworden ist. Der junge Überbringer dieses Briefes, Ellenhorst, ein Mecklenburger, wünscht in Deinen Dienst einzutreten und beschwört mich, ihm einen Brief zu diesem Zweck zu geben. Er war Page des Herzogs von Schwerin und hatte den Dienst am Tage ihrer Abreise. Was er Dir im einzelnen über sein unglückliches Land mitteilen kann, ist sehr interessant. Es ist ein gut erzogener Junge, der die ganze Offenheit und Natürlichkeit seines Alters besitzt. Ich glaube, daß er Dir gefallen wird. Sprich bitte mit ihm. Er brachte mir Empfehlungsbriefe meines Vaters und Bruders. Du hast Deinen letzten Brief mit Nr. 4 nummeriert, aber ich habe nicht soviel erhalten – soeben sprach ich eine Lüge aus, denn Deine vier Briefe liegen um mich herum und alles ist in Ordnung. Ich wüßte gerne, ob ich mich nicht in meiner Rechnung getäuscht habe; Du sagtest, Du hättest sechs erhalten, einer wenigstens war noch unterwegs mit Natzmer [Adjutant von Fr. W. III.], das ist nun der achte. Ich muß Dir noch unbedingt von einem Manne erzählen, der hier ist und nur Deinetwegen gekommen ist. Es ist ein Bauer aus Heidelberg [Johann Adolf Müller], der drei Erscheinungen hatte. Gott erschien ihm mehrere Male und sagte ihm, er solle nach Königsberg gehen, den König dort aufsuchen, und dort mit Dir, ebenso wie mit dem Kaiser wenigstens in der Gegend von Königsberg sprechen. Das drittemal sagte ihm Gott im Februar, er solle Dich unbedingt aufsuchen und Dir das Schicksal des nächsten Jahres enthüllen. Er ist einfach, ohne gesuchtes Wesen und Künstelei. Ich werde ihn in einer Stunde sehen und ich bitte Dich, ihn vor Dich kommen zu lassen. – Die zweite Sache, die ich auf dem Herzen habe, betrifft einen Auftrag von Driesen; er quält mich, Dich zu bitten, Budberg [russ. Außenminister] den Schwarzen Adlerorden zu verleihen. Meinerseits füge ich nichts hinzu, Du bist an Ort und Stelle und wirst besser als irgend jemand den Stand der Dinge beurteilen; ich glaube beinahe, wenn Du den Kaiser [Zar Alexander I.] selbst fragen würdest, da Du so eng mit ihm verbunden bist, würdest Du klarer erkennen, ob es ihm Freude macht und ob Budberg es nach dem Werte schätzt, den man darauf legen muß. Ich schmeichle mir, daß Du mit diesem Briefe zufrieden sein wirst, denn er ist zum mindesten lang. Da Du Vergnügen an meiner Genauigkeit findest, so glaube ich, Du wirst es mir verzeihen, wenn ich meine Morgenstunden so viel ich konnte verlängert habe, um Dir nach Belieben schreiben zu können und um spazieren zu gehen, so das Nützliche mit dem Angenehmen vereinigend. George schickte mir die beiden Predigten von Ribbeck und Hanstein [Propst und Dompropst in Berlin] zum neuen Jahr, die tausend und abertausend Tränen im teuren und vielgeliebten Berlin fließen machten. Sie sind Deiner Aufmerksamkeit wert, ich habe die von Hanstein gelesen, das scheint mir die Sprache des braven Mannes zu sein. Ich genieße sie hier ebenso wie den Brief Georges, der sie begleitete. Du wirst darin den Schmerz der Familie Schulenburg ersehen, wenn Du etwas darüber weißt, sage es mir. Lebe wohl, teurer und vielgeliebter Freund, bewahre mir Deine Freundschaft und alle Deine Gefühle, die die Grundlage meines Glükkes bilden. Ganz die Deinige

Luise

Mit George *Jackson* – der 1802 englischer Gesandter in Berlin gewesen war – befanden sich im *Frühjahr 1807* mehrere Engländer in diplomatischer Mission in Ostpreußen: Lord John Hely *Hutchinson*, Gesandter in Rußland, Lord *Gower*, Gesandter in Rußland, Robert Thomas *Wilson*, englischer Oberstleutnant. – William *Robertson* (1721–1793) war Verfasser einer Geschichte Schottlands (der Schiller den Stoff zu seiner »Maria Stuart« entnahm).

240. An ihre Schwägerin Prinzessin Marianne von Preussen

Königsberg, den 27. April 1807

▷ Liebe Marianne! Jackson [George] brachte mir heute morgen Deinen Brief. Unaussprechlich hat er mich gefreut. Dein zärtliches Andenken, welches Du mir so treu erhältst, hat mich mit der innigsten Dankbarkeit durchdrungen. Wie gern wär' ich bei Dir alle Tage einige Stunden, wie gern bin ich aber auch bei Friederike! Nach unserer langen Trennung, wo wir soviel füreinander fürchteten, uns jetzt wieder heiterer und ruhiger zu sehen, ist freilich ein großer Gewinn. Solms [Friederikes 2. Gemahl] ist recht krank. Denke Dir, Marianne, sein Kopf leidet wirklich manchmal! Wie Friederike leidet und ich mit ihr, begreifst Du edle Seele gewiß. Doch ich bin ihr Trost. Ich helfe nicht nur tragen, sondern ich tröste, ich heitere auf, ich zerstreue das arme, gebeugte Weib nach Kräften, und der zärtlichen Freundin gelingt es besser als alle Bücher der Welt.

Übrigens vergehen unsere Tage recht angenehm. Seit gestern feierte meine Schwester ihren Ausgang und isset wieder mit uns. Bis dahin haben wir immer – sie, d'Orange [Erbprinz Wilhelm von Nassau-Oranien/der Niederlande], Radziwill [Prinz Anton Radziwill] (mit den besten Anlagen, die aber nicht aufkommen dürfen) und ich – allein im Zimmer gegessen. Des Abends um sieben kommt was will zum Tee, bleibt bis nach neun, manchmal zehn, dann etwas marschiert und ad bettum. Kopfschmerz peinigt mich, weil ich schlecht bin, sonst gehet es gut – soso lala! Den Robertson gibt *man* mir zu lesen, Leopold und Marie sind sprechend dabei gemalt. Du hast vergessen, in Deinen Memoires eine Anekdote aufzunehmen, die ich dazufüge. Marie allein mit ihrem *Lieblingsstern* beschäftigt, zu ihrem größten Unglück, gab weder durch Gebärde noch durch Worte Anlaß, Leopolds Aufmerksamkeit auf sich zu ziehen. Allein ein *Spaß* gab ihm Gelegenheit, Marie zu schreiben und sich deutlich zu erklären. Dieselben Verse, die Du schon kennst, hat er umgearbeitet und lauten jetzt so:

»O denke nicht, ach nein, daß, wenn ich in der Fremde zerstreut bin,
ich kann das, welches ist *Dein*, einer anderen geben,
entferne solchen Unglauben, welcher Verdacht verrät,
und schlage nicht aus dies Herz *(refuse pas ce cœur)*
oder sage nicht Nein mein Lieber nein
– voir et – adorer n'est qu' une même chose,
c'est pourquoi je n'ose pas dire davantage.

Oben steht noch etwas, was Du nicht verstehen würdest, ohne den Schlüssel dazu zu haben oder englisch zu können. Marie ist verlegen – den Robert sah sie nicht, ich hege über Angela [?] dieselbe Meinung als Du, *Robertson* hat sie gar zu gut gezeichnet. Aber was er doch nicht kann, das sind die Schmerzen tief im Herzen, die jeden Morgen neu. – Ach Gott, wenn *Marie* die rot geweinten Augen siehet von Leo, so geht ihr's durchs Herz, denn sie verstehet sich darauf, doch Ach! *dem* sie fließen, fühlt *nicht* so tief wie *Maria*, doch gleiche Leiden bringen gleiche Gefühle und leid tut er Maria, wahr und innig, das sei Du überzeugt. Unaussprechlich sanft, gut, kindlich war sie und wird sein gegen Leo: so sagt Robertson, und ich glaube, Du auch wirst Maria beipflichten. Hübsch sind die Verse. – Maria sollte gesucht haben, da nicht zu lieben, wo nicht gleiche Wärme glühet, allein, das unbiegsame Schicksal, wovor *Jupiter* sich selbst fürchtete und beugte, hat einen magischen Schleier um der armen Kranken Herz gezogen, der immer mehr Gewalt bekömmt, obgleich die Vernunft so klug spricht, alles so auseinander zu setzen weiß, und doch. C'est une misère –

Der König schreibt mir die besten, zärtlichsten Briefe – ein Beweis, daß Hochachtung und Liebe das Wahre sind. Adieu, mein Engel! Wie sonderbar gehet es in der Welt zu! In dem Menschen Nacht, wo Tag sein sollte nach Regeln der Vernunft, und doch strauchelt der Beste, verliert den Pfad und – irret den Rest seines Lebens, um das zu erreichen, welches, treffe es ein, sein Glück auch nicht ausmachen würde. Darum ist alles Stückwerk, und die Zeit, wo wir ohne Leidenschaft lieben werden, ist die Zeit des Glücks – dort, wo mein Stern, mein Lieblingsstern leuchtet, im Himmel!

Dein auf ewig

Luisens Herz liegt vor Dir in diesem Augenblick. Warum kann ich Dir nicht zu Füßen fallen und Dir für Deine Engelsnachsicht danken? Mit nassen Augen würdest Du mich an Dein Herz ziehen. Wir verstehen uns ◁.

241. An ihre Schwägerin Prinzessin Marianne von Preussen

(Königsberg, Ende April/Anfang Mai 1807)
Die Zitate in diesem Brief sind französisch.

▷ Ein ordonierter [verordneter] Brief, beste Marianne, welche Aufgabe! Ich schreibe eigentlich nicht *Dir* sondern einer *anderen*, das ist gräßlich. Nun Dir noch etwas von Schottland. Ich wirke so viel ich kann Gutes. Nicht nur Auszüge aus der Geschichte, sondern aus der wirklichen Welt mache ich und suche ich alles Gute und Schöne zu erwecken und Tugend aller Art anschaulich zu machen. Ich glaube, das ist Pflicht, das zu geben, als *Erwiderung dessen*, was ich *nicht erwidern* kann. Wie sonderbar es mir übrigens mit ihm geht, kannst Du nicht glauben. Seine *Kindlichkeit* ist so groß und ist so *gut*, so *sanft*, so *anspruchslos*, daß man ihm nichts übel nehmen kann [...?] So bat er mich um mein Portrait, damit er es immer tragen könnte: »*Das hätte auf mich einen großen Einfluß, auf meine ganze Existenz. Das würde mich von allem zurückhalten, was nicht gut wäre, wenn ich es anschauen würde, und ich werde es immer anschauen.*« Dabei sah er aus als wie ein Kind, was seine Mutter bittet – ich sagte »*nein*«, [er:] »*Oh, ich bitte Sie, Majestät, niemals, niemals wird es jemand sehen; niemals, niemals werde ich es zeigen, niemals, niemals ich schwör' es Ihnen.*« Rate mir! Mein Portrait geb' ich ihm nicht, aber glaubst Du, daß ich ihm das von *Poch* in Gips geben kann? Die *Veranlassung* dazu war: Er hatte Briefe aus England bekommen und Kupferstiche, die seine Mutter selbst gemacht hatte. Diese bracht' er uns zum Sehen. Seiner Schwester Brief zeigte er mir, in welchem diese ihn bittet, ja einen Kupferstich oder sonst ein Bild ihr zu schicken von der Königin von Preußen, die die hübscheste Person in Europa sein sollte; Du kannst denken, wie gerne er das mich lesen ließ. Ich, mit einem wahren Einfall, sagte ihm, er würde schwer ein gutes Bild bekommen, als mir plötzlich einfiel und [ich] sagte: »*Ich werde Ihnen für Ihre Schwester eines geben können, das, wie man sagt, gut ist, es ist aus Gips und erst vor kurzem hergestellt.«* Und so kam eins zum anderen. Er bat mich so, wie mein Fritz [Friedrich Wilhelm, der 11jährige Kronprinz], ich möchte es doch ihm geben, und sagte das dabei. Friederike meint, ich sollte es ihm geben, da er denn solchen Wert der Tugend darauf setzt, und ihm dabei sagen, was jedes fühlende Geschöpf fühlen muß, wenn es sich denken kann, wohltätig durch sein Bild auf das Leben eines guten Menschen zu wirken. Ich handle nicht ohne Deine Meinung. Er liebt Dich auch so sehr. *»Die Prinzessin Wilhelm ist eine so gute Person, sie hat mir vom ersten Augenblick an gefallen. Vor der Prinzessin Radziwill* [Luise] *habe ich Angst.«* Nun genug hiervon. Noch etwas. Er hat mir ein Buch geschickt, wo englische Verse darin waren, die sehr hübsch sind, sie sprechen von der Macht der Liebe im allgemeinen und hören auf mit den Worten: *»Denn Liebe ist der Himmel, und der Himmel ist die Liebe.«* Er kömmt alle Abend, er sieht mich nicht mehr an, als ein anderer, macht Charpie, setzt sich gern in meine Nähe, wenn er kann, ist so bescheiden als immer. Ich sage, es ist ein einziges Verhältnis. Verdorben ist er nicht, dafür steh' ich Dir. ... Adieu, nun kann ich nicht mehr. Da Du den Menschen kennst, so wirst Du Dir ein Ganzes daraus machen können, denn mein Wisch ist kein Ganzes ◁ ...

Portrait von Poch: Gemeint ist Leonhard Posch (1750–1831), der für die Berliner Porzellanmanufaktur und die Königliche Eisengießerei Wachs- und Gipsmodelle für Porträtreliefs schuf.

242. An Friedrich Wilhelm III. — Königsberg, den 27. April 1807

Mein heutiger Brief, lieber Freund, wird nicht die Heiterkeit ausströmen, die ich sonst hineinlege und die ganz selbstverständlich ist, wenn ich an Dich denke, an Dich, der Du mich mit Beweisen der Freundschaft und Güte überhäufst. Meine Schwester [Friederike], die Dir zu Füßen ist, hat mir einen traurigen Auftrag gegeben, nämlich über den Gesundheitszustand ihres Gatten zu reden. Es ist nicht zu leugnen, daß der arme Fürst Solms in der traurigsten Verfassung ist, die man sich denken kann. Andauernde Krämpfe lassen ihm Tag und Nacht keine Ruhe, und was das schlimmste ist: Wenn die Krämpfe nicht in den Händen sind, ziehen sie sich nach dem Kopfe, der Kopf verwirrt sich dann etwas und wird mehr oder weniger angegriffen. Düstere Melancholie, Tränen und Geschrei sind die Folge, und oft kann er sogar nicht sprechen. Häufig glaubt man, daß er sterben wird, alles Blut steigt ihm in den Kopf, er leidet unter derartigen Beklemmungen, daß Reimann [Erzieher von Pr. Fritz Louis, Sohn 1. Ehe von Friederike] mehrere Male glaubte, er würde ganz und gar wahnsinnig werden. Die Ärzte haben beschlossen, daß er ein Bad benutzen soll, das einzige Mittel, ihn wiederherzustellen. Ich kann nicht alles, was ich wollte, noch hinzufügen, da ich Kopfschmerzen habe und nach dem Abendessen sehr müde bin. Lebe wohl deshalb, mein lieber Freund. Der Himmel möge Dich segnen und erhalten. Ganz die Deine

Luise

Meine Empfehlungen an den Kaiser.

243. An Friedrich Wilhelm III. Königsberg, den 30 April 1807

Ich schicke Dir Friedrich [Feldjäger im Dienst der Königin], um Verschiedenes zu erfahren. Erstens, ob Du die Unterkunft annehmen würdest, die der höfliche Graf *Schlieben* [Generallandschaftsrat zu Königsberg] für Dich in seinem Hause gegenüber meinen Zimmern vorbereitet hat, in demselben Hause natürlich. Zweitens, wenn Du nicht annimmst, willst Du, daß ich im Schlosse bin oder willst Du aus dem Wagen steigen und soll ich Dich in das Haus, das ich bewohne, führen? Ich glaube, Du würdest damit alles Aufsehen vermeiden. Ich habe gelogen, so gut ich konnte, und allen Leuten gesagt, Du würdest erst spät kommen. Wenn Du beim Schloß aus dem Wagen steigen willst und ich dort sein soll, dann sage es dem ▷ Feldjäger. »Ich würde Sie aufs Schloß sehen *und ich verstehe schon*«, wie Unzelmann [Berliner Komiker] sagt, sage ich ◁. Lebe wohl, ich freue mich sehr, Dich wiederzusehen und bin Deine treue Freundin

Luise

Friedrich Wilhelm besuchte Luise in Königsberg vom *1. bis 3. Mai.*

244. An Friedrich Wilhelm III. Königsberg, den 6. Mai 1807

... Das Geschenk, das Du mir gemacht hast, ist wirklich ganz neuartig, und gewiß werde ich diesen Zopf mein ganzes Leben lang aufbewahren; er hat mich zu einer recht eigenartigen Betrachtung geführt, und das Ergebnis ist nicht angenehm. Denn vor zwei Jahren hätte man in Preußen nicht gewagt, an diese Änderung zu denken, wegen der Idee und des Wertes, die man dem alten Kostüm der preußischen Armee beimaß. Der Siebenjährige Krieg hatte seine Macht bis auf die Haartracht ausgedehnt, und wer sie hätte ändern wollen, hätte ein Majestätsverbrechen begangen. Die Macht der Französischen Revolution hat diese Änderung gestattet, denn, meiner Treu, niemand wird den Zopf tragen wollen, um die Erinnerung an den Tag des 14. Oktober zu verewigen, der gegen die Revolutionäre verloren ging. Jedenfalls habe ich bis zu Tränen gelacht über das ▷Zöpfchen◁, und es soll unangetastet aufbewahrt bleiben bis an der Welt Ende. Auch die auf dem Schlachtfeld von Eylau gefundene Degenquaste des russischen Unteroffiziers hat meine Teilnahme erweckt, und ich habe eine Ahnung, als wäre es dieselbe, die der Unteroffizier trug, der mich in Stettin durch seinen Gesang und seine Grüße erfreute; er wurde in dieser Schlacht als der erste des Regiments getötet. Ich vergesse immer den Namen dieses Regiments. Ich habe den Riemen bestellt, den Du wünschtest, habe ihn aber noch nicht erhalten. Auch Deinen Tschako kann ich nicht bekommen und nicht sehen. Da ich noch an den Kaiser [Zar Alexander I.] schreiben und ihn fragen will, ob er möchte, daß ich Seine geheiligte Majestät vertrete, um dem Heidentum meines Neffen [Prinz Alexander Solms] ein Ende zu machen, will ich hier schließen. Ich muß Dir noch sagen, daß das Geschenk Deines Zopfes mir wirklich Vergnügen gemacht hat, denn ich wünschte diese Toilettenänderung längst, und im Kriege ist alles, was die Toilettenbedürfnisse vereinfachen kann, wirklich gut.

Ich machte gestern einen Spaziergang, der mir einen unvergeßlichen Eindruck gemacht hat. Ich bin rund um die Festung gegangen und über den Hof zurückgekommen. Da sah ich die armen Aufständischen, die sehr, sehr schlecht gehalten sind. Sie kommen ganz um vor Elend. Ich will nicht Einzelheiten erörtern, die Dir zu schmerzlich sein würden, aber habe die Güte und befiehl Tiesenhausen [Hauptmann v.], daß er ihnen frisches Wasser gibt, ▷denn sie bekommen faules Wasser, und dann Stroh, denn sie liegen im Modder. Du glaubst nicht, wie sie aussehen, wie ihr Wimmern fürchterlich war. Man gehet unmenschlich mit ihnen um in Deinem Namen, indem Du der menschlichste Mensch bist, den es gibt. Adieu, bester Freund. Liebe mich wie ich Dich.

Luise◁

Übrigens willst Du nicht, daß ich Trauer für die Kaiserin [Marie Therese von Österreich, gest. 12. April 1807] tragen soll, und hast Du nicht offiziell Nachricht von dem Tode erhalten? Dann werde ich sie, wie üblich, für drei Wochen anlegen und es in die Zeitungen setzen lassen, was die Hauptsache ist. Hier ist endlich Dein Tschako. Er ist übrigens gut gelungen; aber die Tresse bleibt mein Schrecken. Adieu.

Auf dem Rückwege in das russische Hauptquartier Bartenstein fand der König auf dem Gelände des Schlachtfeldes von Preußisch-Eylau *(7./8. Februar 1807)* eine russische Degenquaste. Er sandte sie Luise zusammen mit seinem abgeschnittenen Zopf, dem Zeichen, daß er sich zu einer neuen, modernen Uniformierung seiner Armee entschlossen hatte.
die armen Aufständischen: (vermutlich) meuternde Soldaten polnischer Nationalität. – *Tschako:* hohe (zylindrische) Kopfbedeckung, die zur neuen Uniformierung gehörte.

245. An ihre Schwägerin Prinzessin Marianne von Preussen

Königsberg, den 8. Mai 1807

▷Beste Marianne! Verzeihe, wenn ich Dir nicht eher schrieb, allein meine Korrespondenz mit dem Hauptquartier ist so heftig und so anhaltend, daß gestern Ihre Majestät von Preußen wirklich den dreizehnten Brief anfingen, und es mit großer Zufriedenheit also bemerkten. Nun weiß Du, gute Marianne, daß unsere Tyrannen (die Männer) in allem vorgehen müssen, und so mußtest Du hintenan stehen, obgleich Du in meinem Herzen gewiß ein Plätzchen hast, mit dem Deine treue Freundschaft zufrieden wäre, wenn Du so alles wüßtest und ich es Dir auch recht sagen könnte. Hier im Zimmer treiben zwei Leute ihr wahres Spektakel, nämlich ein Gitarrenmeister und ein Musikdirektor, wovon der letztere mich zum Singen akkompagniert. Unsere Tage verleben sich recht angenehm. Prinz Radziwill kann Dir die Soireen beschreiben. Des Morgens lesen wir, d. h. ein alter kluger Mann macht die Lektüre. Ich schäme mich gar nicht, Dir zu sagen, daß es erst seit einigen Tagen ist, daß wir diese heilsame Idee ausgeführt haben; denn vorher lebten wir der glücklichen, ungestörten Vereinigung ganz, das *dolce far niente* war ganz bei uns eingekehrt, und mit jedem Augenblick wollten wir uns nur recht und aufs neue versichern, daß nach so manchen kummervollen Tagen Gott uns diese Vereinigung wieder zum Trost und Belohnung für unsere Herzen zugelassen hatte.

So gehet es Euch ja auch in Homburg. Haben Dir Deine Brüder noch nicht geantwortet und keinen Laut des so sehnlich erwünschten Krieges von sich gegeben?
Die Leute spielen wie die Götter, die Gitarre und das Klavier wechseln ab mit Variationen, und ich soll klug schreiben! Nicht möglich, beste Marianne! Deshalb denn diesen unvernünftigen Wisch!
Ich habe ganz das Opfer zu würdigen gewußt, was Du mir brachtest, nämlich Deine Briefe nicht zu lesen und mir zu schreiben. Antworte mir bald, beste, gute Schwester, und lang und ausführlich! Ich hätte Dir recht viel zu sagen noch, allein die edle Zeit! Der Luise [Radziwill] tausend Schönes! Ihrer wird oft von Friederike und mir gedacht, und die Rouquette sagt nichts, das wir uns nicht vornehmen, es ihr mitzuteilen. Letzthin sangen Friederike und ich ein Jägerlied – sie, in Ekstase, schrie: *»Ach Gott, wie schön, man siehet die Hörner!«* et tous les messieurs comme bien vous pensez aux éclats, in sich doch, weil der Respekt den ganzen Ausbruch verbot. Ich bitte Dich, teile es der Luise mit und glaube mir, wenn eine andere Luise Dir sagt, daß sie Dich aufrichtig liebt!

246. An Friedrich Wilhelm III. — Königsberg, den 12. Mai 1807

Ich bin fast verlegen Dir gegenüber, mein lieber Freund, denn in Deiner liebreichen Pünktlichkeit machst Du mich in erschreckender Weise zu Deiner Schuldnerin; vier Briefe in drei Tagen, das nennt man einen scharmanten Gemahl, und eine Frau, die ihre Schulden zu solcher Höhe anwachsen läßt, ist, glaube ich, zu tadeln. Auch tadele ich mich, aber da die weibliche Finesse sich stets einen Ausweg zu bahnen vermag, habe ich zunächst zwei Entschuldigungen in der Tasche, um mich von den schweren Vorwürfen zu reinigen, die man mir im ersten Augenblick machen könnte. Erstens sind alle Deine Briefe Antworten auf die meinigen; denke an den von gestern; und zweitens habe ich Dir so wenig Interessantes zu erzählen, daß ich manchmal fürchte, nur die Aufschrift der Briefe macht Dich fürchterlich gähnen. Du bist die Quelle aller preußischen Neuigkeiten, und Du schöpfst aus der Quelle der russischen Neuigkeiten, da Du so nahe daran bist; doppeltes Interesse und doppelt schmerzliche Betrachtung für mich über ▷ meine

Unzulänglichkeit ◁ und über meine geringe Kenntnis. Unterdessen mache ich allerhand nette Sachen hier. Ich lade die *ansehnlichsten* Personen von Königsberg zum Mittagessen ein, ich bin liebenswürdig, höflich, und spreche zu ihnen über Dich, um mir ihre Herzen zu erobern. Heute z. B. habe ich Graf und Gräfin Dohna-Schlobitten ganz allein bei mir. Gestern [General] Rüchel und seine Frau und den ▷ in Gottes Zorn genannten ◁ schönen [Major] Borstell, und so habe ich oft ▷ solide ◁ Geselligkeit. Da der Kaiser ▷ Rittmeister ◁ und Hauptleute empfängt, habe ich geglaubt, in diesen außerordentlichen Zeiten könne ich Dinge tun, die von der Regel der [Oberhofmeisterin] Voß zum Beispiel abweichen.

Hier sind die beiden Riemen, um die Du mich gebeten hast, ich hoffe, sie sind gelungen. Du mußt doch zugeben, daß meine Vermutung über die Degenquaste des Unteroffiziers vom Regiment Rezan ziemlich richtig ist. Es ist immerhin recht seltsam ...

Ich muß gestehen, lieber Freund, und glaube es Dir auch schon einmal geschrieben zu haben, daß ich Gott danke, jetzt nicht in Memel zu sein, der *Heimstätte* der Unzufriedenen. Diese unvernünftige Wut Zastrows [z. Z. Außenminister] und die Unzufriedenheit von Voß [Finanzminister, Neffe der Oberhofmeisterin] sind sinnlos. Wenn ich Dir übrigens sagen soll, was ich denke, so glaube ich, daß Du Dich des Herrn Zastrow entledigen mußt, denn ein Mann, der den Waffenstillstand aus *Überzeugung* unterschrieben hat, ich sage aus *Überzeugung*, wird Dir niemals gut dienen; *never never good* ... Über Herrn Voß bin ich wütend; ich habe Grund dazu, er nicht. Alle sprechen vom *wahren Guten*, von der *Vereinfachung* der Geschäfte usw. und dann, wenn man *alles* tut, um das zu erreichen, wovon sie ständig sprechen – dann schreien Sie. ▷ Ach Gott, so gehet die Welt, Herr Schmidt ◁, das ist recht trivial, aber ach, ganz wahr! Ich bitte Dich, wenn Du die Herren siehst, waffne Dich mit Mut und Festigkeit, und sage ihnen in Ruhe ▷ und Würde ◁: So will ich es.

Alle Wohlgesinnten begrüßen, was Du zur Förderung des Guten getan hast, d. h. alles Vertrauen, das Du Hardenberg bezeigst. Er ist umgeben von den besten Köpfen des Königreichs, und die Wahl seiner Beamten und Berater wird allgemein gebilligt. Möge Gott zur gegebenen Zeit dem Kaiser [Zar Alexander I.] gute Berater geben, wenn er die Gedanken, von denen Du in Deinem Briefe Nr. 16 sprichst, ausführen will. Wenn ich mich nicht täusche, wird Bennigsen [Oberbefehlshaber der russ. Armee] nicht bleiben, und ich versichere Dir, ich glaube, [General Graf] Tolstoi wird ihn nicht schlecht ersetzen. Wie wird denn meine Zukunft sein, wenn Du in Tilsit bist? Ich soll das Pyrmonter Wasser gebrauchen; ein Garten wäre mir dafür sehr nötig; ich kann doch nicht im Sand beim Memeler Leuchtturm spazieren gehen. Könnte ich vielleicht in dieser Zeit wieder nach Holstein [Ort bei Königsberg] zurückkehren? Denn in Tilsit kann ich auf keinen Fall sein. Der Kaiser wird es gewiß nicht wollen und er hat nicht Unrecht...

Nach drei Gewittern haben wir hier Kälte, einen kleinen Februarwind und leuchtenden Sonnenschein, der sich nur über uns lustig macht; denn die Strahlen, mit denen er uns berührt, sehen so aus, als ob sie wärmen, und sie sind nur gelb gefärbt. Könnte man nicht diesen kalten schönen Sonnenschein mit einem koketten Mädchen vergleichen, wenn man nicht zuviel Philosophie in einem Briefe scheute? Wenn Reichtum der Seele und des Herzens nicht die Handlungen eines Menschen erwärmen, ist alles verführerische Äußere nichts; einen Augenblick dauert das, erfreut das; aber dann sind wir enttäuscht, denn niemals werden wir getröstet durch eine kalte Seele; wir verlassen diesen Menschen, ohne eine angenehme Erinnerung von ihm zu bewahren, da er uns nichts Tröstliches gibt; er lehrt uns nichts, er gibt uns nichts; denn er will genießen, will bedient werden. Möge Gott jedem Menschen, um ihn glücklich zu machen, eine reine Seele und ein einfaches Herz bewahren, so daß er nur einen Augenblick zu überlegen braucht, um sich seiner Pflichten zu erinnern. Je mehr man ▷des Herzens Unverdorbenheit◁ bewahrt, um so glücklicher ist man. – Aber basta, das paßt nicht in einen Brief, denn es gleicht einer Predigt. Übrigens war ich Sonntag in der Kirche, und ich hörte dort einen alten Mann, der ▷nach alter Art◁ gepredigt hat. ▷Er hat eine Kernpredigt gehalten, die meinem Herzen wahres Labsal ist. Unter anderem sagte er: Religion ist Liebe, Glaube und Hoffnung. Liebet eure Nebenmenschen, glaubet fest an Gott, so wird die Hoffnung euch nie verlassen. Wie tröstend ist dies für uns◁.

Wie teile ich Deine Gefühle, wenn ich die russischen Garden exerzieren sehe und die Umzüge der preußischen Janitscharenmusik abwarte. Ich verberge es nicht, ich habe darüber geweint und weine noch jetzt, während ich an Dich schreibe. Wird diese Zeit wiederkommen? Ich tröste mich noch mit meinem alten Prediger, der mir gesagt hat, wir seien nicht in den Händen des Zufalls. Ein Gott der Barmherzigkeit kennt unsere Gebete, ehe wir sie aussprechen, derselbe Gott kennt ▷alle Haare, die vom Haupte fallen, und wir stehen nicht unter dem Willen der Willkür, sondern unter dem ewigen Ratschluß Gottes◁. Dabei tröste ich mich, dabei erhebt meine Seele sich zu Gott, und ich habe starke Hoffnung. Es ist keine verlorene Zeit, wenn ich hier bin, das versichere ich Dir, denn ich höre Predigten, die sicherlich nie aus meinem Gedächtnis schwinden werden. Du bist heute in Heilsberg, unterhalte Dich dort gut, lieber Freund, besonders sprich bitte recht offenherzig mit dem Kaiser, wenn Du ihm etwas zu sagen hast. Wenn Du ihm z. B. sagen würdest, Du hieltest es für gut, wenn er selbst den Oberbefehl übernehmen würde, so wird ihn das sicher ermutigen, denn er hat viel Vertrauen in Deine Meinung. Mein Gott, guter Gott, in was mischt sich Rom, oder vielmehr Heinrich [unverheirateter Bruder von Fr. W. III.]. ▷Er hilft kaum dasein◁, wie Kalckreuth sagt, aber immerhin glaube ich, kannst Du es ihm nicht abschlagen ▷denn es bleibt hübsch ein Prinz vom Hause◁, selbst wenn man nicht weiß, daß es ▷ein Stock ist◁. Verzeih mir den Ausdruck, denn er ist Dein Bruder, aber ich gestehe, es braucht Zeit, bis der unangenehme Eindruck und die lächerliche Rolle, die er in Kydullen gespielt hat, verwischt sind, was auf mich einen ganz besonderen Eindruck gemacht hat, da ich seinen ▷Brautwerber◁ gemacht habe, die beiden kaiserlichen Brüder mußten sicherlich glauben, daß ich närrisch geworden wäre.

Bevor ich schließe, muß ich noch über etwas sprechen, was vielleicht die Gesundheit Solms' [Gemahl von Friederike] etwas wiederherstellt. Dein Besuch hat ihn sehr glücklich gemacht, aber er wünscht darüber hinaus unaussprechlich entweder den Orden *Pour le Mérite* oder eine Rangerhöhung außer der Reihenfolge; wenn Du also die Gnade hättest, ihn außer der Reihe zu befördern, so wäre das ein Trost für ihn in seinem jetzigen traurigen Zustand, da es ein Beweis Deiner Anerkennung und Deines Gedenkens wäre. Reimann [Erzieher des Pr. Fritz Louis von Preußen] beschwor mich, es Dir zu schreiben, der ihm außerordentlich zugetan ist, ▷und der mit die Nägel aus der Erde die Mittel kratzen möchte, um ihm zu helfen◁. Lebe wohl, mein Lieber, was Du auch tust, Du wirst es aus Mitgefühl tun. Liebe Deine zärtlich ergebene Freundin und Frau Luise

Das ist ein schrecklicher Brief, ▷ wird ins Feuer spazieren ◁. Der junge Richter ist hier gewesen, ▷ wünscht abermals ◁ den Orden *Pour le Mérite*; hier ist ein Brief von ihm an [Zar] Alexander in dieser Sache und zwei von unsern Söhnen, sowie einer von General Driesen.

Heimstätte der Unzufriedenen: Seit Hardenberg dirigierender Minister war (April 1807), fühlten sich der Außenminister Wilhelm *v. Zastrow* und der Finanzminister Otto *v. Voß* zurückgedrängt. – Der Orden *Pour le mérite,* ein Kreuz mit blauem Emaille-Schmelz, wurde seit dem Regierungsantritt Friedrichs des Großen, 1740, an Militär- und Zivilpersonen vergeben. Friedrich Wilhelm III. bestimmte den Orden (am 18. Januar 1810) ausdrücklich für Verdienste im Kampf mit dem Feind. Friedrich Wilhelm IV. führte (am 31. Mai 1842) eine besondere Klasse des Pour le mérite für Wissenschaften und Künste ein.

247. An Alexander I.

Königsberg, den 14. Mai 1807

So groß auch meine Dankbarkeit für den reizenden Brief ist, den ich vorgestern von Ihnen empfing, so drückt doch nicht nur sie mir die Feder in die Hand; eine Schuld Ihnen gegenüber, die ich noch nicht eingelöst habe, und dann ein *sehr wertvolles* Geschenk, fünf Kirschen – das sind die Gründe, weswegen ich Ihre kostbaren Augenblicke vielleicht mißbrauche. Das unendliche Vergnügen, das ich an einer Unterhaltung mit Ihnen habe, macht mich egoistisch; ich denke beim Schreiben nur an mich, an meine Befriedigung. Verzeihen Sie, guter teurer, unvergleichlicher Vetter, Sie pflegen nur gut zu handeln und sind so edel, Geduld zu üben; seien sie so auch gegen mich und *vor allem, ja vor allem* recht nachsichtig. Was für einen göttlichen Brief haben Sie mir geschrieben; wie kostbar sind mir diese Schriftzüge, in denen Ihre Freundschaft für mich ausgedrückt ist. Sie haben mir glückliche Augenblicke verschafft. Ach wie liebenswert sind Sie, wenn Sie sich ganz sich selbst überlassen, und wie achte ich Ihre Weisheit bei einem Mann, der so reiche Empfindung und so tiefes Gefühl hat wie Sie. Dann ist es schwer, vernünftig zu sein; doch wenn man durch Güte und engelhaftes Zartgefühl geleitet wird, dann ist alles möglich. In Ihnen verwirklicht sich eine Vollkommenheit, die man als schönes Wunschbild zweifellos immer sehr geliebt hat; man hat die Seele damit erfüllt, aber niemals geglaubt, es je verwirklicht zu sehen. Man muß Sie

kennen, um an Vollkommenheit zu glauben; doch wer Sie kennt, läuft auch Gefahr, fürs Leben dem Sinnbild aller Tugend zugetan zu sein. Und was wäre der Mensch ohne die glückliche Fähigkeit, das Gute mit Begeisterung zu ergreifen; – wie unglücklich wären wir, denn unsere Freuden würden sehr beschränkt und auf nichts zusammenschrumpfen. Aber ist das auch ein Verhängnis? Nein, es ist ein Glück; denn ein wirklich feinfühliges Herz fühlt sich beschwingt von dem schönen Eifer, ein solches Beispiel zu befolgen, und ich kann in Wahrheit sagen, daß Sie, teurer, vielgeliebter Vetter, einen glücklichen Einfluß auf mein Dasein ausgeübt haben.
Wie glücklich bin ich, Ihnen das alles einmal aussprechen zu können. Die wenigen Tage, wo ich Sie wiedergesehen habe, müssen Sie mich ganz besonders dumm und stumpf gefunden haben. Aber nachdem ich jahrelang den glücklichen Vorzug genossen hatte, mit Ihnen offenherzig, ohne etwas anderes zu kennen, so wie ich fühlte, schriftlich und von Zeit zu Zeit mündlich zu reden, war ich jetzt plötzlich gezwungen, alle Tage (acht Tage lang vor allem) anders, aber ganz anders zu erscheinen, als ich bin. Ich bin so wenig gewohnt, mich zu verstellen, daß ich schließlich stumm, zerstreut wurde und eine bemitleidenswerte Figur spielte. Lieber Vetter, versetzen Sie sich an meine Stelle, und dann werden Sie es sehr entschuldbar finden, daß ich in Kydullen so war, wie ich gewesen bin. Alle waren voll Geist, nur ich nicht; der meinige war im Herzen verschlossen und wagte nicht zu reden aus Furcht, von zu vielen verstanden zu werden.
Ich bitte Sie nur darum, verbrennen Sie diesen Brief nicht, er zeigt Ihnen so gut, wieviel ich von Ihnen halte. Solange ich selbst am Guten halte, solange ich die Tugend liebe, werde ich Ihnen so zugetan sein mit allen Gefühlen, die mich an die Vorsehung selbst knüpfen.
Sonntag wird die Taufe [des Pr. Alexander Solms] sein, und ich werde zugleich Kaiser, König und Königin vorstellen. Haben Sie das kleine Kind lieb, das auf meinem Arm Ihren Namen annehmen wird; könnte er erben, was ich an Ihnen verehre, lieber Vetter. Adieu, ich nehme Abschied von Ihnen, um an den König zu schreiben und ihm ebenso wie Ihnen fünf Kirschen zu schicken; gestehen Sie, daß das ein königliches Geschenk ist; aber das Herz, das sie gibt, wiegt mehr, und wird immer ganz das Ihre sein.

Luise

248. An Friedrich Wilhelm III.

Königsberg, den 14. Mai 1807

Meine Frau schickt mir einen ▷Feldjäger◁? Was soll das heißen? Das soll zweierlei heißen: Erstens, daß ich Dir fünf Kirschen schicke, die ersten, die ich dieses Jahr sah, und daß ich wünsche, sie kämen glücklich und in besserem Zustande an als die aus Schwedt. Zweitens muß ich meinen braven Friedrich einige Dukaten verdienen lassen, weil er arm ist; da ich dem Kaiser [Zar Alexander I.] fünf Kirschen und einige Räucherpastillen schicke, die ich ihm schon in Kydullen versprochen hatte, so wird er ihm sicher etwas geben. Es ist im Grunde eine Repressalie, denn wenn ich Briefe vom Kaiser bekomme, gebe ich dem ▷Feldjäger◁ immer 10 Friedrichsdor, das ist teuer und ich möchte die Freigebigkeit des Kaisers auf die Probe stellen. Wenn Du von Deinem Abstecher nach Heilsberg zurück bist, so teile mir doch bitte die Nachrichten mit, die Du von England hast. Hier hört man so glänzende wie die, daß 40000 Mann auf Rügen ▷gelandet◁ seien, ich weiß nicht, was ich davon glauben soll. Kamenskoi [russ. General] muß in Danzig angekommen sein. Was hast Du zu der Geschichte mit dem General Tauentzien gesagt, hast Du schon jemals etwas Ähnliches gehört? Ich bin in einem solchen Zorn, daß ich Dir gar nicht sagen kann, in welchem Zustand ich mich befand, als ich sie hörte. Das ist eine dieser Schändlichkeiten, die nur die Franzosen begehen können. Wie man sagt, soll Tauentzien manches gesehen und gewußt haben, wobei Napoleon nichts daran liegt, daß Du und der Kaiser es erfahren, unter anderem die Mißhelligkeiten, die es in Paris gibt. Wenn das wahr ist, so erzähle mir auch einiges darüber, ich flehe Dich darum an. Ich bin untröstlich über die Unwissenheit, in der ich hier lebe. Der eine läßt mir sehr gute Nachrichten zukommen, die anderen schneiden Gesichter, ▷zucken die Achseln◁, sehen immer nur schwarz und sprechen von den Russen auf eine Weise, die mich auch zum Reden bringt, ▷denn darauf verstehe ich keinen Spaß◁. [Major K. H. v.] Borstell ist sehr glücklich, weil Du ihm die Erlaubnis gegeben hast, [General Geb. v.] Blücher zu begleiten. Er ist ein guter Patriot, denn die Aussichten seiner Laufbahn sind sicher so glänzend, daß man sie nicht verläßt, wenn man nicht vom besten Eifer beseelt ist, sich nützlich zu machen und soviel Gutes zu wirken, wie man kann. Ich sehe ihn oft und kann Dir nicht sagen, wie ich ihn schätze. Lebe wohl, mein lieber Freund, mit ganzem Herzen und ganzer Seele bin ich Deine

Luise

Hier ist eine ▷ Bittschrift ◁, die man mir gestern übergeben hat. ▷ Laß ja ein Strafgericht gehen über Zastrow, Schrötter und Voß [drei Minister] ◁. Die Alte [Oberhofmeisterin Gräfin Voß] ist wütend über ihren Neffen und hat mir erzählt, sie hätte sich schon lange den Unsinn angehört, aber als er ihr sagte, er hätte *Dir* selbst geschrieben, sagte sie ihm: ▷ Hätten Sie das Friedrich dem Zweiten getan ◁? Er hätte ihr geantwortet: ▷ Es sind andere Zeiten ◁, hätte Hut und Stock genommen und wäre gegangen oder vielmehr geflüchtet. – Es ist doch eine gute Person. Sie ist Dir zu Füßen, ebenso meine Schwester. Sonntag ist die Taufe.

Geschichte mit dem General Tauentzien: Generalleutnant Bogislav v. Tauentzien (1760–1824) wurde 1806 von den Franzosen gefangen genommen. Er sollte jetzt ausgetauscht werden, kam bereits bis Posen, wurde aber von hier wieder zurück nach Frankreich geführt und kam erst im Februar 1809 frei. – Der am *12. März 1807* in Königsberg geborene und Mitte Mai getaufte Prinz Alexander *v. Solms-Braunfels* wurde später preußischer General.

249. An Friedrich Wilhelm III. Königsberg, den 15. Mai 1807

Graf Goltz [pr. Gesandter] aus Petersburg, der heute den Tag bei mir verbrachte, verschaffte mir die Gelegenheit, Dir zu schreiben. Wenn es auch immer eine Freude für mich ist, habe ich doch diesmal einen besonderen Grund. Ich komme auf meine Hammel zurück, d. h. auf Zastrow [Außenminister, Generalmajor]. Dieser Mann hat mich zu mancherlei Gedanken angeregt durch das, was er seinerzeit über die Leute äußerte, die so wie er jetzt handelten. Er sagte, Phull [preuß., ab 1806 russ. General], der im Generalstab war und deshalb viel wußte, verdiene nicht nur von Dir entlassen zu werden, sondern auch verhaftet und auf die *Festung* geschickt zu werden. Nun beachte wohl, daß besagter General [W. v. Zastrow] noch mehr als Phull weiß, da er an der *Spitze* mehrerer Departements stand und daß der Herr General den Oberbefehl über ein Korps ablehnt, das, gut geführt, vielleicht von der größten Bedeutung sein könnte; kurz, er weigert sich, seinem König in einem ähnlichen Augenblick zu folgen, das ist die größte Schande.

Dazu kommt noch, daß man alles von einem solchen Manne erwarten kann; wenn Du ihm seinen Abschied gibst und ihn gehen läßt, kann er vielleicht sehr gefährlich werden. Dann meine ich auch, daß Du mit seiner Entlassung, die er sehr verdient hat (alle sind gegen ihn und sein unwürdiges Betragen aufgebracht), die Haft gegen ihn *verwirklichen* mußt, für die er sich gegen Phull ausgesprochen hat, damit er so bestraft wird, wie er es verdient und unschädlich gemacht wird. Sei etwas fest hier, denn es muß einiger Schrecken in die Leute fahren, wenn sie ihre Pflicht tun sollen.
Blücher sagte mir nach Tisch, er habe gehört, daß der Kaiser sehr unzufrieden mit Bennigsen [Oberbefehlshaber der russ. Armee] sei, und er sei sehr gepannt. Vielleicht daß der Brief, der die kaiserliche Unzufriedenheit aussprechen sollte, schon geschrieben ist, und daß B[ennigsen] daher so unzufrieden scheint. Wenn nur ein guter General vorhanden wäre, der an seine Stelle treten könnte. Major Eben ist sehr zufrieden, daß Du ihm die Erlaubnis gegeben hast, Blücher zu begleiten. Sein Oberst ist eingetroffen, ein Graf *Frohberg*, ehemals *Montjoie* [Reichsgrafen v. Frohberg-Montjoie] genannt; ich habe ihn als feinen Stutzer in Straßburg kennengelernt (aber ich war, Gott sei Dank, ein Kind), und sah ihn nun wieder als ein Schreckgespenst, o weh! ohne Zähne, häßlich und gealtert. Welch traurigen Schluß muß das Dir aufdrängen für uns selbst. In einigen Jahren wird man bei meinem Anblick auch sagen: Ist das jene Königin von Preußen, die in dem Ruf einer gewissen Schönheit stand? Das ist mein unfehlbares Los; aber wenn ich das Unglück hätte, Deine Freundschaft und Deine Achtung zu verlieren, so wäre das meine eigene Schuld, und erst dann wäre ich wahrlich unglücklich. Gern überlasse ich meinen Kindern die Vorzüge, die ich gehabt habe, als ich sie zur Welt brachte, und die ich verliere, während ich sie glücklich wachsen und gedeihen sehe; das ist kein wirklicher Verlust, denn der Lohn ist zu schön. Und wenn sie gut werden und sagen: Wir haben das von Papa und Mama gelernt, so ist das alles Glück, das wir wünschen können, wenn wir das Glück nur darin sehen, unserer Nachkommenschaft zum Vorbild zu dienen und sie glücklich zu machen, soweit es von uns abhängt. Leb wohl, lieber Freund, habe mich immer lieb und glaube an meine unerschütterliche Liebe.

Luise

Generalmajor Karl *v. Phull* (1757–1826) war im November 1806 in russische Dienste übergetreten. Er galt als Schöpfer des russischen Feldzugsplanes von 1812. – Generalmajor Außenminister Wilhelm *v. Zastrow* (1758–1830) lehnte die ihm vom König angebotene militärische Verwendung ab. Er wurde entlassen und erst 1813 als Chef der Landwehr in Schlesien wieder aktiv.

250. An ihren Vater

Königsberg, den 15. Mai 1807

▷ Bester Vater! Die Abreise des Generals Blücher gibt mir gottlob einmal eine sichere Gelegenheit, offenherzig mit Ihnen zu reden. Gott, wie lange entbehrt' ich dieses Glück und wie viel hab' ich Ihnen zu sagen! Bis zur dritten Woche meines Krankenlagers war jeder Tag mit einem neuen Unglück begleitet, davon Details nicht möglich sind, weil gottlob mein Gedächtnis nicht hinreicht, um sie aufzuzeichnen, und es ein wahres Unglück wäre, wenn diese Erschütterungen anhaltend fortwirken könnten. Die gewonnene Schlacht bei *Pultusk* [26. Dezember 1806] war das erste glückliche *Ereignis* nach 3 Monat schrecklicher Leiden; die viel entscheidendere bei *Preußisch-Eylau* [7./8. Februar 1807] das zweite Glück und die Ankunft unseres wahren Freundes, des Kaisers von Rußland, die dritte glückliche Epoche. Nun hab' ich wieder Mut, mit der Zunahme meiner *physischen* Kräfte nehmen auch meine Seelenkräfte und Hoffnungen zu. Die Schlacht bei Eylau war sehr wichtig in ihren Folgen. Freilich hat man nicht allen Vorteil davon gezogen, den man hätte ziehen können, allein die Franzosen sind auf einer unerhörten Weise geschwächt, sie verloren wenigstens 30000 Mann, und die Unbeweglichkeit, die bei ihnen ist seit drei Monat, ist wohl der sicherste Beweis, daß sie so geschwächt sind, daß sie nicht an neue *Eroberungen* denken können. Einer ihrer Deserteurs, die noch von mehreren begleitet waren, sagte mir, daß die Bataille von Eylau ihnen 40000 Tote und Blessierte gekostet hätten, und daß sie schlechterdings nichts zu leben hätten und mit dem größten Elend aller Art zu kämpfen hätten. So viel ist sicher, daß sie den Russen und Preußen 18000 Tote und Blessierte gekostet hat, und daß Königsberg fürchterlich ist wegen der leidenden Menschen, die überall nicht gehen, sondern kriechen. Doch die gute Jahreszeit, der Patriotismus, der sich mit der erwachenden Natur in jedes Preußen Brust wieder einfindet, die Aktivität, die man bei uns wahrnimmt, die Sendung des vortrefflichen

Blüchers nach Pommern, alle die Reservebataillons, die erst seit Monaten organisiert sind, und jetzt teils vorgehen, teils schon gut gefochten haben, alles dieses belebt mit neuen Hoffnungen. Mehr als alles dies, die herrliche, ja wirklich göttliche Freundschaft des Kaisers und Königs, der feste Gang in der Politik, die Wiedereinsetzung des guten Hardenbergs wird uns Freunde, Vertrauen und hohe Achtung verschaffen.

Ja, bester Vater, ich bin überzeugt, es wird noch alles gut gehen und wir werden uns noch einmal wieder glücklich sehen. Die Belagerung von *Danzig* gehet gut, die Einwohner benehmen sich unbegreiflich, die Soldaten haben unbegreifliche Lasten zu tragen, aber die Einwohner geben ihnen Wein und Fleisch, um sie zu stärken. Sie wollen von keiner Übergabe reden hören, lieber unter Schutt begraben werden, als untreu an ihrem König handeln. Ebenso benimmt sich Graudenz und Kolberg. Gottlob, daß man einmal wieder auf ehrliche, ihrer Pflicht getreue Menschen stößt. Gott! was haben wir für entsetzliche Erfahrungen gemacht, was für Menschen haben wir kennenlernen. Solange wir an den Folgen einer unglücklichen Schlacht litten, so war ich gefaßt, man hat schon mehr ähnliche Fälle gesehen, und mit der Zeit konnte man hoffen, es wieder gut zu machen; als aber die Infamie der Menschen mit ins Spiel kam, da war ich, ich gesteh es, *trostlos*! Denn von nun an hörte alle Berechnung auf. Die festen Plätze gingen durch Feigheit und Verrat über, die uns Schutz und dem Unglück Grenzen setzen sollten. Der Kommandant [Oberst v. Ingersleben] hatte dem König in die Hand versprochen, Küstrin als ehrlicher Mann und Soldat zu defendieren, und 8 Tage darauf war sie durch Verrat dieses Niederträchtigen in die Hände des Feindes. –

Doch genug von den vergangenen Greulen, wenden wir unsern Blick zu Gott, zu ihm, der unsere Schicksale lenkt, der uns nie verläßt, wenn wir ihn nicht verlassen.

Den 17.

Ich wollte viel, recht viel schreiben, bester Vater, allein es ist nicht möglich. Ich bekam gestern die Nachricht, daß Alexandrine [4jähr. Tochter] die Masern bekäme, heute schreibt mir Hufeland, daß die Masern wieder hereingegangen sind und daß das Gift der Krankheit auf die Lunge gefallen ist. Beklemmungen, Seitenstiche, starkes Fieber, ein anhaltender trockener, starker Husten machen Hufeland sehr besorgt.

Ich erhielt den Brief in dem Augenblick, als ich zur Taufe des kleinen Alexanders [Pr. Solms] von Friederike in eine Gesellschaft von 50 Personen hinausgehen sollte. Das Übermaß der Kräfte, die ich anwandte, um *contenance* zu halten, die tiefe Trauer und Angst meines Herzens haben mich so angegriffen, daß ich nicht mehr imstande bin, zu schreiben. G[eneral] Blücher gehet morgen früh mit Tagesanbruch weg, und ich kann nicht mehr heute. — Der König ist mit dem Kaiser bei der Armee, er gehet in ein paar Tagen auf einige Wochen (14 Tage) nach Memel, dann zurück zur Armee, und bleibt bei der Armee solange mit dem K[aiser] Alexander, als dieser bleibt. Diese herrliche Einigkeit, auf unerschütterliche Standhaftigkeit im Unglück gegründet, gibt die schönste Hoffnung zur Ausdauer. Nur durch Beharrlichkeit kann man siegen, davon ist *nun* alles überzeugt ◁. Hardenberg an der Spitze der Geschäfte, Zastrow ist nicht mehr im Amt, seine Eitelkeit war verletzt, weil er der zweite sein sollte. Ich hoffe, daß man ihn entlassen wird, es gibt 10 Gründe für einen, es zu wünschen.

▷ Ich küsse Großmama die Hände, zärtlich küss' ich meine Brüder und Oncle Ernst. Carls [21jähr. Halbbruder] Wünsche hab' ich dem König ans Herz gelegt. Ich war recht glücklich bei und mit Friederike. Wie ich hierher kam, wird sie Ihnen schreiben. Ich kann nicht mehr, George und Carl müssen mir es nicht übelnehmen, daß ich nicht schreibe, aber die Ursache, die Ursache – Wie tief hat mich Ihr Andenken an den 10. März gerührt! ich küsse Ihnen die Hände für Ihre Gnade, und ich küsse Großmama und die Brüder für ihre Güte.

Meine Augen, mein Kopf reichen nicht mehr zu. Auf ewig Ihr treues Kind und ich darf sagen Ihre Freundin

Luise

Gottes Segen über den besten Vater ◁!

251. AN FRIEDRICH WILHELM III. Königsberg, den 17. Mai 1807

Soeben habe ich, in diesem Augenblick, die unglückliche Nachricht von Alexandrines Erkrankung erhalten. Die Masern waren ausgebrochen, aber unglücklicherweise sind sie zurückgekehrt, und das Kind ist dadurch in unmittelbarer Lebensgefahr. Ich wollte heute abend abreisen, aber, nachdem ich überlegt habe, werde ich Deine Antwort abwarten. Meine Wünsche ziehen mich nach Memel, aber wenn Du selbst vielleicht in einigen Tagen kommst, werde ich Dich erwarten. Das täte ich aber nicht, falls ich trostlose Nachrichten erhielte; dann würde ich nicht Deine Anweisungen abwarten, und ich werde übermorgen abreisen, falls die Nachrichten fürchterlich wären. Du kannst sicher sein, daß, wenn sie so wie noch immer sind, ich Deine Antwort abwarten werde, und ich glaube sogar, daß ich Deine Antwort auf jeden Fall abwarten werde. Gott möge uns unser Kind erhalten. Ich bin mehr tot als lebendig. Stell' Dir vor: ich erhielt diese Nachricht in dem Augenblick, in dem ich mich zu der Taufe [von Pr. Alexander Solms] begeben sollte. So bin ich am Ende meiner Kräfte.

Auf immer Deine Luise

Meine Empfehlungen an den Kaiser.

252. An Friedrich Wilhelm III. Königsberg, den 18. Mai 1807

Mein lieber Freund! In dieser Minute, um 9 Uhr, erhalte ich soeben je einen Brief von Hufeland und der Voß aus Memel. Hier sind sie. Gott sei Dank, es geht nicht schlechter, und ich hoffe zu Gott. Ich bleibe, um zu sehen, was Du mir bezüglich meiner Abreise schreibst. Ich bin sehr unruhig. All meine religiösen Betrachtungen mußten mich auf einen Augenblick des Schmerzes gefaßt machen, die Vorsehung selbst hat mein Herz auf diesen Augenblick vorbereitet. Heute, den 18. Mai. Großer Gott! Du erinnerst Dich an unsere Fahrt von Potsdam zum lieben Charlottenburg, mit einer Börse, gefüllt mit etwa 50 Talern für die armen ▷Beurlaubten◁, die jetzt vielleicht tot sind. – Ich erhalte Deinen Brief Nr. 18. Ich danke Dir dafür. Gott möge die russischen Waffen segnen, mögen die schlechten Absichten des Generals Bennigsen niemals Erfolg haben!

Luise

253. An den Freiherrn v. Hardenberg Königsberg, den 19. Mai 1807

Sie sollen überzeugt sein, mein lieber Baron, wie glücklich und ruhig ich bin, Sie an der Spitze der Geschäfte zu wissen. Der König konnte gewiß nie eine bessere Wahl treffen, und ich betrachte Ihre Rückkehr ins Ministerium als eine neue Epoche für die Monarchie.

Das Vertrauen bei den fremden Kabinetten, das wir verloren hatten, wird *eine* der glücklichsten Folgen sein, die aus diesem glücklichen Wechsel entsteht, und ich preise Gott jeden Tag, die Dinge dahingeführt zu haben, wo sie jetzt stehen.

Am *15. Mai 1807* hatte der russische General Kamenskoi bei Neufahrwasser (Fort bei Danzig) einen Angriff gegen französische Truppen unternommen. Eine Abteilung des Oberst Friedrich Wilhelm *v. Bülow* (1755–1816) unterstützte ihn, wurde selbst angegriffen und mußte sich geschlagen zurückziehen. Der Angriff Kamenskois wurde ergebnislos abgebrochen.

254. An Friedrich Wilhelm III. Königsberg, den 19. Mai 1807

Ich habe heute keinen Brief über Danzig erhalten, das scheint mir ein gutes Zeichen; doch habe ich den Brief bekommen, in dem Du von allen den Unannehmlichkeiten sprichst, die Du an einem einzigen Tage erfahren hast. Die Niederlage Bülows, das verfehlte Unternehmen auf Danzig, all das läßt mich klar erkennen, daß wir auf diesen Platz nicht mehr rechnen dürfen. Durch den unwürdigen Starrsinn dieses elenden Bennigsen [Oberbefehlshaber der russ.-pr. Armeen], der sich um die gute Sache zu kümmern scheint wie die Sohle um die Stiefel, geht also dieser Platz verloren; das ist nicht nur von der größten Bedeutung für uns, sondern auch ein neuer Triumph für Napoleon, der sicher die Stimmung in Frankreich und auch bei seinen Truppen mit ihm aussöhnen wird. Wäre es nicht möglich, daß *Du* oder Hardenberg mit dem Kaiser sprichst und ihn dazu bringst, daß er B[ennigsen] befiehlt, etwas Entscheidendes zu unternehmen? Der ewige Mangel an Lebensmitteln, den man ständig vorschützt, ist meiner Ansicht nach der größte Beweis für Bennigsens Dummheit oder bösen Willen. Denn es ist wohl Sache eines kommandierenden Generals, dafür zu sorgen, besonders wenn ihm gesagt wird, wie Abhilfe geschaffen werden kann und ihm Vorschläge dazu gemacht werden (wie Auerswald [Kammerpräsident in Königsberg] es getan hat) – und nicht ein Schritt wird getan, um abzuhelfen. Ein Wechsel ist also notwendig, und je eher er stattfindet, desto besser wird es gehen. [General v.] Rüchel drängt mich, ich kann nichts mehr hinzufügen. Ich habe [Major v.] Rauchs Bericht gelesen, er ist haarsträubend. Kalckreuth [Oberbefehlshaber in der Festung Danzig] ist, glaube ich, von Sinnen, daß er die Truppen nicht unterstützt.

Alle diese Leute sterben hin um nichts, man möchte selbst sterben, und nun auch Both [Sekondeleutnant, gefallen 15. Mai 1807]. Lebe wohl, ganz die Deine

Luise

255. An Friedrich Wilhelm III. Königsberg, den 20. Mai 1807

Ich bleibe hier, denn die gestrigen Nachrichten sind Gott sei Dank noch beruhigend. Ich werde also in aller Geduld auf Dich warten, und ich möchte mit Dir nach Pillau fahren können; seitdem ich hier bin, betreibe ich diese Fahrt, und ich möchte dabei sein, wenn es möglich ist, und wenn Du es nicht unpassend findest, daß eine *Frau* in einem so ernsten Moment zu ihrem *Vergnügen* die Nase in eine *Festung* steckt. Aber bei etwas Überlegung glaube ich, es ist besser, wenn ich verzichte. Du bist also offenbar augenblicklich in Heiligenbeil, inmitten der Deinen, unter Truppen, die ihren Mut bewiesen haben und von schönstem Eifer beseelt sind. Der ausgezeichnete l'Estocq [pr. Generalleutnant] wird aus Deinem Munde die Versicherung Deiner Zufriedenheit und Deiner Hochschätzung hören; das wird ihm der schönste Lohn und Dir eine wahrhafte Befriedigung sein; denn nichts ist angenehmer als einem Menschen zu sagen und zu beweisen, wie sehr wir seine hervorragenden Eigenschaften schätzen und anerkennen. Ich erkläre Dir, lieber Freund, ich setze den Fuß nicht nach Memel ohne Dich. Was soll ich allein an diesem Herd der Unzufriedenheit, in diesem kleinen Moskau? Vor allem gehe ich nicht hin, solange Zastrow [ehem. Außenminister] dort ist. Aber warum in Gottes Namen ist er noch dort; warum hast Du ihn nicht bestraft, wie er es verdient, aber zu gleicher Zeit ▷ *unschädlich gemacht* ◁. Ein solches Benehmen ist noch nie vorgekommen, und es verdient gewiß recht scharfe Zurechtweisung. Das möge ebenfalls Dein gnädiger Wille sein! Übrigens finde ich es sehr passend, daß Du dem Kaiser in Tilsit Deine Aufwartung machst, und ich bin sicher, er wird sehr empfänglich dafür sein. General Bennigsen wünsche ich überallhin, wo es ihm gefällt; nur fort von der Armee. Untätigkeit, Gleichgültigkeit gegen die gute Sache, Starrsinn, Haß gegen Preußen, das sind die Triebkräfte seiner Seele; das liegt nur zu klar am Tage und läßt uns Danzig verlieren. Ich gestehe es, ich bin in einem unbeschreiblichen Zustand. Die Dummheit und

Böswilligkeit der Menschen ist unerträglich. Ich hoffe, der Kaiser wird ihn fortjagen und selbst den Oberbefehl übernehmen. Der *Empfang* der Generalin Bennigsen war von den Armeekommissären, den Juden, vorbereitet; er kostet über 30000 Taler. Großartige Silberschalen, ein Tafelgeschirr, Leuchter, prächtige Möbel und das schönste Leinenzeug aller Art sind für die besagte Dame gekauft und verfertigt worden; kurz, ich könnte mich allen Heiligen ergeben, wenn ich das sehe. ▷ Ich bin wütend ◁. Da schönes Wetter ist, will ich nun ausgehen. Leb wohl, lieber Freund. Ich lasse im Schlosse heizen; denn die alten Schlösser brauchen wie die alten Leute mehr Wärme als andere, damit sie einen gewissen Grad Wärme erreichen. Ganz die Deine. Luise.
Friederike ist Dir zu Füßen. Prinz Solms ist im siebenten Himmel. Ich küsse Dir dafür die Hand.

Luises Schwager, Prinz Friedrich von Solms-Braunfels, wurde zum Oberstleutnant ernannt.

256. An Friedrich Wilhelm III. Königsberg, den 22. Mai 1807

Du wünschtest, mein teurer Freund, meine Meinung über Zastrows Verhalten und besonders über seinen Brief zu erfahren. Ich wiederhole noch einmal, dieser ganze Brief ist ein Werk der Heuchelei, und der Mann, arglistig wie er ist, will einen Engel vortäuschen. Er will seinen Wahnwitz durch geschmeidige Ausreden vor Deinem Blick verbergen. Er glaubt dadurch Deinen gerechten Groll zu lähmen und seine Bestrafung zu vermeiden. Aber ich hoffe, daß er sich getäuscht haben wird und daß Du Dich nicht wie ein Kind durch schöne Worte beruhigen läßt. Ist der Diebstahl von Depeschen nicht genug, um ihn zu bestrafen? Hat ein Mann, der so seinen König täuscht, es nicht verdient, daß er im gleichen Augenblick entlassen wird? Ein Mann, der sich weigert, die Truppen seines Königs anzuführen, die einzige Hoffnung und Zuflucht des Herrschers, ein Mann, der eine solche Ehre zurückweist, verdient keine Züchtigung? Tausend Gründe für einen, ich weise auf meine deutschen Ausführungen hin. Ich freue mich sehr, Dich wiederzusehen …
Lebe wohl. Gott möge Dir die notwendige Kraft geben, um Dich mit Festigkeit gegen die ganze schändliche Sippschaft in Memel zu behaupten. Alles, was Du für Deine Armee und den tapferen [General]

l'Estocq tatest, hat mich zu Tränen gerührt und mir wahrhafte Freude bereitet, das warst Du, ich habe Dich wohl wiedererkannt. Es ist süß, zu belohnen, aber um es tun zu können, muß man auch strafen können, und das empfehle ich Dir auch. Ganz die Deine

Luise

[Beilage zum Brief Luises vom 22. Mai., deutsch]

▷ Hier sind meine Gedanken über Zastrows Brief. Als ein kluger Mann und als ein Mann, der *Dich* durch und durch kennt, ist der Brief in seiner Art ein Meisterstück. Er kennt erstlich Deine Herzens*güte*, zweitens besonders Deine Abneigung, Dich in Kollisionen zu finden, die Dir peinlich sein könnten und wo nur ein »Ich will« der Sache ein Ende machen könnte. Diese zwei Punkte hat er nur besonders berührt. Sein gebeugtes, bis im Tode betrübtes Herz hat Dich sollen erweichen, und die Ursache, warum er seinen ersten Posten verließ, nur als eine Complaisance für Dich erscheinen. Wir müssen aber nie seine erste Äußerung, die er gegen den General Köckritz tat, vergessen. Die ersten Bewegungen des Gemüts sind mir immer die wichtigeren, weil da der Mensch erscheint, wie er ist, ohne Vorbereitung und Verstellung. »*Ich will nicht der Sekretär des Ministers Hardenberg sein*«, war seine erste Antwort, und dieses das Mobil seiner Handlungen im ganzen. – Der ganze Brief an Dich ist eine *Heuchelei* und weiter nichts, denn nicht ein Wort ist so, wie er es sagte. Er ist es, der sich Parteien zu machen sucht in Memel, der laut räsoniert, der Voß und Schrötter aufhetzt, der wahrlich eine Sprache führt, die infam ist. Sein Refus, zur Armee zu gehen, ist unter aller Kritik, und ich glaube, Du kannst es nicht unbestraft lassen, ohne Deine Autorität, ohne das bißchen guten Geist, der noch in unseren Truppen ist, zu ersticken. Gibt es jetzt Seitenkorps, gibt es Grenzen für den rechtlichen Mann, für den wahren Patrioten? Wer kann besser wissen als er, daß Du nur wenige Truppen hast; wer muß mehr durchdrungen sein als er, daß man Dir nicht besser dienen kann, als wenn diese Truppen gut angeführt werden? Mein Gott, was läßt sich nicht alles darüber sagen. Er ist ein beleidigter, stolzer, eigensinniger Mann, der Dir jetzt soviel schadet, als er kann. Willst Du also nach meinem Rat handeln, so gebe ihm den Abschied und exiliere ihn aus Deiner Nähe. Er hat Passeports verlangt nach Posen und Berlin, um Gottes Willen nicht. Er ist wütend und nicht gut; Gründe genug (ohne den sehr wichtigen Grund, ihn strafen zu wollen und müssen), ihn wenigstens unschädlich zu machen. Ich glaube also, Du schickst ihn zurück weit von den Armeen ins *Russische*, und zwar so, daß seine Korrespondenz verfolgt werden kann. Ein Mann, der fähig ist, Depeschen zu *unterschleifen*, alle Mittel, die zu dem *großen Zweck* gehen sollten, mit Fleiß versäumt hat, um Dich zum *Separatfrieden* zu zwingen, dieses alles *unter Deinen Augen* gewagt hat, was wird der erst tun, wenn er *mitten unter* solchen *Menschen* ist, die ihn offenbar dazu vermocht haben, den Eigennutz nicht zu vergessen wegen die Güter. Die Stimme des Publikums ist *gegen ihn*; schon war sie ihm wegen der Armistice nicht gewogen; aber nun, da er das Kommando abgelehnt hat, hat er den *Haß* der Nation, aller Rechtlichen gegen sich, indem er sich mit Schande bedeckt hat. Strafst Du ihn nicht, wie er es verdient, und wie es Deine Ehre, die Ehre des *Dienstes* und Deine *Autorität verlangt*, so hast Du *eine nie abzusehende Kabale* gegen der guten Sache und gegen *Hardenberg*, den Du doch jetzt allein mit Kraft unterstützen mußt, wenn Du willst, daß er etwas Gutes stiften soll, und überhaupt wenn das Ansehen, welches Dein Zutrauen ihm gegeben hat, von *anderen geschätzt* werden soll. Wenn Du Zastrow in eine Stadt weit nach hinten hinschickst, so muß es, deucht mich, mit der Weisung sein, darin zu bleiben und [sie] nicht eher verlassen zu wollen, als bis Du es ihm erlaubst. Das ist nach meinem Bedünken das einzige Mittel, ihn unschädlich zu machen und ihn zugleich zu strafen. Du wirst in Memel schon hören, was er getan hat, was er schreit, tobt, wütet. Er führt sich infam auf, und Du kannst glauben, daß er so ein Heuchler ist, wie man es nur sein kann. Ich bitte Dich, sei fest, standhaft, ganz Mann in der Sache. Er hat etwas mehr Manier in seinen Dehors gegen Dich, in seiner Handlungsweise gelegt als *Stein*, aber sonst ist er ebenso strafbar. Das Andenken an Stein allein hat ihn vermocht, den Brief zu schreiben, weil er hofft ◁, wenn er etwas Feinheit daran wendet, wird sich alles ordnen. Stein hatte es nicht getan, und er ist bestraft worden. Du kennst die Sache besser als ich, also wirst Du sie noch feiner beurteilen.

General *v. Zastrow* erhielt den Abschied. Es wurde ihm verboten, sich mit dem König am gleichen Ort oder in den vom Feinde besetzten Gebieten aufzuhalten. – Minister Freiherr vom Stein war seinerzeit *(4. Januar 1804)* entlassen worden, weil er die vom König angeordnete Geschäftsverteilung als seinen Forderungen widersprechend nicht anerkannt hatte.

257. An die Oberhofmeisterin Gräfin v. Voss — Königsberg, den 26. Mai 1807

Meine liebe Freundin. Wie soll ich Ihnen genug danken für die andauernde Güte, mit der Sie mir so pünktlich Nachrichten über meine liebe Alexandrine [4jähr. Tochter] geben? Gott sei Dank, daß sie alle Tage besser werden. Ich umarme Sie für Ihre Güte in Gedanken Tausend Mal. Montag oder Dienstag werde ich bei Ihnen sein. Der König ist hier vorgestern morgen eingetroffen; gestern mittag fuhr er weiter nach Pillau; dort bleibt er heute, kommt morgen zurück und bleibt bis Sonnabend in Königsberg. Er wird nach Tilsit gehen, und ich werde die Reise nach Memel machen.

Wilson [engl. Oberstleutnant] ist hier; ist in ganz rosiger Stimmung, spricht viel von Ihrer Güte und Ihren liebenswürdigen Eigenschaften, und scheint Ihnen wirklich recht zugetan. Wir haben zweimal in einem sehr hübschen Garten Tee getrunken, und der Abend wurde mit einer Wasserfahrt beschlossen. Gestern waren die drei großen Männer Rußlands, Nowossilzow, Strogonow und Czartoryski bei uns, ebenso der herrliche Hardenberg und Graf Dohna [-Schlobitten, Friedrich Graf zu] und seine Frau. Der Tag wurde abgeschlossen durch ein schnell bereitetes Abendessen im Salon des genannten Gartens. Wir waren sehr heiter, ▷und es war alles sehr anständig◁. Die Engländer waren auch dort und noch eine Menge sehr liebenswerter Russen. Heute wollen wir mit den Leuten von gestern zu Wasser auf englischen Barken nach Holstein [Ausflugsort bei Königsberg] fahren und dort Tee trinken. Friederike umarmt Sie, und ich von ganzem Herzen meine lieben Kinder.

Adieu, liebe Voto, fürs Leben Ihre Freundin

Luise

die drei großen Männer Rußlands, Mitglieder des sogenannten Geheimen Komitees Zar Alexanders: Fürst Nikolaus Nikolajewitsch *Nowosiltzow,* Kammerherr und Staatsrat. Graf Paul Alexandrowitsch *Stroganow* (1774–1817), Kammerherr. Fürst Adam Georg *Czartoryski* (1770–1861), zurzeit (1804–1807) russischer Außenminister.

Die *Festung Danzig* – unter dem Oberbefehl des Generals Graf Kalckreuth (1737–1818) – hatte sich am *26. Mai 1807*, einschließlich der Forts Weichselmünde und Neufahrwasser, ergeben müssen.

258. An ihren Bruder Georg

Königsberg, den 28. Mai 1807

▷ Bester George!

Es läßt sich wahrhaftig nicht beschreiben, was ich bei dem Durchlesen Deiner Briefe empfand. Tausend Tränen flossen Deiner zärtlichen Anhänglichkeit, Deiner Treue gegen mich und uns, und den tausend Beweisen der Liebe, die man für mich hat. Mein Herz rief unaufhörlich bei jeder Stelle der Art: »*o, wie süß, so geliebt zu werden*«, wie die unglückliche Marie fühlt' ich: »*ich werde viel geliebt*«. Gott sei ewig gelobt, daß es noch nicht so weit gekommen ist mit mir, mit ihr zu sagen »*ich wurde viel geliebt*«. Es wäre entsetzlich, wenn es so weit käme, wenn alle diese guten Menschen, die die heiligsten Gefühle in ihrer Brust bewahren, sie nur deshalb bewahrten, um sie an eine Creatur Bonapartes zu verschwenden. Auch wenn ich der tiefsten Tiefe meiner Seele und meines Herzens Gehör geben soll, so hab ich die innigste Überzeugung, daß es gewiß nie so weit kommen wird, sondern es endet glücklich; allein, bester George, es gibt einzelne Momente, Ereignisse, Fälle, wo der Mut sinkt und Trauer die Seele bemeistert, und so ist der jetzige. Danzig! Danzig! ist *dahin, seit* gestern in *französischen* Händen! in diesen verhaßten, über alles gräßlichen Händen. Meine schöne Hoffnung, vor 14 Tagen dem besten Vater so fröhlich mitgeteilt, dahin, auf das schrecklichste dahin! Nein es ist entsetzlich! Der Platz war zu retten, wenn Bennigsen nur eine kleine Diversion machte, um die Aufmerksamkeit der Belagerer zu teilen. Ein Sieg wäre ihm gewiß gewesen, da die Hauptarmee des Napoleons außerordentlich geschwächt war, und also der Feind leichter als je zu schlagen gewesen wäre. Bennigsen hatte 67000 Mann wirklich zusammengezogen den 14. Mai, hat 2 Tage biwakiert, Kaiser und König dabei, in der Erwartung der Dinge, die da kommen sollten, und wie sie nun glaubten, es ginge los, so wurde *Marsch*, zwar Marsch kommandiert, aber nicht zum attackieren, sondern zum retirieren, d.h. von Heilsberg, wo diese Armee hingeeilt war, nach Bartenstein *zurück*, wo das russische Hauptquartier ist. Alle Menschen, wie Du denken kannst, waren über solche équipée außer sich, von den *Gekrönten* bis zum Fuhrknecht herab. Die Apathie, wie ich es *noch* nennen will, des Bennigsen läßt sich nicht beschreiben, und alle meine Hoffnungen auf ein recht *glorreiches Ende* müssen schwinden, wenn nicht hier große Veränderungen vorgenommen werden, oder wenn nicht das *Glück* unbegreifliche Dinge hervorbringt, *Resultate* herzaubert, welche stärker, mächtiger wirken, als die Dummen begreifen und vollbringen können. Bennigsen *spricht wieder* von einer entscheidenden Affäre, die er zwischen heute und übermorgen liefern will, ich glaube aber nicht mehr daran, glaube aber stark, daß übler Wille die Oberhand bei ihm hat. Er hat zwei Schlachten gewonnen, die bewirkten ihm alle Orden des Russischen Reichs und außer seiner unerhörten Gouverneur-Pension noch eine neue von 12 Tausend Rubel. Das ist genug für den Menschen, der so heißt, weil er auf zwei Beinen geht, deshalb aber noch kein Mensch ist; denn derjenige, der nicht von dem großen Gedanken durchdrungen ist *»Ich fürchte für die Menschheit überhaupt, für die Freiheit der Welt (wo Preußen nur ein Teil davon ist), für das Glück, die Unabhängigkeit der künftigen Generationen«*, wer nicht von dieser Wahrheit zu dem edelsten Enthusiasmus hingerissen wird, richtet nichts aus. – O, edler Enthusiasmus, wo bist du geblieben, wo sind die Feldherrn hin, die sich im Siebenjährigen Krieg unsterblich machten? – Ich bin außer mir, ich gesteh' es, und vielleicht seh' ich zu schwarz. Gott wolle es. Aber denke, fühle, begreife. Danzig hat entsetzlich Menschen gekostet! Danzigs Bürger haben sich als brave Patrioten, als edle Menschen bewiesen, die Truppen Wunder von Tapferkeit und Ausdauer aller Art bewiesen. 51 Tage und Nächte unterm Gewehr, ehrenvolle Ausfälle außerdem getan und alle diese Anstrengung um nichts, belohnt durch Kapitulation? Doch gerecht muß ich sein, auch mitten in meinem Schmerz, die Kapitulation ist die ehrenvollste, die man sich denken kann, mit *Sing* und *Sang*, mit *armes* und *bagages* freier Abzug! [General Graf] Kalckreuth hat alle Ehre davon. Er hatte kein Pulver mehr, und da hört alles auf. Und nur so konnt' sich dies fürchterliche Trauerspiel enden.

Nun zurück zu einem etwas heitereren Gegenstand. Deine Ahndung, daß Friederike körperlich vereint mit mir sein würde, wenn ich deinen Brief erhalten könnte, ist richtig eingetroffen. Von dem 12. April bis jetzt sind wir vereint, durch den glücklichsten Zufall der Welt. Der

Russische Kaiser kam den 2. nach Memel, wünschte dem König und mir die Garde zu präsentieren, wir gingen den 4. nach Kydullen ab, kamen den 5. an, bewunderten den 6. und 7. die Garden, den 8. und 9. ruhte ich mich aus, den 10. reiste ich mit Wind, Wetter und Schmutz herum, den 12. hier an, wohnte bei Friederike, schlief mit ihr in einem Zimmer, war alle Momente mit und bei ihr, lebte wirklich so glücklich und froh, wie man es im jetzigen Augenblick sein kann, mit und durch ihr. Oft sagt' ich ihr zwar »ach! Gott, Friederike, ich sehe diese glückliche Zeit *nicht* als *Belohnung vergangener unglücklicher* Zeiten an, sondern als *Quelle* der *Stärkung* zu neuen *Unglücksfällen*.« Und wie wahr hab' ich gesagt. Der Anfang ist nun wieder gemacht, und nun folgt gewiß noch vieles. Glaube [aber] deshalb nicht, daß mein Geist auf der Erde liegt, so gebeugt, daß ich den Kopf nicht mehr heben kann. Bewahre Gott Mut. Der Mut verläßt mich nicht. Daß aber eine Seele mit Gemüt, wie die meine, alles tief und lebhaft empfindet, ist natürlich. [folgt eine Zeile in winziger, fast unlesbarer Schrift].
Heute morgen las ich Deinen Brief mit F[riederike] unter Gottes freiem Himmel. Der König war in Pillau, um die *Retranchements* auf der Nehrung zu sehen und die da liegenden schwedischen und englischen Kriegsschiffe, die Blücher und sein Korps mitgenommen haben und noch mitnehmen. Ich war ihm mit F[riederike] eine Meile weit entgegengefahren nach *Holstein*, ein göttliches Landhaus, was an dem Pregel liegt und eine herrliche Aussicht hat. Dorten setzten wir uns in eine Laube und lasen Deinen Brief, mit welchen Empfindungen läßt sich nicht beschreiben. Alle die so interessanten Beilagen verfehlten ihren Zweck nicht. Der Bethmann [-Unzelmann, Berliner Schauspielerin] ihr Brief und deliziöses Schnupftuch, Ifflands [Berliner Theaterdirektor] Äußerungen, alles dieses – die Verse nicht vergessend, hat mir unaussprechlich viel Genuß verschafft. Gott, wann wird die Zeit wiederkommen, daß ich diesen guten Menschen mündlich und glücklich, frei und in allen Ehren dafür danken kann. Das sind Fragen, wo allein nur Gott Antwort geben kann, und was der in seinem Ratschluß beschlossen hat, ist ja allen ein Geheimnis. Die Stelle in meinem Brief vom März, wo Du Dich so sehr darüber freust, daß trotz des Klimas es doch noch in meinem Herzen grünte, kann ich leider nicht erneuern. Im Gegenteil, all die herrlichen Aussichten, die wir hatten, und die kein Hirngespinst waren, sind sehr vermindert, wo nicht verschwunden.

Der Grund, die Basis, worauf wir hofften, existiert freilich noch, und ist nicht gering; es ist nämlich die ganz vortreffliche russische Armee, die einzige ihrer Art, wo Nationalgeist verbunden mit einer Tapferkeit, die keiner andern eigen ist, alles vermag und gewiß alles ausrichten wird, was sie unternimmt. Aber geführt will sie sein, angeleitet und richtig gebraucht, wo dieser Führer aber zu finden ist, ist uns allen unbekannt. Der Sieger von Pultusk und Preußisch-Eylau ist ein Esel. Gott weiß noch was alles außerdem, aber die Ruhe, die seit dem 8. Februar herrscht, ist doch merkwürdig, das Hinsinken Danzigs, wo auch nicht ein Flintenschuß geschah, das Abwarten der heimkehrenden Korps von *Ney, Soult, Lefebvre* [franz. Marschälle] und Gott weiß noch alles was, welches die Armee des Napoleon, wie Kalckreuth [pr. Generalfeldmarschall] behauptet, um 40000 Mann stärker macht, dieses Abwarten, um etwas zu unternehmen, ist doch arg. Denn denke Dir, daß seit drei Tagen die Rede ist, daß B[ennigsen] etwas unternehmen will, und daß gerade heute alle die französischen Truppen wieder gegen ihn heran sind. Ich bin zwar überzeugt, daß nicht das Allergeringste vorgenommen wird, denn an diesem Lirumlarum hat er uns nun schon seit viertehalb Monat gegängelt. Was aus uns werden wird, weiß Gott. Doch gebe ich Dir die Überzeugung, daß gewiß nichts gegen die Ehre Preußens getan wird. Ein Separatfrieden ist ein Ding, was wir gar nicht kennen. Mit dem Kaiser [Zar Alexander I.] ist so einer intimidiert, in den Kabinetten auch; wir haben uns so mit Leib und Seel' an den guten Engel verschrieben (nicht an den Doktor Faust, wie Z[astrow] wollte), daß nichts in der Welt geschehen kann, als mit und durch ihn. Diese Beruhigung gibt mir denn Kraft, wenn alles in schweren Gewitterwolken neben mir und um mich ist, und der Gedanke, der Franz den Ersten so stark belebte, als er auch im größten Unglück war: *Tout est perdu, hormis l'honneur*, soll mich stark machen bis in den Tod ◁. Aber ich bin weit entfernt von der Meinung des Herrn Panclos [aus Voltaires ›Candide‹]; auch muß man sagen, als der gute Philosoph seine Philosophie niederschrieb, war der Teufel noch nicht in Menschengestalt erschienen. Dadurch ändert sich vieles, und er würde nicht mehr sagen, die Welt sei die beste der Welten. Das Klima Preußens ist übrigens abscheulicher als sich ausdrücken läßt. Noch blüht kein Flieder; Friederike geht mit mir in wattierten Mänteln spazieren, und 2 schöne Tage haben wir 10 und 15 Grad Kälte mit Nordwind.

▷Dieses alles wäre nichts, wollte Gott nur Verstand, guten Willen, Einsicht, Ausdauer, Erleuchtung geben. Österreich hat der Schlag gerührt, denn es ist in einer anhaltenden Stagnation. England zählet noch immer, darüber gehen die, die nichts mehr zu *zählen haben*, zugrunde. Schweden will tätig sein, die Zeit wird lehren, ob das Zusammentreffen der Umstände alles sekondieren wird. Betet für uns, das ist alles, was ich sagen kann. Der guten Berg tausend Schönes. Gott, wie werde ich mich freuen, wenn ich sie sehen werde. Der König wird, wenn er einige dringende Geschäfte in Memel abgetan hat, nach Tilsit zum Kaiser gehen, ich bin dann frei und kann viel mit dem Barg [Frau v. Berg] sein, schreib' ihm das, daß er bald komme, denn der Aufenthalt ist wohl sehr prekär und wird von dem Glück oder Unglück seiner Waffen abhängen. In zwei Tagen gehet ein Schiff ja wohl, doch für Dich, für meine Wünsche gehet keins, das Schicksal mit der eisernen Hand hält alle, beinahe, die ich liebe. Carl ist notiert und schon gar vorgeschlagen, doch Gott weiß, wie der Teufel es halten wird, da bei ihm kein Gesetz heilig ist, noch gilt. Sonsten wird Major gegen Major gewechselt, allein da er Prinz und der geliebten K[önigin] von Pr[eußen] Bruder ist, ist's die Frage...
Wir sind alle recht betrübt über den Tod des Kronprinzen von Holland; ich will eine neue Farbe erfinden, um den holden Zweig der Hoffnung aller Käse zu betrauern. – Manchmal lach' ich noch, es wird mir aber hart eingesalzen. Adieu für heute. Den 30.

Luise◁

Zu Beginn ihres Briefes zitierte Luise aus Schillers »Maria Stuart«. Am Ende macht sie eine sarkastische Bemerkung über den Tod *(5. Mai 1807)* des vierjährigen *Kronprinzen Napoleon Charles von Holland*, Sohn von König Louis Bonaparte und Hortense de Beauharnais. Er starb an Diphterie. Prinz Napoleon Charles war der ältere Bruder des späteren Kaisers Napoleon III.

259. An Alexander I. — Königsberg, den 2. Juni 1807

Seit meinem letzten Brief haben die Dinge ihr Gesicht sehr verändert, und der Verlust von *Danzig* hat alle in sehr lebhaften Kummer gestürzt. Ich kann Ihnen nicht verhehlen, es zerreißt mir das Herz, wenn ich sehe, mit wie wenig Eifer man Ihre wohltätigen Gedanken zu erfüllen sucht, und wie General Bennigsen alles tut, um die ganze Welt glauben zu machen, *wir* hielten unser Wort nicht und seien die Ursache seiner unbegreiflichen Untätigkeit. Verzeihen Sie, lieber Vetter, wenn ich Ihnen zu sagen wage, daß ich an seinen guten Absichten zu zweifeln beginne, denn alle acht Tage beruft er sich auf einen neuen Grund, um seine Untätigkeit zu entschuldigen. Solange Sie im Hauptquartier waren, sagte er, Ihre Gegenwart lähme seine Operationen. Jetzt, wo Sie der guten Sache das Opfer gebracht haben, sich von der Armee zurückzuziehen – ein Opfer, das niemand so wie ich in seiner ganzen Größe anerkennt – sind *wir* der Sündenbock für seine schlechte Laune. Ihre ruhmbedeckte Armee würde überall *neue Lorbeeren* pflücken, wenn sie gut *geführt* würde. Ich bin sehr kühn, daß ich in solcher Weise zu Ihnen spreche; aber wer Sie kennt wie ich, wer Ihre erhabenen Absichten kennt und sieht, daß all das durch die Schuld eines einzigen Mannes unausgeführt bleibt, der widersteht nicht dem Bedürfnis, Ihnen sein Herz auszuschütten. Ich rufe nochmals all Ihre Nachsicht an, daß ich in dieser Weise geredet habe, aber seien Sie überzeugt, zu dem Wagnis, Ihnen meine Beunruhigung auszusprechen, bringen mich viel weniger *persönliche Gesichtspunkte*, als die Furcht, daß die *gute Sache* – die Sache der Humanität, die Sie mit jener nur Ihnen eigenen Vornehmheit der Seele schätzen –, in den Händen von Menschen wäre, die nicht vom heiligen Enthusiasmus für eben die Sache durchdrungen sind. Nochmals, verzeihen Sie mir, lieber Vetter, aber Sie haben mir erlaubt, mit freundschaftlichem Vertrauen zu Ihnen zu reden; Sie sehen, daß dies Vertrauen schrankenlos ist. Bewahren Sie mir Ihre Freundschaft und glauben Sie, daß ich immer von ganzem Herzen die Ihre bin.

Luise

Dieser Brief an den Zaren wurde in Absprache mit Minister Hardenberg geschrieben.

260. An die Oberhofmeisterin Gräfin v. Voss

Königsberg, den 8. Juni 1807

Liebe Voto. Ich fahre Mittwoch ab; Mittwoch abend werde ich eintreffen, dann umarme ich meine teuren Kinder und die liebe Voto von ganzem Herzen. Ich verlasse Friederike mit schwer zu beschreibender

Herzensbeklemmung. Zudem ist meine Gesundheit seit 5 Wochen etwas gestört. Wolle Gott, daß es ein Rest Schwäche von meiner Krankheit ist, aber Übelkeit läßt mich das Gegenteil befürchten. Ich bitte Sie, nicht darüber zu sprechen. Adieu, Ihre sehr aufrichtige Freundin

Luise

Bennigsen [Oberbefehlshaber der russ. Armee] hat zwei Erfolge bei Gutstadt gehabt, am 6. hat er die Stadt Gutstadt eingenommen; vorgestern hat er zwei Meilen von dieser Stadt zum zweitenmal den Marschall Ney [Marschall von Frankreich] geschlagen und zweitausend Gefangene gemacht, einen General 5▷ Stabsoffiziere ◁ und 30 Subalterne. Der Verlust ist nicht gewaltig gewesen, doch werden nur Hospitale für die Russen eingerichtet, schon ist Platz für zweitausend Verwundete. l'Estocq [pr. General] hat gegen sich eine Streitmacht, die zweimal die seinige übertrifft; um ihn und um Königsberg besteht lebhafte Beunruhigung. Sprechen Sie darüber bitte nur mit den Prinzessinnen, denen ich es mitgeteilt habe. Unser Schicksal muß sich also in diesen Tagen entscheiden; ich bin sehr unruhig und hoffe nicht viel.

In einem Brief an Luise vom *12. Juni 1807* hatte sich der König über die unklare und unbefriedigende militärische Lage ausgelassen und die Bündnistreue des Großfürsten Konstantin bezweifelt.

261. An Friedrich Wilhelm III. Memel, den 12. Juni 1807

Ich erhielt Deinen lieben Brief gestern Nachmittag. Sein Schluß mißfiel mir derartig, daß ich es gar nicht sagen kann, und die Einlage von [Hauptmann v.] Both ebenso. Großer Gott, was sind das für Menschen! Es ist wirklich ein Elend.

Meine Reise war gut, aber so heiß, daß ich manchmal glaubte zu sterben. Nicht ein bißchen Wind, das Meer sah aus wie ein kleines Bächlein, ganz klar und rein, der Sand war so heiß wie die Sonne. Ich habe 12 Stunden hierher gebraucht. Um 6½ Uhr fuhr ich von K[önigsberg] ab und war um 6½ Uhr hier. Meine Söhne erwarteten mich am Ufer, wir machten zusammen die Überfahrt. Meine Töchter erwarteten mich hier vor dem Hause, wo ich im Boot ankam. Du kannst Dir denken, daß mich trübe Erinnerungen bestürmten, als ich an unsere erste Ankunft hier, die ebenso war, dachte und die damalige Lage mit unserer heutigen verglich. Das Offizierskorps kam gestern früh, um mir seine Aufwartung zu machen. Die Schreier habe ich noch nicht gesehen, das wird heute beim Mittagessen sein. Meine Neuigkeiten beschränken sich darauf, daß ich erfuhr, sie schreien wie die Adler und richten Böses an, weil sie den Mut der Einwohner niederdrücken ▷ und daß eine gewisse Mutlosigkeit sich ihrer bemächtigt, die freilich den Bessergesinnten nicht erreicht, aber doch auf viele wirkt ◁. Ich werde sehr kalt gegen die Minister sein, die sehr zu tadeln sind wegen ihres Geschreis und ihrer Unzufriedenheit, die sie in der Stadt und den Vorstädten spazieren führen. Sogar die Frauen denken nur an den Frieden und nochmals Frieden; die Frau des Ministers Voß ging vor einigen Tagen unter den Bäumen spazieren und rief jedem Vorübergehenden, vor Freude hüpfend, zu: Der Friede ist geschlossen, der Friede ist geschlossen! Lord Pembroke, der mir über alle Maßen gefällt, verbrachte den gestrigen Tag bei mir. Ich war zu Pferde, die Prinzessinnen und er im Wagen, dann speiste er bei mir zu Abend, und wir waren sehr zufrieden miteinander. Ich nahm Gelegenheit, mit ihm über die wichtigen Tagesereignisse zu sprechen, was man von den Engländern erwarte. Ohne daß ich mir den Anschein gab, mich in die Angelegenheit zu mischen, was mir übel angestanden hätte, sagte ich ihm meine Ansicht, wie jedes denkende Wesen, das sich etwas mit dem, was vorgeht, beschäftigt, an meiner und an anderer Stelle getan haben würde. Ich hätte gestern und heute früh auf die Fregatte, die ihn hergebracht hat, gehen müssen, aber der Regen gestern früh und der Wind heute hinderten daran. Lebe wohl, behalte mich lieb, vergiß mich nicht, lorgnettiere nicht zu sehr die Tilsiter Schönen wie Seine Kaiserliche Majestät, damit Du nicht einen zu großen Unterschied findest, wenn Du hierher kommst. Deine treue

Luise

Earl *Pembroke* war mit dem englischen Gesandten Lord Gower nach Memel gekommen. Er bemühte sich, den Beitritt Österreichs zum Bündnis gegen Napoleon zu erreichen. – In seinem o. a. Brief hatte sich der König darüber belustigt, daß der Zar auf seinen Ritten hübsche Einwohnerinnen mit der Lorgnette fixierte und grüßte.

Beim großen Gott, lieber Freund! Wie soll ich Dir ausmalen, welches Glücksgefühl mich seit der glücklichen Nachricht von der gewonnenen Schlacht durchdringt. Ich lobe Gott tausend-, tausendmal, daß er unsere Waffen gesegnet hat, und ebenso dankbar bin ich Dir, liebster Freund, daß Du zuerst an mich gedacht und mir Nachricht davon gegeben hast, als Du es kaum selbst wußtest. Wie toll bin ich über die Straße gelaufen; ich selbst habe mich zu Köckritz [Generaladjutant von Friedrich Wilhelm III.] begeben; Palm [Oberfeldjäger] hatte ich unterdes zu der Voß geschickt, damit es alle wüßten. Meine Kinder sind nach und nach zu uns gekommen, um mich zu beglückwünschen; um 10 Uhr kamen die Gardeoffiziere, Musik und die Einwohner brachten mir ein Hurra. Kurz, es war ein wirklicher Festtag oder eine *Soirée de Fête*. Ich danke Dir noch tausendmal, daß Du mir die Freundlichkeit erwiesen hast, mir zunächst Herrn Palm mit der glücklichen Nachricht zu schicken. Gott wolle jede ▷ Hiobsbotschaft verhüten ◁, es wäre zu grausam. Ich muß Dir freilich gestehen, nach dem allzugroßen Unglück kann mein Herz sich nicht mehr völlig und mit ganzer Sicherheit der Glückshoffnung hingeben. ▷ Ich bin gar zu hoch von meinem Himmel gestürzt ◁!

Seit einer Stunde bin ich von einer Seereise zurück; ich war auf der Fregatte Adrastea, mit allen königlichen Ehren aufgenommen, das war eine reizende Fahrt. Aber – aber – Madame war krank zum Sterben; soweit ist es dort zwar noch nicht gekommen, doch als ich ging und den Fuß auf die Erde setzte, habe ich alles, was ich im Leibe hatte, ausgespien, angesichts der Garde, die mir die Honneurs machte, und eines sehr schönen Offiziers. ▷ Das war ein Zustand ◁. Als ich zurückkam, war ich noch recht schwach, dagegen waren die Prinzessinnen Wilhelm [Marianne von Preußen] und Luise [Radziwill], Fritz Louis und die Kannewurff [Hofdame] äußerst krank. Unser Fritz hat nur einmal gespien. Wenn Lord Pembroke bei Dir ist, melde ihm mein Unglück, aber auch, wie zufrieden ich inmitten dieses Unheils geblieben bin.

Ich habe auf die Gesundheit des Königs von England [Georg III.] getrunken, worauf der Kapitän, alle Engländer und Offiziere auf Dein *Wohlergehen* und auf die *gute Sache* tranken, die untrennbar davon sei, unter den Hurrarufen von 300 Matrosen. Es war sehr schön ▷ und wir haben uns sehr nobel aufgeführt ◁. Ich bin noch etwas schwach und liege auf dem Sofa, um Dir zu schreiben, aber immerhin nicht krank. Tausendmal wünsche ich, daß die Stafette, die Du mir versprochen hast, mit guten Nachrichten beladen ankommt. Gott wird es wollen, aber wie ich Dir sage, nach dem schrecklichen Unglück, das ich erlebt habe, wage ich fast nichts Gutes mehr zu hoffen. Ich schicke Dir Kuchen, ▷ gebacken in England ◁, ich habe sie für Dich vom Kapitän erbeten, und er gab sie mir mit tausend Freuden. Lebe wohl, mein liebster Freund, ich danke Dir noch vielmals für die Güte, daß Du an mich gedacht hast in dem Augenblick, als Du die guten Nachrichten erhieltst. Gott möge es Dir immer vergelten. Du hast mir unendlich wohlgetan. Ich sende Dir die Originalpapiere zurück, die uns ein großer Trost waren. Tausend und abertausend Wünsche hege ich für Dich, für unsere vereinten Armeen und für den *Kaiser* [Zar Alexander I.]; *sage es ihm und bringe ihm meine Glückwünsche* für den glücklichen Erfolg unserer Waffen dar. Du kannst Dir denken, daß die Nachricht von unsern 27 Schwadronen, die die feindliche Kavallerie umgerannt haben, mich äußerst glücklich machte. Wer könnte mehr als ich und Du an der nationalen Ehre hängen? ▷ Wir haben noch vieles gut zu machen, aber mit Gottes Hilfe werden wir es auch. Adieu, adieu, Gott wolle fernerhin die nicht verlassen, die an ihn glauben und auf ihn hoffen. Ewiglich adieu, bester Freund, ewig Deine

Luise

Die Kinder sind alle zu Deinen Füßen. Alexandrine [jüngste, 4jähr. Tochter] ganz wohl. Wilhelm [zweiter, 10jähr. Sohn] war zu Schiff krank, ist aber jetzt wohl ◁.

Während Luise sich am 13. Juni noch über Nachrichten freute, die sich auf den *10. Juni* bezogen als den Tag des glücklichen Verlaufes eines Gefechtes bei *Heilsberg*, erfocht Napoleon am *13./14. Juni 1807* bei *Friedland* (in der Nähe von Königsberg) *den* entscheidenden Sieg über Russen und Preußen.

263. An ihren Vater

Memel, den 17. Juni 1807

▷ Mit der innigsten Rührung und unter tausend Tränen der dankbarsten Zärtlichkeit hab' ich Ihren Brief vom Monat April gelesen. Wie soll ich

Ihnen danken, bester, zärtlichster Vater, für die vielen Beweise Ihrer Liebe, Ihrer Huld und unbeschreiblichen Vatergüte! Welcher Trost ist dieses nicht für mich in meinen Leiden und welche Stärkung! Wenn man so geliebt wird, kann man nie ganz unglücklich sein. – Ich habe zwei Monate sehr viel Freude erlebt; ich war mit der guten Ika [Friederike, Schwester] vereint und habe das Glück genossen. Freilich hatt' ich die Ahndung, daß es nicht *Belohnung* für *vergangene* Leiden war, die mich so froh gemacht, sondern, indem mein Herz sich dankbar zu Gott wandte, so fühlt' ich deutlich, daß es *Stärkung zu neuen Leiden* sein sollte – und – ich hab' mich nicht geirrt! Es ist wieder aufs Neue ein ungeheures Unglück und Ungemach über uns gekommen, und wir stehen auf dem Punkt, das Königreich zu verlassen, – vielleicht auf immer –; bedenken Sie, wie mir dabei ist; doch bei Gott beschwör ich Sie, verkennen Sie Ihre Tochter nicht. Glauben Sie ja nicht, daß Kleinmut mein Haupt beugt. Zwei Trostgründe hab' ich, die mich über alles erheben: der erste ist der Gedanke, wir sind kein Spiel des Schicksals, sondern wir stehen in Gottes Hand und die Vorsehung leitet uns; der zweite, wir gehen mit Ehren unter. Der König hat bewiesen, der Welt hat er es bewiesen, daß er nicht Schande, sondern Ehre will. Preußen wollte nicht freiwillig Sklavenketten tragen. Auch nicht einen Schritt hat der König anders handeln können, ohne seinem Charakter ungetreu und an seinem Volke Verräter zu werden. Wie dieses stärkt, kann nur der fühlen, den wahres Ehrgefühl durchströmt. Doch nun zur Sache.

Seit dem 7. Juni ging Bennigsen [Oberbefehlshaber der russ. Armee] vor und hatte nur Vorteile. Den 10. kam es zu einer wirklichen Bataille, die *ganz zu unserm Vorteil* ausfiel und wobei die *Preußen* sich ungemein *auszeichneten*. Bennigsen, statt Gebrauch davon zu machen, den Feind zu verfolgen, ging zurück; den 14. kam es zu einer Bataille, die höchst unglücklich für ihn ausfiel; seine linke Flanke ward genommen und die Stadt Friedland, wodurch er seine *retraite* nehmen sollte, von den Franzosen in Brand gesteckt. Durch diese unglückliche Schlacht kam Königsberg in französische Hände. – Bennigsen schon in Tilsit immer vom Feind verfolgt, nur noch 14 Meilen von hier, und ich und meine Kinder in der Notwendigkeit, Memel bald zu verlassen, sobald als Gefahr ist. Der Kaiser von Rußland war den zwei sibirischen Inspektionen entgegengegangen, ehe der Spektakel ganz ausbrach, so daß er noch nicht zurück von *Wilna* ist. Der König war die Zeit zum Vergnügen hierher gekommen, hat aber nur Leid getroffen wegen des Ungeheuren, was sich begab. Er wird sich wieder mit dem Kaiser vereinigen (er sitzt neben mir und sagt mir eben: tausend Schönes an Deinen Vater), um das weitere zu beschließen; ich gehe, sobald dringende Gefahr eintritt, nach Riga. Gott wird mir helfen den trüben Augenblick zu bestehen, wo ich über die Grenze meines Reiches muß. Da wird es Kraft erfordern, aber ich hefte meinen Blick gen Himmel, von da alles Gute und Böse kömmt, und mein fester Glaube ist, er schickt nicht mehr, als wir tragen können. Noch einmal, bester Vater, wir gehen unter mit Ehren, geachtet und geschätzt von Nationen, und werden ewig und immer Freunde haben, weil wir es verdienen. Wie beruhigend dieser Gedanke ist, läßt [sich] nicht sagen. Ich ertrage alles mit einer solchen Ruhe und Gelassenheit, die nur Ruhe des Gewissens und reine Zuversicht geben kann. Deshalb sein Sie überzeugt, bester Vater, daß wir *nie, nie* ganz unglücklich sein können, und daß mancher mit Kronen und Glück bedacht nicht so froh, so glücklich ist als wir es sind. Gott schenke jedem Guten den Frieden in seiner Brust und er wird noch immer Ursache zur Freude haben. –

Friederike reiste den 12. morgens ab, nachdem ich sie den 10. verließ um hierher zu kommen. Sie folgte ihrer schweren Pflicht, d.h. sie folgte ihrem Mann [Prinz Solms-Braunfels] ins Bad, auf 100 Meilen weit von allen Quellen, die ihr Unterhalt geben können, und auf den Weg, der ihr weniges Vermögen aufreiben muß. Es ist Tollmanns Werk, allein der P.[rinz] verlangte es und sie gehorchte. Ich bin sehr unzufrieden mit dem Prinzen.

Noch eins zu Ihrem Trost, nämlich, daß nie, nie etwas von unserer Seite geschehen wird, was nicht mit der strengsten Ehre verträglich ist und was mit dem Ganzen gehe. Denken Sie nicht an einzelne Erbärmlichkeit. Auch Ihnen wird das trösten, das weiß ich, so wie George, Carl und Onkel Ernst. Ich lege mich der guten Großmama zu Füßen und bin auf ewig Ihre treue gehorsamste, [Sie] innig liebende Tochter, und gottlob, daß ich es sagen darf, da mich Ihre Gnade dazu berechtigt, Ihre Freundin

Luise

264. An ihren Bruder Georg

Memel, den 17. Juni 1807

▷Ich habe eben einen interessanten Brief an Papa vollendet, der alle Begebenheiten enthalten, die aufs neue über unser Haupt gekommen. Ich berufe mich ganz darauf, da ich nicht Kraft genug besitze, um sie zweimal zu schreiben. Glaube an uns, denn wir glauben an Gott und an der Tugend! Ja so lebt und fällt der edle Mensch, und so erhält er sich Frieden in seiner Brust, wenn des Schicksals Stürme über ihn krachen, wenn Königreiche untergehen, wenn das Laster siegt. Auf ewig Dein! Ich gedenke aller derer, die mich lieben, die um mich weinen. Der Berg, der Kleist tausend Schönes, Inniges, Gutes. Der guten Moltke, die meiner gedachte im guten, viel Gutes von mir. Ach bester George, wie ruhig ist es in mir, der König tut seine Pflicht. Er erhielt die Ehre der Nation, die Nation ehrt ihn; gibt es etwas Größeres im Unglück! Adieu. Ich küsse der guten Großmama die Hände, die mich segnen, die mich die *Tugend* lieben lernten. Gott segne sie dafür. Es ist kein *leeres* Wort, o könnt ich es allen *Irrenden* zurufen und sie *retten*.

Luise◁

18. Juni 1807: Napoleon zog in Tilsit ein. – General Bennigsen verhandelte wegen eines Waffenstillstandes zwischen Frankreich und Rußland. Er kam am *21. Juni* zustande.

265. An Friedrich Wilhelm III.

Memel, den 21. Juni 1807

Ganz verwirrt durch all die Nachrichten, von denen hier geredet wird, schreibe ich an Dich, lieber Freund. Kaum warst Du fort, da tauchte hier die Nachricht auf, der Waffenstillstand sei für zehn Tage unterzeichnet und der Kaiser sei nicht in Szawl, [▷Brief 267] sondern in der Nähe von Wilna. Ich bin hier in vieler, vieler Sorge um Dich wegen der unangenehmen Reise, die Dir nichts einbringen würde, wie ärgerlich wäre das für Dich. Schließlich noch, um mich ganz zu entmutigen, das Gerücht von dem Waffenstillstand; wie mir scheint, kennzeichnet es den Zustand der russischen Armee. Wenn Du kannst, bitte ich Dich, mir beruhigende Nachrichten zu geben; wenn das nicht geradezu der Fall ist, doch wenigstens die Wahrheit.

Meine Gesundheit ist nicht sehr gut, Herzbeschwerden und schreckliches Unwohlsein und Unruhe um Dich und die gute Sache. Schließlich rede ich mir ein, Gott wird uns aus alledem besser herausziehen, als wir denken. Marianne [Preußen, Schwägerin] ist Dir zu Füßen, ebenso die Kinder; es geht ihnen gut bis auf Friederike [Preußen, Tochter 1. Ehe von Friederike Solms], welche die Masern hat. Adieu, ich umarme Dich in Gedanken und bin fürs Leben deine

Luise

König Friedrich Wilhelm III. traf am *21. Juni* mit Alexander I. – auf dessen Einladung – zu einer Unterredung in Szawl (Schaulen) zusammen. Das ehemals königlich polnische Jagdschloß *Szawl* gehörte dem Fürsten Platon Subow, dem einstigen Günstling der Zarin Katharina II.

266. An Friedrich Wilhelm III. Memel, den 22. Juni 1807

Dein Brief, lieber Freund, ist mir vor Schreck aus der Hand gefallen; sein Inhalt mußte die stärkste und festeste Seele zur Verzweiflung bringen, besonders wenn man Dich gründlich kennt. Dahin also sind wir gebracht worden nach ungeheuren Verlusten an Tapferen, die gefallen sind für – nichts, durch Dummheit, Unfähigkeit und bösen Willen. Welch eine Bedingung als Grundlage eines Waffenstillstandes; worauf soll man sich für den Frieden gefaßt machen, wenn sie schon für den Waffenstillstand so unersättlich sind? Und dann die Aussicht, das Ungeheuer zu sehen, nein, das ist zuviel. Ihn sehen, den Quell des Bösen! die Geißel der Erde! alles Gemeine und Niederträchtige in einer Person vereinigt, und sich vor ihr noch verstellen und heiter und liebenswürdig erscheinen müssen!!! Wird der Himmel denn niemals aufhören, uns zu strafen? In diesem Augenblick weiß ich es dem armen Kaiser [Zar Alexander I.] wohl zu danken, daß er mich aus Zartgefühl von sich und Dir ferngehalten hat, nun wird es mir wenigstens erspart bleiben, daß ich das Ungeheuer sehe; denn seine Neigung für mich wird es, glaube ich, nicht zur Fahrt über den Sand der ▷ Nehrung ◁ treiben, um mir einen Besuch abzustatten.

In diesem Augenblick verläßt Obreskow [russ. Generalleutnant] mich; er kommt von Tilsit und hat mir ungefähr dasselbe gesagt, was Du mir schreibst; nur ein Unterschied: Du berichtest mir nicht von endgültigen Beschlüssen wegen der Festungen [Pillau, Kolberg und Graudenz], während er mir sagte, sie seien rundweg abgewiesen. Erschüttert hat es

mich, daß er sagte, der Großfürst Konstantin habe sich sehr vernünftig aufgeführt. Du lieber Gott! Zastrow [ehem. Außenminister] mit seiner Schönen, der alte Voß [Minister, Neffe der Oberhofmeisterin] und die Schreierbande haben sich eingeschifft. Seit vier Tagen geht er nicht von der Reede, weil der Wind ungünstig ist; wenn der doch einmal den Wünschen des bösen Ungeheuers ungünstig sein wollte! Ich bedaure Dich wegen Deiner Unterkunft; wie paßt der Schmutz zu den Ansprüchen und dem Reichtum des Lieblings [Fürst Subow] einer Kaiserin [Zarin Katharina II.]? Das ist ein übler Herr nach meiner Ansicht, äußerlich geziert, innerlich aber wie sein Quartier. Der Kaiser tut mir unbeschreiblich leid; alle seine schönen und guten Absichten enttäuscht und umgestürzt durch diesen greulichen Bennigsen [Oberbefehlshaber der russ. Armee]! Wird er ihn nicht erschießen lassen oder mindestens des Kommandos entsetzen? Es ist doch sehr stark!!! –
Leb wohl, ich befinde mich nicht allzugut, der kalte Wind bekommt mir schlecht, und ich habe ein wenig Flußfieber. Die Freude trägt sicherlich auch viel dazu bei. Ich hoffe, daß Du bald nach Tauroggen abreist; dort, denke ich, wirst Du besser leben. Ganz die Deine

Luise

Die Räsonnements von Köckritz [Generaladjutant von Friedrich Wilhelm III.] tun weh; er ist recht dumm und kommt immer wieder zurück auf ▷:das hätte Z[astrow] auch gekonnt! Gott sei in den Schwachen mächtig◁!

Am *22. Juni* verließ Zar Alexander Schloß Szawl und begab sich nach Tauroggen, wohin ihm Friedrich Wilhelm folgte. Am *24. Juni* waren beide Herrscher in Picktupöhnen am rechten Ufer der Memel, ganz nahe dem Hauptquartier Napoleons in Tilsit (am linken Ufer der Memel). Noch stand der Waffenstillstand zwischen Frankreich und Preußen aus.

267. AN FRIEDRICH WILHELM III. — Memel, den 24. Juni 1807

Ich danke Dir tausendmal, lieber Freund, für die liebenswürdige Pünktlichkeit, mit der Du mir schreibst und mich mit Nachrichten über den Gang der Dinge versiehst. Du kannst meiner Verschwiegenheit gewiß sein, Du hast sie im Verlauf von 13 Jahren kennengelernt. Ich schmeichle mir, ich habe Hoffnung, das einzige Gut der Unglücklichen; vielleicht, daß auch Napoleon den Frieden nötig hat und er sich ▷billig◁ finden lassen wird, doch ist das kein Ausdruck dafür. Dieser Mensch kennt keine Gerechtigkeit, aber aus Einfall und Laune wird er vielleicht Dinge tun, die man nicht erwartet. Wenn Du gezwungen bist, den Höllenmenschen zu sehen, vielleicht mit dem Kaiser [Zar Alexander I.], so glaubt man noch, daß dadurch einiges gebessert werden könnte; aber ich gestehe Dir, ich glaube, je mehr man seiner Eitelkeit schmeichelt, umsomehr wird er seine Ansprüche verstärken. Es freut mich, daß eines der polnischen Biwaks beendet ist; man hält Tauroggen für weniger schlecht als Dein teuflisches Szawl [Jagdschloß des russ. Fürsten Subow]. Ich wollte, Du könntest bei uns sein und vor allem, Du würdest Geschmack an unserer Lebensweise finden. Mittags speist man sehr regelmäßig um 2 Uhr, abends ist Tee bei Luise [Radziwill] oder Marianne [Preußen, Schwägerin], und man spielt das Ringspiel, das erheitert im Augenblick und läßt das Unglück vergessen. Bei mir habe ich erst einen gehabt, und es geht auch nicht so in den Abend hinein wie bei den anderen. Seit zwei Tagen bin ich weniger unpäßlich...

Meine Empfehlungen an den Kaiser. Ich bedauere ihn sehr, sein guter Wille, seine besten Absichten sind sehr schlecht unterstützt worden, er kann nichts gegen die Menge der Böswilligen, an deren Spitze der Großfürst [Konstantin] steht.

Friederike [Tochter ihrer Schwester Friederike] hat nicht die Masern gehabt, sie hat einen katarrhalischen Ausschlag der sehr rasch heilt, bald wird sie sogar hinaus dürfen.

Es sind eine Menge Engländer hier, viele Russen und Fremde im allgemeinen; es gibt unendliche Streitigkeiten um die Unterkünfte. Die ganze Kinderschar ist zu Deinen Füßen; die Voß [Oberhofmeisterin] beschwört mich, Dir zu sagen, daß sie Dich anbetet; das ist nicht so gefährlich, als es lautet. Wenn diese Kommission doch aus Kurland zu Dir käme, ach, Majestät, das wäre etwas anderes. Lieben, singen, lachen, trinken wir, kurzum, Du weißt, Du hast Vollmacht, ich bin überzeugt, so sicher wie das Dasein Gottes ist es für Dich, daß niemand so Dein Freund ist wie ich, daß niemand solch wahren und tiefen Anteil an allem nimmt, was Dich betrifft, wie ich, die immer sein wird Deine treue

Luise

Kommission aus Kurland: Luise deutete an, daß die Herzogin Dorothea von Kurland mit ihren schönen Töchtern dem König gefährlicher sein könnte als die Verehrung der alten Oberhofmeisterin für ihn.

268. An ihren Vater [Memel], den 24. Juni

▷ Noch immer sind meine Briefe hier, weil nicht nur der Wind, sondern der Sturm konträr ist und alles Auslaufen der Schiffe unmöglich ist. Ich schicke Ihnen einen sichern Menschen und fahre fort, deshalb Nachrichten von hier mitzuteilen. Bennigsen [Oberbefehlshaber der russ. Armee] ist hinter der Memel, und von hier aus machte er einen Waffenstillstand auf 4 Wochen. Es ist alles von der grünen Seite so abgespannt, daß sie alle nach dem Ölzweig ächzen und er wird vermutlich ihnen und uns werden, nur erlaube man mir zu zweifeln, daß er jemals grüne und blühe. – Oftmals klärt sich der Himmel auf und die Sonne scheint, wenn man trübes Wetter vermutet; kann auch hier sein; niemand wünscht [es] so wie ich, doch Wünsche sind noch keine festen Basen und noch weniger Realität. Also alles von dir dort oben, du Vater der Güte! – Mein Zutrauen soll nicht wanken, aber hoffen kann ich nicht mehr. Ich berufe mich dennoch auf meinen Brief, es ist meine Seele, es ist mein Herz. Sie kennen mich ganz, wenn Sie ihn lesen, bester Vater. Auf dem Wege des Rechts leben, sterben, Brot und Salz essen, nie, nie werd' ich unglücklich sein. Nur hoffen kann ich nicht mehr. Wer so wie ich von seinem Himmel heruntergestürzt ist, kann nicht mehr hoffen. Kommt das Gute, o! kein Mensch ergreift, genießt, empfindet es dankbar so wie ich, aber hoffen kann ich nicht mehr. Kommt Unglück, so setzt es mich auf Augenblicke in Verwunderung, aber beugen kann es mich nie, sobald es nicht verdient ist. Nur Unrecht, nur Unzuverlässigkeit des Guten unsererseits bringt mich zu Grabe, da komm ich nicht hin, denn wir stehen hoch. Sehen Sie, bester Vater, so kann der Feind des Menschen nichts über mich. Der König ist seit dem 21. mit dem Kaiser [Zar Alexander I.] vereint, seit gestern sind sie beide in Tauroggen nur ein paar Meilen von Tilsit, wo Napoleon ist. Ich bin zu Ihren Füßen ganz die Ihrige

Luise ◁

Napoleon lud Zar Alexander zu einer Unterredung ein. Sie fand am *25. Juni* auf einem Floß in der Memel statt. – Friedrich Wilhelm schrieb an diesem Tage an Luise, daß er den französischen Kaiser nur von weitem gesehen habe.

269. An Alexander I. — Memel, den 25. Juni 1807

Meine Seele ist erschüttert, lieber Vetter, und ich wäre ohne Hoffnung, wenn Sie nicht über unser Geschick entscheiden würden. Sie werden in diesem grausamen Augenblick nicht Ihren Freund und eine Sache verlassen wollen, die Ihrem Herzen immer teuer gewesen sind; auf dies Herz, dem alle Tugenden eigen sind, gründet sich alle meine Hoffnung für die Zukunft. Gott, wie würde es ohne Sie sein, was würde aus dem König, aus meinen Kindern werden! Ich wäre die unglücklichste Frau und Mutter, ich würde diesen armen Geschöpfen das Leben gegeben haben, damit sie nur das Unglück kennenlernten. Ach, lieber Vetter, verlassen Sie uns nicht! Wenn Sie in mein Herz blicken könnten, wenn Sie dort alle die Dankbarkeit für soviele schon erwiesene Wohltaten lesen würden, Sie wären gewiß gerührt, welche Hingebung, welch grenzenloses Vertrauen Sie für sich finden würden!
Meine Gesundheit ist etwas gestört durch all diese Unruhe; das ist gleichgültig, wenn nur Sie und der König allem widerstehen. Ich bin ein so unwichtiges Wesen; mag ich erliegen, wenn nur der König gerettet wird, wenn nur meine Kinder ein Los, eine Zukunft haben, wenn nur der König unabhängig, glücklich lebt; wie glücklich wäre ich, für all das ein Opfer zu sein.
Leben Sie wohl, zweifeln Sie nicht an meiner Dankbarkeit, die nur mit meinem Leben aufhören wird; bis dahin ganz die Ihre aus innerstem Herzen

Luise

270. An Friedrich Wilhelm III. — Memel, den 25. Juni 1807

Kein Brief, Du in Piktupöhnen, – ich kann mich des Gedankens nicht entschlagen, daß wir am Vorabend großer Ereignisse stehen. Ich bin in Deiner Seele fast verzweifelt, und einen Augenblick habe ich schon alle Hoffnung verloren.

Den 26.

In meiner Angst habe ich mich nicht getäuscht; Du hast das Ungeheuer gesehen, und eine *Deiner schwersten Stunden hat also geschlagen*. Ich ersticke in Tränen, ich kann nicht mehr. Doch habe ich einen Trost: Da Du mit dem Kaiser von Rußland zusammen bist, wird die Sache weniger unangenehm sein, als wenn Du allein gewesen wärest; und, alles in allem nimmt an dem Ärgernis wenigstens eine gewichtige und in ihrer Ehre unangetastete Persönlichkeit teil.

Meine Kenntnisse gehen auf die Nachrichten von Post zu Post zurück; aber mir scheint, sie sind zu gründlich, um nicht wahr zu sein. Was ich in Deiner Seele leide, ist nicht zu beschreiben, und ich kann mich nicht vernünftig abfinden mit einer Sache, die Dir, glaube ich, sozusagen die peinlichste von allen ist. Ich habe Kopfschmerzen und bin sehr leidend. Ich verlasse Dich und will sehen, ob ich Kraft habe, um spazieren zu gehen. Aus tiefstem Herzen Deine treue zärtliche

Luise

Am *26. Juni* nahm auch Friedrich Wilhelm III. an der Zusammenkunft von Kaiser und Zar auf dem Floß in der Memel teil. Generalfeldmarschall Graf Kalckreuth hatte den französisch-preußischen Waffenstillstand verhandelt und abgeschlossen.

271. An Friedrich Wilhelm III. — Memel, den 27. Juni 1807

Ich erkenne gewiß an, wie groß Deine Freundschaft war, mir in einem Augenblick, wo sich Dir alles im Kopf drehen muß, einen so ins einzelne gehenden Brief zu schreiben. Ich befinde mich in einem unbeschreibbaren Zustand, es geht um Dich und um die gute Sache und um die gegenwärtigen Folgen. In Deinem Briefe steht allerhand, das mich rasend machen könnte; denn die unvernünftige Eile, Schluß zu machen, um sich zu sehen, übersteigt meinen Verstand; aber begreifen kann und werde ich niemals den Aufenthalt der drei gekrönten Häupter in Tilsit, und ich glaube noch immer, Du hast mir das geschrieben, um mich zum besten zu haben. Es ist völlig unmöglich – Aber ich beschwöre Dich, ▷ eines gut zu beherzigen ◁: Wende bei diesem ganzen Handel alle Energie auf, deren Du fähig bist, und gib in keinem Punkt irgend etwas auf, was Deine Unabhängigkeit zerstören würde. Das Unglück soll uns wenigstens die große Lehre gegeben haben, ▷ daß wir haben so entbehren lernen, daß uns solche Art von Aufopferung ◁, ein Opfer an Land, uns nichts sein darf im Vergleich mit dem Opfer unserer Freiheit. Mag Napoleon Dir die Hälfte Deines bisherigen Besitzes nehmen, vorausgesetzt, daß Du das, was dir zugebilligt wird, in vollem Besitz behältst, mit der Kraft, das Gute zu tun, die Untertanen, die Gott Dir läßt, glücklich zu machen und Dich politisch dort anzuschließen, wohin die Ehre Dich ruft und wohin Deine Neigungen Dich führen. Hardenberg darf nicht geopfert werden, auf keinen Fall, wenn Du nicht den ersten Schritt zur Sklaverei tun und Dir die Verachtung der ganzen Welt zuziehen willst. Du hast zwei Mittel, um ihn zu halten, und Du darfst sie nicht außer acht lassen: Erstens wird Zar Alexander aus Überzeugung und aus Freundschaft für Dich die notwendige Beredsamkeit aufbieten, um den Feind zu überzeugen von dem Guten; und dann sprichst Du selbst, lieber Freund, sehr gut, wenn Du Dich einmal vorbereitet hast. An Deiner Stelle würde ich ihm sagen, er müsse doch wohl erkennen, wie wenig Du seinem Verlangen nachgeben könntest, da Du damit Deines besten Dieners beraubt würdest; es wäre geradeso, wie wenn Du die Entfernung Talleyrands fordertest: wenn er ihm auch gut *diene*, hättest Du Dich doch auch über ihn zu *beklagen* und mißtrautest ihm; so würde er selbst sehen, daß Ihr durchaus einander gleich im Spiele seid. Ich wage abermals die flehentliche Bitte, daß Du in diesem Handel alle Energie anwendest, deren Du fähig bist. Ich wiederhole: Was ist Opfer an Land im Vergleich mit dem Opfer der Freiheit des Geistes, der Freiheit zu ehrenhafter Handlung, in einem Wort, der Unabhängigkeit? Mit Napoleon würdest Du böse und schlecht werden, zum *Gelächter* der Welt, so wie es mit dem Baiern [Maximilian I.], dem Schwaben [Friedrich I. von Württemberg] und dem Sachsen [Friedrich August I.] der Fall ist. Denkt man denn nicht an einen allgemeinen Frieden? Denkt man nicht daran, daß er allein uns *retten* kann, wie wir sind? Nur in der vollkommenen Einigkeit des Nordens von Europa kann man noch hoffen, erstens, der Sklaverei zu entgehen, und zweitens, es zu vermeiden, einer nach dem anderen von der Hydra aufgefressen und überfallen zu werden. Die Idee, die Du so oft für Norddeutschland ausgesprochen hast, muß jetzt für Nordeuropa verfolgt werden. *Tous pour* un, *un pour tous*; ▷ alle für einen, einer für alle ◁. Ich mißtraue sehr diesem Tilsiter Aufenthalt; *Du und der Zar*, die *Redlichkeit* selbst, zusammen mit der *Hinterlist*, dem

Teufel, ▷ *Doktor Faust* und *sein Famulus* ◁ das wird niemals gehen, ▷ und keiner ist dieser Gewandtheit gewachsen. *Tant pis und gottlob* ◁! Meine Gesundheit leidet sehr unter diesen Beunruhigungen; ich möchte mich immer verstecken, wenn es mir möglich wäre, so unglücklich und trostlos bin ich. Und doch empfange ich Menschen, weil man es will, weil der Arzt es will, und weil ich leider nicht allein leide und an das kleine Wesen denken muß, das ich unter dem Herzen trage; es hat ein Recht auf meine Fürsorge. Ich soll mich zerstreuen, aber ein Dolch steckt mir im Herzen, und niemals bin ich ohne tödlichsten Kummer. Gestern hatte ich geweint wie eine Unglückliche (und wer ist das mehr als ich, da ich Dich leidend und in unbeschreiblichem Zustand weiß?), da setzte ich mich in ein Schiff mit Marianne [Schwägerin], Luise [Radziwill] und Wilhelm [Schwager]; wir fuhren auf See spazieren, aber ich habe beinahe alle Gedärme ausgebrochen; ich glaube indessen, es war gut, denn die Nachrichten der Post von dieser infamen Zusammenkunft hatten mich so ergriffen, daß ich mich sehr schlecht fühlte. Ein stürmischer Ausbruch, der mich recht geschüttelt hat, war mir heilsam.

Ich beschwöre Dich noch einmal, opfere weder *Hardenberg* noch Rüchel, das wäre der erste Schritt in die Sklaverei. Der Zar wird Dich gewiß unterstützen, ich glaube an sein Herz wie an Deines, ich glaube, daß es zu *allem* fähig ist, um seinen *Freund* zu retten. Alle befinden sich hier gut. Zastrow [ehem. Außenminister] immer auf der Reede; am Tag des Orkans ist meine liebe [englische] Fregatte Adrastea so ›*gutmütig*‹ gewesen, ihn zu retten, denn er hätte beinahe Schiffbruch erlitten; ich für meinen Teil hätte ihn gern den Fischen gegönnt. Der Neffe Kalckreuth [Graf Ludwig] hat hier als erster verbreitet, daß sein Onkel [Generalfeldmarschall Friedrich Graf Kalckreuth] Friedensunterhändler sei, und gesagt, er würde ihn dabei unterstützen. Sollte der Onkel das wünschen, so bitte ich Dich, es ihm abzuschlagen. Er hat sich sehr schlecht gegen Dich aufgeführt und war einer der *lautesten* und *gemeinsten* Schreier Zastrows.

Würde S. M. Napoleòn, um das Fest in Tilsit vollzählig zu machen, nicht so aufmerksam sein, auch mich einzuladen, um an der intimen ›*Liaison*‹ teilzunehmen? Da ich ihn so sehr liebe, wäre mir das äußerst angenehm. – Der Waffenstillstand Bennigsens [Oberbefehlshaber der russ. Armee] für die Russen mit Ausschluß von uns ist ›*herrlich*‹, aber das gehört zu dem System, wie auch die *Plünderung* der Gebiete die er gut heißt, System hat. Er haßt Preußen und will es zerstören, soweit das in seiner Macht steht. Wird er denn bei der Armee bleiben? Wird der Zar ihn denn nicht erschießen oder wenigstens mit der Knute züchtigen lassen wegen der Dinge, die er zu sagen wagt? Ihm von Krieg, von fürchterlichem Widerstand sprechen, während die Armee zum Teufel ist, und zwar durch seinen Willen, seine Dummheit, Unzulänglichkeit und böse Absicht gegen uns! Ich könnte ihn *›schlagen‹* und seinen *Freund* und *Beschützer* [Großfürst Konstantin] *›bespucken‹*; der spielt in alledem eine unbegreifliche Rolle. Ich wette mit Dir, in einem halben Jahr ist dieser Beschützer von Bennigsen in Paris, freundschaftlich verbunden mit dem Feinde des Guten, denn sie gleichen sich im Charakter. Die Grundlage ist Grausamkeit, die Folgen Ungestüm, Ungeduld, Angst, ▷ Feigheit ◁. Bringe dem Zaren meine Huldigung dar, sage ihm, wie sehr ich auf ihn zählte, auf seine guten Absichten und die Kraft seines Willens. Leb wohl, lieber Freund, ich gehe von Dir, um mich irgendwohin zu schleppen. Wie werden wir uns wiedersehen? Ich fürchte, unglücklicher als bei unserem Abschied; denn ich kenne nichts Schlimmeres, nichts Schrecklicheres als Freundschaft mit dem, der in seinem Inneren nur Unglück, Trostlosigkeit und Tod trägt. Lebe wohl, möge der Gott des Erbarmens Dich segnen, Dir die Wohltaten erweisen, die ich Dir wünsche. ▷ Das Gebet stärke Dich, Er verläßt die nicht, die Ihn nicht verlassen. Nur Standhaftigkeit, keine Nachgiebigkeit, die Deiner Unabhängigkeit Nachteil bringen könnte. Der Zar muß und wird *Hardenberg* unterstützen, so wie Du auch. Adieu, tausendmal adieu, Gott sei mit Dir, wie die Wünsche Deiner Freundin, die Dir gewiß sind!

Luise ◁

272. An Friedrich Wilhelm III. Memel, den 28. Juni 1807

Da ich Dir gestern einen so langen Brief geschrieben habe, in dem ich Dir mein Herz ausgeschüttet und meine Ansicht über die Dinge dargelegt habe, bleibt mir heute nur wenig zu sagen. Das Wetter ist abscheulich kalt, grau, regnerisch und vor allem ein solcher Sturm, daß man sich keinen Begriff davon macht. Es ist grausam, bei all den geistigen Qualen, die man ausstehen muß, nicht die Erfrischung des

Spaziergangs zu haben. ▷Man vergehet dann so manchen Gedanken◁. Ich habe solche Kopfschmerzen, daß ich alles doppelt sehe. Noch niemals sah ich den Hafen so schön wie in diesem Augenblicke. Erstens ist die Dange [Nebenflüßchen der Memel] so voll von Schiffen, daß man nur Mast an Mast sieht, wie einen Wald, und auch die Reede ist voll von Fahrzeugen; aus dem einfachen Grunde, weil alle Schiffe hinein können, aber nicht hinaus, wegen der schrecklichen Stürme. Es sind hier eine Menge englischer Schiffe angekommen, mit Schießbedarf jeder Art, sogar, wie man sagt, mit Gewehren. Dafür bürge ich nicht, doch sehr für die Munition, denn ich habe die eigenartig gebauten Transportschiffe gesehen, die mit großen, in Ölfarbe gemalten Buchstaben wie DE und EF bezeichnet sind.

Wenn ich an Dich denke, was ich oft tue, wie Du wohl denken magst, an den Zustand Deiner Seele, die Aufregung Deines ganzen Wesens, dann kann ich mich nicht trösten, und jetzt in Tilsit?!!! Nein, dies übersteigt meine Kräfte. Wenn wir solche Eile den Franzosen gezeigt hätten (und die Russen wären zum Kriegführen geneigt), dann hätte ich den Lärm hören mögen, den man gemacht hätte. Immerhin bringt das Unglück uns große ▷Erfahrungen, und unsere Menschenkenntnis nimmt zu◁. Wenigstens bin ich gut aufgeklärt über den Großfürsten [Konstantin]. Ich bin sehr gespannt, Deine Briefe nach der Begegnung zu erhalten. ▷Gott im Himmel◁! Lebe wohl, bleibe fest, gib Hardenberg nicht auf, im Namen Gottes und Deiner Freiheit. Ich bin Deine liebevolle

Luise

Die Voß ist Dir zu Füßen.

Am *27. Juni* hatte Friedrich Wilhelm aus Tilsit seine erste Begegnung mit Napoleon geschildet. Der französische Kaiser hatte seinen Zorn über Preußens Politik und besonders über Hardenberg ausgelassen. – Am *29. Juni 1807* wurde Prinz Carl sechs Jahre alt.

273. An Friedrich Wilhelm III. — Memel, den 29. Juni 1807

Heute ist der Geburtstag unseres guten kleinen Carl. Es ist das beste, was man diesem lieben Kinde wünschen kann, daß es niemals die

Leiden kennenlernt, die das Herz seiner Eltern in diesem traurigen und kummervollen Augenblick bedrücken, und vor allem, daß er niemals in eine Lage kommen möge wie die Deinige. Großer Gott! Zu wieviel traurigen Gedanken führt uns dieser Tag nicht. Vor sechs Jahren, als wir friedlich in Charlottenburg wohnten, war die glückliche Geburt des lieben Kindes *nur* ein Zuwachs an *Glück*, während wir heute in Memel, fern von allem was uns teuer ist, getrennt von allem was wir lieben, vereint mit dem Abscheulichsten, was es auf Erden gibt, das Glück nur noch dem Namen nach kennen!
Dein Brief vom 27. ist gestern nachmittag bei mir eingetroffen, und Du kannst Dir denken, wie er auf mich gewirkt hat. Es gibt kein grausameres Los als unseres. Deine persönlichen Leiden drücken mich nieder, und was noch schlimmer ist, man wagt nicht einmal zu sprechen von den Ursachen dieser Leiden, da die *Ursache* zu nahe, zu mächtig und zu unheilbringend ist. Seine schlechten Absichten gegen uns setzen mich nicht in Erstaunen, ich habe sie nie bezweifelt, nur Lombard [ehem. Kabinettsrat] und Haugwitz [ehem. Staatsminister] zweifelten eine Zeitlang daran. Was Du mir berichtest von Hardenberg und von dem rachgierigen Wesen seines Feindes, bringt mich wirklich zur Verzweiflung, denn ich kenne niemand, aber auch niemand, der ihn ersetzen könnte. Da Napoleon sich *rachsüchtig* nennt, erkläre Du Dich für *starrköpfig* wie ein Maultier, dann werden wir sehen, was dabei herauskommt. Ich weiß nicht, was ich von seinen Absichten denken soll, aber ich glaube, entweder will er Dich wieder einsetzen in Deine Staaten und Dich abhängig machen wie die reizenden Könige aus seiner Fabrik, oder Dich ganz einfach aus Deinem Königreich verjagen und es dem netten Murat [Schwager Napoleons] und Jérôme [Bruder Napoleons] zum Geschenk machen. Nun, wenn er uns verjagen will, soll dabei die Welt die ganze Infamie des Ungeheuers sehen, das dies befiehlt. Ich beschwöre Dich, lieber Freund, laß Hardenberg nicht los. Könnte der Kaiser sich nicht kraftvoll für ihn erklären? Könnte man dabei nicht eine Komödie spielen, damit die Sache gelingt? Könnte der Kaiser [Zar Alexander I.] nicht erklären, er wolle durchaus, daß er bleibe, da er ein Mann seines Vertrauens sei? Könnte Budberg [russ. Außenminister] nicht Miene machen zu gehen, da er auf Befehl seines Herrn nur mit Hardenberg über den Krieg verhandeln dürfe? Kurz, ich beschwöre Dich, setze alles ins Werk, sprich vertrauensvoll mit dem Kaiser; er ist

doch der einzige Freund, den wir haben. Laß alle Minen sprengen! Die Kinder werden auf die ▷Nehrung◁ gehen, ich habe es ihnen in Deinem Namen gesagt; sie sind wild vor Freude, aber sie haben noch eine Bitte: Du möchtest ihnen erlauben zum Corps L'Estocq zu gehen, damit sie dieses gute Korps sehen und sich zugleich ein Bild machen können, wie es ist. Du kannst darauf rechnen, daß ich mir alle denkbare Mühe geben werde, Dir den Marsch des Regiments Polotzk zu verschaffen. Die Gardeoboisten sind sehr gut und geben sich viel Mühe; täglich spielen sie um elf Uhr vor meinen Fenstern, auch schwierige Sachen, wobei man noch merkt, daß auch sie das empfinden. Der Tambour, der die Märsche begleitet, sobald sie abrücken, macht sich sehr gut, und ich glaube sicher, daß besonders der melancholische Marsch großen Eindruck auf Dich machen wird. Auf mich wirkt er betrübend aus tausend Gründen, die Du kennst.

Wären die berittenen Garden und die Leibgarden vereint, um das Ungeheuer zu besiegen, hätten sie mich begeistert; aber daß sie sozusagen Tercaléon ehren sollen, das kann mir nur schmerzlich sein. Seine unhöflichen Manieren setzen mich nicht in Erstaunen, denn dafür gibt es zwei Gründe: Mangel an gutem Willen oder Mangel an Lebensart und an Kenntnis der höfischen Gebräuche. Denn wie sollte wohl dieses höllische Wesen, das sich ▷aus dem Kot emporgeschwungen◁ hat, wissen, was Königen zukommt? Ach, lieber Freund, ich bin mehr tot als lebendig. Ich billige es sehr, daß Du nicht in Tilsit wohnen willst; denn das wird Dir angenehmer sein, wenn es Dich nur nicht zu weit vom Kaiser [Zar Alexander I.] ▷und eurer Vertraulichkeit◁ entfernt und die Übelwollenden es nicht benutzen, um Unheil anzurichten. Ich sage Dir alles, was mir durch den Kopf geht, und nur Du kannst über die Tatsachen urteilen, da Du am Orte bist. Die Ratifikation des Waffenstillstandes ist mir auch wieder unendlich erfreulich! ▷so ganz wieder in des Infamen Geist◁. Beyme [Geheimer Kabinettsrat] ist trostlos und heult immerfort; Köckritz [Generaladjutant] zetert, das heißt, er kann nicht schweigen; Rüchel [General] lasse ich täglich zum Essen einladen ▷– Du hattest angefangen◁ und ich werde alle Tage gebeten, darin fortzufahren – er ist ganz fieberkrank; zwar ist sein Kopf noch einigermaßen kühl, aber er ist trostlos, daß wir keine Kraft mehr haben und vor allem, daß uns die Kraft fehlt, das Ungeheuer, die Ausgeburt der Hölle wie Du so gut sagst, zu schlagen.

Die Kinder sind Dir zu Füßen. Ich glaube, wenn Du Carl fünf Louisdor schenkst, wird ihm das große Freude machen; hier ist nichts zu haben.
Napoleons Mangel an Höflichkeit, selbst an Rücksicht für Dich macht mich zornig, ich gestehe es. Die Zeichen N. und A. am Pavillon ohne das Deine, die Einladung des Kaisers zum Essen ohne Dich, all das sind wirklich Grobheiten zu seiner Belustigung. Zunächst gehört die Memel Dir; warum läßt er denn das Zeichen dessen fort, dem das Land gehört, und warum lädt er Dich nicht auch ein, nachdem er Deine Bekanntschaft gemacht hat? ▷ Nun, es lebt doch noch ein Gott, der wird ihm schon den Lohn geben, den er verdient ◁. Hat er etwa zu Dir etwas von Hardenberg gesagt? Und wem hat er seinen Plan vorgeschlagen, sich Preußen zu reservieren, um den Krieg mit Rußland zu führen? Nein, das ist wahrhaftig zu stark, und nichts, was ich je gesehen habe, gleicht diesem würdelosen, niederträchtigen Mörder. Ich bin sicher, wenn Du es auch nicht gesagt hast, hast Du *lebhaft gefühlt*, was Maria Stuart [in Schillers Drama] beim Anblick der Elisabeth von England sagt ▷: In dieser Brust wohnt kein Herz ◁! Ich bin sicher, der Druck von Fritz war ähnlich, denn nichts, was ich je gesehen habe, hat auf mich so unangenehm gewirkt.
Ich danke dir tausend, tausendmal dafür, daß Du mir diese Zusammenkunft und das Schauspiel der Kirgisen und Kalmücken im einzelnen beschrieben hast. Ich würde Reisen unternehmen, um diese Gestalten zu sehen. Umarme den Ataman von mir aus. Ist der höllische Bennigsen noch dort? Ihm und seiner Gewandtheit verdanken wir dies alles. Hier gibt es Leute, die glauben, der Großfürst [Konstantin] werde für seine Dienste durch Deine und andere polnische Provinzen entschädigt werden; ich gestehe, das wäre eine *Belohnung*, die ich *beiden* wünschen würde. Er verdient ein solches Land, und das Land für seine Verhaltungsweise einen solchen *Herrn*.
Ich muß mich vielmals bei Dir entschuldigen, daß das beiliegende Paket geöffnet ist; aber der Unteroffizier, der es gebracht hat, hat mir versichert, es sei trotz der Adresse für mich. Er ist dreimal hier gewesen, und das vierte Mal als ich es geöffnet hatte, kam er mit Lärm und Tränen, da er seinen Irrtum erkannt hatte. Um ihn vor einem Rüffel zu bewahren, habe ich es besorgt, damit Kessel [Rgt-Kommandeur] nicht das gebrochene Siegel sähe.

Leb wohl, lieber Freund, alle meine Wünsche gelten Dir, Deinem Glück und Deinem Königreich. Vergiß nicht, ich bitte Dich, Dich für ganz *starrköpfig* zu erklären, das Mittel ist zu versuchen. Ganz die Deine

Luise

274. An Friedrich Wilhelm III. — Memel, den 30. Juni 1807

Carls Geburtstag ist großartig gefeiert worden. Um 11 Uhr bin ich mit allen meinen Kindern zu Fuß zu ihm gegangen, wo wir ihm alle auf einmal unsere Geschenke überreicht haben. Die Freude war riesig. Schokolade und Geburtstagskuchen nahmen den Vormittag in Anspruch. Zum Essen blieben sie zusammen bei Carl, und um 6 Uhr war große Abendmahlzeit im Garten von Argelander, und ich war dabei. Die Freude erfüllte das Vergnügen der Kinder; diese Überlegung unterbrach oft mein Elend. Heute ist Götterwetter, die älteren Kinder [Fritz, Wilhelm, Charlotte] sind in Schwartzort, und ich gebe ein Essen in der ▷Holländischen Mütze◁ [Ausflugsort]. Die großen und die kleinen Prinzessinnen, einige Fremde, [General] Rüchel und sogar der alte Köckritz [Generaladjutant] sind dabei und haben ihre Freude dran. *»Das ist viel«* Und Du? Wo bist Du? Ach! dieser Gedanke verdirbt alles, und ich könnte heulen, Dich unglücklich zu wissen, in einem Augenblick, in dem die ganze Natur zum Glück einlädt, zum Genuß ihrer Schönheiten und zum Vergnügen. Nein, mein lieber Freund, nie wirst Du Dir eine richtige Vorstellung von dem machen, was ich für Dich leide. Ich habe heftige Kopfschmerzen, ich bin nicht zufrieden mit meiner Gesundheit. Das Blut steigt mir in den Kopf, und ich befürchte eine Blutung. Schließlich ist der Zustand, in dem ich mich befinde [im 2. Monat der Schwangerschaft], eine Pein, zudem eine Strafe. Ich verdiene meinen Lohn, wie Gott ihn mir zuteilt, und ich murre nicht, vorausgesetzt, daß ich ein Kind zur Welt bringe, das eines Tages zu Deinem Glück beiträgt und das den Segen des besten Vaters verdient. Ich empfehle Dir nochmals: Im Namen Gottes, gib nicht nach, das wäre der erste Schritt zur Versklavung. Ich bin sicher, daß N. es versuchen will, ob er von neuem alles wollen und alles unternehmen kann. Leb wohl! Ich kann nicht mehr wegen des Kopfschmerzes.

Deine treue Luise

Die Trommler der neuen Bataillone sind schändlich. ▷Wenn sie die Vergatterung schlagen sollen, so schlagen sie den Zapfenstreich◁.

Am *30. Juni* sandte Friedrich Wilhelm mit einem Brief an Luise ein Schreiben des Generalfeldmarschalls v. Kalckreuth. Dieser empfahl (nach einem Rat von Murat, dem Schwager Napoleons), Königin Luise möge nach Tilsit kommen, um auf die Forderungen Napoleons mildernd einzuwirken. Es ging jetzt um den Friedensvertrag.

275. An Friedrich Wilhelm III.

Memel, den 1. Juli 1807

Dein Brief mit der Einlage von [General Graf] K[alckreuth] traf gestern spät am Abend bei mir ein. Sein Inhalt hat so gewirkt, wie Du es vorausgesehen hast. Doch war mein Entschluß in demselben Augenblick gefaßt. Ich komme, ich fliege nach Tilsit, wenn Du es wünschst, wenn Du glaubst, daß ich etwas Gutes wirken kann, aber meine Ankunft muß irgendwie geziemend begründet werden. Ich frage Dich: Warum sollte ich mich nach Tilsit begeben, wenn nicht jemand aus der gekrönten Gesellschaft den Wunsch danach ausdrückt? Der Kaiser von Rußland hat genugsam bezeugt, er wolle aus den Dir bekannten Gründen kein Zusammensein mit mir; auch *sagt* er, bei der Abhandlung von Geschäften dürften die Frauen nicht zugegen sein. Soviel ich weiß, habt ihr alle nur mit Geschäften, und zwar mit den allerfolgenreichsten, zu tun. Das sind durchaus nicht meine Angelegenheiten, und ich kann nur hinkommen, wenn Napoleon in sehr höflichen Worten Dich darum bittet oder Dir wenigstens seine Wünsche darüber persönlich zu erkennen gibt. Wenn Du dann willst, werde ich so bald wie möglich bei Dir sein.

Der Systemwechsel Rußlands setzt mich in Erstaunen, mehr aber noch, daß Du ihn als ▷*notgedrungen*◁ entschuldigst. Erstens hat Rußland kein Fußbreit Land verloren, es hat seinen Truppen keinen Sou gezahlt, da sie von unserem Gelde bezahlt sind. Lebensmittel beginnen jetzt erst aus Rußland zu kommen, und ich weiß aus sicherer Quelle, daß es nach dieser Richtung hin dort unbegrenzte Hilfsquellen gibt. Schöne Ersatztruppen sind auf dem Wege, und die Armee kann bald um 60000 Mann verstärkt werden; also sehe ich nicht die Notwendigkeit ein, Sammetpfötchen zu machen, zu streicheln und von seiner Größe aufzugeben, während man die Möglichkeit hat, Gesetze zu geben und aufzuerlegen, statt sie zu empfangen. Aber sicherlich ist General Bennigsen durch seine Fähigkeiten weder als Mensch noch als General imstande, Napoleon Bedingungen aufzuerlegen.

In diesem Augenblick empfange ich Deinen Brief von gestern, und mit Freuden sehe ich, daß meine Gedanken über mein Erscheinen in Tilsit durchaus den Deinen entsprechen. Ich erwarte den Ausgang von allem mit lebhafter Unruhe. Übrigens kann ich Dir melden, daß mein Hof sich sehr gut benimmt, zu meinem großen Erstaunen besonders die M[oltke].

Die Verhandlungen sind bis jetzt nicht sehr glänzend verlaufen, und ich glaube, Rußland hat einen falschen Schritt getan, indem es zu nachgiebig war und dort schmeichelte, wo es Größe und Festigkeit bis zum *Äußersten* hätte zeigen sollen. Ich bin Dir äußerst verbunden, daß Du mir Baskiren und Kalmücken versprichst, bis jetzt habe ich von ihrer Ankunft nichts gehört. Aber noch mehr danke ich Dir, daß Du mir fortgesetzt Beschreibungen machst von Deinen *Tagesläufen, Diners, Empfängen, Unterredungen* mit meinem *Freunde*. Er *ist es gewiß*, da er auf meine Gesundheit getrunken hat, ich kann nicht daran zweifeln. Der Friede, den ich nach seinem Willen mit ihm schließen soll, hat keinen gewöhnlichen Sinn, aber ich bin entschlossen, ihm zu sagen, daß ich ihm *verzeihe*, was er mir im Moniteur und im Telegraphen angetan hat [öffte. Verleumdungen der Königin]. Ich bitte Dich, mir weiter Nachricht zu geben, was Du persönlich tust, bis ich selbst auf dem Schauplatz erscheine. Ich bitte Hardenberg erwartungsvoll, eine Rolle für mich vorzubereiten; ich werde sie *auswendig* lernen und hersagen so gut ich kann; denn von *Herzen* zu dem Menschenfreund zu reden, würde schwierig sein. Ich finde, Du machst *wirklich* unbegreifliche Fortschritte zur *Eleganz*, nur die *Ausdrücke* wählst Du noch nicht gut. Zum Beispiel: zu sagen, Du ißt um halbs eins mittag, ist sehr *gewöhnlich*; sage: ein *Gabelfrühstück*, dann bist Du auf der Höhe der Eleganz. Wie beklage ich den vorzüglichen Kaiser Alexander. Ich bin gewiß, im Herzen ist er erbittert, daß er mit soviel gutem Willen nichts vermocht hat und *nichts vermag*, um Dich so *glücklich, so mächtig* zu machen, wie er es wünschte. Gott sei gelobt, daß Schlesien aus den Klauen gerettet ist, aber unsere teuren Lande, ▷Kernprovinzen, ach Gott◁!

Wir sind gestern zu Lande gegangen und zur See zurückgekommen; die

Partie ist nicht so gut gelungen, wie ich glaubte, das heißt, mein Herz war nicht fröhlich; ich steckte ganz in dem Kummer, der meine Seele bedrückt. Dir und dem Kaiser also hat er diese lieblichen Reden über *Hardenberg*, über *Rachsucht*, über Krieg mit *Preußen* gegen *Rußland* gehalten; das heißt meiner Treu die *Unverschämtheit* bis zum *Äußersten* treiben.

Leb wohl, lieber Freund, ich erwarte Deinen nächsten Brief, offen gestanden, mit einigem Herzklopfen. Leb wohl, ich liebe Dich aus dem Grunde meiner Seele.

Luise

Recht herzliche Empfehlungen an den lieben guten Kaiser. Für *Murat* [Schwager Napoleons], den Mann des *Lärms*, und seinen *Spießgesellen* nichts.

Davout [franz. Marschall] mit seinem *Stab* hat mir viel Vergnügen gemacht, er hat so schauderhafte Dinge über mich zu [Hans v.] Zieten [Oberstleutnant] gesagt. Die Bankette müssen reizend sein.

Ich habe Carl [zu seinem 6. Geburtstag] einen neuen Anzug geschenkt, ein kleines Siegel, kleine Gabeln und Löffel und 3 Louis. Man muß warten bis Berlin, um ihm etwas Dauerhaftes zu schenken. Was hast Du Napoleon geantwortet auf die Frage, ob Du Berlin nicht bald wiedersehen möchtest nach einer so langen Abwesenheit? Bitte sage es mir.

Die Kinder sind um 9½ von Schwarzort [auf der Kuhrischen Nehrung] zurückgekommen. Der Marsch ist bestellt und sobald er geschrieben ist, werden ihn die Russen erhalten. Fritz [Kronprinz Friedrich Wilhelm] hat die Bestellung ausgerichtet.

Meine von [GFM] K[alckreuth] so gerühmte Leutseligkeit könnte hier wohl enden. Denn wie soll ich heiter, liebenswürdig sein, wenn mein Herz verwundet ist gerade durch den Mann, den ich sehen werde?

276. An den General v. Rüchel [Memel, den 1. oder 2. Juli 1807.]

▷ Ich danke Ihnen herzlich für die mir mitgeteilten Nachrichten und Ihre geistreichen Bemerkungen. Ich pflichte Ihnen in allem bei, aber mir deucht, es sind schon große Mißgriffe geschehen. Das ganz geänderte politische System russischerseits ist eine Sache, die ich nicht begreife. Warum diesen Napoleon zu *gewinnen* suchen auf alle Art, da wo man so gut vorschreiben kann als er; die Ursachen haben Sie so gut an Hardenberg [?] auseinandergesetzt, daß ich sie nicht wiederhole. Der König schreibt mir sehr weitläufig über seinen Empfang, er war anständig und N[apoleon] äußerst höflich. Es war sehr viel die Rede von mir, von meinem Haß für ihn (lieben kann ich nur das Gute) wie sehr er hoffe, daß ich meinen Frieden machen würde usw. Seine Höflichkeit an Tafel ging so weit, daß er dem König meine verhaßte *Gesundheit* zutrank. Es ist stark die Rede unter den Franzosen, daß ich hinkommen möchte – allein so lange er *selbst, der* N[apoleon] den Wunsch dem König nicht *sehr* höflich zu erkennen gibt, komme ich nicht; dann aber, *kömmt* besonders der *Wunsch* des Königs dazu und die Überzeugung, ich könnte nur durch meine Gegenwart *etwas* Gutes stiften, so fliege ich dahin, wo mein Herz nie sein wird, und trinke den Wermut und leere den Becher mit der Würde, die *der Preußen* Königin zukömmt. Ihre Freundin

Luise

Ernsthausen muß ein edler junger Mann sein. *Schlesien ist uns gerettet* durch Alexander. Doch tiefes Geheimnis. *Jérôme* [jüngster Bruder Napoleons] hat es haben und *behalten* sollen ◁.

277. An Friedrich Wilhelm III. Memel, den 2. Juli 1807

Meine Briefe können nicht sehr interessant sein, aber ich weiß aus Erfahrung, daß alles, was uns von unangenehmen Beschäftigungen abhalten kann, die uns bedrücken, eine Wohltat ist. Dieser Gedanke läßt mich trotzdem schreiben.

Ich habe Kopfschmerzen und Herzbeschwerden wie eine Unglückselige. Der gestrige Tag war außerordentlich warm und schön, ich verbrachte den Vormittag zu Haus, ging nur aus Vernunft einen Augenblick hinaus, da ich mich sehr matt und ermüdet fühlte vom Tag vorher, der im Walde verbracht worden war. Ich wollte mich gern pflegen und hatte mich geweigert, auf die Fregatte zu gehen, als der Kapitän Dambor mich eindringlich einlud. Er meinte, ich sei sicherlich nicht krank, die Windstille sei vollkommen und könne für die folgenden Tage nicht verbürgt werden. Ich nahm also an und habe mich bewunderungswürdig benommen. Eine Übelkeit war alles, was mir zustieß. Die Überfahrt war kurz und angenehm. In der Kabine war ein völlig nach englischer Art hergerichteter Teetisch. Unter anderem sind die Tassen so groß wie kleine Näpfe bei uns, und alles war sehr sauber und elegant. Unsere Rückkehr war ebenfalls sehr schön, und um 10 Uhr war ich zu Haus und eine halbe Stunde später im Bett. Wenn Du das doch sehen könntest anstatt des Teufelsangesichts, ▷ anstatt diesen Zügen ohne Herz ◁. Ich erleide Tod und Martyrium und schmeichle mir, da die schlechte Laune von neuem wiedergekommen ist, wird meine armselige Persönlichkeit vergessen sein. Sprich doch bitte mit dem Kaiser darüber, was er davon denkt, falls Napoleon mich einlädt, ob ich annehmen soll oder nicht. Ich werde mich krank stellen, meine Fensterladen schließen und *acht Tage* im Bett bleiben, wenn Ihr beide es wünschen werdet. Die Genesung nach einer solchen Krankheit wird lange dauern, und so könnte ich mich davon befreien, wenn Du und er meine Ankunft und Gegenwart nicht wünschet.

Mein Erwachen wurde angenehm gemacht durch die Ankunft Deines Briefes. Der Inhalt macht mir Kummer. Seine Zuflucht zu nehmen zum Herzen desjenigen, der keines hat, wer konnte diesen Rat geben? Der arme Kaiser, wie muß er leiden! Ich glaube, er ist es sonst nicht gewöhnt, daß man ihn behandelt und ausfragt wie einen Konfirmanden. Ich kann Dir nicht sagen, wie ich leide, wenn ich sehe, welche Rollen ihr beide spielt. Du wirst Dich erinnern, daß ich Dir früher sagte, ihr würdet die Gefoppten dieses Geschmeißes sein, und besonders der *Famulus* [wohl Talleyrand] ist dem euern so überlegen, daß der Gedanke der Zusammenkunft unglückselig ist. Die Gedanken (Wünsche) Napoleons setzen mich keineswegs in Erstaunen. Man wird Euch stutzen soweit man kann, das Bündnis wird vorgeschlagen und angenommen und wir werden die Sklaven von M. N. sein; M. Laforest [ehem. franz. Gesandter in Berlin] oder *Konsorten, Präfekt* von Berlin, und Du der erste Angestellte. ▷ Und man bleibt leben bei solcher Horreur ◁! Rußland hat schlecht daran getan, sein politisches System zu ändern, es wird nicht mehr die Kraft haben, Dich zu unterstützen, ▷ da sie selbst kriechet ◁.

Die Kinder sind Dir zu Füßen und danken Dir sehr für das Vergnügen,

das Du ihnen durch Deine Anordnung, nach Schwarzort zu gehen, bereitet hast. Sie haben die Russen exerzieren gesehen und sind begeistert davon. Die Stickerei für Deine Gardeuniform ist in Petersburg bestellt, seitdem ich hier bin, ebenso der Ordensstern.
Der Anblick der Rebellen, mit dem man Dich täglich erfrischt, ist eine Aufmerksamkeit mehr. Nun, der Kelch muß bis zum Grund geleert werden, und wir *trinken* ihn mit allen unsern *Kräften*, das ist sicher. Ich werde den Marsch spielen lassen sobald ich ihn habe. Der Oberst Schröder vom Regiment Tobolsk hat gestern bei mir diniert und ein Herr von Wolzogen, der ehemals bei den *Gardesducorps* S. M. von Württemberg war, aber seinen Kommandeursrang aufgegeben hat, um in Deinen Truppen der guten *Sache* zu dienen, da er die seines früheren Herren verabscheut. Das Betragen dieses Schützlings von Napoleon ist teuflisch, besonders gegen den armen Fürsten Hohenlohe [Friedrich Ludwig, pr. General], der in Öhringen wie ein Staatsgefangener Seiner Württembergischen Majestät [Friedrich I., König seit Dez. 1805] gehalten wird. Wie findest Du das? Lebe wohl, mein lieber Freund. Unterhalte Dich gut, tröste Dich, wenn Du kannst. Ich selbst bin so herunter, daß ich sogar nicht mehr lesen kann. Deine zärtliche und treue Freundin

Luise

Meine freundschaftlichen Empfehlungen an unsern lieben und guten Kaiser. Vergiß es nicht. Nichts an den Großfürsten [Konstantin] und an M[urat], der das Aufsehen liebt, vielleicht wünscht er meine Ankunft, um mir den Hof zu machen, da das Getümmel in Memel nicht groß ist. Ich schätze sehr die *Behandlung*, die die Franzosen den Russen und *Preußen* zuteil werden lassen.

Der Anblick der Rebellen: Im Gefolge Napoleons befanden sich ehemalige preußische Offiziere, die in französische Dienste übergetreten waren. – *Schützling von Napoleon:* König Friedrich I. von Württemberg. Er hatte – auf Napoleons Anweisung – die Internierung des Generals Friedrich Ludwig Fürst zu Hohenlohe-Ingelfingen übernommen.

278. An Friedrich Wilhelm III. Memel, den 3. Juli 1807

Ich habe Deinen Brief erhalten und bin, offen gestanden, erschreckt über die Art, in der ich kommen soll, nicht eingeladen von dem Herrn der Welt, ungewiß, ob meine Ankunft dem Kaiser Alexander angenehm sein wird; aber ich komme schließlich, weil Du es gut befindest und weil Ihr, Du und Hardenberg, es zu wünschen scheint. Ich fahre morgen fort, und werde am Ende des Tages in Piktupöhnen sein, in Angst, daß ich dem Kaiser Alexander mißfallen könnte. Im übrigen schmeichle ich mir mit nichts.

Leb wohl. Ich schreibe Dir von Wilhelms [Bruder von Friedrich Wilhelm III.] Wohnung, wo ein Frühstück zu seinem [24.] Geburtstag stattfindet. Ich kann Dir keinen größeren Beweis meiner Liebe und meiner Hingabe für das Land zeigen, zu dem ich halte, als wenn ich dorthin fahre, wo ich nicht begraben sein möchte.

Deine Freundin Luise

Friedrich Wilhelm an Luise am *2. Juli 1807* (französisch): *»... Hardenberg bittet mich, keinen Augenblick zu verlieren, um Deine Reise zu beschleunigen, da die Augenblicke kostbar sind und, was für das Gute geschehen kann, schnell geschehen muß ...«*

Luise reiste in Begleitung ihrer Oberhofmeisterin Gräfin Voß, ihrer Hofdame Gräfin Tauentzien und ihres Kammerherren Georg v. Buch. Eintreffen in Picktupöhnen: Abend des *4. Juli.* Am Morgen des *5. Juli* erhielt die Königin Besuch von Zar Alexander I. Nachmittags kam Graf Caulaincourt.

279. An ihre Schwägerin Marianne und ihren Schwager Wilhelm, Prinz und Prinzessin von Preussen Piktupöhnen, den 5. Juli 1807

Meine lieben Freunde, der Tag war heute für mich sehr angenehm und sehr ruhig. Das heißt, daß ich mich nicht von hier wegrühre, daß ich Kaiser Alexander heute am Morgen gesehen habe, daß er mit uns gespeist hat und daß der König zufrieden ist, mich hier zu sehen, aber das ist auch alles. Morgen begebe ich mich in die Stadt, um die Abmachungen zu treffen und [...?] Gegen 3 Uhr ist der Großstallmeister [Graf] Caulaincourt [Adjutant Napoleons] hier angekommen, um

mich im Namen von Napoleon zu begrüßen und um sich nach meiner Gesundheit nach der anstrengenden Reise zu erkundigen. Ich war sehr höflich und habe auf seine Frage mit außerordentlicher *Liebenswürdigkeit* geantwortet – ich bitte Euch, mir das zu glauben. Der gestrige Abend war keineswegs so heiter und so ruhig. Die *Entlassung* Hardenbergs, die *Notwendigkeit*, die dazu *zwingt*, haben mir sehr bittere Tränen entrissen; das ist der erste Schritt zur Versklavung; wir werden noch viel stärker beschnitten werden, als man denkt. Der Kaiser [Alexander] tut alles, was er kann, und bezahlt mit seiner Person. Er leidet entsetzlich unter diesem schrecklichen Geschöpf, das überdies noch Scenen macht. Es verspricht, was es morgen widerrufen wird. Aber im Namen Gottes: das alles bleibt ganz unter uns. Ich umarme meine lieben Kinder und bin für immer Eure getreue Freundin Luise.
Ich umarme Wilhelm morgen Abend oder übermorgen früh. Ich werde Euch viel zu berichten haben.
▷ Gott stehe mir bei und helfe mir in diesen Nöten ◁.
Adieu. Meine Grüße an unsere englische Gesellschaft und an die [Gräfin] Goltz. Ich bin hier um 6 Uhr angekommen [?]

Gräfin Juliane v. der *Goltz* war die Gemahlin des preußischen Gesandten in St. Petersburg, August Friedrich Graf v. der Goltz (1765–1832), der jetzt Außenminister wurde und dies bis 1813 blieb.

280. Aufzeichnung der Königin Luise über die Zusammenkunft in Tilsit am 6. Juli 1807

Nachdem die Russen am 14. Juni 1807 die unglückliche Schlacht von Friedland verloren hatten, nahm alles eine andere Wendung. Die russische Armee, geschlagen und zerstreut, bot keine Hilfe mehr; der Kaiser mußte sich in Unterredungen über einen Waffenstillstand einlassen, dessen Folge ein Friede war, der für Preußen den Todesstoß bedeutete. Nach einer Zusammenkunft Kaiser Alexanders mit Napoleon, die sich am nächsten Tage im Beisein des Königs wiederholte, wurde beschlossen, die Stadt Tilsit für neutral zu erklären; jeder Herrscher sollte dort dieselbe Truppenmenge haben, und sie wollten dort bleiben, um selbst über den Frieden zu verhandeln. – Für Preußen nahmen die Verhandlungen vom ersten Augenblick an die unglücklichste Wendung; durch viel Böswilligkeit und Haß von seiten Napoleons war zu erkennen, daß die Dinge schlecht für uns gehen würden. Der König schrieb mir das und fügte hinzu, man glaube, daß meine Anwesenheit von einigem Nutzen sein könne. Mein Entschluß war im ersten Augenblick gefaßt, und ich antwortete, ich würde nach Tilsit fliegen, sobald er es wünsche und sobald er glaube, ich könnte den geringsten Nutzen stiften.

Am 3. Juli erhielt ich den Brief, der mich positiv ersuchte, mit der Bitte, meine Reise, so sehr ich könnte, zu beschleunigen, weil die Besserung, die erreicht werden sollte, schnell oder gar nicht zu erreichen war.

Am 4. Juli reiste ich ab und wurde am Abend nach Piktupöhnen gebracht; dieses Dorf bewohnte der König vorzugsweise und begab sich erst um 3 Uhr in die Stadt, wo er sein Haus hatte und zu wohnen angehalten war. Am Abend bei seiner Rückkehr brachte er mir nichts weniger als tröstliche Nachrichten, und das bestärkte mich immer mehr in dem Entschluß, alles zum Besten des Staates zu tun, was in meiner Macht stände. Eine lange Unterhaltung mit dem edlen Minister von Hardenberg (er hatte an demselben Tage seinen Abschied genommen, da Napoleon nicht mit ihm verhandeln wollte und es mit aller Entschiedenheit verlangte) unterrichtete mich über die Lage, über unsere Befürchtungen und Hoffnungen, klärte meine Ideen sehr und gab mir die Grundlage für mein Gespräch mit Napoleon.

Am 5. morgens kam der Kaiser von Rußland und frühstückte mit uns. Gegen 4 Uhr gingen er und der König zusammen fort; ich empfing Herrn von Caulaincourt, den *Grand écuyer de S. M. I.*, der mich im Namen seines Herrn begrüßte, mich zu meiner glücklichen Ankunft beglückwünschte und mich nach meiner Gesundheit befragte. Ein Kompliment, das dem seinen entsprach, und unsere Unterhaltung war zu Ende. Den Rest des Abends verbrachte ich mit dem Minister Hardenberg und dem Herzog und der Herzogin von Holstein [-Beck, russ. General, seine Gemahlin geb. v. Schlieben].

Am 6. ging der Morgen mit Überlegungen hin, was ich zu Napoleon sagen wollte, und eine Menge russischer Generale kam und machte mir den Hof. General Bennigsen war der erste, und ich sprach zu ihm nur von seinen roten Backen, von dem *embonpoint*, das er gewonnen, und von seinem gesunden Aussehen, denn ich konnte ihm nur derartiges sagen. Sein Besuch war kurz, denn ich spürte sehr wohl, daß ich auf die

Einzelheiten, die nicht zu meinem Bereich und Beruf gehörten, nicht eingehen konnte und durfte; sonst hätte ich ein weites Feld und viel Stoff gehabt, um mit ihm genau auf die Dinge einzugehen, und ich hätte ihm in weniger als fünf Minuten bewiesen, daß er der niederträchtigste Lügner und Feigling, kurz ein Auswurf von Mensch ist.

Gegen 4 Uhr machte ich mich auf den Weg nach Tilsit und war um 5 dort. Als ich das Lager oder vielmehr Biwak der Kosaken passiert hatte und mich dem Njemen näherte, war der ganze Weg mit Franzosen bedeckt. Ich kann es nicht ausdrücken, wie widerlich mir der Anblick dieser Menschen war, die der ganzen Welt und zuletzt besonders Preußen soviel Übles getan haben; aber im Gedanken an das, was ich noch zu tun hatte, überließ ich mich keiner Betrachtung, oder vielmehr ich gestattete sie mir nicht. Als wir an der Fähre ankamen, empfing mich der Marschall Kalckreuth und wiederholte, was der Minister Hardenberg mir schon gesagt hatte; ich solle das Vergangene ganz vergessen, nicht an das denken, was er von mir persönlich gesagt hatte, das Böse vergessen, es ihm sogar verzeihen, und nur an den König, an die Rettung des Königreichs und an meine Kinder denken. Diese Motive waren zu gewichtig, meinem Herzen zu teuer, als daß ich mich nicht ganz mit ihnen erfüllt und mich völlig mit meinen Pflichten befaßt hätte. Voll von diesen Ideen, kam ich im preußischen Quartier an und in dem Haus, das dem König zur Wohnung angewiesen war. Als ich in das Zimmer des Königs eintrat, war Kaiser Alexander dort im Gespräch mit ihm. Er ging auf mich zu und sagte: *»Die Dinge gehen nicht gut, alle unsere Hoffnung ruht auf Ihnen, auf Ihrem Vermögen, nehmen Sie es auf sich und retten Sie den Staat.«* Graf Goltz [neuer Außenminister], der zum Unterhändler ernannt war, war äußerst niedergeschlagen und sagte mir auch, ihre letzte Hoffnung ruhe auf mir; wenn ich nicht eine Änderung erreiche, wüßte er nicht, was man noch tun könne, damit die Dinge anständig und zur Ehre des Staates ausgingen. Niedergeschlagen über die Lage, über die Böswilligkeit der Franzosen in Sachen Preußens, faßte ich den festen Entschluß, zu reden, und zu versuchen, Napoleon zu rühren.

Kaum war ich angekommen, da traf der Kaiser der Franzosen ein mit all dem Pomp und dem ganzen Gefolge, das ihn immer umgibt, wenn er sich öffentlich zeigt. Er trat in den Salon ein und ich sagte ihm, ich empfände es stark, daß er sich die Mühe gäbe, zu kommen. Er war recht verlegen; ich aber, erfüllt von der großen Idee meiner Pflichten, ich war es nicht...

Inhalt und Umfang der Auslassung (am Ende von Luises Aufzeichnung) ließen sich wegen des Fehlens von Original und/oder Abschrift nicht ermitteln. Griewank gab folgende Zusammenfassung bzw. Kommentierung: *»Die Königin bat für die linkselbischen Lande, insbesondere für Magdeburg. Aus Napoleons unbestimmten Äußerungen glaubte sie Hoffnung schöpfen zu sollen, als die fast einstündige Unterredung durch den Eintritt des Königs abgebrochen wurde. Als die Königin an demselben Tage bei Napoleon zu Tisch war, gab sie ihm die berühmte Antwort, daß Preußen sich über den Ruhm Friedrichs des Großen getäuscht habe, und wollte eine Rose, die er ihr bot, nur mit dem Versprechen Magdeburgs annehmen. Am 6. Juli erfuhr Preußen die unverändert harten Friedensbedingungen. Eine neue Unterredung zwischen Napoleon und Luise, die für diesen Tag verabredet war, beschränkte sich auf kurze frostige Worte.«*
Über den Gang des Gesprächs ▷ Brief Napoleons an Josephine vom 7.7.1807. – *9. Juli 1807:* Unterzeichnung des Tilsiter Friedensvertrages zwischen Frankreich und Preußen. – *10. Juli:* Friedrich Wilhelm III. und Luise fuhren zurück nach Memel.

281. An ihren Bruder Georg — Memel, den 5. August 1807

▷ Reich an Erfahrungen, arm an Glauben, leg' ich mein müdes Haupt an Deine Brust. Ach! George, welches Schicksal, welche Zukunft, welche Vergangenheit! Ist es möglich, daß solche Menschen von Gott erschaffen werden, als ich habe kennen lernen? Die Guten tun das Böse, die Teufel brüten es aus und lernen es ihnen; das ist, was ich gesehen habe von Angesicht zu Angesicht. Ganz *erfüllt* von dem großen Gedanken meiner heiligen Pflicht, flog ich nach Tilsit und sprach das, was mir Gott eingab; allein ich sprach nicht zu einem Menschen, sondern zu einem – zu einem Wesen ohne menschlich Herz, und das Resultat ist denn auch so rein unmenschlich, daß Preußen vor der Welt gerechtfertigt dasteht! –
Wenn ich Dich einmal sehe, so werde ich Dir alles erzählen, und Du wirst es nicht begreifen anfangs, Du wirst es hören und nicht verstehen. Ja, ich habe Ungeheures erlebt, lieber George, aber lieber Freund, ich bin nicht schlechter geworden, das sei Dir Trost. Adieu; wenn Du der Berg schreibst, tausend Schönes, sowie auch der Kleist. Laß ihr wissen, ich sei nicht müßig – Ich lege mich Großmama zu Füßen. Ihren und Dein[en] Brief bekam ich, als N[apoleon] schon in sausendem Galopp nach Dresden flog, da hier sein Teufelswerk vollbracht war. 27 *Mar-*

schällen und Generälen hat er die Domänen des Königs in Polen verschenkt, und dem Sachsenkönig das *ausgesogene, unzufriedene, höchst unglückliche Land*, was so betrogen ist, wie noch keines. Und *unsere Magdeburger, Altmärker, Halberstädter* usw. an Jerôme, König von Westfalen. Ist es zum Überleben, George? Ganz Deine

Luise

Lese den Brief an Papa. Ich küsse Carl ◁.

Die Bedingungen des Friedensvertrages waren: Preußen trat seine Besitzungen westlich der Elbe und in Polen (an ein Herzogtum Warschau unter König Friedrich August I. von Sachsen) ab. Es behielt Pommern, Schlesien, ein Stück von Westpreußen mit Ermland und Alt-Ostpreußen. Danzig wurde Freistaat. Friedrich Wilhelm III. mußte Jerôme von Westfalen als König anerkennen und den Besitzstand der zum Rheinbund gehörenden Fürsten, dazu König Ludwig Bonaparte von Holland und König Joseph Bonaparte von Neapel. – Preußen trat der Kontinentalsperre gegen England bei und mußte sich zu Kontributionszahlungen verpflichten.

282. An ihren Bruder Georg — Memel, den 9. August 1807

▷ Dein letzter Brief durch den Dr. J.[?] ist mir den 6. zugekommen. Der Inhalt hat mich sehr erfreut, da ich imstande war, Dir Erheiterung zu verschaffen in dem Augenblick, wo sich die Welt verfinsterte. Wenn Du die letzteren, die an Euch abgingen, nicht so gefaßt, nicht so ruhig findest, als Ihr es nach den ersteren mit Recht erwarten konntet, so will ich Dir darauf antworten, daß mich nichts in der Welt so erschüttert, als gute Menschen untergehen sehen, Hoffnungen aufgeben zu müssen, die auf Tugend gebaut waren.

Auf der anderen Seite aber das Böse, von dem man wußte, *es lebt, es wirkt, es ist da*, in der *Nähe* zu sehen, es aber *zugleich tausendmal fürchterlicher zu finden*, als je der schwache Geist es ahnen konnte, das erschüttert auch. Genug, bester George, in der Nähe Zeuge des zu sein, was ich erlebte, da gehört Riesenkraft zu es auszuhalten, und dennoch reicht sie nicht. Eine Zusammenkunft dreier gekrönter Häupter! Kann man sich denken, daß diese ohne Folgen sein kann, die nicht von Größe und Milde erzeugen, die nicht auf eine ausgezeichnete Art enden müsse? Statt dessen finde ich, als ich nach Tilsit kam, *einen* Götzen, der angebetet wird (und dieser Götze ist von einem noch unbekannten, ungenannten Metall), und der die anderen beiden Gekrönten geradezu mit *Füßen* tritt. Es sind da Partikularitäten geschehen, wovon man keinen Begriff hat, bis man sie von einem Augenzeugen selbst gehört hat, die zugleich die höchste *Verderbtheit, Kälte, Infamie* der einen Partei verrät, und die *Schwäche* der anderen, die dann freilich die Oberhand stark hatte. – Denn, sei noch zu meiner Entschuldigung gesagt, ist es wohl ein ganz Teil leichter, für sich allein zu repondieren, als wenn man vor zwei dastehen muß. Denn war ich mit mir so ziemlich fertig, d. h. schleppte ich mich so halbwege fort an Geist und Leib, so kam der Zustand des Königs dazu – Nein, was dieser Mann gelitten, beschreibt sich nicht. 14 Tage in der Folter *gespannt*, um sich die *ärgsten* Sachen sagen zu lassen, *wenn er alles* aufbot aus *reiner Vaterlandsliebe*, um seine *ältesten* Provinzen wenigstens aus Teufelsklauen zu reißen. *Darauf*, auf solche gewagte Stürme auf das Herz desjenigen, der keines hat (Du begreifst, was solcher Schritt allemal für Aufwand der Willenskraft kostete gegen einen solchen Gegenstand), erfolgten dann den *anderen Tag jedesmal* ärgere Infamien, da nahm man uns *das mehr ab*, und *jenes* mit Ausdrücken, die jedesmal erniedrigender und humilianter wurden. Abspannung erfolgte natürlich, ach! die *wird bleiben*, und das ist, was mich jetzt betrübt, über alles betrübt; hiervon auch mündlich ◁.

283. An ihren Bruder Georg — Memel, den 11. August 1807

▷ Wie so ganz anders ist es heute hier in Memel, als es voriges Jahr und vor zwei Jahren in Charlottenburg war. Mit den größten Zubereitungen beschäftigt, um dir, bester George, Beweise unserer Liebe an dem Tage zu geben, wo du geboren wurdest; zeuge der *Bereitwilligkeit*, mit welcher *jeder* den Tag, der mir so teuer ist, verherrlichen zu helfen, herbeieilte, weil es *dein* Fest war, ach! welche Genüsse für ein Herz, was dich so liebt, wie ich dich liebe! Und nun getrennt von dir, weit, weit, so weit, daß nicht einmal ein Händedruck, die Gefühle der wärmsten Liebe, dich erreichen kann, an dem Tage, wo meine ganze Seele bei dir ist. Das sind wahre Entbehrungen, und ich darf drüber klagen, weil es nicht Egoismus ist, der mich dazu bringt; denn ich weiß es, du leidest so viel, als ich, dabei, bei dieser unserer Trennung. Meine wärmsten Segenswünsche begleiten dich stets, doch ausschließender beschäftigt sich mein Geist und Herz an dem Tage mit dir, der gerade *der* ist, der mir einen Freund und Bruder gab, den ich so zärtlich liebe, an dem mein Innerstes so innig verwebet ist. Du zweifelst nicht daran, doch sagen muß ich es dir noch tausendmal, daß du mein teurer, teurer Freund bist, und daß Gott mich nicht glücklicher machen kann, als wenn es dir wohlgehet, wenn du zufrieden bist. Morgen gibt Prinzessin Louise [Radziwill] ein Dejeuné in der hübschesten Gegend um Memel, um der [...?] und dein Fest zugleich zu feiern. Sie bat mich dazu bloß wegen dir. Wie anders wird es sein, als wenn du in Charlottenburg mit uns frühstücktest. Der König sagt dir tausend Schönes, Liebes und Gutes und wünscht dir wirklich aus Grund des Herzens Gutes.

den 12.

Es ist erst 10 Uhr, und schon hab ich tausend Freude erlebt, die mir von dir kömmt, mein bester George, weil du in aller Herzen lebst und geliebt wirst, wie du es verdienst. Du weißt, ich trinke Pyrmonter Brunnen, wenn diese Promenaden vollbracht sind, so frühstück' ich meinen Kaffee in einem Garten, der an meiner Söhne Haus stößt. Als ich heute hereinkam, sind alle meine Kinder vereint, um dir und mir Glück zu wünschen. Eine Guirlande, mit deinem G geziert, schwebte über meinem Sitz. Die Damen brachten mir Bouquets, aus dem Garten, Kinder brachten Blumen. Fritz gab mir ein Gedicht, welches er geschrieben hat, welches Delbrück dichtete. Es erfolgt im Original hierbei.

Alle, die hier sind und dich vorzüglich lieben und schätzen, vereinten sich; ich versprach, sie dir zu nennen: Kiesewetter [Philosophieprofessor], Brinkmann [schwed. Gesandter], meine Damens, alle baten mich, sie ja nicht zu vergessen, so wie Delbrück, Reimann, die Wildermeth [drei Erzieher ihrer Kinder] und ...

Es war eine herzliche Stunde, die wir verlebten. Der König war der erste, der mir gratulierte und blieb auch länger als gewöhnlich bei meinem kleinen Privat-Frühstück. Eben tritt der Voto [Oberhofmeisterin v. Voß] ein, mit tausend Glückwünschen für dich, er will dir selbst noch schreiben und dir etwas schicken.

Ich, lieber George, hab' nichts als dieses Nädelchen, welches ich lange trug, um es dir teurer zu machen; komm' ich nach Berlin, so soll Porzellan – auch im Spätherbst – dieses Sommerfest noch verherrlichen. Unendlich denk' ich an die von Strelitz, an die Agitationen der

Großmama, an Papaens Freude und an alle, die dich heute, alle, ein jeder auf seine Weise, befeiern wollen. Nun verlaß' ich dich und mache Anstalten, um auf das große Dejeuné zu kommen, wohin ich reite. Adieu, keiner denkt so an dich, wünscht dir so viel Glück, als deine treue Luise auf ewig ◁.

284. AN IHREN BRUDER GEORG (Memel) der 13. abends (August 1807)

▷ Der gestrige Tag endete so schön, als er begann, und das will viel sagen. Wir vereinigten uns gegen 12 Uhr in Teuerlaken, das Dejeuné war heiter, das Wetter, welches bezogen und trübe war, hellte sich auf, und mir kam der Gedanke auf, da zu essen; so gesagt, so geschehen. Nun kam die Sonne hervor, und als wir auf das Gras gelagert, im Schatten göttlicher Eichen, deine Gesundheit tranken, war eine göttliche Hitze und alle Gemüter so heiter, so froh, daß der Gram verscheucht, alle Trauer aus den Gemütern gewischt war. Der König war auch einmal recht heiter.
Nach Tisch wurden Töpfe geschlagen, und er alleine traf! Da die Augen doch schon einmal verbunden waren, so entstand ein unwillkürliches *›Blinde Kuh‹!* daraus, im Kreise, und unter Lachen, Jubeln und tausend Gedanken an dich, bester George, ging die frohe Caravane nach der Stadt. Dort gibt es auch *»Die Linden«*, wo wir uns noch zusammentrafen. Prinzessin Louise [Radziwill] hatte Sorbet dahin bestellt, um noch einmal deine Gesundheit zu trinken, welches wir denn alle taten von Herzen. Der gute König hatte mir die *surprise der musique* dahin bestellt, allein sie war nicht zu bekommen, da sie in eine *affreuse comedie* mußte, die hier ihr Wesen treibt. Ich weiß aber, daß der gute Wille des Königs und der Anteil, den er an diesem Tag nimmt, dir die süßeste Harmonie ist, obgleich du und ich nicht die süßen Töne hörten, die er mir verschaffen wollte. Brinkmann hat mir delizieuse Verse gemacht, draußen im Freien, Kiesewetter bringt sie dir von mir. Für heute genug. Ich bin müde und es ist spät. Der guten Berg tausend Liebes und Gutes. Teile ihr diesen Brief mit, sie auch, die zärtliche Freundin, wird sich freuen, daß ich einen vergnügten Tag verlebt hatte. Ich drücke dich an mein Herz küsse Carl und bin deine

Luise

Der Erbprinz [Mecklenburg-Schwerin] gibt dir diese Zeilen, er ist wie immer, will sich nun mit Teufelsgewalt [ver]heiraten, um einer Taché aus dem Wege zu gehen, und ich glaube, – er hat es mir zwar nicht gesagt, – allein *mir* [sic] *sind fein*, er hat sein Auge auf Therese von Hildburghausen [Nichte Luises] geworfen. Ach Gott! daß ich nur nicht um Rat gefragt werde – ◁.

Der *Erbprinz* Friedrich Ludwig von Mecklenburg-Schwerin (1778–1819), dessen erste Gemahlin Helene Paulowna 1803 gestorben war, heiratete nicht die 1792 geborene Prinzessin Therese von Sachsen-Hildburghausen (Tochter von Luises Schwester Charlotte), sondern (erst 1810) Prinzessin Karoline von Sachsen-Weimar, Tochter des »Goetheherzogs« Karl August.

285. An ihren Bruder Georg

(Memel) den 15. August 1807

▷ ... es dient mir wirklich zur Beruhigung, gleichsam mit mir selbst ins reine gekommen zu sein und die Ursachen geordnet zu haben, weshalb ich so niedergeschlagen war. So recht empor kann ich doch nicht kommen, da Schwäche, *insouciane*, Mangel an Vertrauen in sich selbst, üble Gewohnheit usw. leider immer die Oberhand behalten, und da Ungeschicklichkeiten vorgehen werden, die ärger als arg sind. Aus der Haut möchte man fahren, wenn man das so sieht und nicht helfen darf, – doch dieses alles sei Dir allein gesagt, aber ich sage es nochmals, die Zukunft kann nichts sein, wie man es anfängt ◁, ...

Und schon jetzt bin ich trostlos über die Ungeschicklichkeiten, die überall in dem Moment begangen werden, wo mit etwas Takt und weniger Starrsinn alles gewonnen werden könnte.

▷ So will z. B. der König bei Nacht und Nebel nach Berlin einschleichen, sich nicht zeigen, weil er sich schämt und so mit dem ersten Schritt alles wieder verderben. Dann denke Dir nur, hatte er die *idée* zu abdiquieren! [abzudanken] die ich dann mit aller Indignation zurückwies. Aber ich beschwöre Dich, verbrenne dieses gleich, damit außer Du und ich es niemand weiß.

Über den Verlust von Hardenberg heule ich Tag und Nacht. Der König hatte ihm endlich das so lange verdiente Vertrauen *ganz* geschenkt; H[ardenberg] war ihm so attachiert wie niemand hienieden, denn die Ehre, das Wohl des Staates war ihm alles, seine *Person*, sein Ich nichts. Wie hat sich der Mann betragen, George, wie ein Gott! Wenn nur ein

Gedanke an *ihn selbst* ihn beschäftigt hätte, – nein, nur mit dem Staat, mit den *Mitteln*, wie der noch zu *retten sei*, wie *dieses getan*, *jenes vermieden* werden müßte, so bewies er sich, bis daß er uns ein ewiges Lebewohl in Piktupöhnen sagte. Mit diesem Bilde der wahren *männlichen Tugend* erfüllt, mußte ich denn zu dem Napoleon eilen, der uns auch dieses *Kleinod* entriß, um das Böse desto leichter an uns auszuüben, weil er uns zugleich auch aller *Mittel* beraubte, das wieder gutzumachen, was er mit teuflischer Kunst und Freude so horrible böse und verwickelt gemacht hatte. Kannst Du Dir unsere Lage recht denken, die Gefühle, die mich durchwühlten, wenn ich so das Böseste auf der Welt mir gegenüber sah und den Abgrund des unendbaren Unglücks übersah, welchen dieser Bösewicht mit einer Kälte über uns ergehen ließ, die gottlob auch nur ihm gehört? Wenn ich Dich sehe, so muß ich Dir diese zwei Tage in Tilsit recht auseinandersetzen. [Professor] Kiesewetter kann Dir übrigens Bruchstücke liefern, die Dir schon Licht genug geben können, denn er war zugegen und hat mich *vor* und *nach* der ersten Entrevue gesehen und gesprochen.
Adieu, bester George; die ersten drei Seiten kannst Du vorlesen an Papa, das übrige aber niemand. Ewig Deine

Luise

Hast Du »*Corinne*« gelesen von der Stael? Ich bitte, lies es. Wie oft habe ich an Dich gedacht bei dem Durchstreichen der Altertümer in Gesellschaft, die Herz und Geist erhebt! Z. B. das Kolosseum, eins derer, die Du mir selbst namhaft gemacht hast. Denke Dir, daß ich nie denken kann, daß die Pauline [Borghese, Schwester Napoleons] Napoleon gleichen kann; solche Zähne sah ich nie ◁.

Der Roman *Corinne*, ou l'Italie, geschrieben »von der Staël« – Germaine Baronin Staël-Holstein (1766–1817) – war das jüngste Werk der französischen Schriftstellerin. »Corinne« erschien in einer Übersetzung von Friedrich Schlegel 1807 in Berlin.

286. An ihren Bruder Georg

Memel, den 27. August 1807

▷ Bester George! Ganz außer mich, wenn ich mich dem Gedanken überlasse, dich bald (recht bald hoffe ich) hier zu sehen, ergreif' ich schnell die Feder, um dir zu sagen, daß du deine Reise doch recht sehr beschleunigen mögtest. Ich brauch dir wohl nicht zu sagen, wie diese Aussicht mich beglückt, wie viel Balsam deine Gegenwart auf meine Wunden gießen wird, ja, ich gehe so weit, daß ich behaupte, du hättest weder fragen, noch meine Antwort erhalten sollen, um dich schnell hierher zu begeben. Allen Menschen hab ich schon gesagt, du kämst, und alle freuen sich darauf. Eins muß ich aber doch bemerken, lieber George; Carl [Halbbruder, 21jähr.] muß mit, denn als ich es dem König sagte, so ließ er ein paar Worte fallen, als ob er es sehr natürlich finde, wenn Carl den Gedanken gehabt hätte. Nun kommt also *beide* und das schnell. Ich bitte dich recht sehr, lieber George, daß du dich ordentlich vorbereitest auf den langen, äußerst langweiligen Weg, was du alles von mir wissen willst, und daß du dir ordentliche Fragen in Rubriken einteilst, worauf ich dann mit aller Ordnung antworten werde. Tust du aber dieses nicht, so stehe ich vor nichts, denn die Freude, euch wiederzusehen, wird mir das Gedächtnis, wenigstens auf die ersten Tage, ganz verwischen, und die Vergangenheit mit ihren Schrecken und die Zukunft mit ihren Abgründen wird verschwinden. Ich setze nichts hinzu, weil ich den Brief mit der Post abgehen lasse, die – soeben abgehen will, und da der Gehalt des Briefes ganz *gleichgültig* und von keinem *Gewicht* ist als für *dich* und *mich*, so hoffe ich, soll er bald, recht bald in deinen Händen sein. Ich küsse Papa die Hände und der Großmama ebenfalls, Onkel Ernst gratuliere ich zu Papier selbst und küsse Carl herzlich, er wird schon wieder 4 Compagnien Garde hier finden und viele alte Bekannte. Sein armer Stephens ist sehr elend gewesen und so verändert, daß ich mich für ihn erschrocken habe. Über all' die *Veränderungen*, die du wünschest zu wissen, ein Mündliches! Das ist noch ein Wort! Bis dahin lebe wohl, recht wohl und liebe mich immer als deine alte

Luise ◁

287. An ihren Bruder Georg — Memel, den 31. August 1807

▷ Soeben erhalt' ich Deinen letzten Brief, der freilich um vieles meine Freude herunterstimmt; denn die glückliche Aussicht, Dich zu sehen, ist wohl beinah' verschwunden. Ich kann in der Entfernung nicht urteilen, ob es sein muß; allein Dein eigner Verstand bürgt mir dafür, daß Du nichts *unternimmst*, als was Du für nötig findest und für klug

und zweckmäßig. Die Sache ist gut eingeleitet durch den Primas [Fürstprimas des Rheinbundes, Karl Theodor v. Dalberg], auch er ist, wie Du aus meinem letzten Brief ersehen haben wirst, mein einziger Trost in Hinsicht auf Therese [Thurn und Taxis], die ebenfalls nach Paris ist. Wenn Du Gelegenheit hast, so sage dem Kaiser [Napoleon] etwas, und wenn Du nicht weißt, in was das Etwas bestehen kann, so sage ihm *nichts* von mir. Wenn Du hingehst, so erwarte ich etwas, doch für Dich –. Dieselbe Hand, die im Herbst für Dich handelte [Prinzessin Pauline Borghese], wird Dich gewiß nicht verlassen und wenigstens alle Unterstützung geben, der sie fähig ist. – Erinnerst Du Dich noch der *Strophe in der Johanna*, die *Du mir und die wir so oft* etwas *verändert* hersagten, wenn wir vorher über *o vi do no* gelacht hatten.
Ach lieber Gott, wenn nur die Batzen nicht in der Welt wären. Die Leiden, die jetzt darüber in unserm armen Königreich entstehen, sind ohne Zahl. Die Kontribution ist fürchterlich, und wie diese abzutragen sein wird, weiß Gott. – Auf alle Fälle schicke Carl hierher, wenn Du auch nicht kömmst; es ist gut, sehr gut. Die Garde ist schon wieder stark und sammelt sich täglich mehr; es ist also für ihn und für das Ganze gut, daß er komme; besonders, glaub ich, siehet es der König gerne. Adieu, heute kann ich nicht mehr. Eine Hitze, lieber George, die noch in Neapolis für eine *Hitze* passieren könnte, macht, daß mit all meiner Passion für Hitze ich sie dennoch für warm erklären muß, und beim Schreiben fühlt man sie doppelt. Apropos, die Herzogin von Kurland [Dorothea, geb. v. Medem] war hier und hat mich auf einen Tag besucht, sie läßt Dir tausend Schönes sagen. Sie war mehr *herzoglich* als *freundlich*. Ach, die *schwache Menschlichkeit*! Kurländchen hat ihr ein bißchen in den Knochen gesteckt. Adieu, ich kann nicht mehr als Papa und Großmama und Oncle und Bruder zu Füßen fallen. Deine

Luise

Wie wird es mit dem Rost stehen? Das Herz hat keine Rostflecke bekommen; das ist Dir mehr wert, das weiß ich ◁.

Der Erbprinz von Mecklenburg-Strelitz reiste nach Paris. Es ging um Verhandlungen mit Napoleon und dem Fürstprimas des Rheinbundes, Karl Theodor v. Dalberg, wegen des unvermeidlichen Beitritts von Mecklenburg zum Rheinbund. – Luises Schwester Therese Thurn und Taxis befand sich bereits seit einiger Zeit in Paris, um die Rückgabe beschlagnahmter holländischer Güter ihres Gemahls zu erwirken.

288. An ihre Grossmutter
Prinzessin von Hessen-Darmstadt Memel, den 16. September 1807

Teuerste Großmama! Ich küsse Ihnen in Gedanken tausendmal die Hände für Ihre lieben Briefe; Sie sind die Güte selbst, liebe, gute Großmama, daß Sie immer an mich denken und es mir so oft in freundlichen Briefen aussprechen. Sie sind diesen Winter und auch diesen Frühling sehr unwohl gewesen, das habe ich zu meinem Schmerz erfahren; ich hoffe, das Wasser von Pyrmont wird Sie so gestärkt haben, daß Sie nicht nur einen Unterschied spüren, sondern auch an Kräften gewonnen haben. Wenigstens gehen die aufrichtigsten Wünsche meines Herzens dahin, das Ihnen unabänderlich zugetan ist. Wir schmachten alle nach dem Augenblick, wo wir Preußen verlassen können. Wolle Gott, daß wir nicht *vergeblich* hoffen, in zwei Monaten das liebe Berlin und die liebe Mark wiederzusehen, und daß die Zeitpunkte, die im Friedensvertrag für die Räumung des Landes durch die Franzosen festgesetzt sind, genau eingehalten werden; dann habe ich Hoffnung, endlich wieder auf *ruhige Stätten* zurückzukehren, nach einem grausamen Jahr von Prüfungen, Strapazen, Reisen und Fahrten aller Art.
Ich beteure Ihnen, liebe Großmama, ich habe diese so erwünschte und bis jetzt vergeblich angestrebte Ruhe sehr nötig. Besonders um meine Wochen zu halten, möchte ich nach Berlin zurück sein, denn Ende Januar ist noch eine kritische Zeit für mich. Gesundheitlich geht es mir gut, und ich begreife nicht, wie meine Gesundheit allen harten Proben, die sie ertrug, widerstanden hat. Der König war einige Tage unwohl, aber Gott sei Dank geht es ihm besser. – Der Bericht, den der Prinz von Bayern [spätere König Ludwig I.] Ihnen von Napoleon über mich gebracht hat, ist sehr wahr, denn er hat ihn mir selbst gehalten. Auch kann ich Ihnen nicht sagen, wie liebenswürdig, höflich und scharmant er gegen mich war, und er sagte nur eine Schmeichelei über mich nach der anderen. Wenn er auf meine Vorstellungen gehört hätte, hätte er mich sehr viel glücklicher gemacht. Ludwig von Bayern ist ein guter Knabe, wie es scheint; er ist schwachen Geistes, aber ich glaube, das Herz ist gut. Sie können nicht glauben, welche Wirkung der Anblick der Darmstädter [hess. Kontingent der Rheinbundarmee], die in Tilsit waren, auf mich gemacht hat; sie als unsere *Feinde! Sie haben sich*

unaussprechlich schlecht aufgeführt. Großer Gott, wer mir das in dem lieben Darmstadt gesagt hätte, wo ich so glücklich war und wo Ihre Güte mir so köstliche Zeiten verschaffte! Ich glaube, die Erinnerung an das *vergangene Glück*, die Dankbarkeit dafür, die ich auf immer im Herzen trage – das gibt mir die Kraft, erhobenen Hauptes weiterzuschreiten in einem Augenblick, wo ich sehr unglücklich bin. Ach, liebe Großmama, was ist das Glück hienieden? Dürfen wir es wagen, darauf zu rechnen? Und hat man wohl nicht recht, die Blicke immer gen Himmel zu richten, wo unsere wahre Heimat ist, und den Großen dieser Welt nicht zuviel Wert beizumessen, sondern das Herz den Betrachtungen offen zu halten, die uns über alles Leid des Erdenlebens und die Wechselfälle des menschlichen Schicksals erheben? Ich bin viel ernsthafter geworden, das möchte ich nicht verlieren. Erhalten Sie mir Ihre geschätzte Güte und glauben Sie an meine zärtliche Ehrerbietung, die nur mit unserem Leben enden wird.

Luise

289. An Frau v. Berg [Memel, Ende September 1807.]

▷ Wie gerne wäre ich so irdisch, wenn ich nur könnte, allein seit meiner Nervenkrankheit bin ich nie wieder recht ordentlich gewesen. Und nun gar schwanger und keine Hoffnung, wann *Berlin* für mich wieder zu erreichen ist. Ende Januar oder Anfang Februar glaub' ich entbunden zu werden, und Gott weiß wenn wir reisen. Marschall Soult ist ein entsetzlicher Mann, und fährt er so fort, so hält er uns gefangen hier in Memel Jahre! – Denn er tut was er will, und ist gar nicht in der Schule, die ihn erzog. Mehr brauche ich wohl nicht zu sagen. –

Ich sage George tausend Schönes, liege zu den Füßen meines Vaters, und der Kleist viel Liebes und Gutes. Die Sache mit der Universität ist arrangiert, die zwei glückliche Professoren haben voller Freude und Glück bei uns ehegestern gegessen. Ich lese fleißig die Geschichte und lebe in der Vergangenheit, weil die Zukunft nichts mehr für mich ist. [Staatsminister Reichsfreiherr von und zum] Stein kömmt und mit ihm gehet mir wieder etwas Licht auf; doch keine Zukunft gibt es nicht ohne Selbständigkeit, wo ist die in der Welt jetzt? Ach Gott! Ach Gott! – Brinckmann [schwed. Gesandter, Dichter] ist die einzige Gesellschaft hier; er ist gut und klug. Prinzessin Luise [Radziwill] ist sehr gut mit

mir; sie ist sehr unglücklich, seit Prinz Louis [-Ferdinand, Bruder der Luise R.] tot, nie wird sie diese Wunde vernarben.
Adieu, meine gute Berg. Ich bin ewig Ihre

treue Luise ◁

290. An den Freiherrn v. Stein [Memel, den 4. Oktober 1807.]

▷ Ich beschwöre Sie , haben Sie nur Geduld mit den ersten Monaten. Der König hält gewiß sein Wort, *Beyme* kömmt weg, aber erst in Berlin. So lange geben Sie nach. Daß um Gottes willen das *Gute* nicht um drei Monate Geduld und Zeit über den *Haufen falle. Ich beschwöre Sie* um *König, Vaterland, meiner Kinder*, meiner *selbst* willen darum. Geduld.

Luise ◁

Am *5. Oktober* fand eine entscheidende Besprechung zwischen dem König und dem Freiherrn Heinrich Friedrich Karl vom und zum Stein (1757–1831) statt. Der Geheime Kabinettsrat Karl Friedrich v. Beyme (1765–1838), der eine andere Richtung als Stein verfolgte, wurde zum Berliner Kammergerichtspräsidenten ernannt. Stein, der im Januar dieses Jahres (1807) seinen Eintritt in das Staatsministerium von der Beseitigung der Kabinettsregierung abhängig gemacht und deshalb vom König den Abschied erhalten hatte, übernahm nun doch wieder das Amt des Staatsministers, wobei ihm unmittelbarer Vortrag beim König zugesichert wurde. Stein erhielt die Aufgabe, eine Staatsreform durchzuführen.

291. An ihren Bruder Georg Memel, den 7. Oktober 1807

▷ Loben will ich mich gerade nicht, aber beiläufig muß [ich] doch sagen, daß es erst 6 Uhr früh ist, und daß, da der Kurier heute früh fort soll nach Berlin, ich meinen Schlaf verscheuchte, um Euch ein paar Zeilen zu schreiben. Denn wenn es jemand verdient, daß man ihm Opfer bringt, so ist es wohl niemand mehr als Du, dessen Folianten ich gestern um 6 Uhr früh bekam. Der gestrige Tag war komplett einer von denen, die da heißen, sie gefallen mir nicht [nach Pred. 12, 1], doch nur äußerlich, gottlob! Es wurde den ganzen Tag nicht Tag, regnete nur einmal, und alle Menschen gingen in Stiefeln über die Straße, um nicht zu versinken, Weiber und Mädchen. Ein schöner grauer Himmel, der alle Blicke gen Himmel verscheuchte, eine Totenstille, mit einem Wort, lieber George, so eine Sehnsucht nach Erlösung aus [Ost-] Preußen, die beinahe in Heimweh ausartete, verließ mich weniger als jemals. Da kam aber Labsal die Fülle, zwei Kuriere, der eine etwas früher mit zwei Briefen vom lieben Barg [Frau v. Berg], der andere mit Deinem himmlischen, und wieder zwei B[riefen] von der Berg und einem von Therese [Thurn und Taxis, Schwester] aus Paris, ohne Carl seinen zu vergessen. Ich war gerade bei Marianne [von Preußen, Schwägerin], als ich diese Schätze bekam, und mußte mich also gedulden bis nach Hause, um dieses alles zu *savourieren*. Da scherte ich mich in mein Kämmerlein und verbrachte ein paar herrliche Stündlein ganz allein. Der König ging und kam, aber ich las fort und war recht froh. Also tausend Dank, bester George, für Dein Labsal, es hat herrlich gewirkt. Deine Liebe und Deine Zufriedenheit mit mir ist gewiß eine der süßesten Belohnungen für die liebende Brust, und gewiß, lieber George, Du kannst außer Sorgen sein; *ich ermüde gewiß nicht. Steins* Ankunft beruhigt mich auf viele Weise, aber es hat denn auch schon böse Stöße gekostet wegen Beyme [Kabinettsrat]. Dieser hat sich sehr edel benommen und den König um seinen Abschied aus dem Kabinett gebeten. Das machte freilich der Sache ein *Ende*, aber den König schmerzt es; und dann war dieses doch nicht ein *Entschluß* und eine *Sache*, die in einer *Sekunde* abgemacht war, und die Sekunden, die dazwischen pick pick machten, waren *Erdstöße*, die viel Schwefel und böse Dünste auswarfen. Mehr kann ich nicht sagen, ausmalen kannst Du es Dir aber doch, und sprechen mit niemand als der Berg und Papa, wenn Du willst. Dabei bemerk' ich noch eins. Ich glaube, in Berlin wird man den *neuen Kammerpräsidenten* erst durch diesen Kurier erfahren (er ist nämlich an [des verstorbenen Frhrn. v.] Schleinitz' Stelle), spreche also lieber gar nicht davon, damit mein Name nicht applaudierend, nicht mißbilligend in dieser Sache erscheine. Wenn nur Stein in seinen Formen Herr ist, und immer weniger scheinen will, als er ist, dann gehet die Sache. Dissentieren, nicht disputieren ist die Hauptsache und viel Geduld. Der König hängt an sanfter ehrerbietiger Form sehr, und Hardenberg [ist] einzig darin. Umstrahlt von Tugend trat er immer als ein Verklärter herein, machte seine Vorstellungen mit einer Art, daß der König immer König blieb, und das ist viel. – Die gestrigen Nachrichten aus Paris sind *nicht so grau* wie gewöhnlich, ohne im geringsten *hell* zu sein; aber das *Grau* rührt sich etwas freundlicher. Therese schreibt mir ◁: Mir scheint, als ob im allgemeinen ein Wechsel zum Bessern vor sich geht; meinem Gefühl nach ist man freundlicher, und ich selbst werde seit einigen Tagen mit mehr Auszeichnung behandelt.

▷Diese selbe Bemerkung macht auch Knobelsdorff. Ach, George, Du kannst nicht glauben, wenn ein *Tag nur nichts noch Üblers bringt* als wie der vorhergehende, wie man da schon zufrieden ist. Ja es ist weit gekommen. Ich klage nicht mehr über die Folgen des fürchterlichen Friedens. Nach solch ein[em] unglücklichen Kriege mußte man sich auf Opfer gefaßt machen, wir brachten *unerhörte*; aber wir mußten uns unter das eiserne Schicksal beugen, und jeder suchte Kraft der Seele, um die nun einmal eingetretenen, notwendig gewordenen Opfer mit Standhaftigkeit zu bringen. Doch die Willkür zu ertragen und ein Spiel der Laune der Marschälle und Employés von Frankreich zu werden, dazu hatte keiner, keiner mehr Kraft, und ich war diese letzte Zeit nicht wohl, denn es kam wieder viel Infames zusammen. Doch wenn sich der *graue Klumpen* nur etwas sanfter regt, dann kann es noch bessere Tage geben; wenn man nur billig gegen uns ist, so gebe ich auch mein Letztes her ohne Murren. Ich verzage nicht für das innere Wohl des Landes, das Elend ist jetzt ohne Grenzen, allein es ist noch manche Kraft unerwacht, manche Quelle nicht aufgetan, die doch wo nicht Segen, doch Ersatz bringen kann. Und der große *Meister* [Frhr. v. Stein] ist ja bei uns, der dieses alles beleben kann und wird, da Talent und Wille, Kraft und Energie beisammen ist. – Wann wir uns übrigens in Berlin wiedersehen? das weiß Gott! – und das kümmert mich in meiner jetzigen Lage mehr als jemals, denn nur Berlin ist gut zu solchen Expeditionen.

Du gehst nicht nach Paris, auch ein Trost, denn ich habe die Überzeugung, daß die Reisen eigentlich nichts helfen, als daß sie viel Geld kosten; doch auf der andern Seite, sobald man sie von einem *verlangt*, muß man sie nicht ausschlagen, denn die Beruhigung, sich sagen zu können »Du hast alles getan« ist man *sich* in der heutigen Zeit schuldig, wo man nur von *inneren* Kapitalien lebt. Wie oft, wenn alles hier verzweifelte, trat ich auf und bat, man möchte mich nach Paris schikken, ich scheue nichts, was Recht ist. *Stein* sagt' ich dieses auch, und er antwortete mir: *noch nicht*! Die *Achtung des Kaisers* [Napoleon] ist mir *gewiß*, und er sagt stets *Gutes* und *Liebes* von mir. Theresens Briefe sagen dasselbe. Er selbst sprach mit ihr in *Ausdrücken*, sagt sie, »qui ont fait du bien à mon coeur« ihr letzter vom 20. September ward geschrie-

ben einen Augenblick nach der Präsentation der Kaiserin [Josephine], wo ihr die wieder sagte ◁: Ich ergreife die Gelegenheit, um Ihnen alles mitzuteilen, was mir der Kaiser Angenehmes für Sie gesagt hat. Der Kaiser, sagte sie mir, hat viel von der Königin von Preußen mit mir gesprochen; er sagte, sie sei die liebenswürdigste und interessanteste Frau, und er bedauere sehr, sie nicht früher kennengelernt zu haben; – wenn er Vorurteile gehabt habe, sei er davon durchaus abgekommen, und er bedauere sehr, daß die Politik stärker gewesen sei als seine Neigung. Das ist die Quintessenz dessen, was sie mir gesagt und in verschiedener Weise wiederholt hat. ▷ Diese Äußerungen zusammengenommen geben mir den Gedanken, daß seine *Eitelkeit*, geschmeichelt durch eine *Stimme*, die mit *Würde* und *Anstand* Recht fordert, mit Formen, die seine *Sinne bestechen*, in dem reinsten Sinn genommen, doch etwas Gutes für den König und sechs Millionen unglücklicher Menschen hervorbringen könnte. Es ist ein großer Entschluß und eine Königin, die selbst bittet, etwas Unerhörtes! Aber ich tu' es, sobald ich hoffen kann, nur etwas Gutes zu stiften. –
Du forderst Nachrichten von meinen Kindern: sie sind alle lieb und gut. Fritz [Kronprinz, 12jähr.] gibt die schönsten Hoffnungen, sein Herz ist gut und viel Geist und Wißbegierde; nur seine Manieren sind noch detestabel und erfordern all' meine *Strenge* und Aufmerksamkeit; denn das Äußere hat gar zu viel Zusammenhang mit dem Innern. Wer lieber mit dem Ellenbogen *stößt* als mit der Hand *sanft und höflich* (nach Umständen) *schiebt*, um etwas *hinwegzuräumen* oder jemand *aufmerksam* zu machen usw., der hat etwas ähnliches in seinem *Gemüt*, welches eine *schöne Harmonie des Innern* ebenso *unangenehm störet* als ein *Anstoß der Grazie* äußerlich das *Auge verletzt*. Glaube mir, George, ich habe recht darüber nachgedacht und geprüft. Fritz empfindet sehr lebhaft; als ich von Tilsit zurückkam, sagt' ich ihm sehr bewegt: »*Ich werde Dir einmal recht umständlich erzählen, welches große Opfer ich dem Könige, meinen lieben Kindern und dem ganzen Land gebracht habe, es hat mir viel Kraft gekostet, aber Euer Glück war mir lieber, es ist mir alles* –«, da fing er so an zu weinen, daß er sich den ganzen Abend nicht erholen konnte und ganz in sich gekehrt war. Er muß früh lernen, *Opfer*, von anderen gebracht, zu würdigen, damit der Entschluß mit ihm wachse und reife, auch alles zu tun, was recht ist. Wilhelm [10jähr.] auch klug und gut, immer körperlich schwächlich.

Charlotte [9jähr.] rein wie Gold, gut, sanft, lustig, so daß St. *Luisens hussa Teufelchen* mir manchmal einfällt. Carl [6jähr.] so eine Art Kind wie Fritz, nur jetzt durch der Bock [Kinderfrau] ihre Aufmerksamkeit schon gehobelter als er. Alexandrine [4jähr.] ist besser, sanfter, folgsamer als sie war, doch so ein Gemüt wie Charlotte hat sie nicht. Ich und der König wir benennen Alexandrine *la petite autocrate*, denn sie hat so etwas Dezidiertes und Närrisches als möglich. – Die alte Voß [Oberhofmeisterin] ist immer dieselbe, lustig, traurig nach Umständen, sie hat viel über unser Unglück gelitten, denn sie hat eine Geistesregsamkeit, die doch wirklich unbegreiflich ist für 80 Jahre. –
Meine Damen sind, wie Du sie kennst, die jüngste nicht so gut wie in Pyrmont, die Moltke wie sie sein kann, es ist aber doch nichts für mich, denn sie bildet sich ein, was außerordentliches zu sein, und das verdirbt alles, weil sie alles, *gerade* nur *dieses nicht* ist. Da aber die Sekte, wo von der Brinckmann [schwed. Gesandter, Dichter] ein Glaubensartikel ist, dieses große Wort ausgesprochen hat, so glaubt sie es auch und stößt sich frisch darauf los alle Augenblicke die Nase blutig gegen Wände, und Türen, wo sie ohnerachtet der *Außerordentlichkeit, geistig* recht ordentlich dawider rennt. Die Zug [?] ist noch immer die *schnöde Gerechtigkeit*, und Buch [Kammerherr] so unausstehlich, um ein *Kaldaunenmus* daraus zu hacken. Wenn ich ihn nur los wäre, wirklich er ist affreux.
Daß Kiesewetter [Prof. ehem. Lehrer von Fr. W. III.] Dir ein großer Trost sein würde, davon war ich überzeugt. Er war Augenzeuge und also von einem unbegreiflichen Interesse für alle, die Preußen, den König und mich lieben, da er so manches weiß, was man nur kennen kann, wenn man mitten darin war. Und dennoch muß man noch oft fragend sich selbst betasten, um zu wissen, ob man es noch selbst ist, oder ob ein *fantôme* uns alles dieses vorspiegelt? So unbegreifliche Dinge haben sich zugetragen. Doch die traurige Wirklichkeit ist da und attestiert, es ist so! –
Sage mir doch ein Wörtchen von Deiner Schweriner Reise, ob sie es wirklich ehrlich meinen? und an gemeinschaftliche Vergrößerungen denken? und diese Plane. – Deine Schokolade ist angekommen, der König läßt Dir tausend Schönes sagen und dankt Dir herzlich so wie ich, den 30. 9., Friederikens [11jähr. Tochter der Schwester Friederike] Geburtstag, wurde sie zum erstenmal verbraucht. – Der Erbprinz

von Schwerin ist recht gut wegen der Mama sich zu ängstigen, sie stirbt ja schon seit 40 Jahren, alle Jahre ein paarmal und tut ihr gar nichts, wie kann er sich denn nicht daran gewöhnen. Dieser Zustand gehört mit zu ihrer Gesundheit, und die Katzen haben zähes Leben. Was macht der Paul, gleicht er der guten Mutter und wie wird er erzogen?
Noch ehe ich schließe, muß ich Dir doch den Trost geben, daß ich freier atme, seit die Briefe aus Paris angekommen sind, die doch im Ton etwas besser stimmen als wie bis jetzt, wo alle Töne verstimmt waren auf diesem Instrument. Adieu, wenn ich heute dem Barg nicht schreibe, so zeige ihm doch diesen Brief, ich muß Therese heute noch einen wichtigen Brief schreiben, und da wird denn wohl der Kurier fortgehen ohne weiteres, denn ich bin jetzt schon matt. Adieu, liebster bester George, sage dem Carl [Halbbruder], ich hätte dem Könige alles gesagt, was Bezug auf seine Reise hätte und er sollte ruhig sein. Es bleibt bei der Garde, rate aber darum zu schreiben. Vielleicht wenn es lange dauert, seh' ich Euch hier, vielleicht aber auch wird man sanfter gegen uns und wir sehen uns in Berlin. Und das wäre doch noch etwas nach vielem Fürchterlichen. Ich liege allen Menschen zu Füßen, drücke und küsse Dich und bin ewig Deine

Luise ◁

Die *Mama* des Erbprinzen Friedrich Ludwig von Mecklenburg-Schwerin: Herzogin *Luise*, geborene Prinzessin von Sachsen-Gotha. Sie lebte von 1756 bis zum 1. Januar 1808. Ihr Enkel *Paul* (Sohn der verstorbenen Helene Paulowna) heiratete 1822 *la petite autocrate,* Luises Tochter Alexandrine.

292. An ihre Schwester Therese, Fürstin von Thurn und Taxis

Memel, den 7. Oktober 1807

Deine liebenswürdige Pünktlichkeit, liebe Therese, mitten aus Paris heraus, war mir ein wohltuender Beweis Deiner steten Freundschaft, für den ich Dir meinen innigsten Dank darbringe. Das Gedenken, das der Kaiser Napoleon mir bewahrt und die Art und Weise, in der er sich Dir gegenüber darüber aussprach, dient mir zum Trost, dessen ich gegenwärtig sehr bedarf. Ach, teure Therese, wenn der Kaiser sich vorstellen könnte, wie wir darunter leiden, daß gewisse Personen es sich zur Aufgabe machen, alles, was wir tun, falsch auszulegen, und

dadurch Mißverständnisse herbeiführen, durch welche wir mitten im Frieden ihn nur dem Namen nach kennen, dann würde er selbst, dessen bin ich gewiß, darüber bewegt sein. So sehr liegt die Macht in seinen Händen, das, was uns erdrückt, zu bessern, daß ich mir schmeichle, er wird dem, was G[eneral] K[nobelsdorff] und Herr v. Brockhausen [pr. Gesandter in Paris] ihm berichten werden, ein wohlwollendes und gerechtes Gehör schenken. Der König hat sich in den 10 Jahren, in denen er den Thron innehat, einen wohlverdienten Ruf der vollkommensten Rechtlichkeit erworben; auch der Kaiser glaubt daran und ist davon überzeugt, daß er sicherlich seine Verpflichtungen getreulich innehält und ihn nichts von der Pflicht, die er sich in dieser Hinsicht auferlegt hat, abbringen kann; aber wir hoffen auch, daß der Kaiser aus persönlicher Rücksicht auf den König und auf mich alle die Hindernisse beseitigen wird, die sich aus den Mißverständnissen zwischen den beiden Höfen ergeben könnten, deren Ursache oft unzufriedene und übertreibende Berichte der einen und unvorsichtiges und unbesonnenes Verhalten der anderen sind.
Eine Sache, die mir besonders am Herzen liegt, ist die Rückkehr nach Berlin. Unter allen erdenklichen Gesichtspunkten wünsche ich diese Rückkehr mehr als alles andere, sowohl als Königin wie als Frau und Mutter. Erstens leidet das Land, an dem ich so hänge, dessen Glück die Grundlage des meinigen war, schrecklich unter der Anwesenheit der Heere. Wenn das andauert, werden seine Hilfsquellen vernichtet, es wird sich niemals wieder aufrichten können und weder *uns* noch *unsern Freunden* irgendwelche *Hoffnung* gewähren. Zweitens kann die Erziehung meiner Kinder in keiner Weise gefördert werden, meine Söhne nehmen an Alter zu, aber im übrigen kommen sie zurück, und ich fürchte, daß viele schöne und gute Eigenschaften sich nicht mehr entwickeln, wenn man sie nicht rechtzeitig weckt. Du verstehst, welche Leiden mir das verursachen muß, da ich meine Kinder als zärtliche Mutter liebe, die an ihr Glück denkt und sie so erzieht, daß sie dessen würdig sind. Schließlich komme ich auf mich selbst. Das Klima bekommt mir gar nicht, meine Gesundheit ist geschwächt und mein gegenwärtiger Zustand doppelt beschwerlich. Die Zeit meiner Niederkunft naht heran und, gewöhnt an Pflege, könnte ich diese nur in Berlin finden. Die unangenehme Kälte, die Feuchtigkeit, alles vereint sich mit dem Kummer der Seele, um mich recht niederzudrücken, und ich

fürchte den Augenblick meiner Entbindung. Auf jeden Fall würde ich gern in Berlin *ausruhen*. Diese so erwünschte Reise nach Berlin kann jedoch erst unternommen werden, wenn das *Land* und die *Hauptstadt* von den Heeren *geräumt* worden sind, erst nach diesem Ereignis könnte ich mich mit Anstand dorthin begeben. Es wäre deshalb sehr zu wünschen, daß der Kaiser Vorschläge anhören würde über *gerechte Herabsetzungen* der enormen *Kontributionen*, die zu zahlen sind, und über *Vereinbarungen* für die Zahlung nach Terminen und Jahren. Wenn die Beamten des Kaisers nur den zehnten Teil der Gerechtigkeit ihres Herren hätten, würden uns viele Übel erleichtert werden. Aber ausdrückliche Befehle könnten darin Besserung schaffen, und vor allem der entschiedene Wille des Kaisers. Ich will Dich nicht traurig machen mit dem Anblick der Leiden, die auf uns liegen, noch derjenigen, deren Opfer wir sicherlich auf *immer* sein werden, wenn die Stimme der Gerechtigkeit und der Menschlichkeit des Kaisers sich nicht bald zu unsern Gunsten erhebt. Wenn Du ihn siehst, sage ihm alles das, tue mit meinem Briefe, was Du willst und rufe mich ihm ins Gedächtnis zurück. Ich wiederhole Dir, daß ich sehr geschmeichelt bin über sein Gedenken. Auch das Interesse der Kaiserin [Josephine] für mich, die sich darin niemals widersprochen hat, berührt mich lebhaft.

Ich schließe mit tausend Wünschen für Dich, meine gute Therese; vielen Dank für all die Einzelheiten, die Du mir über Paris mitteilst, über seine Vergnügungen und das Interessante in jeder Beziehung. Das Museum – ach, wie gerne würde ich darüber urteilen können; das wenige an künstlerischen Erzeugnissen, das wir hatten, würde ich nicht mehr bewundern, wenn ich nur noch einmal meine Freunde glücklich und die Tränen der weinenden Familien getrocknet sehen könnte; dieses Schauspiel wird meinem Herzen wohltun und die schwindenden Kräfte in mir wieder hervorbringen, denn Du weißst, daß ich teilweise vom Glücke anderer lebte. Du fragst nach meinen Bestellungen, ich habe Dir schon in meinen früheren Briefen einige angegeben und mache mir Vorwürfe, daß ich noch an all diesen Lappalien hänge, aber was willst Du, die gebrechliche Menschheit läßt sich treiben zu den lieben Überflüssigkeiten, von denen wir so oft gesprochen und geschrieben haben, und doch kommen wir immer dahin zurück, das ist mein Fall. Schicke mir etwas Hübsches und füge es dem übrigen bei.

▷Also den einen Tag hoch oben, den andern ganz darnieder, so daß man glaubt, du bleibst in dieser Geisteserniedrigung; und doch den andern Tag Kraft, es mit der ganzen Welt aufzunehmen – so gehet es Ihnen, liebe Berg, so gehet's mir, so geht es mir z. B. heute, eben jetzt, da ich Ihnen schreibe. Gestern war ein horribler Tag! Nachrichten, um sich die Haare auszuraufen; eine Fortsetzung deren, die ich Ihnen schon einmal mitteilte. Dazu kam, daß der Graf *Tolstoi*, r[ussischer] Ambassadeur, gerade hier war, ein wahres Glück, da er Augenzeuge der Behandlung war, die wir jetzt drei Monate im Frieden erdulden, er las nämlich die Rapporte, die einkamen und die Originalakten [der Friedensvollziehungskommission]. Dieses Hiersein veranlaßte mich aber, in weitläufige Details einzugehen; ob diese angenehm sind, frage ich Sie? Meine Ansicht der Dinge mußte er wissen, damit er sah, daß kein Kleinmut mich beseelte, sondern nur das so natürliche Gefühl der Gerechtigkeit, die uns durchaus verweigert wird. Es war ein entsetzlicher Tag, denn all mein Hoffen wurde schwächer und mein Sehnen immer stärker. Er nimmt die strengsten *Befehle* seines Kaisers [Zar Alexander I.], unsres steten Freundes, nach Paris mit und dieses [ist] unsre letzte Hoffnung. Denn von einem *Wunsch Steins* erwarte ich wenig; nämlich der Gedanke ist gut, allein die *Akteurs* fehlen, um den Gedanken *richtig auszusprechen*. Er wünscht, der König möchte einen seiner Brüder nach Paris senden oder jemand von Marque des Königl. Hauses, und mit Nap[oleon] zu sprechen, zu *schmeicheln*, ihm ein *Kompliment* zu machen. Allein die Brüder des Königs sind nicht solche Menschen – *Stein* wird mit Wilhelm [jüngster Bruder von Fr. W. III.] sprechen und sehen, ob er es *annimmt* und sich *getraut*; das Resultat weiß man noch nicht. Er hatte einen Augenblick die Idee, Radziwill zu schicken (dieses komme nie über Ihre Lippen gegen die Prinzeß [Luise R.], die es nicht ahnen darf); allein dieser Prinz wäre nun vollends gar nichts, um die *Eitelkeit* Napoleons zu schmeicheln, da sein Bruder in Warschau *Kammerherrndienst* in die *Vorzimmer* tat, jetzt wirklich *französischer* Kammerherr geworden ist und überdies eine Militärstelle in der *polnischen Nobelgarde*, die nach Paris ist, bekleidet. Und man muß wissen und es *gesehen* haben wie ich, wie die Hofchargen am französischen Hof und ganz besonders Polen, *besonders en kanaille* traktiert wurden und werden. In Tilsit war dieses auffallend, und die Beschreibung davon mündlich. Meine Gemütsstimmung von heute ist denn wieder hoch oben; und das deshalb, weil Tolstoi von unserm Unglück ganz unterrichtet ist, tief gerührt davon, seit gestern fünf Uhr auf dem Weg nach Paris ist. Wenn die Sachen nur nicht *stocken*, die Räder nicht *stillestehen*, so ist noch immer Hoffnung da, und Hoffnung ist die Stütze des Lebens, ist es, was mir heute meinen gebeugten Mut wieder aufrecht emporhilft. Gott kann uns nicht ganz verlassen, es ist nicht möglich. Wahr ist es, wir haben gräßliche Beispiele in den neuen Weltbegebenheiten vor Augen. Der König Ferdinand [IV. von Sizilien] und die Königin Karoline [eine Tochter der Kaiserin Maria Theresia] schwimmen auf dem Meere, haben auch *Sizilien* verlassen müssen, den letzten Zufluchtsort ihrer traurigen *Existenz*, von zwei Mächten mächtig protegiert und – verlassen. Wird oder vielmehr kann das auch nicht unser Schicksal sein? Allein Friedrich Wilhelm ist kein Ferdinand, und ich keine Karoline. Ein Trost des moralischen Menschen. Ob es aber helfen wird in diesem *bronzenen Säkulum*? Wo Tugend nicht herrscht, nicht gilt, wenigstens nicht im Süden, wo die Winde alle blasen und alles in Bewegung setzen zu Wasser und zu Land, das [ist] eine andre Frage? – Adieu, ich schließe, weil ich muß, sonst könnte ich heute viel schreiben, weil mein Gemüt ruhig ist und meine Ansicht der Dinge klar. Allein der Kurier will fort. Ich wünschte, unsere Agonie wäre nicht lang; will man uns herausjagen, nun so tue man es bald. Adieu, Ihre Freundin

Luise ◁

Ferdinand IV., König beider Sizilien (1751–1825), Sohn des Königs Karl III. von Spanien, war im Dezember 1805 von Napoleon abgesetzt worden und aus Neapel nach Sizilien geflohen, das er jetzt, 1807, gleichfalls verlassen mußte. (Ab 1816 regierte er erneut als Ferdinand I.) Seine Gemahlin *Karoline* (1752–1814) war eine Tochter des deutschen Kaisers Franz I. (1708–1765) und Schwester der in der französischen Revolution hingerichteten Königin Marie Antoinette.

294. An ihren Sohn, Kronprinzen Friedrich Wilhelm

Memel, den 16. Oktober 1807

▷Ich kann Dir nicht genug beschreiben, lieber Fritz, wie sehr gestern abend Dein Brief mich angenehm überraschte. Du hast den Zweck, mir Freude zu machen, gewiß nicht verfehlt, und ich danke Dir herzlich dafür, mein teures, geliebtes Kind. Ich hoffe, nächstdem soll wahrer Vorteil Dir auch noch durch die Erlernung dieser europäischen Sprache werden. Wenn Du Dir viele Schriften der englischen Genies in ihrer Ursprache wirst lesen können, so wird für Deine Seele und Herz manche schöne Resultate Dir werden.

Ich bin ferner überzeugt, guter Fritz, daß der gestrige frohe Tag in jeder Hinsicht ein wichtiger Tag für Dich war [sein 12. Geburtstag]. Aus der ersten Kindheit bist Du nun heraus, und ernstes *Nachdenken* tritt nun an die Stelle von mancher Spielerei. Unter *traurigeren Umständen* hast Du noch keinen Geburtstag gefeiert. Preußens Größe ist dahin, Dein *Vater recht unglücklich* durch das Elend, welches sein Volk *ohne seine Schuld* leidet, der Staat aufgelöst und verarmt. Viel, ja unendlich viel wird es wieder kosten, Kräfte, Nachdenken, fester Wille und Aufopferung jeder Art, um das wieder aufzubauen, was zehn Monate Krieg vernichtet. Muß nicht der so natürliche Wunsch in jedes *Guten* Brust erwachen, alle seine Kräfte aufzuwiegen, um dem Ganzen zu helfen und zu nützen? Der *Kräfte* hat, wendet sie an und nützet schon, der sie *erwerben kann*, um *einmal zu nützen, bilde sie* mit *Anstrengung* und *Fleiß* aus, und dieses ist der heilige Entschluß, den ich von Dir, lieber Fritz, gewiß erwarte. Als *zärtlicher Sohn* wirst Du gewiß Deinen Fleiß verdoppeln, um recht gut, recht ausgezeichnet zu werden, um Deinem guten Vater, wenn er etwas von Dir verlangt, mit Tätigkeit und Liebe beizustehen und durch Deinen Gehorsam den übrigen mit gutem Beispiel vorauszugehen, denn bloß durch *strenges Gehorchen* kann man Großes hervorbringen; und unterziehen sich die *Ersten* diesem strengen Gehorsam, dürfen die anderen nicht klagen, und so wirst Du dem König und Vaterland viel leisten. Sollte Dir manches dunkel sein, so sprich mit Delbrück darüber, er wird es Dir aufklären und zeigen, daß reine Liebe zum König, zu Dir und zu dem Vaterland mein Herz und Geist beseelen. Gott segne Dich, gutes, liebes Kind, und lasse Dich heranwachsen zum Segen Deiner Eltern und Geschwister und Freunde. Deine zärtliche Mutter

Luise ◁

Am *29. Oktober* wurde bekannt, daß der französische Bevollmächtigte Napoleons, Graf Pierre *Daru* (1767–1829, Finanzexperte), die von Preußen angebotenen Zahlungsfristen und -modalitäten der im grundsätzlichen anerkannten Kontributionsforderungen (im besetzten Gebiet zur Unterhaltung der Besatzungstruppen geforderte Beiträge) abgelehnt hatte. Die von französischer Seite aufgestellten Zahlungsbedingungen schienen unerfüllbar.

295. An den Freiherrn v. Stein — Memel, 29. Oktober 1807

▷Wenn Sie nicht zu *viel zu tun haben*, wenn die *bösen Nachrichten* von *Berlin* nicht *Konferenzen erfordern* oder zu *fassende Entschlüsse* Ihnen abhalten, so wünschte ich sehr und außerordentlich, den *Trost* zu haben, Sie um fünf Uhr zu sprechen. Mitteilung *des Schmerzes*, das Urteil eines *klugen, gefühlvollen Mannes* ist von *unendlichem Wert*. Gott, wo sind wir, wohin ist es gekommen! Unser Todesurteil ist gesprochen! [Friedensbedingungen ▷Brief 299].

Luise◁

296. Aufzeichnung vom 29. Oktober 1807

▷Preußens Urteil, nämlich unser Todesurteil, ist gesprochen. Preußen existiert nicht mehr. Der König ist nichts mehr als Herzog von Preußen, weniger als diese sonst waren, da sie Leute hatten, den Boden zu bearbeiten, der jetzt nicht bearbeitet wird, weil Krankheit die Einwohner mordet, und das, was nicht tot ist, den Franzosen Fronarbeit tun muß, die Erde also unbesäet und die Hungersnot gewiß bald alles zerstören wird. Kaiser Napoleon nimmt die Domänen des Königs in Besitz und läßt sie für sich durch Personen, die er dazu bestimmt, administrieren, diese Domänen sollen die nächsten an dem Königreich Westfalen grenzend sein. Die in Magdeburg diesseits der Elbe in der Mark und Pommern zwischen der Elbe und Oder gelegenen Provinzen sollen die sein, die der König abtritt und unter französische Administration gibt.

Die Grenzen, so in Westpreußen jetzt reguliert sind, haben alle Stipulationen übertreten, und der kleine Teil, der davon noch übrigbleibt, scheint auch als französisches Eigentum angesehen zu werden, da Kaiser Napoleon schon zwei Domänengüter, dem König gehörig, darin förmlich verschenkt hat. Übrigens sollen die Festungen von Franzosen besetzt werden und die Truppen darin anstatt der preußischen verpflegt werden, welches dann dem König wohlfeiler käme als jetzt. Also auch das Militär hört auf zu existieren, da an der Stelle des preußischen Militärs das französische vom König soll unterhalten werden. Die Fonds vom Lande sowie die Revenuen sind und bleiben (nur mit dem Unterschied, daß es der König *selbst* jetzt sanktionieren

muß) in französischen Händen bis zur Abtragung der Kontributionen. Daß alsdann, wenn die Zeit um ist, die Franzosen, die sich in dem Magdeburgischen, in der Mark, in Pommern zwischen der Elbe und Oder recht eingenistet haben, nicht herausgehen werden, sondern aus allerhand Vorwänden erstlich ihren Aufenthalt verlängern werden, ist begreiflich, so wie die Einverleibung Preußens zu dem Königreich Westfalen dagegen sozusagen gewiß ist.
Welche Entschlüsse jetzt zu fassen sind, ist uns noch erlaubt; das heißt insofern man uns nicht als Gefangene ansieht, denen man gewisse Distrikte anweist, in welchen sie leben müssen. Wir haben *alles verloren*. Leben tun wir noch, und dieses Leben weniger unangenehm zu machen, kann jetzt unsere einzige Sorge sein. Ein Klima zu suchen, was milder ist und gesünder als die Sümpfe Preußens, bleibt uns also noch übrig. Wir müssen doch nun bald dieses Land räumen, welches einer Wüste täglich ähnlicher wird. Also setze der König eine Regierung in Preußen nieder und fest, die das bißchen zusammenhalte. Und wir nebst unserer Familie nehmen den Wanderstab in Händen, und suchen einen Winkel, wo es sich besser leben läßt als hier. Glücklich wohl nie mehr, denn in einer Welt, wo es so hergeht, wo Tugend eine Lüge und Laster nur gedeiht, kann man da wohl noch glücklich sein ◁!

297. An Napoleon

Memel, den 4. November 1807

Sire. Prinz Wilhelm, der diesem Briefe sogleich folgen wird, ist mit Vorschlägen für Eure Majestät beauftragt, deren glücklicher Ausgang uns vor allem am Herzen liegt. Höchst erwünscht unter jedem Gesichtspunkt ist die Herstellung eines guten und dauernden Einvernehmens zwischen Frankreich und Preußen. Ich hatte meiner Schwester, der Prinzessin von Thurn und Taxis geschrieben vor nahezu 7 Wochen; da ich aber nicht weiß, ob sie Gelegenheit gehabt hat, Eure Majestät über den Inhalt meines Briefes zu unterhalten oder ihn zu Ihrer Kenntnis zu bringen, so wage ich hier nochmals zu wiederholen, was den glühendsten Wunsch meines Herzens ausmacht: daß dem Lande Erleichterung gewährt werde, welches durch die Anwesenheit der Armeen entsetzlich leidet; seine Hilfsquellen werden unwiderbringlich vernichtet, wenn das so fortgeht; es wird sich nie erholen können und keine *Hoffnung* mehr bieten, weder *uns* noch unsern *Freunden*. Da Ew. Majestät nicht anders können als der unsrige sein, so berauben Sie sich selbst einer Hilfsquelle, auf die Sie sicher rechnen dürfen. Die nahe Rückkehr nach Berlin ist noch eine natürliche Folge von dem, was ich Eurer Majestät dargelegt habe. Sie ist besonders wünschenswert für *mich*, die mehr als irgendein andrer körperlich und geistig *leidet*. Als zärtliche Mutter liegt mir die Erziehung meiner Kinder sehr am Herzen, hier kann nicht dafür gesorgt werden. Meine *Gesundheit* ist völlig *zerstört*, da ich das feuchte und kalte nordische Klima nicht vertragen kann. Ich wage *dies* als einen der Gründe bei Ew. Majestät *geltend zu machen*, denn ich weiß aus eigener Erfahrung und aus allen Ihren Äußerungen über mich, daß Sie sich für meine Person *interessieren*. Eure Majestät kennen mein Vertrauen zu Ihnen; ich habe Ihnen darüber in *Tilsit* gesprochen, und ich schmeichle mir, daß Sie diesmal der Stimme Ihres Herzens folgen und Preußen, dem König und mir das Glück zurückgeben werden, ein Glück, dessen Wert wir doppelt schätzen werden, wenn wir es aus den Händen Ew. Majestät empfangen. Mit dieser Hoffnung bin ich, Sire, Ew. Kaiserlichen Majestät gute Schwester

Luise

Napoleon erhielt diesen Brief der Königin Luise erst später und beantwortete ihn kurz am *14. September 1808*. – Prinz Wilhelm, Bruder des Königs, reiste am *6. November 1807* nach Paris, um eine Milderung der französischen Forderungen durch sein persönliches Auftreten zu erwirken.

298. An ihren Bruder Georg und ihre Schwester Therese in Paris

Memel, den 5. November 1807

Ihr seid vereint, meine lieben Freunde, und dadurch wenigstens zufrieden; wenn ich denke, welche Freude Euch wieder werden muß durch diesen süßen Genuß, Euch zu *sehen*, ganz *offenherzig* miteinander zu *reden*, kurz durch die *Überzeugung*, daß *Ihr vereint* seid, dann glaube ich, daß ich mich über etwas in der Welt *freuen* kann. Im übrigen ist dieses Gefühl mir gänzlich fremd, und Tränen, düsterer Kummer, zuweilen sogar Verzweiflung sind meine täglichen Begleiter. Wenn Prinz Wilhelm [von Preußen] bei seinen Verhandlungen keinen Erfolg hat, wenn der Kaiser [Napoleon] seinen Entschluß über uns nicht ändert, wenn er nicht auf die Stimme der Menschlichkeit und Gerechtigkeit hört, dann ist alles entschieden; Preußen wird *nicht mehr bestehen*, und ich weiß nicht, welchen Namen der König von Preußen wird annehmen wollen und können, um auszudrücken, was er ist, oder vielmehr, was er nicht mehr ist.

Ich versichere Euch, liebe Therese und lieber Georg, die Geschichte liefert kein Beispiel, das mit unserem Geschick vergleichbar wäre, und nie hat man unschuldiger leiden sehen. Das Land ist in einem Zustand, von dem man sich keine Vorstellung machen kann, entkräftet, ruiniert, der König *ruiniert*, der Adel ruiniert, dazu eine Kontribution von hundertfünfzig Millionen *livres* zu zahlen, und jedes Mittel zum Bezahlen und jedes Mittel zum Bestehen wird uns entzogen. Die eingetretenen Wandlungen sind unglaublich; rings um uns Familien in Tränen, ohne Brot, ohne Zukunft, wie ihr Monarch. Zur Mittagstafel haben wir vier Schüsseln, abends drei Schüsseln, und das ist alles. Ich versichere Euch, man macht sich keine Vorstellung davon. Dazu meine Schwangerschaft, die Unpäßlichkeiten dieses Zustandes zu der Herzensnot, die mich zugrunde richtet. Das Klima ertrage ich nicht, es ist unerträglich, feucht und kalt, seit neun Wochen andauernd Regengüsse, mit einigen Stunden Unterbrechung, in denen man sich der Gefahr aussetzt, im Schmutz ertränkt zu werden, umgeworfen zu werden und Arme und Beine zu brechen. Das sind die Vergnügungen von Memel. Und wenn man noch sagen könnte: Es wird ein Ende haben, es wird eine Grenze geben für diese Übel. Aber ach, es gibt keine. – ▷ Gott bewahre alle Menschen vor solch einem Leben; es ist nicht zu beschreiben, denn es hat noch nie existiert ◁. Ich fürchte, ich habe zuviel davon geredet und bringe Euch zu Tränen. Sie fließen wenigstens um Unglückliche.

Als ich von der Reise des Erbprinzen von Schwerin hörte, war ich sicher, daß Georg nach Paris gehen würde und sogar gehen müsse. Ich billige es in jeder Hinsicht sehr. Erstens ist es sehr natürlich, daß mein Bruder dem Kaiser [Napoleon] seine ganze Dankbarkeit auszudrücken wünscht für den Schutz, den er dem Lande während des Krieges gewährt hat. Zweitens ... ich wünsche, ich täusche mich, aber ich fürchte, der Erbprinz hat weite Pläne, die sich zum Teil auf die russische Verwandtschaft [verstorb. Gemahlin Helene Paulowna] gründen, eine sehr bedenkliche Grundlage in diesem Augenblick, wo

Rußland allein noch etwas ist, wenn nicht in Wirklichkeit, so doch wenigstens nach außen. Drittens: Du hast Deine Pflicht getan, indem Du alles tatest, was in Deiner Macht stand, und ein gutes Gewissen ist das einzige Gut, das uns bleibt. Weiter kann man nichts mehr tun. ▷Übrigens muß man die Ankertaue kappen und das Schiff der Flut überlassen, sich auf Gott verlassen, wo menschliche Hilfe fruchtlos wird◁.

Die Sendung Wilhelms ist auch so ein Verzweiflungsschritt; es war das letzte, was uns noch blieb, und dann ▷hört alles auf? nun so haben *wir* uns nichts vorzuwerfen. Die Nachwelt wird richten! –

Der König, der eben hereintritt, läßt Euch beiden viel Schönes sagen und viele Empfehlung machen◁. Ich bin sehr neugierig, das Schicksal meines am 7. Oktober geschriebenen Briefes zu erfahren, ob der Kaiser ihn gelesen hat oder nicht. Ich habe gestern an ihn geschrieben und gesagt, da ich nicht wisse, ob meine Schwester, die Prinzessin von Thurn, Gelegenheit gehabt habe, ihn über den Inhalt zu unterhalten oder ihn zu seiner Kenntnis zu bringen, wiederhole ich noch einmal die brennendsten Wünsche meines Herzens usw. Unter anderem habe ich gesagt, daß meine Gesundheit durch das Klima *völlig zerstört* sei. ▷Diese Sprache behauptet auch und macht's arg, um zu erweichen, besonders gegen die Kaiserin [Josephine], die immer so gut für mich war◁. Denkt nur, auch wenn der König Ende Januar nach Berlin zurückkehren kann, kann ich ihm wegen meiner Niederkunft nicht mehr folgen und bleibe allein in diesem Sumpf, in diesem Norden, wo die Blätter im Juni sprießen und die Früchte nie reif werden. Ist das ein Klima.

Wenn Therese nicht mehr bei Dir in Paris sein sollte, lieber Georg, dann verbrenne diesen Brief, sobald Du ihn gelesen hast, ohne ihn ihr zu schicken. Man darf in Paris die Papiere nicht herumliegen lassen ...

Lebt wohl, meine lieben Freunde, Gott segne Euch, sei mit Euch und häufe auf Eure Häupter das Glück, das er mir entzieht und dessen Namen ich nicht mehr kenne. Betet für mich, ich habe es nötig. ▷Das Herz ist gestorben. Eure

Luise◁

Meine Kinder, Neffen und Nichten lassen sich Euch sehr vielmals empfehlen.

299. An Frau v. Berg

Memel, den 10. November 1807

▷ Nur wenig Zeit und also wenig Worte, doch so viel Antwort als möglich auf die Hauptsachen. Leider die sind immer schlecht und nie so schlecht gewesen als jetzt. Nap[oleon] hat meiner Schwester [Therese] von Taxis gesagt, daß alles *berichtiget* wäre und daß ich zu meinen Wochen zurück wäre, daß aber unsere *Prätentionen* allein die Sachen verschöben. Die letzten Anträge oder *Gesetze*, die uns in einer förmlichen Konvention zugekommen sind, waren von der Art, daß Stein zum erstenmal zu Stein geworden war und sind wie folgt. Die Kontribution ist von 154 Millionen; davon soll etwas gleich bar bezahlt werden, die Hälfte von 100, also 50 Millionen in Promessen, die andere Hälfte durch Domänenverkauf. Um gewiß zu sein, daß die Promessen gehalten werden, verlangen die Franz[osen] fünf Festungen: Graudenz, Kolberg, Stettin, Küstrin, Glogau. Diese sollen belegt werden mit 40000 Franz[osen], worunter 10000 Kavallerie, von dem König genährt, gekleidet und bewaffnet werden, und dazu die Summe von zwölf Millionen Taler assig[niert]. Die Domänen des Königs im Magdeburgischen und Märkischen zwischen der Elbe und der Oder, in Pommern [sollen] an Napoleon überlassen [werden], von ihm administriert und auch verschenkt [werden], wenn er will, um die übrigen 50 Millionen herauszubekommen. Begreiflich ist es, daß 40000 Mann nicht Platz in den Festungen haben; es werden ihnen also *des rayons de terre* angewiesen werden müssen, oder vielmehr sie nehmen es sich, um zu subsistieren; was bleibt dem König übrig? Und was ist er mitten in seinen Staaten? – Dieses, da es nicht annehmbar ist, ist durch [Prinz] Wilhelms Sendung zu verhindern gesucht worden, der Aufträge hat, die Stein redigiert hat. (Gottlob, daß Stein hier ist, das ist ein Beweis, daß uns Gott noch nicht *ganz* verlassen hat.)

Dieses ist unsere fürchterliche Lage, an die alles hier darniederliegt. Auch mich verläßt nun bald alle Kraft. Es ist fürchterlich hart, entsetzlich hart, besonders da es unverdient ist. Meine Zukunft [ist] die allertrübste, denn ist *un mieux* zu hoffen, so kann man nicht fort von hier als Ende Januar, dann kann ich nicht mehr reisen. Alles gehet, außer ich, die in diesem Sumpf bleiben *muß* bis nach die sechs Wochen, die im April enden. Die gute Marianne [von Preußen, Schwägerin] will mich nicht verlassen und treu aushalten und nur mit mir zurückkehren.

Wenn wir nur Berlin behalten, aber manchmal preßt mein ahnungsvolles Herz der Gedanke schrecklich, daß in seiner Wut er es uns entreißt und es zu der Hauptstadt eines anderen K[önig]reichs macht; dann habe ich nur den einen Wunsch, – auszuwandern, weit, als Privatleute zu leben und zu vergessen womöglich. Ach Gott, wo[hin] ist es mit Preußen gekommen. Verlassen aus Schwachheit, verfolgt aus – Stärke, geschwächt durch Unglück, so müssen wir untergehen. Mit Stein gehet es sehr gut. Ach Gott, liebe Berg, mein Brief wird Sie recht traurig machen, aber ich weiß, Wahrheit ist Ihnen lieber als Trug, so wie nun deshalb dieser Brief. Savary [franz. Gesandter in St. Petersburg] hat versichert, daß Rußlands Verwendung nichts tun würde, hat uns aber den guten Rat geben lassen, die Juwelen und Kostbarkeiten zu veräußern, was sagen Sie dazu? So klug waren wir auch schon ohne ihn, aber dieses sagen zu dürfen! – !!!
Ich danke Ihnen tausendmal für Ihre lieben, lieben Briefe, auch mein Trost. Bald wieder so, ich bitte Sie, in Memel tun die Briefe noch anders wohl als anderswo. Adieu, Ihre treue

Luise

Wenn Friederike da ist, Kuß und Gruß und Mitteilung dieses Briefes.
George seiner hat mich gefreut.
Fritz läßt Ihnen viel Schönes sagen ◁.

300. An Frau v. Berg. Memel, den 30. November 1807

Verzeihen Sie mir, liebe Berg, wenn ich Ihnen die Briefe nach Strelitz immer mit Einlagen schicke. Sie sagten mir einmal, daß Sie ganz sichere Boten hätten, und deswegen überschwemme ich Sie mit meinen Aufträgen, denn es ist mir unmöglich, jedes Wort, das ich schreibe, zu prüfen. Wenn ich an meine Verwandten und besonders an meinen Vater schreibe, kann ich nicht ohne Gefahr für mich und sie die Briefe der Post anvertrauen, wo Monsieur Barbéguer nicht einen von ihnen in *natürlichem Zustande* läßt, sondern sie zerreißt und in Fetzen an ihre Adresse weitersendet oder sie konfisziert, um zur Belustigung des Herrn Daru beizutragen. –
Die Lage bei uns ist immer noch dieselbe, d. h. nach meiner Meinung schrecklich und verzweifelt; Stein ist nicht ganz hoffnungslos und sagte

es mir noch gestern beim Diner. Seit etwa 3 Wochen gehen die Dinge etwas weniger schlecht. Aber der Gedanke an die geringe Wahrscheinlichkeit meiner Rückkehr zur Zeit meiner Niederkunft erschüttert mich wirklich, und dabei wäre es doch so erwünscht gewesen. Dann werde ich Berlin erst im April wiedersehen. Wenn ich wenigstens die Hoffnung hätte, zu diesem Zeitpunkt in Königsberg zu sein, aber das wurde mir nur versprochen, sobald eine gute Nachricht dem Könige einen kurzen Aufenthalt in dieser Stadt und eine baldige Rückkehr nach Berlin zusichern würde. Das wäre also sehr erwünscht, nicht nur deswegen, sondern in jeder Beziehung, denn es ist ein unerträglicher Gedanke und gleichzeitig ▷unschicklich◁, so an den Grenzen zu weilen. Aber ich kann nichts weiter dazu tun.

den 1. Dezember

Friederike [Solms-Braunfels] muß jetzt in Strelitz sein, und Sie werden sie freudig begrüßen und mit ihr über alles reden, was Sie interessiert, und ich weiß, dazu gehöre auch ich, und danke Ihnen dafür von Herzensgrund. Halten Sie das nicht für eine Phrase, für eine Redensart. Nein, es ist wahrlich eine tiefe Herzensempfindung, ich liebe Sie und finde einen Quell wahrer Befriedigung darin, mich von einem Menschen geliebt zu wissen, den ich so sehr schätze wie ich ihn liebe. Georg behandelt mich grausam. Seit seiner Abreise und seit seiner Ankunft in Paris hat er mir kein Lebenszeichen gegeben, obgleich wir seitdem zweimal Post erhalten haben. Tolstoi [russ. Diplomat] hat viel guten Willen für uns und dementsprechend auch die dringendsten und ausgedehntesten Instruktionen seines Hofes, und seine Anwesenheit hat schon etwas Gutes erreicht, d. h. man verzichtet auf die beiden Festungen *Graudenz* und *Kolberg*. Napoleon ging soweit zu erklären, Daru [General, Bevollmächtigter Napoleons] hätte das eigenmächtig getan und er würde ihm eine Zurechtweisung senden, wie er sie verdient hätte. Der Gesandte ist in seinen Hoffnungen auch *sehr* weit gegangen, so daß er uns riet, hier nicht eine von den drei anderen Festungen abzutreten, weil er hoffe, sie uns zu erhalten. Gott wird das übrige tun, denn die Menschen und vor allem ihre Berechnungen sind nichts vor Napoleon, er ist ohnegleichen. Falls ich nicht Zeit habe, Friederike einen langen Brief zu schreiben, teilen Sie ihr bitte diesen mit. Ich würde Sie auch bitten, Papa mitzuteilen, was sich auf politische Neuigkeiten bezieht, wenn ich nicht befürchtete, es würde ihn verlet-

zen, daß ich in meinem gestrigen Briefe an ihn nicht auf das einzelne genau eingegangen bin. Aber ich konnte es wirklich nicht, da ich so äußerst ermüdet war von fünf anderen Briefen, die ich hatte schreiben müssen, unter anderem an zwei gekrönte Häupter; das läßt einen Blutstropfen schwitzen, ohne daß es bemerkbar wird und ohne daß man es selbst gesteht. Sie können deshalb so handeln, wie Sie und Friederike, die an Ort und Stelle ist, es für gut befinden. Wir waren in Königsberg zwei Monate hindurch sehr glücklich, sie kann es Ihnen erzählen. Ich rede seitdem nicht mehr soviel davon. Doch da alles auch seine gute Seite hat, muß ich gestehen, nie habe ich meine Zeit gewinnbringender angewandt als jetzt. Ich lese und denke viel, und selbst mitten in allem Schmerze habe ich Tage, mit denen ich zufrieden bin. Die Menschen freilich haben keinen Teil daran; ich verschaffe mir alles selbst, abgesehen von der Freundschaft des Königs, seinem Vertrauen und seinem gütigen, zärtlichen Verhalten mir gegenüber, das jeden Tag zunimmt. Das ist doch noch ein großes Gut.
Leben Sie wohl, ich schließe und umarme Sie von Herzensgrund. Schreiben Sie mir bald, das ist wenigstens ein Trost in diesen Sümpfen Preußens, vor denen ich nicht schaudern darf. Ihre Freundin

Luise

Beendet am 2. Dezember.

301. An ihren Bruder Georg

Memel, den 2. Dezember 1807

Wenn Du mich auch seit Deiner Ankunft in Paris schauderhaft behandelt hast, lieber Georg, so kann ich doch unmöglich eine Post abgehen lassen, ohne Dir wenigstens ein Lebenszeichen zu geben. Zwei Kuriere, die aus dieser *prächtigen* Hauptstadt hier angekommen sind, haben mir von Dir kein Lebenszeichen gebracht, was mir schwer auszusprechende Schmerzen bereitet hat. Baron Brockhausen war in den letzten Oktobertagen Überbringer der angenehmen Nachricht, daß Du vom Kaiser mit Auszeichnung behandelt und sogar zu seiner Tafel zugelassen worden seiest, eine sehr seltene Auszeichnung. Ich kann Dir nicht sagen, in welche Aufregung mich diese Nachricht versetzte, denn ich liebe Dich so zärtlich, daß ich jede Annehmlichkeit, wenn Du sie genießest und sie Dir zugewandt wird, so nehme, als wäre ich damit bedacht. Ich habe an den Kaiser geschrieben und ihn gebeten, unseretwegen die Stimme der Menschlichkeit und der Gerechtigkeit zu hören und sie vor allem meiner Gesundheit und meinem leidenden Zustand gegenüber zu üben; der wird durch das *feuchte*, kalte Klima des Nordens hervorgerufen, das ich durchaus nicht ertragen kann; es bringt mich ins Verderben. Wenn Du Gelegenheit dazu findest, erinnere ihn an mich und versuche, einige Worte über das Vertrauen fallen zu lassen, das ich auf ihn setze, und an das Interesse, das er seit Tilsit für mich hat, und versuche, ihm darüber einige Worte zu entlocken. Ich fürchte sehr, Du wirst die liebenswürdige Prinzessin Borghese nicht sehen; nach den Zeitungen weilt sie noch in den warmen Bädern Südfrankreichs. Das tut mir sehr leid, denn Du hättest ihr mit Wonne Deinen Dank für ihre Liebenswürdigkeiten in Italien bewiesen. Sage ihrer Freundin, ich schätzte sie sehr hoch, nachdem ich sie durch Dich kennengelernt hätte. Und wenn Du die gute Frau siehst, die immer mit der armen Graef Mitleid gehabt hat, sage ihr etwas von mir, wenn die Stimme der unglücklichen Königin von Preußen für diese Damen noch etwas Gewicht oder vielmehr Wert hat. Der Gedanke, die Last, die mich jetzt bedrückt, nicht verdient zu haben, gibt mir für das Moralische übernatürliche Kräfte, und meine Seele ist ruhig darunter; wäre es nicht zu gewagt, so würde ich das die Ruhe des Gerechten nennen. Schreibe mir bald, lieber Georg, erzähle mir von Paris und seinem Geräusch; Memel ist still, mehr als still, und ich brauche Zerstreuung, um meine Gedanken abzulenken von den Leiden anderer, die auch die meinigen sind, da ich nicht überall helfen kann und das Elend groß ist. Ach, Georg, was ist das für eine Welt, die Pangloß [in Voltaires »Candide«] die beste der Welten nennt; da kann ich nicht einstimmen. Unterhalte Dich gut, nütze Paris und die wirklichen Vorzüge aus, die es für Liebhaber der Künste und Wissenschaften hat, wie Du einer bist. Halte Dich fern von seinen *Klippen* und denke an Luise, die Dich wirklich zärtlich liebt und über die schlechte Anwendung Deiner Zeit betrübt sein würde. Wie jedes Übel seine gute Seite hat, so kann ich Dir wahrheitsgemäß sagen, daß ich meine Zeit recht gewinnbringend anwende; ich beschäftige mich ordentlich und in einer Art, die mir gefällt. Wenn Du Gelegenheit dazu hast, sage der Kaiserin Josephine, die ununterbrochenen Beweise ihres Interesses hätte ich tief empfunden und noch einiges artiges. Dem General Duroc, dem Großherzog von Berg [Murat, Schwager Napoleons], dem Fürsten von Neufchâtel [Alexandre Berthier, Freund Napoleons] sage allen ein liebenswürdiges Wort, wenn Du es passend findest. Besonders der *erste* hat sich in Tilsit außerordentlich gut verhalten. Ich nehme an, Herr Caulaincourt [franz. Gesandter in St. Petersburg] reist ab; er gehört auch zu denen, die mir vorgestellt worden sind, ebenso Herr Bessière [franz. Marschall], Du wirst alles wohl machen, mit Takt, und keine Perlen vor die – werfen. Leb wohl, eine Empfehlung von mir an Brockhausen [pr. Gesandter in Paris]; sage ihm und [General Graf] Tolstoi viel Freundliches von mir. Ganz die Deine

Luise

Der König [Friedrich Wilhelm III.] sagt viel Schönes.

302. AN IHREN VATER — Memel, den 11. Dezember 1807

▷ Ich eile, bester Vater, Ihnen anzuzeigen, daß ich gestern den 9. Ihren Brief mit den Einlagen an den Russischen Kaiser empfing, daß ich gestern bei guter Zeit eine Staffette nach Petersburg schickte mit einem Brief an Kaiser Alexander, der gewiß seinen Zweck erfüllen muß, wenn er nicht alles Gefühls beraubt ist, und daß ich gewiß von Gottes Barmherzigkeit erwarte, er wird mir das Unglück nicht noch aufbehalten, die Pläne Schwerins gegen Strelitz in Erfüllung gehen zu sehen. Heute morgen bekam ich einen Brief von George (der erste aus Paris), worin er mir sagt, er hoffe noch für seine Angelegenheiten einen glücklichen Ausgang, wenn nur Kaiser Alexander handle für uns. Dieses hoffe ich gewiß zu bewirken! Er schreibt mir ferner, daß Schwerins Angelegenheiten gut stehen, Großherzogstitel und Vergrößerung des Landes ihm verheißen sei. In den Depeschen des Herrn von Brockhausen [pr. Gesandter in Paris], die zwei Tage später geschrieben sind, an den König aber steht, daß der Großherzogstitel ihm abgeschlagen sei und er zum Rheinbund übergegangen sei. Sie werden das wohl besser wissen als ich beim Empfang dieses Briefes, den Ihnen der Präsident v. Vincke, ein sehr ausgezeichneter Mann, überreichen wird. Empfangen sie ihn recht gnädig, bester Vater, denn er verdient es in aller Hinsicht, er war sehr tätig für uns, und nur der unglückliche Friede hinderte, daß alles solche guten Folgen hatte, als es zu erwarten stand. Er gehet bloß über Strelitz, um Ihnen diesen Brief zu überreichen und um Ihnen Nachrichten von mir zu geben. Haben Sie die Gnade und sagen ihm etwas Verbindliches in meinem Namen in Betracht seiner. Die heutigen Nachrichten aus Paris sind etwas beruhigender als bis jetzt, nämlich Benevent [Talleyrand] hat gesagt, in einigen Wochen könnten wir hoffen, den größten Teil der Armée wegziehen zu sehen, da sie gebraucht wird in den Angelegenheiten Portugals, Spaniens und Italiens. Das Wort *brauchen* ist von vielem *Gewicht*, denn ehe die Ambition nicht *neue Beschäftigung* erschuf, werden wir sie nicht los, und hätte der König zwar zweimal so viel bezahlt, als man von ihm fordert. [General Graf] Tolstoi benimmt sich *außerordentlich* gut im ganzen und vortrefflich gegen uns. Wenn Nöpel [Napoleon] von Persien und Ostindien enflambiert, so antwortet er, vor allen Dingen muß der Traktat von Tilsit erfüllet werden, und Preußen im vollen Besitz seiner Rechte sein, dies ist der Wille meines Herrn. Er dringt pünktlich auf die Erfüllung des Tilsiter Friedens und dieses ist doch einmal die Sprache des Ehren-Mannes! Ich werde denn wohl Berlin nicht vor dem April wiedersehen. – Ich bitte Sie, bester Vater, diese Neuigkeiten Friederike und der Berg durch diese mitzuteilen, auf deren Verschwiegenheit ich rechnen kann. Die Briefe des Königs und meiner an Napoleon, samt der Anfrage der Pässe für Prinz Wilhelm [Bruder von Fr. W. III.], sind ihm nach Italien geschickt. Diese unglückliche Reise, die vermutlich wieder tausend Schicksale auf das Unglücklichste entscheiden wird, verlängert auch unser Unglück und Leiden. Davon schweig' ich, denn das ist etwas Fürchterliches, wenn man die Details davon weiß. Unsere Tafel besteht aus 4 Gerichten mittags und drei des abends, um zu sparen, denn wir haben nichts mehr, als unsere Gewissen und unseren Glauben an Gott, der uns erhält. Der König sagt Ihnen tausend Schönes. Er ist außerordentlich gut gegen mich und gehet deshalb nach Königsberg zu meinen Wochen. Ich lege mich zu Ihren Füßen und küsse Ihre Hände inniglich, Ihre treue Tochter

Luise ◁

Präsident *v. Vincke*, Überbringer des Briefes an den Vater: Ludwig Friedrich Freiherr v. Vincke (1774–1844). Er wurde 1798 Landrat in Minden, 1804 Präsident der Kammer in Münster und Hamm, nach dem Tilsiter Frieden, 1807, Präsident der Regierung zu Potsdam und 1815 Oberpräsident der Provinz Westfalen. – Graf *Tolstoi:* Peter Alexandrowitsch (1769–1844), russischer General und Diplomat. Als russischer Botschafter verstimmte er Napoleon durch sein Drängen auf Erfüllung des Tilsiter Friedensvertrages. Er wurde von Fürst Kurakin abgelöst. Ein Bruder des Fürsten Peter Tolstoi war Oberhofmarschall. – Als *Gerichte* zählte Luise nicht die Zusammenstellung mehrerer Speisen, sondern – im Sinne der französischen Küche – die einzeln hergerichteten. Danach wären Reis mit Spinat und Eiern nicht ein, sondern drei Gerichte oder Schüsseln.

303. An ihren Bruder Georg

Memel, den 17. Dezember 1807

▷ Bester Georg!

Wie froh hat mich Dein letzter Brief gemacht, der erste aus der andern *bonne ville*, wie glücklich der Inhalt, da jeder Ausdruck, jedes Wort *Liebe* und *Anhänglichkeit* beweiset für den König und für mich! Ich zweifelte nie daran, das weiß Gott, ebensowenig, daß Du sie nicht bei jeder Gelegenheit laut und offen bekennen würdest (indes so viele jetzt Preußen und seine unglücklichen Monarchen nicht mehr kennen) gegen jedermann und mitten im Tumult der Welt und ihrer Lust und Freude ihrer gedenken würdest; ich sage, ich zweifelte nicht daran, aber wohl, unaussprechlich wohl tut es meinem Herzen, die Beweise davon zu haben. Prinzessin Wilhelm [Marianne von Pr.], der ich Deinen Brief vorlas, war bis zu Tränen gerührt und sagte: »*Welch ein schöner Brief, und wieviel Ehre macht er seinem Herzen nicht!*« Du glaubst nicht, welche gute Frau es ist, wie tief sie fühlt, wie warm. Sie ist so klug, weiß soviel, beschäftigt sich anhaltend gut und ernsthaft; wer das auch getan hätte! – Doch ich bin auch recht fleißig, und die Einsamkeit macht mich um ein paar Jahr weiter schreiten. Doch zu Deinem Brief zurück.

Die Resultate sind nicht erfreulich, nicht für Dich, nicht für mich, allein für Dich hoffe ich doch viel. Ich möchte der Kaiserin [Josephine] schreiben und ihr danken für ihr Benehmen gegen Dich; sage ihr doch, wie sehr ich dieses zu schätzen wüßte, als auch die anhaltende gute Meinung und Äußerung, die sie immer für mich gehabt hätte in Augenblicken, wo ich in Frankreich verkannt gewesen wäre. Auch das propos an Therese bei den Vasen von mir, »ils ont toujours été là et m'ont toujours été également chers«; sage ihr, daß ich es wüßte und ganz fühlte, denn sie ist gut, und das ist viel.

Daß Du in Paris reüssieren würdest, *aussi sans mouche*, die Dir aber doch der Himmel freundschaftlich in dem falschen Rotkopf des Schweriners zur Seite gegeben hat, war ich überzeugt. Gott wird sein Gedeihen zum übrigen geben. – Recht ernstlich muß ich Dich aber bitten, überzeugt zu sein, daß von hier aus *alles* geschieht, was in der Welt nur möglich ist, um mit Frankreich zu enden und *bald* zu enden. Alles, sage ich nochmals! Zum Unterpfand der Wahrheit dessen, was ich sage, bedenke, daß *Stein* die Sache *leitet, begeistert, fördert, belebt.* Zugleich sage Dir aber auch, daß der König sich und seiner Nation schuldig ist, sich so zu benehmen, daß *er* und *sie* bestehen und noch *atmen* können; denn Leben kann man die Existenz, die man uns bereitet, wohl nicht mehr recht nennen. Ich bitte Dich, lese diesen Brief, wenigstens diese Stelle des Briefes recht oft wieder durch, denn wenn man in der Hauptstadt des Landes lebt, welches Unrecht tut an die Unschuldigen, und dieses Unrecht von allen Seiten täglich auf die Unschuldigen wälzen hört, so wird man doch zuletzt *irre*, wenn nicht gar *wankend*. Um Dich vor dieser Sünde zu bewahren, so denke an mein Wort, welches noch nie log: *es geschieht alles*. Mehr hierüber zu sagen, würde Folianten kosten, aber baue auf mein Wort und laß Dich durch nichts *irre* machen. Therese schrieb mir durch die Post einen Brief, der dieses stark bewies, daß man in Paris irre wird; ein Brief, ihrer ganz unwürdig und mich bis in den Tod deshalb kränkend, der Strafe entgeht sie nicht, sobald ich sie in Regensburg weiß und eine gute Gelegenheit finde. Ich habe ihr durch die Post geantwortet, so wie die Post und die *Behörde*, für die er verfaßt war, *erforderte*. Meine Indignation habe ich nicht äußern dürfen, aber sie ist in meinem Herzen. So etwas tust Du nicht, und hinge das Schwert an einem Haar über Deinem Haupte; laß mich es nicht erleben, von *Dir* würde ich es nicht ertragen!

Meinen Brief an [den] Kaiser [Napoleon], der ihn erweichen und vielleicht ihn aus persönlichem Mitleid mit meinem Zustand und Gesundheit bewegen konnte, mir den Weg nach Berlin zu erleichtern für die wichtige *époque*, hat der Herr von Brockhausen [pr. Gesandter in Paris] die Güte in seinem *Schreibtisch* zu verwahren, statt ihn [Napoleon] nach Italien nachzuschicken ◁. Eine Handlungsweise, die ich sehr wohl einzuschätzen vermag, denn keinem wird die bedrükkende Last unserer Lage so deutlich fühlbar wie mir. Im Süden Deutschlands aufgewachsen, hatte ich schon Mühe, mich in Berlin zu akklimatisieren; aber was ist das Berliner Klima im Vergleich zu Preußen! Du kannst Dir denken, da ich aller Bequemlichkeiten des Lebens beraubt bin, macht diese Entbehrung sich niemals so fühlbar wie in einer Zeit der Schmerzen und der langsamen Genesung; diese kann nur langsam fortschreiten in einem Klima, an das man sich nicht gewöhnen kann, ich weniger als alle anderen, die ich mich im Süden des lieben Deutschland entwickelt habe. Ich gehe nach Königsberg zu meinen Wochen in das infame Schloß, aber wenigstens sind die Räume weit und tief, und die Zugluft kann einen nicht im Bett töten wie hier in Memel, wo die Häuser aus Papier und die Fenster nur zum Spott da sind. Vergangenes Jahr brauchte ich zehn Wochen, um mich zu erholen, und vier Monate nach der Krankheit war ich noch so schwach, daß das geringste mich an das elende Bett fesselte. Ich bin trostlos darüber, nicht nur meinetwegen, sondern wegen des Landes; was das leidet, was es erduldet, das übersteigt alle Begriffe. Wir, auch der König, haben nichts mehr, wir leben von der Luft. An der Tafel des Königs und in allen Verwaltungszweigen haben die schärfsten Einschränkungen stattgefunden. Alles stirbt vor Hunger und Hungersnot. Wir haben vier Schüsseln zu Mittag und drei zu Abend. Denke an diesen Zustand, wenn Du in einem Hotel bist, das einem Feenpalast und einer glänzenden Festhalle gleicht. Aber ich brauche Dich daran nicht zu erinnern; sagst Du mir nicht, lieber Georg, daß Du auch in Paris mit aller seiner Größe und seinem Gepränge traurig bleibst in dem Gedanken an uns und an die Unmöglichkeit, uns persönlich zu nützen? ▷ Tausend Dank für diese Äußerung. Ach, mein guter George, wie süß ist es, von guten Menschen geliebt zu werden! Wenn man unglücklich ist, fühlt man dieses doppelt. Ich freue mich unaussprechlich auf Deinen Brief mit Deiner Lebensweise aus Paris.

Ich möchte wohl wissen, was Denon [Generaldirektor der Pariser Museen] mit meinen drei liegenden Figuren angefangen hat, die er in Berlin aus meinem Zimmer nahm. Ich vermute, er hat sie zu Pulver stoßen lassen und dem Apoll und der Venus als Sand (und als verdienten Tribut der Würdigung der neuen Kunst gegen die alte) zu Füßen streuen lassen. Grüße doch meinen Marc Aurel aus dem Schloß, die Hygieia aus Charlottenburg, den Äskulap aus dem Zirkus des neuen Palais und alles, was aus Sanssouci in Paris ist. Auch ein Stück von meinem Herzen.

Ich bitte Dich schließlich, lieber George, schicke mir doch zwei recht hübsche *Nachtmützen* zu meinen Wochen. Dieses ist wahrlich nicht *Luxus*, sondern Notwendigkeit; ich muß welche haben, meine sind Lumpen, hier kriege ich nichts, und das infame Zeug kostet hier Friedrichsdors, was in Berlin und Paris Taler kostet. Durch die erste Gelegenheit, *russischen* Kurier oder *preußischen*, schicke sie mir, wenn es auch drei sind, aber bald, länger als den 5. *Februar* bin ich gewiß nicht auf den Beinen, und es gehen sieben Wochen hin wenigstens, bis hin und her Kuriers gehen. Vergiß es nicht.
Ich küsse Dich herzlich, edler Freund, und der König sagt Dir tausend Schönes; ich bin mehr als jemals ganz Deine Dich zärtlich liebende

Luise

Das Schreiben wird mir recht sauer. Ich muß Dir doch noch sagen, daß ich recht tief empfinde, daß man dem König *Gerechtigkeit* in Paris *widerfahren* ließ und *mir* auch. Er hat sich bei Gott edel und gut benommen, obgleich Napoleon ihn haßt, weil der König nicht so aimable ist als Alexander. Dem Erbprinz von [Hessen-] Homburg [Friedrich, Bruder von Prinzessin Marianne] viel Schönes. Therese ist wohl schon fort, sonst sage ihr recht viel Liebes. Ich bin [Marschall] Duroc recht gut wegen Dir ◁.

304. An ihren Vater

Memel, den 2. Januar 1808

▷ Bester Vater!
Empfangen Sie mit Ihrer gewohnten Güte die kindlichen Wünsche, die ich heute und immerdar für Ihr Glück zu Ihren Füßen und zu dem Thron des Allmächtigen niederlege. Es wird nichts Ihrer Zufriedenheit fehlen, wenn meine Wünsche alle in Erfüllung gehen, und Sie und Ihr bedrücktes Land der Ruhe und des Glücks genießen, die Sie so sehr verdienen. Der König, der soeben hereintritt, stimmt in alledem herzlich überein, was ich soeben niederschrieb und läßt Ihnen tausend Liebes sagen. Indem ich um die Fortdauer Ihrer Gnade, die so unentbehrlich zu meinem Glück gehört, bitte, so muß ich Sie, bester Vater, bitten, zu verzeihen, wenn ich schließe, allein, mein höchst beschwerlicher Zustand zwingt mich dazu. Ich bin mit der innigsten Anhänglichkeit und Liebe Ihre treue Tochter Luise

Ich küsse meine Schwestern und Brüder, kann aber aus bewußten Gründen nicht schreiben und bitte auch Onkel Ernst zu verzeihen und meine Wünsche durch Sie zu empfangen ◁.

15. Januar 1808: »Rückkehr« der königlichen Familie von Memel nach Königsberg. Die Franzosen hatten West- und Ostpreußen bis zur Weichsel wieder geräumt.

305. AN IHREN VATER — Königsberg, den 31. Januar 1808

▷ Bester Vater. Obgleich mir das Schreiben untersagt ist, so kann ich doch nicht umhin, Ihnen durch diese sichere Gelegenheit des H[errn] von Rhaden zu berichten, daß unsere Angelegenheiten in Paris durch Pr[inz] Wilh[elm] [Bruder von Friedrich Wilhelm III.] auch gar nicht vorwärtsgehen. Und daß der böse Wille des einzigen, der Milderung schaffen könnte, immer derselbe ist. Die Anmerkungen des Moniteurs beweisen es genügsam. Doch *verzweifelt* ist noch nichts, da die Unterhandlungen erst anfingen. Ich habe noch *keine* Antwort des russischen Kaisers, weiß nicht, ob er lebt und tot ist persönlich; übrigens benimmt er sich fortwährend gut, d. h. er hat immer guten Willen; wer aber den Tilsiter Frieden unterschrieb, kann auch müde werden im Guten!!!! Um mich zu zerstreuen, habe ich viel gelesen und mich viel beschäftigt, da habe ich auch ein Buch gefunden, welches ich Ihnen empfehlen darf, weil es ein hohes Interesse hat: *Histoire de l'anarchie de Pologne par Rhubère,* es hat gewiß Ihr Applausum. Der König sagt Ihnen tausend Schönes; er ist so gut gegen mich, als ich es nur wünschen kann. Ich sage dem Oncle [Ernst von Mecklenburg-Strelitz] tausend Schönes und bedauere herzlich seine Leiden, die nun wohl hoffentlich vorbei und vergessen sind. Der G[roß]M[ama] lege ich mich zu Füßen und allen, die sich meiner erinnern; dem guten Carl [Halbbruder] viel Schönes und Herzliches. Ich bin überzeugt, daß Ihnen die hübschen Kinder von Friederike [Solms, Schwester] viel Freude machen. Ich weiß nicht, ob Sie schon erfuhren, daß die hiesige Bürgerschaft, um ihre Freude und Liebe zu beweisen, mich in ihrer Mitte zu sehen, eine *superbe chaise longue* von *grünem Samt* und *goldenen Fransen* und *Quasten* reich verziert, und eine Wiege, die dazu paßt, gaben. Sie können denken, wie mich dies rührte in einem Augenblick, wo sie selbst gedrückt und von allen Seiten alles geschiehet, um sie von uns loszureißen. Adieu, bester Vater, ich kann nicht mehr und bin Ihre gehorsame Tochter

Luise

Ich hoffe, Sie bekommen bald einen Kurier mit guten Nachrichten ◁.

1. Februar 1808: Geburt der Prinzessin *Luise von Preußen.* Sie heiratete 1825 den Prinzen Friedrich der Niederlande. – Erbprinz Georg von Mecklenburg-Strelitz befand sich in Paris.

306. An ihren Bruder Georg

Königsberg, den 20. [II. 1808]

▷ Mein bester George. Deine lieben Briefe mit allen Beweisen Deiner teueren Freundschaft und Deines himmlischen Andenkens hab' ich dankbar empfangen. Der Ring, der mich nicht verläßt, Deine vier Nachtmützen, die mich immer schmücken, alles, alles, was mir Deine treue Bruderhand zudachte, ist bei mir und um mich. Dein letzter göttlicher Brief, der so ganz *Du* bist, hat mir Tränen der wehmütigen Freude ausgepreßt; solche, die nur von Augen geweint werden können, die wie mein Herz von dem heiligen Hauch der Freundschaft ganz durchschauert in herrlichstem Einklang mit Freude und Melankolie sich dem seegnenden Gefühl hingab, solch einen Bruder zu besitzen! Die gute Berg half mir treu die bösen Nachrichten aus Paris zu ertragen, denn das nicht *Fortrücken* ist Verderben. Ihr Hiersein ist Wonne für mich.

Mit Schweiß bedeckt schließe ich

Deine Luise ◁

307. An ihren Vater

Königsberg, den 24. März 1808

▷ Bester Vater!

Ihr unendlich gütiger und gnädiger Brief, den Sie die Gnade gehabt haben, mir zum 10. März zu schreiben, ist mir vorgestern richtig von dem Herrn von Beyme [Kabinettsrat] überbracht worden. Wie soll ich Ihnen genug danken und wo Worte hernehmen, die Ihnen so ganz meine Dankbarkeit, die aus der tiefsten Fülle meines Herzens kömmt, bezeigen. Gott ist mein Zeuge, wie wahr und wie innig ich jeden Beweis

Ihrer Gnade, Ihrer Zärtlichkeit, erkenne, und wie glücklich mich Ihre Zufriedenheit macht. Mein Stolz ist es, bester Vater, Sie Vater nennen zu können, und der Ällmächtige wird mir Kräfte geben, diesen Vorzug ewig durch mein Betragen zu verdienen. Empfangen Sie gnädigst meinen Dank für den neuen Beweis Ihrer Güte und erhalten Sie mir ferner Ihre Liebe und Gnade. – Meine Gesundheit ist über alle Beschreibung gut. Ich bin dick und fett aus meinen Wochen gekommen, und meine kleine Luise ist wirklich ein Engel. Sie ist ordentlich schön und so ruhig, wie man sich die Verklärten denkt. Ihr Blick ist süß und schön, alle Züge fein und angenehm, mit einem Wort, sie ist göttlich. Gott wolle sie erhalten!

den 25.

Ich wurde gestern gestört durch den Prinzen von Holstein, Sohn des vortrefflichen Herzogs von Oldenburg. Dieser, sein zweiter Sohn gehet nach Petersburg und blieb zwei Tage hier. Er gefällt mir sehr gut. Es ist ein junger Herr, der eine sehr solide ›Frisur‹ hat, und der ganz das Gepräge einer guten Erziehung hat, *il a l'air d'un homme* [...?] Heute morgen ist er wieder fortgereist und denkt, im Monat Juni wieder zu Hause zu sein. Der Prinz gleicht sehr seinem Vater, nur, daß er kleiner ist. Ich muß diesen Brief schließen, weil mir sonst die Post enteilet und meine ungetreuen Augen den Dienst versagen. Wollen Sie die Gnade haben, dem Onkel Ernst zu danken für seinen guten Brief. Mit der ersten Gelegenheit werde ich ihm schriftlich danken, wie auch Friederike und Carl, die ich herzlich küsse und dankbar an mein Herz drücke. Ich liege zu Ihren Füßen und bitte Sie, mein bester, zärtlich geliebtester Vater, um die Fortdauer Ihrer Güte gegen mich, die das Glück meines Lebens ausmacht, und werde ewig bleiben

Ihre treu gehorsamste Tochter Luise ◁

Prinz von Holstein: Prinz *Georg von Oldenburg* (1784–1812). Er war der zweite Sohn des Herzogs Peter I. Friedrich Ludwig von Oldenburg aus dem Hause Holstein-Gottorp. Prinz Georg fuhr zur Brautwerbung nach Rußland. Seine Heirat mit der Großfürstin Katharina Paulowna (Lieblingsschwester von Alexander) fand im August 1809 statt.

Der preußische Staatsminister Freiherr vom und zum Stein befand sich seit Anfang März 1808 in Berlin, um dort mit den französischen Behörden wegen der Besatzung und der Kontributionszahlungen zu verhandeln. Königin Luise ließ ihm über Frau v. Berg Berichte ihres Bruders Georg aus Paris zukommen. Stein seinerseits versuchte über Frau v. Berg Luise zu überzeugen, daß der Erzieher ihres ältesten Sohnes, des Kronprinzen, gewechselt werden müsse.

308. AN DEN FREIHERRN VOM STEIN — Königsberg, den 31. März 1808

Ich danke Ihnen tausendmal für den Brief, den Sie der Berg für mich geschrieben haben. Er erhöht noch die aufrichtige Anerkennung, die ich Ihnen für alles zolle, was Sie für den König, für die Familie und für das Land tun. Nichts in der Welt liegt mir mehr am Herzen als der Gegenstand, wovon darin die Rede ist, doch glaube ich, man kann nichts tun oder vorschlagen bis zu Ihrer Rückkehr. Ich habe Gelegenheit gehabt, mit dem König darüber zu sprechen, ihm die Notwendigkeit eines Personenwechsels bei meinem Sohn [Kronprinz »Fritz«] vorzustellen und ihm sogar Ancillon zu nennen. Er hat nicht *nein* gesagt. Das ist meine ganze Hoffnung auf das Gelingen des Planes; im übrigen war er sehr betroffen von allem, was ich ihm sagte.
Die gute Berg hat es übernommen, Ihnen den Brief meines *Bruders* [Georg von Mecklenburg-Strelitz] zu schicken; da ich keinen Augenblick für mich habe, hat sie gut daran getan. Diese Unterhaltung, die *das ganze Herz* des Mannes ist, von dem wir abhängen, hat mich, ich gestehe es, mit Schmerzen gepeinigt; denn ich fürchte, das ist die Antwort, die wir anstelle der Ratifikation erhalten werden auf Ihr Werk, das so wohltätig für uns gewesen wäre, wenn ihm ein *ja* von dort unten gefolgt wäre.
Seien Sie immer überzeugt, lieber Baron, daß meine Achtung und Erkenntlichkeit bei dieser Gelegenheit nur wachsen konnten, und ich werde stolz darauf sein, es Ihnen beweisen zu können.
Anbei ein kleines Billet, das Sie bitte die Freundlichkeit haben wollen, zu lesen, zu verbessern und zu ändern, wie Sie wollen; es ist eine Antwort auf eine Ankündigung in der Berliner Zeitung, die ich sehr gut verstanden habe. Ich bin gewiß, das wird Ihnen nicht entgangen sein.
Ich bin sehr gespannt, Ihr Urteil über [Oberst] Knesebeck zu kennen, und darüber, ob Sie ihn der *großen Aufgabe,* die er zu erfüllen hätte, für fähig halten. Ich bitte Sie sehr um Verzeihung für die mangelnde Ordnung und Folgerichtigkeit in diesem Briefe. Aber mir fehlt es an Zeit. Mit ausgezeichneter Hochschätzung Ihre Freundin

Luise

Die Antwort der Königin auf *eine Ankündigung in der Berliner Zeitung* ist nicht bekannt. – Die *große Aufgabe* des Oberst Karl Friedrich v. dem Knesebeck (1768–1848): Er sollte militärischer Gouverneur des Kronprinzen werden. Knesebeck lehnte aber aus gesundheitlichen Gründen ab. – Als Ersatz für den bisherigen Erzieher des Kronprinzen, des Johann Friedrich Gottlieb *Delbrück* (1768–1830), war der Historiker Johann Peter *Ancillon* (1767–1837), Prediger der französischen Gemeinde in Berlin, im Gespräch.

309. An ihren Bruder Georg

Königsberg, den 27. April 1808

Liebster Georg! Die Ungewißheit Deiner Abreise aus Paris hatte bis heute meine Feder zurückgehalten, als ich das Glück hatte, Briefe aus Strelitz und den von Dir durch Werther zu erhalten, die mir alle mitteilen, daß Du noch in Frankreich bleibst, was ich sehr billige. Deine Abreise, die sich nach derjenigen Deines Vetters [Erbpr. Friedrich Ludwig von Mecklenburg-Schwerin] richten wird, ist noch nicht festgesetzt, also hoffe ich, daß Du diesen Brief hier noch an Ort und Stelle erhalten wirst. Dein Tagebuch hat mir eine unbeschreibliche Freude gemacht, und ich erfreue mich mit Dir an all den Augenblicken des Genusses, die der Himmel Dir gewährt hat.

Meine zärtlichsten und wärmsten Segenswünsche gelten Dir, mein teurer, geliebter Georg. Wenn Dein Weg immer eben, mit Rosen bestreut, Dein Horizont immer ruhig, ohne Wolken wäre, kurz, wenn ich Dich vollkommen glücklich sehen könnte, inmitten erstrebenswerter Genüsse, die Glück spenden, indem sie die Seele erheben, so würde auch für mich hier unten noch ein Glück vorhanden sein. Ach, lieber Georg, ich will Dich nicht traurig stimmen, aber Du kannst es Dir schon selbst sagen, ich bin weit entfernt, glücklich zu sein! Das Unglück anderer ist das meine, die Unmöglichkeit, der leidenden Menschheit zu helfen, ist wirklich ein solches für mich, da man auch noch kein Ende unseres Unglücks, sondern im Gegenteil sein tägliches Anwachsen sieht. Bei all diesen erdenklichen Leiden habe ich Augenblicke, die der Verzweiflung nahekommen. Der Kaiser [Napoleon] hat meinen Brief nicht erhalten, ganz sicher nicht, denn er würde mir wenigstens geantwortet haben. Gott weiß, wer ihn zurückgehalten hat, denn sonst wären unsere Leiden nun beendet. Ich habe ihn gesehen, ich kenne ihn, ich habe mit ihm gesprochen, das genügt, um die Hoffnung nicht zu verlieren, wenn man nur bis zu ihm durchdringen kann; aber

ich habe Grund zu dem Glauben, daß seine große Seele nicht den Abgrund kennt, der uns umgibt, und die Verzweiflungsschreie, welche die schrecklichsten Leiden den Unglücklichen entreißen.
Meine Gesundheit ist ganz gut nach meinen Wochen, aber eine Badekur wäre sehr nötig zur Wiederherstellung meiner leicht erregbaren Nerven und zur allgemeinen Kräftigung. Die seelischen Leiden übertragen sich auf den Körper, und so verringern sich die Kräfte allmählich. Wenn nur Schlesien geräumt wäre. Diese Provinz hat ihre Kontributionen bezahlt, und wenn sie bis zum Juni geräumt würde, könnte ich in diesem Sommer in einem der ausgezeichneten schlesischen Bäder für meine Gesundheit vorsorgen. Ich hoffe auf Gott und den Kaiser. Unser Klima, lieber Georg, ist trostlos, seit zwei Tagen erst habe ich Veilchen, die Sonne scheint, aber noch nicht eine Knospe ist an den Bäumen, geschweige denn Blumen oder Blätter, die haben wir hier erst Ende Mai! – und wenn man in Frankreich und im Reich Trauben ißt, dann reifen hier die Kirschen. ▷ O die Seligkeit Lapplands ◁! – Infolgedessen kannst Du Dir wohl sagen, daß Deine arme Luise friert und daß sie dauernd Bedarf hat an wattierten Kleidern, Überröcken, Mänteln oder wie man sonst diese Maschinen zum Warmhalten nennt. Ich bitte Dich deshalb, lieber Georg, mir ▷ ein wattierten Überrock ◁ zu schikken, wie er jetzt in Paris Mode ist zum Spazierengehen. Wenn Du mir diese Besorgung durch die Persönlichkeit machen ließest, die am Geburtstage Ika's [Friederike Solms, Schwester] die Guirlande aus Winden von Wolubilize trug, so würde mir das die meiste Freude bereiten, zusammen mit einem passenden Hut. Wilhelm [Bruder von Friedrich Wilhelm III.] würde es auslegen und ich gebe es ihm bei seiner Rückkehr wieder. ▷ Vor mein Leben gern möchte ich auch so eine Guirlande oder Blumen auf dem Kopf haben von Winden, auch von *der* her ◁. Mein Maß ist in der Länge und der Schulterbreite beinahe dem Thereses [Thurn und Taxis, Schwester] gleich.
Heute bin ich traurig, weil unsere Freundin [Frau v. Berg] morgen nach Berlin zurückkehrt; sie hinterläßt eine große Leere bei mir, die durch Tätigkeit nicht ausgefüllt werden kann. Du weißt, welchen Genuß eine Viertelstunde der Unterhaltung mit einer Frau von Geist und Gemüt bietet, die noch obendrein Deine Freundin ist. Aber sie verspricht zurückzukehren, das versichert sie in diesem Augenblick, in dem sie in mein Zimmer tritt und Dir alles das sagt, was mütterliche Zärtlichkeit

an Reinstem und Gediegenstem einflößen kann. Ich schließe und setze mich in eine gewisse dunkelblaue Halbchaise, an die ▷weiland◁ die Quittel und Nitze [Berliner Modegeschäfte] nicht mehr herankamen, um zum letztenmal mit ihr auszufahren. Unsere Spazierfahrten gehen immer in der Richtung nach Berlin, manchmal bin ich dieser lieben und guten Stadt um zwei Meilen näher. Lebe wohl, ich umarme Dich mit aller Zärtlichkeit meines Herzens.

Luise

310. An ihren Vater [Königsberg, April 1808]

▷Bester Vater!
Mit uns ist es aus, wenn auch nicht für immer, doch für jetzt. Für mein Leben hoffe ich nichts mehr. Ich habe mich ergeben, und in dieser Ergebung, in dieser Fügung des Himmels bin ich jetzt ruhig und in solcher Ruhe, wenn auch nicht irdisch glücklich, doch, was mehr sagen will, geistig glückselig. Es wird mir immer klarer, daß alles so kommen mußte, wie es gekommen ist. Die göttliche Vorsehung leitet unverkennbar neue Weltzustände ein, und es soll eine andere Ordnung der Dinge werden, da die alte sich überlebt hat und in sich selbst als abgestorben zusammenstürzt. Wir sind eingeschlafen auf den Lorbeeren Friedrichs des Großen, welcher, der Herr seines Jahrhunderts, eine neue Zeit schuf. Wir sind mit derselben nicht fortgeschritten, deshalb überflügelt sie uns. Das siehet niemand klarer ein, als der König. Noch eben hatte ich mit ihm darüber eine lange Unterredung, und er sagte in sich gekehrt wiederholentlich: das muß auch bei uns anders werden. Auch das Beste und Überlegteste mißlingt, und der französische Kaiser ist wenigstens schlauer und listiger. Wenn die Russen und die Preußen tapfer wie die Löwen gefochten hatten, mußten wir, wenn auch nicht besiegt, doch das Feld räumen, und der Feind blieb im Vorteil. Von ihm können wir vieles lernen, und es wird nicht verloren sein, was er getan und ausgerichtet hat. Es wäre Lästerung, zu sagen, Gott sei mit ihm; aber offenbar ist er ein Werkzeug in des Allmächtigen Hand, um das Alte, welches kein Leben mehr hat, das aber mit den Außendingen fest verwachsen ist, zu begraben.
Gewiß wird es besser werden: das verbürgt der Glaube an das vollkom-

menste Wesen. Aber es kann nur gut werden in der Welt durch die Guten. Deshalb glaube ich auch nicht, daß der Kaiser Napoleon Bonaparte fest und sicher auf seinem, jetzt freilich glänzendem Thron ist. Fest und ruhig ist nur allein Wahrheit und Gerechtigkeit, und er ist nur politisch, das heißt klug, und er richtet sich nicht nach ewigen Gesetzen, sondern nach Umständen, wie sie nun eben sind. Damit befleckt er seine Regierung mit vielen Ungerechtigkeiten. Er meint es nicht redlich mit der guten Sache und mit den Menschen. Er und sein ungemessener Ehrgeiz meint nur sich selbst und sein persönliches Interesse. Man muß ihn mehr bewundern, als man ihn lieben kann. Er ist von seinem Glück geblendet, und er meint alles zu vermögen. Dabei ist er ohne alle Mäßigung, und wer nicht Maß halten kann, verliert das Gleichgewicht und fällt. Ich glaube fest an Gott, also auch an sittliche Weltordnung. Diese sehe ich in der Herrschaft der Gewalt nicht; deshalb bin ich in der Hoffnung, daß auf die jetzige böse Zeit eine bessere folgen wird. Diese hoffen, wünschen und erwarten alle besseren Menschen, und durch die Lobredner der jetzigen und ihres großen Helden darf man sich nicht irre machen lassen. Ganz unverkennbar ist alles, was geschehen ist und was geschieht, nicht das Letzte und Gute, wie es werden und bleiben soll, sondern nur die Bahnung des Weges zu einem bessern Ziele hin. Dieses Ziel scheint aber in weiter Entfernung zu liegen, wir werden es wahrscheinlich nicht erreicht sehen und darüber hinsterben. Wie Gott will; alles wie er will. Aber ich finde Trost, Kraft, Mut und Heiterkeit in dieser Hoffnung, die tief in meiner Seele liegt. Ist doch alles in der Welt nur Übergang! Wir müssen durch. Sorgen wir nur dafür, daß wir mit jedem Tage reifer und besser werden. Hier, lieber Vater! haben Sie mein politisches Glaubensbekenntnis, so gut ich als eine Frau es formen und zusammensetzen kann. Mag es seine Lücken haben, ich befinde mich wohl dabei; entschuldigen Sie aber, daß ich Sie damit behellige. Sie sehen wenigstens daraus, daß Sie auch im Unglück eine fromme ergebene Tochter haben, und daß die Grundsätze christlicher Gottesfurcht, die ich Ihren Belehrungen und Ihrem frommen Beispiel verdanke, ihre Früchte getragen haben und tragen werden, so lange Odem in mir ist.

Gern werden Sie, lieber Vater, hören, daß das Unglück, welches uns getroffen, in unser eheliches und häusliches Leben nicht eingedrungen ist; vielmehr dasselbe befestigt und uns noch werter gemacht hat. Der

König, der beste Mensch, ist gütiger und liebevoller, als je. Oft glaube ich in ihm den Liebhaber, den Bräutigam zu sehen. Mehr in Handlungen, wie er ist, als in Worten ersehe ich die Aufmerksamkeit, die er in allen Stücken für mich hat, und noch gestern sagte er schlicht und einfach, mit seinen treuen Augen mich ansehend, zu mir: »Du, liebe Luise! bist mir im Unglück noch werter und lieber geworden. Nun weiß ich aus Erfahrung, was ich an Dir habe. Mag es draußen stürmen – wenn es in unserer Ehe nur gut Wetter ist und bleibt. Weil ich Dich so lieb habe, habe ich unser jüngst geborenes Töchterchen Luise genannt. Möge es eine Luise werden.« – Bis zu Tränen rührte mich diese Güte. Es ist mein Stolz, meine Freude und mein Glück, die Liebe und Zufriedenheit des besten Mannes zu besitzen, und weil ich ihn von Herzen wieder liebe, und wir so miteinander eins sind, daß der Wille des einen auch der Wille des andern ist, wird es mir leicht, dies glückliche Einverständnis, welches mit den Jahren inniger geworden ist, zu erhalten. Mit einem Worte, er gefällt mir in allen Stücken und ich gefalle ihm, und uns ist am wohlsten, wenn wir zusammen sind. Verzeihen Sie, lieber Vater, daß ich dies mit einer gewissen Ruhmredigkeit sage; es liegt darin der kunstlose Ausdruck meines Glückes, welches keinem auf der Welt wärmer am Herzen liegt, als Ihnen, bester, zärtlicher Vater! Gegen andere Menschen, auch das habe ich von dem Könige gelernt, mag ich davon nicht sprechen; es ist genug, daß wir es wissen.

Unsere Kinder sind unsere Schätze, und unsere Augen ruhen voll Zufriedenheit und Hoffnung auf ihnen. Der Kronprinz ist voller Leben und Geist. Er hat vorzügliche Talente, die glücklich entwickelt und gebildet werden. Er ist wahr in allen seinen Empfindungen und Worten, und seine Lebhaftigkeit macht Verstellung unmöglich. Er lernt mit vorzüglichem Erfolge Geschichte, und das Große und Gute zieht seinen idealischen Sinn an sich. Für das Witzige hat er viel Empfänglichkeit, und seine komischen, überraschenden Einfälle unterhalten uns sehr angenehm. Er hängt vorzüglich an der Mutter, und er kann nicht reiner sein, als er ist. Ich habe ihn sehr lieb und spreche oft mit ihm davon, wie es sein wird, wann er einmal König ist.

Unser Sohn Wilhelm (erlauben Sie, ehrwürdiger Großvater, daß ich Ihre Enkel nach der Reihe Ihnen vorstelle) wird, wenn mich nicht alles trügt, wie sein Vater, einfach, bieder und verständig. Auch in seinem

Äußeren hat er die meiste Ähnlichkeit mit ihm; nur wird er, glaube ich, nicht so schön. Sie sehen, lieber Vater, ich bin noch in meinen Mann verliebt. Unsere Tochter Charlotte macht mir immer mehr Freude; sie ist zwar verschlossen und in sich gekehrt, verbirgt aber, wie ihr Vater, hinter einer scheinbar kalten Hülle ein warmes, teilnehmendes Herz. Scheinbar gleichgültig geht sie einher; hat aber viel Liebe und Teilnahme. Daher kommt es, daß sie etwas Vornehmes in ihrem Wesen hat. Erhält sie Gott am Leben, so ahne ich für sie eine glänzende Zukunft. Carl ist gutmütig, fröhlich, bieder und talentvoll; körperlich entwickelt er sich eben so gut als geistig. Er hat oft naive Einfälle, die uns zum Lachen reizen. Er ist heiter und witzig. Sein unaufhörliches Fragen setzt mich oft in Verlegenheit, weil ich es nicht beantworten kann und darf; doch zeugt es von Wißbegierde – zuweilen, wenn er schlau lächelt, auch von Neugierde. Er wird, ohne die Teilnahme an dem Wohl und Wehe anderer zu verlieren, leicht und fröhlich durchs Leben gehen. – Unsere Tochter Alexandrine ist, wie Mädchen ihres Alters und Naturells sind, anschmiegsam und kindlich. Sie zeigt eine richtige Auffassungsgabe, eine lebhafte Einbildungskraft und kann oft herzlich lachen. Für das Komische hat sie viel Sinn und Empfänglichkeit. Sie hat Anlage zum Satirischen und siehet dabei ernsthaft aus, doch schadet das ihrer Gemütlichkeit nicht. Von der kleinen Luise läßt sich noch nichts sagen. Sie hat das Profil ihres redlichen Vaters und die Augen des Königs, nur etwas heller. Sie heißt Luise; möge sie ihrer Ahnfrau, der liebenswürdigen und frommen Luise von Oranien, der würdigen Gemahlin des großen Kurfürsten, ähnlich werden.

Da habe ich Ihnen, geliebter Vater, meine ganze Galerie vorgeführt. Sie werden sagen: das ist einmal eine in ihre Kinder verliebte Mutter, die an ihnen nur Gutes siehet und für ihre Mängel und Fehler keine Augen hat. Und in Wahrheit, böse Anlagen, die für die Zukunft besorgt machen, find ich an allen nicht. Sie haben, wie andere Menschenkinder, auch ihre Unarten; aber diese verlieren sich mit der Zeit, so wie sie verständiger werden. Umstände und Verhältnisse erziehen den Menschen, und für unsere Kinder mag es gut sein, daß sie die ernste Seite des Lebens schon in ihrer Jugend kennenlernen. Wären sie im Schoße des Überflusses und der Bequemlichkeit groß geworden, so würden sie meinen, das müsse so sein. Daß es aber anders kommen kann, sehen sie an dem ernsten Angesicht ihres Vaters und an der Wehmut und den

öfteren Tränen der Mutter. Besonders wohltätig ist es dem Kronprinzen, daß er das Unglück schon als Jüngling kennenlernt; er wird das Glück, wenn, wie ich hoffe, künftig für ihn eine bessere Zeit kommen wird, um so höher schätzen und um so sorgfältiger bewahren.
Meine Sorgfalt ist meinen Kindern gewidmet für und für, und ich bitte Gott täglich in meinem sie einschließenden Gebete, daß er sie segne und seinen guten Geist nicht von ihnen nehmen möge. Mit dem trefflichen Hufeland sympathisiere ich auch in diesen Stücken. Er sorgt nicht bloß für das physische Wohl meiner Kinder, auch für das geistige derselben ist er bedacht; und der biedere, freimütige Borowsky, den der König gern sieht und lieb hat, stärkt darin. Erhält Gott sie uns, so erhält er meine besten Schätze, die niemand mir entreißen kann. Es mag kommen, was da will, mit und in der Vereinigung mit unsern guten Kindern werden wir glückselig sein.
Ich schreibe Ihnen dies, geliebter Vater, damit Sie mit Beruhigung an uns denken. Ihrem freundlichen Andenken empfehle ich meinen Mann, auch unsere Kinder alle, die dem ehrwürdigen Großvater die Hände küssen; und ich bin und ich bleibe, bester Vater, Ihre dankbare Tochter

Luise ◁

Die Echtheit des berühmtesten Briefes der Königin Luise mit ihrem »politischen Glaubensbekenntnis« muß bezweifelt werden. – Griewank kommentierte ihn 1943: »Erster Druck Eylert Bd. 2, Abt. 2, S. 23; hiernach Berg, KL 2. Aufl. S. 186, Adami 1. Aufl. S. 186 und zahlreiche Nachdrucke, auch Gr.KL 161. Bei Horn und in den späteren Auflagen von Adami offenbar irrige Datierung auf 1809. Die Vorlage in den Archiven leider nicht vorhanden; mit Überarbeitung und Interpolationen des Textes muß gerechnet werden.« – Über den Quellenwert des Buches der Caroline v. Berg »Königin Luise« (ersch. 1814, 2. Aufl. 1849) schrieb Griewank: »Begeisterte Gedächtnisschrift... zwecks literarischer Abrundung sehr frei überarbeitet, teilweise auch mit erfundenen Sätzen und Satzteilen ausgeschmückt.« – Über Eylerts »Charakterzüge und historische Fragmente aus dem Leben des Königs von Preußen Friedrich Wilhelm III. und der Königin Luise« (erschienen 1843–1846) urteilte Griewank: »pastoral gefärbte Verherrlichung... Wiedergaben (von Briefen) noch über diejenigen der Frau v. Berg hinaus willkürlich umgestaltet, vor allem durch gehäufte Einfügung frommer und selbstgerechter Redensarten.«

311. An den Freiherrn vom Stein — Königsberg, den 1. Mai 1808

Die gute und sichere Gelegenheit, die sich durch die Abreise des Prinzen August [von Preußen] bietet, ermöglicht es mir, Ihnen von

etwas zu sprechen, was mir sehr am Herzen liegt. Die Gesundheit des Königs ist leider sehr zerrüttet, und die Ärzte wünschen, daß er sich eines Bades bedient. Pyrmont würde Hufeland vor allem für den König wünschen, aber es ist unmöglich, ihn dazu zu bestimmen; wenn es selbst möglich wäre, würde er immer Widerwillen gegen Pyrmont haben angesichts der Nähe unserer ehemaligen Provinzen, die dem König gleichzeitig die liebsten waren. Man darf also gar nicht davon sprechen, besonders da Napoleon sicher dagegen sein würde. Aber nach Pyrmont wünscht Hufeland am meisten *Kudowa* in *Schlesien*. Um zu hören, wie Sie darüber denken, wende ich mich vertraulich an Sie. Ich bitte Sie, sich *unter der Hand* zu erkundigen, ob man vielleicht die Räumung Schlesiens oder wenigstens eines *Teiles* erreichen könnte, damit der König dorthin fahren kann zur Pflege seiner Gesundheit. – Der König *weiß* nicht, daß ich Ihnen deswegen schreibe, weil er vielleicht, erschreckt durch die zu überwindenden Schwierigkeiten, mir nicht erlaubt hätte, überhaupt davon zu reden. Aber er muß etwas für seine Gesundheit tun, ich versichere es Ihnen; deshalb würden Sie mir einen *großen, großen* Gefallen tun, wenn Sie in dieser Hinsicht Erkundigungen einziehen würden, unter der Hand, nicht offiziell, da ich nicht den Auftrag erhalten habe, Ihnen davon zu sprechen, und dann auch, um sich nicht einer Ablehnung auszusetzen.
[Nachschrift.] Wenn Sie bald zurückkommen könnten, so wäre das günstig. Es heißt, daß eine elende Kabale bohrt und bohrt. Und ferner hätte eine aufregende Aktion, genannt ▷ Chaisenbau ◁ sehr nötig, daß Sie sie an ihren Platz verwiesen.

Aktion Chaisenbau ist wohl der Deckname für den im Frühjahr 1808 gegründeten »sittlich wissenschaftlichen Verein; der Tugendbund«, dem u. a. Frau v. Berg nahestand. Er hatte zum Ziel, »die durch Unglück verzweifelten Gemüter wieder aufzurichten.« Der Tugendbund wurde im Dezember 1809 durch Friedrich Wilhelm III. aufgelöst. [Zitate aus Meyers Konvers.-Lex. 1905]

312. An Frau v. Berg — Königsberg, den 4. Mai 1808

▷ Zwei Briefe habe ich nun schon von Ihnen, teure, liebe Berg! Und wie teuer sind Sie mir! Diese Ausdrücke der reinsten Liebe und Freundschaft! Glauben Sie mir, Ihre Abreise hat mir eine Lücke gelassen, die nichts ausfüllen kann, für mein Herz und meinen Geist.

Sie kommen doch gewiß wieder; ja, sie kömmt wieder, habe ich mir in den letzten Tagen ewig vorgerufen und vorgesagt, damit mir der odiöse Abschied nicht so schwer werden sollte –, und doch hab' ich die Tür Gott weiß wie lange angesehen und in meinem Bett aufrecht gesessen, den Kopf nach der Stelle gewendet, wo Sie mir verschwanden, und Gott weiß auf wie lange verschwanden. Als der König in mein Zimmer kam, so fand er mich noch so in der Stellung, und ich merkte es da erst *que j'avais été dans un état de stupeur ou toutes les idées se confondent et n'en produisent plus, mais ou un sentiment nous reste seulement, qui était bien douloureux. Votre première lettre de* B. *[Berlin] m'a bien attendrie. Votre billet de Str. [Strelitz] du matin aussi, votre lettre de Fk. [Schloß Finckenstein] m'a fait plaisir,* weil Ihnen wohl war unter guten Menschen. Aber der Ort? Der ist recht entweihet. –

––– Meine Söhne des Tals [von Zacharias Werner], die Sie gelesen, sind so schön, daß man nicht ohne tiefste Rührung und hohe Entschlüsse das Buch weglegen kann. So ging es mir, und Ihnen machte es so froh, weil Ihre Liebe mich immer idealisiert und Sie mich schon im vollen Wirken sehen, dessen, was ich tief empfand. Ich behaupte, daß das Buch eine Art von Bibel ist, denn wahrlich, es ist ein heiliges Wort darin verborgen. *Edler* Moley, wer so endet wie du. *Starker* Robert, wer so geleitet, so gestärkt durch Freundeswort und eigne Kraft gestählt den Lauf beginnt wie du, aus dem kann etwas Großes werden. Sein Anblick allein muß den Egoismus verscheuchen, der das Unglück unserer heutigen Welt ausmacht. – Nun freue ich mich recht auf einen Brief von O[liva], wo Sie Joseph [Pr. von Hohenzollern-Hechingen, Abt von Oliva] und the holy family gesehen haben. Der Gemütszustand, den kenne ich gewiß. Ganz geteilt ist sein Beifall. Auf der einen Seite ziehet sehr viel *reges Gefühl,* sehr viel *Religiösität* in einem *ganz reinen Gewande,* daß sogar noch viel Kindliches *oder vielmehr* wo noch *Jugend* mit ihren Irrtümern höchst anziehend ist, *ihm* an. Dabei *weiß diese* mir *anziehende Kraft mehr* als *die zweite,* die vielleicht mehr *Angenehmes* hat in der *Art,* wie sie die *Sachen sagt,* die sie nicht *weniger tief fuhlt.* Aber die *Sache* ist doch nun einmal das Interessante, und die Form? Je nun, die Form, die man ihr gibt, die kömmt auf den Geschmack eines jeden an. Glauben Sie mir, die *Zalzertkrüge* gefallen mehr der Mehrheit als die hetrurischen Vasen. Dieses doch *ganz* ohne Anwendung bitte zu glauben.

Das *Wetter*, das so schön ist, macht mich ganz heiter auf *Momente*, aber nur auf Momente. Ich *lebe* ganz in der Luft. Des Morgens um zwölf fahren wir aus, um zwei nach Hause, um halb fünfe nach der Sprint und um sechs nach Hause. Gestern frühstückten die zwei Prinz[en] mit Rad[ziwill] bei mir auf dem Balkon, wo sie die Fahnenweihe sahen. Des abends gegen acht ging der König, Götzen [Friedrich Graf, Flügeladjutant], Natzmer [Oldwig v., ab 1809 Flügeladjutant] und ich und meine Damens bis neun auf Königs Garten, wo es unbegrenzt schön war. Der philosophische Gang war des Morgens schon rund herum besucht worden, so daß ich nach neun *mein liebes Bett* anbetete, um für meine matte Glieder Ruhe zu finden. Ach hätte der Mensch doch eine solche Stelle für seine bewegte Seele, wo ihm so ganz wohl werden könnte, wo so manches Sehnen gestillt, so manche Träne mit *Gewißheit* getrocknet würde. Und das können *Sie* mir sagen? hör' ich Sie fragen, Sie die die Süvernschen Vorlesungen [über die polit. Geschichte Europas] studieren, wo nichts mehr ungewiß, wo alles Objektive unter einer höchsten Notwendigkeit und höchsten Freiheit stehet? Ja, doch seufze ich, und *Fichte* und *Süvern* gewiß *mit mir*, das ist einmal nicht anders, denn alles, was wir tragen *müssen*, ist deshalb doch nicht angenehm, *erheben sich* als *heilige* Gedanken zu Gott, und so verzeihen Sie mir, liebste Berg, und jeder behält recht und wird recht gefördert in seinem Glauben oder erkannter Wahrheit. Adieu, mit aller Zärtlichkeit meines Herzens Ihre

Luise

Soeben kömmt Charlotte [9jähr. Tochter] aus dem Dönhoffschen *Garten* und bringt mir Veilchen, sie schickt Ihnen *eines* mit tausend Komplimenten. Marianne [Preußen] und die Luise [Radziwill] sagen Ihnen auch viel Schönes.

Der König sagt mir, es wäre ein Aufstand in Berlin gegen die preußischen Behörden. Wie ist das möglich? *Alles* Übel kömmt doch nur aus *einer* Quelle! Viel Schönes an Stein. Wie finden Sie ihn? Meine Luise [¼jähr. Tochter] ist ein wahrer Engel. Sie ist ranimiert und wohl. ◁

Alexander Graf Dohna (1741–1810) hatte 1782 den Besitz *Finckenstein* (Kreis Marienwerder/Westpreußen) erworben. Sein Sohn Friedrich (1771–1831) war von 1808–1810 preußischer Innenminister. Das Schloß Finckenstein hatte Napoleon 1807 für drei Monate als Quartier gedient.

Die *»Söhne des Tals«* (erschienen 1803/04): Das erste Drama des in Königsberg geborenen Dichters Zacharias Werner (1768–1823). Im Inhalt des Stückes ging es um den Untergang des Templerordens. Werner galt als wunderliche Persönlichkeit. Johann Gottlieb *Fichte* (1762–1814) und Johann Wilhelm *Süvern* (1775–1829) hielten im Winter 1807/08 Vorlesungen an der Universität Königsberg. Von Süverns politischer Geschichte Europas ließ sich Luise Abschriften machen.

313. An ihren Vater

Königsberg, den 14. Mai 1808

[Zunächst überschwenglicher Dank für ein Schmuckstück wohl, das der Vater ihr schenkte]

...Meine Kinder sind alle zu Ihren Füßen. Luise ist wahrhaft schön und lieblich. – Haben Sie keine Projekte für diesen Sommer? Gehen Sie vielleicht nach Pyrmont? Wir sollten hin, der König braucht es wahrlich, allein, die Hand, die alles Gute hemmt, hemmt auch diese Reise. Wir ziehen auf einen kleinen Garten, wo der König und ich baden und Pyrmonter Wasser trinken sollen.

Das Wetter ist seit dem 1. Mai unaussprechlich warm und schön und alles grünt und sproßt immer mehr der Vollendung entgegen. Voriges Jahr haben wir die ersten Blätter im Anfang Juni gesehen und dieses Jahr leben wir im Mai der Poeten. Übrigens gehet hier alles recht prosaisch, wenn nicht barbarisch zu. Da aber ein Barbar das Ruder der Welt führet, so ist es natürlich.

Ich bin zu Ihren Füßen, muß schließen, weil die sichere Gelegenheit abgehet. Ich küsse Ihnen nochmal mit der innigsten Dankbarkeit die Hände und bin ewig Ihr treues Kind

Luise

314. An ihren Schwager Prinz Wilhelm von Preussen

Königsberg, den 20. Mai 1808

▷ Lieber Wilhelm! Dein teures Andenken von Paris aus, welches Du dem 10. März widmetest, habe ich mit dem innigsten Dank empfangen. Verzeihe, lieber Wilhelm, wenn ich Dir nicht eher dafür dankte und rechne nach der Schlaffheit, mit welcher ich Deinen lieben guten Brief beantwortete, nicht auf die regen Gefühle meines Herzens gegen Dich! Glaube mir, lieber Bruder, daß ich Dich ganz zu schätzen weiß, Dich liebe, wie Du es verdienst und daß Du und Deine Engels-Marianne meinem Herzen recht nahe stehest.

Du, der Du unter den göttlichen Antiken schwebst (wenn Du vor den verdorbenen Modernen entfleuchst) und sie so ganz zu würdigen weißt, weil Du soviel von dem Sinn, dem sie ihr Dasein zu verdanken haben, in Deinem Busen trägst, Du mußt das, was hier folgt, absolut lesen. Ich schreibe es Dir ab aus einer der Vorlesungen des Professors Süvern, die er diesen Winter hier heilt:

»Aber desto lebendiger fühlte der Grieche die göttliche, in ihrer Harmonie heitere und sich selbst vertrauende Kraft, deren er voll war. Und auf sich selbst und sie zu reflektieren noch nicht fähig, trug er durch eine natürliche Täuschung das ihm selbst Eigenste in etwas Fremdes über, er objektivierte es. d.h. er machte es zu einer Wirkung von anderen Wesen, welche in ihn überströmten.

So schuf er sich Götter, in denen er seine großen Ideen versinnlicht anschaute, und was nur Großes er selbst ersann und tat, das schrieb er wieder alles ihrer Gunst und Begeisterung zu. Sein ganzes Leben wurde also, wie es in der Tat voll des göttlichen Geistes war, erfüllt mit Göttern und ihren Wirkungen, es wurde ganz eingekleidet in einen Mythus und aufgelöst in eine Poesie.«

Ich glaube, lieber Wilhelm, dieses wird Dir gefallen, und ich bitte Dich, in meinem Namen Dich vor den Apollo zu stellen und ihm diese Standrede zu Ehren der Nation, aus welcher er hervortrat, zu halten! Wenn Du zurückkömmst, mußt Du diese Vorlesungen lesen, mir werden sie unbeschreiblich schwer, ich arbeite mich aber wacker durch, und etwas bleibt gewiß hängen. Der ganze Zweck dieser Vorlesung ist, das Göttliche als Offenbarung in dem Bildungsgang des Menschen zu erkennen. Die Geschichte wird also nicht chronologisch, sondern philosophisch behandelt und [es werden] nur solche Menschen herausgenommen, deren Leben auf die Menschheit gewirkt haben, sie vollkommener [gemacht] oder verschlimmert haben.

Verzeihe, wenn ich zu lange über eine Sache gesprochen habe, die Dir eigentlich fremd ist, aber Du mußt sie doch lesen, wenn Du wieder bei uns bist. Unbeschreiblich freue ich mich über alles, was wir von Dir hören! Du bist gerade so, als es Dein Unglück und das des Blutes, dem Du entsprangst, fordert: Würde in allem.

Ich küsse Dich herzlich. Ist George [Bruder] noch in Paris, so küsse ihn auch recht herzlich von mir und zeige ihm diesen Brief; denn auch er liebt und schätzt Dich, wie Du es verdienst. Den Cousin Fritz

[Friedrich, Erbpr. von Hessen-Homburg] küsse ich auch zur Veränderung, wenn er es erlaubt. Dein Portrait ist so göttlich, daß ich noch nichts Ähnliches sah. Ach wäre doch der Maler hier! Adieu, lieber Wilhelm. Wenn Du kannst, so verbeuge Dich vor das Bild Franz' I. und drücke sein gutes Schwert in meinem Geist! O Frankreich, was ist aus Dir geworden! Noch einmal adieu, Gottes Segen über Dich und etwas Freundschaft für mich!
Deine treue Schwägerin und Freundin ◁ Luise

315. An Frau v. Berg. Königsberg, den 27. Mai 1808

... Sie haben sehr recht, wenn Sie mich unfähig glauben, durch kleine Kunstgriffe Einfluß und Macht zu gewinnen. Mein *ganzes* Leben soll eines rechten Vertrauens würdig sein, aber keine *Beeinflussung*. ▷ Basta, dabei bleibt es ◁. Ich bin bei der fünften Vorlesung und immer sehr zufrieden. Der gute Scheffner [ehem. Kriegsrat unter Friedrich dem Großen, 72jähr.), befriedigt von meinem Eifer und meinen Bemühungen, hat Süvern [Professor in Königsberg] gebeten, mir einen kurzen Überblick über den Inhalt einer jeden Vorlesung zu geben, die er gehalten hat, das hilft mir sehr. Stein liest sie auf meine Veranlassung; er wird meine Hefte vom vierten an bekommen, ich habe aber Zeichen nach meiner Weise gemacht, die er nicht verstehen wird. Wenn Sie sie sehen, würden Sie durch unser gemeinsames Fühlen gleich wissen, wohin sie zielen, ob Empfindsamkeit, Bewunderung, Überzeugung oder Erinnerung an die Vergangenheit oder Hoffnung auf die Zukunft meinen Stift geführt hat – aber so schäme ich mich fast dabei. Ich bin sehr glücklich, daß er hier ist; ich versichere Ihnen, wenn ich ihn an der Spitze der Geschäfte weiß, dann ist es, als könnte ich mich aufrechter halten und das Haupt leichter nach allen Seiten wenden.
Die Nachrichten aus Spanien. Nein, Berg, das ist zu stark! Mitten im tiefsten Frieden seinen ersten Verbündeten zu entthronen. Worauf sollen wir in unserer Lage uns gefaßt machen. ▷ Gott ist mein Schutz, meine Hoffnung, meine Zukunft ◁. Wenn ich einen Ritter hätte, würde ich ihm diese Losung auf seinen Schild geben.

Zwistigkeiten innerhalb der spanischen Königsfamilie nutzte Napoleon, indem er sowohl König *Karl* IV. (1748–1819) als auch seinen Sohn Ferdinand VII. (1784–

1833) zum Thronverzicht veranlaßte. Beide erhielten eine Pension und Aufenthalt in Schloß Valencay (zw. Tours und Bourges) dem Besitz Talleyrands (wo er 1838 starb und beigesetzt wurde). Napoleon übertrug jetzt (Mai 1808) seinem älteren Bruder Josef (1768–1844), der seit 1806 (bis 1808) König von Neapel war, die Krone Spaniens (bis 1813 Ferdinand VII. wiedereingesetzt wurde).

316. Aus »Hippel's Leben« abgeschrieben — Königsberg, [Juni] 1808

Laßt uns einmal der Sache nähertreten, um uns vollends zu überzeugen, daß nicht *das was* wir sind, sondern *wie* wir sind, unseren Wert bestimmt. Selbst ein regierender Herr, dem so lange er lebt, alles Weihrauch streut, wie *klein* ist er, wenn er *blos sich* und seinen *Staat* bereichert, die Grenzen seines Reichs ausdehnt und alle Geographien und Landkarten umschafft, ohne bei dieser – der Welt so sehr in die Augen fallenden – Regierung zugleich Rücksicht auf das Beste der Menschheit zu nehmen. Dies ist der einzige Gang zur Größe und zur Unsterblichkeit.

Ende Mai 1808 siedelte die königliche Familie aus dem Stadtinnern auf eines der alten Bauerngüter vor dem Steindammer Tor über. Das in den ländlichen »Huben« gelegene Anwesen hatte zuvor dem Königsberger Stadtpräsidenten Theodor *v. Hippel* (1741–1796) gehört. Hippel war zugleich Schriftsteller gewesen; sein Neffe Theodor Gottlieb v. Hippel (1775–1843) verfaßte u. a. den »Aufruf an mein Volk« vom 17. März 1813.

317. An den ehemaligen Kriegsrat Scheffner. — Hippels Garten, den 20. Juni 1808

▷ Guten Morgen, Herr Scheffner. Ich wünsche, daß Sie sich besser befinden, wie ich. Heute schicke ich Ihnen die vierte und fünfte Vorlesung zurück, die mir unaussprechlichen Genuß verschaffte. Könnt' ich nur einmal selber Professor Süvern dafür danken, allein ich schäme mich, gerade zu Ihnen herausgesagt, meiner Unwissenheit. Ich *empfinde recht tief* die schöne Wahrheiten, auf der sein ganzes Prinzip ruht; und doppelt fühl' ich mich hingerissen, die Aufgabe meines Lebens: »mich mit klarem *Bewußtsein* zur *innern Harmonie* zu bilden«, nicht zu verfehlen, sondern ihr zu genügen.
Recht schade ist es, daß die schöne Griechenwelt voll *Unschuld* und die

kräftige Römerwelt nicht hat dauern können, die Zeit des Abfalls und ihre Niedrigkeit hat mich wahrlich ergriffen, weil leider die jetzige ihr sehr gleicht. – Wollten nur die Menschen die *Augen* nach *innen* wenden, vielleicht fänden Sie noch Kraft, das *Sklavenjoch* abzuschütteln; aber tun sie es nicht, so stehen keine alte Ritter auf, für das Recht, den Glauben und die Liebe zu kämpfen. Mit wahrer Andacht kniete ich in *Gedanken* an dem Altar der Burgkapelle und betete für bessere Zeiten zu dem Allmächtigen. Erlebe ich sie auch nicht mehr, geht es nur meinen *Kindern* und *durch ihnen* meinem *Volk* einmal wohl! Ich weiß, die Zeiten machen sich nicht selbst, sondern die Menschen machen die Zeit, deswegen sollen meine Kinder gute Menschen werden, um wohltätig auf ihr Zeitalter zu wirken. –

Wenn ich so die Cahiers ansehe, wie sie mit Bleistift besudelt sind, so schäme ich mich schon wieder, weil M[inister] Stein sie so lesen wird. Er kennt mich noch weniger als Sie, was wird er denken. Die *Hieroglyphen* meines Herzens kann der nur raten, der mich genau kennt. Vergangenheit, eigene Erfahrungen und Schicksale, Gegenwart, Zukunft, Hoffnung, alles hab' ich darin angedeutet, und hätt' es noch viel mehr getan, wüßt' ich nicht, daß außer Ihnen noch jemand sie sehe. Doch einige Fragen. Welche Kriege nennt man die *punischen* Kriege? Gingen diese alle gegen Karthago? Die Gracchischen Unruhen, welche sind die? Verzeihen Sie, Sie haben es mir aber erlaubt. Dann bitt' ich Sie, die vierte Vorlesung aufzuschlagen, und die Lignen, wo die Kreuzchen sich befinden, zu überlesen. Die Zeit, wovon er da spricht, ist sie nicht die, welche Süvern das Zeitalter der Germanen nennt? und wo die schöne, edle Ritterzeit zu ihrer höchsten Blüte gediehen war?

Wenn der M[inister] Stein die Hefte gelesen hat, so bitt' ich Sie, schicken Sie sie mir wieder. Ich blättre dann hin und wieder, zerstreue mich so herrlich von der drückenden Gegenwart hinweg, mache mir die angestrichenen Stellen immer mehr zu *eigen* und vergesse es nicht mehr, *hoffe ich*. Ich habe noch eine ganze Seite zu lesen, dann mache ich das Paket zu. Adieu bis – dahin.

Habe ich recht verstanden, so löste sich das Zeitalter der Germanen auf, weil sie mehr ihren Gefühlen und ihrer Phantasie folgten, als dem Verstande, der (wie man sagt) richtiger wägt, Gehör gaben. Haben Sie die Güte und sagen mir, was Hierarchie eigentlich ist, ich habe keinen deutlichen Begriff davon.

Nun ist es wahrlich genug, und ich hab' Ihnen schön mit Fragen belästigt. Frägt man aber nicht, und schämt sich seiner Einfalt gegen jeden, so bleibt man immer dumm. Und ich hasse entsetzlich die Dummheit. Ihre Nachsicht macht alles wieder gut, und heilet die Wunden, die ich heute der Eitelkeit schlug, die ich gerne dem *besseren* opfere. Sie wollten mir nun nicht das sechste Heft schicken, sondern die Schlußreden. *Warum?* Ich bin mit Freundschaft und Hochachtung Ihre affektionierte

Luise

Können Sie morgen früh zu mir kommen, so wird es mich freuen, doch lieber *übermorgen*. Wollen Sie einen Wagen haben, so schicken Sie im königlichen Stall, ich werde dafür sorgen, daß Sie einen bekommen ◁.

Johann Georg Scheffner (1736–1820), als »Dichter« bezeichnet, war unter der Regierung Friedrichs des Großen preußischer Kriegs- und Steuerrat gewesen. Er lebte jetzt als 72jähriger Rentier in Königsberg. Luise faßte besonderes Vertrauen zu ihm.

318. Briefentwurf an Zar Alexander I. [Juni 1808.]

Ich wollte Ihnen nicht schreiben, lieber Vetter, da Ihr langes Schweigen mich befürchten läßt, gänzlich von Ihnen vergessen zu sein. Wer Freundschaft für seine Freunde hegt, findet immer einen *kleinen Augenblick*, um ihnen ein tröstliches Wort zu sagen und auszusprechen, daß er sie noch liebt. Sie haben keinen Augenblick mehr für mich übrig! Ich wage mich darüber zu beklagen, denn *ich bin* Ihnen gegenüber *unwandelbar*. Diese *Wahrheit* drückt mir heute die Feder in die Hand, denn ich weiß aus sicherer Quelle, daß man Sie das Gegenteil glauben machen will. Jemand, der Ihnen zugetan und mir innig verbunden ist, hat mir mitgeteilt, die Herzogin von Kurland schriebe nach Rußland in einem Sinne, der Ihren Glauben von dem König und mir abwenden solle. Die Wärme, mit der Sie sich des Königs annehmen, beweist mir, daß das Geschwätz, das man Ihnen zu hinterbringen vermochte, nicht Wurzel gefaßt hat; aber Ihr grausames Schweigen in einer Zeit, wo ich so grauenhaft unglücklich bin, läßt mich befürchten, die Herzogin habe mir in Ihrer Seele schaden können. Sie kennen mich seit sechs Jahren; Sie haben mich bei so verschiedenen Gelegenheiten, bei den grausamsten meines Lebens gesehen; haben Sie mich jemals unbillig gegen irgendwen befunden? Geben Sie mir Gewißheit, lieber Vetter, ich brauche sie; und ich wünsche, der Herzogin möchte *wenigstens dieses Unrecht* gegen mich abzuziehen sein; denn ich gestehe, sie hätte mir einen Schmerz angetan, den ich mein Leben lang beklagen würde. Mein Urteil über Sie, das sie entstellt, ist folgendes: Ihr Herz ist stets dasselbe, alle Vorzüge sind von Natur darin, und Sie seufzen wie ich über das Prinzip, das die Welt beherrscht.

319. An ihren Vater — Im Garten, den 7. Juli 1808

▷ Ich danke Ihnen ganz untertänigst vor Ihren letzten gnädigen Brief. Wenn ich so lange zauderte Ihnen zu antworten, so hat das zwei Ursachen. Die erste ist die, daß ich den Pyrmonter Brunnen seit 10 Tagen trinke, der mich sehr angreift, die zweite, daß ich wegen der bewußten Sache nichts erfreuliches zu melden habe. Der König, der Ihnen Tausend Schönes sagt und gewiß wünscht Ihnen Freude zu machen und *nützlich* zu *sein*, ist überzeugt, daß gerade das was Sie wünschen, das *Gegenteil* hervorbringen würde. Der dort, wo G[eorg] usw. [?] hinsoll, ist uns mehr gram als je, alles Preußische verhaßt und verfolgt, und alles, was unsere Farben trägt, auf dem schwarzen Register notiert. Dieses sind die Ursachen, die für jetzt die Sache unmöglich machen und ich versichere Ihnen, bester Vater, daß es auch meine Überzeugung ist, die bei Gott auf schreckliche Gewißheit gegründet ist.

Unser Schicksal ist schrecklich; aber ich fürchte, daß wir noch nicht einmal *zur Hälfte des Trauerspiels* sind, und daß die Zukunft oder vielmehr das *Ende* ohne Zukunft für uns sein wird. Sie glauben nicht, welche Greuel gegen uns ins Werk sind und was für Gerüchte laufen. Vergrößerungen des Königs von Westfalen auf unsere Kosten; Schlesien zu der höchsten Disposition, weil es die Goldgruben Preußens sind, und lauter Vorsätze, die auf unsern gänzlichen Ruin hinausgehen. Auch seit Spanien seinen rechtmäßigen König verlor, der erste Freund und treuer Alliierter, was kann man da noch hoffen! Wenn Gott nicht Wunder tut, so sind wir alle verloren.

Verzeihen Sie, bester Vater, daß ich Ihnen so sprach, aber es ist so, und bei Ihnen sind die Geheimnisse gut aufgehoben. Wenn George bei Ihnen ist, den ich küsse, so wird er es Ihnen sagen können. Ich küsse ihn, bin zu den Füßen der Großmama [Luise Hessen-Darmstadt], die ich herzlich bedaure wegen dem Oncle Fritz [Hessen Darmstadt], und sage dem Oncle [Ernst Mecklenburg-Strelitz] tausend Liebes, Schönes und Gutes. Ich muß aufhören, da mir der Kopf schwindelt. Ich bin ewig Ihr treu gehorsames Kind

Luise

Denken Sie, bester Vater, daß in Pyrmont, als man erfuhr, daß ich nicht hinkommen würde, was ich sollte, aber Wasser bestellte, so ließen die guten Pyrmonter auf eigenen Antrieb die Türe der Quelle schließen, damit ich das Wasser recht stark bekommen sollte. Diese Zeichen des Wohlwollens mitten im Unglück tun wohl. Gott lohn' es ihnen.
Ich kann ja leider nichts mehr als wünschen.
Dem vortrefflichen Hieronymi [Leibarzt des Vaters] tausend Schönes ◁.

Luise bedauerte ihre Großmutter, weil deren Sohn Prinz *Friedrich von Hessen-Darmstadt* (geb. 1759) am 19. Mai 1808 gestorben war. Dieser *Onkel Fritz*, zuletzt franz. Oberst, hatte sich mit Karoline Seitz, als Frau von Friedrich, verheiratet.

320. An Frau v. Berg

Im Garten, den 8. Juli 1808

Wenn ich sonst vielleicht nach der Aussage der Lästerung mit Papier geize, so nehme ich, wie Sie zugeben müssen, köstliches Papier, um Ihnen zu schreiben, und nichts ist zu schön und zu gut, wenn es sich um Sie handelt, meine teure, zärtlich geliebte Berg. Wenn Sie doch bald wiederkommen könnten! Gott weiß, wie ich mich darüber freuen würde und wie mir das wohltäte. Ich vermag auch mit niemand so wie mit Ihnen froh und zugleich betrübt zu sein, und die heilige Gemeinschaft unter uns verleugnet sich darin nicht wieder. Kommen Sie also wieder, wenn Sie können, und so schnell wie möglich. Alles, was ich lese, wird besser verarbeitet, wenn Sie bei mir sind. Ich wiederhole es Ihnen so ganz natürlich und ohne alle Befangenheit: Ihre Gesellschaft, ▷ Ihr Dasein allein ist Wohltat für mein Herz und für mein Verstand ◁. Sie geben das Ihre dazu, ich das Meine, und unser Tun, mag es heiter

oder ernst sein, ist herrlich. Ich lese außerordentlich fleißig in Süvern. Ich bin beim neunten Heft, und Karl der Große steht in all seinem Glanze, seiner Größe und Tapferkeit vor mir. Er, der Schöpfer des ▷»teutsche Zeitalter«◁ ist für mich fast ein Gegenstand der Anbetung, aber *weniger* als *Theoderich*, der *schlicht deutsch* war, und dessen Geradheit, Liebe zur Gerechtigkeit und zum Guten, verbunden mit Tiefe und Edelmut des Herzens und des Charakters, mich mehr anziehen, als jener vom *Frankonismus* schon etwas verdorbene Charakter. Ich machte neulich die Bekanntschaft Süverns [Professor in Königsberg], was mich etwas in Verlegenheit gesetzt hat; denn er sagte mir etwas, was ich wenig verdiente, nämlich, mein Urteil wäre für ihn höchst *schmeichelhaft*. Nun konnte ihn aber doch eine *Ignorantin* wie ich interessieren und ihm schmeicheln nur durch die Majestät, die mich umgibt. Tief durchdrungen von dieser Wahrheit, appellierte ich an sein Herz, ▷denn Gemüt hat er◁, und erwiderte ihm: mein Urteil könne keinen Wert für ihn haben, aber der Gedanke möge ihm als Entschädigung dienen, daß er in diesen schrecklichen Zeiten des Unglücks und der Tränen dazu beigetragen habe, jemand glückliche Stunden zu verschaffen, der mit soviel Dankbarkeit von ihm lerne, und er hat, wie ich von Scheffner hörte, sehr wohl verstanden, was das heißen sollte. --
Empfindsame Seelen sind fürs Leid geboren, sagt eine alte Romanze, und das wird immer *wahrer*, glauben Sie's mir. ▷Es ist nit lang daß g'regnet hat, die Leibli tröpfle noch, i hab' emal e Lieble g'habt, i möcht', i hätt' es noch◁. Sie werden diese Weise kennen, auch Georg, und noch andere Menschen.
Sagen Sie doch Georg, daß alles, was ich auf der Welt wünsche, ist, daß er mich hier in diesem Preußen besuche, dem Exil unglücklicher und ehrlicher Menschen. Ich werde ihm gerne 100 Louis dazu schicken, ich habe sie und wenn ich sie nicht hätte, würde ich sie mir dazu erbitten. Wenn er doch mit Carl zusammen kommen könnte! Ich muß es Ihnen sagen, der König empfindet sehr das Fernbleiben seiner nächsten Verwandten, d.h. Carls. Er sieht darin ein Versäumnis, das ihn betrübt. Wenn Carl hierher kommen könnte und seinen Platz in der Garde einnehmen, den der König ihm noch immer mit soviel Freundschaftlichkeit offen gehalten hat, so würde ihm das eine unbeschreibliche Freude machen. Aber das darf nicht bekannt werden. Ich leide darunter sehr oft. Die Vorwürfe richten sich an mich, die ich, wie Atlas

die Welt, eine schwere Last auf meinen schwachen Schultern trage. Was kann ich antworten? Ich seufze und schlucke meine Tränen hinunter. Vorgestern war es ein Jahr seit der ersten Zusammenkunft mit Napoleon, und gestern die letzte zwischen ihm und mir. Welche Erinnerung, was habe ich gelitten für mich und andere; ich beweinte die Liebe zur *Menschheit*, unser Unglück und das Prinzip, das die Welt lenkt. Und ich war nur ein Weib, physisch schwach, aber erhaben über diese Elenden – und diese guten Schwächlinge! ▷ Ach Gott, es ist viel über mich ergangen. Du hilfst allein. Ich glaube an keine Zukunft mehr, Gott weiß, wo ich begraben werde, schwerlich auf preußischer Erde. Österreich singt sein Schwanenlied, und dann ade! Ja Scheiden und Meiden tut weh ◁!

Leben Sie wohl, liebe Berg, ich weiß, daß ich Sie wiedersehen werde, wo auch immer es sei, und daß Sie mir ins Unglück folgen werden, das immer herrschen wird.

Ihre Luise

In Österreich gärte es. Kriegsvorbereitungen und Aufstände (Andreas Hofer) kündigten sich an.

321. An Frau v. Berg — 7. August 1808

... Das zweite, was ich Ihnen zu sagen habe, betrifft das Glück und die Zukunft meines Sohnes [Kronprinz ›Fritz‹]. Ich hätte fast hinzugefügt: Und das Glück der Völker, welche die Vorsehung ihm bestimmt hat. Ich dachte im Augenblick nicht an das böse Prinzip, welches herrscht, welches regiert, und das über alle Welt entscheidet. Aber die Zukunft meines lieben Kindes wird künftig hauptsächlich in den Händen des würdigen Ancillon [Pfarrer und Historiker] liegen. Der König hat sich zu seinen Gunsten entschieden. Dieser Gedanke hat für mich etwas sehr tröstliches. Ein Mann von solchem Charakter, von solchem Geist, und von solchen Kenntnissen, verbunden mit angenehmen Manieren, mit einem Äußern, welches guten Geschmack ankündigt, das heißt, welches ankündigt, daß er immer in der besten Gesellschaft verkehrt hat, ein solcher Mann ist gemacht, einen jungen Menschen zu lehren, daß man glücklich sein kann, unabhängig vom Schicksal. Sagen Sie ihm recht, daß ich großes Vertrauen in ihn setze, und daß ich, um nichts zu verderben, seine Gedanken über die Art zu wissen wünsche, wie man am besten meinen Sohn von Delbrück trennen und ihm die Notwendigkeit eines Wechsels begreiflich machen kann. Stein ist zu sehr Stein in diesem Punkte, das bleibt unter uns: er sagt, ein Kind muß gehorchen und nicht räsonnieren. Die Frauen empfinden feiner, wie man sagt, und es ist etwas in mir, was mir unaufhörlich sagt, das ist nicht die Art, die bei Fritz angebracht ist, er hat schon zuviel Festigkeit des Charakters und des Willens, um sich zufrieden zu geben wie ein anderes Kind. Er hängt mit großer Zärtlichkeit an Delbrück. Vor allem muß man sich hüten, einen Kopf und ein Herz zu verbittern, die in allen Punkten ausgezeichnet sind. Ancillon hat ein gutes Feld zu bearbeiten, das ist gewiß, und ich bin überzeugt, daß er seinen Schüler lieben wird. Aber es darf nichts überstürzt werden, um nichts zu verderben.

322. An ihren Bruder Georg — Auf den Hufen, den 12. August 1808

▷ Bester George!
Ein schöner Morgensegen weckte mich. Mein erster Gedanke warst Du! und innig betete ich zu Gott, Dich zu segnen und zu beglücken und Dich des Glückes teilhaftig zu machen, das Du verdienst. Nach meinem Gebet blieb ich so still liegen und dachte an voriges Jahr, wie wir da den 12. gefeiert, und wie dieses Jahr dies nicht so sein würde, meine Kinder, die in der Stadt entfernt wohnen, gewiß nichts unternehmen könnten, als meine Tür aufging (nachdem ich geschellt hatte) und sie alle hereinstürmten, mit Blumen in den Händen, mein Bett bewarfen und schrien: »Ich gratuliere, liebe Mama, zu Onkel Georgs Geburtstag.« Sogar Luise [½ Jahr alt] jubelte drein, und der König stand mitten unter ihnen und sagte dasselbe. Ich war tief bewegt, und meinen Dank konnt' ich vor Tränen kaum lallen. Die Musik war auch ihr Werk, und nachdem ich schnell aufgestanden war, gingen wir alle in den Garten und frühstückten zusammen. Ihre Stunden riefen sie ab und den König seine Geschäfte ihm nach's Schloß. Ich bin allein hier, allein mit meinen Gedanken und meiner Liebe zu Dir. O, bester Georg, welche Sehnsucht hab' ich nach Dir! Was sind tote Buchstaben, wenn das Herz so voll ist! Nichts kann den *Blick* ersetzen, den *Händedruck*

der *liebenden* Schwester. Den Ausdruck der Freude auf dem Gesicht, der bald in *Rührung* übergeht, bald in *ausgelassene Freude,* je nachdem die Empfindung, die mein Wesen durchströmt, am heftigsten stürmt, kann kein Brief ersetzen. Wie öfters an diesem Tag war ich toll vor Seligkeit, Dich bei mir und um mich zu haben; wie öfters sahest Du Tränen der innigsten Rührung und des Danks, daß Gott mir einen solchen Bruder gab! Auch jetzt entfällt meinem Auge eine dankbare Träne und meine Seufzer steigen als heilige Gedanken, von Dir erfüllt, zu Gott. – Ja, ich danke Dir, Gott, für diesen treuen Freund, für dieses Glück im Unglück.

Ich reiße hier den Faden ab, denn verfolgt' ich ihn, so verlör' ich mich in so viele Empfindungen, die mich wehmütig stimmen würden und Dich, und das will ich heute durchaus nicht; wenigstens soll es nicht die herrschende sein.

Ich wollte heute zwei Meilen von hier ein Diner geben in einem göttlichen Wald, wo das Moos unsere Stühle und unsere Gebeine die Tische sein sollten. Allein das Wetter ist nicht schön genug, weil es gestern den ganzen Tag gepladdert hat. Aber was aufgeschoben ist, ist nicht aufgehoben, und es wird nachgeholt werden. Der König, der mir expreß aufgetragen, Dir in seinem Namen zu gratulieren und viel Schönes zu sagen, hat zur Tafel Musik bestellt und einige Gäste gebeten, und heute Abend gebe ich einen Tee, wo auch Menschenkinder gebeten werden, die sich mit mir freuen werden. Was wird heute in Strelitz los sein, wär' ich doch da! Gott, wie würd' ich jubeln! Ich putze mich heute, ich tue ein Kreppkleid an, mit blauem Band garniert und auf dem Kopf eine Girlande von blauen Winden, und dieses alles hab' ich so gewählt, weil Du Sie einmal so sahest, und daß ich glaubte, es würde Dir angenehm sein, zu wissen, daß ich mich in Ihre Farben gekleidet habe, die Dir an Ihr gefielen, und gerade an Deinem Geburtstag! Schreibe mir nur einmal, wie es Ihr geht, wie Du Ihr schreibst und Du Antwort bekommst. Wie gern möcht' ich Ihr meine Gefühle, die ihre Reinheit und ihre Seelenstärke in mir erzeugten, schildern! Wie dankbar bin ich, daß sie meiner so liebevoll gedenkt! Könnt' ich es ihr nur sagen! Kommt sie denn nie heraus aus Frankreich? Wenn wir wieder in Berlin sind, so mußt Du es machen. – Kommen wir denn je wieder nach Berlin? Ach Gott! – Es ist doch eine fürchterliche Zeit! und der nahe Herbst, und dann der gräßliche Winter, und die schrecklichen

Nachrichten, die da kommen werden, alle die Kriege, die sich vermutlich entwickeln werden, die Unglücklichen, die Vertriebenen – Gott, es ist eine gräßliche Zeit, und Worte reichen nicht hin, nicht einmal Gefühle, sondern man fühlt so ein dumpfes Schaudern, so ein fürchterliches Entsetzen in seinem Inneren, daß man es gar nicht beschreiben kann. Es ist aber das Wahre in uns, was vor dem Bösen zurückweicht.
Prinzeß Wilhelm, die eben hereintritt und die Güte hat, zu mir zu kommen, um auch ihren Anteil an dem heutigen Tag zu beweisen, trägt mir auf, Dir viel, viel Schönes zu sagen und Dir zu versichern, daß sie Dir recht gut wäre. Soeben sagt sie: »*Sage doch Deinem Bruder, daß er bald nach Königsberg kommen soll.*« Ob ich dies auch sage, bester George! Ich will Dich pflegen und hegen, wie ich nur kann, komme nur, ich bitte Dich. Sollte Geld mangeln, ich habe noch und schicke, mir diese Seligkeit zu verschaffen, alles, was ich habe. Diesen Ersatz für so viel Entbehren, so viel Leiden darf ich mit Recht vom Himmel erhoffen und von Papa. Jetzt adieu, ein traulich Wörtchen mit Marianne und dann wieder zu Dir, mein bester, guter, lieber, lieber George.
Der König hat diese Zeilen gelesen, hat aber auch economische Bemerkungen dabei gemacht, die du dir denken kannst, daß ich nichts hätte, und »*ma femme est une gasconne*« [Angeber] ganz rechtfertigen. Mehr kann ich nicht schreiben, denn Lautenschläger [Kurier] gehet ab gleich. *Je donne mes dons de Mde de Ch.* [Chevreuse] und frage, ob auch ›Lautenschläger‹ in Paris sind und gebraucht worden sind. Adieu

deine Luise

Komme oder schicke wenigstens Carl [Mecklenburg-Strelitz, Halbbruder] so schnell als möglich; der König ist wirklich empfindlich, daß er nicht hier ist. Um Gottes willen, er komme. Das Entfernen seiner nächsten Verwandten kann er nicht überwinden und spricht öfters mit mir aufs Unangenehmste darüber ◁.

Madame *de Chevreuse*, Françoise (1785–1813), eine geborene Prinzessin Raymonde de Navarre, war seit 1805 Palastdame von Kaiserin Josephine. Erbprinz Georg hatte sie während seines Parisaufenthaltes kennengelernt. Die Herzogin fiel bei Napoleon in Ungnade, als sie sich weigerte, Hofdienst bei der in Frankreich internierten spanischen Königsfamilie anzutreten.

323. An Frau v. Berg [Königsberg], den 20. August 1808

Wenn Lautenschläger Ihnen diesen Brief bringt, werden Sie den von Goldbeck überbrachten gelesen und wieder gelesen haben. Ich *beschwöre* Sie, haben Sie die Freundschaft, mir *sofort* zu antworten und die Erwiderung *Ancillons beizufügen.* Ich dränge so, weil *Stein* die Sache heute schon an Delbrück eröffnen wollte; das hoffe ich noch verhindert zu haben, da ich erst die Gedanken Ancillons darüber erfahren wollte und Delbrück in bezug auf Verschwiegenheit, Takt und Klugheit nicht traute. Als Stein seine heftige Verhandlung mit ihm gehabt und ihm bekannt gemacht hatte, daß der König einen Wechsel für Fritz wünsche, hatte mein Sohn beim Mittagessen so dicke Augen und war so traurig, daß ich selbst darüber hätte weinen können. Er, der die Wahrheit selbst ist, wollte mir den Grund seiner Tränen durchaus nicht mitteilen, und sagte zu mir: *»Ich weiß den Grund nicht.«* Daraus merkte ich, man hatte mit ihm geredet und verboten, den Grund auszusprechen. Was für ein Mangel an Takt! – – – Ein Mann von ausgezeichnetem Charakter, der seinen Zögling wirklich liebt, hätte ihm die Notwendigkeit eines Wechsels begreiflich gemacht, um ihm die Schwierigkeiten, die er für ein junges, liebevolles und dankbares Herz haben muß, zu erleichtern. Kurz, man kann nur seufzen, denn Delbrück ist ein guter, reiner, ehrbarer Mensch, und man kann nicht mehr von ihm fordern, als er von der Natur empfangen hat. Er besitzt weder *Vollkommenheit* des *Willens* noch des *Verständnisses,* aber ich glaube, in den Akkorden seines Herzens besteht wirklich Harmonie, ▷die Akkorde haben sich freilich nicht aus der Mittelmäßigkeit herausgehoben.

Ich gehe so weit, liebe Berg, Sie zu bitten, wenn Sie die Sache nicht schnell abmachen können durch Boten und Briefe, *selbst* nach dem traurigen Berlin zu reisen, um alles recht schnell und klar mit Ancillon abzumachen. Sonst schlägt mich *Stein.* Ich habe ihm versprochen, daß in 12 Tagen ich Antwort hätte, lassen Sie mich nicht im Stich, und im Fall kein Kurier ginge, so machen Sie eine◁ Verabredung oder ein Komplott mit Herrn Breese von der Post, daß er meinen Brief durch einen Boten oder durch sichere, sehr sichere Gelegenheit irgendwohin gelangen läßt, von wo er mit aller Vorsicht durch Eilboten hierher kommt. Stein tötet mich; er hält mich ohnehin für ein oberflächliches, schwächliches Weibchen. Zeigen Sie ihm also das Gegenteil. Leider geht Lautenschläger erst übermorgen ab, aber ich hoffe, Sie werden die Sache ohnedies beschleunigen.

Leben Sie wohl, ich verlasse Sie und will zum Abendessen auf einer Barke im ▷Schloßteich◁. Jeder muß ein Gericht mitbringen. Der König und ich, Prinzessin Luise und ihr Mann bringen Essen hin, Prinzessin Wilhelm den nötigen Wein, und die Gäste sind die Teilnehmer des *vorgestrigen Tees bei Marianne*, wo dieser herrliche Gedanke uns durch einen Abend kam, der Roms und Neapels würdig gewesen wäre, nämlich *Krusemarck*, *Gneisenau*, *Prinz Hohenzollern* und *Natzmer*. Bischof Joseph ist es sehr schlecht gegangen, ich schulde ihm seit *drei* Monaten Antwort.

▷Mein Gott, wie *affreuse* hör' ich Sie rufen, von der Königin, die Ihnen liebt, wenn Sie auch schelten und das mit Recht. Ihre Luise◁.

Die Gäste: Friedrich Wilhelm *v. Krusemarck* (1767–1822), als Oberst 1807 in diplomatischem Dienst in England; August Wilhelm *Neithardt v. Gneisenau* (1760–1831), gehörte der Heeres-Reorganisationskommission in Königsberg an; Prinz Hermann von *Hohenzollern-Hechingen* (1777–1827), als Premierleutnant bei Preußisch-Eylau (1806) verwundet, stand jetzt als Generalstabsoffizier in einer ostpreußischen Brigade; Oldwig *v. Natzmer* (1782–1861) wurde 1809 Flügeladjutant des Königs. – *»Bischof Joseph«:* Prinz Joseph von Hohenzollern Hechingen (1776–1836), Bruder des Prinzen Hermann, wurde am 6. Juli 1808 zum Bischof von Ermland gewählt. Er residierte in Oliva bei Danzig.

324. An ihren Bruder Georg

Auf den Hufen, den 24. August 1808

▷Mein bester George, wie soll ich Dir genug danken für Deine Liebe, deinen Brief und die herrlichen Sachen.

Den 27.

Den Tag wurde ich unterbrochen, als den 24., die übrigen war ich krank an einem Fluß im Kopf. Gestern waren wir zwei Meilen von hier, und heute gehet der Kurier in einer Stunde, und es ist *eins*, und ich schreibeliere unangezogen. Ach, wie werd ich Dir nur schnell sagen, wie mir die Plenisse von Ihr, von Dir, das Sachet [Riechkissen], alles alles gefreut hat. Ich habe einen göttlichen Morgen durch Deinen Brief, durch die schönen Sächelchen verlebt, und werde Dir einen höchst miserablen Augenblick durch dies dumme Gekritzel vorbereiten. Aber nun weiß ich auch, daß ich alle Tage schreibe, um Dir *con amore* meine Gefühle darzutun. Ich habe mich für die Mähne du Polex auch geschaudert und gelacht, daß man mich in der Stadt hat brüllen hören; aber dagegen hab' ich süße Tränen dem Brief geweihet, der in unserer lieben Muttersprache die zärtlichsten Züge enthält, und die teuerste Reliquie der reinen innigsten Liebe ist. Adieu, ich Dein, Du mein. Bald etwas Besseres als dieses Geschmier. Der Barg [Frau v. Berg], der dieses lesen wird, soll verzeihen, daß ich ihr heute nicht schreibe, sowie auf Antwort von ihr und Ancillon warte, warte, warte und wie. Eure

Luise ◁

325. AN ALEXANDER I. [Königsberg], den 8. September 1808
[Briefentwurf]

Die unwandelbare Freundschaft für Sie, die ich im tiefsten Herzen hege, und das rührende Zeugnis von Ihren fortdauernden Gefühlen, das ich gerade durch einen Brief mit dem Stempel Ihres Geistes, einen nur Feingefühl und Güte atmenden Brief, empfangen habe, – das gibt mir den Mut, diese Zeilen an Sie zu richten. Bei jedem anderen Menschen, weiß ich, hieße das viel gewagt; denn ich hätte kein Recht, so zu Ihnen zu sprechen, wenn nicht jene zärtliche Freundschaft, jenes aufrichtige, unerschütterliche Interesse, das Sie stets in mir erweckt haben, mich veranlaßte, die Qual meiner Gedanken und meines Herzens auszusprechen.
Sie werden also Napoleon wiedersehen, diesen Mann, der Ihnen, wie ich weiß, ebensolchen Schrecken einflößt wie mir, diesen Mann, der die Sklaverei aber will; und die er nicht gleich knechten *kann*, die will er zu *Schritten verleiten*, um ihnen das Gut abwendig zu machen, das er nie besessen hat: die öffentliche Meinung. Ich beschwöre Sie, lieber Vetter, mit aller Innigkeit, deren meine Freundschaft fähig ist, seien Sie auf der Hut vor diesem gewandten Lügner, und hören Sie auf meine Stimme, die nur für Sie spricht, für *Ihren Ruhm*, mir teuer wie der meine: Lassen Sie sich nicht zu Unternehmungen *gegen Österreich* hinreißen. Ich bin gewiß, er wird von Ihnen eine Erklärung *gegen die Österreicher* wollen. *In Gottes Namen, tun Sie das nicht!* Sie würden ein in dieser jeder Hinsicht nicht wieder gut zu machendes Unrecht tun. Ich weiß, Sie haben seit dem letzten Kriege gerechte persönliche Klagen gegen

den Kaiser von Österreich. *Vergessen* Sie das. Seien Sie *groß, verzeihen* Sie, vergessen Sie das Persönliche und denken Sie an die Rettung *Europas.* Ist Österreich überwältigt, so ist die Knechtschaft Europas gewiß; die Reihe wird an Rußland kommen, und niemand wird klagen, wenn es unterliegt. Glauben Sie, dieser infame Napoleon hält von Ihnen gerade soviel wie von mir. Aber wozu soll ich Ihnen das sagen? Ich weiß, Sie selbst sind davon überzeugt. Ich bin gewiß, er hat *Pläne* im Kopf, die Sie unterschreiben sollen; tun Sie das nicht. Leisten Sie ihm Widerstand, wenn Sie dabei das Geringste finden, das *Ihnen widerstrebt.* Folgen Sie Ihrem *Herzen,* Ihren *Neigungen;* ich rufe immer wieder *dieses Herz* an, das alle *Tugenden* von *Natur* übt, das das *Gute* will und das *Böse* und *Ungerechte* verabscheut. Lassen Sie ihn mit *Festigkeit* und *Energie* diese *Tugend* sehen. Sie sind mächtig; *Sie müssen, Sie können* noch, Gott sei Dank, *Absichten* und *Gedanken* haben, die Sie *verwirklicht sehen* wollen. Möchten Sophismen nicht Ihre Ideen trüben und verwirren, Ihre Ideen, die so rein und einfach sind, weil sie der Tugend, der Liebe zum Guten zugehören. Ach, lieber Vetter, warum kann mein Geist Sie nicht unsichtbar begleiten, um Ihr schützender Genius zu sein? Hören Sie auf meine Stimme, die Stimme einer Freundin, wie Sie auf der Welt keine zweite haben. Möchte diese Zusammenkunft Sie recht zur Erkenntnis der *Welt* führen; weisen Sie jene *teuflischen* Pläne ab; geben Sie ihm Gesetze, die durch Humanität diktiert sind und die Unglücklichen erheben. Die Welt urteilt nur nach Erfolgen.

Napoleon hatte für Ende September einen Kongreß der europäischen Mächte in *Erfurt* anberaumt. Zar Alexander, auf der Reise dorthin, hatte einen Zwischenaufenthalt in Königsberg angekündigt.

326. An ihren Vater — Königsberg, den 16. September 1808

Liebster Vater!
Schon so lange habe ich nicht mehr das Glück gehabt, Ihnen zu schreiben, daß ich den Kurier heute nicht abgehen lassen kann, ohne ihm einige Zeilen mitzugeben, besonders da sicher einige Gerüchte und Neuigkeiten Ihnen schon bekannt geworden sind, ohne daß Sie Gewißheit darüber haben. Ich will Ihnen berichten, was daran ist. Der

Großfürst Konstantin reist seinem Bruder, dem Kaiser [Alexander I.], um einige Tage voraus; sie begeben sich zusammen nach Erfurt, wo eine Zusammenkunft mit Napoleon stattfinden wird, die offenbar den zweiten Band von Tilsit bilden wird. Der Großfürst K[onstantin] wird *heute abend* hier erwartet, der Kaiser am *Sonntag,* den 18. *abends* oder *Montag früh;* sie bleiben nur kurze Zeit und werden bei ihrer Rückkehr wieder durch Königsberg kommen. Erfurt ist der Ort der Zusammenkunft, und man sagt, daß sie nur kurz sein wird, vorausgesetzt, daß sie glückliche Folgen für Europa hat. Graf Rumjanzow [russ. Außenminister] kam am 9. hier durch und beauftragte mich, ihn Ihnen zu Füßen zu legen, da Sie ihn immer durch Ihre Güte geehrt hätten, er hofft, daß Sie sich seiner noch erinnern möchten. Er war sehr höflich hier und man bemerkte im allgemeinen, daß er zu gefallen wünschte und wohlzutun. Ich hatte Gelegenheit, ihn lange zu sprechen und bemerkte, ach! daß er französisch bis zu den Zähnen ist und wirklich trunken von dem System, dem Rußland zur Zeit anhängt. Man bezeichnet ihn im allgemeinen als einen Ehrenmann, aber kein *Genie,* der sich nicht durch *Kostbarkeiten, Gold* oder *Silber* bestechen läßt, aber der sich blind in die unglückselige Politik seines Herrn hineingestürzt und glaubt, richtig zu handeln. Ich glaubte, lieber Vater, daß diese Einzelheiten und die Bemerkungen, die ich über den Minister des Auswärtigen machen konnte, Ihnen von Wert sein würden. Graf Rumjanzow hat mich auch gebeten, ihn Großmama zu Füßen zu legen; da ich keine Zeit habe, ihr heute zu schreiben, bitte ich Sie, lieber Vater, ihr diesen Auftrag auszurichten. Ich werde nicht verfehlen, nach dem Besuch aller dieser Leute Ihnen durch sichere Gelegenheit zu schreiben, was ich zu *hoffen* oder zu *fürchten* habe. Die letzten Nachrichten aus Paris sind nicht tröstlicher als die des vorigen Jahres: *Festungen, Kontributionen, schlimme Losungen, völlige Knechtschaft,* das sind die Grundlagen des Vertrages, den wir unterschreiben sollen, und unsere Zukunft wird sehr unglücklich sein, wenn Kaiser Alexander nicht einige Milderungen erreicht. Ich bin Ihnen zu Füßen, ich umarme George, Friederike und Carl [Geschwister] und bitte alle um Verzeihung, weil ich heute nicht schreibe, aber die Erwartung aller dieser Menschen, eine vollständige Umräumung, Fragen vom Hof bis zum Speicher, lassen mich beinahe alles übrige vergessen und nehmen meine Zeit in Anspruch. In tiefster Ehrerbietung bin ich zu Ihren Füßen, mein lieber Vater, Ihre sehr ergebene und gehorsame Dienerin und Tochter

Luise

Meine Kinder liegen alle dem lieben Großpapa zu Füßen. Luise [halbjähriges Töchterchen] ist sehr sehr hübsch.

Zar Alexander blieb vom *18. bis 20. September* in Königsberg und begab sich dann – über Weimar (Besuch bei seiner Schwester Maria Paulowna) – nach Erfurt. – Königin Luise und König Friedrich Wilhelm III. fuhren am *22. September* für einige Tage nach Memel. – Mitte August hatte Freiherr *vom Stein* einen Brief an den Fürsten von Sayn-Wittgenstein gerichtet, in dem es um den »Tugendbund«, eine Vereinigung gleichgesinnter Männer, ging [▷ Kommentar S. 427]. Marschall Soult fing dieses den Franzosen verdächtige Schreiben ab, leitete es nach Paris, wo es im Moniteur veröffentlicht wurde. Napoleon nahm es zum Anlaß, seine Friedensbedingungen Preußen gegenüber zu verschärfen und die Unterschrift des Prinzen Wilhelm unter den Vertrag zu fordern.

327. An Alexander I.

Königsberg, den 29. September 1808
[Briefentwurf]

Seit Dienstag [27. Sept.], dem Tag Ihrer Zusammenkunft in Erfurt, haben meine Gedanken Sie nicht verlassen. Meine erste Bewegung nach dem Erwachen war an diesem Tage ein Händefalten und ein heißes Gebet für Sie. Gott wird wollen, daß meine Wünsche und Gebete Ihnen segensreich sind. Ich hatte die Absicht, zur Kirche zu gehen; aber da ich seit meiner Rückkehr von Memel mich recht unwohl befinde, war das unmöglich. Der König und ich unterhalten uns unaufhörlich über Sie, und viele Seufzer steigen auf zu Gott, ihm verständlich und sicher angenehm, daß es sich immer um Sie, liebster Vetter, handelt.

Die Sendung des Kuriers heute wird veranlaßt durch die Ankunft [21. Sept.] eines Feldjägers aus Paris von Prinz Wilhelm [Bruder von Friedrich Wilhelm III.]. Er hat Nachrichten gebracht, die den König zu einer Änderung seines Entschlusses veranlaßten. *Er ratifiziert den Vertrag.* Er muß ihn ratifizieren, aus Furcht vor den unberechenbaren Folgen, die das Gegenteil für uns haben könnte. Aber es ist uns unmöglich, den Vertrag zu erfüllen; Sie wissen es so gut wie wir, lieber Vetter; deswegen flehe ich Sie an, so *inständig*, wie man es im *fürchterlichsten Unglück* nur vermag, finden Sie Abhilfe für dieses Übel und veranlassen Sie alle Änderungen zu unseren Gunsten, die Ihre *liebe-*

volle und anhaltende Freundschaft und Ihr persönliches Interesse Ihnen diktieren. Ich wage nicht noch zu wiederholen, daß die drei Festungen dabei einen wesentlichen Punkt ausmachen. Prinz Wilhelm, der die Ehre haben wird, mit Ihnen zusammenzukommen und zu reden, wird Ihnen mündlich alle Gründe aufzählen, die den König zur Ratifikation bestimmen.
Es scheint, daß Napoleon uns den Freiherrn vom Stein lassen und nicht seine Entfernung verlangen wird; das tröstet und beruhigt mich; bewahren Sie ihn uns! Sie werden hier mit unbeschreiblicher Ungeduld erwartet, von dem König und mir mit etwas, was zarter ist als Ungeduld.
Leben Sie wohl, mein lieber Vetter, und gestatten Sie mir, hinzuzufügen: lieber Freund. Seit Ihrem Erscheinen hier, da wir Ihre Gedanken und Reden hörten, triumphiere ich, wie es nur zärtliche Freundschaft tun kann. Man kennt Sie jetzt genau, Ihre Seelenstärke, die Gerechtigkeit Ihres Urteils und alles, wozu Ihre Freundschaft für den König und die Liebe zum Guten im allgemeinen Sie befähigt. Nochmals Adieu; vergessen Sie inmitten Ihrer wichtigen Geschäfte nicht ganz das Wesen, das auf Tod und Leben ganz Ihnen ergeben ist.

Luise

328. An ihren Vater — Königsberg, den 10. Oktober 1808

▷ Bester, innigstgeliebter Vater! Alle meine besten und heiligsten Wünsche steigen zum Himmel auf für Ihr Glück. –

den 16.

Hier hab ich schließen müssen, bester Vater, da ich sehr elend war den Tag Ihres Geburtstags und habe leider nicht schreiben können. Wie mich mein Kranksein doppelt unglücklich machte, kann ich Ihnen gar nicht beschreiben, da mein Brief mit meinen herzlichen Wünschen nun so spät kömmt. Ich bitte Sie zärtlichst, geliebter Vater, verkennen Sie das Herz Ihrer Tochter nicht, und glauben Sie mir, daß ich den 10. in meinem Herzen feierlich beging. Auch meine Wünsche nehmen Sie gnädig auf; wenn sie in Erfüllung gehen, so fehlt Ihnen gewiß nichts auf Erden, und Ihre schönen Tugenden werden schon den gerechten Lohn bekommen.

Der König war auch bedeutend krank und leidend. Trotzdem kam er dennoch den 10. vor mein Bett, um mir zu gratulieren und aufzutragen, Ihnen seine Glückwünsche recht ans Herz zu legen. Kaum darauf mußte er sich legen, Brechmittel nehmen, welches ihn sehr angriff und schwächte. Ich leistete ihm Hilfe, verkältete mich und habe zurzeit ein starkes Kathar-Fieber mit Husten verbunden, welches mich in mein Bett fesselte. Sie, bester Vater, werden sich über diese Krankheit nicht wundern, da der Geist immer entschiedenen Einfluß auf den Körper hat, und da unsere Seelen sehr leiden in diesem Augenblick, da sich alles entscheiden soll, und da der Himmel wie immer trübe ist –
Dieser Brief gehet über die Post, also kann ich Ihnen nichts anderes sagen, als daß ich ewig Ihre treu gehorsame Tochter sein werde und daß kein Unglück mich von Ihnen trennen kann. Ich hoffe Carl bald hier zu sehen, da der Pr. Leopold von Coburg nach Rußland gehet und 4 Prinzen von Homburg in Österreich sind. Glauben Sie nur, es muß sein. Ewig Ihre untertänigste Tochter

Luise

Da ich nur spät aufstehen darf, schreibe ich aus meinem Bett ◁.

Der *Erfurter Kongreß* – mit Teilnahme aller Fürsten des Rheinbundes – dauerte bis zum *14. Oktober.* Durch Zar Alexanders Einwirkung wurde die von Preußen abzuzahlende Kontributionssumme auf 120 Millionen Franken herabgesetzt. Bis zum 5. Dezember sollten die Franzosen die preußischen Staaten räumen. Am 3. Dezember übernahmen der alte Prinz Ferdinand und der preußische General L'Estocq wieder die offizielle Verwaltung von Berlin.

329. An ihren Vater — Königsberg, den 2. November 1808

▷ Bester Vater!
Seit gestern bin ich recht glücklich, da der gute liebe Carl hier ist. Zwei Stunden vor seiner Ankunft bekam ich eine Staffette von ihm mit der Nachricht, er würde in weniger Zeit ihr folgen. Unser Wiedersehen war, wie Sie leicht denken können, froh und wehmütig, und manche Träne floß der Vergangenheit. – Ich freue mich besonders, zu hören, daß Sie so wohl sind, bester, geliebtester Vater, und daß Gott in allen Fällen des Lebens Ihnen so nahe steht. Mit wahrhaftem Schmerz habe ich den Tod der guten Maltzahn durch Carl erfahren. Ich habe sie immer geschätzt, und sie war mir teuer, da sie Ihre bewährte Freundin

war. Ihre Seele und Herz vortrefflich, und Ihnen, lieber Vater, so zugetan, daß ich Sie herzlich bedauere und betrauere. Möge doch die Zeit das Bittere dieser Trennung versüßen.
Da mein Brief von Berlin aus auf die Post gehet, so kann ich heute auf die anderen Punkte, wovon Georg mir sprach, heute nicht berühren. In meinem nächsten Brief werde ich es alles ins Klare gebracht haben. Doch der Augenblick scheint mir nicht so nahe, daß nicht noch 10 Wochen wenigstens darauf gehen können.
Darf ich Sie bitten, bester Vater, mich der Großmama zu Füßen zu legen, und dem Onkel Ernst, Charlotte, Friederike, George und Röschen tausend Schönes zu sagen. Ich küsse sie alle in Gedanken und liebe sie auf ewig.
Jetzt bin ich wieder wohl, huste aber dennoch etwas, aber die ganze Zeit, daß der Kaiser hier war, hatte ich Flußfieber. Sonst aber war dieser Aufenthalt höchst angenehm, da die Freundschaft und Vorsorge des guten Kaisers noch zugenommen haben und er uns unzählige Proben davon gegeben hat. Er ist unser Schutz und unser Leitfaden in dieser trüben Zeit. Mit der innigen Freundschaft, mit welcher wir an Rußland hängen, bleibt wohl Frankreich kein Zweifel übrig, daß auch wir seine Politik als die einzig vernünftige ansehen, und bekennen uns also auch von ganzem Herzen zu diesem Glauben.
Wenn der Kurier nicht heute nachmittag ginge, so hätte ich vielleicht noch *arrengements* nehmen können, die mir gestattet hätten, *weitläufiger* zu sein, allein ich erfuhr es erst vor einer Stunde und kann jetzt nichts tun, als erstens des Königs Empfehlungen auszurichten, und zweitens Carl zu Füßen zu legen, der Ihnen durch die Post schreibt und hofft, sein Brief soll eher da sein, als meiner. Das wäre arg. Ich küsse Ihnen die Hände, zärtlichst geliebter Vater, und wünsche und hoffe, es soll bald in Wirklichkeit sein, so lange glauben Sie mir, wenn ich Ihnen schreibe, daß ich ewig mit der zärtlichsten Unterwerfung bin, bester Vater, Ihre treue Tochter

Luise ◁

Tod der guten Maltzahn: Wilhelmine v. Maltzan, geb. v. Achard, starb am 21. Oktober 1808 54jährig. Ihr Gemahl Heinrich Ferdinand v. Maltzan Freiherr zu Wartenberg und Penzlin (1764–1793) war Oberkammerherr am Mecklenburg-Strelitzschen Hofe. Er hatte mit Wilhelmine vier Kinder. Nach seinem frühen Tode blieb Frau v. Maltzan im Hofdienst des verwitweten Herzogs Carl.

Er ist unser Schutz und unser Leitfaden: Der Zar hatte auf seiner Rückreise nach Rußland noch einmal in Königsberg Station gemacht *(20. bis 24. Oktober)* und das Königspaar nach St. Petersburg eingeladen. Vermutlich überzeugte er im Gespräch den König und die Königin von seiner Taktik einer Schein-Annäherung an Frankreich, um in Wirklichkeit Zeit zur Vergrößerung und Reorganisation des Heeres zu gewinnen. Alexanders Einstellung zu Napoleon ist u.a. bezeugt in einem Brief an seine Schwester Katharina vom *26. September 1808* aus Weimar: »... Bonaparte behauptet, ich wäre ein Dummkopf. Wer zuletzt lacht, lacht am besten! ...« (zitiert nach Taak).

Frau v. Berg befand sich seit dem 12. Oktober (zum 2. Mal in diesem Jahr) in Königsberg. Sie hatte sich in besonderer Weise für Stein eingesetzt, dessen außenpolitische Bestrebungen einem Anschluß an Österreich mit Krieg gegen Frankreich galten. Das wurde den Franzosen verdächtig. Ende November 1808 verlangten sie die Entfernung des Ministers. Stein wurde am 24. November, kurz nach der Einführung der neuen Städteordnung, entlassen und flüchtete – nachdem er aus den von Napoleon abhängigen Staaten verbannt war – nach Österreich, später nach Rußland. Luise war durch die Entlassung Steins mit ihren Begleiterscheinungen *wie gepeitscht von Angst, Verdruß, Verachtung,* schrieb aber, wie sie eigentlich im November 1808 dachte und fühlte, erst *durch sichere Gelegenheit* am 21. Februar 1809 (Nr. 340) an ihren Bruder Georg. Der folgende Brief ist nur eine Art Lebenszeichen.

330. An ihren Bruder Georg — Königsberg, den 8. Dez. 1808

▷Bester George, der Barg [Frau v. Berg] hat beim Voto [Gräfin Voß] gegessen und ich bin zu ihnen gekommen, um zu parlieren. Der Barg ist ordentlich varukt und treibt, daß ich zwei Zeilen schreiben soll. Ich liebe dich, ich küsse dich und nach 6 oder 4 Wochen, nachdem ich vermutlich dem Pol näher gewesen bin [Reise nach Rußland], tue ich dieses nicht in Gedanken, sondern in Realität, und das, sodaß die Mauern krachen sollen. Halleluja. Ganz deine Luise. Papa, G.M. [Großmama], Friederike, Onkel Ernst, alles schmatze ich, in herzlicher Art◁.

331. An ihren Schwager Prinz Wilhelm von Preussen — Königsberg, den 18. Dezember 1808

▷Lieber Wilhelm! Ich weiß, daß Dir der König in diesem Augenblick schreibt wegen der Petersburger Reise, die er Dir erlaubt, wenn Du die Kosten selbst tragen willst und kannst. Da ich nun glaube, Du könntest in Verlegenheit sein, so offeriere ich Dir 3000 Taler dazu, die ich bar liegen habe. In besseren Zeiten gibst Du sie mir wieder. Ich würde sie Dir gern schenken, wäre ich reich. So seh' ich sie aber nicht als mein Eigentum an, sondern als den Hilfsbedürftigen angehörig. Vielleicht erleichtert Dir diese Summe die Möglichkeit der Reise, da sie manches Angenehme für Dich haben wird nach der herben Pariser. Zähle immer auf Deine treue Schwester und Freundin, die Dich innig liebt!

Luise ◁

332. An ihren Vater

Königsberg, den 26. Dezember 1808

▷ Bester Vater.

Meine letzten Augenblicke hier in Königsberg sind Ihnen gewidmet um Ihnen meine Wünsche zum Neuen Jahr zu bringen. Sie sind recht herzlich und aufrichtig, obgleich sehr einsilbig, denn meine Augen fallen mir zu und morgen früh muß ich um 6 Uhr fort nach Memel. Verzeihen Sie, bester Vater, lieben Sie mich wie im vorigen Jahr und beglücken Sie mich dadurch. Gott wird Sie segnen, wie ich es wünsche, und ewig glücklich machen. Ich bin Ihre treue Tochter Luise.

Ich küsse Schwestern und Bruder, lege mich Großmama und Onkel Ernst zu Füßen ◁.

333. Tagebuch der Reise nach St. Petersburg

Pour tous ceux que j'aime.

Wir reisten von Königsberg am *27. Dezember 1808* um sieben Uhr morgens ab. Die zwanzig Meilen bis Memel machten wir in zehn Stunden, so daß wir nach sechs Uhr in unserer alten Wohnung bei Frau Consentius eintrafen; das Haff und die Dange hatten wir in Schlitten auf sehr starkem Eise überquert.

Freiherr von Medem, ein Abgeordneter der kurländischen Stände, erwartete uns dort, begrüßte uns im Namen der Stände und der ganzen Provinz und führte uns bis an die Grenzen Livlands. Er aß bei uns zu Abend, ebenso die drei russischen Herren von der Liquidationskommission, die Generäle und hervorragendsten Persönlichkeiten von Memel.

Im Hause der Memeler Kaufmanns-Familie *Consentius* hatten der König und die Königin schon 1802 und 1807 übernachtet. – Alexander Freiherr *v. Medem* (1770–

1842): stellvertretender Landesbevollmächtigter von Kurland, Kreismarschall von Mitau und russischer Kammerherr.
Dange: Fluß, der in Kurland entspringt. – *Kurland* war seit 1795 Teil des Russischen Reiches. Der Herzog von Kurland wurde damals abgesetzt und entschädigt. So erklärt sich der besondere Reichtum der Herzogin Dorothea von Kurland (1761–1821), Witwe von Herzog Peter (1730–1800).

Am 28. waren wir bei 13 Grad Kälte gegen 8 Uhr unterwegs nach Polangen [kurländischer Grenzort an der Ostsee]. Bei der Ankunft an der russischen Grenze befanden sich gerade zur Seite des russischen Grenzpfahls drei russische Offiziere, der Husarenoberst Gorgoli, ein Kosakenoberst und ein tatarischer Fürst, der auch Oberst in einem Regimente gleichen Ursprungs ist; sein Name ist Putusow. Sein Kostüm war sehr schön. In Polangen angekommen, ließ man den Wagen vor dem besten Hause halten. Am Eingang der Stadt stand eine Abteilung Kosaken zu Fuß; auf dem Wege zu dem Hause befand sich eine berittene Kosakenabteilung, und dem Hause gegenüber eine Husarenabteilung. Vor dem Hause standen eine Menge Generäle, Offiziere, Feldjäger usw. Generalleutnant Graf Lieven [Generaladjutant von Alexander I.], der durch den Kaiser ausdrücklich gesandt war, um unsere Reise zu leiten und überall die Honneurs zu machen, übergab einen Brief seines Herrn an den König. Er stellte uns den Divisionskommandanten General Fürst Dolgoruky und den Brigadekommandanten General Duca aus seiner Division vor; sie sollten uns soweit geleiten, wie seine Division reichte. Wir stiegen einen Augenblick aus; Vorstellungen, Versicherungen, Liebenswürdigkeiten aller Art. Wir setzten unsere Reise fort; eine Abteilung Reiterei ritt voran, eine andere folgte. Das Husarenregiment Sumecks, das uns von Polangen an bis eine Station vor Riga begleitete, hat in sechs Tagen achtzig Meilen gemacht, um diesen Dienst zu verrichten, vierzehn Meilen täglich, und das, weil der Kaiser es schön und würdig fand, den König zu begleiten. Alle Bitten, diese Zeremonien zu beenden, waren vergeblich. Gegen fünf Uhr trafen wir in unserem Nachtquartier in Oberbartau bei der Familie v. Offenberg ein. Das Gutshaus ist nur wie ein Posthaus, schlecht und kalt. Wir fanden dort zwei Bediente des Kaisers, sechs Köche und einen Küchenmeister. Auf allen Stationen, wo wir die Pferde wechseln, steht eine neue Reitereiabteilung und löst die mit uns ankommende ab; sie macht die Honneurs und begleitet uns dann. Alle Generale stehen jedesmal am Wagenschlag, uns zu empfangen, den Hut in der Hand, mit großer Höflichkeit. In Oberbartau wollte Frau v. Offenberg der kaiserlichen Küche nicht erlauben, die Honneurs zu machen, und sie trug selbst die Kosten dafür. Der Oberst des begleitenden Regimentes ist der Verlobte des jungen Fräuleins, daher große Wiedersehensfreude: es ist der Baron Kreutz, ein sehr verdienter Mann.

Graf Christoph *Lieven* (1774–1839), Generaladjutant Zar Alexanders I., wurde 1809–1812 russischer Gesandter in Berlin. Am *28. Dezember 1808* stellte er dem Königspaar u. a. den General Fürsten Peter Petrowitsch *Dolgorukij* (1744–1827) vor. – Baron Cyprian *Kreutz* (1777–1850) heiratete am 16. Februar 1809 Caroline v. Offenberg. Er wurde später kaiserlich-russischer General der Kavallerie.

Am folgenden Morgen, *den 29.*, brachen wir gegen 9 Uhr auf; die Generäle begleiteten uns an den Wagen, und alle dieselben Zeremonien fanden statt. Graf Medem empfing uns auf seinem Landgut Schrunden mit einer Freude ohnegleichen; ein Triumphbogen am Eingange des Hofes überraschte uns. Wir mußten dort dinieren, was uns zwei Stunden aufhielt. Eine Menge Herrschaften; unter anderem hatte ein Herr von [?], der mit einem Herrn von Fircks Abgeordneter der kurländischen Stände war und uns im Namen der Stadt Mitau begrüßen sollte, sehr schöne Verse für uns gemacht. Gegen 8 Uhr kamen wir in Frauenburg, unserem Nachtquartier, an; wir speisten einfach zu Abend, ohne uns zu Tisch zu setzen und ohne uns mit unseren Reisegefährten zu unterhalten. Jeder war erfreut, sein Bett zu finden.

Graf Christoph Johann *Medem* (1763–1838), Bruder der Herzogin Dorothea von Kurland, War Flügeladjutant von König Friedrich Wilhelm II. gewesen. Für sein im Bau befindliches Schloß Elley (1806–1810) hatte Schinkel bereits 1802 Entwürfe gemacht.

Am 30. machten wir uns um 7 Uhr morgens wieder auf den Weg. In Mitau, wo wir gegen 2 Uhr waren, stand die ▷Bürgerwache◁ zu Pferde vor der Stadt, ebenso die Behörden in Strümpfen und Schuhen zu Fuß in drei Fuß hohem Schnee, um uns mit einer Ansprache zu begrüßen; in der Stadt selbst, die nicht hübsch ist, stand die Garnison in Parade. Wir mußten im Schlosse absteigen, um die Stände, das Zivil und das Militär zu empfangen. Hierauf folgte ein kleines Frühstück, und dann gings in einem Zuge bis Riga. Als wir uns der Stadt näherten, dieselbe Zeremonie, ▷Bürgergarde◁ zu Pferde, Ansprache des Magistrats, und die ganze Garnison in Parade an der Düna. Endlose Kanonenschüsse, eine ungeheure Menschenmenge, Fackeln, um vier Regimenter in Parade zu sehen, unaufhörliches Rufen ▷Hurra Hurra◁, alle Generale, Kommandanten und Obersten zu Pferde um unseren Wagen herum, – all das machte unseren Einzug prächtig und eindrucksvoll. Als wir im Schlosse angekommen waren, standen alle Zimmer voller Herrschaften. Wir nahmen ihre Cour und Vorstellungen entgegen. Abgeordnete der Stände und der Kaufleute luden uns zu einem großen Ball ein, nachdem wir sechzehn Meilen zurückgelegt hatten. Alles Militär wurde vorgestellt, endlich fand alles seinen Platz. Alsdann Diner mit allen Personen von Rang, die anwesend waren; während des Soupers ließ ich nach meinen Kammerfrauen fragen, die gar nicht kamen, und nachdem ich bis 9½ Uhr vergebens auf eine elegante Toilette gewartet hatte, mußte ich im Reisekleide mit bloßem Kopfe zum Ball gehen. Der Ball war prächtig; eine Menge Menschen, der Saal sehr hübsch mit grünen Girlanden geschmückt. An meinem Sitzplatze befanden sich seltene Pflanzen, Blumen und Flieder in Massen, schöne Spiegel, eine Marmorstatue und ein schönes Sofa. Ermüdet, angegriffen, erhitzt, tanzte ich neun oder zehn Polonäsen, und um Mitternacht zog ich mich todmüde zurück. Auf dem Ball kam Major Pritzelwitz als Kurier von Petersburg an, und Graf Lieven [Generaladjutant von Alexander I.] empfing ebenfalls einen; es wurde mitgeteilt, die griechischen religiösen Feste erlaubten dem Kaiser nicht, den König und mich so zu empfangen, wie er es wünsche, denn er befinde sich in den Fasten und Gebeten; er wünsche sehr, daß wir am 26. ihres Stiles, den 7. Januar des unseren, bei ihm einträfen. Unser Reiseplan wurde abgeändert und wir blieben.

Schloß Mitau: erbaut von Graf Bartolomeo Rastrelli (1700–1771). Es diente von 1798 bis 1807 König Ludwig XVIII. von Frankreich (1755–1824) als Zuflucht. – *Riga:* Hauptstadt des russischen Gouvernements Livland. – *Schloß Riga:* erbaut 1494–1515. Es war einst Residenz der Großmeister des Deutschen Ordens.

Den 31. Dezember noch in Riga. Am Morgen, gegen elf Uhr, sahen wir die Truppen in Parade und im Vorbeimarschieren. Die beiden Prinzen Wilhelm und August [von Preußen] waren angekommen. Um 3 Uhr Diner, um 6 Uhr deutsches Schauspiel, lebhafter Beifall bei unserer Ankunft; um 9 Uhr zum Ball in demselben Hause, wo Theater gespielt wurde. Der Saal reizend, frische Luft, großer Luxus in Blumen rings um den Diwan, den ich einnahm; reizende Gesellschaft, schöne

Frauen, reich und gut gekleidet, viel Diamanten und Perlen; ich tanzte noch eine Reihe Polonäsen, eine Ecossaise mit General Lieven und einen Walzer mit Fürst Czetwertinsky, Bruder der Fürstin Naryschkin. Prächtiges Souper, aufgetragen durch die Veranstalter, große Höflichkeit, Honneurs, guter Ton.

Am folgenden Tage, *den 1. Januar 1809*, fuhren wir um 9 Uhr [von Riga] ab; Graf Dunten und ein anderer Herr von [Groth], Abgeordnete der Stände, begleiteten uns bis an die Grenze von Estland. Gegen 6 Uhr in Wolmarshof, einem Gute des Grafen Löwenstern; empfangen durch den Sohn. Souper auf kaiserlichem Geschirr und mit kaiserlichen Lakaien wie immer. Fürst Dolgoruky und General Duca verließen uns an der Grenze ihres Divisionsbereichs.

Kaiserlich-russischer Vizegouverneur von Estland war nicht ein Herr v. Groth (wie Griewank vermutete) sondern Georg *v. Grothenhielm*. – Karl Otto *v. Löwenstern* (1755–1833), Herr auf Wolmarshof, war Livländischer Landrat, sein Sohn Karl Otto (1782–1852) kaiserlich-russischer Kammerherr.

Am 2. Januar in Dorpat, untergebracht in einem reizenden Hause, derselben Familie gehörig; sehr höflich von der Dame des Hauses empfangen. Cour der Ausländer, des Zivils und Militärs und der Professoren von der Universität.

Dorpat: baltische Kreisstadt im russischen Gouvernement Livland. Seit 1632 Universität, die 1809 erneuert wurde.

Am 3. gegen 9 Uhr aufgebrochen und gegen 6 Uhr in Klein-Pungern angekommen, in einem sehr reinlichen Posthause. Seit dem 2. Januar fahren der Divisionsgeneral [Lawrow] und der Brigadegeneral [Dorochow] uns voraus und machen uns die gleichen Honneurs wie die beiden anderen.

Am 4. in Narwa. Aufgebrochen um 9 Uhr, angekommen vor zwei Uhr, gefahren wie der Wind. Von Riga ab stehen die Wagen auf Kufen, das geht sehr schnell und gut. Seit der estländischen Grenze begleitet uns ein Herr von Rosenbaum, ein Abgeordneter der Stände, durch die Provinz. Cour für das Militär, das Zivil- und die ▷ Magistratspersonen ◁. Diner gegen vier Uhr. Ein bißchen müde, aber die Zeit, die mir

blieb, habe ich ausgenutzt, um dies Reisetagebuch zu schreiben und es abzuschicken, später das von Petersburg, wo wir Sonnabend ankommen werden.
Die Reise ist sehr kalt und anstrengend. Gott sei Dank, der König und ich und alle befinden sich wohl. Den Bedienten sind allen Nasen, Backen und Kinn gefroren. Wiebel [königlicher Leibarzt] heilt sie. Die Kälte ist enorm: 22 Grad, 21, heute 18. Im Wagen hatten wir bei geschlossenen Fenstern 14 Grad. Es übersteigt jede Vorstellung. Die schönen, guten Pelze des Kaisers tun uns sehr wohl. Seine Aufmerksamkeiten übersteigen alles Ausdrückbare: auf seinen ausdrücklichen Befehl ist für uns ein sehr eleganter Kibitki vorhanden, jeden Abend Petersburger Bier für den König und mich, da er weiß, daß wir gerne Bier trinken. Kurz, nichts ist vergessen. Bei unserer Ankunft war die Garnison hier trotz tödlicher Kälte unter Waffen. Morgen haben wir nur fünf Meilen zu machen.

Narwa: ehemalige Hansestadt im Gouvernement St. Petersburg. – *Kibitka:* dreispänniger Pferdewagen mit Mattendach zum Schutz gegen Frost. – Mit der Eintragung am *4. Januar 1808* endet der erste Teil des Tagebuches.

Das Konvolut des folgenden Tagebuches ist von der Hand ihres Enkels, des späteren Kaisers Friedrich III., als Kronprinz beschriftet:
»*Aus dem Nachlass König Friedrich Wilhelm* IV. *auf Befehl S. M. des Königs (Wilhelm* I.*) an die Königin Witwe (Elisabeth) nach zuvor genommener Einsicht übergeben 1861.*
Gefunden beim Ordnen des Nachlasses der Königin Witwe Elisabeth Luise in einem mit Gegenständen, deren sich Friedrich Wilhelm IV. *bis zu seinem Tode bediente, gefüllten Kasten, zu Berlin am 25. April 1874*

Friedrich Wilhelm Kronprinz«

Am 7. Januar 1809 waren wir um 11 Uhr von Strelna aufgebrochen und kamen in einem Garten vor den Toren der Stadt an; dort fanden wir den Kaiser [Zar Alexander I.], sein ganzes Gefolge und die Kammerherren der Kaiserinnen, Großfürstinnen und Großfürsten, um uns zu begrüßen. Wir nahmen eine Bouillon zu uns und machten uns auf den Weg, um unsern Einzug zu halten. Ein Galawagen mit sieben [Fenster-]Scheiben und acht Pferden nahm mich auf, und so zogen wir durch die mit Militär besetzten Straßen dem Schlosse zu. 46 Infanteriebataillone und vier Reiterregimenter standen in Parade. Oben im Schlosse empfingen uns die Kaiserinnen [Maria Feodorowna und Elisabeth] und die anderen kaiserlichen Hoheiten in einem Saale des ungeheuren Schlosses. Die Hofdamen kamen, um mich zu begrüßen, bis an den Fuß der Treppe. Der Kaiser gab mir den Arm, und so wurden wir oben von dem ganzen Hof und der Stadt, auf die reizendste und liebenswürdigste Weise von den Kaiserinnen usw. empfangen. Nach einem Augenblicke Plauderei bat der Kaiser den König, herunterzukommen und die Truppen vorbeimarschieren zu sehen, was über zwei Stunden dauerte. Die Kaiserinnen und ich, wir weilten an einem Fenster auf einer mit Karmoisinsamt und Gold bedeckten Erhöhung. Nach Beendigung führte man mich mit einer Höflichkeit, Zuvorkommenheit, Liebenswürdigkeit ohnegleichen, wahrhaft rührend, in meine Gemächer. Meine Wohnung, durch die Freundschaft des Kaisers mit jeder nur möglichen Eleganz, prächtig und geschmackvoll neu möbliert, ist herrlich. Atlasdraperie, Samt und Goldborten, drapierter Musselin, alles hat dabei seinen Platz. Der Weg zu meiner Wohnung ist ungeheuer. Müde von der Reise, vom Einzuge, von den Bekanntschaften und von dem Wege zu meiner Wohnung, hundeelend mußte ich Toilette machen. Das Schalkleid der Kaiserinmutter [Maria Feodorwna]. Diner, einen Augenblick Ruhe, und dann Schauspiel in der Eremitage, durch die ich täglich viermal gehe. Der Kalif von Bagdad, Philis-Andrieu, reizend. Duport im Ballet erstaunlich. Souper und endlich das Bett. Tot, wenig Schlaf, Herzklopfen, Zahnschmerzen ◁und alle Übel▷.

Das Schloß von St. Petersburg, genannt *Winterpalais,* zieht sich entlang des südlichen Ufers der Newa. Das *Schepelew-Palais,* im Januar 1809 Wohnung des preußischen Königspaares, ist wie die Eremitage ein Teil des Gebäudekomplexes. – *Kalif von Bagdad:* zeitgenössische komische Oper von Boieldieu (1775–1834), der seit 1803 Direktor der französichen Oper in St. Petersburg war. – *Duport:* französischer Tänzer. – *Philis-Andrieu:* französische Sängerin.

Den 8. gegen 10 Uhr aufgestanden; gegen elf Uhr der Kaiser mit dem Großfürsten [Konstantin]. Tee wie gewöhnlich. Dann Besuch bei den Kaiserinnen, um zu fragen, wie sie die Nacht verbracht hätten. Das Gemach der jungen Kaiserin [Zarin Elisabeth] ist entzückend. Sie ist gut und sanft, sehr zuvorkommend und anziehend. Die Kaiserinmutter von mütterlicher Güte für mich, über allen Ausdruck. Das Schloß ist ohne Ende und Aufhören. Die Säle ungeheuer und alle schön. Schrecklich für ermüdete Beine. Einen Augenblick bei Maria [Fürstin Naryschkin?]. Alle Herrschaften kamen dann während meiner Toilette wieder zu mir. Besuch des Herzogs von Coburg. Prinz Wilhelm [von Preußen, Schwager] machte bei mir Toilette. Dann tat ich es. Goldgestickter Musselin, auf dem Kopf Perlen. Diner bei Kaiser und Kaiserin; prächtiger Saal, schöne Musik. Schauspiel. Cinna [Tragödie von Corneilles], Frl. Georges, Amalie, herrlich, ein vollendetes Meisterwerk der Kunst und Natur. Ein Kopf der Niobé. Souper bei uns. Dann zu Bett ohne Schlaf, ich bin krank und fürchte den Anfang einer Schwangerschaft. ▷ Es ist hart! – Ich leide sehr viel und sehe affrös aus ◁.

Die beiden Kaiserinnen: Zarin-Witwe *Maria Feodorowna* (1759–1828), Prinzessin Sofie von Württemberg. Sie war die zweite Frau von Zar Paul I., der 1801 ermordet wurde. – Zarin *Elisabeth* (1779–1826), Prinzessin Luise von Baden. Sie hatte im Mai 1808 ihre zweite kleine Tochter, Lisinka (1806–1808), verloren.
einen Augenblick bei Maria: es handelt sich um Fürstin Maria Antonowna *Naryschkin* (1779–1854), geb. Fürstin Czetwertynska, verheiratet mit Fürst Dimitrij N. Sie war seit 1806 Favoritin von Zar Alexander. Das Zitat kann sich nicht auf Maria, die Schwester des Zaren beziehen, weil Luise diese als *Großfürstin Maria* bezeichnet. Großfürstin Maria (1786–1859) war die Gemahlin des Erbprinzen Karl Friedrich von Sachsen-Weimar.
Mit dem Herzog von Coburg war Herzog Leopold *von Sachsen-Coburg* (1790–1865) gemeint. Er war als Bruder der Großfürstin Anna, der Gemahlin des Großfürsten Konstantin, dessen Schwager.

Den 9. Die Kaiserinmutter bei mir gegen elf Uhr, um sich nach mir zu erkundigen, auch die junge, und Prinzessin Amalie [von Baden], Großfürstin Maria [-Paulowna, Erbprinzessin von Weimar], Gräfin Lieven, um mich in ein russisches Kostüm zu kleiden; ich werde es anlegen für die Verlobungsfeier der Großfürstin Katharina. ▷ Wie Mlle Sansfaçon in der Hundekomödie ◁. Die Kaiserin schenkt mir das Kleid, der Kaiser ein anderes. ▷ Es ist unerhört ◁. Dann der Kaiser; er blieb nur einen Augenblick, da ich meine Toilette beenden und Cour halten mußte für das Militär, das Zivil, den Hof und die Damen der Stadt. ▷ Dieses zu beschreiben ist unmöglich ◁. Vier Säle voll Militär, korpsweise aufgestellt. Der Kaiser stellte alle selbst vor. Diese Cour fand in drei Akten statt; Berichte darüber mündlich. Diamanten regnet es hier; ich hatte ein weißes Samtkleid und meine Perlenschnüre und alle meine Perlen, was großes *Applausum* bei der Kaiserinmutter fand. Nach dieser Cour, die zwei geschlagene Stunden dauerte, Diner in der Eremitage, um meine Kräfte zu schonen, da ich dieses Labyrinth durchschreiten muß, bis ich zu den Kaiserinnen gelange. Konzert bei uns, ebenso Souper. Lafont, seine Frau, die Tilica, seine Schwester, sein Schwager und noch ein junges Mädchen sangen Kinderchöre. Komisches Kostüm.

Prinzessin *Amalie von Baden* (1776–1823), älteste Schwester der Zarin Elisabeth, blieb unverheiratet. – *Großfürstin Maria* Paulowna von Sachsen-Weimar, Mutter von Prinzessin Marie (spätere Gemahlin von Luises Sohn Carl) und Augusta (spätere Gemahlin von Luises Sohn Wilhelm). – *Großfürstin Katharina*, 20jährige Lieblingsschwester des Zaren. Sie wurde von Napoleon umworben. Um so eiliger fand ihre Verlobung mit Herzog *Georg von Oldenburg* (1784–1812) statt. – Gräfin Charlotte *Lieven* (1743–1828), geb. v. Gaugreben, Oberhofmeisterin.

Den 10. Schlaflose Nacht; Fieber, Zahnschmerzen, Übelkeit, ▷recht miserabel◁. Ich habe drei große Hofchargen und drei Damen zum Hofdienst. Fürstin Wolkonsky, *dame à portrait,* Fürstin Bieloselsky und Gräfin Katisch Tolstoi, *dame du chiffre.* Oberkammerherr Naryschkin, Fürst Bieloselsky, der dritte ist krank. Ein Page und Offiziere des Hauses. Die Pracht aller Art übersteigt alle Vorstellung, in *Silberzeug, Bronzen, Spiegeln, Kristallen,* Gemälden, Marmorsachen ist sie ungeheuer. Und alle Größenverhältnisse dem Kaiserreiche entsprechend, das heißt kolossal, enorme!!! – Wilhelm [Bruder von Friedrich Wilhelm III.] sagt, Paris mit seiner Pracht sei nichts, aber gar nichts. – Ein rasender Zahnschmerz reißt mich heute fort von Euch.

Den 10. Bis jetzt ruhig, es ist elf Uhr vorbei. Verfehlter Besuch von mir bei Maria [Fürstin Naryschkin]. Kaiserin Elisabeth war bei mir, ebenso Großfürstin Maria [-Paulowna] und Prinzessin Amalie [von Baden], als der Kaiser kam. Der Großfürst [Konstantin] machte mir einen sehr kurzen Besuch, der Kaiser trank schnell seinen Tee und ging auch bald fort. Die Damen verließen mich nachher, und der König ging mit mir zur Kaiserinmutter. Sie erzählte uns viel von ihren Instituten. *Richtige, klare, mütterliche* Ideen für die Erziehung im allgemeinen. Dann zeigte sie mir ihre Diamanten, die Krondiamanten und die Kronen. Großer Salon, voll von Tischen mit Diamanten. Eine Flut von Steinen und Monster von Steinen. – Kleines Diner bei der Kaiserinmutter im Musselinkleide. Am Abend Toilette und Komödie in der Eremitage. *»Eine Stunde Ehe«, »Adolf und Klara«;* Abendessen bei uns.

Die *großen Hofchargen* Luises: Oberkammerherr Alexander Ljwowitsch *Naryschkin* (1760–1826). Er war als besonderer Liebhaber und Förderer der Künste zudem Direktor der Kaiserlichen Theater. Seine Frau Maria Alexejewna, geb. Senjawina (1762–1822), gab große Bälle in St. Petersburg und in Florenz.

Oberschenk Fürst Alexander Michaelowitsch *Bieloselsky* (1752–1809) war Kunstsammler, Schriftsteller, Mitglied der russischen Akademie der Wissenschaften und der Akademie der Künste. – Die *Fürstin Wolkonskij* war die Frau des Generaladjutanten Fürst Peter W. von Zar Alexander. – *Fürstin Bieloselsky*, Gemahlin des Oberschenks. – *Gräfin Katisch Tolstoi*, Gemahlin des Oberhofmarschalls.

Den 11. Gut geschlafen, befinde mich wohl. Der Vormittag verging wie immer mit Besuchen. Ich war bei den Damen der Kaiserinnen, bei Anna Stephanie Protasow und Frau von Lieven, bei Großfürstin Katharina, bei der Kaiserin Elisabeth; sie ist gut und sanft wie ein Engel. Kaum war ich, todmüde, zurück, da kam die Kaiserinmutter und schenkte mir ein reizendes Musselingewand, gleich dem, das ich an ihr gelobt hatte. Sehr heiteres Frühstück bei mir mit den Großfürstinnen, dem Kaiser, dem Könige und der Kaiserinmutter. Kleines Diner ohne Toilette. Gegen acht Uhr Ball bei dem Kaiser und der Kaiserin; reizender Saal. Souper in einer ungeheuren Galerie. Märchenhafter Blick über die gedeckte Tafel oder vielmehr über die Tafeln und die Beleuchtung des Saales. ▷ Hörnermusik bei Tafel ◁. Nach dem Souper ein wenig Tanz, um 12 Uhr alles vorbei. Hundsmüde.

Die Oberhofmeisterin der Zarin Elisabeth, Gräfin Charlotte *Lieven* (1743–1828), war Erzieherin der Töchter Zar Pauls I. gewesen. Ihr Gemahl Otto Heinrich v. Lieven starb 1781.

Den 12. Gut geschlafen, bis 11 Uhr im Bett. Maria [Fürstin Naryschkin?] an meinem Bett, todmüde. ▷ Man begräbt mich im Alexandrewsky, wenn das so fort gehet ◁. Morgentoilette. Besuch der jungen Kaiserin und der Kusine [Amalie] von Baden bei mir. Die Kaiserinmutter und ihre Tochter Katharina kamen nach der Kirche zu mir. Sie hatte dort am Grabe ihres Vaters [Zar Paul I.] gebetet. Mutter und Tochter bewegt. Diner in der Eremitage. Zum Diner im Seidenspitzenkleid. Kleine Soiree bei der Kaiserin-Mutter. Großfürstin Anna tanzte wie ein Engel, Kosakentänze und mit dem Tamburin. Freundlichkeiten dauern fort von allen Seiten; ich bin sehr zufrieden. Nach einer Stunde machte ich eine Spazierfahrt mit dem Könige durch die Stadt. Sie übertrifft jeden Ausdruck. Athen ist nicht schöner gewesen. Sie ist so ungeheuer, so schön, die Gebäude in einem so großen, kolossalen Stil, die Kanäle so ungeheuer, daß man niemand eine Vorstellung davon geben kann, denn diese Stadt gleicht keiner anderen. Man sagt, der Himmel sei jetzt abends gestirnt und die Nacht schön; ich ahne nichts davon, ich sehe alles nur aus der Vogelschau und werde immerfort sozusagen gejagt von einem Ort zum andern in großer und ▷ vornehmer ◁Gesellschaft. Glückwünsche zum neuen Jahr vor und nach dem Souper.

Zarinmutter *Maria Feodorowna* und ihre Tochter Großfürstin *Katharina* hatten am Grabe des 1801 ermordeten Zaren Paul I. in der Peter-Pauls-Festung gebetet. – Großfürstin *Anna Paulowna* (1795–1865), jüngste Schwester Alexanders, heiratete 1816 König Wilhelm II. *der Niederlande*. – *Kusine von Baden:* Luise bezog sich auf ihre eigene verwandtschaftliche Beziehung zur Zarin Elisabeth und deren Schwester Amalie, weil ihre Großväter Hessen-Darmstadt Brüder waren: Ludwig IX. und Georg.

Den 13. Aufgestanden um 9 Uhr. Um 9 Uhr vor dem Toiletten▷ Spiegel◁, denn um elf Uhr war Verlobung in der Kirche. Russisches Gewand, Reifrock mit Diamanten bedeckt, Orden, Ordensband▷, schwer, tot zum Totbleiben◁. Goldenes Gewand, golbgestickter Atlasrock der Kaiserin-Mutter; Spitzengarnitur des Kaisers, prächtig. Nach 11 Uhr bei der Kaiserinmutter, Glückwünsche für den Tag und die Zeremonie. ▷Großer Zug nach der Kirche◁. Die Verlobten auf einer Erhöhung. Die Mutter führte ihre Tochter dahin. Sie wechselte nachher die Ringe. Messe, Gesänge, Gottesdienst, prächtig und eindrucksvoll; das dauerte zwei Stunden im Stehen. Dann Cour, die fremden Minister zuerst, dann die übrigen. Ein Augenblick der Ruhe bei der Kaiserinmutter, dann Zug zum Diner. Goldenes Tafelgeschirr. Bedient von den Kammernherrn ▷ und vorgelegt ◁ durch die Kammerherren. Musik. ▷Gesundheit getrunken von *König* und mir◁. 52 Kanonen, wie Elsner sagte. Dann der König und ich auf die Gesundheit des Kaisers und der Kaiserinnen. Nach dem Diner jeder endlich nach Hause. ▷Nicht ausgezogen, ◁ sondern so in Robe geblieben bis 7½ Uhr, wo der Ball im St. Georgsaale begann. 38 Polonäsen. Diamanten regnet es weiter überall; die Damen sind davon bedeckt. Der Anblick des Balles großartig. Um 10 Uhr jeder zu Hause▷ ausgezogen. Ich riß mir alles vom Leibe◁. Kleine Toilette. Souper unter uns bei mir. Hundsmüde, schlief ich gut, sobald ich einmal ins Bett gefunden hatte.

Generalmajor Karl Christian *v. Elsner* (1753–1815) befand sich in der Begleitung des Königs und der Königin.

Den 14. Aufgestanden um 10 Uhr, mein Tagebuch geschrieben. Der Herzog [Leopold] von Coburg schrieb neben mir an seine Mutter

[Auguste, Herzogin von Sachsen-Coburg]. Um Mittag der Kaiser; Tee; Frühstück. Die Prinzen Wilhelm und August [von Preußen] kamen unvermutet dazu. Um 1 Uhr kam die Kaiserin Elisabeth, und wir machten eine Spazierfahrt durch die Stadt. Die Stadt ist entzückend, jedoch nicht so schön wie der Teil, den ich am ersten Tage sah. Feuer im Hause des Fürsten Gagarin. Nach der Rückkehr erfuhr ich, die Kaiserinmutter [Maria Feodorowna] hatte zu mir kommen wollen. Ich ging zu ihr, und sie behielt mich bis 3 Uhr, der gewöhnlichen Mittagstunde, bei sich; diesmal gingen wir erst nach vier Uhr zu Tisch. Der Kaiser war bei dem Brande und kam erst beim Schluß des Familiendiners zu der Kaiserinmutter, wo wir im Negligé waren. Er speiste allein in seinen Gemächern. Große Toilette und Oper *Telemach* [Boildieu] in der Eremitage. Die komische Oper ist besser. Souper bei uns.

Fürst Paul *Gagarin* (1777–1850) hatte den Zaren zum Erfurter Kongreß begleitet. Nach dem Tode seiner ersten Frau Anna Petrowna, geborene Fürstin Lopuchyna (sie starb 1805), lebte er – wie es hieß – einsam in seinem St. Petersburger Palais mit vielen Hunden und Vögeln und schrieb Gedichte.

Den 15. Angenehmes Erwecken durch die Nachricht von der glücklichen Entbindung der guten Kusine Luise [Radziwill]. Gott segne Mutter und Kind. Um elf Uhr war ich beim Könige. Ankunft des Kaisers. Diesen Augenblick ergriff ich, um ihn auf die Lage anzureden.▷ Ach, Zukunft, warum beklemmst du mein Herz? Und warum steigen Tränen der Wehmut in meine Augen? ◁
Ein Brief von Papa [Herzog Carl von Mecklenburg-Strelitz], welch Glück! Ich küsse ihm in Gedanken die wohltätigen Hände und verehre ihn wie immer. Großmama, der Onkel, meine Schwestern, vereint und abwesend, Georg, Carl [ihre Brüder], euch alle habe ich lieb und denke oft an euch. – Es wäre schwierig, das Verhalten der kaiserlichen Familie zu beschreiben; sie sind sanft, sehr sanft gegen ein durch Unglück gebrochenes Herz. Die Kaiserinmutter ist mir eine wahre Mutter. Ich brauche ein Ding nur zu loben, schon hab ich's bei mir und für mich. Kaiserin Elisabeth gut, sanft, wie eine Freundin. Maria vollendet wie immer. Großfürstin Katharina hübsch, liebenswürdig, geistvoll, drollig. Großfürstin Anna wird schön werden; sie wird erzogen wie ein Engel. Großfürst Michael schön, ganz wie ein vollkommener Fürst erzogen. Er geht nicht aus, da er erkältet ist. Doch war er am Vorabend des neuen Jahres bei mir; er wohnte der Zeremonie bei, aber schließlich

zog er sich zurück. Die Generalin Lieven ▷ grade deutsche Frau, rund und ehrlich ◁. Prinzessin Amalie von Baden liebenswürdig und zu ihrem Vorteil verändert.

Den 15. Kleines Diner bei uns, Ruhe, ein Augenblick Schlaf. Große Toilette; diamantgestickes Ballkleid. Prächtiges Fest bei der Kaiserinmutter. Weißer, märchenhaft erleuchteter Saal; der St. Georg-Saal offen, Spiele. Souper in dem Saal der Chevaliers-Garden. Die Kaiserinmutter macht unübertreffliche Honneurs. Der Ball wird bis zwei Uhr dauern. Todmüde.

Fürstin *Luise Radziwill* (Tochter des Prinzen Ferdinand von Preußen) hatte am 3. Januar in Königsberg ihr viertes (lebendes) Kind, den Prinzen Boguslav bekommen. Er lebte bis 1873, seit 1832 verheiratet mit Gräfin Leontine Clary.
In Rußland galt noch der julianische, sogenannte alte Kalender. Die meisten europäischen Länder hatten im Laufe des 18. Jahrhunderts den gregorianischen, neuen Kalender eingeführt. Im Kalender alten Stils lagen die Tage um 13 zurück gegenüber dem neuen. Luise datierte allerdings ihr Tagebuch nach dem gregorianischen Kalender.

Den 16. Die Nacht gut. Im Bett Besuch von Maria empfangen; während meiner Toilette langer Besuch der Kaiserin Elisabeth. Der Kaiser wie immer zum Frühstück mit allen Prinzen, ich nicht angekleidet. Um 2 ½ als ich die Kleidung musterte, die Kaiserinmutter; sie fand mich natürlich in schrecklich mangelhaftem Aufzug. Diner, hübsches Diner in der Eremitage. Graf Saltikow, der Minister des Auswärtigen [Graf Rumianzow] und der Gouverneur von St. Petersburg waren dort; nach der Tafel Cercle. Ein Augenblick Unterhaltung zwischen dem Kaiser, dem König und mir. Semiramis [Drama von Voltaire] im Theater der Eremitage. Mlle. Georges himmlisch, schön, erschütternd. Ich fieberte den ganzen Abend davon. Ich finde viel Anteilnahme für uns und unser Geschick. Kleines Abendessen bei uns. Um Mitternacht zu Bett.

Graf *Saltikow:* Alexander Michailowitsch Fürst Saltikow (1775–1837). Er war Oberhof- und Oberzeremonienmeister. – Graf Nikolai Petrowitsch *Rumianzow* (1754–1826), russischer Minister des Auswärtigen 1807, später Reichskanzler.

Den 17. Die Nacht gut. Großes Schlafbedürfnis, aufgewacht um 10 Uhr; Toilette, Besuch der Kaiserin Elisabeth. Je mehr ich sie sehe, je mehr gewinne ich sie lieb. Der König ist mit dem Kaiser zum Arsenal. Täglich sind sie vormittags zusammen und besehen Paraden oder

Krankenhäuser oder machen Spazierfahrten in der Stadt. Gegen zwei Uhr Rückkehr des Kaisers und des Königs; Frühstück unter uns dreien. Kleines Familiendiner; heute ist ein Fastentag, morgen das Fest der drei Könige, vormittags Messe und Vesper.

Den 18. Aufgestanden um neun Uhr. Große Toilette; um 11 Uhr zur Messe in großer Feierlichkeit, der Erzbischof amtierte. Wir beteiligten uns nicht an der Prozession wegen der großen Kälte, 18 Grad. Wir sahen die Zeremonie der Wasserweihe von den Fenstern der Kaiserin Elisabeth. Schönes Schauspiel, Volk in Massen. Frühstück. Todmüde, krank. Diner bei uns. Abends Schauspiel, russisches Ballett, Nationalgesänge; der Kaiser gelangweilt. Schließlich zu Bett.

Zum Fest der *Wasserweihe* wurde ein Loch in das Eis der Newa geschlagen und darüber ein Pavillon errichtet. In feierlicher Prozession zog die Geistlichkeit dorthin. Der Archimandrit weihte das Wasser, indem er ein Kruzifix hineintauchte. Anschließend wurden Militärfahnen mit dem geweihten Wasser besprengt.

Den 19. Flußfieber, Husten. Die Kaiserinmutter zeigte uns das [Damen=]Stift; es ist herrlich und die Sache beneidenswert. Familiendiner. Um 8 Uhr ins Taurische Palais. Herrliches Feuerwerk. Ein unbegreiflich langer Saal. Die Gruppen Laokoon und Ariadne verlieren sich völlig darin. Links vom Saal ein Wintergarten, groß und prächtig, das Ganze märchenhaft. Souper im Theater. Göttliche Ausschmükkung, viel Kristall. Um drei Uhr zu Bett, Heiserkeit.

Das *Taurische Palais,* von Zarin Katharina II. 1789 für ihren Favoriten Potjemkin erbaut, lag in einem Park im englischen Gartenstil. – *das Damen-Stift: Smolnij-Institut,* ein von Zarin Maria Feodorowna gegründetes Internat zur Erziehung adliger Töchter. Es lag neben dem Smolnij-Kloster (mit der Kathedrale von Rastrelli) und wurde 1806–1809 von Giacomo Quarenghi (1744–1817) erbaut.

Den 20. Unruhiger Schlaf, starker Husten. Der Vormittag ging wie immer durch Besuche der Kaiserinnen hin. Die Kälte nimmt zu. Kaiser und König fahren trotz der enormen Kälte täglich vormittags aus, dann frühstücken sie bei mir. Familiendiner. Komödie, neues Ballett *Amor und Psyche,* sehr gut gelungen. Ich war recht leidend. Abendessen bei uns. Im Pelz ins Schauspiel, da ich fieberte.

Den 21. Den ganzen Tag im Bett; Flußfieber, Heiserkeit, Husten, krank. Die Kaiserinnen, der Kaiser, alle an meinem Bett.▷ Hundekrank ◁. Mittag- und Abendessen in der Familie bei der Kaiserinmutter [Maria Feodorowna].

Flußfieber: rheumatische Schmerzen.

Den 22. Aufgestanden um 1 Uhr; ein wenig besser, aber immer leidend, Husten und Auswurf. Familiendiner bei uns, keine Toilette. Abends um 9 Uhr die Sänger; nachdem wir die Grawüren von Pawlowsk gehabt hatten; sie sangen Kirchenlieder, bei denen man auf die Knie fallen mußte. Gegen elf Uhr zum Abendessen bei uns.

Die Gravüren von Pawlowsk: Kupferstichsammlung mit Ansichten der Residenz von Zarin Maria Feodorowna. Pawlowsk ist etwa 30 km von St. Petersburg entfernt. Das Schloß wurde 1782–1784 erbaut und nach einem Brande von 1803 erneuert. Es gehört dazu ein großer romantischer Park.

Den 23. Ein wenig besser, aufgestanden um ein Uhr. Diner bei uns, nachdem ich den Besuch der Kaiserinnen empfangen hatte; lange politische Unterhaltung mit der Mutter und Maria. Heiteres Frühstück mit dem Kaiser, am Vormittag die Begnadigung eines Sibiriers erlangt. Großes, schönes Fest beim Grafen Stroganow in einem wunderhübschen großen Hause. Um zwei Uhr zu Bett. Mein Husten wird schlimmer.

Alexander Sergejewitsch Graf *Stroganow* (1733–1811) war nicht allein Oberkammerherr und seit 1806 Mitglied des Kaiserlichen Rats, sondern auch Direktor der Öffentlichen Bibliothek und Präsident der Akademie der Künste, zugleich Mäzen und Kunstsammler. Sein Sohn *Paul* Alexandrowitsch (1774–1817) war ebenfalls Kammerherr und als Diplomat Vertrauter von Zar Alexander I. – Das *Palais Stroganow,* ein Bau von Rastrelli, lag am Newskij-Prospekt.

Den 24. Die Nacht schlecht; Kopfschmerzen. Ein Augenblick Unterhaltung mit Kaiserin Elisabeth. Dann die Fürstin Dolgoruky. Dann der Kaiser und der König; ich habe Kopfschmerzen, bin noch mehr erkältet und fühle mich krank. Die Reinbrecht [Luise v., Kammerfrau Luises] hat mit mir gesprochen; Versprechen des Kaisers für [Baron] D[olst] erlangt; Besuch des Grafen Lieven. Mit Jagow wegen der Geschenke gesprochen.
Der Kurier geht in einem Augenblick ab. Ich bitte meine lieben Verwandten, dieses Tagebuch mit Nachsicht zu lesen. Ich bin zu Füßen meines vielgeliebten Vaters und umarme alle, die sich meiner erinnern. Zum Diner erwarte ich die Kaiserinnen und den Kaiser. Es wird gesagt,

man speise täglich um drei Uhr zu Mittag; augenblicklich ist es 4 ¼, und keine Maus läßt sich hören, und so geht es alle Tage. Morgen ist der Geburtstag der Kaiserin Elisabeth; sie wird dreißig Jahre alt. Sehr ermüdet, wenig Kräfte. Adieu, ich umarme euch.

Luise

Den 24. Sehr spät diniert. Nach dem Mittagessen geschlafen; das stellte mich etwas wieder her. Gegen neun Uhr versammelte man sich bei mir, und bei uns fand ein kleines Konzert statt. Die Philis sang kleine Romanzen. Debut von Romberg [Cellist]; er gefiel sehr; dann Souper. Gegen Mitternacht trennten wir uns. Enorme Hitze, die Nacht schlecht.

Fürstin *Dolgorukij:* vermutlich Anastasia, geb. Laptew, Gemahlin des Generals Fürst Peter Petrowitsch. – Luise *v. Reinbrecht,* die Kammerfrau Luises, heiratete den russischen Baron *Dolst.* – Ludwig Friedrich *v. Jagow* (1770–1826), der Adjutant Friedrich Wilhelms III., hatte für Abschiedsgeschenke zu sorgen.

Den 25. Die Nacht schlecht, Schlaf unruhig, schwach, immer erkältet. Um 10 Uhr aufgestanden, kleine elegante Toilette. Bei schauerlicher Kälte Besuch bei der Kaiserin Elisabeth, deren Geburtstag gefeiert wird. Sie ist dreißig Jahre alt. Sie empfing mich sehr freundschaftlich. Ich blieb, während sie frisiert wurde. Nachher ging ich zur Kaiserinmutter [Maria Feodorowna]. Sie war bei der Toilette. Der Kaiser kam hin, der König kam hin; er bekam von der Kaiserinmutter eine herrliche weiße Feder. Prinz August [von Preußen] kam. Als die Toilette beendigt war, ging ich in das große Kabinett, um die Großfürstinnen zu begrüßen. Die Kaiserinmutter sprach mit einem Minister. Ich blieb dort und sah die ganze Familie nach der Ankunft der Kaiserin Elisabeth zu den Zimmern, wo der Hof sich aufhielt, und zur Messe vorüberziehen; ich hielt mich von der Messe zurück wegen meiner Schwäche, meiner Übelkeit usw.▷ und aller großen und kleinen Übel ◁. Großfürst Konstantin führte mich in meine Wohnung, frühstückte und ging dann zur Messe. Darauf kam der König, dann der Kaiser und aß einige Bissen. Sehr interessante Unterhaltung mit ihm, die mich wegen einer geliebten Person betrübte. Besuch des [französischen] Gesandten [Graf Caulaincourt]. Einladung zu seinem Feste übermorgen; Diner en famille. Nach 8 Uhr große Maskerade von 18000 Personen. Souper im Eremitagen-Theater, reizende Ausschmückung. Um drei Uhr zu Bett.

Armand Graf *Caulaincourt* (1772–1827), franz. Diplomat, Großstallmeister, wurde 1805 zum Herzog von Vicenza erhoben. Er war seit 1807 Gesandter in St. Petersburg.

Den 26. Um ein Uhr aufgestanden. Besuch der Frau von Rosenkampf. Die Kaiserinmutter besuchte mich einen Augenblick. Kaiserin Elisabeth kam dazu; wir mußten nach Kameniostrow. Sie, Prinzessin Amalie [von Baden], Gräfin Voß und ich, wir gingen zusammen. Nachdem wir das Haus besehen hatten, warteten wir lange auf den Kaiser und den König; während wir warteten, plauderten wir mit dem Herzog von Coburg. Das Diner war heiter, zwanglos und kurz. Schnell Toilette für das Fest, das die Kaiserinmutter im [Smolny-] Institut gab. Nichts Interessanteres als diese Gesellschaft von 740 jungen Damen. Ein Lied für uns gesungen. Tanz und Geschenke dieser Damen. Dann Fest für den Kaiser und die Kaiserin unten in einem anderen Saale. Soupiert im Bett um Mitternacht. ▷Elend wie ein Schwein◁.

Maria Franziska *v. Rosenkampff* war die Frau des seit 1802 in St. Petersburg lebenden Hofrates und »Translateurs« (Übersetzer) Gustav Adolf v. Rosenkampff. – *Kameniostrow:* richtig *Kamenoi-Ostrow,* ein kleines Schloß auf der sogenannten Steininsel, die von einem Nebenfluß der Newa umgeben ist.

Den 27. Guter, 12stündiger Schlaf. Kaiserin Elisabeth bei mir. Dann ich bei der Großfürstin Katharina. Dann bei der Kaiserinmutter. Dort fand ich den Kaiser; er speiste nicht mit uns, da er zu tun hatte und mit dem König in der Admiralität üppig gefrühstückt hatte. Diner *en famille* bei uns, keine Ruhe; hübsche Toilette; um 8½ Uhr auf dem Fest bei Coulaincourt. Prächtig, elegant, reizend; der Gastgeber zu jedem gleich höflich, Aufmerksamkeiten jeder Art. Um zwei Uhr zu Haus. Noch einen Augenblick Plauderei zwischen Kaiserin Elisabeth, Amalie und mir.

Den 28. Schlecht geschlafen; um ein Uhr aufgestanden; Abschied vom Herzog von Coburg an meinem Bett. Dann Frau von Rosenkampf mit Bagatellen. Dann Schilden und Schladen [Kammerherren Luises] mit den Geschenken; dazu kam Kaiserin Elisabeth. Wir besuchten zusammen die Kaiserinmutter im St. Katharinenstift mit 65 bürgerlichen Mädchen, von ihr erzogenen Waisen. Ein reizendes wohlorganisiertes Institut, das ganz dem Zweck entspricht. Von dort zu den Hebammen;

auch eine ausgezeichnete Einrichtung für junge Mädchen, die das Hebammengewerbe lernen. Von dort in meine Wohnung. Familiendiner. Der König und der Kaiser sind in Kronstadt. Nach dem Essen Familie [Baron und Baronin mit Sohn] Dolst; sie gefällt mir unendlich. Dann Toilette. Komödie bei der Kaiserinmutter in einem ihrer Salons. Fanchon, entzückend; großes Souper und dann um Mitternacht ins Bett.

Fanchon: Gesellschaftsspiel, ähnlich wie »Dritten-Abschlagen«.

Den 29. Leidlich gut geschlafen; große Parade, die ich von den Zimmern der Kaiserinmutter aus sah; Frühstück bei ihr; der Kaiser, der König und alle Prinzen kamen dorthin. Ich warte auf den Wagen, um nach Zarskoje Selo zu fahren. Den 29. Der Weg war schlecht. Das Schloß groß, schön und reich. Diner, dann im zweisitzigen Wagen auf Kufen zurück, allein mit Kaiserin Elisabeth. In der Familie ohne Toilette bei der Kaiserinmutter, wo Schauspiel stattfand: *»Eine Narrheit«* [Oper von Nicolo], sehr gut. Souper; darauf Großfürstin Maria [-Paulowna, Erbherzogin von Sachsen-Weimar] bis ein Uhr bei mir. Gut geschlafen.

Zarskoje Selo (seit 1937 Puschkin): Sommerresidenz der Zaren mit dem *Grand Palais* (von Rastrelli erbaut) aus der Zeit Katharinas II. (1729–1796) und einem großen Park im englischen Stil. In den letzten Jahren ihrer Regierung ließ Katharina die Große hier noch das *Palais Alexandre* (von Quarenghi) für ihren Enkel Alexander mit seiner Gemahlin Elisabeth erbauen.

Den 30. Die Nacht gut, wohl; um 9 Uhr aus dem Bett. Gegen ein Uhr mit der Kaiserinmutter zu den Findlingskindern. Großartiges Institut. Kinder vom Säuglingsalter bis zu 18, 20 und 21 Jahren werden dort unterhalten. Um ein Uhr zurück. Unendlich viele Menschen. Die Rosenkampf, die Gräfin Tolstoi mit ihrem Emanuel, General Lanskoy mit seiner Frau, Frau von Schöler, Graf Gallofkin, unser Konsul. Schnell Festtoilette. Der französische Gesandte [Graf Coulaincourt] dankte uns für die Ehre, daß wir auf seinem Feste gewesen wären. Kaiserin Elisabeth kam in dem Augenblick, als ich mich ankleiden wollte; sie wohnte meiner Toilette bei; alle gekrönten Häupter und kaiserlichen Hoheiten kamen dazu. Ich schenkte der Fürstin Wolkonsky mein Bildnis und den Ehrendamen Ohrgehänge. Große Freude. Als wir zu Tisch gingen, Handkuß aller Personen, die Orden,

Kästen, Bildnisse usw. empfangen hatten. Diner bei uns mit dem ganzen Hof. Nach dem Essen gepackt, geschrieben. Die Kaiserinnen hatten mich davon entbunden, zum Abschiednehmen zu kommen, da ich Zahnschmerzen hatte, ebenso die Großfürstinnen. Gegen 7 Uhr zur Komödie, in dem großen Schauspielsaal in der Stadt. Viele Menschen, schöner Saal von edlen Proportionen, glänzend erleuchtet. Beifall, Bravo- und Hurrarufe zum Zerbersten. Russische Komödie. Ballett [von Didelot] *»Zephyr und Flora«*, reizend. Die Maschinerien waren gut; unsere sind besser. Gegen 10 Uhr in den Adelsclub; großer Ball, Gesellschaft von 1500 Personen, eine hübsche Gesellschaft *mixtum compositum*, ziemlich hübsche Frauen. Schönes Souper; währenddessen italienische Lieder. Nach dem Essen noch Ball; um 3 Uhr zu Bett. Abgehetzt, hundsmüde, zu nichts mehr fähig.

Frau *v. Rosenkampff:* die Frau des Hofrates und Übersetzers. – Gräfin *Tolstoi:* die Gemahlin des Oberhofmarschalls. – General *Lanskoi:* Stephan Sergejewitsch, auch Hofmarschall. – Frau *v. Schöler* war mit dem ehemaligen Adjutanten des Herzogs von Braunschweig, Friedrich v. Schöler (1772–1840) verheiratet. Er stand seit 1807 im diplomatischen Dienst in St. Petersburg als persönlicher Bevollmächtigter von Friedrich Wilhelm III. – Die Fürstin *Wolkonsky* war Gemahlin des Jugendfreundes und Generaladjutanten von Zar Alexander, Fürst Peter Michaelowitsch (geb. 1777).

Den 31. Kurzer fünfstündiger Schlaf. Vor 8 Uhr aus dem Bett. Gepackt; während meiner Toilette die alte Fürstin Wiasemsky, die immer eine Vorliebe für mich hat. Sie wurde zum Aufbruch genötigt durch die Ankunft der Kaiserinmutter [Maria Feodorowna] und ihrer drei Töchter; diese brachte mir noch ein reizendes Musselinkleid und Moskauer Spitzen für Luise. Sie war unbegreiflich gütig und gab mir tausend Ratschläge. Sie ging wieder fort, da sie mich mit Packen und Ordnung von Papieren beschäftigt sah. Schließlich verließ ich meine Zimmer mit einem tiefen Seufzer und kam nicht wieder zurück. Ich ging zum König; der Kaiser kam dazu. Er brachte mir sieben Schals; einen für mich, drei für Therese und drei für Friederike [Luises Schwestern]. Kaiserin Elisabeth erwartete mich auf dem Korridor; schließlich erfuhr ich es und flog ihr in die Arme. Sie war sehr traurig; sie schenkte mir einen Ring und ein Siegel, Amalie [Prinzessin von Baden] ein Siegel; mein Herz war schwer. Wir gingen alle zur Kaiserinmutter; dort fanden wir den Großfürsten Nikolaus [12jähr.; 1825 Zar Nikolaus I.], der sich immerfort schlecht befindet und Keuchhusten hat. Von dort gingen die Mutter, der König und ich zum Großfürsten

Michael [11jähr.]. Der hatte gerade einen Anfall von Keuchhusten. Nachdem er Atem geschöpft hatte, sagte er uns viele höfliche und ehrende Dinge. Im allgemeinen sind sie wie hohe Personen erzogen. Als wir auf dem Wege die Zimmer der Großfürstin Anna [14jähr.] passierten, machte ich die Bekanntschaft des berühmten Storch. Bei unserer Rückkehr legten die Großfürstinnen mir mein Pelzwerk an, und der traurige Abschied begann. Ich weinte, ich fühlte mich schlecht. Kaiserin Elisabeth und Amalie fuhren in großem Aufzug mit mir in demselben Wagen, in dem ich eingezogen war, und stiegen bei demselben Garten aus, nachdem wir an den Soldatenreihen links und rechts vorüber waren. Mein und des Königs Hof ▷nebst Aufwartungen◁ waren dort. Abschied allerseits. Von dort fuhr ich nach Strelna mit der Kaiserin Elisabeth im zweisitzigen Wagen; Eskorten vor und hinter uns. Als ich in Strelna im ersten Saale angekommen war, großes Erstaunen. Die Kaiserinmutter war dort mit den Großfürstinnen Maria [verh. Sachsen-Weimar] und Katharina [verlobt, Oldenburg]. Große Freude. Vor dem Mittagessen ein Augenblick Unterhaltung mit dem Kaiser. Politisches. Das Diner war noch heiter; viel Janitscharenmusik, alle Lieblingsweisen, Märsche, Walzer wurden wiederholt. Nach dem Diner kam der schreckliche Abschied, nachdem wir die Toilette gewechselt hatten. Tränen allerseits. Die Kaiserinmutter segnete mich; ich glaubte zu ihren Füßen niederzusinken. Kaiserin Elisabeth schloß mich in ihre Arme und benetzte mich mit ihren Tränen. Der Kaiser hatte alle Mühe, Haltung zu bewahren; der Großfürst [Konstantin] hatte Tränen in den Augen. Die Großfürstinnen überhäuften mich mit Liebkosungen, Maria weinte und war bleich wie der Tod.▷ Ich war aufgelöst vor Dankbarkeit, und nur ein Gedanke, du gehst in dein Unglück wieder hinein, störte mich manchmal◁. So stiegen wir die Treppe hinab. Die Kaiserinmutter kam mit bis zum Wagen, ebenso alle anderen. Es war schrecklich. Der Kaiser konnte nicht mehr sprechen; ich konnte noch sagen: *»Ich empfehle Ihnen unser Schicksal und das Glück meiner Kinder und alles, was mir teuer ist. Sie sind unsere Stütze.«* ▷Und so unter tausend Tränen im Wagen. Die Kaiserin Elisabeth verging vor Schmerz, die Kaiserinmutter segnete uns, weinte und machte das Kreuz auf dem Wagen und auf uns, als wir das Fenster noch einmal fanden, um zu winken; so ging es endlich fort◁. Der König weinte, ich schluchzte. Der Großfürst neben dem Wagen zu

Pferde. An der Stelle, wo die Eskorte gewechselt wurde, hielten wir an, er nahm Abschied von uns; der Kaiser war uns gefolgt und stieg aus dem Schlitten, um uns ein letztes Mal zu umarmen. Dann wurde die Tür geschlossen, alles war gesagt. Wir sahen keine Mitglieder dieser liebenswerten Familie mehr und unsere Tränen flossen vor Dankbarkeit. Wir wandten Petersburg und seinen Herrlichkeiten den Rücken; aber unser Herz wird nie vergessen, was uns Gutes getan worden ist, welche freundschaftlichen und verwandtschaftlichen Gefühle man für uns hegte.

Der damals 12jährige *Großfürst Nikolaus* heiratete 1817 Luises älteste Tochter, Prinzessin Charlotte. Sie wurde die Zarin *Alexandra Feodorowna.*

334. An ihre Schwägerin Prinzessin Marianne von Preussen

St. Petersburg, den 15. Januar 1809

▷ Beste Marianne. Wenn ich Dir nicht so heilig versprochen hätte, ein apartes Zettelchen zu schreiben, so würde ich es nicht tun, denn Stilles hab' ich nichts zu melden. Er ist gut, freundlich, das ist alles. Unterwegs war ein Prinz Dolgorukij, der wurde still, als ein anderer General ihn ablöste, der sehr laut und alt war. Die Pracht, die hier herrscht, ist groß aber oft unter Tausenden, die mit Gold, Edelsteinen und Perlen bedeckt sind, sage ich mit der Johanna [aus Schillers »Jungfrau von Orléans«]: *»Wie ist mir in dieser menschenreichen Leere?«* Ach Marianne, mein Herz ist voll von trauriger Zukunft für uns. Es gehet zu gut für Napoleon in Spanien, und er wird auch mit Österreich fertig, dann über unsere Leichen hierher, wo noch viel zu holen ist. Die Partei für und gegen Frankreich ist hier wie überall.

Doch etwas von meinem Verhältnis. Die Kaiserinmutter [Maria Feodorowna] ist mütterlich gegen mich, sehr viel *attentions*, gleicht manchmal der Prinzessin Ferdinand [Luise von Preußen] in Manieren. Die Kaiserin Elisabeth ist ganz einfach und natürlich, von einer Höflichkeit, Würde, Güte, die ihr die Herzen anziehen; sie buhlt nicht um Beifall keiner Art, tut, was recht ist. Sie gefällt mir sehr.

Ich fürchte, wir werden länger hierbleiben um fünf oder sechs Tage, da der Kaiserin Elisabeth ihr Geburtstag den 13. ihres Stils ist. Schicke gleich mein Journal weiter, und lese es der Luise [Radziwill] vor, die ich

herzlich küsse und gratuliere somit dem kleinen Ankömmling [Prinz Boguslaw]. Heute erfuhr ich es durch den Brief des Prinzen [Anton Radziwill].
Jetzt ist es beinah vier, kein Mensch zum Essen noch und heute Abend Ball bei der Kaiserin Mutter. Der König ist wohl und zufrieden, gottlob! – Du mußt mir viel Dank wissen, daß ich Dir schreibe, denn die Lebensart ist unbegreiflich hier. Das Schloß mit der Hermitage [Eremitage] gewiß eine halbe Stunde zum Gehen und die Visiten reißen nicht ab.

Deine Luise ◁

335. An ihren Sohn
Kronprinz Friedrich Wilhelm St. Petersburg, den 16. Januar 1809

▷ Lieber Fritz, ich küsse Dich und Deine Geschwister und danke Dir für Deinen Brief. Sage dasselbe an alle meine lieben Kinder. Papa und ich sind wohl und mit Liebe und Freundschaft überhäuft. Wir werden einige Tage länger bleiben, weil der Geburtstag der Kaiserin *Elisabeth* eintritt. Wir haben schöne und große Feste hier, meine lieben Kinder aber sind nie fern von meinem Herzen. Die Stadt ist außerordentlich schön, man kann sie mit keiner andern vergleichen, weil die Kanäle so breit und lang sind, daß alles ungeheuer groß sein muß, um Effekt zu machen, und daß alle Gebäude dennoch im *größten* Stil gebaut sind und auch solchen Effekt machen. Mündlich mehr. Nun muß ich schließen, weil der Kaiser [Alexander I.] kommt und mich zur Komödie abholt. Es wird *Semiramis* gegeben. Adieu, ich drücke Dich und alle meine Kinder sowie Papa an mein Herz und bin Eure treue Mutter und Freundin

Luise ◁

336. An die Zarinmutter
Maria Feodorowna St. Petersburg, den 31. Januar 1809

Ich kann Petersburg nicht verlassen, ohne Ew. Maj, noch einmal mein Herz auszuschütten und auszusprechen, wie glücklich mich Ihre Güte und Ihre Freundschaft während meines Aufenthalts hier gemacht haben. Nach so vielem Unglück habe ich das Glück wieder kennengelernt, und Sie und Ihre herrliche Familie haben dieses Glück über meine Existenz verbreitet. Niemand ist besser und gütiger als Sie, teure, wohltätige Kaiserin. Nicht nur den König und mich haben Sie mit Güte überhäuft, sondern auch unsere Kinder sind mit mütterlicher Güte behandelt worden, und die schönen Geschenke, die ich ihnen mitbringe, werden ihnen die Herzensgüte Ew. Majestät beweisen, der ich von Herzensgrund zugetan bin. Ich reise voll Dankbarkeit ab; empfangen Sie die Versicherung dessen und bewahren Sie mir für immer Ihre Freundschaft, deren ich mich würdig zu machen versuchen werde.

Luise

Der König sieht, wie ich mit dem Schreiben an Sie beschäftigt bin, und schilt mich, daß ich ihn nicht genannt habe; er bittet Sie, seinen innigsten Dank anzunehmen und überzeugt zu sein, daß er Ihre Güte und Freundschaft nie vergessen wird. Er reist wie ich voll Ehrerbietung für Ihre hohen Tugenden ab, fürs Leben Ihrer Person zugetan, die der Ausdruck einer engelhaften Güte ist.

337. An Alexander I. — Memel, den 9. Februar 1809

Wie werde ich Worte finden, die das ausdrücken können, was ich jetzt empfinde. Meine Dankbarkeit für Ihre Güte, für Ihre unaufhörlich wachsende Freundschaft während unseres glücklichen Aufenthaltes bei Ihnen wird Ihnen immer ein Geheimnis bleiben, wenn Sie nicht in mein Herz schauen; seit sechs Jahren kennen Sie mich und wissen, daß ich unaussprechlich viel von Ihnen halte. Lieber Vetter, glauben Sie auch ohne viel Worte an meine zärtliche Dankbarkeit, und sagen Sie sich, daß diese nur mit meinem Leben enden wird. Ich empfehle Ihnen noch die Interessen des Königs, das zukünftige Glück meiner Kinder und ganz Preußens. Möchten Sie den Ideen des Königs über die *Garantie* der drei Staaten Rußland, Österreich und Preußen zustimmen; möchte die unterzeichnete Konvention die Existenz Ihrer wahren *Freunde* in *Berlin* sichern.
Adieu mein lieber Vetter, ich umarme Sie in Gedanken und bitte Sie, zu glauben, daß ich auf Tod und Leben Ihre *dankbare* Freundin bin

Luise

Alles in Petersburg war herrlich, nur habe ich Sie zu wenig gesehen.

Friedrich Wilhelm III. hatte einen Nichtangriffspakt zwischen Preußen, Österreich und Rußland vorgeschlagen.

338. An die Zarin Elisabeth Memel, den 9. Feburar 1809

Liebe Kusine. Bleiben Sie mir, was Sie mir bisher waren; Ihre Freundschaft hat mich so glücklich gemacht, daß ich nur hoffen kann, Sie blieben immer so gut, so liebevoll zu mir, wie Sie es in Petersburg waren. Ich danke Ihnen aus tiefstem Herzen für alle die wiederholten Zeichen Ihrer Freundschaft. Ich versichere Ihnen: ich würdige Ihre Eigenschaften mehr, ich liebe Sie mehr, als ich es Ihnen ausgesprochen habe; denn mir scheint ▷*entweiht* ein *Gefühl*◁, wenn es zur Schau gestellt wird. Ich glaube, vielleicht habe ich unrecht, vielleicht ist es ein Charakterfehler, ein Mangel an Form, wenn ich den Menschen zu wenig anspreche, daß ich sie liebe, daß ich sie bewundere, weil sie nicht wissen, wie sehr sie auf mich rechnen können; aber bewahren Sie mir bei allen meinen Fehlern Ihre Freundschaft. Ich glaubte mit einer Schwester zusammen zu sein, als ich mit Ihnen zusammen war, und mein Herz ist Ihnen auf Tod und Leben zugetan.
Schmieden Sie das Eisen, solange es heiß ist, und erinnern Sie den Kaiser daran, daß er Ihnen in meiner Gegenwart einen Besuch bei mir versprochen hat. Kommen Sie dann Anfang Juli, bei Ihnen Ende Juni, und bleiben Sie wenigstens zwei Monate bei uns. Sie werden eine Kur nach Stoffregens [Leibarzt der Zarin] Vorschrift durchmachen, und in Charlottenburg werden wir sie genau befolgen. Sie werden sich wohl befinden und eine glänzende Gesundheit gewinnen. Die Wünsche aller ehrenwerten Menschen werden Ihnen Glück bringen. Der König und ich *gehen* unter den Leuten auf der *Straße*, und Sie werden mit offenen Armen empfangen werden.
Adieu, liebe, gute Kusine. Ganz die Ihre. Luise

339. An die Zarinmutter Maria Feodorowna Königsberg, den 20. Februar 1809

Auf den Brief, den mir der Oberst Udom überbracht hat, konnte ich nicht antworten, teure, vielgeliebte Kaiserin, weil ich schon zu leidend

war. Am dritten Tage nach meiner Rückkehr befand ich mich so schlecht, daß ich nach der Taufe des kleinen [Prinzen Boguslaw] Radziwill mich niederlegte und nur erst auf Stunden wieder aufgestanden bin. Heftiger Husten und Schnupfen, verbunden mit starkem Fieber und einer Schwäche ohnegleichen, hat mich furchtbar niedergeworfen, und erst seit gestern abend geht es mir besser. Mit Mühe bringe ich den Ausdruck der Dankbarkeit für Ew. Majestät zu Papier für die Geschenke, die Sie Ihren übrigen großen Freundlichkeiten für meinen Neffen und meine Nichte noch hinzugefügt haben. Ich bin dadurch zu Tränen gerührt worden. Graf Lieven [russ. Gesandter] ist Zeuge davon gewesen. Bewahren Sie mir Ihre Freundschaft und glauben Sie weiterhin an die meinige, die nur mit dem Tode enden wird. Alle meine Kleinen schreiben an Ew. Maj., um ihrer Dankbarkeit schwachen Ausdruck zu geben. Haben Sie die Güte, dem Kaiser und der Kaiserin tausend schöne Dinge zu sagen und ihnen auch den Grund mitzuteilen, aus dem ich ihnen nicht schreiben kann. Meine Kusinen umarme ich von Herzensgrund; sie sollen zärtliche Grüße von mir empfangen, der liebenswerten großfürstlichen Verlobten [Katharina Paulowna] alle meine Wünsche für ihr Glück. Ich danke Ihnen, teure, gute Kaiserin, für Ihre Mitteilung über die Zeit der Hochzeit [mit Prinz Georg von Oldenburg]. Gott segne sie!
Unser Los ist immer sehr ungewiß, unsere Rückkehr nach Berlin noch nicht festgesetzt wegen meiner Krankheit und meiner Schwäche. Napoleon, seine unvorhergesehene Rückkehr, der nahe, unvermeidliche Krieg mit Österreich, das verursacht mir viel Herzklopfen. Ich bin in der Hand Gottes! Das ist meine einzige Hoffnung. Ich hoffe nur auf ihn. ▷Er wird alles gut machen◁. Doch fühle ich, daß meine Augen feucht sind, wenn ich, die ich Kinder habe, an die Zukunft denke.
Bewahren Sie mir Ihre wertvolle Freundschaft; ich weiß, daß ich auf dies empfindsame Herz zählen kann, auf dieses in allen Fällen große Herz; es wird die Unglückliche nie zurückstoßen, ich habe es gesehen; und Ihre Freundschaft hat mich schon über vielen Schmerz getröstet. ▷Die Tugendhaften hat Gott lieb, deswegen ließ er mich Ihre treue Seele kennen, finden, lieben◁. Mit diesen Gefühlen bleibe ich für mein Leben Ihre ergebene und aufrichtige Freundin

Luise

Den Großfürsten lasse ich mich hiermit warm empfehlen. Ich beglück-

wünsche Ew. Majestät zu der vollen Wiederherstellung des Großfürsten Michael.
Der Rex [Friedrich Wilhelm III.] ist Ihnen zu Füßen. Wir sprechen oft von Ihnen mit all der Begeisterung, die durch Sie erweckt wird.

In Spanien war nach der französischen Usurpation des Thrones zugunsten von Josef Bonaparte im Mai 1808 ein Volksaufstand ausgebrochen. König Josef floh aus Madrid. Nach anfänglich erfolgloser Militärintervention durch Frankreich übernahm Napoleon selbst (nach dem Erfurter Kongreß) die Leitung der Operationen. Am 4. Dezember 1808 konnte er als Sieger in Madrid einziehen. Spanien verlassend traf Napoleon am 23. Januar 1809 überraschend wieder in Paris ein. Er hatte ein gegen ihn gerichtetes Komplott vermutet und berief deshalb wenige Tage später eine außerordentliche Sitzung des Kronrates, während derer er Talleyrand in aufsehenerregender Form des Verrates bezichtigte. Von Talleyrand ist hierzu die Bemerkung überliefert: »Schade – daß ein so großer Mann so schlecht erzogen ist.« Er verlor sein Amt als Großkämmerer.

340. An ihren Bruder Georg — Königsberg, den 21. Feburar 1809

▷ Bester George. Bester, bester George.
Wie kannst Du nur so entsetzlich betrübt über mein Schweigen sein, da die Berg Dir sagen wird, daß die letzte Aufopferung meiner Kräfte für Papa war, dem ich schreiben mußte. Von dem Augenblick an bis jetzt (wo ich neun Tage zu Bette liege), hab' ich nicht schreiben können. Gott ist mein Zeuge, daß mein Journal hauptsächlich für Dich geschrieben wurde; daß, wenn ich manchmal vor Mattigkeit beim Schreiben umsinken wollte, wenn ich manchmal beim Frisieren abends 7 Uhr, um auf einen *Ball zu gehen,* schrieb, daß mir das Blut aus Augen und Nase hätte fließen mögen, mich der Gedanke: *»George tat ja dasselbe, um die Verlassenen zu beglücken; Du willst ihm auch Freude machen«,* mir Kraft verlieh, das *noch* zu können.
Ich kann Dir die Gefühle meines Herzens gar nicht schildern, wenn ich denke, daß ich Dich betrübte, ich, die Dich so unaussprechlich liebt, kein größeres Verlangen habe, als es Dir zu beweisen. Nein, glücklich war ich nicht, da hast Du recht, nicht in Memel, nicht in Königsberg, nicht in Petersburg, nirgends, und wie öfters hab' ich Dir nicht zugerufen: komme, komme. Dein Edelmut für Charlotte [Sachsen-Hildburghausen, Schwester] hat dieses vereitelt, und weit [entfernt], zu klagen, da ich an so vieles Entbehren gewöhnt bin, so freut' ich mich, um solcher Ursache entbehren zu müssen. Ich bin jetzt sehr

krank gewesen an [den] Folgen mehrerer Erkältungen und dabei wieder schwanger, so matt und so leidend, daß ganz Petersburg und seine Feste mir *Pein* und *Strafe* war. Meine Brust war oft zum Bersten voll, die Berg weiß es, wo ich nicht schreiben konnte noch mochte. Die Kuriers gingen spärlich, und die Post? Die ist doch wenigstens für unsere Art, zu denken und zu schreiben, nicht gemacht. Dein Brief hat mich *zernichtet.* Ist es möglich, daß *Du* an mir verzweifeln kannst? Kennst Du Deine Luise nicht mehr? Nein, diesen Brief hätt' ich nimmermehr von Dir möglich geglaubt. Meine Tage sind so schon bitter genug, als daß ich dies von Dir hätte zu erleben geglaubt. Seit dem September habe ich Erfahrungen gemacht, die mich beinah zum Wahnsinn gebracht haben. Der Brief von Stein [September 1808]! – das niedrige Ende desselben! So klein, so miserabel, so echt menschlich. – Alle Punkte des *Traités* von Erfurt gebrochen, [...?] gemacht, alle infam, als wenn wir gerade die Dolchspitze gegen unsere eigene Brust gedreht hätten, um uns zu ermorden. Nun die Reise nach Petersburg. Da hoffte ich, einmal 14 Tage nichts zu hören, was mein Mutterherz mit bangen Ahnungen für die Zukunft meiner Kinder erfüllet. Ich habe gehört und gesehen und bin nicht getröstet. Für uns, wenn wir allein in der Welt stünden, recht gut, aber in Verbindung mit anderen, ach! verderblich. – Nun krank angekommen und nun die Wahrscheinlichkeit eines Krieges mit Österreich, der vermutlich mit Preußen das so lang gewünschte Ende beschleunigen wird. Die Ungewißheit, gehen wir, gehen wir nicht. Gehen wir, so ist die Trennung meiner Kinder gewiß, damit, wenn man Vater und Mutter fortschleift, man wenigstens die Kinder rettet und sie zu Rächern erziehet, wenn noch was gerettet werden kann; mitten in diesem Gewühl von unglücklichen Gedanken, Empfindungen: gibt es eine Zukunft oder keine für Euch? Dein Brief, der eben ankam, mir heiße Tränen entlockte, und diese Anwort. Mein Herz ist unschuldig, immer dasselbe für Dich, hab' ich Dich betrübt, so verzeihe mir, wie ich Dir den bitteren Augenblick verzeihe. Frage die Berg, wie sie mich verließ, frage sie doch, wie oft sie mich allein sah, wie oft wir haben uns aussprechen können. Frage sie, wie ich gekocht war, wie gepeitscht von Angst, Verdruß, Verachtung, wie mein Gefühl gekränkt war, wie die Familie miserabel war, wie Parteigeist sich ihrer bemächtigte usw. –. Wie konnte ich da schreiben, ich wollte nicht schreiben. An Papa schrieb ich; und recht, an Euch hab' ich ja weitläufig geschrieben, was ich zu hoffen hatte und noch sagte: wenn Papa zu betrübt wäre über der Maltzahn Tod, es ihm nicht mitzuteilen. Und doch Vorwürfe? Dieser Brief wird Dich um nichts weiter bringen, es ist ein Rätsel, das nur ich lösen kann; daß ich Dich liebe, das wußtest Du doch schon vorher, daß Du aber zweifeln konntest, macht mich glauben, daß Dein Brief in einem von den Augenblicken geschrieben ist, wo alles schwarz um und in uns ist.

Den 27.

Endlich eine sichere Gelegenheit, die diesen Brief nach Berlin bringen wird, und also wirst Du mich lesen. Alles, was ich über mich aufrichtig sagen kann, ist nicht gemacht, zu erfreuen, und also bereite ich auch Dir Betrübnis. Daß all meiner Bitten ungeachtet Friederike [Solms-Braunfels, Schwester] doch nicht in Berlin etabliert wird, ist auch eins von denen Sachen, die mich recht tief betrüben. – Über uns ist noch nichts entschieden, wenn wir gehen, denn wir erwarten Kuriers aus Petersburg und Paris und Wien. Ach Gott, was wird es noch werden, wenn das Untier leben bleibt! Seit die spanischen Mönche nichts auf ihn vermocht, habe ich alle Hoffnung verloren, daß er zu vertilgen ist.

Den 28.

Nur 24 Stunden sind verflossen, seit ich Dir nicht schrieb, und doch sind seit dieser Zeit Nachrichten eingegangen, die denn wirklich gräßlich sind. Ich wollte gestern nachmittag diesen Brief enden, allein ich war in einem solchen Zustand, daß ich kalt und unvermögend zwei Stunden ausgestreckt lag. Nach aller Wahrscheinlichkeit bricht der Krieg von österreichischer Seite *jetzt* los. Von einem sehr treuen Freund bekamen wir gestern die Nachricht ◁: Napoleon glaubt den König von Preußen in Berlin; er reist ab nach Deutschland und hat vor, nach Berlin zu fahren. Wenn der König nicht alles annimmt und befolgt, was der Despotismus des Kaisers Napoleon ihm diktieren wird, dann hat er alle Maßregeln getroffen, um ihn festnehmen und nach Paris bringen zu lassen. Der Fürst von Benevent [Talleyrand] hat laut in den Gesellschaften gesagt: Der König von Preußen wird das gleiche Schicksal wie Ferdinand [VII.] und Karl [IV.] von Spanien haben, nur wird der Weg kürzer sein. ▷ Wie findest Du dieses? Es dient wenigstens dazu, um zu zeigen, daß das Schicksal noch nicht versöhnt ist. Und als *Fragment* aus meinem *täglichen Leben*, das seit zwei Jahren

sechs Monaten in derselben Art fortgeht, ziemlich interessant. Dabei ist nichts Gewisseres, als daß Berlin besetzt wird, sobald der Krieg losgeht; sind wir da, um sich unserer Personen und Politik zu versichern, und sind wir noch abwesend, um durch Schrecken und Stärke die Gemüter zu lähmen. In Magdeburg sind 12000 Franzosen, und Halberstadt und die Altmark steckt voll. Ist es denn nicht ganz fürchterlich, daß wir den Enthusiasmus und die Liebe der guten Pommern, Märker und Berliner so müssen verrauchen lassen, ohne es nutzen zu können. O unerbittliches Schicksal, wann wirst du uns genug geprüft und gebeugt haben. Dabei haben wir die Nachricht, daß *Stein* ist nach Wien berufen worden; geht er hin, so erregt das Verdacht gegen uns, und es bricht uns den Hals gewiß. Doch der Mann ist so eitel, daß er hinrennt, statt zu fahren wie andere. Genug, ich bin aufgelöst. Was wird das werden? – Ach Gott, mit Tränen seh' ich dem 10. [März, ihr 33. Geburtstag] entgegen, der mir sonst immer so viel Freude machte, ich mag nicht fêtiert sein als durch Euch, Ihr Lieben, die mein Herz trösten könnt. Adieu, lieber George. Sollte es zu lange werden, so rufe ich Dich und biete Dir 1000 Taler dazu an. Ich habe sie immer aufgespart für Berlin, wo ich armen Unglücklichen damit helfen wollte. Bin ich aber nicht auch sehr unglücklich? Und wenn ich mir diese Freude schaffe, so ist sie durch Gott und die Natur geheiligt und geliebt. Gott segne Dich und bewahre Euch alle in seinem Frieden.
Deine
Der König sagt Dir tausend Schönes ◁ Luise

Zwischen der Königin und Stein hatte es im November 1808 Zerwürfnisse gegeben. Stein beschwerte sich in einem Brief vom *22. November 1808* beim König über mangelnde Geheimhaltung in der engsten Umgebung des Königs und führte als Beispiel die Gespräche im Teesalon der Gräfin Voß an. Damit traf er auch die Königin. Die unterschiedliche Wertung der Steinschen Politik führte zu Parteiungen selbst innerhalb der königlichen Familie.

341. An ihren Vater — Königsberg, den 24. Februar 1809

▷ Bester Vater.
Vorgestern war ich so glücklich, Ihren gnädigen Brief mit den liebevollen Wünschen für den 10. März zu bekommen. Mit inniger Dankbarkeit küsse ich Ihnen die Hand für den erneuten Beweis Ihrer Vaterliebe.

Recht aufrichtend und tröstend ist solches väterliches Wort für mein Herz in der verhängnisvollen Zeit, in der wir leben! Empfangen Sie, bester Vater, mein Dankopfer dafür, und überzeugen Sie sich, daß Ihre Liebe und Güte für mich ein Teil und den Grund vielmehr meines Glücks ausmacht. Verzeihen Sie das Geschmier, aber rasende Zahnschmerzen und Fluß im Kopf macht mich ganz toll. Haben Sie die Gnade und entschuldigen Sie mich bei Großmama und den Geschwistern, daß ich heute nicht antworte, aber ich kann wahrhaftig nicht. Friederike wird nun wohl ihre neue Bestimmung wissen, der König hat mir wenigstens gesagt, er hätte ihr geschrieben, daß er sie in Breslau etabliere und ihr das Schloß wolle möblieren lassen. Mir sagte er es an meinem Geburtstag. Ich wünsche Prinz Solms [Friederikes Gemahl] Glück zu seinem neuen Posten, er ist so gut als Chef. Ich freue mich, daß es, da es doch einmal Berlin nicht sein konnte, doch nicht weiter als 40 Meilen ist und ein gutes Klima. Diese 40 Meilen lassen sich schnell und mit leichten Kosten machen und wir [können] uns sehen, wenn wir wollen. Adieu, bester Vater, ich bin ganz erbärmlich. Ich bin zu Ihren Füßen und ewig Ihr treu gehorsamstes

Kind Luise

Dem Onkel Ernst [Mecklenburg-Strelitz] wünsche ich gute Besserung und danke ihm für sein Andenken des 10.M. ◁

Der Satz *Mir sagte er* (der König) *es an meinem Geburtstag* zeigt, daß sich Luise mit dem Datum des Briefes (Nr. 341) irrte. Er wurde nicht am 24. Februar (wie sie deutlich schrieb), sondern am 24. März verfaßt. – Prinz Friedrich von *Solms-Braunfels*, Luises Schwager, wurde am *10. März 1809* Kommandeur des 2. Ulanenregiments in Breslau. Er mußte aber krankheitshalber bereits im November desselben Jahres den Abschied nehmen und wurde als Generalmajor aus der Armee entlassen.

342. An Frau v. Berg — K[önigsberg], den 27. Februar 1809

▷ Bester Berg! Sie sind eine von den treuen Seelen, mit denen man rechnen kann im Leben und im Tod, die weder für Liebe und Freundschaft faseln noch erkalten, wenn alles nicht so gehet, wie unsere Wünsche es erzwingen möchten; deshalb lieb ich Sie, bester Berg, mit einer Zärtlichkeit und Wahrheit, die Sie verdienen. – Der Brief von

George hat mich so betrübt, ja, er hat mich so gebeugt, daß bittere, bittere Zähren meinen Augen entquollen. Ist es möglich, daß man so ungerecht sein kann, weil man *ungeduldig* ist, denn daß ich an *Ihnen* 3 *schrieb*, ist eigentlich meine Hauptschuld, denn schreiben tat ich dennoch. Ich schrieb sehr oft nicht, weil ich nicht *wollte*, weil ich von solchen *wichtigen* Dingen angefüllt war in Herz und Kopf, daß ich unmöglich Briefe schreiben konnte, die in *substance* sagen wollten: Je me porte bien, et si Vous Vous portez aussi bien, alors nous nous portons tous bien.
Sie waren ja hier, wie Stein fiel [Entlassung, November 1808], wie er so ganz unwürdig unterging. Sie wissen, wie mich das angriff, welchen Teil ich daran nahm, wie viele Angst ich wegen der Folgen ausstand, wie unzufrieden ich mit der Familie war. Sie wissen noch, wie wenig Zeit ich hatte, daß ich nicht zweimal mit Ihnen habe ordentlich sprechen können, und dennoch diese Vorwürfe von George. Ich behaupte, er ist sehr unglücklich wegen der Chevreuse und in ein[em] melancholischen Augenblick hat er den unglücklichen Gedanken nachgebrütet, daß alle ihm teuren weiblichen Wesen gegen ihm erkalten könnten; deshalb der Brief an mich, eine Geburt der schwärzesten Stunde seines Lebens. Ich schicke Ihnen seinen Brief zurück, damit ich nicht von George besitze, was seiner unwert ist. Sie können ihn gleich verbrennen, denn ich will ihn nie wieder lesen, nachdem ich ihn dreimal las, um zu begreifen, ob es möglich ist und war. Mein Brief an ihn erfolgt offen, damit Sie ihn lesen können. Er ist in dem ersten Augenblick geschrieben. George ist diskret, das weiß ich, und ich erstickte beinah in Wehmut durch der Erinnerung so vieler und so mancherlei erlittenes Unglück. Ihre Worte: Vos amis et Vos enemis portent le malheur par leurs actions, ist mir unvergeßlich. – Friederike [Solms-Braunfels, Schwester] ihr Schicksal liegt mir wohl sehr am Herzen; ich tue alles mögliche, ich bitte, ich flehe, ich stelle vor und bekomme immer – abschlägige Antwort. Das ist hart und wieder einer der harten Schläge des Schicksals.
Übrigens, liebe Berg, so war ich denn in Petersburg, wie Sie aus meinem Journal gesehen haben werden, krank, tot gejagt und gehetzt. Interessant ist es dennoch, und der wahre Gewinn für mich ist, eine neue treue Freundin, die herrliche Kaiserin Elisabeth, erworben zu haben. Da die Zeit mir immer gebricht, ich sehr krank war seit meiner

Zurückkunft und noch matt bin, so verspreche ich, alles, alles zu erzählen, denn ich kann nicht schreiben. In der Kirche war ich nicht in Petersburg, habe also auch keine geistlichen Lieder gesungen, auch nicht einmal: »Wie schön ...« Geistig ist man nicht sehr dort, aber recht materiell. Ich freue mich jetzt, daß ich nichts dorten ordentlich genoß, denn nun hab' ich keine Störung in meine ernsthafte Reflektionen gehabt. Ich bin gekommen, wie ich gegangen, nichts blendet mich mehr, und ich sage Ihnen noch einmal: Mein Reich ist nicht von dieser Welt. Adieu, bester Berg, ganz die alte Freundin von Pyrmont und Königsberg, nur um 30 Jahr älter an Erfahrung aller Art. Gott schütze Sie und segne alles, was Ihnen lieb ist. Ihre

Luise ◁

Frau v. Berg hatte Luise ein Petschaft mit der Umschrift »Nicht ohne Tränen« geschenkt. – Die Schwägerin des *Bischof Josef* war *Karoline* Prinzessin von *Hohenzollern-Hechingen* (1789–1860), geborene Freiin v. Weiher, seit 1805 mit dem Bruder des »Bischofs« Prinz Hermann von Hohenzollern-Hechingen verheiratet. – *»Lienhard und Gertrud«:* 1781 erschienener Erziehungsroman des Schweizer Pädagogen J. H. Pestalozzi (1746–1827). – Georg Freiherr *v. Hardenberg* (1765–1816), preußischer Kammerherr, Bruder des Staatsmannes Karl August. – August Friedrich Graf *v. der Goltz* (1765–1832), seit 1807 preußischer Außenminister unter Stein und Hardenberg.

342a. An Frau v. Berg [März 1809.]

▷ Ich las heute eine Stelle, die mir sehr gefiel, weil sie wahr ist: »Leiden und Elend sind Gottes Segen, wenn sie überstanden sind.« Ich mitten in meinem Elend sage schon: Es ist Gottes Segen. Wie näher bin ich bei Gott, wie deutlich sind meine Gefühle zu Begriffen geworden von der Unsterblichkeit der Seele. »Nicht ohne Tränen«, spricht Ihr schönes Siegel; wie wahr. Ich sah den Bischof [von Ermland] Joseph [von Hohenzollern-Hechingen] wieder und habe lange mit ihm gesprochen, er ist mir noch lieber geworden als das erstemal. Ich sagte ihm einmal von diesem Petschaft als Ihrer Gabe. Er war ordentlich entzückt über den schönen geistigen Gedanken, so daß ich mich entschloß, ihm eins so machen zu lassen. Er hat es aber noch nicht, weil er wegreiste den Tag, wo es fertig wurde; er weiß es nicht einmal noch. Der würdigt Ihnen auch recht, so wie man Sie lieben muß. Er lebt noch immer mit seiner Poesie für seine Schwägerin, aber rein wie Gold. – Ich lese jetzt

Lienhard und Gertrud, ein Buch fürs Volk, von Pestalozzi. Es ist mir wohl mitten in diesem Schweizer Dorfe. Wäre ich mein eigener Herr, so setzt' ich mich mit Ihnen und George und Frederike in einen Wagen und rollte zu Pestalozzi in der Schweiz, um den edlen Mann mit Tränen in den Augen und mit einem Händedruck zu danken; wie gut meint er's mit der Menschheit. Ja, in der Menschheit Namen dank' ich dem guten Mann. Das, was ich oben schrieb, ist aus dem Buch. Diesen Brief sollte [Georg Freiherr v.] Hardenberg mitnehmen, allein er ist fort seit drei Viertelstunden, und nun muß ich warten bis Dienstag durch Goltzens. Denn der Post vertraue ich nichts, solange die Festungen besetzt sind. – Denken Sie sich, der Kaiser [Zar Alexander I.] floh mich, negligierte mich absichtlich; absichtlich war der Triumph der Narisch[kin] beschlossen, mich kränkt es nicht mehr. Zweimal erinnere ich mich, daß ich so eine kleine *crampe au coeur* hatte in den ersten Tagen, dann war alles vorbei. Heilige Elisabeth, was leidest du! Wenn er mich jetzt liebte, so würde Elisabeth [Zarin] glücklich werden, oder wir verunzweit auf ewig. ◁

343. AN FRAU V. BERG K[önigsberg], den 12. März 1809

In diesem Augenblick erhalte ich Ihren Brief, meine liebe, beste Feundin, und ich bin beglückt, daß ich einen Vorwand habe, Ihnen zu schreiben. Nachdem ich Ihnen für Ihr Gedenken und für Ihre drei goldenen Nadeln, die schon auf meiner Platte liegen, aufrichtig gedankt habe, muß ich Ihnen aussprechen; Ich erlebte heute einen Tag, ▷ wo die Welt mit allen ihren Sünden auf mir liegt ◁. Ich bin krank an einem Flußfieber, und ich glaube, solange die Dinge so gehen wie jetzt, werde ich nicht wieder genesen. Der Krieg mit Österreich wird losbrechen, wie jedermann weiß, das ist im Grunde das Hindernis für unsere Rückkehr nach Berlin; ▷ dieses allein betrübt mich bis zum Tod ◁, aber was Sie nicht wissen: *Rußland wird Frankreich helfen,* Österreich auszuplündern, und das wird mich noch um meinen Verstand bringen. Ich bin in einem unbeschreiblichen Zustand, die Niederträchtigkeit des Menschen spricht sich so stark aus, daß ich anfange, an alles Infame zu glauben und das Vorhandensein des Guten mit der Tugend zu leugnen. Ermessen Sie die Folgen dieser Handlungsweise, die Folgen, die das für

uns haben wird, ▷ da wir, wenn es wirklich so weit kömmt, auch zu der infamen Partei übergehen müssen. Ich verzweifle ◁. Meine Reise hatte mich von einer gewissen Illusion geheilt und Sie sollen einen Ring haben mit einem Stern und den Worten: ▷ Er ist erloschen ◁, aber man kann unvorteilhaft verändert sein, ohne der Ehre, der Vernunft und der Tugend abzusagen: Tausend Stimmen mußten ihn auf diesem Wege festhalten. Aber ich bin außer mir, wenn ich denke, ▷ daß alles Gute erstickt ist. Nein, ich kann es nicht ausprechen, was ich fühle, wie es in mir tobt, die Brust zerspringt mir fast. Und wir hier in diesem Klima, in Preußen, wo Stürme seit 14 Tagen wüten, entfernt von allen Lieben. Ach Gott, ist es der Prüfungen noch nicht genug? ◁ –
Mein Geburtstag war schrecklich für mich. Abends eine große *fête,* die die Stadt mir gab, vorher großes Diner im Schloß. Nein, wie war das alles traurig. ▷ Das Herz war zerfleischt. *J'ai dansé: –J'ai souris, j'ai dit des choses honnêtes et je ne savais* vor Unglück nicht wohin. Wem wird Preußen in ein Jahr gehören? Wo werden wir alle zerstreut sein? Gott, allmächtiger Vater, erbarme Dich ◁.

Den 18.

▷ Heute morgen bekam ich Ihren Brief von dem H[erzog] von Holstein [-Beck, Friedrich Karl]. Ich danke Ihnen, es waren doch mal wieder Gedanken und nicht Worte allein. Ich bin ruhiger als ich Ihnen schrieb vor einigen Tagen, weil ich mich schon gewöhne an den Gedanken, daß alles Gute untergehen muß, wenn das böse Prinzip nur noch etwas lebt. Es gibt nun *gute Worte* an *Österreich* durch *Rußland,* dieses, glaub' ich, hat den Waffenstillstand in mein Inneres auch bewerkstelligt.

Prinz Solms [-Braunfels, Schwager] ist Kommandeur der Husaren in Schlesien. Der König sagt' es mir an meinem Geburtstag. *»Deine Schwester soll in Breslau residieren, ich lasse ihr das Schloß möblieren, und ich hoffe, sie soll da recht angenehm sein.«* Es sind nur 40 Meilen, und die sind noch zu erlangen; die Güte des Königs hat mich dabei gerührt, ach, wäre es in Berlin! –
Adieu, liebe Berg. Die Kaiserin Elisabeth schreibt mir herzliche Briefe. Ich bedaure nun nicht mehr, alle Illusion verloren zu haben, denn ein Mensch, der nur Form und Farbe liebt, ist sehr wenig. Aber mein Glaube an das Edle und Gute ist etwas gesunken. Auch das ist nicht der Ausdruck, sondern die Wahrheit, die da sagt, daß nichts Schrecklicheres sei, als die gute Meinung, die man von einem Menschen hatte,

zurückzunehmen; die hat recht. Es schmerzt fürchterlich. Dennoch glaub' ich mehr als je, daß Tugend allein beglücke ◁. Denken Sie, in meinem Inneren habe ich ein wenig mehr Hoffnung, nach Berlin zurückzukehren. Wenn unsere Festungen mit Sachsen angefüllt sind, wenn die Österreicher erst einmal handgemein geworden sind mit den Franzosen, so daß diese [hier] kein Anliegen mehr haben, dann kann man hoffen, daß im Augenblick weder Großes noch Kleines von ihnen zu befürchten ist; denn denken Sie, selbst *Hinterhalte* zu legen gegen die Freiheit und die Person des Königs, hatten die Franzosen geplant. Das läßt erschaudern. Aber was wird das Ende dieses Krieges sein? Wenn die Franzosen siegen, sind wir vernichtet, wenn die Österreicher siegen und wir waren gegen sie, so vernichten uns diese oder plündern uns aus. ▷ Ach lieber Gott. Ofte mach ich die Augen zu und sage, so oft ich nur kann: Wir alle stehen in Deiner Hand, Gott verlaß uns nicht ◁. Leben Sie wohl, ich freue mich an meinen Paketen aus Strelitz. Tauentzien wird Ihnen diesen Brief überbringen, Adieu, adieu, ich bin von ganzem Herzen die Ihrige fürs Leben

Luise

Sprechen Sie nicht über diesen Brief, denn ich konnte den Ferdinands noch nicht auf den zum 10. antworten.

Friedrich Karl Herzog von *Holstein-Beck* (1757–1816) war russischer General. Er bestätigte Luise die politischen Absichten Zar Alexanders. – *Tauentzien* (Überbringer des Briefes): Friedrich Heinrich (1789–1854), Sohn des Generals Bogislav Graf T. Er wurde am *21. September 1809* Premierleutnant beim Regiment Garde du Corps in Königsberg. Seine Schwester Lisinka war Hofdame Luises.

344. An ihren Bruder Georg — Königsberg, den 25. März 1809

▷ ... Gottlob, die Liebe, die in uns ist und uns vereiniget, kann er [Napoleon] doch nicht hintertreiben noch erobern noch verbieten. Ich muß einmal über etwas bei Euch *klagen,* welches ich nur vor das Gericht der Bruder- und Schwesterliebe bringen kann. Es ist nämlich über Therese und leider die gänzliche Unmöglichkeit, ihr vertraut zu schreiben, [welches] macht, daß wir unser Herz gegeneinander aufzuschließen, wie gegen euch, ihr Lieben, nicht möglich ist. Ihre Attitude, mir alle Montage zu schreiben, beglückt mich, weil ein Zeichen von Euch, daß ihr lebt und webt und seid, mich beglückt. Aber wenn etwas in diesen Briefen berührt wird, was mehr ist, als Wind und Wetter, so werden die lügenhaften Zeitungsartikel sozusagen fortgesetzt und das *Lob* [auf Napoleon], das allerlebhaftigste, gesungen. Auch von meiner Seite schreib ich nicht wahr, und es hat sich eine Falschheit etabliert, die gräßlich ist! Nun hatte sie aber eine sichere Gelegenheit, mir zu schreiben, die sie benutzte; und es war wieder ein fataler Brief, wo nicht ein Wort über ihre Lage klar war. Es tut einem so wohl, in dieser verderbten Welt, wenn man ein Wort des Trostes, d.h. der Tugend hört, die da sagt, ich folge dem Strom ungern, es ist gegen mein Gefühl, meine Neigung, dem verhaßten Götzen zu opfern, aber meine Kinder legen mir Pflichten auf. Lieber George, mitten aus Paris, neben diesem Moloch, hast du mir doch so geschrieben, aber Therese nie. Lieber nimmt sie die Partie der Darmstädter, wo mir Ihre Hoheit die Großherzogin durch Gelegenheit schrieb, sie schreibe mir nicht durch die Post, um sich nicht zu kompromittieren. Das ist Vorsicht. Ich hoffe doch nicht, daß Therese wirklich *etwas* geblendet ist und ein gutes Haar an dem Allerinfamsten glaubt. Beruhige mich darüber, lieber George. Wenn ich ihren bitteren Tadel bedenke, den sie über Preußen und den König in ihrem Brief an mich aus Paris und Erfurt schrieb, wird mir manchmal bange um ihre Teutschheit. Dieses Billet an dich, lieber George, schickte sie mir durch die sichere Gelegenheit des Herzogs von Oldenburg, sie glaubte uns beisammen in Berlin. *Ach* – Und Du, liebe Lotte [Charlotte, Schwester, Sachsen-Hildburghausen], die Du nur bis zum 18. April [in Strelitz] bleiben kannst, an Dich darf ich gar nicht denken, denn, wenn es möglich wäre, daß wir bald nachher kämen, so wäre es doch gräßlich. Und Du, liebe Friederike, die du nach Schlesien kömmst, denke nicht dahin abzugehen, bis wir in Berlin sind, denn vermutlich wird das [Kriegstheater?] da auch sein. Und du, lieber George, dauert es noch lange, so komm, ich glaube beinah, Friederike könnte mit, warum nicht auch die Lotte. Ich versetze mein Letztes um Euch. Ich habe mein Bestes so hingegeben auf 5 Jahre bei der neuen Anleihe. Adieu, ich liebe Euch alle innig. Wenn ich Euch nur wieder an mein Herz drücken könnte. Graf Tauentzien [Friedrich Heinrich, Lieutenant] nimmt dieses mit. ◁

Die Fürstin Therese von Thurn und Taxis, Luises zweite Schwester, hatte in Paris und auch in Erfurt während des Kongresses einen Salon, in dem Talleyrand und Alexander I. Gäste waren. Die hier gegen Napoleon geplanten politischen Maßnahmen wurden von der Fürstin nicht nur verschwiegen, sondern absichtlich durch vorgetäuschte, den Franzosen schmeichelnde Ansichten – selbst der Schwester Luise gegenüber – verschleiert.

345. An ihren Bruder Georg

Königsberg, den 1. April 1809

▷ Luise ist sehr krank! Lieber George, ich kann dir also nicht viel sagen, denn ein hitziges Brustfieber hatte das Kind; Mittel haben bewirkt, daß die Krankheit nicht im Zunehmen ist, allein, sie ist so leidend und so krank, daß ich ganz elend bin vor Kummer und Sorgen, aber nicht krank gottlob. Ich habe nicht einen Funken Groll gegen dich und nur Liebe in meinem Herzen für dich, lieber George.

Ich kann Dir und den Schwestern auf ihre lieben lieben Briefe nicht ein Wort heute antworten, denn ich bin es außerstande, ich kann überhaupt nichts schreiben, als daß die Meinungen in der *Politik* so geteilt sind, wie Anno 5. Ich weiß, was ich will, doch es kömmt nichts mehr über meine Lippen, da mein Rat solche fürchterliche Folgen gehabt hat. Ich weiß zwar wohl, daß er nicht der Sache den Ausschlag gab, allein es wird mir doch vorgesagt, als wäre es so. *Die Folgen beweine ich oft – nicht* aber das *Prinzip der Handlung* und nicht die *Handlung selbst.* Nie werde ich *beweinen,* was Ehre und Selbstgefühl heiligten, wohl aber *alles* andere, was das Gegenteil wäre und *eben und noch viel* schrecklichere Folgen haben werden und wird, nämlich das *Überbordwerfen* der ganzen Dynastie, ohne Mitleid der Edlen. Ich sehe keine Zukunft für meine Kinder! –

Ich freue mich, daß Du kömmst. Ich rate Dir und Friederike, nicht ein Wort zu sprechen, noch zu schreiben, bis alles, sogar der Tag Eurer Abreise, in Richtigkeit ist, dann beide dem König zu schreiben und Euch zu melden und zu sagen, was wahr ist, Ihr hättet es nicht mehr länger aushalten können nach so langer Trennung, ihn, mich und Friederike ihre Kinder nicht zu sehen. Setzt dabei, daß die Reise Euch zusammen weniger Kosten macht und das auch eine Ursache des Zusammenreisens sei. Ich weiß, daß das gut ist. Ich schicke Euch nächstens 1000 Taler. Da könnt Ihr den *Choux et des roux* davon machen.

Adieu, bittet Gott, daß er mich *stärke* für das, was mir noch übrigbleibt zu erleben, denn es wird wohl der härteste Stoß sein, mich ganz von allem zu trennen, was Preußen heißt. Mündlich deutlicher.

Deine Luise

Dieser Brief wie alle ist auch für die Berg. Ich küsse Sie, teure Freundin, und bin Ihre

Luise

Wollt Ihr lieber die 1000 [Taler] hierhaben oder sie hier empfangen? ◁

Luises jüngstes Kind, Prinzessin Luise, war erkrankt.

346. An Frau v. Kleist Königsberg, den 1. April 1809

▷ Es ist unbestimmt, wann dieser Brief abgehen wird, da ich eine sichere Gelegenheit abwarten will und dann weil meine *Luise* [1 jähr. Töchterchen] sehr krank seit 3 Tagen ist. Dieses beugt mich so sehr, daß ich es nicht sagen kann. Es ist ein himmlisches Wesen, schön und gut, und dieses leiden zu sehen, ist grausam, besonders wenn es sich zu noch anderen Seelenleiden, *die Sie*, liebe Kleist alle *so tief* und *treulich* mit leiden und mit empfinden, gesellet. Es ist eine schwere Zeit der Prüfung über uns aufgegangen, und nur der Gedanke »Es ist Gottes Hand, die alles leitet«, und die Überzeugung, daß wir nur durch Prüfung veredelt und gebessert unserer Bestimmung entgegenreifen, kann uns emporhalten in jetziger Zeit. Ich hoffe, liebe Kleist, daß Ihre Gesundheit nicht so zerrüttet ist als Sie es glauben, denn das ewige *Gedrücktsein* kann uns manchmal Empfindungen auspressen, die der Auflösung gleich sehen. Wohl haben Sie recht, liebe Freundin, daß wir das Unglück, das uns alle traf, nicht *leicht* nehmen sollten; so überzeugt ich bin, daß es zu unserm Besten wirken soll, so überzeugt bin ich, daß dieses nur geschehen kann, wenn wir es ernst nehmen, und Nachdenken und Ernst sich unserer bemächtigen, ohne dem wir nicht weiterkommen in unserer *Existenz* als wenn wir immer schliefen. Mein besseres Ich ist auch nicht untergegangen, und es ist eine *Ruhe* in mir, die mir *alles* ist. Deswegen bin und bleib ich doch Mensch und rufe oft mit Tränen der innigsten Wehmut aus: »Meine Seele ist betrübt zum Tod«. Der *Moment* des Unglücks, der Prüfung ist immer fürchterlich, es scheint, als sollte gleich wie in einem heftigen *Sturm der Natur* alles untergehen, wenn dann nur die Hülfe von innen nicht ausbleibt, um alles wieder in der Ordnung zu bringen, und aus allem Honig wie die Biene zu saugen. – Ich schreibe nicht sehr deutlich, aber ich verlasse mich darauf, daß Sie, die mich so genau kennen, leicht meiner Phantasie und den Gedanken meiner Seele folgen. –

Den 2.ten.

Luise ist immer noch recht krank. Ein irreguläres kaltes Fieber mit Brechen, Zahn-Reiz und Brustfieber zusammen, machen daß das Kind viel leidet. Ist der Paroxysmus vorbei, so ist sie aber munter und kräftig und spielt, das gibt mir Mut. Ich war auch heute zur Kommunion. Die Handlung ist mir wie immer sehr feierlich gewesen, und meine heiligen Entschlüsse, hoffe ich, sollen erhöret werden. Viele Tränen habe ich mit den meinigen fließen sehen, denn das Volk ist gut hier. – Ich vergesse ganz den Dank, den ich Ihnen schuldig bin, liebe Kleist für das Andenken, welches Sie dem 10.ten [März, Luises 33. Geburtstag] geschenkt. Auch für mich war es nur ein Tag der halben Freude, denn Berlin kam mir nicht aus dem Sinn. Zählen Sie auf mich, beste Kleist, ich vergesse Sie und Ihren Mann gewiß nicht. Ich werde alles tun was ich kann und Erkundigungen einziehen aller Arten, wie und auf welche Art und ob er gleich kann placiert werden. Übersehen hat ihn der König wahrlich nicht, aber wie wollen Sie, daß alle verdiente Leute jetzt wieder, in demselben Augenblick wiederangestellt werden können, da die Armee von zweimal hundert Tausend auf 40 Tausend herabgesetzt werden mußte, auf Befehl Napoleons. Dabei der Satz angenommen ist, daß nur, oder wenigstens vorzüglich die Offiziere wieder angestellt werden sollen, die den preußischen Krieg mitgemacht haben oder sich bei der Verteidigung Kolbergs oder in Schlesien ausgezeichnet haben etc. Da nun auf diese vorzüglich Rücksicht genommen wird, so ist es natürlich, daß alle diejenigen, die das Unglück gehabt haben, davon abgehalten zu sein, nicht Anspruch für diesen Augenblick auf Anstellung zu machen haben. Dieses ist die wirklich unparteiische Ansicht der Dinge, und so verhält es sich auch mit der Nichtanstellung Ihres Mannes.

Den 6.ten

Gottlob, Luise ist besser und in völliger Besserung. Ich weiß, Sie nehmen viel Anteil an dieses glückliche Ereignis. Es gehet ein Kurier ab in wenigen Stunden, und ich eile, davon Gebrauch zu machen, um Ihnen einen Schawl zu schicken, den ich in *Petersburg* für Sie kaufte. Er ist in *Moskau* gemacht und kömmt den türkischen sehr bei. Sie sehen dadurch, daß mir Ihr teures Andenken, liebe Kleist, nirgends fremd war, und daß ich im gräßlichen Gewirr dieses Aufenthalts keinen der Menschen vergaß, die mir lieb waren und sind und ewig sein werden. Geben Sie mir bald Nachricht von Ihrer Gesundheit und von Ihren Kindern, was macht Lulu? Wenn Sie mir etwas schreiben wollen, was nicht der Post vertraut werden kann, so schicken Sie es mit Gelegenheit an Pri[n]z[essin] von Hessen, die übergibt es dann einem Kurier oder sonst sicherer Gelegenheit. Dieses Paket gehet auch durch sie ... ◁

Marie v. Kleist, geborene v. Gualtieri, war vermutlich die Gemahlin des Hauptmanns Friedrich Wilhelm v. Kleist – 1806 Adjutant des Generals v. Rüchel – den Luise in ihrem Tagebuch am *13. Oktober 1806* erwähnte. Ihr Sohn Adolf, genannt »Lulu«: Luises Patensohn.

347. An ihre Schwägerin Prinzessin Marianne von Preussen

Königsberg, den 2. April 1809

▷ Ich danke Dir für Deinen Anteil an Luise. In diesem Augenblick leidet sie wieder viel; der Fieberparoxysmus ist leider wieder da, doch nicht ganz so stark als gestern. Aber es ist doch schrecklich, sie leiden zu sehen. Ich freue mich, daß es mit der Prinzessin Ferdinand [Luise von Preußen, 71 jähr.] nichts zu sagen hat. Wenn ich kann, verschaffe ich Dir die Predigten, sie sind göttlich und wohltuend. Es freut mich, den Autor [L. v. Borowsky, Pfarrer in Königsberg] zu kennen. Adieu, liebe Marianne. Ich bin recht gedrückt. Die Menschen sind doch sehr verderbt! Ich habe recht herzlich für den armen König [Gustav IV. Adolf] und Königin von Schweden gebetet. Gott weiß, wo wir heute über ein Jahr sein werden!

Luise ◁

Schweden befand sich in einem erfolglosen Kriege mit Rußland wegen Finnland. Am 7. März 1809 kam es deshalb zu einer Militärrevolte. König *Gustav* IV. *Adolf* wurde am 13. März im Stockholmer Schloß verhaftet und sein Onkel Herzog Karl von Södermanland zum Regenten ausgerufen.

348. An ihren Vater 7. April 1809

▷ Bester Vater!
Seit 8 Wochen krank und beständig leidend, war ich des Glückes beraubt, mich Ihnen schriftlich zu nähern. Noch schwach und schwankend, kann ich mich dennoch nicht enthalten, Ihnen wenigstens zwei Worte zu sagen und Ihnen meine innigsten Wünsche zum Gebrauch des Pyrmonter Wassers zu Füßen zu legen. Gott segne Sie auf alle Art, bester Vater! Von meiner Gemütsstimmung schweig ich, da die Zeit geeignet ist, einen zu allem Traurigen wie von selbst zu bringen. Ich bin auf alles gefaßt, und die Gnade Gottes erhält mich stark, aber allein auch nur der Glaube an ihn, an seine Vorsehung; denn auf den Menschen baue ich gar nicht mehr. Ich küsse alles, was Sie umgibt, und liege zu Ihren Füßen mit innigster Liebe und Ergebenheit.

Ihre treue Tochter Luise ◁

Die verhaftete *Königin Friederike von Schweden* (1781–1826), Tochter des 1801 verstorbenen Erbprinzen Karl Ludwig von Baden, war eine Schwester der Zarin Elisabeth. Ihr Schwager Alexander I. empfing Ende März – auf einer *Reise* (wie Luise schrieb) – in Finnland den Huldigungseid der Stände. Finnland blieb bis 1918 russisch.

349. An die Zarin Elisabeth Königsberg, den 12. April 1809

Ich bin erschüttert über die Nachrichten aus Schweden! Meine Tränen fließen oft und mischen sich mit den Ihren, teure Kusine. Welch ein Schicksal; was für eine Nation, diese Schweden! Ihre arme Schwester! Nach dem unglücklichen Paar sind Sie immer mein erster Gedanke, liebe, teure Freundin. Verzeihen Sie mir diese vertrauliche Benennung; aber sie kommt ganz aus meinem Herzen. Ich gehöre Ihnen näher an, als Sie glauben, denn meine Gefühle für Sie sind ebenso tief wie beständig, und Ihre Tugenden haben Ihnen in mir eine Freundin auf Tod und Leben gewonnen. Wenn Sie Einzelheiten wissen, die richtiger sind als die Zeitungsnachrichten, so haben Sie die Güte, sie mir mitzuteilen.
Mit unendlicher Dankbarkeit, liebe Kusine, habe ich Ihre beiden letzten Briefe durch Frau von Gurjew und einen ▷ Feldjäger ◁ erhalten,

und wenn die Gelegenheit sicher und meine Gesundheit besser gewesen wäre, hätten Sie schon Antwort von mir bekommen. Aber, um das Unglück voll zu machen, war meine jüngste Tochter todkrank, und ich war genötigt, den Oberst Gorgoli vorbeireisen zu lassen; denn ich war noch so mitgenommen durch den Zustand meiner lieben kleinen Luise, daß ich nicht die Kräfte zu irgendeiner Beschäftigung finden konnte. Oft, ich gestehe es Ihnen, bin ich in bejammernswertem Zustand, und die Zukunft scheint mir für uns zukunftslos zu sein.

Der Kaiser [Zar Alexander I.] könnte Europa retten. Ich wollte ihm gerade in diesem Sinne schreiben. Aber bei einiger Überlegung sagte ich mir, daß meine Briefe neben den *Denkschriften eines Romantzow* [Graf Rumianzow, russ. Aussenminister] verschwinden würden wie die Sterne vor der Sonne. Seitdem ich ihn wiedersah [4. März 1809] – an einem Tag, wo ich *moralische* und *physische* Kopfschmerzen hatte –, habe ich die Wünsche verdoppelt, die ich an der von ihm am Wege nach Zarskoje Selo erbauten öffentlichen Fontäne aussprach. Sie erinnern sich dessen gewiß. Bedenken Sie ein wenig, was werden soll, wenn Rußland mit Frankreich über die armen Österreicher herfällt. Dann ist es um sie geschehen! Und was soll dann aus ganz Deutschland und besonders aus Preußen werden, wenn Napoleon nichts mehr zu fürchten hat? Die Antwort ist leicht; man muß sie aus der Erläuterung entnehmen, die er vor einigen Jahren im »Moniteur« abgegeben hat: *»Binnen kurzem«*, sagte er, *»wird meine Dynastie die älteste auf allen Thronen sein.«* Wenn ich keine Kinder hätte, möchte diese furchtbare Zukunft noch hingehen. Ich bin ganz und gar nicht vom Ehrgeiz besessen. Die Krone hat für mich nicht den großen Reiz, den sie wohl für andere hat; ja ich wage zu sagen: es ist nicht der einzige Vorzug, den ich an mir kenne. ▷ Verstehen Sie mich recht, es ist nicht der größte Vorzug, den ich glaube zu besitzen, und wenn es auch etwas stolz und anmaßend klingt, so verzeihen Sie es einer sehr unglücklichen Königin, die zu deutlich voraussiehet, daß sie bald in der Lage versetzt sein wird (durch die fürchterliche Politik von *Freund* und *Feind*), ganz *allein* auf ihren *inneren* Wert beschränkt zu sein ◁.

Verzeihen Sie diese Offenheit in Sachen der Politik, aber ich muß Ihnen gestehen, seit langem ▷ drückte mich dieses Glaubensbekenntnis ◁. Ich durchlebe schreckliche Augenblicke, und meine Tränen fließen oft. Nur die Religion hält mich aufrecht und hält mich vom Murren ab.

Mitten in allen diesen Unglücksfällen bitte ich Gott, mein Herz nicht der Menschenliebe zu verschließen und meinen Charakter nicht zu verbittern; denn nur dann würde ich unwiederbringlich und rettungslos unglücklich und verloren sein. Ich wage Sie zu bitten, daß Sie meinen Brief verbrennen, damit nicht ein unvorhergesehener Zufall ihn irgend jemandem verraten kann. Und ich glaube, das würde Ihnen ganz ebenso unangenehm sein wie mir.
Ich danke Ihnen, liebe Kusine, daß Sie mir genaue Nachrichten über die Reise des Kaisers und seines Gefolges mitteilen. Es macht mich so glücklich, mich Ihnen nahe zu glauben, wenn ich über alles, was Sie betrifft, auf dem Laufenden bleibe. Ich will das entgelten und Ihnen mitteilen, daß die Gräfin Moltke [Hofdame Luises] mich übermorgen verläßt, ihr Bruder, der Herzog von Holstein-Beck, bringt sie auf ein Landgut, vier Meilen von hier, Charlottenthal; dort soll die Hochzeit stattfinden. Herr von Marwitz [Friedersdorf] trifft dort am 15. ein, und am 16. wird die Zeremonie stattfinden. Die Abreise ist spätestens auf den 20. festgesetzt, und ich werde sie nur als Frau von Marwitz wiedersehen. Ihre Abreise schmerzt mich; sie ist ein ausgezeichneter Mensch. Und dann weiß man heutzutage wohl, wie man auseinanderkommt, aber nicht, *wo, wann und wie* man sich wiedersehen wird. Als ich Sie in Strelna verließ, legte sich mir der Gedanke, daß ich in all mein Unglück zurückkehrte, mit eiserner Schwere auf. Ich möchte meinen Brief heiter machen, da Sie selbst über das Geschick dieser unglücklichen Königin von Schweden von Schmerz gebeugt sein müssen; aber wer soll heiter sein, wenn er von diesen Schreckensszenen umgeben ist? Welche Barbarei, sie von ihrem Gemahl zu trennen; sie lieben sich, das ist der Grund. Die Zeitungstage sind Tränentage für mich; diese Berichte tun mir so weh, wie nur Menschen mit einem Herzen gleich dem unserern es begreifen können.
Ich schmeichle mir, die Gurjews sind mit ihrem Aufenthalt hier zufrieden gewesen; wir waren höflich zu ihnen.
Ich freue mich sehr über die Zeichnungen, die Sie für mich machen lassen; wenn Sie Ihre Güte zu mir noch vermehren wollen, machen Sie mir eine Beschreibung von der Hochzeit der Großfürstin Katharina [mit Prinz Georg von Oldenburg], wenn Sie überhaupt Zeit dazu haben und imstande dazu sind. Vielleicht wird meine Kusine Amalie mir dieses Vergnügen machen, wenn Sie zu beschäftigt sind.

Den 16. April

... Man ist [in Berlin] sehr unglücklich über unsere Verzögerung, aber was soll ich machen? Wir können ihnen nicht sagen, wie die Dinge liegen, und Sie haben sehr recht, wenn Sie sagen, hier sind unsere Personen wenigstens in Sicherheit, denn wir haben seitdem erfahren, daß Napoleon nette Projekte gemacht hatte, die auch die Sicherheit unserer Person, aber nur unter seiner Hand und in Frankreich, im Auge hatten. Das soll unter uns bleiben; ▷ der Monarch glaubt es doch nicht, wenn man es ihm sagte ◁.

Erzherzog Karl [Oberbefehlshaber der österr. Armee] hat Wien am 6. April verlassen und vor seiner Abreise einen herrlichen ▷ Parole-Befehl ◁ veröffentlicht, der als Kriegserklärung gelten kann und geeignet ist, ihm alle Geister zu gewinnen. Versuchen Sie, ihn sich zu verschaffen; nennen Sie mich dabei nicht, ich beschwöre Sie; denn N[apoleon] ▷ hat sein infamstes Gift von neuem auf mich geheftet ◁ und die Kaiserin von Österreich [Maria Ludovika, 3. Gemahlin von Kaiser Franz I.] mit mir verglichen, um sie lächerlich zu machen.▷ Es ist artig ◁. Sie sehen also, was ich von ihm zu erwarten habe: die Vertreibung meines Stammes. Adieu, wenn Sie mich lieb haben, verbrennen Sie diesen Brief und machen Sie niemand mit seinem Inhalt bekannt; denn unsere Haltung muß gut und beherrscht sein, da Rußland auf seiten Frankreichs steht.

Adieu, beten Sie für mich. Ich habe das heilige Abendmahl begangen, ▷ und ich habe alle meine weltlichen Anliegen Gott zum Opfer gebracht unter tausend heißen Tränen ◁. Antworten Sie mir bald ▷ und belohnen Sie mein unbegrenztes Vertrauen mit Gegenvertrauen.

Ihre treue Luise ◁

Da die Eltern von Luises Hofdame, der Gräfin *Charlotte Moltke*, nicht mehr lebten, wurde ihre Hochzeit mit Friedrich August v. der Marwitz durch ihren Stiefbruder, den Herzog Friedrich Karl von Holstein-Beck ausgerichtet (dieselbe Mutter, verschiedene Väter).

Am *6. April 1809* hatte Erzherzog Karl (1771–1847), Bruder von Kaiser Franz I., als Oberbefehlshaber der österreichischen Armee den Beginn des *Krieges* gegen Frankreich proklamiert. – Die Österreicher marschierten nach Bayern ein. Aber Napoleon konnte sie, im Verein mit den Rheinbundfürsten, durch einige erfolgreiche Gefechte zurückdrängen. Unterstützt wurden die Österreicher durch den Tiroler Volksaufstand unter Andreas Hofer (1767–1810).

350. AN IHREN BRUDER GEORG Königsberg, den 24. April 1809

▷ Bester George, nur zwei Zeilen, um dich zu bitten, *deine Reise nicht mehr aufzuschieben*. Es ist wirklich ein Werk der Barmherzigkeit, denn ich bedarf Erheiterung. Der König hat Friederike [Solms-Braunfels] geantwortet und ihr auf ihre sehr richtige Bemerkung des jetzigen Augenblicks geantwortet. Ich sage hierauf, daß alles, was klug ist, nicht immer alles Angenehme in sich verbindet. Nun bitte ich dich aber, gar nicht von deiner Reise viel zu sprechen, sondern *»Kutscher spann an«* [zu] sagen, ein klein Laufzettelchen 4 Stunden vorher zu roulieren, dich dann einsetzen und trott trott trott in meine Arme.

Ich lege mich Papa kreuzweis' zu Füßen und hoffe, daß er mir den Wunsch, dich hier zu sehen, nicht abschlagen wird. Sollte Geld nötig sein, so biete ich abermals tausend Taler an, die für eine einzelne Person genug wären hin und zurück zu reisen. Da dieser Brief durch die Post gehet, so kann ich nichts hinzusetzen, aber ich werde Papa einen langen Brief schreiben durch Gelegenheit, der ihm seine Gnade für mich nicht leid sein lassen wird, denn nochmals: ich bedarf einiger Erheiterung. Meine Gesundheit widerstehet zum Bewundern den Stürmen und der Kälte des Klimas und der Gemüter obgleich ich manchmal versichert bin, daß die Glätscher aus Gottes Hand mehr *Wärme* in sich enthalten, als Menschenherzen in Menschenhänden geformt und ungeformt –

Die schwedische Geschichte hat mich beinah verrückt gemacht, und häufige Tränen flossen dem unglücklichen getrennten Paar. Die sind *gewiß* auf *ewig* getrennt, denn wer in den Händen des H. v. S. [Herzog von Södermanland] ist, ist gebessert. Wohl dem, der über diese Greuel *weint* und *klagt*, über dem ist noch keine Lawine Schnee und Eis gefallen, worunter alles gerinnt. Laß mich nicht zu lange warten auf Antwort und Ankunft; wenn du mich gesprochen hast, so wirst du Gott danken, hier zu sein, nicht um dich zu zerstreuen, sondern Barmherzigkeit zu üben. So weh es dem König tat, Friederike die Antwort erteilen zu müssen, so wahr freut er sich, dich zu sehen, denn ein einzelner Mann, [so] sagt er, der geht und kömmt, leicht und beweglich wie nichts. Aber eine Prinzeß, das würde zu viel Aufsehen gemacht haben und die Berliner hätten es als Flucht und Gott weiß was ausgelegt. Ich frug ihn gleich, als er mir seine Antwort mitteilte, ob Friederike meinem früheren Rat nicht folgen [sollte] und in Strelitz vor der Hand bleiben, ohne an ein Etablissement in Schlesien in diesem Augenblick zu denken. Der König sagt darauf: *„ja, er riete sehr, dazubleiben, wo sie wäre, weil man gar nicht wissen könnte, wie es jetzt in der Welt gehen würde, da Armeen in allen Richtungen sich bewegen, agieren und marschieren.«* Sage ihr doch das mit tausend Küssen. Ich habe ihren langen Brief bekommen, werde antworten, aber das Schreiben wird mir sauer, da meine Gedanken zerrissen sind –

Ich lege mich Papa zu Füßen. In der Stadt heißt es, daß die russische Armee auf Wagen nach *Galizien* gefahren werde – wenn das wäre, so bring mir doch den Wunsch von der G M [Großmama] in betreff des O. [Onkel] George *klar* mit, mit Namen der Orte, daß ich sie lesen kann und sie dem K. [Zaren] aller Reußen überschicken. Sie sprach des forces de mon fils, das kann freilich niemand verstehen, als der in die Mysterien eingeweiht ist. Lege mich zu Füßen. Adieu, komm bald. Der Berg [Frau v. Berg] tausend Schönes. Seit Anfang April liegt ein Brief an ihr und euch in Berlin, der aus großer Vorsorge nicht abgegeben ist, weil sie fort ist und niemand weiß, wohin, wie mir gestern jemand sagte. Aieu, komm bald und tröste deine alte Luise.

Prinzessin Wilhelm [Marianne von Preußen] freut sich sehr, dich zu sehen, sie liebt dich und schätzt dich, wahr, oft, das tut wohl! – ◁

in den Händen des H. v. S.: des *Herzogs von Södermanland* (1748–1818). Der Herzog hatte bereits nach dem Tode seines Bruders, König Gustav III. von Schweden, 1792 die Regentschaft für dessen damals 14jährigen Sohn Gustav IV. Adolf geführt (bis 1796). – Im März 1809, nach der Verhaftung des unbeliebten Königs, hatte er ihn wohl von seiner – allerdings unglücklich verheirateten – Frau getrennt. Am *1. Mai 1809* berief der Herzog einen Reichstag, der König Gustav IV. Adolf absetzen und ihn selber als *Karl* XIII. zum neuen König von Schweden proklamieren ließ. Zugleich wurde eine konstitutionelle Regierungsform mit einem der Volksvertretung verantwortlichen Ministerium eingeführt.

351. An ihren Vater

Königsberg, den 9. Mai 1809

▷ Bester Vater!

Der Herr von Viereck, der nach Mecklenburg zurückkehrt, bringt Ihnen dieses Schreiben, worin ich Sie untertänig bitte, George die Erlaubnis nicht zu versagen, herzukommen. Ich bedarf dieser Erholung und Belohnung. Bei uns ist es traurig. Ich bin nicht wohl, der König so so. Aber die ganze Lage ist doch trostlos. Fallen die Österreicher, so gnade uns Gott. Ich kann heute nicht mehr sagen, als daß ich mit tiefstem Respekt und Liebe bin

Ihre treu gehorsamste
Tochter Luise ◁

Im April war im Kgreich Westfalen ein von Oberst v. Dörnberg organisierter Aufstand niedergeschlagen worden. Außerdem hatte der ehemalige Kurfürst von Hessen (von seinem Exil in Prag aus) eine kurhessische Legion aufgestellt, die mit Österreich gegen Napoleon kämpfte. Der Krieg verlief zugunsten Frankreichs. – Am *13. Mai 1809* zog Napoleon zum zweiten Mal als Sieger in Wien ein; das erstenmal am 13. November 1805.

352. An die Zarinmutter Maria Feodorowna

Königsberg, den 13. Mai 1809

Teure, vielgeliebte Schwester! Vor fast fünf Wochen habe ich Ihnen den kleinen Arbeitskorb als Angebinde zugehen lassen, und damals glaubte ich, mein Leid und das Unglück des Königs (er läßt sich Ihnen warm und ehrerbietig empfehlen) könnten nicht höher steigen; aber wie ist der Mensch schwach und kurzsichtig! Wir sind jetzt noch unglücklicher als damals. Nachdem der österreichische Krieg ausgebrochen ist, hat er in ganz Deutschland und besonders bei uns allgemeine Gärung erregt, die vieles nach sich zieht und noch ziehen wird. Die maßlose Tyrannei Napoleons hat sie seit langen Jahren vorbereitet. Der König ist unschuldig an allen den aufständischen Bewegungen in Westfalen und an dem schauderhaften, unverzeihlichen Abfall Schills. Aber wird Napoleon, so wie er Preußen und den König haßt, an diese Unschuld glauben? Er, der nur Böses und Bösartiges tut? Sie sehen also klar, teure, vielgeliebte Kaiserin, unser Urteil ist gesprochen und wir haben nur Verderbliches von ihm zu erwarten. Der König kann sich vielleicht durch die Umstände noch genötigt sehen, für einige Zeit das politische System des Kaisers [Zar Alexander I.], Ihres Sohnes, zu verlassen; an diesem System hat der König vor allem aus Herzensgründen festgehalten, da er seinem herrlichen Freund so aufrichtig ergeben ist. Die Geister sind derartig erhitzt, und die gärende Erregung ist so stark, daß der König *alles aufs Spiel* setzt, wenn er nicht die *Partei ergreift*, der die Nation mit Vorliebe und fast mit Leidenschaft zuneigt. Für einen *solchen Fall* wagt der König wie auch ich auf die wahrhafte Freundschaft des Kaisers zu hoffen, daß er *nichts gegen uns unternehmen* wird, die wir schon so unglücklich sind und mit aller Härte und Grausamkeit vom Schicksal verfolgt werden. Dann würden wir sicher auf Ihre Freundschaft rechnen können, teure, vielgeliebte Kaiserin; sind Sie doch ein Engel für alle Unglücklichen. Glauben Sie, niemals war ein König und eine Königin so unglücklich wie wir. Was würde ich nicht dafür geben, in Ihrem Schoße zu weinen und mit Ihnen im einzelnen über unsere grausige Lage zu reden. Mehr kann ich Ihnen heute nicht schreiben; der Kurier will abfahren. Adieu, teure, vielgeliebte Kaiserin, bewahren Sie Ihre Freundschaft Ihrer unglücklichen Freundin

Luise

Ich grüße Ihre liebe Familie und lasse mich dem Herzog von Holstein in Erinnerung bringen.

Major *Ferdinand v. Schill* (1776–1809), Kommandeur des 2. Husarenregimentes in Berlin, hatte ohne Wissen des Königs seine Truppen gegen die Elbe geführt. Nach einem erfolglosen Gefecht vor Magdeburg zog er weiter nach Stralsund, wo es am 31. Mai zu Kämpfen kam, bei denen Schill fiel, die Reste seiner Truppen zersprengt, gefangengenommen, erschossen wurden. Noch bevor man wußte, wie die Schill'sche Affäre ausgehen würde, hatte König Friedrich Wilhelm III. am 12. Mai den Zaren darauf vorbereitet, daß er genötigt sein könnte, in den Krieg gegen Frankreich schon jetzt einzutreten.

353. An Frau v. Berg. Königsberg, den 15. Mai 1809

Liebe Berg! Ich will Ihnen heute schnell aussprechen, daß ich *ruhiger* als seit mindestens drei Monaten bin. Glauben Sie nicht, liebe Berg, daß diese Ruhe mich in irgendeine Zukunftshoffnung einwiegt, oder daß die Hoffnung durch ihren Schimmer mich ruhig gemacht hat; nein, ich hoffe nichts mehr! Das schwöre ich Ihnen. Aber ich bin gewiß, der König wird nach seinen jetzigen Entschlüssen immer groß, edel und der Achtung aller Wohlgesinnten wert erscheinen. Und ich habe nichts mehr zu wünschen. Nie kann der Mensch für den Ausgang seiner Unternehmungen einstehen, heute aber weniger als je, seitdem die Vorsehung eine Geißel zwischen sich und das menschliche Geschlecht gestellt hat, die immer alles anders ausgehen läßt, als man voraussehen konnte. Wenn man nur immer die Ehre gerettet hat, wenn nur die Entschlüsse, die man faßt, einem guten Ziele zustreben, so muß man im übrigen sagen: *Vogue la Galère.* Erleiden wir Schiffbruch, so werden wir immer Menschen und Völker finden, die solche Unglücklichen aufnehmen, welche erhobenen Hauptes auf allgemeine Hochachtung und edle Gastfreundschaft Anspruch erheben können. Sie kennen mich so gründlich, daß Sie mich ohne nähere Erklärungen verstehen, da ich nicht klarer sein kann noch will. Lesen Sie Friederike und Georg diesen Brief vor, ich kann ihnen heute nicht schreiben. Ich hoffe zu Gott, Georg wird jetzt, da er gesund geworden ist, bald kommen.▷ Ach! ich bedarf es so sehr ◁. Adieu. Ewig die gleiche.

Luise

354. AN DIE ZARIN ELISABETH Königsberg, den 2. Juni 1809

Ich bin im Besitze Ihrer reizenden Muster, teure Kusine, und Ihres lieben Briefes. Ich danke Ihnen sehr aufrichtig dafür, daß Sie meine Wünsche so schnell und gut erfüllt haben; ich bin oft in Gedanken nahe bei Ihnen, ich setze mich mit Ihnen auf das kleine Ruhebett Ihrem Schreibpulte gegenüber; ich scherze, rede, überlasse mich der süßen Freude, Ihnen zuzuhören; aber ach! Dieser schöne Traum vergeht wie so viele andere, und nur die Erinnerung daran bleibt. Aber das halte ich fest, denn Ihr Andenken ist mir heilig! Bleiben Sie auch unveränderlich mir gegenüber.

Seit gestern atmen wir etwas auf durch die Nachricht, daß die Österreicher bei Wien eine Schlacht über die Franzosen gewonnen haben. Sie hat zwei Tage gedauert und war blutig und mörderisch; aber die Österreicher blieben siegreich, und die Franzosen zogen sich über die Donau zurück. Wir müssen hoffen, daß es so weitergeht; dann erst kommt die Zeit, um sich wirklich zu freuen, denn eine Schlacht rettet die Welt noch nicht, und der größte Feind dieser tapferen Österreicher ist nicht die Zahl der französischen Soldaten, sondern das Genie Napoleons; er zieht sich aus allem heraus, er ist reich ans Hilfsquellen und groß in Kombination. Wäre es jemand anders als er, so bestände Wahrscheinlichkeit, daß er unterliegen oder wenigstens sehr schlechtes Spiel haben würde, denn er steht zwischen zwei Armeen. Erzherzog Karl [Oberbefehlshaber der österr. Armee] steht vor ihm, und in seinem Rücken befinden sich die Korps von Marquis *Chasteler, Jellacich, Erzherzog Johann, Kolowrat* und *Bellegarde* und halten ihn von

Tirol bis nach *Linz* und Böhmen in Schach. Und das genügt, wie mir scheint, um zu beunruhigen. Aber sein Genie wird sich aus allem herausziehen; das sollen Sie sehen, und wir werden seine Sklaven. Wie von meiner Existenz bin ich davon überzeugt: wenn Österreich unterliegt, werden wir morgen entthront und ▷*hinweg dekretiert*◁. Kann man sich seit der Infamie in Schweden noch über irgend etwas in der Welt wundern? Gibt es Worte, um unsere Empörung und den Kummer und die Schmerzen auszudrücken, von denen wir durchdrungen sind? Eine Revolution gegen einen würdigen, ehrenhaften und *legitimen* König [Gustav IV. Adolf von Schweden] gelingt vollständig, und eine andere in *Hessen* mißlingt gegen einen abscheulichen Korsen [Jérôme, König von Westfalen], einen kleinen, in allen seinen Unternehmungen niederträchtigen Wüstling, auf einem Thron▷ zusammengeflickt von Stücken, die dem rechtmäßigen Herrn entrissen sind◁. Sie fragen mich nach Nachrichten aus Schweden, und ich will Ihnen schnell, wenn auch ungern, alles mitteilen, was wir seit der Eröffnung des Reichstags erfahren haben. Es tut mir weh, daß ich Sie zum Weinen gebracht habe; aber Ihr vorletzter Brief sprach mir Befürchtungen aus, die Sie hegten, liebe Kusine, und die haben sich nur zu sehr bewahrheitet. Ich hoffe, daß jetzt die Königin [Friederike von Schweden, geb. Baden] mit ihrem Gatten und ihren Kindern vereinigt werden wird, und ich möchte, ich könnte glauben, daß man sie abreisen läßt; aber glauben Sie es? Die Schweden haben sich durch ihre Aktion gegen ihren eigenen legitimen König und durch die unwürdige Wahl, die sie nun getroffen haben, mit Schande bedeckt. Dieser Herzog von Södermanland, der noch nicht von dem Verbrechen gereinigt ist, daß er den Mord seines Bruder mit angezettelt hat [Gustav III. von Schweden, erschossen 1792]! Ein unwürdiger Mensch, an *Frankreich* verkauft und ▷lasterhaft sein Leben lang! Ich schaudere◁! Ich glaube nicht mehr wie Sie an die Unschuld der Hände, die sich vor der Welt ▷in Unschuld◁ waschen; und die Partei, welcher der Herzog von Södermanland [ab 1809 König Karl XIII. von Schweden] immer angehört hat und die nun triumphiert, beweist mehr als alles andere, scheint mir.

Ehe ich schließe, habe ich Ihnen noch sehr vielmals zu danken für Ihren guten vorletzten Brief. Wie gütig, daß Sie die Hochzeit im einzelnen beschrieben zu einer Zeit, wo Ihre Seele so grausam durch geschwisterlichen Kummer bewegt war, und das, um mich zu erfreuen. Warum kann ich es Ihnen nicht ▷ mit meinem herzlichen Händedruck ◁ und mit einem Blick von zärtlichster Dankbarkeit entgelten? Seien Sie überzeugt, daß ich für Ihre Güte, Ihre Freundschaft und Ihre freundschaftlichen Gefühle für mich erkenntlich bin. Ich habe Ihnen noch eine Bitte vorzutragen; da Sie die Vorstellung haben, Haare zu schenken, bringe Unglück, will ich von Ihnen durchaus keine mehr; denn Sie haben mich mit Ihrem Aberglauben angesteckt. Ich bitte Sie, mir einen Edelstein zu senden; den möchte ich in ein Armband tun, daß ich zur Zeit ausstatten lasse; ich möchte etwas von Ihnen darin haben. Ob es ein Smaragd oder ein Ballasrubin ist, das ist mir gleichgültig, aber ohne Fassung. Nehmen Sie diesen Wunsch nicht übel; aber ich lege großen, großen Wert darauf.

Adieu, ganz die Ihre, teure Schwester; das ist ein Titel, den ich Ihnen aus tiefstem Herzen gebe.

Luise

Die arme Großfürstin Maria [Paulowna, Erbherzogin von Weimar] ist sehr traurig und niedergeschlagen über ihre Trennung von Petersburg; ich finde sie unaussprechlich niedergebeugt. Das kenne ich so gut. Die gedruckten österreichischen Armeeberichte, die wir empfangen haben, schickt sie in *Abschriften* ihrer Mutter [Zarin Maria Feodorowna]; lassen Sie sich dieselben geben.

Der König entbietet Ihnen seine freundschaftliche Huldigung und dankt Ihnen für die Nachrichten aus dem Bulletin. Er hofft sehr, die Fülle möchte die schöne Dame nicht häßlich machen.

21./22. Mai 1809: Schlacht bei *Aspern,* auf dem Marchfeld ostwärts von Wien. Die Österreicher unter Erzherzog Karl errangen einen Sieg über Napoleon. Dieser konnte aber nicht ausgenutzt werden, weil die Österreicher nicht über die Donau nachsetzen konnten. Napoleon blieb in Wien.

Dem *Herzog von Södermanland* – König Karl XIII. von Schweden – wurde die Mitschuld am Mord seines Bruders, Königs Gustav III., nachgesagt (auf einem Maskenball, am 29. März 1792). – Nachdem der 1809 zum schwedischen Thronfolger ernannte Prinz Christian von Holstein-Sonderburg-Augustenburg (geb. 1768) bereits am 28. Mai 1810 gestorben war, adoptierte Karl XIII. (*ein Mensch, an Frankreich verkauft* schrieb Luise am *2. Juni 1809*) den französischen Marschall Bernadotte (1763–1844), der somit zunächst Kronprinz und ab 1818 König von Schweden und Norwegen als Karl XIV. wurde. – Bernadottes Ururenkel Gustav Adolf vermählte sich 1905 mit einer Ururenkelin der Königin Luise, Prinzessin Margarethe Connaught (Urenkelin ihres Sohnes Prinz Carl von Preußen).

355. An Fräulein v. Gélieu

Im Garten bei Königsberg, den 9. Juni 1809

Meine liebe Gélieu!

Ich bin in Verzweiflung, liebe Gélieu, seitdem ich Ihren letzten Brief an Therese [Thurn und Taxis, Schwester] gelesen habe, den sie mir übermittelt hat; ich erhielt ihn gestern abend. Meine Tränen flossen, und die Tränen über Ihre Güte und Sanftheit im Entbehren sind mit soviel Recht wie nur jemals Tränen vergossen worden. Wenn ich auch meine genauesten Befehle gegeben habe, regelmäßig an Sie zu zahlen, zärtlich geliebte Freundin, wenn ich auch unschuldig bin an der Verzögerung der Pension, so haben Sie darum nicht weniger darunter gelitten und sich Entbehrungen auferlegt, die mich trostlos machen. Der Kaffee mit minderwertigem Zucker erschüttert mich, wenn ich daran denke, und ich beteure Ihnen, ich bin der Verzweiflung nahe, besonders da Ihre Verlegenheit von dem Mangel an Ordnung meines Sekretärs herrührt; er ist allerdings in Berlin, hat aber doch meine Befehle erhalten. Wie niederträchtig, es Ihnen am notwendigsten abgehen zu lassen, Ihnen, die Sie Ihre schönsten Jahre der Bildung meines Herzens gewidmet haben, damit mir im Glück und Unglück nicht das wertvolle Gut fehle, das gute Gewissen und die Ruhe, die daraus hervorgeht. Ich dachte nicht daran, mich umzusehen, ob meine Leute ihre Schuldigkeit erfüllten. Ich verzeihe mir diese Nachlässigkeit nicht und bitte Sie millionenmal um Verzeihung; ich bin dadurch doppelt betroffen, da ich Ihnen beteure, liebe Freundin, unmöglich könnte jemand aufrichtiger dankbar sein für das, was ich Ihnen alles verdanke, könnte Sie mehr lieben, Sie inniger verehren, als ich getan habe und bis zu meiner letzten Stunde tun werde. Und bei dieser offenbaren Versäumnis sprechen Sie Wünsche aus für mein Wohlbefinden und meine glückliche Entbindung. Diese Wünsche werden mir sicherlich Glück bringen, und wenn auch meine Wochen erst Ende September stattfinden werden, wird der schmerzliche Moment durch die Erinnerung an Ihr Zartgefühl sicherlich erleichtert werden. Ich habe gestern noch an Therese geschrieben und sie gebeten, Ihnen den Betrag, den ich Ihnen schulde, sofort und so schnell wie möglich durch einen Bankier in Frankfurt oder in Neufchâtel zukommen zu lassen; das wird weniger Zeit in Anspruch nehmen, als wenn ich meine Befehle zunächst nach Berlin und von dort in die Schweiz geben würde. Haben Sie mich immer lieb, zärtlich geliebte Freundin, trotz dieser unverzeihlichen Unordnung, und glauben Sie an meine innige Ergebenheit; die ist Ihnen durch Ihre Tugenden und durch die lebhafteste, tiefstgefühlte Dankbarkeit zugefallen.

Wir wohnen jetzt in einem kleinen Garten bei Königsberg, klein, aber gut. Der König, der mir Grüße für Sie aufträgt, liebe Gélieu, bewohnt mit mir ein kleines Häuschen mit vier Zimmern; meine Hofdamen wohnen im Dorfe, und meine Kinder sind in der Stadt geblieben. Letztere machen mir alle große Hoffnungen; sie sind alle gut veranlagt, haben ein vortreffliches Herz, einen aufgeweckten und bildsamen Geist. Besonders mein ältester Sohn [Kronprinz ›Fritz‹] erweckt große Hoffnungen in allem was einem jungen Menschen notwendig ist. Sehr lebhaft, unendlich einfallsreich und trotzdem fleißig; alle finden ihn für sein Alter sehr weit vorgeschritten. Nur Weltgewandtheit fehlt ihm noch sehr. Meine allerliebste Friederike [Charlotte, älteste Tochter] wird am 13. Juli elf Jahre alt, sie ist reinen Herzens und hat ein engelhaftes Gemüt. Fräulein von Wildermeth, gebürtig aus Biel, ist eine vorzügliche Person; sie tut ihre Pflicht sanft und energisch, wie es einer Schweizerin würdig ist; diese Nation liebe ich so besonders, und Sie haben Sie mir noch ehrwürdiger gemacht.

Mein Sohn Wilhelm ist begabt wie die anderen, auch Carl; dieser befindet sich seit einiger Zeit nur in der Hand von Männern. Alexandrine und Luise, die jüngste, sind in den Händen einer Wärterin, die ein wahrer Schatz ist und die Kinder erzieht und pflegt. Luise ist ein Engel von Schönheit und Anmut. Dieser Engel ist für mich eine Quelle des Trostes, und durch ihr unschuldiges Lächeln vermag sie oft die wolkenbedeckte Stirn ihres guten, trefflichen Vaters aufzuhellen, der immer mein Glück ausmacht. Der liebe Gott gewährt mir seit drei Tagen eine besonders große Wohltat, nämlich mit meinem Bruder Georg, diesem vortrefflichen, schätzbaren, zärtlichen Freunde, vereint zu sein. Gewiß teilen Sie mein Glück darüber. Ich schwöre Ihnen, es ist eine Entschädigung für sehr viele Leiden und ein sichtbarer Beweis dafür, daß Gott mich liebt und beschirmt. Er hat diese weite Reise gemacht, um mich nach soviel Unheil wiederzusehen, und wir sind unbeschreiblich glücklich über diese Vereinigung. Er umarmt Sie, liebe Gélieu, wie auch ich. Möge der Himmel Sie lange Jahre beschützen.

Wenn Sie irgendwelche Wünsche haben, schreiben Sie mir davon, zum Beweise, daß Sie mir verziehen haben und mich lieben, wie ich Sie liebe. Ihre zärtliche Freundin

Luise

Suzanne v. Gélieu (um 1745–um 1815), ehemalige Erzieherin der Prinzessinnen Luise und Friederike von Mecklenburg-Strelitz, wurde 1785 Erzieherin in der Frankfurter Patrizier-Familie Manskopf. Im Manskopfischen Haus hatten sich Luise und Friedrike 1793 verlobt (auf einem Ball). – Erbprinz Georg hatte seine Schwester seit September 1806 nicht mehr gesehen. Er kam am *6. Juni 1809* und blieb bis zum *5. September* in Königsberg. Hier traf er auch Wilhelm von Humboldt wieder, der seit April im Ministerium des Innern tätig war; auf den 16. August 1809 – in Königsberg – ist die Stiftungsurkunde der Berliner Universität datiert.

356. An den Hofrat Lentz

Königsberg, den 25. Juni 1809

▷ Da ich Sie als Mann von Ehre kenne, der Verstand und Herz hat, und dessen *attachement* für den König und für mich wahr und treu ist, und auf dessen Verschwiegenheit ich *ganz* rechnen kann, so will ich Ihnen einen Beweis meines Vertrauens geben.

Es ist die Rede von einer Sache, die nicht einmal *wahrscheinlich* ist; allein in dieser verhängnisvollen Zeit ist ja das Unerhörteste möglich. Sollte sich also der Fall ereignen, daß die Franzosen oder alliierte Truppen Berlin besetzen sollten, so gebe ich Ihnen den Auftrag, mein gesamtes *Mobiliar* von Wert zu retten und es bei verschiedenen Gutgesinnten unterzubringen. Meine *Bronzen, Alabastervasen,* der große *russische Spiegel,* die Tische von *Malachit* etc., alles, was von Wert ist, mit einem Wort, zu retten. Gott wird in Gnaden diesen harten Stoß von uns wenden wollen, aber es ist doch besser, darauf vorbereitet zu sein. Sie sehen wohl selbst ein, ohne daß ich es Ihnen vorstelle, wie wichtig es ist, daß Berlins Einwohner nicht einmal ahnen, eine solche Idee sei in mir aufgestiegen, weil die Desperation ohne Grenzen dann sein würde. Also recomandiere ich Ihnen, Herr Hofrath, die größte Verschwiegenheit und Unbefangenheit.

Ich freue mich, Gelegenheit zu haben, Ihnen selbst zu sagen, wie sehr ich mit ihrem Betragen zufrieden bin, und wie Sie sich immer als braver Diener des Königs bewiesen haben. Fahren Sie so fort und Gott und Ihr König wird es Ihnen lohnen.

Ihre affectionierte Luise

Von des Königs Sachen gilt dasselbe. ◁

Hofrat *Johann Friedrich Lentz:* Kanzleisekretär bei der Oberkriegs- und Domänenrechnungskammer in Berlin. Luises Brief an ihn spiegelt ihre und des Königs Skepsis gegenüber der eigenen wie auch der österreichischen politischen Lage.

357. An ihren Sohn, Kronprinzen Friedrich Wilhelm — Königsberg, aus meinem Bett den 5. Juli 1809

▷Mein lieber Fritz! Ich habe sehr viel gelitten, seit Du uns verlassen hast; das ist auch die Ursache, warum ich Dir nicht geantwortet habe auf Deinen lieben Brief. Er hat mir sehr viel Freude gemacht, mein geliebtes Kind, wie alles, was mich Deiner Liebe und Deines Andenken[s] versichert. Ich bin überzeugt, daß Du meinen Lehren gewiß eingedenk geblieben bist, und daß das Zeugnis Deiner Herrn so ausfallen wird, wie Du es zu wünschen scheinst und wie es mein mütterliches Herz hofft. Nur indem man seine Kinder auf ihre Pflichten aufmerksam macht, sie mit den Verhältnissen der Welt bekannt macht, und sie dazu anhält, ihre Schuldigkeit zu tun, sie auf alle Art zu bilden, nur so liebt man seine Kinder: Und so liebe ich Dich, mein teurer Sohn, mein guter Fritz! Dich einst glücklich zu sehen, ist mein einziger Wunsch. Glücklich kann man nur werden durch sein Bewußtsein, und Dir dieses *rein* zu erhalten, immer die Gewißheit zu bewahren: »Ich habe recht getan, mein Pflicht erfüllt«, dies ist mein Bestreben, so wie das Deines geliebten Vaters, der Dich herzlich küsset. Deine Schwester, alle sagen Dir tausend Zärtliches, sowie Cousin und Cousine [Fritz Louis und Friederike von Preußen.] Luise gehet seit vier Tagen allein und ist lieblicher als jemals. Der Onkel George [Mecklenburg-Strelitz] sagt Dir tausend Schönes, und die Voß [Oberhofmeisterin] freut sich aufs Geschenk. Ich drücke Dich an mein Herz und ich bin Deine treue Freundin und zärtliche Mutter

Luise

Deine[n] Herrn viel Kompl[imente]. Heute ist das Fieber zum drittenmal ausgeblieben, und ich erhole mich◁. –

358. An Frau v. Berg [Königsberg,] den 8. August 1809

▷ Das ist ein Jahr, ein Sommer, eine Zeit, eine Schwangerschaft, die werde ich zeit meines Lebens nicht vergessen. Zehn Tage sah ich George gesund, und acht Wochen bin ich nun krank! – Und welche Begebenheiten! Und welche bange Erwartungen! – Und was für Menschen haben wir kennen lernen? Nein, manchmal denk' ich, die Brust muß mir springen, so empört sich das Gute in mir, daß es so alles, was *edel* ist, untergehen siehet durch die Hände des Verderbers. – George ist öfters mein Trost; doch für alle Wunden gibt es keine Heilung; nur Fassung, Stärke können wir dem fürchterlichen Schicksal entgegenstellen.

Ich hab' eine Ahndung, daß gerade während meiner Wochen die schrecklichsten Dinge vorgehen werden, die kann ich nicht loswerden. Der Cousin ängstigt mich, seine Gesundheit ist doch nicht so stark als ich glaubte. Ich war überzeugt, sie wäre unerschütterlich, und nur der Tod könnte eine solche Konstitution schwankend machen. Ich rate daher zum Stärkungsbad, Pyrmont, wenn es noch Zeit wäre.

Adieu, Ihr Lieben, denn daß der Brief für Euch beide ist, habt Ihr doch gemurken, d. h. für den Barg und Friederike [Solms-Braunfels].

Wir lachen nicht oft, G[eorge] und ich, wir lesen auch nicht. Manchmal machen wir uns Luft, und dick und dünn kömmt heraus. Wenn es meine Gesundheit erlaubt, gehen wir auf seinen Geburtstag [12. August] nach Pillau, welches er wünscht zu sehen. Ging ich nur nach Berlin, dahin, dahin möcht ich jetzt gleich ziehen; es ist ordentlich ein Heimweh, was mich dahin ziehet. Und mein Charlottenburg! Und alles mein, sogar mein lieber, tiefer Sand den lieb' ich. –

Der Brief ist recht dumm, ich bin es aber auch, und so zerrissen innerlich, daß ich nicht anders schreiben kann.

Wie gefallen Euch die Russen? Der K[önig] *triumphiert*, daß alle seine Prophezeiungen eingetroffen sind. –

Der Papst [Pius VII.] reist auch etwas herum, um frische Luft zu schöpfen; ich vermute, daß er auch am längsten frisch und grün war.

Ich möchte weinen, so beklommen ist es mir. Darum adieu, liebe Friederike, liebe Berg. Gott befohlen, den Menschen nur nicht – – Manchmal droht der Verstand stillezustehen. Doch ein Moment Überlegung, und alles hat wieder seinen angewiesenen Platz in der Welt, die

Gottes Vorsehung lenkt. Das Auge emporgehoben, die Seufzer zum Himmel geschickt, ein Gebet um neue Stärke, so gehet es gewiß, denn Gott verläßt nicht die, die ihn lieben und vertrauen ◁.

5./6. Juli 1809: Sieg der Franzosen über die Österreicher bei *Wagram*. (Bernadotte, Marschall von Frankreich, kommandierte die sächsischen Truppen).
12. Juli 1809: Waffenstillstand zwischen Frankreich und Österreich, der (nach Klöden) »ein Drittel der Monarchie dem Feinde preisgab«.
Am *1. Mai 1809* hatte Napoleon den Kirchenstaat aufgehoben. Seit dem 10. Juni wehte die Trikolore auf der Engelsburg in Rom. *Papst Pius* VII. (1742–1823) sprach den Bann über Napoleon aus. Darauf ließ dieser den Papst im Juli (in vierzigtägiger Fahrt) in die Verbannung nach Savona (an der Riviera westlich von Genua) bringen. Pius VII. wohnte im Palazzo Sansone und kehrte erst am 20. Mai 1814 nach Rom zurück.

339. An den ehem. Kriegsrat Scheffner

K[önigsberg], den 24. August 1809

▷ Ich danke Ihnen recht aufrichtig, lieber Herr Scheffner, für die Güte, mit welcher Sie besorgt sind, mir Freude zu machen. Das Andenken edler Menschen ist mir immer von großem Wert gewesen; doch jetzt, da ich im Unglück bin, wenn da gute, edle Menschen mir sagen und beweisen, daß sie mich lieben, macht es einen so wohltätigen, tröstenden Eindruck auf mich, daß ich Sie inständigst bitte, der Frau von der Reck zu sagen, wie sehr ich ihr danke für die Art, mit welcher sie meiner gedacht. Immer hab' ich ihren Geist und ihr Gemüt, welches in einem so herrlichen Einklang lebt, geliebt und geschätzt; auch dieses wünscht' ich, daß sie wüßte. Was sie über der Zeit sagt, mag ich eigentlich lieber gar nicht berühren, da meine Überzeugung die traurigste ist. Die Erscheinung der Geißel der Welt hat gewiß große Zwecke zum Grund, die der Vorsehung allein bekannt sind. Erweckung der entarteten Welt ist gewiß eins dieser Zwecke; allein ich sehe weder Vernunft noch Rechtlichkeit, weder Sittlichkeit noch Religiosität durch das über uns gekommene Unglück erweckt. Nur große Szenen sind imstande, große Wirkungen hervorzubringen, und daher werden *noch große Opfer fallen* müssen, damit das Gute für der Welt bewirkt werde. Die Gemüter sind zu verhärtet durch Egoismus und falsche Bildung, als daß man hoffen dürfte, daß sie leicht zu erschüttern und zu bessern wären, nur große Revolutionen können und werden dieses bewirken. Sie sehen, lieber Herr Scheffner, daß in denen zwei Jahren, die ich Sie kenne, ich die Welt von ihrer ernsten Seite habe beobachten lernen. Irr ich mich und wirds *besser* mit der Welt, so wird es wohl kein Mensch mit heitererm Sinn und dankbarerem Herzen aufnehmen als ich. Trifft aber mein Ahnden ein, dann hoff' ich auch die Stärke zu besitzen, die allein dem Menschen wird durch Glaube und Hingebung.

Ihre Freundin Luise ◁

Elisa v. der Recke (1754–1833): kurländische Schriftstellerin, geb. v. Medem, Schwester der Herzogin Dorothea von Kurland. Sie lebte seit 1797 in Deutschland, zeitweilig auch in Berlin.

360. An ihren Schwager Prinz Wilhelm von Preussen

Königsberg, den 30. August 1809

▷ Lieber Wilhelm! Es würde wohl schwer sein, Dir deutlich auszudrücken, welchen Eindruck dem König und mir die traurige Nachricht von der Entbindung Deiner Frau gemacht hat! Dies ist nun die fünfte vereitelte Hoffnung, welches das zärtliche Mutterherz beugt! Gott wolle sie stärken, um seine dunkle, strenge Ratschlüsse zu tragen! Wir teilen recht innig Deinen Kummer und Deine Besorgnisse. Der König trägt mir es expreß auf, es Dir zu sagen, und wenn Du Gelegenheit findest, so sag es doch Marianne, wie aufrichtig wir alles teilen, was sie jetzt empfinden muß.

Einige Zeilen Hufelands [Leibarzt] an der Bock [Kinderfrau] sagen ihr, daß Marianne sehr an Leib und Seele angegriffen sei. Dieses bestimmt mich, nicht eher zu ihr zu kommen, als bis er mir es erlaubt und es ohne Nachteil für der guten Marianne geschehen kann. Ich bin so innig traurig, daß ich es gar nicht sagen kann.

Flehentlich bitte ich Dich zu verhindern, daß Marianne in den ersten drei Tagen mehr spreche als unumgänglich notwendig ist. Auch wünscht' ich sehr, daß Hufeland mir schrieb, wie es Marianne gehet, denn natürlich wird er sie heute nicht auf lange verlassen. Adieu, lieber Wilhelm!

Deine treue Freundin und Schwägerin
Luise ◁

Prinzessin Marianne hatte am *30. August 1809* wieder einen totgeborenen Sohn. Sie bekam aber noch vier lebende Kinder: Prinz Adalbert (1811–1873), Prinzessin

Elisabeth (1815–1885) verheiratete Hessen-Darmstadt, Prinz Waldemar (1817–1849) und Prinzessin Marie (1825–1889), die spätere Gemahlin von König Maximilian II. von Bayern.

361. An ihren Vater

Königsberg, den 5. September 1809

▷ Bester Vater!

Mit dem innigsten Dankgefühl für die mir erwiesene Wohltat, George 3 Monate bei mir zu sehen, ergreife ich die Feder. Doch auch mit wahrem Schmerz, da die Trennung von ihm mir sehr schwer wird. Wir haben manchen glücklichen, aber auch manchen traurigen Augenblick zusammen verlebt, und er wird Ihnen, bester Vater, auf meine Bitten mündlich die Quelle beider eröffnen; da [das] Niederschreiben solcher Dinge teils zu lang, teils nicht ratsam ist. Die Freude haben wir nicht außer uns gefunden, da die Weltbegebenheiten nicht mehr geeignet sind, noch sein sollen, das menschliche Herz zu erquicken, es waren Erinnerungen der Vergangenheit, besonders unserer glücklichen Kindheit und Jugend, wobei Ihr Bild, bester Vater, als belebender Genius jener schönen Bilder und Zeiten uns immer dankbar erschien. Ich hoffe gewiß, Sie im November wiederzusehen, da bis dahin der Colos sich doch wird wieder in etwas geändert haben und wir nach unendlichem Sehnen einmal wieder das Gelobte Land erreichen werden. Vorher habe ich dann noch eine Campagne abzumachen, die nichts weniger als angenehm ist. Ich werde die Zeit sehr traurig und einsam zubringen, wenn mein Wunsch, Friederike [Solms-Braunfels], während der Zeit hier zu sehen, nicht in Erfüllung geht. Die arme Prinzessin Wilhelm [Marianne von Pr.] ist heute 6 Tage mit einem toten Kind entbunden. Prinzessin Luise [Radziwill] soll in 10 oder 14 Tagen wegen gesundheitlicher Umstände ihrer Tochter nach Berlin; ich wäre also ganz allein in meinen Wochen, ohne vertrauten Umgang, der alten Voß [Oberhofmeisterin] gegenüber, die manchmal ihr hohes Alter spürt; und ich gestehe, daß ich die Vereinigung mit Friederike über alles wünsche, da noch dazu der Zeitpunkt so günstig ist, daß die Politiker nichts darin finden können, was ihnen Kopfbrechen verursachen könnte; denn so nah meiner Entbindung kann ich doch nicht mehr reisen. Dabei ist ein Gedanke der, so betrübend er auch im Grunde ist, der mir doch die Sache sehr erleichtert; nämlich, daß Sie, bester Vater, durch die Reise

Friederikens sicher nicht leiden werden. Ich wünsche nämlich sehr, daß zum Besten und der Ruhe der guten vortrefflichen Lotte [Charlotte Sachsen-Hildburghausen] Sie, bester Vater, die Reise nach Hildburghausen unternehmen möchten. Die Nachrichten, die wir daher erhalten haben, sind nichts weniger als erfreulich. Das Benehmen des Herzogs [Friedrich von Sachsen-Hildburghausen] [ist] planmäßig schlecht, welches bösen Rat mit vollem Recht vermuten läßt! Die bösen Geister zu bannen, die die Ruhe dieser herrlichen Frau stören, wird die Bruderhand nicht kräftig genug sein. Ihr väterliches Eingehen allein halte ich fähig, mit Kraft und großem Erfolg durchzugreifen. Nun schließe ich, bester Vater, weil George soeben kömmt und ich mit den letzten Augenblicken geize. Ich liege zu Ihren Füßen, der König trägt mir auf, Ihnen seinen Respekt zu versichern und ich bin ewig ihr treues Kind

Luise ◁

Fürstin Luise Radziwill (Schwester von Prinz Louis Ferdinand) mußte wegen ihrer 1803 geborenen Tochter *Elisa* (Elisabeth) nach Berlin reisen. Zwischen dieser und Luises Sohn Wilhelm, dem späteren Kaiser, entspann sich die bekannte unglückliche Liebesgeschichte.

362. An ihren Bruder Georg — Königsberg, den 7. September 1809

▷ Ach! bester George, was für ein[en] Tag hab' ich gestern erlebt. Das Erwachen war traurig, der ganze Tag war es, und der Abend schloß ebenso freudenleer. Dein teures Billett erhielt ich beim Frühstück im Bett, und häufige Tränen flossen über demselben. Ich trank mit Fleiß den Kaffee im Bett, damit der letzten Tage süße Erinnerungen nicht gar zu mächtig mit der Gegenwart kontrastieren sollten. Es war aber alles vergebens; es war anders, blieb anders und war nicht mehr so gut, als ich es seit drei Monaten gewöhnt war. Dabei war mir unwohl, es lag mir sehr in den Gliedern.

Um 12 Uhr fuhren wir ab, machten eine Visite bei Prinz Wilhelm [Bruder von Fr.W. III.], mir wurde immer miserabler. Um 1 Uhr waren wir in der Neu-Hauser Mühle; ein Schritt von Neuhausen ab, was du kennst und liebst. An [der] Tafel konnte ich nicht essen, und mußte aufstehen und mich hinlegen, darauf wurde mir besser und auf eine Tasse Kaffee mit Zitrone. Diese hatte mich so weit gebracht, daß

ich doch um 4 Uhr im Stande war, das Manöver mitzumachen. Dies war sehr schnell vorbei, und der König schickte mich nach der Lautischen [?] Mühle, um dort zu goutieren, auf demselben Platz als letzthin, wo er den Überfall anordnete. Beim Aussteigen aus dem Wagen rutschte ich auf dem glatten Tritt, vor dem du mich so öfters warntest, und die Folge war, daß das Bein, welches im Wagen blieb, am Schienbein aufschlug und mein Strumpf gleich blutig war. Es kam eine große Gesellschaft da zusammen, weil eine *attaque* da sein sollte. Allein, Gott weiß wie, man hatte sich nicht recht verstanden und sie unterblieb. Die arme Gesellschaft aber erfrischte sich an der allerschlechtesten sauren Milch, die abgesahnt war, und ich saß wie eingewurzelt mit meiner Blessur am Bein und im *Herzen,* ganz still auf einem Fleck. Endlich fuhren wir ab und ich war den Feldmarschall los, der es sich angelegen sein ließ, mich zu unterhalten. Um 8 Uhr kamen wir dann endlich hier an, wo ich mich auszog und auf der grünen Chaiselongue (deiner Schlafstätte) unter der Marquise ausdehnte und ruhte. Es war recht leer um mich.
Die Hamburger Zeitung, die wenig sonst gelesen wird, wenigstens die ärgerlichen Artikel nicht, wurde vorzugsweise studiert. Ich rekommandiere Dir den Artikel *Wien,* wo die Geburtstagsfeier Napoleons beschrieben ist. Herrlich ist es zu sehen, wie die Völker *alle* sogleich durchdrungen sind.
Heute morgen kam die Berliner Post und mit ihr dein lieber Brief aus Braunsberg. Du weißt, wie wert du mir bist, und alles, was von dir kömmt, also auch dieses liebe Zeichen deiner zärtlichen Liebe und Freundschaft. Heute geh' ich lieber in nichts ein, was dich betrifft, wie ich dich liebe, und was dein Aufenthalt mir war, denn sonst verlier' ich abermals alle *contenance,* die ich doch an der Tafel bedarf.
Ich erzähle dir blos, wie ich jeden Augenblick zubrachte, seit du leider fort bist, weil ich weiß, wie jeder Umstand noch interessiert, nach des ersten Tages Trennung. Das Wetter ist schön. Nur der sonderbare *Herr Rauch* hat sich bis in den kleinen Garten dicht vor der Marquise gezogen. Hier sitze ich denn und schreibe dir, der König mir gegenüber, der die Briefe der heutigen Post liest. Er trägt mir viel Liebes und Gutes an dich auf, er schätzt und liebt dich wahrhaft, so wie deine Andenken im Billet und im heutigen Brief ihn herzlich freuten. Er dankt dir dafür. Ich werde fortsetzen, dir so umständlich zu schreiben,

bis Freitag, um 11 Uhr, wo die Post dann endlich fortgehet. Ich schicke die blaue Tasse mit, die ich vergaß, dir mitzugeben. Soeben kommt die kleine Luise [1 ½ jähr. Töchterchen] [sie] ist göttlich.

den 8.

Ich habe nur soviel Zeit, der lieben Post wegen, als ich brauche, um dir zu sagen, bester George, daß die Gesundheit Prinzeß Wilhelms [Marianne von Preußen] immer fester wird und Hufeland hofft, sie soll nicht mehr schwanken seit gestern, so weit wie menschliche Einsicht gehet nämlich doch, denn Götter sind wir nicht. – Die Reise von Fritz ist immer auf demselben Punkt.

Wir aßen gestern unter der Marquise, das Diner war still. Nachher fuhr ich im Kupée zu Prinzeß Wilhelm und fand alles bestätigt von oben. Der Abend war feucht, und nach dem Thee keine Promenade, da man mir Schonung wegen vorgestern anbefohlen hatte. Ich habe ein wenig Kopfweh, sonst bin ich wohl. Der gute treue Timm [Kammerdiener] hat die blaue Tasse besorgt, die leider hier vergessen worden ist. Wie sie fortkömmt, weiß ich nicht, aber auf's schleunigste. Um diese Zeilen nicht aufzuhalten, lasse ich sie allein gehen. Gestern haben unsere Gedanken dich immer begleitet. Alle legen sich dir zu Füßen, die Damen und Herren. Sie lieben und verehren dich wahrhaft. Viel Schönes an Schmahl[ensee][Adjutant] Adieu. Ewig deine treue Luise, die dich recht immer liebt. Friederike, dem Barg viel Gutes. Ich liege zu Papas Füßen und GM und OE. [Großmutter und Onkel Ernst] ◁

Geburtstagsfeier Napoleons: er wurde am *15. August 1809* vierzig Jahre alt. – Mit dem *sonderbaren Herrn Rauch* meinte Luise Nebel- oder Rauchschwaden. Keinesfalls kann es sich um Christian Daniel Rauch, den Bildhauer, gehandelt haben. Der einstige Kammerdiener Luises hielt sich mit einem Stipendium des Königs seit 1805 in Rom auf.

363. An ihren Bruder Georg

▷ Es ist 1 Uhr und der gute Posttag und es geht durch Nagler [Geh. Staatsrat].

Königsberg, den 15. September 1809

Mein teurer George, wie freut es mich, daß ich dir mit voller Wahrheit sagen kann, daß ich ganz wiederhergestellt bin, meine Kräfte durchaus

wiederhabe und mit der größten Ruhe und Zuversicht dem Augenblick meiner Entbindung entgegensehe.
Hierbei den Brief der Travonet [?]. Wie schade, daß du nicht *hier* bist, um die delizieusen Sachen zu sehen, die ihr Kasten enthalten [hat]. Ich danke dir tausendmal für meine 4 Nachtmützen, die freilich von der Art sind, daß ich 3 davon mit großer prétention bei Tage tragen werde, bis ich sie im Bette werde brauchen müssen. Ich danke dir tausend und tausendmal! Die Discretion ist eine Tugend, aber eine beschwerliche, denn, wenn ich sie nur nicht besäße, so wüßte ich, woran ich wäre, indem ich deinen Brief von der Travonet [?] aufbräche. Sie hat nämlich *schittliche* Sachen beigelegt, *echt* aus dem *Pfuhl!* Wenn du sie nicht bestellt hast, so behalt ich sie alle und mache *main basse* drauf. Hast du sie aber bestellt, um den *joli coeur* damit zu machen, so gebe ich meine vermeinten Rechte auf. Was ich behielt, davon wäre die größere Summe, da die vier Mützen (wovon ich eine aufhabe mit dunkelrotem Band) zusammen 293 Lires macht. Hierbei also den Brief und die Nota, wovon ich Copie genommen und deine Antwort erwarte, um zu wissen, ob ich die *Sachen* oder die Lires schicken muß. Adieu, mehr kann ich nicht sagen. Ich küsse dich in Gedanken, dankbar für dein Geschenk und bin ewig deine treue

Luise ◁

364. An die Zarin Elisabeth — Königsberg, den 20. September 1809

Da ich die Gründe nicht kenne, die mir Ihre lieben Nachrichten fernhalten, wage ich Ihnen zu sagen, meine liebe Kusine, daß es mir wirklichen Schmerz bereitet, mich anscheinend wenigstens, von Ihnen vergessen zu sehen. Vier lange Monate haben Sie mir kein Lebenszeichen gegeben. Ich habe in den Zeiten zwischen meinen wiederholten Fieberrückfällen drei oder vier Briefe an Sie gerichtet, aber ohne den Trost einer Antwort. Kurz, wissen Sie, teure Kusine, mögen Sie tun, was Sie wollen, *ich werde nie aufhören, Sie zu lieben* und zärtlich und aufrichtig an dem, was Sie betrifft, teilzunehmen. Denn da meine Gefühle für Sie auf allem Teuersten beruhen, was die Menschen haben, und ihren Ursprung aus Ihren Tugenden genommen haben, wird nichts sie jemals ändern können.

Ich stehe so nahe vor meiner Entbindung, daß ich diese Zeilen für Sie nur mit großer Mühe schreibe, teuerste Kusine; aber ich hatte ein wirkliches Bedürfnis, Ihnen vor diesem entscheidungsvollen Moment noch ein Lebenszeichen zu geben. Umarmen Sie für mich die ganz ebenso nachlässige Kusine Amalie [von Baden, Schwester der Zarin E.] und empfehlen Sie mich ihrer Freundschaft. Wenn der Kaiser [Alexander I.] nicht zu sehr durch Geschäfte in Anspruch genommen wird, bringen Sie mich und meinen letzten Brief bei ihm in Erinnerung; ich empfahl ihm den Baron Dolst; er hat mir für ihn und für seine Verlobte [Frl. v. Reinbrecht] eine Zukunft versprochen, und sie ist schon verzweifelt, daß sie darüber nichts erfährt. Ich bitte Sie, teure Kusine, ihn in meinem Namen daran zu erinnern.
Das zärtliche Interesse, das Sie mir bis jetzt stets bezeugt haben, läßt mich glauben, daß Sie auch mit Vergnügungen die Freude meines dreimonatigen Zusammenseins mit meinem ältesten Bruder [Georg Mecklenburg-Strelitz] erfahren haben. Allerdings habe ich oft ganze Tage verbracht, ohne ein Wort mit ihm zu reden, denn ich habe den ganzen Sommer wie eine Verdammte gelitten, aber ich hatte doch den Trost, ihn zu sehen, und das ist schon viel. Möglicherweise kommt meine Schwester [Friederike] von Solms zu meinen Wochen, und ich wäre froh, wenn diese Hoffnung sich verwirklichte; so gönnt die Vorsehung einem unter lauter Unglück und Kummer noch glückliche Momente.
Ich bin immer sehr niedergeschlagen, denn was wir erfahren, beunruhigt immerfort, und nur die Überzeugung, daß wir den Zorn des Siegers nicht verdienen, sondern wie alle übrigen sein *Spielzeug* sind, macht ein reizloses und abstoßendes Leben erträglich. Mag man ihm gesenkten Hauptes in die Arme laufen, mag man ihm in allem nachgeben, mag man versuchen, ihm zu widerstehen, alles ist gleichgültig. Das Los des Königs von Spanien [Ferdinand VII.] und des Papstes [Pius VII.] beweist zur Genüge, was ich oben sagte, und daß alles von seiner guten oder schlechten Laune, von dem Interesse des Augenblicks oder seinem persönlichen Haß abhängt. Ja, ja, das sind äußerst erheiternde Betrachtungen. Adieu, teure Kusine; wenn ich Sie langweile, sagen Sie es mir; wenn Sie mich liebhaben, sagen Sie es mir auch, und glauben Sie, ich bleibe bis zu meinem letzten Atemzug Ihre treue Freundin und Kusine Luise

Ich bitte um Ihr Bildnis nach demjenigen bei Frl. Protasow, das Sie mir versprochen haben.

Luises Schwester Friederike, Prinzessin Solms-Braunfels, traf Ende September in Königsberg ein.

4. Oktober 1809: Geburt des Prinzen *Albrecht*. Fünf Tage später schrieb Luise ihrem Vater zu seinem 68. Geburtstag.

365. An ihren Vater — Königsberg, den 10. Oktober 1809

▷ Bester geliebtester Vater!
Meine Wünsche steigen zum Himmel mit meinem Dank, der uns Sie zum Vater gab. Möge Gott Ihnen alles das zukommen lassen, was ich von Ihm erflehe, und Sie werden ganz glücklich sein. Lange, lange lebe noch – zum Glück seiner Kinder und seines Landes der angebetete beste Vater, der edelste Mensch und Fürst.

Ihre zärtliche Tochter Luise ◁

14. Oktober 1809: Napoleon diktierte den Frieden zu Wien. Österreich verlor das Innviertel und Salzburg an Bayern, Galizien an Polen und Rußland, Triest und Illyrien an Frankreich, Südtirol an Italien; es mußte sich an der Kontinentalsperre beteiligen.
Am *8. Oktober* wurde Clemens *Graf Metternich* (1773–1859) Minister des Auswärtigen.

366. An ihren Bruder Georg — Königsberg, den 5. November 1809

▷Du Allmächtiger Gott! Wenn das wahr wäre, so wäre alles wenigstens in der Ordnung der irdischen Unvollkommenheit! Seit gestern verbreitet sich das Gerücht, durch zwei russische Kuriers, die aus Weimar kommen, daß alle *Rheinbündler* nach *Paris* müssen. Ist das wahr, so mußt du hin, da Papa zu alt und schwach ist; und wir, wir ziehen nie nach Berlin, ohne dich! Ohne dich! – George! – Hier setze ich nichts hinzu, denn alles wäre Blasphemie! denn dich nicht dort unter den *Fröhligen* an mein Herz zu drücken, der du so *treu* mit mir *trauertest!* Nein, es wäre sehr arg! –

Gott lob
ungegründete
Nachricht ◁

367. An die Zarinmutter
Maria Feodorowna Königsberg, den 18. November 1809

Sie können nicht glauben, teure, liebe Schwester, wie sehr es mich bewegt hat, daß Sie in Ihrer freundlichen Aufmerksamkeit mir sofort schrieben, als Sie die Nachricht von meiner Entbindung empfangen hatten. Ihre stets gleiche, bis ins Innerste zarte Freundschaft für mich ist mir unschätzbar wertvoll, und ich finde keinen Ausdruck, der Ihnen alles das mitteilt, was mein Herz beim Gedenken an Sie, teure, unvergleichliche Kaiserin, empfindet. Ihre Wünsche für mein Kind [Albrecht] und mich werden uns Glück bringen, und ich empfehle Ihr kleines Patenkind Albert Ihrer Freundlichkeit. Ich bitte Sie um Verzeihung, teure Schwester, daß ich so schreibe, mehr schmiere als schreibe; aber ich bin noch sehr schwach, und meine Augen leiden wie immer. Sie haben mir empfohlen ▷ mich recht zu *schonen* ◁, und um Ihnen zu beweisen, wie gern ich Ihren guten Ratschlägen folge, werde ich erst im Laufe der achten Woche wieder auffstehen, das wird am 26. dieses Monats sein.
Sie fragen mich, teure Kaiserin, ob ich etwas ruhiger bin und etwas klarer in die Zukunft blicke. Ach, mein Leben wird noch immer von Furcht und Schmerzen gequält. Ich frage Sie, wie soll ich ruhig sein, solange dieser Mann [Napoleon] lebt? Kennt er Billigkeit und Gerechtigkeit? Ist ihm irgend etwas heilig? Ich fürchte sehr um das, was sich jetzt gerade in Paris ereignen kann, ▷ wo wieder aufs neue eine General=*Brauerei* vorgenommen wird. Sie wissen auch, teure Kaiserin, daß das Sprichwort *»Ehrlich währt am längsten«* nicht mehr gilt ◁.
Schreiben Sie mir doch bitte, ob Sie sich wirklich ganz in Gatschino niedergelassen haben; Reisende haben es uns versichert. Ich kann es nicht glauben, bis Sie mir selbst Gewißheit darüber geben. Möchten Sie bei dem liebenswürdigen Paar von Holstein [– Oldenburg, Georg und Katharina] meine Entschuldigung übernehmen dafür, daß ich ihnen heute nicht antworte; aber ich kann es wirklich nicht. Tausendmal Pardon für dieses scheußliche Geschmier. Ich muß schließen, denn der Kurier geht sofort ab. Unsere Abreise nach Berlin ist sicher, aber der Tag ist noch nicht festgesetzt; es wird gewiß in den ersten Dezembertagen sein.

Ich bin von ganzem Herzen Ihre zärtliche Freundin, Kusine und Schwester

Luise

General-Brauerei in Paris: Luise spielte wohl an auf die bevorstehende Scheidung Napoleons von Josephine. Die Ehe wurde offiziell am *15. Dezember 1809* durch einen Senatsbeschluß geschieden. – *Gatschina*, 45 km südwestlich von St. Petersburg gelegen, war der Lieblingssommeraufenthalt des Zaren Paul I. gewesen.
König Friedrich Wilhelm III. hatte im November den General Friedrich Wilhelm v. Krusemarck (1767–1822) als Gesandten nach Paris beordert. Nach Erhalt seiner Berichte wurde die Rückkehr des Königspaares nach Berlin auf Ende Dezember 1809 festgesetzt.

368. An ihren Bruder Georg — Königsberg, den 24. November 1809

Mein lieber George. Schon lange habe ich nicht mehr so freudig die Feder ergriffen, um Dir zu schreiben, wie heute. Ich kündige Dir nämlich unsere baldige Rückkehr nach Berlin an. Ich schicke Dir sogar einen Eilboten von Berlin, damit Du den Tag unserer Ankunft in der *bonne ville* sicher nicht versäumst, denn ich fürchte, der gewöhnliche Postweg würde zu langsam sein. Aber kannst Du Dir denken, mein vielgeliebter George, daß mitten in der unaussprechlichen Freude, mich bald wieder im lieben Berlin zu befinden, mit einem großen Teil meiner Familie vereint zu sein, ein Herzkrampf mich befällt, eine Herzbeklemmung, und mich vor oder gleich nach diesem glücklichen, so erwünschten Augenblicke Unglücksfälle ahnen läßt? Du wirst mir vielleicht sagen, lieber George, die Ungewohnheit des Glücks mache mich furchtsam und ängstlich; oft ertappe ich mich dabei, daß ich mich in dieser Weise ermuntere und durch diesen Gedanken mich zu trösten suche; aber leider nützt das nichts; werden meine Befürchtungen für einen Augenblick zerstreut, so fallen sie mir mit verdoppelter Stärke wieder aufs Herz.
Kehren wir lieber zu tröstlicheren Bildern zurück, zu der nun halb verwirklichten Vorstellung, daß ich Dich in meine Arme schließen werde. Wir denken am 14. oder 15. Dezember hier abzureisen und mit Gottes Hilfe am 23. gegen Mittag in Berlin einzutreffen. ▷ Es wird einem ganz elend vor Seligkeit, wenn man recht daran denkt, sage ich noch einmal ◁. Du mußt also spätestens am 20. in Berlin sein, um Dich am 21. auszuruhem und am 22. mit der Berg in Freienwalde eintreffen

zu können; dort werden wir die letzte Station machen und über Nacht bleiben, ehe wir in Berlin einziehen; Du mußt in der Nacht reisen, um so zurück zu sein, daß Du uns im Schloß erwarten kannst. An zwei Augenblicke vor allem kann ich nicht denken, ohne daß mir die Tränen in die Augen kommen, nämlich, wenn ich zum erstenmal die Türme von Berlin wiedersehen werde, und dann, wenn mein Wagen von der Brücke nach links [von der Langen Brücke aus beschrieben] biegen wird und ich fühle, wie ich die Rampe des Schloßes hinauffahre.▷ Jetzt brülle ich, indem ich das schreibe. Gott, Allmächtiger, stärke mich, daß ich unter den vielen Gefühlen des Glücks und des Unglücks nicht erliege! – Das ist mein innigstes Gebet zu Gott. Und hab' ich nicht Ursache dazu? Ich finde alles noch so, wie ich es verließ, und alles ist doch so anders –

Wir werden noch manche Tränen zusammen fließen lassen, bester George. – Seit acht Tagen fiel der erste Schnee hier, und so hübsch, daß den dritten Tag alles schon Schlitten fuhr; seit gestern abend ist die Kälte auf einmal so gestiegen, daß heute morgen um 3 Uhr das Thermometer 10 und ein halb Grad zeigte. Dieses ist gewiß unerhört im November. Was wird das werden zur Reise, wenn das zunimmt? Meine armen Kinder, und besonders Albert, der erst aus dem Ei kroch. Denke, 13 Grad waren es beim König.

Ich setze nichts hinzu, weil die Post weg will und weil ich zu lang sein würde auf alle Punkte, die ich berühren könnte. Mein Glück, Friederike [Solms-Braunsfels] hier zu besitzen, den Carl durch des Königs Liebe, ein gesundes Kind mehr, Luisens [1 ½ jähr. Töchterchen] Engelgestalt, Friederikens ganzes Sein, das so herrlich fortgeschritten, mit einem Wort alles, wenigstens vieles habe ich, worüber ich mich freue und worüber ich Ursache habe, Gott mit kindlichem Herzen und kindlicher Freude zu danken. Auch dafür, daß Du bist, daß Du das bist, was Du bist, danke ich Gott; denn Du bist sehr gut. Der König grüßt Dich, ich küsse Dich und bin Deine treue

Luise ◁

369. An ihren Sohn, Kronprinzen Friedrich Wilhelm

Königsberg, den 4. Dezember 1809

▷ Du kannst unmöglich an meiner innigsten Zärtlichkeit für Dich zweifeln lieber Fritz, deshalb ich Dir auch diese Zeilen schreibe. Füge

Dich in den Willen Deines Dich eben so zärtlich liebenden Vaters, der waß er beschloß reiflich überlegte. Du theilest gleiches Schicksal mit Deinem Cousin [Fritz Louis] der sich auch jetzt von Reimann trennt, und der wie es sich schickt, gehorsam in den Willen des Königs fand. Dein Schmertz ist Gerecht, natürlich und macht Dir Ehre. Es wäre mir sehr leid wenn Du unerkentlich gegen Delbrücks Pflege geblieben wärest; aber eben so gewiß erwarte ich von Delbrück daß er Dich auf der natürlichen Idée zurük gebracht hat, daß diese Trennung vorher zu sehen war, da sich Zöglinge immer von ihren Erziehern trennen müssen, und sich Delbrück dieselbe schon längst selbst viel früher erwartete. – Ich wünsche bald zu hören, daß es Dir besser geht, da Du seit gestern morgen krank bist. Auch ich bin nicht wohl und habe einen starken Katar der noch im Zunehmen ist. Adieu ich bin Deine treue Mutter und Freundin

Luise ◁

Am *3. Dezember 1809* schrieb Luise einen Brief (1973 versteigert) an Johann Friedrich Delbrück (1768–1830), den bisherigen Erzieher ihrer beiden ältesten Söhne. Es ging um seine Verabschiedung. Freiherr vom Stein hatte bereits im März 1808 (Brief Nr. 308) den Vorschlag gemacht, Johann Peter Ancillon (1767–1837) als neuen Erzieher für den Kronprinzen zu bestimmen.
Der Kronprinz war über den Kummer der beabsichtigten Trennung von seinem Erzieher krank geworden. Seine Mutter, selbst betroffen von dem Konflikt zwischen Notwendigkeit und Liebe, schrieb am selben Tage ihrem Sohn und ihrem Vater.

370. Gedanken, aufgeschrieben für ihren Vater

Königsberg, den 4. Dezember 1809

▷ Gott ist die Liebe, Gott ist ein strenger Richter. Dieses scheint Widerspruch, und ist ja eben die schönste Einheit. Wer bloß sich ihn menschlich als Richter denkt, der freilich siehet ihn bloß als kalter Verurteiler an; der ihn sich aber nach Jesus Ausspruch denkt, der erkennt in ihm als Richter nur diejenige Vollkommenheit, *richtig zu urteilen*. Dieses richtige Urteil, verbunden mit seiner Liebe, gibt uns Menschen den süßesten Trost auf Erden, in jeder Lage des Lebens. Besonders im Unglück aber ist diese Überzeugung, die ich Glauben nennen will, unser Trost, unsere Hilfe, unser Stab, vermittelst welchem wir im größten Elend aufrechterhalten werden.
Denn Gott kennt uns genau, er weiß allein, was uns frommt, und er will

nur unser Bestes und unser Wohl. Schickt er uns Unglück und viele bittere Leiden zu, so ist dieses gewiß zu unserem Besten, denn da er unsern Charakter, unsere Anlagen zum Bösen und Guten richtig in uns erkennt und richtig urteilt, was uns frommt, um uns besser, also auch glücklicher zu machen, so schickt er uns Prüfungen zu, Leiden aller Art, die uns nach unsern Anlagen gerade dienlich sind, d. h. in den[en] wir große Kämpfe zu kämpfen haben, gibt er uns Gelegenheit, unsere Tugenden, unsere Seelenkräfte zu üben, und also Gelegenheit, besser aus dem Kampf herauszukommen. Nicht allein aber ist Unglück Prüfung, auch Glück und Wohlergehen ist es. Denn sollen wir uns für Unglauben, für Trostlosigkeit, für Härte im Urteil und Bitterkeit im Unglück hüten, so müssen wir uns auch im Glück der Nüchternheit befleißigen; wir müssen das Glück nicht als *verdient* und uns *zukommend* schauen; wir müssen Macht und Ehre und Glanz, die uns zufallen, nicht als Mittel betrachten, um andere zu zwingen, ihr *Dasein* allein in bezug auf uns zu verwenden, um das unsrige zu verherrlichen, und unsere Existenz als *Zweck* aller *Kräfte,* die uns untergeordnet sind, betrachten. *Verlangen* wir alle Opfer von andern (weil wir es *können*) ohne von der andern Seite uns auch zu etwas verpflichtet zu halten, so verfehlen wir den Zweck unseres *Seins* und werden reine Egoisten. Brauchen wir aber Macht, Ehre und Glanz; um zu beglücken, erkennen wir in diesen Vorzügen die Hand der Liebe, die uns Gelegenheit gibt, *Liebe zu üben,* so bestehen wir gut in der Prüfung, die das Glück mit uns vornimmt. Immer Gott im Herzen und vor Augen, alles nur durch Gott und mit Gott, das ist die Demut, die den wahren Christen ziemt, und nur in diesem Glauben, nichts durch uns allein und nur mit göttlichem Beistande vollbringen zu können, bezeugen wir unsere richtige Erkenntnis unserer Verhältnisse gegen Gott.

Luise ◁

371. An ihren Vater — Königsberg, den 8. Dezember 1809

Mein teurer Vater,
unsere Briefe haben sich gekreuzt. Das ist gewiß. Aber auf jeden Fall werden Ihre Anweisungen befolgt, und werden Sie im Schloß wohnen. Ich erteile demgemäß meine Anordnungen an [Hofmarschall] Massow und werde alles Erdenkliche unternehmen, damit [der Arzt] Hier-

onymi ganz in Ihrer Nähe untergebracht wird. Er erhält den Auftrag, sich um alles zu bemühen, was Ihnen angenehm sein kann, und ich bitte Sie inständig, an Massow durch Kamptz oder einen anderen, der sich um Ihre Angelegenheiten kümmern wird, einige Menues ▷ – *Küchenzettel* – ◁ von dem, was Sie täglich zu essen pflegen, zu schicken. Derjenige, den Sie beauftragen, diese Speisenlisten zu bringen, wird sie Massow übergeben, ▷ mit der Bemerkung, ›Ich hätte sie verlangt‹ ◁, denn ich schreibe ihm in diesem Sinne. Dieser Brief geht mit der Kurierpost ab und wird Ihnen von Berlin aus durch Kurier überbracht. Anfügen kann ich nur noch die herzlichen Grüße des Königs und seiner Freude Ausdruck geben, Sie *zu treffen bei seiner Ankunft* in Berlin, am 23. gegen ein Uhr. Das ist ihm sehr angenehm. Ich, teurer Vater, finde keine Worte, um Ihnen das Glück auszudrücken, das ich bei dem Gedanken empfinde, Sie bald wiederzusehen und Ihre Hände zu küssen. ▷ Tausend Tränen werden fließen.
Ich bin Ihr treues Kind. Luise ◁

Dem Obermarschall *Valentin v. Massow* (1752–1817) stand die Aufsicht über die Haushaltung des Hofes, der Küche, Keller, Baulichkeiten, sowie über das Hofpersonal zu. Bei Hoffestlichkeiten hatte er die nötigen Anordnungen zu treffen.

372. An Frau v. Berg [Königsberg, Anfang Dezember 1809.]

Liebe Berg! Denken Sie sich, um Ihnen mitzuteilen, daß ich Sie mit Georg am 22. Dezember in Freienwalde erwarte, ergreife ich die Feder. Empfinden Sie auch, wieviel Glück in diesen wenigen Zeilen liegt? Ich werde also bald Berlin wiedergegeben sein und wiedergegeben soviel ehrlichen Herzen, die mich lieben und achten. ▷ Mir wird es alle Augenblicke ganz miserabel für Seligkeit, und ich vergieße schon soviel Tränen hier, wenn ich daran denke, daß ich alles auf demselben Platz finde, und doch *alles, alles* so ganz anders, daß ich nicht begreife, wie es wird. Es ist eine Schwermut in mir, die ich beinah' nicht begreife. Schwarze Ahndungen, Beklommenheit, mit einem Worte: mehr traurig als froh ◁. Ich möchte immer vor der Welt fliehen, allein sein ▷ hinter meine *Schirmleuchter* ◁ und nachdenken und weinen. Ich hoffe, das kommt wieder.
Die große Trennung zwischen Fritz [Kronprinz, 14 jähr.] und Delbrück ist geschehen, d. h. beide wissen, daß sie sich verlassen. Del-

brück ist gestern gekommen, um sich beim König und mir für die Briefe zu bedanken, die wir ihm geschrieben haben und für die Titel des Geheimen und Regierungsrats, die er erhalten hat. Ich war äußerst gerührt, schon als ich ihm schrieb, flossen meine Tränen. Wir taten diesen Schritt, weil alle es wollten, aber mir ist bange deswegen. Fritz ist krank vor Kummer.

Prinzessin Wilhelm [Marianne von Preußen] ist schmerzbewegt abgereist, und ich schwöre, auch mir ist es sehr schmerzlich gewesen, wenn ich auch nicht einen Tag länger bleiben möchte. Die armen Brüder Mariannes [Ludwig und Leopold Hessen-Homburg] sind sehr traurig. Friederike ist außerordentlich nett und ▷in allem Guten◁ wunderbar fortgeschritten. Ihre Beurteilungskraft ist ausgezeichnet, und man sieht, daß sie sehr fleißig ist. Ich erkenne die Hand, die sie leitet und stützt; es ist dieselbe, die mich bei den ersten Heften von Süvern [Professor in Königsberg] klug und freundschaftlich unterstützt hat.▷ Kennen Sie die Hand◁?

Ich glaube, Sie haben an mich oder an Friederike geschrieben, Sie meinten der Krüdener näherkommen zu können, seitdem Sie ihre Briefe an uns gelesen hätten. Ich bin dessen so gewiß, wie meines Daseins; denn diese Frau ist wegen ihres Charakters, wegen ihrer religiösen Begeisterung für alles Tugendhafte, Gute und Schöne so verehrungswürdig, daß Sie sie jeden Augenblick schätzungswert finden würden. Ich kann Ihnen versichern, diese Frau hat mich besser gemacht, indem sie mich religiöser machte, als ich war. Zum Beispiel nach einer langen Unterredung, die ich hier nicht wiederholen kann, bekehrte sie mich soweit, daß ich eine Möglichkeit sah, N[apoleon] zu verzeihen, und ich habe ihm von Herzensgrund alles persönliche Leid, das er mir angetan und gegen mich beabsichtigt hat, verziehen. Mit Freuden nahm ich wahr, daß man den Bösen verzeihen könne, ohne an Herzensgüte zu verlieren, ohne für die Tugend zu erkalten, die ewig ▷das Ziel meines Strebens◁ sein wird! – Wenn Sie Ancillon [neuer Erzieher des Kronprinzen] sehen, sprechen Sie mit ihm von dem Wunsche, der mich beseelt, mich bei ihm zu unterrichten, reden Sie mit ihm, als hätte ich Ihnen einen Auftrag gegeben oder eine Idee anvertraut, wie Sie wollen. Sagen Sie ihm, ich rechnete darauf, daß er mit mir einen geschichtlichen Kurs durchmachen werde. Sagen Sie ihm, daß ich dumm bin, daß ich nichts weiß, Sie ersparen mir dieses peinliche

Geständnis; sagen Sie auch, daß ich wenig Gedächtnis habe und daß mein natürlicher Verstand sich zu sehr im Naturzustande befindet, ▷ auf der untersten Stufe der Kultur ◁. Ich möchte, daß er mich mit aller Sorgfalt lehrt, die Geschichte nicht nur als Legende, sondern als Quelle von tausend Kenntnissen anzusehen, die mir fehlen.▷ Mündlich mehr! Mündlich, das ist ein Wort ◁. Friederike verläßt mich mit Carl am 9. Die Voß reist am 11. ab, meine Kinder am 13., der König und ich am 15. Wir fahren alle über Finckenstein. Albert ist wiederhergestellt, es geht wunderbar; heute ist der zehnte Tag. Er ist sehr kräftig und robust, ich freue mich, ihn Ihnen vorzuführen. Die Kleinen kommen am 22. in Berlin an, so daß Sie ihnen auf dem Wege begegnen werden. Luise ist ein anbetungswürdiger Engel. Leben Sie wohl.

Die Brüder der Prinzessin Marianne von Preußen, Prinz Ludwig von Hessen-Homburg, Kommandeur der ostpreußischen Infanteriebrigade, und Prinz Leopold, Major, mußten in Königsberg bleiben. – Frau *v. Krüdener* (1764–1824) geb. v. Vietinghoff, war eine religiöse Schwärmerin. Sie lebte seit 1801 bei Madame de Staël in Coppet und beeindruckte Frau v. Berg, Königin Luise und ihre Schwester Friederike; später übte sie auch auf den Zaren einen starken Einfluß aus.

373. An den Schulleiter Karl August Zeller

Königsberg, den 14. Dezember 1809

▷ Gott segne Sie, edler Mann, und Ihr Ewigkeitswerk, welches Sie uns so rührend in Tagewerk zeigen.
Gott segne Sie und die Generation, die Sie veredeln und gewiß bessern. O müßten Sie nur nicht darben, Sie, die das Gute mit vollen Händen ausstreuen! Ich weiß, daß diese Klage Sie gewiß nicht irre macht in Ihrer großen Laufbahn, aber mir liegt es schwer auf dem Herzen, und ich ruhe nicht, bis ich wenigstens versucht habe, etwas zu Ihrer irdischen Glückseligkeit beigetragen zu haben. Die jenseits ist Ihnen gewiß. – Ich feierte einen schönen Gottesdienst in Ihrer Anstalt. Ich liebte Gott in den Menschen wie noch nie und fühlte seine Nähe, und sein Geist war mitten unter uns. Er stärke Sie und lohne Ihnen, die Menschen können es nicht.

Luise ◁

Karl August Zeller (1774–1846) setzte sich wie sein (berühmterer) Bruder Christian Heinrich (1779–1860) für die Verbreitung der Pestalozzischen Pädagogik ein (Verbindung von wissenschaftlichem und handwerklichem Unterricht). Karl August Zeller war von 1809 bis 1816 als Schulleiter in Königsberg tätig. Am 7. Dezember hatten der König und die Königin ein von ihm geleitetes Waisenhaus besichtigt.

Friedrich Wilhelm III. und Luise reisten am *15. Dezember* von Königsberg ab und hielten am *23. Dezember* ihren feierlichen Einzug in die Hauptstadt.

374. An ihren Vater Berlin, den 3. Januar 1810

Mein teurer Vater, erst heute finde ich einen Augenblick Zeit, um dem besten aller Väter meine Glückwünsche und meine aufrichtigen Wünsche zu diesem Jahreswechsel darzubringen. Ich werde mir nie das Datum meines Briefes verzeihen, das Ihnen die Verspätung beweisen wird, die ich zulassen mußte, um eine so teure Verpflichtung zu erfüllen, wenn nicht mein teurer Vater mit seinen eigenen Augen den Tumult gesehen hätte, in dem ich mich seit meiner Ankunft befinde; dieses lebhafte Treiben dauert noch an, und nur mit Mühe habe ich mich den Empfängen und den Personen entziehen können, die sich immer wieder alle Tage daran erfreuen, mich in der Menge wiederzusehen. Indessen gebe ich mich der Hoffnung hin, daß der beste aller Väter gewillt sein wird, mit seiner gewohnten Güte meine Wünsche für sein Glück, sein Wohlbefinden, seine vollkommene Gesundheit und seine Zufriedenheit entgegenzunehmen. Das sind Wünsche, die ich unaufhörlich ausspreche und denen, wie ich hoffe, die göttliche Vorsehung entsprechen wird.

Am 8. abends

Und nun noch eine Verzögerung um fünf Tage, die ebenso unfreiwillig ist wie die erste, aber nicht weniger unliebsam. Es bietet sich eine gute Gelegenheit, um Ihnen teurer Vater, endlich diesen ewiglangen Brief zukommen zu lassen, und, um diese nicht zu verpassen, schreibe ich Ihnen nunmehr nach dem Abendessen. Der gute Gorissio war heute vormittag hier und hat mir des Langen und Breiten gesprochen, und ich habe ihm die gleiche Antwort wie Sie, teurer Vater, gegeben; man kann keinen Rat in einer Angelegenheit geben, die ganz und gar nur eine Sache des Gewissens ist. Falls Therese [Prinzessin von Sachsen-Hildburghausen] so denkt wie ich, wird sie ihre Religion nicht ändern. – Der König beauftragt mich, Ihnen seine respektvollen Empfehlungen zu vermitteln; Gott sei Dank geht es ihm prächtig. Was mich angeht, so bin ich äußerst zufrieden, hier zu sein, ▷ aber ich bin auch ein gepeinigtes Thier ◁. Die Empfänge und Abordnungen hören noch nicht auf. Gestern sah ich den österreichischen Gesandten, der mir sagte, die junge Kaiserin sei ohne Hoffnung. Das ist grausam.▷ Gott vergib mir meine Gedanken ◁. Georg benimmt sich in der ganzen Hildburghauser Affaire wie ein Engel; er spricht darüber mit einer wirklich achtbaren Offenheit und geht allen Gründen dafür und dagegen in der Tiefe nach, obwohl er recht interessiert daran ist, daß das [Konvertieren] nicht geschieht. Wenn nur mein teurer Vater ein Mittel fände, mit England Schluß zu machen.

Ich sende meine Grüße an Großmama und den Onkel, meine Augen fallen mir zu, ich bin am Ende meiner Kräfte.

Verzeihen Sie mir dieses Gekritzel, und glauben Sie an mich bis zum letzten Atemzug meines Lebens als Ihre demütige Dienerin und Tochter Louise.

Meine Brüder und Schwestern liegen Ihnen zu Füßen. Der Dr. Volner [?] weilt hier und führt sich gut auf.

Therese, Prinzessin von Sachsen-Hildburghausen (1792–1854), Tochter von Luises ältester Schwester Charlotte, heiratete am 12. Oktober 1810 den damaligen Kronprinzen, späteren König Ludwig I. von Bayern (1786–1868). Eine Verbindung von Luises Bruder Georg mit Prinzessin Auguste von Bayern, Schwester Ludwigs I., war an der Frage der Konfession gescheitert. Luise setzte sich jetzt dafür ein, daß auch der Plan einer englischen Brautwerbung für Georg abgebrochen wurde. – *Ohne Hoffnung* sich Napoleons Werbung zu entziehen war Erzherzogin *Marie Luise* (1791–1857), Tochter von Kaiser Franz I. Sie heiratete Napoleon am *2. April 1810.*

375. An die Zarinmutter Maria Feodorowna

Berlin, den 7. Januar 1810

Ich kann diesen Tag unmöglich vorübergehen lassen, ohne Ihnen, teure, liebe Schwester, zu schreiben. Die Erinnerung an diesen Tag wird meinem Herzen immer denkwürdig bleiben. Heute vor einem Jahr sah ich Sie zum erstenmal, und Ihre zärtliche Freundschaft, Ihre Güte, die zahlreichen Aufmerksamkeiten, die nur Ihnen, teure Kaiserin, eigen sind, waren mir so wertvoll, daß ich Ihnen das am Jahrestage dieses glücklichen Ereignisses unbedingt aussprechen muß. Sie haben mich für mein übriges Leben gewonnen, und ich habe nur den aufrichtigen Wunsch. Sie, teure Schwester, möchten mir Ihre Freundschaft erhalten, die mich so glücklich macht.

Den 10.

Herr von Gorgoli [russ. Oberst] ist als Kurier auf der Durchreise hier und hat uns aufgesucht; er ist so gut, diesen vor drei Tagen begonnenen Brief zu besorgen. Ich bin sehr glücklich, daß ich eine Gelegenheit finde, Ihnen mitzuteilen, daß ich mich hier sehr glücklich fühle. Das Volk hat uns mit rührender Freude aufgenommen; wohin ich meine Augen wende, sehe ich nur freundliche Gesichter, und der König ist beliebter als je. Die Stadt schenkte mir einen herrlichen Wagen und Geschirr für acht Pferde, wunderbar in Silber gearbeitet. Dies Geschenk ist für mich von doppeltem Wert, da es mir in einer Zeit des Elends gemacht wurde. In dieser Hinsicht geht es uns immer sehr schlecht, denn Napoleon schlägt nichts von seinen Ansprüchen nieder und wir haben nicht die Mittel, die 98 Millionen zu zahlen. Was sagen Sie zu der Ehescheidung? Man flüstert sich darüber sonderbare Dinge ins Ohr!!!

Adieu, teure, vielgeliebte Schwester; schicken Sie mir doch baldigst einen Handschuh als Muster; jetzt, da ich an der Quelle bin, will ich alle Aufträge genau ausführen. Ich bitte um Ihr liebes Bildnis oder doch mit der Zeit um Ihre Büste. Der König ist Ihnen zu Füßen und läßt sich Ihnen empfehlen, und ich bleibe beständig Ihre treue Freundin und Ihre zärtliche Schwester und Kusine

Luise

Der Rex erinnert sich mit Entzücken an Ihre Güte und an Petersburg, das ▷Fräuleinstift◁ nicht zu vergessen. Ich bitte Sie, der Großfürstin Anna [Gemahlin von Konstantin] und den Großfürstinnen sehr viel Schönes zu sagen.

Mit der *Ehescheidung* meinte Luise Napoleon und Josephine, mit dem *Fräuleinstift* das Smolnij-Institut in St. Petersburg. Es war von der Zarin-Mutter gegründet worden.

376. An die Zarin Elisabeth

Berlin, den 10. Januar 1810

...Gott sei Dank, daß ich in Berlin bin. ▷Es erträgt sich alles besser hier◁. Mein guter, verehrungswürdiger Vater war zu unserm Empfange hier und hat acht Tage mit uns verbracht. Nur in seinen Armen konnte ich meine Tränen zurückhalten; übermäßig flossen sie, als ich mich von der Familie von Preußen und einem großen Teil der Mecklenburgischen umgeben sah.

Antworten Sie mir doch, ob Sie ein klein wenig Hoffnung haben,

diesen Sommer zu uns zu einer Kur nach Charlottenburg zu kommen. Ich bitte Sie inständig, setzen Sie Himmel und Erde in Bewegung. ▷ Ich liege auf den Knien für Sie, beste Kusine, kommen Sie doch ◁. – Der Kaiser ist in Twer und in Moskau und Gott weiß wo; darum schreibe ich ihm nicht. Und dann noch ein zweiter Grund: die reine Höflichkeit, denn da er nicht gern schreibt, will ich ihn nicht in den Fall setzen, daß er mir auf zwei Briefe antworten muß. Sagen Sie ihm, er möchte auf diese Weise meinen Dank für alle Aufmerksamkeiten und Freundlichkeiten entgegenehmen, die er mir seit einem Jahr bezeugt hat.
Ich lebe jetzt in der Zeit der Gedanken. Adieu, beste Kusine. Antworten Sie mir bald und sagen Sie mir: *»Ich komme nach Charlottenburg und liebe Sie noch.«*

Ich bin Ihre zärtliche Freundin und Kusine Luise

Twer (heute Kalinin): Alexander I. hatte seinen Schwager, den Erbprinzen von Oldenburg, zum Generalgouverneur dieser Provinz ernannt. Im Schloß der Stadt residierte Alexanders Lieblingsschwester Großfürstin Katharina Oldenburg und versammelte einen Kreis bedeutender politischer Persönlichkeiten um sich.

377. An ihren Vater

Berlin, den 12. Januar 1810
um 8 Uhr morgens

Mein sehr lieber Vater!
Sie können sich, lieber Vater, keine Vorstellung von dem Vergnügen und der Dankbarkeit machen, die Ihre Wohltaten in meiner kleinen Familie bewirkt haben; alle meine Kinder küssen Ihnen die Hände und beauftragen mich damit, Ihnen zu sagen, daß Großpapa zu ihnen zu liebenswürdig war, ▷ und nebst ihrem untertänigen Respect ihren Dank zu Füßen legen ◁. Die kleine Luise hat sich der Bonbonnière mit den rosafarbenen Bonbons bemächtigt und will sie den ganzen Tag über lutschen; sie ist die letzten Tage über wenig artig gewesen, aber ich bin dabei geblieben, daß das Kind irgendwie litte oder sich unwohl fühle, ohne das ausdrücken zu können. Nun hat man gestern entdeckt, daß einer der dicken Backenzähne durchgebrochen ist. So ist jetzt die Liebenswürdigkeit des kleinen Engels ehrenvoll gerettet. Gestatten Sie jetzt, teurer Vater, es zu wagen, Ihnen meine vollkommene Dankbarkeit für all die guten Wünsche auszudrücken, die Sie mir gegenüber zum Jahreswechsel ausgesprochen haben. Ich möchte unterstreichen,

daß meine Wünsche nicht weniger aufrichtig sind, und ich erwarte wiederum das Fortdauern Ihrer Huld und Güte mir gegenüber; derer ich mich immer würdiger erweisen möchte. Möge Gott Ihnen die volle Gesundheit schenken, die ich dem besten aller Väter wünsche und derer Sie sich – Gott sei Dank – zur Zeit erfreuen. – Vorgestern waren wir in Charlottenburg, mit meinen Brüdern, meiner Schwester und meinen Kindern. Meine Gefühle waren recht gemischt, aus Bitterkeit und Freude, als ich den Ort wiedersah, an dem jener unglückliche Krieg beschlossen wurde und von wo aus der König in Richtung Armee aufbrach. Die berittenen Bürger empfingen mich vor der Stadt, und an dem Ort selbst empfing mich der Prediger mit einer langen Ansprache. Im Schloß fand ich alles in der größten Ordnung, mein ganzes Porzellan, meinen ganzen alten Kram in allen Ecken. Nur fand ich – leider – nicht mehr die Diamanten, die mein Neffe [Fritz Louis] und meine Nichte [Friederike] von meiner Großmutter, der Königin Mutter geerbt hatten. Man wird alle nur denkbaren Durchsuchungen anstellen, um wenigstens eine wahrscheinliche Vorstellung davon zu gewinnen, wo sie geblieben sind. In einigen Tagen begeben wir uns nach Potsdam. Viel lieber statte ich dieser guten Stadt einen Besuch ab, als dort zu wohnen.

Meine beiden Brüder sind sehr stark erkältet. Carl hat nur einen Schnupfen, aber Georg hat überdies eine Lungenentzündung mit Fieberanfällen. Ich habe mit seinem Arzt gesprochen und habe ihm verboten, das Zimmer zu verlassen, um die Krankheit einzudämmen, um zu schwitzen und um sich nicht nochmals zu erkälten. Daher gebe ich mich der Hoffnung hin, viel zu einer raschen Genesung getan zu haben. Ich bitte Sie vielmals um Verzeihung wegen dieses schrecklichen Geschmieres, da es wahrlich ein wenig einer Katzenschrift ähnlich sieht, aber um Sie nicht zu lange auf Nachricht warten zu lassen, schreibe ich beim Morgengrauen in meinem Bett, und das mit Kopfschmerzen ▷ und bei sehr mäßigem Tageslicht ◁.

Seien Sie so gnädig, mich Großmama zu empfehlen und dem Onkel Grüße auszurichten. Mit der nächsten Post werde ich ihm antworten. Ehe ich aber schließe, wage ich es noch, Sie eindringlich zu bitten, mir zu sagen, ob Sie einen Weg finden, um einen Brief an die Königin von England [Charlotte, geb. Mecklenburg-Strelitz] gelangen zu lassen, und um die Sache völlig zu beenden. Ich finde die Idee des bayrischen

Kronprinzen [Ludwig], Therese zu bitten, ihre Religion zu ändern, höchst lächerlich. Ich habe Charlotte [Sachsen-Hildburghausen] geantwortet, daß man in einer derart ernsten Angelegenheit das nicht anraten könne, aber andererseits habe ich ihr zu verstehen gegeben, daß allein Therese wissen könne, ob sie das Glaubensbekenntnis und die Gelübde, die sie zu Füßen des Altares Gottes abgelegt habe, mit Überlegung und voller Glauben gesprochen habe, oder ob sie in einem der entscheidendsten Augenblicke ihres Lebens unüberlegt, verwirrt oder leichtfertig gewesen sei. Ich habe sie beschworen, nichts zu überstürzen, weder das Ja noch das Nein, aber zu gleicher Zeit ▷ habe ich gefleht, daß sie nicht das Ewige auf das Spiel setze für das Zeitliche und habe ihr den Spruch aus der Bibel angeführt; was hülfe es, Städte zu gewinnen und du nähmst doch Schaden an deiner *Seele* ◁!

Nur die Religion kann uns den inneren Frieden geben inmitten des Gewittersturmes und des Blutvergießens, wovon wir hier unten so oft umringt sind. Sie haben uns immer das schönste Beispiel gegeben, lieber Vater, für das, was ein wahrhaft religiöses Herz an *Leiden* und *Freuden* aushalten kann. Denn das Maßhalten ist uns erforderlich in beiden Fällen, und nur die Demütigung vor Gott läßt uns den Weg erkennen, den wir gehen müssen.

Ich liege Ihnen zu Füßen und küsse Ihre lieben und wohltätigen Hände, voll zärtlicher Liebe des Herzens und der Seele, im Leben und im Tode Ihre demütige Tochter

Luise

378. An den Freiherrn v. Hardenberg

Berlin, den 27. Januar 1810

Eine große Freude wurde mir zuteil, als ich Ihren Brief erhielt, mein lieber Herr von Hardenberg; die Fortdauer Ihres Gedenkens und Ihrer Freundschaft ist von sehr großem Wert für mich. Hätte ich Sie, statt eines Briefes, hier getroffen, so wäre meine Freude größer; denn meine Sorgen hätten sich sehr vermindert. Es ist eine der peinlichsten Bedingungen unserer gegenwärtigen Existenz, daß Sie dem König und der Politik fernbleiben müssen, und ich insbesondere wäre wahrhaft glücklich, Sie bei uns zu wissen, da ich Sie gründlich kenne und eine Freundschaft für Sie empfinde, die nur der Achtung gleichkommt, die

Sie in *jeder* Hinsicht verdienen. Ich spreche zu Ihnen nicht von dem, was uns betrifft. Wir sind immer noch höchst unglücklich. Indessen ist das Leben hier in Berlin erträglicher als in Königsberg.▷ Es ist wenigstens ein glänzendes Elend mit schönen Umgebungen, die einen zerstreuen ◁, während es in Königsberg wirklich ein elendes Elend war. Erzählen Sie mir, bitte, von Ihren Plänen. Wären wir frei, und hätte ich Stimme im Kapitel, ich gestehe Ihnen offen, ich täte alles auf der Welt, um Pläne zu hintertreiben, die Sie von uns entfernen könnten.
Alles, was aus Ihrer Schule hervorgegangen, ist vollkommen. Nagler ist ein ausgezeichneter Mann, voll Geist und Vaterlandsliebe. Man sagt, daß der Minister Altenstein ein sehr großer Finanzmann sei, ich kann darüber nicht urteilen, aber er ist menschenfreundlich, gerecht, ein Mann ohne Schwierigkeiten, kurz, ich glaube, daß er recht auf seinem Platze ist. Indessen, die Erfahrung, diese große Lehrmeisterin, fehlt dem ganzen Ministerium von heute.
Leben Sie wohl, mein lieber Herr von Hardenberg, Gott segne Sie und gebe Ihnen unerschütterliche Gesundheit. Ich bin Ihre Freundin

Luise

Karl Ferdinand Nagler (1770–1846, 1823 geadelt): Geh.-Staatsrat und Kabinettssekretär, 1836 Generalpostmeister. – Karl *Freiherr v. Altenstein* (1770–1840): von 1808–1810 preußischer Finanzminister, 1817–1838 Kultusminister.

379. An ihren Vater — Berlin, den 20. Februar 1810

Liebster Vater,
Graf Grothe, der bei Ihrer Person akkreditiert ist, wird der Überbringer dieses Briefes sein und Sie meiner größten Ehrerbietung und meiner zärtlichsten Ergebenheit versichern. Gleichzeitig wird er Ihnen das kleine Siegel übergeben, das ewig nicht fertig wurde, da der arme Runcken fast blind von der Kopfgicht war. Nehmen Sie es gütig an und sagen Sie sich, wie überaus glücklich ich sein würde, wenn die kleine *Sphinx* für einen *Augenblick* Ihnen den zehnten Teil der Freude machen könnte, die ich empfinde, wenn ich Ihnen diese kleine Nichtigkeit anbieten darf.
Soeben habe ich durch einen Eilboten die Nachricht erhalten, daß Therese von Hildburghausen den Kronprinzen [Ludwig] von Bayern

heiratet. Charlotte schrieb mir einige Worte mit einer Einlage für Sie, lieber Vater. Die Überraschung machte sie krank und leidend, und da ich nicht weiß, ob sie Ihnen selbst schreiben konnte und dadurch selbst Ihrer Pflicht, es Ihnen selbst anzuzeigen, genügen konnte, habe ich alles an George geschickt. Ich habe ihn heute noch nicht gesehen und weiß nicht, ob er Ihnen alles durch Eilboten gesandt hat oder ob Graf Grothe, der heute Abend abreist, der Überbringer sein wird. Gott möge die Verbindung segnen, die meine anziehende Nichte bald schließen wird, aber ich gestehe, ich zweifle daran.

Mein lieber Vater wird nicht wenig erstaunt sein, wenn er hört, daß Kaiser Napoleon ganz sicher die Erzherzogin Luise von Österreich heiraten wird, die älteste Tochter des Kaiser Franz.▷ Gott sei ewig gelobt, daß meine Tochter tot zur Welt kam, sie wäre jetzt im sechszehnten Jahre, sie wäre fünfzehn Jahre vier Monate alt◁. Wir haben noch nicht die offizielle Nachricht von seiten Napoleons, aber sie ist deswegen nicht weniger sicher. Der Fürst von Neufchâtel wird als Gesandter mit einer Gesandtschaft nach Wien reisen, um sie anhalten und sie in *Stellvertretung* heiraten. Die Königin von Neapel wird ihr bis zur Grenze entgegenkommen und sie wird überall als Kaiserin empfangen werden. Aber Sie werden es kaum glauben und es muß auch *ewig ein Geheimnis* bleiben: Man hat von seiten Österreichs Schritte unternommen, um das zustande zu bringen.▷ Nun ist alles möglich!

Im Grunde ist es um blutige Tränen zu weinen, daß es soweit gekommen ist mit den Menschen, mit dem Jammer auf Erden. Denken Sie sich's nur recht lebhaft, wenn wir in diese Versuchung gekommen *wären!* Auf einer Seite *alle* Empfindungen, die dem Menschen natürlich sind, die dem mütterlichen Herzen so natürlich sind, diese hätten unaufhörlich geschrien – Nein! tue diese Untat nicht, mache dein Kind nicht *zeitlich*, vielleicht auch *ewig* unglücklich. Und wieder auf der andern Seite, 6 Millionen Untertanen, die mit einem Ja aus Jammer, Elend, Tränen statt Brot in eine glückliche Lage gekommen wären durch ein einziges Geschöpf, was leidend sich opferte. Denken Sie sich's nur recht lebhaft und danken Gott mit mir, daß er diesen *Kelch* vor dem guten König und mir hat vorüber gehen lassen. Ja, ja er legt dem Menschen nicht mehr auf, als er tragen kann, und er hat seine Gnadenhand nicht von mir gezogen, das sehe ich deutlich daran. Des Herrn Wege sind seine Wege, und kein Mensch kann den Ausgang

voraussehen als er. Darum Vertrauen, kindliche Hingebung in seiner Liebe und das Auge nach oben, wenn es hier dunkel ist ◁.
Ich liege Ihnen zu Füßen und beschwöre Sie, von meiner Neuigkeit aus Österreich nicht offen zu sprechen, aber den ganzen Brief an Friederike und der Großmutter den Inhalt mitzuteilen ▷ soweit es gut ist. Erhalten Sie mir Ihre Liebe, bester Vater, Sie sind so gut, so gnädig, daß ich nur verdient dieser Gnade verlustig gehen könnte, die jetzt mein Glück und meinen Stolz ausmacht. Ewig Ihr treu ergebenes Kind

Luise

Ich küsse Friederike herzlich, kann aber nicht schreiben heute, weil ich an Nöpel [Napoleon] schreibe, gewiß eine *excuse valable.* ◁

August Otto Graf *Grothe* (der Überbringer des Briefes) wurde 1810 preußischer Bevollmächtigter an den mecklenburgischen Höfen. – *Fürst von Neufchâtel:* Alexander Berthier, Fürst und Herzog von Neufchâtel und Wagram (1753–1815), französischer Marschall. Er war seit 1808 mit Prinzessin Marie, Tochter des Herzogs Wilhelm von Bayern verheiratet. 1815, nach Napoleons Rückkehr aus Elba, stürzte sich Berthier am 1. Juli vom Balkon des Bamberger Schlosses hinab.

Nachdem Minister v. Altenstein die Beschaffung der fälligen Kontributionszahlungen für unmöglich erklärt hatte und dadurch die Gefahr bestand, daß Schlesien geopfert werden mußte, schrieb Luise auf Anregung ihrer in Paris lebenden Schwester Therese Thurn und Taxis und des französischen Gesandten Saint Marsan persönlich an Napoleon.

380. An Napoleon I.

Berlin, den 20. Februar 1810

Mein Herr Bruder,
Die wenigen Stunden meiner Unterhaltung mit Ew. Kaiserlichen Majestät in Tilsit haben sicherlich genügt, um Sie ganz und gar mein Gemüt und meine Denkweise kennen lernen zu lassen. Ich scheue mich deshalb nicht, Ihnen zu sagen, daß ich mutig alles nur persönliche Unglück ertragen werde. Nicht das führt mich dazu, diese Zeilen an Sie zu richten, Sire, sondern das Mißgeschick eines überaus unglücklichen Landes.
Der König und ich haben nicht einen Augenblick gezögert, die größten Opfer zu bringen, um die Ew. Majestät gegenüber eingegangenen Verpflichtungen zu erfüllen (es wäre Ihnen unwillkommen, Einzelheiten darüber zu hören); aber alle Anstrengungen sind vergebens gewesen: alle Hilfsquellen des Königs und diejenigen unseres unglücklichen

Landes sind erschöpft, und ich wäre zweifellos in Sorge über das zukünftige Elend, das vor uns liegt, wenn ich nicht meinerseits das Herz Ew. Majestät kennen würde. Der Blick Ihres überragenden Genies ist so durchdringend, daß er im gleichen Augenblicke das Ereignis, seine Ursachen und seine Wirkungen sieht. Möge er für kurze Zeit mir seine Aufmerksamkeit schenken. Mit wenigen Worten und vollkommenem Vertrauen werde ich ihm sowohl den Zustand der Dinge aufzeichnen, als auch die Heilmittel, die ich dagegen vorschlage. Der Aufenthalt der Truppen Ew. Majestät in unserm Lande, (das nicht reich ist), und die bis jetzt bezahlten Kontributionen haben das bare Geld verschwinden lassen, und wenn Preußen ehemals durch die Ausfuhr seiner Landeserzeugnisse und der Produkte seiner Fabriken einige Zahlungsmittel aus dem Auslande erhielt, so werden uns jetzt diese Hilfsquellen durch den gegenwärtigen Zustand des Handels auf dem Kontinent entzogen. Was die Anleihen im Auslande betrifft, so hoffen wir mit der Einwilligung und Hilfe Ew. Majestät auf die in Holland, aber Sire, wenn die Anstrengungen, die wir gemacht haben, Ihnen unsern guten Willen bewiesen haben, so weiß doch Ew. Majestät auch, daß wir auf diese Hilfsquellen nicht so leicht wieder zurückkommen können. Das sind unsere Leiden, solcherart sind die Übelstände, aber das Heilmittel befindet sich in Ihren Händen, Sire, und Sie werden es nicht einer Frau, einer Mutter, einer Königin verweigern, die nichts anderes von Ihnen fordert, als daß Sie Ihre große Seele sprechen lassen, und die sich nur an diese wendet.

Zwei Mittel gibt es, unsere Leiden zu erleichtern: Das erste ist ein *Gedanke*, der nur *mir* angehört, aber wenn Ew. Majestät ihn billigen würden, so wäre das die größte Wohltat, die Sie uns erweisen könnten, wenn Sie uns vielleicht denselben Vorteil zubilligen würden, den Sie, wie man sagt, der Stadt Danzig gewährt haben, und sich zehn Jahre lang mit den *Zinsen* der ganzen Summe, die Preußen noch zu zahlen hat, begnügen würden. Das zweite Mittel wäre, uns *Verlängerung* der Zahlungstermine zu bewilligen! – Ich versichere Ihnen, Sire, daß wir nicht daran denken, Sie durch diese Bitten zu einer *Verringerung* der Gesamtsumme zu bewegen; – im Gegenteil, Sire, ich wage nur so zu sprechen, um Sie zu beschwören, uns die Mittel und die Möglichkeit zu *verschaffen*, unser Wort zu halten und die Verpflichtungen zu erfüllen, die wir Ihnen gegenüber eingegangen sind. Ich wiederhole es noch einmal, ich wende mich an Ihre große Seele; ich bitte nur um etwas, was man von einem so großen Manne erbitten darf, dessen edelmütige Gefühle seinen Ruhm nur vermehren können. Mit Vertrauen beende ich diese Zeilen und füge noch hinzu, ich bin der festen Überzeugung, daß Ew. Majestät nicht das Werk des großen Friedrich vernichten wollen, sondern der Gedanke ist Ihnen willkommen, die Nachwelt möge, wenn sie von Friedrich und seinem Hause spricht, daran gedenken, was es dem wohltätigen Genie des großen Napoleon zu verdanken hat! Ich bin mit der größten Hochachtung, mein Herr Bruder, Ew. Kaiserlichen Majestät gute Schwester

Luise

Auf einem Ball zu Luises 34. Geburtstag *(10. März 1810)* erschien auch *Fürst Wilhelm zu Sayn-Wittgenstein* (1770–1851), ein persönlicher Freund Friedrich Wilhelms III. Er war Finanzexperte und schlug dem König einen neuen Plan zur Zahlung der Kontributionen vor. In ihm war die Einziehung des Besitzes der geistlichen Orden vorgesehen.

381. An ihren Vater — Berlin, den 14. März 1810

▷ Bester Vater!

Wie unbeschreiblich gnädig ist Ihr Brief, teuerster Vater! Er atmet durchaus Liebe und Zärtlichkeit. Könnt' ich nur so sprechen und schreiben, wie ich fühle; aber nicht ausdrücken läßt sich, was ich empfinde. Meinen innigsten Dank lege ich zu Ihren Füßen für den neuen Beweis Ihrer Huld und Ihrer Gnade; mit gerührtem Herzen küsse ich Ihre Hände in Gedanken und darf aufs neue um das Fortdauern derselben bitten. Auch für der Freude, die Ihr herrliches Geschenk mir gemacht, lege ich meinen untertänigsten Dank zu Füßen. So einen himmlischen Schreibtisch hab' ich noch nicht gesehen, er macht mir grade eine kindische Freude, und ich arrangiere den ganzen Tag, beseh' ihn von allen Seiten, sitze dafür und freue mich alle Augenblicke mehr über seine Schönheit und Bequemlichkeit. Nun muß ich leider von etwas reden, was weniger erfreulich und weniger befriedigend. Nämlich, ich hatte das Projekt, nach Strelitz am 16. zu kommen, allein die Umstände, die eingetreten sind, machen es mir zur Pflicht, nicht von meinem Posten, den Gott mir angewiesen hat, zu weichen und fest darauf zu stehen. Napoleon ist ganz toll mit seinen Forderungen und

hat uns alle in den tiefsten Kummer gestürzt. Ich kann und darf in dieser Krisis den König nicht verlassen; er ist sehr unglücklich und bedarf einer treuen Seele, auf die er bauen kann.
Nur in der strengsten Erfüllung meiner Pflichten kann ich Ihrer ganz würdig sein und den schönen Namen Ihrer Tochter zu tragen, mich würdig fühlen.
Ich trage meinen Geschwistern auf, alles zu sagen, wie es ist und wie es steht.
Es steht schlecht, das ist wahr; Opfer und Aufopferung ist mein Leben. Doch wieviel leichter bringen sie sich hier als in Königsberg.
Und dafür kann ich Gott nicht genug danken. Nun bitte ich Sie noch untertänig um Verzeihung für diesen kleinen Bogen, allein, ich bin nicht wohl und liege auf dem Sopha und habe keinen anderen in der Nähe gehabt. Ich danke Ihnen noch tausendmal für Ihre Gnade und bin zu Ihren Füßen mit kindlichem Herzen und kindlicher Liebe bis zu dem letzten Augenblick meines Lebens, Ihre treue Tochter

Luise ◁

Am gleichen *14. März 1810* schrieb Luise an Hardenberg (in Hannover), von dem sie wußte, daß er auf sein Gut Tempelberg (in der Mark zwischen Fürstenwalde und Müncheberg) fahren wollte. Sie bat ihn, die Reise zu *beschleunigen.* Unter dem Einfluß der Frau v. Berg (die in Berlin war) sah es Luise als ihre Pflicht an, sich in dieser »Krisis« politisch zu engagieren.

382. An den Staatsrat Nagler — Berlin, den 18. März 1810

▷ Haben Sie sich meines Auftrages entledigt? Es liegt mir, wie Sie leicht denken können, alles daran, da jetzt muß gehandelt werden, und nicht die alte Leyer abgeleiert, die zu nichts hilft. Geld will der Mensch. Und Geld zu schaffen, muß jetzt das Augenmerk Ihres Schwagers [Minister Altenstein] sein. Ich bin überzeugt, spricht er mit Fürst Wittgenstein, raisonnieren sie beide, wechseln ihre Ideen, so kann etwas Ganzes und Gutes herauskommen. –
Daß Minister Altenstein mit seinen Financiers und Sektionschefs den Plan des Fürsten wird gehörig geprüft haben, läßt sich voraussetzen mit Gewißheit; daß er meinen Wunsch, der eigentlich der seine sein muß, mit dem Fürsten Rücksprache zu nehmen, so wie mit den Bankiers, die ich Ihnen gestern nannte, erfüllen werde, läßt auch keine Zweifel übrig.

Tut er aber dieses nicht, erschöpft er nicht alle Quellen, woraus ihm Rat und Hülfe kommen kann, so genügt er nicht seiner Pflicht und handelt eigensinnig. – Bis gestern hatte er den F[ürsten] Wittgenstein noch nicht gesprochen und sprach dennoch am Morgen dem König von einer Deduktion der Unmöglichkeit. Tragen Sie alles dazu bei, ehrlicher Freund des Guten, damit das Gute geschehe.

Luise

383. Aufzeichnung für das Ministerium. [17. März 1810]

▷ Ich gehe von dem Grundsatz aus, daß der Mensch, der sich dem Gedanken überläßt, »Preußen ist doch verloren«, ein Mensch ist, der zu gar keinen größeren Vorkehrungen taugt, und es der unrichtigste Gesichtspunkt ist, den man nur haben kann, und der mit Recht ein kleinlicher Gesichtspunkt genannt werden kann. Dieser Gedanke wird nicht nur alle großen Maßregeln hemmen, sondern er macht den Menschen, der davon ausgehet, ganz unbrauchbar, weil er immer in sein Nichts zurückfällt, da er sich immerhin sagt: »Deine Mühe ist doch umsonst.« Dieser Mensch also wird, statt große Maßregeln zu ergreifen, nur kleine oder halbe im Gange bringen; und so den graden Weg auf Preußens Untergang einschlagen, statt sich dem entgegenzustellen. Es ist leider soweit in unsern Tagen gekommen, daß man sich auf alles gefaßt machen muß; wer sich aber das Traurigste denkt, und zum Leitfaden seiner Handlungen macht, der handelt auch gewiß sehr traurig, der verfehlet (besonders stehen solche Menschen an der Spitze der Geschäfte) ganz den hohen Beruf, zu welchem er eigentlich da ist, nämlich statt zu helfen, hilft er am Untergehen arbeiten.

Ein wahrer Staatsdiener muß von dem Geist beseelet *sein,* alle Mittel *erstlich aufzufinden* und *zweitens im Gange zu bringen,* um den Forderungen, die dem Staate gemacht werden und obliegen, Genüge zu leisten, damit aller Vorwand schwinde, der nur einigermaßen einen gewaltsamen Schritt des Feindes gegen denselben rechtfertigen könnte. Er muß von dem großen und einzig wahren Gesichtspunkt ausgehen, daß vor allen Dingen *die Nationalität gerettet werden muß;* daß der Nation alles daran liege, unter dem Zepter eines tugendhaften Königs vereinigt zu bleiben; daß, um diesen Vorzug und dieses Glück zu genießen, sie gewiß bereit sei, große Opfer zu bringen. Dieser Gedanke also, dem *König das gesamte Volk* und dem *gesamten Volke seinen rechtmäßigen König zu erhalten*, dieser Gedanke also ist es, der die Seele aller Staatsmänner anfeuern muß, und der einzig und allein den Leitfaden ihrer Handlungen ausmachen müsse. Dann werden sie sich aus den kleinlichen Rücksichten herauswinden können; dann werden sie Stoff finden, diesen Gedanken laut und allgemein zu verbreiten; und den Mut den Gemütern einzuflößen, große Opfer zu bringen und zu tragen, um große Vorteile zu sichern ◁.

384. An ihren Vater

Berlin, den 26. März 1810, abends 11 Uhr

▷ Bester Vater! liebster Papa! Eng'lischer Pap!

Ich habe die Post versäumt, weil ich nicht schreiben konnte; deswegen schicke ich eine Staffette, um Sie zu benachrichtigen, daß das Tedeum den ersten April aufgeführt wird. Solch eine Vollkommenheit ist noch nicht gehört worden, und wirklich eine Reise wert. Um Sie zu dieser zu bewegen, schreibe ich Ihnen, teurer Vater, und bitte Sie, lassen Sie sich's nicht reuen herzukommen, und machen Sie ja Ihren früheren Entschluß wahr, es wird Sie nicht reuen. Die Freude, die ich haben werde, Sie hier zu sehen, und der König, ist Ihnen ja gottlob bekannt, aber diese abgerechnet!, bitte ich Sie, zu kommen, da es wirklich der Mühe wert ist. Um keinen Augenblick zu versäumen, setze ich nichts hinzu als die Bitte, mich der Großmama, dem Onkel zu empfehlen und Friederike herzlich zu küssen. Ich bin zu Ihren Füßen und bald zu Ihrem Hals hoffentlich. Wo Sie zu wohnen befehlen, haben Sie die Gnade und lassen mich wissen, da George schon in meinem Namen darum angefragt hat. Ich bin mit tausend Erwartungen zu Ihren Füßen

Luise ◁

385. An ihren Vater

Berlin, den 6. April 1810

▷ Kaum kann ich schreiben, bester Vater!

Hier der Brief von Therese. Ich schwebe in Furcht und Angst.

Luise ist *sehr* krank. Meine Angst ist groß.
Das Kind hat ein schreckliches Fieber.
Ach Gott Ach Gott verlaß mich nicht!

Ihre Luise ◁

Nachdem Finanzminister v. Altenstein die Vorschläge des Fürsten Sayn-Wittgenstein abgelehnt hatte, kam es zu einem heimlichen Treffen mit Friedrich Wilhelm III. und Hardenberg bei Beeskow (südostwärts von Berlin). Luise konnte daran nicht teilnehmen, weil ihre kleine Tochter Luise plötzlich lebensgefährlich erkrankte. Auch Hardenberg sah Möglichkeiten, die Finanzkrise ohne Preisgabe von Schlesien zu meistern. Doch noch konnte er nicht aktiv tätig werden, weil er von Napoleon geächtet war.

Am *10. April* zog das Königspaar zu den üblichen Frühlingsmanövern in das Potsdamer Stadtschloß.

386. An ihre Schwester Friederike und ihren Bruder Georg

Potsdam, den 11. April 1810

▷ Beste Ike, bester George!
Der Wagen ist vorgefahren, der mich zu meinem Engel bringen soll, den ich nun schon 23 Stunden nicht sah. Der gestrige Tag war weniger gut als der vorgestrige, und nun weiß ich nicht, wie sie die Nacht schlief. Wie dank' ich Euch für Eure Liebe. Ja, Liebe tut wohl! Was Potsdam für mich ist, das kannst Du begreifen, entfernt vom Krankenbette meines Engels. Der König erlaubt mir so oft hinzugehen, als ich will, allein es ist doch nicht Tür an Tür mehr. Ich bin so traurig. Leset doch das *Génie du Christianisme* [von Chateaubriand]: Es sind herrliche Dinge darin, und der christliche Glaube, oder vielmehr der Sinn des Christentums ist so herrlich darin geschildert. Adieu, in 2 Stunden seh' ich Luischen. Eure treue

Luise

Am 12. kömmt der Prinz von Baden [Bruder der Zarin Elisabeth], und wir gehen nach Berlin am 13., auf wie lange, weiß ich nicht ◁.

Friedrich August *Graf v. der Goltz* (1765–1832) war von 1802–1807 preußischer Gesandter in St. Petersburg, von Juli 1807 bis 1813 Außenminister unter Stein und Hardenberg.

387. An Friedrich Wilhelm III. [Berlin, den 17. April 1810]

Ich vergaß Dir zu sagen, lieber Freund, daß alle Gesandten morgen bei Goltz sind und daß also die Prinzen aus der Familie nicht dorthin zum Mittagessen gehen können, da das unbedingt gegen jeden feststehenden Gebrauch ist. Graf Goltz hätte es als Minister der auswärtigen Angelegenheiten wissen müssen und Dir nicht verhehlen dürfen, daß sich das Diplomatische Korps dort befindet. Ich bitte Dich, lieber Freund, mich Deine *Entscheidung* darüber noch heute abend durch die Zurückkehrenden wissen zu lassen. Luise hat bis 11 Uhr geschlafen, das Fieber ist nicht stärker als gestern, Hufeland ist nicht besorgt und sagt, daß der Husten noch häufig in starken Anfällen vorkommen wird, während die Masern trocknen. Sie hat vor kurzem beim Erwachen etwas Bier zu sich genommen und schläft wieder oder vielmehr ist wieder ▷ganz sanft◁ eingeschlafen. Ich habe mehr Fieber als gestern und bin ganz und gar nicht wohl. Lebe wohl, vor dem Schlafengehen wirst Du noch einen Brief von mir bekommen.

Deine Luise

388. An Friedrich Wilhelm III. Berlin, den 17. April 1810

Meinem Versprechen gemäß, lieber Freund, schreibe ich Dir heute noch einmal, um Dir Nachrichten von Luise zu geben. Gott sei Dank habe ich Dir nur Tröstliches zu melden, denn Hufeland ist sehr zufrieden. Das Fieber hat nachgelassen und die Kleine schläft sehr ruhig. Heute morgen nach Deiner Abreise hat sie mit einer kleinen unbedeutenden Unterbrechung fünf Stunden geschlafen. Außerdem danke ich Gott, daß es jetzt regnet und sage mit der seligen Prinzessin Heinrich: ▷Es regnet Brot◁. Ehe es begann, erhob sich ein so starker Wind, ein so außerordentlicher Wirbelsturm, daß ich, krank wie ich bin, ans Fenster lief, und denke Dir meine Überraschung, als ich auf dem Thermometer 12 Grad Wärme nach 7 Uhr abends sah; der Pförtner versicherte mir, daß es während unseres Mittagessens 16 Grad waren. Ich lege Dir hier einen Brief der Familie Stosch bei, den Hufeland ganz in Tränen aufgelöst mir gab, um ihn Dir zu übermitteln. Ich glaube, die Witwe bittet Dich, ihr eine kleine Pension, welche der verstorbene Stosch von der Prinzessin Amalie [von Preußen, unverh.

Schwester Friedrichs des Großen] bezog, weiter zu zahlen. Die Familie bleibt arm und ohne Vermögen. Es wäre eine Wohltat.
Soeben wird das geistliche Konzert für den Karfreitag angesagt, von Händel und Graun, ausgeführt von der Akademie von Fasch [Kapellmeister] im Opernsaal. Es wird von Dir abhängen, ob ich hingehe oder nicht, ob Du nach Berlin kommst, um es zu hören und mich am Sonnabend nach Potsdam mitnimmst oder ob ich am Abend nach meiner Kommunion Dich dort treffen soll. Wenn mein Befinden so wie heute bleibt, werde ich weder zur Kirche, noch zum Abendmahl, noch ins Konzert und auch nicht nach Potsdam gehen, denn ich habe dauernd Fieber und einen Durst zum Sterben; der Gedanke kommt mir nicht aus dem Kopf, daß ich mich so noch einige Tage hinschleppen werde und dann werde ich mir beim ersten Luftzug, der mich trifft, das dreitägige Fieber holen. Du bist heute unter hohen Herrschaften gewesen, umgeben von schönen Prinzessinnen und schönen Damen. Ich nehme an, daß alles wieder seinen alten Gang geht und Du jetzt nach einem etwas späten Mittagessen den Tee mit Frau von Jagow und der Tauentzien [Hofdamen Luises] nimmst und dabei denkst: ▷ Es ist doch besser, wenn meine Frau hier ist ◁. Leb wohl, lieber Freund. Warum kann ich nicht durch meine Gegenwart alle Sorgen und Verdrießlichkeiten unseres Standes von Dir fern halten! Gott wird Dich segnen, Dich mit seinem Geiste erleuchten und auf dem Wege des Wahren und Guten bestärken. Das sind meine aufrichtigsten Wünsche. Kalckreuth [Generalfeldmarschall, Gouverneur von Berlin] ist nach den Zeitungen in Paris eingetroffen. Ich bin sicher, sein erster Brief wird nicht tröstlich sein, denn gewiß wird man ihm schroff begegnet sein und wird ihm ebenso unangenehme Dinge gesagt haben wie meiner Schwester [Therese Thurn und Taxis], um seine Gedanken durch Einschüchterung zu verwirren. Das ist die Art des Herrn der Erde, denn sind erst die Gedanken verwirrt und ist der Schrecken in die Glieder gefahren, so hofft man, daß Schlesien nicht nur sehr schnell preisgegeben wird und daß man so schlechte Bedingungen auferlegen kann, wie man will, sondern daß auch ▷ Blößen in der Angst ◁ entstehen, die man dazu benutzen kann, um uns vor den Augen der Nation und der Welt zu entehren. Ich beschwöre Dich, sei auf Deiner Hut, denn die Minister in ihrer *Schwäche* und Unfähigkeit werden Dir gewiß recht schlechte Ratschläge geben. Denke Dir, die Goltz [Frau des

Aussenministers] ist so vernarrt in ihren Rang, daß sie Deine Entscheidung darüber anrufen will. Ich hoffe, Du wirst mich diese Sachen ordnen lassen, und der Rang der Frauen wird sich, wie es immer gewesen ist, nach dem Dienstalter der Ehemänner richten, mögen sie nun gestorben sein oder nicht, das hat niemals ihre Rechte beeinträchtigt. Die Goltz hat irgendeinem gesagt: »*Wenn die Männer tot sind, sind die Frauen es auch.*« Ich wage die Bitte, daß Du in dieser Hinsicht nichts änderst, und warum solltest Du es tun? Der gute Goltz hat nicht so wesentliche Dienste geleistet, um eine Auszeichnung zu verdienen und seine Frau hat sich so unwürdig benommen, daß sie glücklich sein muß, wenn man sie am Hofe duldet. Lebe wohl, ich kann nicht mehr und bin von ganzem Herzen die Deine.

Luise

Die *selige Prinzessin Heinrich:* Wilhelmine von Preußen (1726–1808), vermählt 1752 mit dem Prinzen Heinrich von Preußen (1726–1802). – Graf Friedrich Adolf *Kalckreuth* (1737–1818), Generalfeldmarschall und Gouverneur von Berlin, war als Vertreter Preußens zur Vermählung Napoleons nach Paris entsandt worden. Er erkundete nebenher das politische Klima gegenüber Hardenberg und Preußen. – Gräfin *Juliane Goltz,* die Frau des Außenministers, eine geborene v. Schack, galt als klatschsüchtig.

389. An Friedrich Wilhelm III. — Berlin, den 19. April 1810

Mein lieber Freund! Ich schreibe Dir noch so spät, damit Du ganz frische Nachrichten über Luise hast, die Gott sei Dank Dein väterliches Herz erfreuen werden, das ganz besonders für das ▷Lieb-Kind◁ schlägt. Sie hatte eine ausgezeichnete Nacht, einen guten Schlaf, der nur um 5 Uhr auf einige Augenblicke durch etwas Husten unterbrochen wurde, und dann fuhr sie fort zu schlafen. Das Fieber ist weniger heftig als gestern, und Hufeland [Leibarzt] ist zufrieden. Sie hat noch am Vormittag und nach dem Mittagessen geschlafen und hat sich an Dich erinnert, als sie mein Taschentuch roch▷: »*Nononne, Papa auch nonnonne*« ◁, das heißt Eau de Cologne. Sie ist wieder ein Engel in ihrer Sanftmut, und Gott sei Dank haben wir nur Gott zu loben, weil er sie uns erhalten hat. – Ich hatte heute Erlaubnis, im Wagen auszufahren, bei einer Wärme von 18 Grad, aber da man die Kirchenluft fürchtete, wurde ich in meinem Zimmer vorbereitet, morgen werde ich um 9 Uhr zur Kirche gehen. Ich bete viel für Dich, lieber Freund, und wünsche, daß Du jeden erdenkbaren Segen in der Heiligen Handlung findest, die Du morgen begehen wirst. Wer braucht mehr denn Du den göttlichen Segen, seinen väterlichen Beistand und seinen Heiligen Geist auf dem traurigen Wege, den er uns vorgezeichnet hat. Lebe wohl, ruhe Dich gut aus. Du wirst keineswegs wieder geweckt werden, denn der königliche Reitknecht hat mir versichert, daß er in 2 Stunden wieder in Potsdam sein werde, und jetzt ist es 4 ½ Uhr. Ganz die Deine

Luise

Nebenbei: Erschrick nicht über das, was ich machen will, es wird keinerlei Folgen haben. Die Prinzessin Ferdinand [Luise von Preußen] ist sehr krank und wegen Ischias nicht imstande, das Bett zu verlassen. Ich habe ihr durch die Voß [Oberhofmeisterin] schreiben lassen, daß Du und ich ihr am 22. zur Feier ihres Geburtstages ein Diner geben werden, um sie zu feiern; da es sicher ist, daß sie es nicht annehmen wird, haben wir ihrer Eitelkeit geschmeichelt und waren sehr höflich. Ich hoffe, daß Du nicht böse auf mich bist. Übermorgen um 2 Uhr werde ich bei Dir sein. Verzeih die Einlage.

Prinzessin Ferdinand, Luise Markgräfin von Brandenburg-Schwedt (1738–1820), Mutter des Prinzen Louis Ferdinand und der Fürstin Luise Radziwill, wurde am 22. April 1810 zweiundsiebzig Jahre alt. Sie wohnte mit dem fast achtzigjährigen Prinzen Ferdinand, dem Herrenmeister der Ballei Brandenburg des Johanniterordens, im Johanniterpalais (dem späteren Palais Prinz Carl) am Wilhelmplatz. Die Königin kam von jeher nicht sehr gut mit der Prinzessin aus. – Am Abendmahlsgottesdienst vor Ostern konnten der König und die Königin nicht gemeinsam teilnehmen, weil er dem reformierten und sie dem lutherischen Bekenntnis angehörte.

Am *24. April* verließ Prinzessin Marianne Berlin, um zunächst zu einer Kur nach Bad Ems, dann zu einem Besuch ihrer Eltern und Geschwister nach Bad Homburg zu fahren. Sie sah die Königin nicht wieder.

390. An ihre Schwägerin Prinzessin Marianne von Preussen

Potsdam, den 24. April 1810

▷ Liebe Marianne! Meine Gedanken folgen Dir ohnaufhörlich, und ich freue mich so recht herzinniglich über Dein Glück, welches Du so sehr verdienst unter jeden Umständen, aber besonders nach den vielen Leiden, die Deinem Herzen so unaussprechlich viel kosteten. Schreiben kann ich Dir wohl so etwas, sagen aber ohnmöglich, und das fühlst

Du denn auch besser als ich es Dir auf Bogen auseinandersetzen könnte. Gott segne Dich, Deine Kur und alle Deine Lieben! Der Himmel bereitet Dich ordentlich vor zu der großen Freude, die Du in Homburg haben wirst, durch die kleinen, die Deiner warten unterwegens. Alle Tage hast Du ein bißchen Freude, bis daß die große kommt, die dann die andern alle verschlingt. Denn Vater und Mutter wiederzusehen, wenigstens vier Geschwister auf einmal, und zwar das alles zu umarmen in Deinem Geburtsort, darüber gehet gar nichts. *Oh, quel coeur si mal fait n'a pas tressailli au bruit des cloches de son lieu natal, de ces cloches qui chantèrent de joie sur son berceau etc. etc.* Wie recht hat Chateaubriand!

Denke Dir heute mein freudiges Erstaunen, als Graf Loewenstein-Wertheim [Friedrich, 1808 verabschiedet] bei uns zu Mittag speiste und ich erfuhr, daß er wieder angestellt ist! Ich glaube, Du kennst ihn von Rudolstadt aus, wo die Anna [Gemahlin von Großfürst Konstantin] so guter Laune war. Er war bei August voriges Jahr und hat mir vieles erzählen müssen, auch von seiner eigenen Familie vieles, die, da sie unter vier Herrn geteilt ist, viel Stoff zu Neuigkeiten geben. Es ist mir recht leid, daß Du ihn nicht hier sahst ◁.

Luise zitierte wieder den zeitgenössischen Schriftsteller François *Vicomte de Chateaubriand* (1768–1848). Nach Erscheinen seines »Génie du Christianisme« (1802) reiste er in den Orient und schrieb »Les Martyrs« (1809 veröffentlicht). Chateaubriand war mit Madame de Recamier befreundet und wurde später (1822) unter Ludwig XVIII. Außenminister. – Friedrich Vollrath *Graf zu Loewenstein-Wertheim* (1777–1813), bei Jena und Auerstedt verwundet, mußte 1808 wegen der Verkleinerung der Armee entlassen werden und wurde am *25. März 1810* beim Leib-Infanterie-Regiment Nr. 8 wieder eingestellt. Er fiel 1813.

391. An ihren Sohn Kronprinzen Friedrich Wilhelm

Potsdam, den 26. April 1810

[Mit Auszügen aus »l'esprit de l'histoire« von Ferrand, über die Erziehung eines jungen Fürsten.] ▷Die Kraft, Deine Wünsche zu unterdrücken, Deinen Leidenschaften zu widerstehen, fehlt Dir gänzlich und besonders dieser Punkt wurde ganz unzulässig in Deiner Erziehung vernachlässigt. Höre meine mütterliche Stimme, mein lieber Fritz; bedenke das wohl, was ich Dir zärtlich so oft wiederhole; zähme das jugendliche *Feuer,* mit dem Du alles, was *Du möchtest, haben* willst, und für alles, was Du Dir *denkst*, gleich die *Mittel* zur *Verwirklichung* verlangst. Wer Dir vorredet, daß dies Charakter, daß dies *wahre Freiheit* sei, ist ein Narr oder ein falscher Freund. *Wirkliche Freiheit* besteht nicht darin, daß man alles *tut*, was man kann, sondern daß man das *Gute* tut und was man als solches *erkennt*. Nur durch *Überlegung* wirst Du zur *Erkenntnis* kommen, was *gut* oder *böse* sei; nur durch *Bändigung Deines Willens* wirst Du zur *Ausführung des Guten* kommen, selbst wenn es mit Deinen *Neigungen*, Deinem *Geschmack*, Deiner *Bequemlichkeit* in *Widerspruch* steht; und *Charakter* haben heißt: Nach reiflicher Prüfung des Guten oder Bösen das ins Werk setzen, was man als das Gute erkennt, und *alle Willenskraft daran setzen*, um sich nicht durch die *Leidenschaften* abwenden zu lassen, die der höchsten Wahrheit des Guten widerstreben könnten.

Luise ◁

Noch war Delbrück Erzieher des Kronprinzen. Ancillon trat erst nach seiner Ernennung zum Staatsrat am *23. Juni 1810* sein Amt bei Hofe an. – Comte Antoine François Claude de *Ferrand* wurde unter Ludwig XVIII. Staatsminister.

392. An ihren Bruder Georg — Potsdam, den 27. April 1810

▷ Bester George! Heute morgen nach 8 Uhr, wenige Zeit nach meinem Erwachen, kam der Bote an und Dein Brief. Ich eile Dir zu schreiben, Dir und der Ika zusammen, denn Ihr seid ja doch ein Herz und eine Seele, wenn es mir gilt. Gott, wie dankbar bin ich Euch für Eure Liebe, es tut der kranken Seele so wohl, solche Menschen und solche Gesinnungen wie die Euren in diesem Greuel der Zeit zu finden. Ich habe, seit Ihr weg seid, viele Erfahrungen gemacht, die wahrlich greulich sind. Nicht genug, daß wir mächtige Feinde von außen haben, die töten können und wollen und die uns ängstigen und quälen, nicht genug davon haben wir innere Feinde, die wir bekämpfen müssen. Wie ich sie nennen soll, weiß ich wahrlich nicht. Nie hab ich so etwas geglaubt noch geahndet. Ist es Egoismus, ist es Verrat, ist es Jesuiterei, ist es Dummheit! – das kann ich nicht ergründen. Altenstein soll Finanzpläne machen und arbeitet nicht, Beyme [Justizminister] verleumdet die Guten und Klugen, und Nagler benimmt sich *heimlich* gegen mich beinahe wie *Julius Lange* [Journalist in Berlin]. Von sicherer Hand (ein

Freund des Hardenbergs) weiß ich, daß er gesagt hat, als er ein Papier von meiner Hand (Ansichten des gegenwärtigen Augenblicks) in der seinigen hielt: *»Mit diesen Zeilen kann ich sie verderben.«*. Er schickte einen Auszug davon an H[ardenberg]. Der Mann, der mir es wieder sagte, fragte ihn: *»Warum denn nur diese wenigen Zeilen, es ist so herrlich, daß Sie es ganz senden müssen.«* Die Antwort war: *»Dann wäre Sie ja gleich verloren.«* Also wieder eine Schlange in meinem Busen. Eine giftige Natter ist er aber gegen H[ardenberg], den er mit Undankbarkeit tötet und ausruft, als [...?] die Antwort auf der langen Deduction von A[ltenstein] bekam: *»Ich habe den H[ardenberg] schon auf einer schlechten Linie ertappt, aber diese ist doch die schlechteste.«* Hast Du je so etwas gehört – Hinweg von diesen Greuel[n], die die Welt zu einem Sumpf und den Menschen zum Teufel umändert.
Gottlob gehts besser mit Luischen, *langsam,* aber doch besser.
Zwar vor einigen Tagen hat sie uns wieder Sorgen gemacht, da das Verhalten des Urins Geschwulst verursachte.

Der Journalist Julius *Lange-Daveson* war Herausgeber des »Der Telegraph« und hatte in dieser Zeitung die Königin 1806 angegriffen.

393. An den Fürsten Sayn-Wittgenstein

Potsdam, den 30. April 1810

▷Es wird den König und mich sehr freuen, unsern verehrten Freund Hardenberg den 2. Mai auf der Pf[auen]=Insel wiederzusehen. Ich bitte Sie, diese meine Freude dem [Herrn v.] Hardenberg ja so wahr zu schildern als sie ist. Ferner wünschte ich, daß Herr v. Hardenberg alle Erkundigungen wegen Humboldt einzöge, ob seine Fähigkeiten wirklich so groß sind, als manche sagen. Mir liegt daran, es zu wissen, da ich alle möglichen Gründe habe zu vermuten, daß er abgehen will, des neuen Conseils wegen. Wir haben leider keine *eminenten* Köpfe zu viel, es wäre daher schade, wenn wir diesen (bewährt er sich als solcher) verlören. Mehr, lieber Fürst, habe ich nicht Zeit, heute hinzuzusetzen und bin Ihre Freundin

Luise◁

Wilhelm v. Humboldt (1767–1835), der im Innenministerium die Abteilung für Unterrichtswesen leitete, hatte am 29. April ein Abschiedsgesuch eingereicht. Seine

Übernahme in das geplante neue Ministerium unter Hardenberg wurde von Luise befürwortet aber wohl von Hardenberg nicht gern gesehen. Humboldt wurde Gesandter in Wien.

394. An ihren Bruder Georg

Potsdam, den 1. Mai 1810

▷ 4 große Tage sind vergangen und mein Brief schwimmt noch nicht an Sand Dir zu, denn er ist nicht vollendet [den ersten Teil des Briefes schrieb Luise am 27. April]. Und das deswegen, weil ich keine Zeit hatte. Seit 4 Tagen jagen wir seit des morgens 6 bis 8 Uhr abends in alle Gärten. Nach dem Fraß kann ich vor Menschen kaum Ciesta halten, und ich bin danach tot. Dann wird gelesen und gearbeitet bis der Thee kömmt, nachher und manchmal auch schon vorher so spazieren gegangen, daß ich vermutlich ganz *mager* werden werde. Ganz tot kömmt man zu bette, als *Murmeltier* erwacht man, also nicht menschlich. Kaum kann man sich besinnen, wo man ist und *was man ist,* gehet die Trommel und der General-Marsch kündigt einen greulichen Alarm an. Mensch und Vieh läuft zusammen und marschiert zum Tor hinaus; ich folge im Staub gebückt und fresse, rieche und mache Staub, komme gegen 2 wieder, reiße mir das alte Zeug vom Leib, *klebe* frisches auf meinen triefenden Leichnam und fahre gleich wieder fort nach Sanssouci, um da zu essen und komme gegen 9 Uhr wieder. Dieses ist ohne Zusatz der gestrige Tag! Und ohne die militärische Übung der Tage Lauf seit 4 Tagen. Heute bin ich ganz ermattet gegen 9 Uhr aufgewacht, außerstande aufzustehen, las ich etwas, frühstückte, ging zur Berta [v. Truchseß, Hofdame], die ich außer sich fand über Deine Güte, die Dir aber auch so ähnlich sieht, daß mir das Herz im Leib gehüpft hat. Nun schreibe ich in der größten Agitation, denn es 12 Uhr und um 1 muß ich geputzt als eine Göttin im Neuen Garten [Park am Marmorpalais] sein, weil Auguste [Schwägerin Hessen-Kassel], da da ihr Geburtstag ist [es war Augustes 30. Geburtstag], heute hierher invitiert ist, um fêtiert zu werden. Abends ist Komödie und dann [...?]; es gehet groß hier zu.
Obgleich Kalckreuths Brief nichts finaliter definiert hat, so atme ich freier! Und das ist viel, wenn man den Mühlstein, der einem jeden Morgen wieder mit neuer Gewalt auf die *Brust fällt,* wenn einem diese – einfallen, nur etwas lüften kann.

Meine Gesundheit ist noch nicht gut. Nun hab ich meine lieben Stockschnupfen und Halsweh. Letzteres gehet besser seit gestern. Luise ist auch besser!
Adieu nun, es ist beinah eins und ich habe nicht dem Pap geschrieben. Ich küsse Euch beiden und schreibe Euch beiden und bin ewig die alte

Luise

... Morgen gehe ich zu den Pfauen um H.(Hardenberg) zu sehen ◁.

Generalfeldmarschall *Graf Kalckreuth* hatte wohl aus Paris geschrieben, daß Napoleon der Wiedereinstellung Hardenbergs nicht abgeneigt war.

395. An ihren Vater

Potsdam, den 1. Mai 1810

▷ Bester Vater!
Ich habe mit sehr vieler Freude und unendlicher Dankbarkeit Ihr gnädiges Schreiben und das Buch erhalten. Habe aber weder antworten können noch lesen, da wir von morgens früh bis abends spät in alle Schlösser, Gärten und Inseln herum fahren. Verzeihen Sie daher, wenn ich heute auch nicht länger bin und Ihnen blos des Königs Respekt, der neben mir sitzt und mich treibt, und meine tiefste Verehrung und Liebe zu Füßen lege. Übermorgen, so Gott will, schicke ich den Boten weg und bin tollera – [?] und länger als heute. Luischen ist besser. Und ich bin Ihre

treue Tochter
Luise

Potsdam den 1. Mai
1810: Ich komme
vom Blocksberg, habe aber den Teufel nicht gesehen! ◁

übermorgen: Luise hoffte auf ein positives Ergebnis des Treffens auf der Pfaueninsel am 2. Mai, an dem sie und der König, Hardenberg und Fürst Sayn-Wittgenstein teilnahmen. – Hardenberg – obschon er sich mit 60 Jahren eigentlich ins Privatleben zurückziehen wollte – erklärte sich bereit, in den Staatsdienst zurückzukehren. Er arbeitete bereits an einem neuen Finanzplan. Schlesien sollte auf keinen Fall aufgegeben werden. Allerdings verlangte er für den Fall seiner Nominierung die Absetzung von Beyme, Altenstein und Nagler. – Fest entschieden wurde am 2. Mai noch nichts.

396. An die Oberhofmeisterin Gräfin v. Voss Potsdam, den 5. Mai 1810

Nie hat mich eine Aussteuer in solche Verlegenheit gebracht wie die aus Hildburghausen. Da ich keine Zauberin bin, kann ich nicht mehr als das Mögliche tun; da ich nur ein schwaches Menschenkind bin, muß ich mich den Beschlüssen der Vorsehung unterwerfen. Diese Beschlüsse sind seit dem 10. März bis heute hart gewesen, und ich habe gar keine Zeit gehabt, an Stickereien, Muster und Hofroben zu denken. Anbei ein Brief für meine Schwester [Charlotte Sachsen-Hildburghausen] ich bitte Sie, ihr den sofort durch Stafette zuzustellen. Ich habe versprochen, ihr alles, sobald es fertig wäre, durch einen ▷ Kurierwagen ◁ zu schicken. Sie werden die Güte haben, das vorher mit Seegebarth [Hofpostmeister] einzurichten. Der beiliegende Kasten in Wachsleinen soll mit der Stafette gehen, die Sie unverzüglich abschicken werden. Da es Diamanten sind, um die Charlotte mich flehentlich bittet, versichern Sie sie, ich bitte Sie darum ▷ und lassen sich ein Schein darüber geben ◁. Denn es gehört zu ▷ mein bißchen Armut ◁ Ich bitte Sie, sagen Sie der North, sie soll ▷ ein Besatz auf ein Schlepprock von grünen Blättern, aber in Folio unecht ◁ bestellen lassen. Ich glaube, Nitze weiß, wo man sie machen läßt. ▷ Ich glaube, Kleeblätter in Buketts gebunden, so daß es ein Tuff machte wie ungefähr eine Hortensiablüte so rund, wäre sehr hübsch ◁. Ich will die Probe davon Montag morgen um 11 Uhr in Berlin sehen, wohin ich mich sicher begeben werde. Tag und Nacht soll daran gearbeitet werden, damit es Mittwoch fertig ist. Auch die bei der Götz bestellten Girlanden von weißen Rosen sollen zu dieser Zeit fertig sein, und sie soll sie sofort einpacken. Die künstlichen grünen Blumenblätter sollen sofort begonnen werden. Ich will die Probe davon sehen, nur um zu sehen, wie es wird; meine Entscheidung soll jedoch Montag nicht abgewartet werden, ▷ aber immer arbeiten ◁. Adieu, lassen Sie den Kasten mit meinen Diamanten bei dem Präsidenten Seegebarth zeichnen, wie Sie es auf dem Briefe meiner Schwester finden. Adieu ▷ ich bin tot

Luise

Nehmen Sie das Geschmier nicht übel, Voto. ◁

Es ging um die Hochzeit (12. Oktober 1810) von Luises Nichte Prinzessin Therese von Sachsen-Hildburghausen mit dem Kronprinzen Ludwig von Bayern. – Johann Friedrich *v. Seegebarth* war Geheimer Oberfinanzrat und Hofpostmeister in Berlin.

397. An ihre Schwägerin Prinzessin Marianne von Preussen

Den 16. Mai. 1810

▷ Soeben bekomme ich Deinen Brief, meine teure Marianne. Es würde mir schwer fallen, Dir meine Freude und Dankbarkeit zu schildern. Wie gütig bist Du, beste Seele, daß Du meiner gedenkst und Dich aus dem Zirkel Deiner angebeteten Familie reißt, um mir zu schreiben! Es gleicht Dir aber so sehr, daß ich weiter nichts sagen kann als daß ich in großen wie in kleinen Sachen das Herz und die Seele meiner Marianne wiedererkenne.

Daß Deine Nerven erschüttert werden, ist mir wohl begreiflich; daß sie schwach sind, ist auch natürlich. Deswegen danke ich Gott, daß er Dir jetzt Freude schenkt und daß Du etwas Ernstliches für Deine Gesundheit tun kannst. Brauche auch recht ordentlich [die Bäder] und komm recht gesund wieder! Dein Brief hat mich himmlisch amüsiert. Verstanden habe ich ihn auch. Ich freue mich auf die umständliche Erläuterung des †, obgleich ich den Text gewiß verstehe, und die Briefe, die Du mir in Memel zeigtest. Sage doch ja Deinem guten klugen Vater, [Landgraf Friedrich V. von Hessen-Homburg] wie sehr ich ihn schätze, liebe und bedauere! Er ist, hoffe ich, von meiner Freundschaft überzeugt; sage es ihm mit tausend Empfehlungen! Deiner Mutter lege mich zu Füßen und sage ihr *que j'espérais qu'elle était persuadée de mon attachement inviolable. Si moi même je n'étais pas malheureuse, je tenterais tout pour lui rendre la bonheur.*

Ich küsse herzlich meine Kusine Auguste [Hessen-Homburg, unverh., 33jährig]. Daß Philipp [Hessen-Homburg, geb. 1779] sich noch meiner erinnert, ist mir sehr schmeichelhaft; ich glaubte es nicht, da ich eigentlich so wenig das Vergnügen habe, ihn zu kennen. Als Kusine darf ich ihn gleich den andern küssen, wenn er es nicht übel nimmt. Wenn Gustav [Hessen-Homburg, geb. 1781] angekommen ist, der eigentlich den ersten Platz in meinem Herzen hat von den Brüdern, so sage ihm viel von mir! Sage ihm, daß wir oft von ihm gesprochen, und ich mich immer des 12. Oktober [1806] erinnerte! Denkt er auch noch daran? Ich bitte Dich, sei aufrichtig gegen mich! Gott, nicht ohne Tränen kann ich an den Datum denken; denn von da an ging unser Unglück an. Was haben wir alle erfahren, und *wie* haben wir es erfahren! Mein Gewissen sagt mir: mit der Ergebung, die der Christin

ziemt, zwar nicht ohne Tränen, doch ohne Murren! – Die Nachrichten sind gut, und doch ist mein Herz so schwer. Ich singe oft das Lied von Theobald, was Du so gerne magst. Kennt man es in Homburg? *J'espère que vous ne faites rien, absolument rien, que d'être heureuse.*
Genieße Dein Glück ja recht ungetrübt! Es faßt mich ein unendlicher Schmerz, wenn ich an die Gegend denke, die Du jetzt bewohnst, und ich glaube, es ist eine Art von Heimweh, das mich manchmal so traurig macht. Es kann auch wohl etwas anders sein, da alles so anders ist, seit ich nicht mehr dort war. Ich bitte Dich, liebe Marianne, sage mir etwas das nächste Mal, wenn Du mir schreibst, von dem Schicksal meiner goldenen armen Kette, ob Du sie trägst, ob ihrer noch gedacht wird, ob sie dem Sturm der Schlachten widerstand oder ob sie das Schicksal aller Dinge auf Erden hat: vergessen, verloren, vertilgt? Du zeigst den Brief niemand von den Deinigen! Mir deucht, daß das [Unleserlich gemacht] sein Recht behält, und es immer in der Tat und in der Wahrheit heißt und ist.
Das Wetter im ganzen ist schön, die Bäume in der herrlichsten Blüte, doch ist alles sehr zurück gegen andere Jahre. Wir aßen oft in Sanssouci unter der Treillage [Laubengitter] vor der Bibliothek, auch im Neuen Garten, doch der starke Wind macht die Sache noch nicht recht angenehm, so wie ich es wünsche, daß alles vor Hitze ein bißchen krepiere. Wenn wir nach Berlin kommen, was regelmäßig gewiß den Donnerstag ist, so essen die Brüder bei uns. Louis [Ludwig Hessen-Homburg, geb. 1770] sitzt neben dem König, Leo [Leopold Hessen-Homburg, geb. 1787] neben mir. Gestern, Dienstag, war der König in Berlin wegen dem Prinz Louis von Wartenberg [Ludwig Gf Kolb v. Wartenberg-Roth], der sich gemeldet hatte. Wir haben einen unmenschlichen Fraß gehabt, die ganze Familie hat bei uns gekaut, und den Nachmittag, nachdem wir Mimi [Wilhelmine der Niederlande, Schwester von Fr.W.III.] gesehen hatten, die so glücklich ist, sind wir wieder hier um sieben Uhr gewesen. Morgen ist großes Manöver, wo ich die Brüder von weitem sehen werde, zwischen hier und Berlin. Die Komödie der kleinen Fanchon bei Radziwills war allerliebst; ich sah dort seinen Bruder [Pr. Ludwig Radziwill], der erste in Polnischer Uniform. Sonst ist alles beim Alten. Die Prinzessinnen von Oranien [Wilhelmine der Niederlande, Witwe] und von Braunschweig [Friederike] kommen den Freitag her auf ein paar Tage, die Luise bloß zum

Mittag, weil sie sich nicht von den Kindern trennen will. Der kleine Wildenbruch [Louis] hat die Windpocken.
Adieu, beste Marianne, genieße ungetrübt das Glück der Vereinigung der Deinen! Gott segne Deine Kur und erhalte mir ein Plätzchen in Deinem reinen Herzen! Deine Luise.
Heute ist Bußtag. Alles ist in der Kirche, ich allein bin zu Hause. Der Prediger ist schlecht, und ich feiere meinen bessern Gottesdienst, wenn ich an Dir und an Deinem Herzen denke, als wenn ich in dem geweihten Tempel ein Mensch reden höre, der nicht von Gottes Geist erfüllet ist. Wenn Deine Schwestern schon da sind, so küsse sie doch recht herzlich von mir, besonders Amalie [Erbprinzessin von Anhalt-Dessau]! Ich möchte wissen, ob sie meine Vorliebe vor der Kette billigen würde, wenn sie sie kennte!
Adieu noch einmal, ich drücke Dich an mein treues Herz. Der König, meine Kinder und Carl [Mecklenburg-Strelitz, Halbbruder] sagen Dir viel Schönes. Mein Brief ist nicht sehr interessant, aber denke Dir auch, daß er wenigstens sechsmal geöffnet wird! Der Deine war es auch ◁.

Am *12. Oktober 1806*, zwei Tage vor der Niederlage von Jena und Auerstedt, hatte Luise den Prinzen *Gustav von Hessen-Homburg* (1781–1848), Bruder der Prinzessin Marianne, in Weimar getroffen. – »Mimi«, Wilhelmine der Niederlande (Luises Schwägerin) hatte am 5. Mai 1810 ihr viertes Kind, *Marianne,* bekommen. Marianne (1810–1883) heiratete 1830 Luises jüngsten Sohn *Albrecht* (1809–1872). »Mimis« zweiter Sohn *Friedrich* (1797–1881) heiratete 1825 Luises jüngste Tochter *Luise* (1808–1870) und ihr ältester Sohn *Wilhelm* II. (König der Niederlande) verband sich 1816 mit Zar Alexanders jüngster Schwester, der Großfürstin Anna (1795–1865). – *der kleine Wildenbruch, Louis* (1803–1874), Sohn des gefallenen Prinzen Louis Ferdinand und der Henriette Fromm, wurde zusammen mit seiner Schwester *Bianca* (1805–1887) in der Familie des Fürsten Anton Radziwill erzogen. Fürstin Luise R. war ja eine Schwester des Prinzen Louis Ferdinand.

398. An die Zarin Elisabeth — Potsdam, den 21. Mai 1810

Liebe, gute Kusine! Herr von Schöler [persönl. Gesandter von Fr. W. III. am russ. Hof] wird Ihnen diesen Brief und ein Paket mit Strohhüten für den Spaziergang zustellen. Haben Sie die Güte, einen, *der Ihnen am wenigsten gefällt,* der Kaiserinmutter [Maria Feodorowna] zu geben mit anliegendem Blatt. Sie bekommt einen Kasten mit kleinen Hüten, davon *biete ich Ihnen den hellblauen* mit *weißen Rosen* und einen *Strohhut* mit grünen Bändern und *Blumen* an. Ich möchte, daß sie

Ihnen Freude machten. Amalie [Prinzessin von Baden] fand diese Hüte entzückend und versicherte mir, sie würden auch Ihnen gefallen; nur empfahl sie mir, keine Rose und keine rosa Bänder dazu zu tun; doch finde ich, der mit Lavendel ist viel hübscher mit Rosen und Maiblumen. Ich bin heute ganz stumpf geworden, und Sie werden mir das verzeihen, wenn ich Ihnen sage, daß ich am frühen Morgen in einem abscheulichen Wind zu einem Manöver war. Meine Tante von Oranien [Wilhelmine der Niederlande, Witwe], und die Prinzessin von Braunschweig [Friederike, Tochter der vorigen] die seit vier Tagen hier sind, lassen mich von einem Ende zum andern rennen, um alle Schönheiten von Potsdam zu zeigen. Ihr Aufenthalt macht mir große Freude, denn meine Tante liebe und schätze ich sehr, sie hat viele furchtbare Schläge eines besonders harten Schicksals ertragen; da ich nun aber immer in freier Luft bin, ist ihre Anwesenheit dem Briefeschreiben nicht günstig. Ich hätte sehr gewünscht, Ihnen heute lange zu schreiben; aber das ist unmöglich, ich will Ihnen also nur sagen, daß ich augenblicklich freier atme. Das *Messer*, das man uns wieder an die Kehle gesetzt hatte, um uns den ▷Garaus◁ zu machen, hat eine andere Richtung genommen, und da die Dinge in Spanien schlecht gehen, werden wir für den Augenblick geschont und seine Wut kann sich dort auslassen. Er schickt hunderttausend Mann dorthin; alle Truppen, die bei uns eine furchterregende Haltung angenommen hatten, sind, Gott sei Dank, dort hin gegangen. Sie können sich keine Vorstellung davon machen, in welchen Gefahren wir noch geschwebt haben.

Den 23.

Ich mußte Sie neulich verlassen, um in Sanssouci zu Mittag zu speisen, und konnte erst heute wieder die Feder ergreifen, doch noch in voller Eile, einen Augenblick vor meiner Abfahrt nach Berlin; dort will ich den alten Prinzen Ferdinand [von Preußen] beglückwünschen, der heute sein achtzigstes Lebensjahr vollendet. Es ist aller Ehren wert. Ich nehme an, Sie sind jetzt in Kameniostrow oder werden bald hinfahren. Warum kann ich mir nicht dem Glück schmeicheln, Sie dieses Jahr hier zu begrüßen; mir scheint, als hätte ich Potsdam wie Charlottenburg nie so schön wie dieses Frühjahr gesehen. Ich sitze auf einem Balkon vor meinen Fenstern und schreibe Ihnen bei göttlicher Wärme und dem köstlichen Geruch von tausend Fliedern, mit denen ich meinen Tisch umgeben habe. Ich lasse mich malen für Sie, liebe Kusine, und wenn es

gelingt, werde ich es Ihnen schicken. Bis jetzt scheint der Mann, trotzdem er im Kleinen malt, im Großen zu sehen, denn mein Kopf hat fast zwei Fuß Durchmesser.
Ihre Schwester von Bayern [Königin Karoline] wird von den Hochzeitsfestlichkeiten, die in diesen Tagen stattfinden sollen, sehr belästigt werden, und da sie, wie ich vermute, ihrem Termin nahe ist [Geburt der Tochter Maximiliane], wird es eine Last für sie sein. Ich habe meine Nichte [Therese, geb. Sachsen-Hildburghausen] durch Amalie ihrer mütterlichen Güte empfohlen und hoffe, sie wird ihr eine Führerin sein; sonst wäre ich trostlos, meine Nichte an diesem Hofe zu wissen, wo ein Montgelas [bayr. Minister] herrscht und alles was daraus folgt.
Wenn der Kaiser [Zar Alexander I.] diesen Sommer durch unsere Lande reist, dann hoffe ich, Sie zu begrüßen, und ich schmeichle mir, Sie werden nicht vergessen, daß Sie mir versprochen haben, dann zu kommen. Der gute König freut sich mit mir über die Möglichkeit und bittet mich, Ihnen das zu sagen. Ihre Bilder haben ihm große Freude gemacht und schmücken sein Schlafzimmer in Berlin.
Adieu, meine liebe Cousine, erinnern Sie sich meiner mit Nachsicht und haben Sie mich immer ein wenig lieb. Luise
Die Gräfin Voß ist Ihnen zu Füßen. Die Moltke-Marwitz [Hofdame, verh. Marwitz] hat heute einen Sohn bekommen und ist sehr glücklich.

meine Tante Oranien: Wilhelmine (1751–1820), Schwester von Luises Schwiegervater König Friedrich Wilhelm II., Gemahlin des letzten Statthalters der Niederlande Wilhelm V. von Nassau-Oranien, war seit April 1806 Witwe. Zu ihrem *besonders harten Schicksal* gehörte, daß sie und ihr Gemahl 1802 von Napoleon gezwungen wurden, die Niederlande zu verlassen (Napoleons Bruder Ludwig wurde König von Holland). Sie wurde begleitet von ihrer Tochter Prinzessin *Friederike* von Braunschweig (1770–1819), deren Gemahl Erbprinz Karl am 20. September 1806 verstarb (damals für Luise ein Vorzeichen kommenden Unglücks). – *Königin Karoline von Bayern* (1776–1841), die Schwester der Zarin Elisabeth, erwartete ein Kind (Maximiliane, geb. 21. Juli 1810), während die Hochzeitsvorbereitungen für ihren ältesten Stiefsohn Ludwig (I. König von Bayern) mit Luises Nichte Therese von Sachsen-Hildburghausen liefen. Königin Karolines Tochter Elisabeth (1801–1873) heiratete 1823 den ältesten Sohn Luises, Kronprinz »Fritz« (1795–1861).

399. An ihren Vater — Potsdam, den 23. Mai 1810

Teuerster Vater!
In diesem Augenblick erhielt ich Ihren gnädigen Brief und ich beeile mich, ihn zu beantworten, da ich sehe, daß ich es versäumt habe, Ihnen

Nachricht von mir zu geben. Gottseidank ist meine Gesundheit gut, und obgleich der Frühling nicht so schön ist wie gewöhnlich, denn wir hatten schreckliche Stürme, so mache ich doch viele Ausfahrten und befinde mich wunderbar.
Die Prinzessin von Oranien [Wilhelmine der Niederlande, Witwe] verbrachte 5 Tage hier, und obgleich ihre Anwesenheit mir großes Vergnügen bereitete, so war sie für meine Korrespondenz doch nicht von Vorteil, denn von Morgen bis zum Abend waren wir draußen und alle Schönheiten Potsdams mußten in Erscheinung treten, um unsere Gäste angenehm zu zerstreuen, unter denen auch die Prinzessin von Braunschweig [Friederike] war.▷ Die hat viele kleine Schritte gemacht, um nach zu kommen ◁.
Gestern machte der König eine Fahrt nach Rathenow, um das Kürassierregiment von Brandenburg zu besichtigen, und ich wartete auf als höfliche Wirtin und führte die Prinzessin von Oranien bis zur Pfaueninsel; dort nahm sie noch ein Diner ein und ist dann ihrerseits abgereist, und ich bin hierher zurückgefahren, um den König zu erwarten, der einen unglaublichen Fleiß entfaltet hat. Während wir beim Abendessen waren, ließ sich ein Posthorn vernehmen und [der Fahrer] hielt vor dem Hause; wer ist es, Herr von Clerembault [franz. Konsul], als Kurier mit Depeschen des Marschalls von Paris auf der Fahrt nach Königsberg. Er ließ dem König sagen, er habe mit ihm zu *sprechen*. Nach dem Essen wurde er vorgelassen und nach vielen Phrasen kam er endlich mit einer Botschaft heraus, die Ihnen Freude machen wird, nämlich der Herzog von Cador [Champagny, franz. Außenminister] läßt dem König versichern, die Rückkehr des würdigen Hardenberg zum Ministerium würde von *Nöpel* [Napoleon] nicht nur nicht mißbilligt, sondern sogar gern gesehen! Denken Sie, was für ein Glück! – Wenn auch der Schritt neuartig ist und zu anderer Zeit als unangebracht angesehen würde, sind wir doch zu glücklich, Hardenberg wiederzusehen, und alles wird dafür ins Werk gesetzt werden. Nur beschwöre ich Sie, unter Georg und Ihnen darüber Geheimnis zu bewahren, denn Hardenberg selbst weiß es noch nicht. Ich verlasse Sie, um nach Berlin zu fahren, und *»Nantchen Köpke«* oder Prinz Ferdinand zu beglückwünschen, der heute sein achtzigstes Jahr erreicht. Ich bin Ihnen zu Füßen und bitte Sie um Verzeihung für die Kritzelei. Mein Leben lang, teurer Vater, bin ich Ihre untertänige Tochter und Dienerin Luise

400. An den Fürsten Sayn-Wittgenstein

Potsdam, den 27. [oder 29.] Mai 1810

▷ Ich habe Ihren Brief mit der unbegreiflich angenehmen Nachricht bei der Zurückkunft eines Manoevres bekommen, und war so müde, daß ich Ihren Boten habe müssen warten lassen. Meine Freude ist unaussprechlich dem edeln Mann Gerechtigkeit widerfahren zu sehen, und dem König und dem Lande einen klugen, vortrefflichen Mann wiedergegeben zu sehen. Der König will Hardenberg selbst schreiben und ihm den Sonnabend bestimmen zum hieher kommen. Adieu, ich kann nichts hinzusetzen.

Luise ◁

401. An ihre Schwester Therese, Fürstin von Thurn und Taxis

[Potsdam,] Juni 1810

Was mußt Du von mir denken, liebe Therese, dieser Gedanke quält mich Tag und Nacht. Graf Goltz [pr. Außenminister] hat mir kein Wort von der Sendung des letzten Kuriers gesagt, durch den die Voß Dir schrieb – die war so glücklich, es zu erfahren, weil sie in Berlin wohnt, ich aber in Potsdam –; das muß Dir Aufschluß darüber geben, warum Du keinen Brief von mir und keine Antwort auf Deine lieben Briefe bekommen hast. Wenn man nicht von dieser unbegreiflichen Versäumnis des Grafen Goltz weiß, versteht man nicht, warum eine zärtliche, dankbare Schwester die andere ohne Lebenszeichen läßt, während die sich für sie aufgeopfert hat. Hegte mein Herz weniger Dankbarkeit, so könntest Du leicht glauben, ich handelte an Dir, wie Friedrich II. angeblich zu Voltaire sagte: »*Man drückt die Zitrone aus und wirft die Schale weg.*« Aber wenn Du auch unfähig bist, von mir etwas zu denken, was ich unfähig bin zu tun, so würde es mich doch sehr betrüben, wenn Du mich für nachlässig bei solcher Gelegenheit hieltest. Ich mußte Dir all meine Dankbarkeit aussprechen für die langen, guten Briefe, die Du mir inmitten der außergewöhnlichsten, anstrengendsten Festlichkeiten [zur Vermählung Napoleons] geschrieben hast. Das Wort: »*Hoffe, hoffe*«, war seit langem das erste, bei dem ich frei aufatmete. Wenn Du jetzt oder sonst einmal Gelegenheit dazu hast, erzähle Metternich [österr. Außenminister] von aller meiner Dankbarkeit für die guten Dienste, die er uns geleistet hat, für den Eifer und den guten, kräftigen Willen, für unsere Sache einzutreten, für seine gute Meinung von mir. Er kennt mich sehr gründlich, der Graf Metternich, wenn er, wie er durch seine Ratschläge bewiesen hat, überzeugt ist, daß nichts mir zu teuer ist, wenn es sich um das allgemeine Wohl handelt. Mein Leben gehört dem Staate, wenn es ihm das Glück wiederbringen kann.

Den 7. Juni. Vorgestern erhielt ich Dein Paket mit den Geschenken für uns und zu meinem Geburtstag.

Den 8. Ich war gerade soweit gekommen, als die Berg von Strelitz ankam, bedeckt mit Aufträgen und Briefen für mich, unter anderen einem von Dir an Georg. Ach, liebe Therese, wie hat er mir das Herz zernagt, dieser Brief! ▷ Ja, es gibt Wunden, die unheilbar sind. Könnte ich Dich doch nur einmal noch sehen, um mit Dir zu weinen, wie Du so richtig sagst, welch ein Wiedersehen nach so unaussprechlichen Leiden. Meine Seele ist grau geworden durch Erfahrungen und Menschenkenntnis, aber mein Herz ist noch jung. Ich liebe die Menschen, ich hoffe so gern, und habe allen, ich sage *allen* meinen Feinden verziehen. Die Menschen sind dennoch recht schlecht, und es sitzt hier ein Nest Menschen, die so arg und ärger sind als die Kienraupe; diese fressen die Wurzel des Baumes ab, so daß er sterben muß, und jene nagen an jedem guten Namen, bis der Mensch für Herzenskränkung stirbt. Hardenberg ist wieder *unser,* durch und mit Napoleons Bewilligung. Es ist ein Engel in der Not. Nun erläutere Dir den Vordersatz. Ich fühle gewiß so sehr das Bedürfnis, Dich wiederzusehen, als Du. Wo? aber, und wie? wenn Du keine große Reise machen kannst, darfst noch willst, daß weiß ich nicht. Nach Pyrmont geh' ich aus zwei Ursachen positiv nicht. Die erste ist dieselbe, die Dich von einer großen Reise abhält, Geld und Ökonomie. Wäre mit Pyrmont *sehr* nötig, so wäre die Frage nicht ums Geld, da der König immer gut und liebevoll ist, und, um mich zu erhalten, keine Aufopferung kennt; da aber meine Übel noch nicht von der Art sind, daß es unumgänglich notwendig ist, so will ich selbst die *dépense* nicht. Zweitens wird es da sehr voll sein, der König [Jérôme Bonaparte] und die Königin von Westfalen usw. das geht nicht mit mir zusammen, das begreifst Du. Papa geht den 26. oder 27. dahin ab, und mein Herz blutet, daß ich darauf Verzicht tun muß, da mir diese

Zerstreuung und Erholung und Stärkung an Seele und Leib so wohltätig gewesen wäre. Da ich aber nie an mich, sondern an das Ganze denke, so hab' ich *nein* gesagt, und dabei bleibt es. Gern hätte ich der *Heilquelle,* die mir das Leben *wieder gab* und *stärkte,* eine *Träne* der Dankbarkeit *gebracht.* Tränen der Freude kann ich ihr nicht weinen, aber der Dankbarkeit, wie gesagt, mit aufrichtigem Herzen. Ich habe gelebt und gelitten, daß ist wahr, es mußte aber so kommen, um mich zu läutern und festzustellen, im Glauben und Demut vor Gott, die die wahre Erkenntnis ist. In diesen wenigen Zeilen hast Du mein ganzes Bild, und wenn Du mir folgst, so wirst Du immer in allen meinen Handlungen diese Grundlinien meines Seins wieder erkennen.
Denke Dir nur, beste Therese, daß ich eine feste Idee habe, die ich nicht nur *nicht* loswerden kann, sondern sie ordentlich nähre. Es ist nämlich die Ahnung, daß, ich weiß nicht wie, Napoleon nach Frankfurt kommt dieses Jahr, daß wir dahin gehen werden aus Vernunftgründen, und daß ich dann die Seligkeit haben werde, Dich wiederzusehen. Ach! wäre es doch wahr.
Ich danke Dir tausendmal für die himmlischen Präsente, die Du uns geschickt hast. Das Schreibzeug, die Petschafte, die Blonde und die Schärpe, alles ist allerliebst. Ich danke Dir tausendmal dafür. Vielleicht siehst Du's mir an in Frankfurt!!! Nein, das wäre himmlisch. Denkst Du noch manchmal an die Reise nach Wilhelmshöhe mit mir? Wer uns dazumal in dem freudig erfüllten Wagen prophezeit hätte, was uns und andern 8 Jahre darauf widerfahren würde, man hätte ihn ins Tollhaus aus Barmherzigkeit gesteckt. Und nun Du, die Du immer an diese Reise als an die glücklichste Zeit Deines Lebens dachtest, da sie ohne Vorwurf war und in den heiligsten Gefühlen der innigsten Geschwisterliebe dahinschwand; dieser Ort ist nun Deine Trauerurne geworden! Es ist sehr bitter. Alles erträgt man; aber was das Herz bricht, wenn man es überlebt, so steht man doch als seine eigne *Ruine* da, wenn man aus der ersten Betäubung erwacht. Ich fühle Deinen Schmerz treu mit, ich ehre ihn, ich begreife ihn, er heiligt Dich und die Sache! Doch besser einen Edlen beweinen, als einen Schwachen *pour n'en pas dire davantage*, bedauern zu müssen oder verachten.
Noch tausend Dank für Deine Briefe. Die Beschreibung des Festes hat mich ungemein interessiert mit allem andern. Die schönen Verse an Deinem Kommuniontage, alles, alles habe ich mit tausend Dank

empfangen. Das Kistchen mit die Präsente war auf und 10 Wochen unterwegs, denn ich habe es vor 4 Tagen bekommen. Ich danke Dir tausendmal für diesen neuen Beweis Deiner treuen Liebe. Luischen [2-jähr. Tochter] ist wohl. Sie ist mir wiedergegeben und beinah hergestellt. Sie trinkt Eselsmilch, weil sie einen trockenen, kurzen Husten behalten hatte, der aber auch jetzt besser ist, obgleich nicht vorbei noch. Diese Zeit vergesse ich nie. Sie war fürchterlich, und ich beinah erschöpft. Entfernt von ihr, den Tod im Herzen über ihre Krankheit und über die Seelenkrankheit der Menschen, die schaden wollten und konnten, und die dabei noch dumm waren. Die Zeiten waren fürchterlich. Der, der töten kann, schien es auch zu wollen, und keine Hilfe bei keinem Rechtlichen. Nun bin ich um vieles ruhiger. Der südliche Ableiter [Spanien] trägt dazu bei und ist mehr als wahrscheinlich die einzige Ursache, denn Gemüt ist nun einmal nicht da. Wann Dir dieser Brief zukömmt, weiß Gott. Danke Ihm mit mir, daß Hardenberg da ist.

Dem Einwirken der Fürstin Therese Thurn und Taxis in Paris war es mit zu verdanken, daß der Freiherr Karl August *v. Hardenberg* am *4. Juni 1810* zum dritten Mal in den preußischen Staatsdienst eintrat; von 1804–1806 war er Außenminister, vom April bis Juli 1807 leitender Minister, jetzt wurde er als »Staatskanzler« mit der Leitung aller Staatsangelegenheiten betraut. Der bisherige Finanzminister Freiherr v. Altenstein, der Justizminister Karl Friedrich v. Beyme und der Geheime Staatsrat Karl v. Nagler wurden entlassen. – *Ich fühle Deinen Schmerz treu mit, ich ehre ihn:* gemeint war Graf Maximilian von und zu *Lerchenfeld,* mit dem Therese in außerehelicher Verbindung lebte und fünf Kinder hatte. Er starb am 9. Oktober 1809.

402. An ihre Schwägerin Prinzessin Marianne von Preussen

Potsdam, den 17. Juni 1810

▷ Du bist so unbeschreiblich gütig, liebe Marianne, mir so bald geantwortet zu haben, daß ich es Dir gar nicht beschreiben und auszudrükken vermag. Ich gesteh es frei, daß ich mir nicht die Stärke zugetraut hätte, meine Geschwister zu verbannen, um zu schreiben! Ich erkenne mit tiefem Dankgefühl den Platz, den Du mir in Deinem Herzen aufgehalten hast neben Deinen lieben Geschwistern. Ich kann keine Ansprüche machen; wenn aber Zärtlichkeit und richtiges Anerkennen Deiner stillen Tugenden einiges Recht auf Dein Herz geben, dann habe ich freilich einiges. Genieße doch recht ungetrübt das Glück der Wiedervereinigung und sei einmal recht glücklich, so ganz nur glück-

lich, wenn es hienieden möglich ist! Nun fehlt niemand mehr als Louis [Ludwig Hessen-Homburg] und Amalie [verh. Anhalt-Dessau], dann seid ihr alle, alle beisammen. Mir wird das Glück nimmer, glaub ich.
Daß dieser ausgezeichnete Geschwisterzirkel sich meiner erinnern will, und zwar so, daß mir die Ohren gellen sollen, das ist kein gemeiner Vorzug! Ich bitte Dich, empfehl mich ihnen alle aufs zärtlichste und sage ihnen doch, daß ich sie alle liebte! Deinem gütigen Vater [Landgraf Friedrich v. von Hessen-Homburg] sage doch tausend Sachen von mir! Gewiß wird er von wenigen so geschätzt als von mir. Meiner Tante [Landgräfin Karoline, geb. Hessen-Darmstadt] liege ich zu Füßen und werde ihr einige Tassen schicken, sobald ich in Charlottenburg bin und Gelegenheit habe. Sage doch Deiner ältesten Schwester [Karoline, Fürstin Schwarzburg-Rudolstadt], daß ich ihren vortrefflichen Brief, den Du gelesen hast, in dem gewissen blauen Arbeitsbeutel immer bei mir habe und daß ihr Andenken immer zärtlich gepflegt würde. Ich hoffe, sie und Luise [Prinzessin Schwarzburg-Rudolstadt] erinnern sich noch unserer unbegreiflichen Korrespondenz in Homburg und Darmstadt. Ich freue mich sehr, daß Gustav [Hessen-Homburg, noch unverh.] nun auch endlich da ist, Dir eine Freude mehr geworden ist, ihn und Ferdinand [Hessen-Homburg] zu sehen. Ich küsse Kusins und Kusinen alle von Herzen, trotz alles Rotwerden *de part et d'autre.* Wäre ich nur auch in Homburg! Ich marschierte auch mit Euch herum und macht es wie Du und wie in den »*Wahlverwandtschaften*« [von Goethe, erschienen Ende 1809!] Vergesse nicht, Gustav von Weimar zu sprechen! Die Goldarbeiter sind dumm! Wegen unserer Reise ist noch nichts beschlossen, werde es aber gewiß melden, sobald ich nur etwas weiß.
Ich bin überzeugt, daß Du dich recht gefreut hast zu erfahren, daß der edle vortreffliche Hardenberg [als Staatskanzler] wieder bei uns ist, er ist unser mit der Bewilligung des Kaisers Napoleon.
Übermorgen gehen wir gewiß nach Charlottenburg, wenn es das Wetter nur einigermaßen erlaubt.
Wir haben göttliche Tage hier verlebt, warm und schön, aber die bösen Gewitter vertreiben sie, und der Regen macht kalt und unangenehme Suiten. Du weißt, Charlottenburg ist kalt und feucht; es kostet daher den König etwas, sich zu deplacieren, wenn es nicht sehr warm ist, weil er parterre wohnt.

Es ist sehr tot hier, ich bin aber doch gern hier. Nach den vielen Leiden und abscheulichen Wohnungen und Gärten ist alles hier so schön, so groß und prächtig, daß es mir überall gefällt. Menschen muß man ja jetzt überall mit der Laterne des Diogenes suchen, und wohl denen, die über diesen Gedanken lachen können und nicht einen tiefen Seufzer (den schmerzliche Erfahrung hervorpreßte) über dieser Wahrheit tun müssen!

Ich schmiere wie eine Katze; ich soll aber bald nach Sanssouci fahren und bin noch nicht angezogen und frisiert. Zeige diesen Brief nicht Deinen Geschwistern, er ist gar zu infam und würde alle gute Ideen von mir auslöschen! Wenn ich doch bei Dir wäre! Ich würde mich gewiß so glücklich fühlen in der Mitte dieser edlen Menschen. Wenn ich ein Vöglein wär etc. etc., so wüßte ich wohl, auf wessen Schulter ich mich setzte – rate einmal, liebe Marianne! Ich glaube, es würde sein, auf dessen Schulter ich wohl weiß, verstehet sich – auf einer Kusine! Dein Zettelchen von Frankfurt hat mich sehr gefreut. Leo [Leopold Hessen-Homburg] auch viel Schönes! Habe ich Dir schon ein Kompliment bestellt an Gustav? Wo nicht, so tue es noch einmal!

Wenn ich Kobus [Luise Radziwill] sehe und Auguste [Hessen-Kassel], so will ich sie küssen. Nun ist es halb zwei und ich muß fort. Adieu, ich liebe Dich von Herzen, mit Schmerzen, über alle Maßen, kann's gar nicht lassen, bin Deine treue Schwester und Freundin

Luise

Wenn du Therese [Thurn und Taxis] sehen solltest, so sage ihr doch, wie sehr ich sie liebe. Adieu! Küsse Wilhelm! Dem Fürst von Neuwied viel Schönes. Der König und meine Kinder empfehlen sich Dir. Carl ist in Strelitz seit dem 14., will's aber schreiben. Vielleicht gehe ich auf vier Tage hin. ◁

403. An ihren Vater — Berlin, den 19. Juni 1810

▷ Bester Päp! Ich bin tull und varucky. Eben diesen Augenblick hat mir der gute, liebevolle König die Erlaubnis gegeben, zu Ihnen zu *kommen*, bester Vater! Ich bin ganz toll, muß mich aber sammeln, da mir der König eine Menge Aufträge an Sie gegeben hat. Noch einmal, ich

komme! – Den Montag komme ich, bleibe den Dienstag und Mittwoch allein; dann kommt der König den Donnerstag, bleibt den Freitag, wünscht den Sonnabend nach Rheinsberg zu gehen, bleibt noch den Sonntag bei Ihnen, und gehet Montag wieder mit mir weg! Halleluja! Mit Gottes Hilfe so wird alles so geschehen. Ich habe nur ganz grob ohne Fasson das so dahin geschmiert, weil ich fürchtete, für Glück es in Ordnung zu vergessen.
Nun die ordentliche Geschichtserzählung.
Als ich Ihren Brief bekam, sagt' ich es dem König, der mir weiter nichts sagte, als daß er sehr dankbar die *invitation* erkennte, er aber in diesem Augenblick sie nicht annehmen könnte. Gestern sagte er mir, daß wenn Sie auf ein paar Tage in Hohenzieritz wären, dann würde er recht gern kommen, aber *nicht* nach *Strelitz,* das fiel mir aufs Herz, weil ich wußte, daß Sie aus *économie* nicht nach Hohenzieritz gingen. Allein ich nahm auf einmal diesen Gedanken auf und sagte ihm heute: Lieber Freund, ich bin überzeugt, daß Papa gern nach Hohenzieritz Dir zu Liebe ziehet, wenn Du zu *ihm* kömmst. Darauf sagte er: *Nun, wenn das ist, so komme ich, wenn Dein Vater es will,* und darauf wurde dieses oben Gesagte ausgemacht. Nun bitte ich Sie, bester Papa, daß Sie die Gnade haben und den Donnerstag, wenn der König angekommen sein wird, mit uns zusammen *nach Hohenzieritz zu fahren* und dann da so lange zu bleiben, bis daß wir wieder gehen. Ich komme also den Montag um 4 oder 5 Uhr nachmittags an im höchsten Incognito, bitte daß mir keine Caffaliere zur Aufwartung gegeben werden, ich bringe Schilden mit, vielleicht auch Buch [Kammerherren Luises], und überhaupt, daß Sie mich als Ihre ergebene Tochter aufnehmen, ohne Sang und ohne Klang und ohne *cérémonie.* Ich komme also nach Strelitz und bleibe mit Ihnen in Ihrer Ordnung bis zur Ankunft des Königs, die Donnerstag erfolgt, mit göttlicher Hilfe. Mitbringen tue ich die alte Voß und eine Dame, welche? kann ich noch nicht bestimmen, weil die Truchseß noch sehr matt nach ihrem Nervenfieber ist und die arme Tauentzien [Hofdamen Luises] ein Brustfieber hat, welches sie sehr angreift. Zwei Kammerfrauen, eine Garderobenfrau, ein Kammerdiener und zwei Lakaien. Jede Dame eine *douzelle* und ein Lakai und jeder Cavalier ein dito. Nun muß ich schließen, weil wir wieder nach Potsdam gehen und erst übermorgen hierher ziehen. Ich glühe vor Freude und schwitze wie ein Braten, denn eben ist es erst nach Tisch

ausgemacht worden. Gott, wie freue ich mich. Nein, ich kann es gar nicht beschreiben. Endlich kann ich der Welt beweisen, wie sehr ich wünsche, Ihnen meine Ehrerbietung zu allen Zeiten an den Tag zu legen. Sagen Sie doch der Großmama, Frederike, George, Carl und Oncle Ernst, wie sehr ich mich freue, sie alle bald zu sehen. Der George tut brill [kindlich, für »brüllen«], Carl fährt als Martin [Schloßkastellan] im Schloß und in Hohenzieritz herum, Frederike tut springen und ist außer sich, und der Prinz Solms Schwager sagt, das ist brav von der Königin. Die alte Voß legt ihre *respects* zu Füßen und freut sich auch, kein Mensch aber so wie ich, denn wirklich, ich weiß nicht, was ich alles sagen soll für Dankbarkeit gegen Gott und den König, der mir die Freude bereit[et].
Ich bitte tausendmal um Verzeihung über das Geschmier, bin aber tull vull und varucky und Ihre ergebene Tochter
Der Wagen kömmt soeben ◁. Luise

404. An ihre Geschwister
Friederike, Georg und Carl Sanssouci, den 20. Juni 1810

▷ Euch auch, Ihr Lieben, ein Wort der Freude, die mein ganzes Herz durchströmt. Ich komme zu Euch und bin von nachmittags Montag [25. Juni] zwischen 4 und 5 Uhr bis Donnerstag abends in Strelitz. Dann kömmt der gute König, der mir diese Freude verschafft, und bleibt bis zu Montag, wo wir dann leider uns trennen. Er wünscht sehr, in Hohenzieritz zu wohnen, welches ich auch an Papa schrieb, weil er die *gêne* der Stadt scheut und wirklich eine Passion für Hohenzieritz hat. Ich bin überzeugt, Papa tut es gerne, da der König sonst sich für seine Person schwer, eigentlich gar nicht sich entschlossen hätte, wenn es geheißen hätte: nach Strelitz. *»Aber auf ein paar Tage nach Hohenzieritz, da gehe ich sehr gerne«*, sagt er. Ich zähle also gewiß darauf, daß wir nach seiner Ankunft gleich nach Hohenzieritz fahren. Ich bin so glücklich, wenn ich daran denke, daß ich Euch beinahe acht Tage in Strelitz sehen werde und die gute Großmama, daß ich ordentliche Krampolini kriegen könnte. Ich *verkneif'* mir aber wahrhaft die Freude, weil so oft, wenn ich mich gar zu ausgelassen gefreut habe, ein Querstrich gekommen ist, und solche Kreuz- und Querstriche wären *vraiment affreux* jetzt.

Der Martin [Schloßkastellan] geht gewiß jetzt mit Schurzfell und Maßstab im ganzen Schloß umher, reitet atemlos nach Hohenzieritz und kömmt zurück und sagt: »*Ich habe sie alle untergebracht.*« Du und Frederike, und Du, George, Ihr tut brill, »*aber George*«, »*höre doch Frederike*«, geht's den ganzen Tag. Halleluja! Gott sei Ehr' in der Höhe und auf Erden. Er belohnt doch auch recht schön, wenn man in Demut bittet und sanften Herzens geblieben ist, wenn Steinharte einen peinigten.

Die Truchseß [Hofdame Luises] kömmt gewiß mit, siehet aber aus und ist so platt geworden, o weh, o weh! Die arme Tauentzien heult beinah für Leid und Trauer, ist aber noch so krank, daß nicht daran zu denken ist. Die Voten [Oberhofmeisterin Voss, 81 jährig] geht in einem Strich mit mir neben mir im Wagen mit; bei solchen Gelegenheiten glaube ich immer, wenn die Fahrt schon etwas gedauert hat und sie entkräftigt ist, einen *pergamentenen* Mann neben mir zu haben, denn sie rutscht gerade dann wie *leblos,* nachdem der Wagen rüttelt, rechts und links herum.

Ich bitte nochmals, keine Komplimente mit mir zu machen, verbitte alle Aufwartung von Adel, solche Mombilien bringe ich mit, und alles, was *gêne* heißt. Einen Tag werde ich wohl Cour haben müssen, der Dezenz wegen, weil es mir sonst möchte übel genommen werden; doch alles, wie es Papa will. Ich werde mit eigenen Pferden kommen. Ich bitte Dich, liebe Frederike, mir, solange ich da bin, die Quint [Kammerzofe] zu geben, da ich kein solches Stück mitbringen will, des Platzes wegen. Das Quintchen kennt mich schon von Königsberg her. Hussassa tralala, bald bin ich bei Euch. Der treue Barg [Frau v. Berg] kömmt auch, hoffe ich. Dicke Milch und *etwas Erdbeeren* schafft dem König zum Tee, wenn das letztere in denen Frimaten noch nicht rötet, so sagt's Papa *nicht,* sonst ängstigt es ihn. Mehr wie zwei Präsente haben wir wohl nicht zu machen, an Kamptz und Bülow [Mecklenburgische Hofbeamte]. Die Bonin [ehem. Oberhofmeisterin in Strelitz] ist ja längst an einer Indigestion von hinten abgefahren. Da der Rex kömmt, so kostet mir es nichts als Stubenaufwartung, was nicht zu verwerfen ist, da ich nun einmal sehr schenerös bin. *Mon dieu, je suis toll.* Ich habe Euch soviel zu verzählen tun. Die gute Alte [Großmama], hätte ich nur Geld für sie und Frederike nach Karlsbad, *mais je suis une pauvresse.* Wenn ich nur die halbe Million hätte, die das Schlafzimmer in Compiègne gekostet

hat von der Mari Luisss. Weißt Du schon, Ihr drei, daß die Kaiserin von Frankreich so heißt: Marie Louise. Ich glaube es noch nicht gelesen zu haben, nirgends. Karl XIII. [König von Schweden] ist so alteriert über den Tod von seinem Adoptivsohn [Christian von Holstein-Augustenburg], daß er, glaubt man, etwas daran krepiert.
Humboldt [Wilhelm v.] geht nach Wien und ist Exzellenz geworden. Ich bin noch nicht avanciert als im Glück, welches mich bald mit Euch vereinigt. Halleluja! Die alte Lisbeth [geschiedene Gemahlin von Fr.W.II.] aus Stettin will inkognito nach Charlottenburg kommen. Wenn sie nur nicht nach Strelitz kommt. Heute ist es warm und windig, und in meinem Kopf sieht es aus wie in einem illuminierten Guckkasten. Alle Fenster mit gelben, roten und blauen Vorhängen sind hell erleuchtet.

Hussa Teufelchen!

Adieu! Nun will ich der Großmama vernünftig schreiben.

Eure Luise

Den 22.

Um nichts aufzuhalten, nur noch das, daß Eure Briefe himmlisch sind. Mündlich mehr. Der König sitzt am Tisch. Ich bin nun in Charlottenburg, und sehr froh, daß der Montag bald kömmt, *Ne me regardez pas quand la Hipperling viendra à ma recontre à Fürstenberg* [Reisestation], ich fresse da.

[auf der Rückseite des Briefbogens:] ▷Wir bringen keinen Arzt mit; wenn ich den Hals breche, so klebt mir ihn Hieronymi wieder an ◁.

405. An ihre Grossmutter, Prinzessin von Hessen-Darmstadt

Potsdam, den 21. Juni 1810

Teuerste Großmama!
Ich hoffe, Verzeihung dafür zu finden, daß ich mit der Antwort auf Ihre beiden lieben, willkommenen Briefe so lange gezögert habe, und ich werfe mich persönlich Ihnen zu Füßen. Der Gedanke, Sie wiederzusehen, liebe Mutter, entzückt und belebt mich! Und es ist mir heute unmöglich, eine Saite anzuschlagen, die nicht heiter und freudig wäre. Deswegen werden Sie mir sicherlich auch verzeihen, wenn ich Ihnen keine Beileidsgrüße zusende in einem Briefe, der nur von dem Glück zu

Ihnen redet, Sie nach vier Jahren der grausamen Prüfungen und des Kummers wiederzusehen und Ihre treuen Hände zu küssen. Nach der Rückkehr nach Berlin betrachte ich diese Reise als die größte Entschädigung, welche die Vorsehung mir nach dem Elend, das ich erduldet habe, gewähren kann. Wenn sie nur durch nichts gehemmt wird; denn wenn auch diese Reise, dieses Beisammensein und die Art, in der es vor sich geht, alle meine Wünsche erfüllt, habe ich noch Angst, wie ich nicht leugnen kann. Von Montag 5 Uhr bis Donnerstag um dieselbe Zeit bin ich allein in Strelitz, kann über mich und meine Zeit verfügen und denke, Ihre Gesellschaft sehr genießen zu können, liebe Großmama. Donnerstag wird der gute König eintreffen, um die Freude voll zu machen, denn ich bin gewiß, Sie werden viel Freude über das Wiedersehen mit ihm empfinden. Er ist mir gegenüber unverändert, und seit seinem Unglück ist er sicher achtungswürdiger als je. Sein Herz hat sich dem Menschlichen nicht verschlossen; immerfort beschäftigt ihn das Glück seiner Untertanen und die Überlegung, durch welche Mittel er sein großes Ziel erreichen kann. Die Rückkehr des Freiherrn von Hardenberg ins Ministerium ist ein neuer, ganz unbestreitbarer Beweis für das eben Gesagte; es ist gewiß, daß die Interessen des Landes sich unter der unmittelbaren Leitung des Königs in keinen besseren Händen befinden können, als bei diesem Manne mit seinem großen, edlen und vornehmen Charakter.

Der König beauftragt mich, Ihnen seine Huldigung zu entbieten und Ihnen zu sagen, daß er sich unendlich auf das Glück des Wiedersehens mit Ihnen freut. Hoffentlich wird es zum Montag etwas schöneres Wetter sein als heute, denn wenn es auch nicht regnet, herrscht doch ein abscheulich kalter Wind. Aus diesem Grunde ist unser Aufbruch hier noch nicht endgültig vollzogen. Alle Koffer sind gepackt, alle sind reisefertig. Ich fahre um 11 Uhr ab und werde in Charlottenburg speisen; dorthin wird der König von seinem ▷Vortrag◁ aus Berlin kommen, wo er seit heute morgen 9 Uhr ist. Wenn er ja sagt, schicke ich einen reitenden Boten, und die ganze Gesellschaft marschiert; wenn er nein sagt, fahre ich mit ihm zurück, und niemand wird reisen. Da ich meine Toilette machen muß, erlauben Sie mir zu schließen, indem ich mich Ihnen zu Füßen lege und Sie meiner tiefen, innigen Ehrerbietung versichere.

Luise

406. An Friedrich Wilhelm III. Potsdam, den 21. Juni 1810, 9 ½ Uhr

Da es nicht regnet, komme ich zum Mittagessen nach Charlottenburg, wo alles zu diesem Zwecke vorbereitet ist. Dort wirst Du, mein lieber Freund, entscheiden, was Du tun willst, da ich nicht die Verantwortung auf mich laden will, Dir zu mißfallen und etwas zu beschließen, was Dir unangenehm sein und Dir den ganzen Tag Gedanken und Seufzer verursachen könnte. ▷ Ich will nicht der Sündenbock von Ihro Majestät sein ◁. Der Sonnenschein lacht, die Wolken zerstreuen sich eben, so könnte ich nach den gestrigen Beschlüssen die ganze Bande fahren lassen. Doch wird die Bande hier bleiben; bis Du in Charlottenburg einen Entschluß gefaßt hast. Sie haben sich so eingerichtet, daß sie auf der Stelle fahren können, wenn wir ihnen einen Eilboten nach unserer Zusammenkunft in Charlottenburg schicken. Leb wohl, auf freudiges Wiedersehen! Ich werde um 11 Uhr fahren, werde also um 1 Uhr am genannten Ort sein. Ich umarme besonders die Kinder.

Luise

407. An ihren Vater Charlottenburg, den 22. Juni 1810
[▷ S. XXI]

▷ Heute nacht habe ich zum erstenmal hier geschlafen, und mein Erwachen wurde durch Ihren gütigen Brief, bester Vater, auf das Schönste bezeichnet. Der König ist äußerst dankbar über der Art, wie Sie das Projekt seiner Ankunft aufgenommen haben. Ich liege zu Ihren Füßen für den neuen Beweis Ihrer Zärtlichkeit und bitte Sie zu glauben, daß auch ich mehr, viel mehr empfinde, als schreiben kann. Der König trägt mir auf, Ihnen diesen Brief zu überschicken, der alles enthält, was er fühlt. Hussa Trallala! Ich bin so innerlich glücklich, daß

ich immer Psalmen singen möchte

an Gott

und daß ich gar meine Freude und meinen Dank nicht genug an den Tag legen kann auf würdige Weise. Ach, bester Vater, welche Belohnung nach dem Vergangenen! die schönste gewiß für mein Herz und die beste in der

Welt.

Ich komme also Montag, nehme mit großem Dank das *dejeuné fres-*

saille in Fürstenberg an, und bitte von da um Pferde, auch Gaul genannt. Der König den Donnerstag, auch von da Pferde. *Fressaille* will er nicht, aber Thee und *dicke* Milch und Butterbrot in Hohenzieritz. Nein, es ist zu schön! Ich küsse und bedaure von Herzen [den] armen Onkel, hoffe aber, wenn ich kommen werde, [daß] alles gesund sein wird. *La reine vous touche, Dieu vous guérit* heißt es dann. Ich liege zu Ihren Füßen und Montag an Ihrem Hals. Also
in drei Tagen Halleluja

Luise ◁

Die alte Voss ist sehr erkenntlich, die Truchseß kömmt mit.

Atsché bester
Vater
–
a revoir das ist
ein Wort!

Samstag und Sonntag den *23. und 24. Juni 1810* verbrachte Luise noch in Schloß Charlottenburg. Der König erinnerte sich (in seinen Aufzeichnungen »Vom Leben und Sterben der Königin Luise«) an den letzten Nachmittag auf der Schloßterrasse: *»Nie war sie schöner als heute, und ein neuer Strohhut stand ihr allerliebst.«* – Am Montag früh um 6 Uhr wurde nach Mecklenburg aufgebrochen.

408. An Friedrich Wilhelm III. Neustrelitz, den 25. Juni 1810
um 8 Uhr abends

Dein Name wird hier überall gepriesen, lieber Freund, denn durch Deine Güte ist der beste Vater, sind meine Brüder und meine Schwester [Friederike Solms-Braunfels] und die ehrwürdige Großmama und bin auch ich selbst voll Freude. Ich bin ▷ zitterig ◁ und ▷ beberig ◁ von dem ganzen, in jedem Sinne heißen und anstrengenden Tage, den ich hinter mir habe; denn obgleich Papa alles, was Empfang heißt, verboten hatte, wurde ich in Fürstenberg formell empfangen und habe hier einen richtigen Einzug gehalten. Eine Kompanie Bürger zu Pferde begleitete mich und hielt eine Ansprache; am Stadttor Musik, Triumphbogen und Ansprache des Bürgermeister, und ohne daß jemand es wußte, hatten die Bewohner ihre Häuser reizend mit grünen Girlanden und Blumen und Festons geschmückt, die von einem Hause zum andern über die Straße hingen. Mein Vater wurde durch diese Zeichen der Aufmerksamkeit für mich zu Tränen gerührt. Jetzt wollen die Leute für Dich dasselbe tun, und ich bitte Dich dringend, wenn Du es *durchaus nicht* willst, schicke mir sofort nach Empfang dieses Briefes einen Eilboten mit einem wiederholten Befehl, daß Du es nicht willst, damit ich es Papa ausdrücklich sagen kann. ▷ Übel nimmt man es Dir nicht, wenn Du es abschlägst, aber wissen müssen Sie es, muß man es, denn sonst könnten die Preußen glauben, man ehrt Dich weniger als mich, wenn man nicht noch einmal Dein[en] Befehl, damit nichts sei, laut ausposaunen kann ◁. Ich war in 6 ¼ Stunden und einigen Minuten in Fürstenberg und hätte hier sehr bequem zu Mittag speisen können, denn ich war nach 12 ¼ Uhr an dem genannten Ort. Man kann von Fürstenberg in weniger als 2 Stunden hier sein, so daß Du zwischen 4 und 5 Uhr hier bist, wenn Du um 8 ½ Uhr von dem lieben Charlottenburg abfährst. Wir sind in Fürstenberg zum Mittagessen geblieben und dort um 4 Uhr abgefahren. Durch guten Willen und freundliche Worte sind wir hier um 7 ½ Uhr eingetroffen.

Die ganze Familie ist Dir zu Füßen, an der Spitze Papa und die gute Großmama, die ich wenig verändert finde; nur hat sie beim Gehen viele Mühe. Meine Brüder und meine Schwester sind Dir ergeben. Martin [Schloßkastellan] hat Wunder vollbracht, denn ich bin herrlich untergebracht. – Ich nehme an, Du bist im Schauspiel, mein lieber Freund, mit der kleinen Gesellschaft, die ich von Herzensgrund umarme. Der arme Onkel [Ernst Mecklenburg-Strelitz] hinkt wirklich sehr und ist äußerst abgemagert. Leb wohl, mein lieber Freund, ich umarme Dich in Gedanken, und glaube bitte, ich empfinde, wie ich muß, das heißt mit einem von Dankbarkeit durchdrungenen Herzen, Deine Freundschaft und Freundlichkeit, in der Du mir eine Reise gestattet hast, die mich so glücklich macht.

Deine treue Luise

Habe die Güte und sage der Reinbrecht [Kammerfrau], sie soll mir ▷ den weißen Basthut ◁ schicken, ▷ den ich gestern auf hatte, den letzten von Quittel gekauft ◁. Die Stafette kann ihn mitnehmen oder Du bringst ihn mir. Leb wohl, laß Dir's wohl gehen und komme gesund an, mein lieber Freund! Der Sand vor Oranienburg und vor Fürstenberg übersteigt alle Vorstellung und alles Erlaubte, ▷ und ein Staub! fürchterlich ◁!

409. An Friedrich Wilhelm III. Strelitz, den 26. Juni 1810 um 11 Uhr

Noch ein Brief, mein lieber Freund. Die Voss hat gestern vergessen, mir zu sagen, daß Pirch ihr mitgeteilt habe, falls Du vielleicht die Absicht hättest, Fritz Louis mitzunehmen, dann möchtest Du bitte glauben, *seine Person* setze dem nichts entgegen, denn unter Deinen Augen wäre er so wohl bewahrt, daß er gar nicht nötig wäre. Ich dachte, vielleich nimmst Du ihn gerne mit, da er ein guter Junge ist. Der Kleine brauchte keinen Lakaien, denn ich habe Beeskow bei mir, der könnte ihn ankleiden und frisieren.▷ Ich überlasse alles Deinem Willen. Papa würde es freuen. Adieu, alles legt sich Dir zu Füßen und ich küsse Dich herzlich.

Deine Luise. ◁

Mit ihrer Bitte, den 15jährigen Prinzen *Fritz Louis* (Friedrich, 1794–1863, Sohn ihrer Schwester Friederike aus erster Ehe) mitzubringen, berief sich Luise auf seinen Gouverneur *Karl Lorenz v. Pirch* (1765–1824).

Am Donnerstag traf auch Friedrich Wilhelm in Neustrelitz ein. Luise zeigte ihm im Schloß die Zimmer ihres Vaters. Als sie an dessen Schreibtisch vorbeikamen, entdeckte sie dort einen Briefbogen und schrieb diesen Gruß darauf. Erst nach dem Tode seiner Tochter – am *19. Juli 1810* in Hohenzieritz – fand Herzog Carl dies letzte Zeichen ihrer Hand.

410. An ihren Vater

Mon cher Père je suis bien
heureuse aujourd'hui comme
Votre fille et comme Epouse du
meilleur des Epoux.

Neu Strelitz le 28. Juin
1810 *Louise*

Quellenangaben in laufender Numerierung

Abkürzungen von Archiven

BA	Bundesarchiv, Außenstelle Frankfurt a. M.
(Str FA)	ehemals Strelitzer Familienarchiv (vor 1945)
CA	Cappenberger Archiv, Nachlaß Stein
FTT	Fürst Thurn und Taxis Zentralarchiv in Regensburg
GSt PK	Geheimes Staatsarchiv Preußischer Kulturbesitz in Berlin-Dahlem
(BPH)	ehemals Brandenburg Preußisches Hausarchiv (vor 1945)
(GStA)	ehemals Geheimes Staatsarchiv Berlin-Dahlem (vor 1945)
HStD	Hessisches Staatsarchiv Darmstadt; Großherzogliches Haus- und Familienarchiv
Priv. Bes.	Privatbesitz
...	diverse Besitzer
(AAE)	Archives des affaires étrangères in Paris (nach Griewank)
(KA StP)	ehemals Kaiserliches Archiv in St. Petersburg

Abkürzungen von Druck- und abschriftlichen Vorlagen

Gr.	veröffentlicht von Karl Griewank; »Königin Luise – Ein Leben in Briefen« 1943 oder »Briefwechsel der Königin Luise mit ihrem Gemahl Fr. W. III.« (1929)
Abdr. n. Gr.	unverändert abgedruckt nach Griewank
Abschr. NGr.	Abschrift aus Nachlaß Griewank im GSt PK
Ja.	veröffentlicht von Kurt Jagow; »Königin Luise, Briefe der Freundschaft« 1940.

Bearbeitungskriterien und Auktionsangaben

neu entz.	entziffert von der Herausgeberin
neu übers.	übersetzt von Dr. Paul Hartig
erg.	neu ergänzt
gek.	gekürzt
neu dat.	Datierung eines undatierten Briefes
erst.	ersteigert (nach 1950) auf Auktion (Stargardt/Marburg)
verst.	versteigert (nach 1950) auf Auktion (Stargardt/Marburg)
–	Original nicht ermittelt; möglicher Verbleib z. B. im Zentralen Staatsarchiv der DDR in Merseburg.

1. BA (Str FA); neu entz.
2. FTT; Gr.
3. BA (Str FA); Gr.
4. BA (Str FA); Gr.
5. GSt PK (BPH); neu übers.
6. FTT; Gr.
7. FTT; Gr.
8. FTT; Gr.
9. – Abdr. n. Gr.
10. FTT; Gr.; neu übers.
11. FTT; Gr.
12. – (BPH); Abdr. n. Gr.; Abschr. NGr.
13. – (BPH); Abdr. n. Gr.; Abschr. NGr.
14. – (BPH); Abdr. n. Gr.; Abschr. NGr.
15. – (BPH); Abdr. n. Gr.; Abschr. NGr., erg.
16. – (BPH); Abschr. u. Übers. NGr.; neu
17. – (BPH); Abdr. n. Gr.; Abschr. NGr.
18. – (BPH); Abdr. n. Gr.; Abschr. NGr.
19. – (BPH); Abdr. n. Gr.; Abschr. NGr.
20. – (BPH); Abschr. NGr.; neu
21. – (BPH); Abdr. n. Gr.; Abschr. NGr.
22. – (BPH); Abdr. n. Gr.; Abschr. NGr.
23. – (BPH); Abschr. NGr., neu
24. – (BPH); Abdr. n. Gr.; Abschr. NGr.
25. – Abdr. n. Gr.
26. – (BPH); Abdr. n. Gr.; Abschr. NGr.
27. – (BPH); Abdr. n. Gr.; Abschr. NGr.
28. – (BPH); Abdr. n. Gr.; Abschr. NGr.
29. – (BPH); Abdr. n. Gr.; Abschr. NGr.
30. – (BPH); Abdr. n. Gr.; Abschr. NGr.
31. – (BPH); Abdr. n. Gr.; Abschr. NGr.
32. GSt PK (BPH); neu übers.
33. – (BPH); Abdr. n. Gr.; Abschr. NGr.
34. FTT; neu übers.
35. – (BPH); Abdr. n. Gr.; Abschr. NGr.
36. – (BPH); Abdr. n. Gr.; Abschr. NGr.
37. – (BPH); Abdr. n. Gr.; Abschr. NGr.
38. – (BPH); Abdr. n. Gr.; Abschr. NGr.
39. – (BPH); Abdr. n. Gr.; Abschr. NGr.
40. – (BPH); Abdr. n. Gr.; Abschr. NGr.; erg., neu übers.
41. GSt PK (BPH); Gr.; Abschr. NGr.
42. – (BPH); Abschr. NGr.; neu übers.
43. – (BPH); Abdr. n. Gr.; Abschr. NGr.
44. – (BPH); Abdr. n. Gr.; Abschr. NGr.
45. – (BPH); Abdr. n. Gr.; Abschr. NGr.
46. BA (Str FA); Gr.
47. FTT; neu übers.
48. BA (Str FA); Gr.
49. BA (Str FA); Gr.
50. – (BPH); Abdr. n. Gr.; Abschr. NGr.
51. – (BPH); Abschr. u. Übers. NGr.; neu
52. – (BPH); Abdr. n. Gr.; Abschr. NGr.
53. – (BPH); Abdr. n. Gr.; Abschr. NGr.
54. BA (Str FA); Gr.; erg.
55. BA (Str FA); Gr.
56. – (BPH); Abdr. n. Gr.; Abschr. NGr.
57. – (BPH); Abdr. n. Gr.;

Abschr. NGr.
58. – (BPH); Abdr. n. Gr.
59. GSt PK, erst.; neu entz.
60. – (BPH); Abdr. n. Gr.; Abschr. NGr.
61. – (BPH); Abdr. n. Gr.; Abschr. NGr.
62. – (BPH); Abschr. NGr.; neu
63. – (BPH); Abdr. n. Gr.; Abschr. NGr.
64. – (BPH); Abdr. n. Gr.; Abschr. NGr.
65. BA (Str FA); neu entz.
66. – Abdr. n. Gr.
67. – (BPH); Abdr. n. Gr.; Abschr. NGr.
68. – (BPH); Abschr. NGr.; neu übers.
69. – (BPH); Abdr. n. Gr.; Abschr. NGr.
70. – (BPH); Abdr. n. Gr.; Abschr. NGr.
71. – (BPH); Abdr. n. Gr.; Abschr. NGr.
72. BA (Str FA); Gr.
73. FTT; neu übers.
74. FTT; neu übers.
75. BA (Str FA); neu entz.
76. FTT; neu übers.
77. BA (Str FA); Gr.
78. BA (Str FA); neu entz.
79. BA (Str FA); Gr.; erg.
80. BA (Str FA); neu entz.
81. BA (Str FA); neu entz.
82. BA (Str FA); neu entz.
83. BA (Str FA); neu entz.
84. BA (Str FA); neu entz.
85. BA (Str FA); Gr.
86. BA (Str FA); neu entz.
87. BA (Str FA); neu übers.
88. BA (Str FA); Gr.
89. – (BPH); Abdr. n. Gr.; Abschr. NGr.
90. – (BPH); Abschr. NGr.; neu gek.
91. – (BPH); Abschr. NGr.; neu gek.
92. – (BPH); Abdr. n. Gr.; Abschr. NGr.
93. BA (Str FA); neu entz.
94. BA (Str FA); Gr.
95. BA (Str FA); neu entz.
96. BA (Str FA); Gr.; erg.
97. BA (Str FA); Gr.
98. BA (Str FA); Gr.
99. BA (Str FA); Gr.
100. BA (Str FA); neu entz.
101. BA (Str FA); Gr.; erg.
102. – (BPH); Gr.
103. BA (Str FA); Gr.; gek.
104. GSt PK (BPH); neu übers.
105. BA (Str FA); Gr.
106. BA (Str FA); Gr.; gek.
107. BA (Str FA); neu entz.
108. BA (Str FA); Gr.
109. BA (Str FA); neu dat., neu entz.
110. BA (Str FA); neu entz.
111. BA (Str FA); neu entz.
112. – (BPH); Abdr. n. Gr.; Abschr. NGr.
113. BA (Str FA); neu entz., neu dat.
114. BA (Str FA); Gr.; erg.
115. BA (Str FA); Gr.; erg.
116. – (BPH); Abdr. n. Gr.; Abschr. NGr.
117. FTT; neu übers.
118. BA (Str FA); Gr.
119. FTT; Gr.
120. – (BPH); Abschr. NGr.; neu
121. – (BPH); Abdr. n. Gr.; Abschr. NGr.
122. – (BPH); Abdr. n. Gr.
123. – (BPH); Abdr. n. Gr.
124. – (BPH); Abdr. n. Gr.; Abschr. NGr.
125. – (BPH); Abdr. n. Gr.; Abschr. NGr.
126. – (BPH); Abdr. n. Gr.
127. BA (Str FA); neu entz.
128. BA (Str FA); neu entz.

129. BA (Str FA); neu entz.
130. BA (Str FA); neu entz.
131- BA (Str FA); neu entz.
132. BA (Str FA); Gr.
133. BA (Str FA); Gr.
134. BA (Str FA); Gr.
135. – (KA StP); Abdr. n. Gr.
136. BA (Str FA); neu entz.
137. – (BPH); Abdr. n. Gr.; verst. 1966
138. BA (Str FA); neu entz.
139. GSt PK; neu entz.
140. – (BPH); Abdr. n. Gr.
141. BA (Str FA); neu entz.
142. BA (Str FA); neu entz.
143. BA (Str FA); neu entz.
144. BA (Str FA); neu entz.
145. BA (Str FA); neu entz.
146. – (BPH); Abschr. NGr.; neu
147. GSt PK (BPH), erst. 1964; Abschr. NGr.; Gr.
148. – (BPH); Abdr. n. Gr.
149. – (KA StP); Abdr. n. Gr.
150. BA (Str FA); Gr.; erg.
151. – (KA StP); Abdr. n. Gr.
152. BA (Str FA); neu entz., gek.
153. BA (Str FA); neu entz., gek.
154. – (BPH); Abdr. n. Gr.; Abschr. NGr.
155. BA (Str FA); neu entz.
156. BA (Str FA); Gr.
157. GSt PK (BPH), erst. 1964; neu entz.
158. GSt PK Altkopie u. Übers.; neu
159. – (BPH); Abdr. n. Gr.; gek.
160. – (KA StP); Abdr. n. Gr.
161. BA (Str FA); Gr.; erg. entz.
162. – (BPH); Abschr. NGr.; neu
163. GSt PK Altkopie u. Übers.; neu
164. GSt PK Altkopie u. Übers.; neu
165. GSt PK (BPH); neu übers.
166. GSt PK Altkopie u. Übers.; Gr.
167. – (BPH); verst. 1973; Abdr. n. Gr.
168. BA (Str FA); Gr.; erg.
169. – (BPH); Abdr. n. Gr.
170. – (BPH); Abdr. n. Gr.
171. BA (Str FA); Gr.
172. – (BPH); Abdr. n. Gr.; Abschr. NGr.
173. BA (Str FA); Gr.
174. – (BPH); Abdr. n. Gr.; Abschr. NGr.
175. BA (Str FA); neu entz.
176. GSt PK, Orig. u. Übers.; neu
177. BA (Str FA); Gr.
178. BA (Str FA); neu entz.
179. BA (Str FA); neu entz.
180. BA (Str FA); Gr.
181. BA (Str FA); neu entz., gek.
182. BA (Str FA); Gr.
183. BA (Str FA); neu entz.
184. BA (Str FA); Gr.; erg., entz.
185. BA (Str FA); neu entz.
186. BA (Str FA); neu entz.
187. GSt PK (BPH), erst. 1964; neu entz.
188. Gemeinde Wunsiedel; neu
189. BA (Str FA); neu entz.
190. – (BPH); Abdr. n. Gr.
191. – (BPH); Abdr. n. Gr.
192. – (BPH); Abdr. n. Gr.
193. BA (Str FA); neu entz.
194. – (GStA Nachlaß Hardenberg); Abdr. n. Gr.
195. FTT; neu übers.
196. BA (Str FA); Gr.
197. – (BPH); Abdr. n. Gr.
198. – (BPH); Abdr. n. Gr.; Abschr. NGr.
199. BA (Str FA); neu entz.
200. – (BPH); Abdr. n. Gr.; Abschr. NGr.
201. BA (Str FA); neu entz.
202. BA (Str FA); neu entz.
203. GSt PK (BPH), erst. 1964; neu entz.
204. – (KA StP); Abdr. n. Gr.
205. BA (Str FA); neu entz.
206. – (GStA Nachlaß Hardenberg); Abdr. n. Gr.
207. – (BPH); Abdr. n. Gr.;

Abschr. NGr.
208. – (BPH); Abdr. n. Gr.; Abschr. NGr.
209. GSt PK; neu
210. – (BPH); Abschr. NGr.; neu übers.
211. – (BPH); Abdr. n. Gr.; Abschr. NGr.
212. – (BPH); Abdr. n. Gr.; Abschr. NGr.
213. – (BPH); Abdr. n. Gr.; Abschr. NGr.
214. – (BPH); Abdr. n. Gr.; Abschr. NGr.
215. – (BPH); Abschr. NGr.; neu übers.
216. – (BPH); Abdr. n. Gr.; Abschr. NGr.
217. GSt PK (BPH), erst. 1964; Gr.
218. GSt PK (BPH); Gr.; erg., neu übers.
219. GSt PK (BPH); neu übers.
220. – (KA StP); Abdr. n. Gr.
221. – (BPH); verst. 1966; Abdr. n. Gr.
222. – (BPH); Abdr. n. Gr.; Abschr. NGr.
223. GSt PK; neu entz.
224. – (BPH); Abdr. n. Gr.; Abschr. NGr.
225. – (BPH); Abdr. n. Gr.; Abschr. NGr.
226. – (BPH); Abdr. n. Gr.
227. FTT; neu entz., z. t. übers. (Abschr. Fürstin T. T.)
228. – (BPH); Abdr. n. Gr.
229. FTT; neu übers. u. entz. (Abschr. Fürstin T. T.)
230. HStD; Ja.
231. BA (Str FA); Gr.
232. – (KA StP); Abdr. n. Gr.
233. BA (Str FA); Gr.
234. GSt PK (BPH); Abschr. NGr.; Gr.
235. GSt PK (BPH); Abschr. NGr.; Gr.
236. GSt PK (BPH); Abschr. NGr.; Gr.
237. GSt PK (BPH); Gr.; erg., neu übers.
238. GSt PK (BPH); Gr.
239. GSt PK (BPH); Abschr. NGr.; Gr.
240. HStD; Ja; erg., neu entz.
241. HStD; neu entz. u. übers., neu dat.
242. GSt PK (BPH); Abschr. NGr.; Gr.
243. GSt PK (BPH); Abschr. NGr.; Gr.
244. GSt PK (BPH); Abschr. NGr.; Gr., gek.
245. HStD; Ja.
246. GSt PK (BPH); Abschr. NGr.; Gr., gek.
247. – (KA StP); Abdr. n. Gr.
248. GSt PK (BPH); Abschr. NGr.; Gr.
249. GSt PK (BPH); Abschr. NGr.; Gr.
250. BA (Str FA); Gr.
251. GSt PK (BPH); neu übers.
252. GSt PK (BPH); Gr.
253. – (GStA Nachlaß Hardenberg); Abdr. n. Gr.
254. GSt PK (BPH); Abschr. NGr.; Gr.
255. GSt PK (BPH); Abschr. NGr.; Gr.
256. GSt PK (BPH); Abschr. NGr.; Gr.
257. – (BPH); verst. 1965; Abdr. n. Gr.
258. BA (Str FA); Gr.; erg., neu entz.
259. – (KA StP); Abdr. n. Gr.
260. – (BPH); Abdr. n. Gr.
261. GSt PK (BPH); Abschr. NGr.; Gr.
262. GSt PK (BPH); Abschr. NGr.; Gr.
263. BA (Str FA); Gr.

264. BA (Str FA); Gr.
265. GSt PK (BPH); Abschr. NGr.; Gr.
266. GSt PK (BPH); Abschr. NGr.; Gr.
267. GSt PK (BPH); Abschr. NGr.; Gr.
268. BA (Str FA); Gr.
269. – (KA StP); Abdr. n. Gr.
270. GSt PK (BPH); Abschr. NGr.; Gr.
271. GSt PK (BPH); Abschr. NGr.; Gr., neu übers.
272. GSt PK (BPH); Abschr. NGr.;Gr.
273. GSt PK (BPH); Abschr. NGr.; Gr.
274. GSt PK (BPH); Abschr. NGr.; neu übers.
275. GSt PK (BPH); Abschr. NGr.; Gr.
276. – (Pr StB); Abdr. n. Gr.
277. GSt PK (BPH); Abschr. NGr.; Gr.
278. GSt PK (BPH); Abschr. NGr.; Gr.
279. HStD; neu übers.
280. – (BPH); Abdr. n. Gr.
281. BA (Str FA); Gr.
282. BA (Str FA); Gr.
283. BA (Str FA); neu entz.
284. BA (Str FA); neu entz.
285. BA (Str FA); Gr., gek.
286. BA (Str FA); neu entz.
287. BA (Str FA); Gr.
288. BA (Str FA); Gr.
289. – (BPH); Abdr. n. Gr.
290. CA; Gr.
291. BA (Str FA); Gr.
292. – (BPH); Abdr. n. Gr.
293. – (BPH); Abdr. n. Gr.
294. – (BPH); verst. 1966; Abdr. n. Gr.
295. CA; Gr.
296. – (BPH); Abdr. n. Gr.
297. – (AAE); Abdr. n. Gr.
298. BA (Str FA); Gr.
299. – (BPH); Abdr. n. Gr.
300. – (BPH); Abdr. n. Gr.
301. BA (Str FA); Gr.
302. BA (Str FA); neu entz.
303. BA (Str FA); Gr.
304. BA (Str FA); neu entz.
305. BA (Str FA); Gr.
306. BA (Str FA); neu entz., neu dat.
307. BA (Str FA); neu entz.
308. CA; Gr.
309. – (BPH); Abdr. n. Gr.
310. – ; Abdr. n. Gr., dieser nach Frau v. Berg
311. CA; Gr.
312. – (BPH); Abdr. n. Gr.; gek.
313. BA (Str FA); neu entz.
314. HStD; Gr. u. Ja.
315. – (BPH); Abdr. n. Gr.; gek.
316. GSt PK (BPH); neu entz.
317. – (Archiv Königsberg); Abdr. n. Gr.; verst. 1979
318. – (BPH); Abdr. n. Gr.
319. BA (Str FA); Gr.
320. – (BPH); Abdr. n. Gr.
321. – (BPH); Abdr. n. Gr.; gek.
322. BA (Str FA); Gr.; erg.
323. – (BPH); Abdr. n. Gr.
324. BA (Str FA); Gr.
325. – (BPH); Abdr. n. Gr.
326. BA (Str FA); Gr.
327. – (BPH); Abdr. n. Gr.
328. BA (Str FA); neu entz.
329. BA (Str FA); Gr.; erg., neu entz.
330. BA (Str FA); neu entz.
331. HStD; Ja.
332. BA (Str FA); neu entz.
333. GSt PK (BPH); Gr.
334. HStD; Gr. u. Ja.
335. – (BPH); Abdr. n. Gr.; verst. 1981
336. – (KA StP); Abdr. n. Gr.
337. – (KA StP); Abdr. n. Gr.
338. – (KA StP); Abdr. n. Gr.

339. – (KA StP); Abdr. n. Gr.
340. BA (Str FA); Gr.
341. BA (Str FA); neu entz.
342. – (BPH); Abdr. n. Gr.
342a. – (BPH); Abdr. n. Gr.
343. – (BPH); Abdr. n. Gr.
344. BA (Str FA); neu entz. u. übers.
345. BA (Str FA); Gr.; erg.
346. – (BPH); Abdr. n. Gr.
347. HStD; Ja.
348. BA (Str FA); Gr.
349. – (KA StP); Abdr. n. Gr.
350. BA (Str FA); neu entz.
351. BA (Str FA); neu entz.
352. – (KA StP); Abdr. n. Gr.
353. GSt PK (BPH), erst. 1955; Gr.
354. – (KA StP); Abdr. n. Gr.
355. –; Abdr. n. Gr.
356. GSt PK; neu entz.
357. – (BPH); verst. 1966; Abdr. n. Gr.
358. – (BPH); Abdr. n. Gr.
359. – (Archiv Königsberg); Abdr. n. Gr.
360. HStD; Ja.
361. BA (Str FA); neu entz.
362. BA (Str FA); Gr.; erg., neu entz.
363. BA (Str FA); neu entz.
364. – (KA StP); Abdr. n. Gr.
365. BA (Str FA); neu entz.
366. BA (Str FA); neu entz.
367. – (KA StP); Abdr. n. Gr.
368. BA (Str FA); Gr.
369. Priv.Bes., (BPH); verst. 1966
370. BA (Str FA); Gr.
371. BA (Str FA); neu übers.
372. – (BPH); Abdr. n. Gr.
373. – (BPH); Abdr. n. Gr.
374. BA (Str FA); neu übers.
375. – (KA StP); Abdr. n. Gr.
376. – (KA StP); Abdr. n. Gr., gek.
377. BA (Str FA); neu übers.
378. – (GStA Nachlaß Hardenberg); Abdr. n. Gr.
379. BA (Str FA); Gr.
380. – (AAE); Abdr. n. Gr.
381. BA (Str FA); Gr.; erg.
382. – (BPH); Abdr. n. Gr.
383. – (BPH); Abdr. n. Gr.
384. BA (Str FA); neu entz.
385. BA (Str FA); neu entz.
386. BA (Str FA); Gr.
387. GSt PK (BPH); Abschr. NGr.; Gr.
388. GSt PK (BPH); Abschr. NGr.; Gr.
389. GSt PK (BPH); Abschr. NGr.; Gr.
390. HStD; Ja.
391. – (BPH); Abdr. n. Gr.
392. BA (Str FA); Gr.; erg.
393. – (GStA Nachl. Hardenberg); Abdr. n. Gr.
394. BA (Str FA); neu entz.
395. BA (Str FA); neu entz.
396. GSt PK (BPH); Gr.
397. HStD; Ja.
398. – (KA StP); Abdr. n. Gr.
399. BA (Str FA); Gr.
400. –; Abdr. n. Gr.
401. – (BPH, Abschr. von Fr. W. III.); Abdr. n. Gr.
402. HStD; Ja.
403. BA (Str FA); Gr.
404. BA (Str FA); Gr.; erg.
405. BA (Str FA); Gr.
406. GSt PK (BPH); Abschr. NGr.; Gr.
407. BA (Str FA); neu entz.
408. GSt PK (BPH); Abschr. NGr.; Gr.
409. GSt PK (BPH); Abschr. NGr.; Gr.
410. BA (Str FA); Gr.

Literatur

HzJB = Hohenzollern Jahrbuch

Das letzte Abendmahl der Königin Louise am Karfreitag 1810. Berlin 1816.

Adami, Friedrich (d.i. Paul Froberg): Luise, Königin von Preußen. Ihre Lebensgeschichte dem deutschen Volke erzählt. Berlin 1876. VIII, 229 S. Festausg. zum 100 jährigen Geburtstage der Königin = 8. Aufl. 13. Aufl. Gütersloh 1890, 17. Aufl. 1903. 20. Aufl. 1914. Neu bearb. v. Arno Holst 1934.

Ancillon, Frédéric: Oraison funèbre de Très Haute et Puissante Princesse Louise ... de Mecklenbourg-Strelitz, Reine de Prusse. Berlin 1810.

Zum *Angedenken* der Königin Luise von Preußen Samml. .d. vollständigsten u. zuverläßigsten Nachrichten von allen das Absterben u.d. Trauerfeierlichkeiten dieser unvergeßlichen Fürstin betr. Umständen. Nebst e. Ausw. d. bei diesem Anlaß ersch. Gedichte u. Gedächtnispredigten. Berlin 1810.

Louisens und Friederikens, Kronprinzessin und Gemahlin des Prinzen Ludwig von Preußen, geborener Prinzessinnen von Mecklenburg-Strelitz *Ankunft* und Vermählung in Berlin, Berlin 1794.

Aretz, Gertrude: Königin Luise. Dresden 1927. 301 S. m. 16 Bildtaf. Volksausg. Berlin 1928. 247 S.

Aretz, Gertrude: Queen Louise of Prussia. New York 1929.

Arnim, Hans v.: Königin Luise. Berlin 1969 (= Berlinische Reminiszenzen, Bd. 24).

Arnim, Ludwig Achim v.: Nachtfeier nach der Einholung der hohen Leiche Ihrer Majestät der Königin. Eine Kantate. Berlin 1810. 32 S. (Sämtliche Werke. Weimar 1856. Bd 22).

Arnold, Fr. C.: Königin Luise v. Preußen u. d. deutsche Sozialdemokratie. Berlin 1909. V, 87 S.

Asselmann – Lübben, G.: Über die letzte Reise der Königin Luise von Preußen 1810, in: Mitt. d. Vereins f. d. Gesch. Berlins, 31 (1914) 36f.

Athenstädt, Fr. E. L.: Zuruf an deutsche Frauen und Töchter beim Grabe der Königin Louise. Berlin 1810.

Augusti, Brigitte (d. i. Auguste Plehn): Die Erben von Scharfeneck. Bilder aus der Zeit der Königin Luise. Mit vielen Abb. von A. Rößler. Leipzig 1889. VIII, 240 S. 2. Aufl. 1889. 4. Aufl. 1898. 5. Aufl. 1902. Das Werk ersch. auch u.d.T.: An deutschem Herd. Kulturgeschichtliche Erzählungen aus alter und neuer Zeit mit besonderer Berücksichtigung des Lebens der deutschen Frauen. Für das reifere Mädchenalter. Bd 5.

Augusti, Brigitte: Luise, Königin von Preußen. Ein Lebensbild, deutschen Frauen und Mädchen gewidmet. Breslau 1897. 47 S, 7 Abb.

Autograph der Kgn. Luise, in: Rübezahl. Schlesische Provinzialblätter 72 (1868) 316.

Bach, Wilhelm: Königin Luise. 1.–3. Aufl. Düsseldorf 1910. 38 S. m Abb.

Bach, Wilhelm: Luise, Preußens unvergeßliche Königin. 1910 (Pädagogische Abhandlungen H. 120).

Bade, Th.: Luise Königin von Preußen. Ein Lebensbild. Berlin 1860. VI, 122 S.

Bader – Darmstadt, Karl: Königin Luise, in: Die Grenzboten Jg. 69, Nr. 28 (1910).

Baerent, K.: Mitteilungen aus russischen Quellen über Königin Luise, in: Deutsche Revue 3,33 (1908) 119–122.

Bailleu, Paul: Zur Geschichte des Jahres 1809, in: Hist. Zeitschr. 48 (1882) 451–459.

Bailleu, Paul: Luise, Königin von Preußen, in: Allgemeine Deutsche Biographie 19 (1884) 815–825.

Bailleu, Paul: Aus einem Stammbuch der Königin Luise, in: Forsch. z. Brand. u. Preuß. Gesch. 8 (1895) 251–253.

Bailleu, Paul: Aus der Brautzeit der Königin Luise, in: Hohenzollern-Jahrbuch (HzJB) 1 (1897) 187–195.

Bailleu, Paul: Über die Brautzeit der Königin Luise, Vortrag, in: Mitteilungen des Vereins für die Geschichte Berlins 14 (1897) 134–136.

Bailleu, Paul: Königin Luise in Pyrmont, in: HzJB 2 (1898) 248–249.

Bailleu, Paul: Aufenthalt der Königin Luise in Pyrmont i. J. 1806, Vortrag, in: Mitt. d. Vereins f. d. Gesch. Berlins 15 (1898) 142–143.

Bailleu, Paul: Königin Luise in Tilsit, in: HzJB 3 (1899) 221–240.

Bailleu, Paul: Königin Luise und die Kaiserinnen Maria Feodorowna und Elisabeth Alexejewna, in: Der Türmer. Monatsschrift für Gemüt und Geist 2 (1899/1900) H. 12.

Bailleu, Paul: Verlobung des Kronprinzen Friedrich Wilhelm mit Prinzessin Luise, in: Der deutsche Herold 31 (1900) Nr. 1.

Bailleu, Paul: Königin Luise in Weimar, in: Goethe-Jahrbuch 22 (1901) 109.

Bailleu, Paul: Königin Luise als Braut, in: HzJB 5 (1901) 1–30.

Bailleu, Paul: Die Verhandlungen in Tilsit (1807). Briefwechsel König Friedrich Wilhelms III. u. d. Königin Louise, in: DRs 110, (1902), 29–45 u. 199–221.

Bailleu, Paul: Königin Luisens letzte Tage, in: HzJB 6 (1902) 38–56.

Bailleu, Paul: Königin Luise von Preußen und die Stadt Mühlhausen, in: Mühlhäuser Geschichtsbll. 3 (1902/03) 1–4.

Bailleu, Paul: Königin Luise und die preußische Politik im Jahre 1810, in: Korrespondenzblatt des Gesamtvereins der deutschen Geschichts- und Altertumsvereine 51 (1903) Nr 4.

Bailleu, Paul: Königin Luises Kindheit und Jugend, in: HzJB 9 (1905) 299–322.

Bailleu, Paul: Königin Luise als Kronprinzessin. Vortrag gehalten am 11.4.1906, in: Forschungen zur Brandenburgischen und Preußischen Geschichte 19 (1906) Sitzungsberichte 22.

Bailleu, Paul: Königin Luise im Kriege von 1806, in: Deutsche Rundschau 129 (1906) 32–55.

Bailleu, Paul: Das geistige Leben der Königin Luise, in: Forschungen zur Brandenburgischen und Preußischen Geschichte 21 (1908) Sitzungsberichte 24–25.

Bailleu, Paul: Wie kam das preußische Königspaar 1806 nach Deutsch Krone, in: Mitteilungen des Westpreußischen Geschichtsvereins 7 (1908) 8–11.

Bailleu, Paul: Königin Luise, ein Lebensbild. 1. Aufl. Berlin u. Leipzig 1908. 2. Aufl. m. e. Vorw. v. Hermann Dreyhaus 1923. IV, 341 S. 3. Aufl. besorgt v. Hermann Dreyhaus. Berlin 1926. VI, 341 S. m. Abb. u. Taf. Besprechung von H. v. Petersdorff, in: DRs 137 (1908) 461–463.

Bailleu, Paul: Königin Luisens letzte Tage. Nebst e. Anhang: Königin Luisens letzte Briefe, in: HzJB 13 (1909) 228–245

Baltz, Johanna: Die Königin Luise. Vaterländische Dichtung. Ein Vorspiel, sieben lebende Bilder. 2. Aufl. Wesel 1894. 32 S. 1. Aufl. u.d.T.: Rosen am Zollernstamm. Skizzen aus den Lebenstagen der Zollernfürstinnen. 1. u. 2. Reihe, 195 S. u. 199 S. Düsseldorf 1890 u. 1891. Spätere Aufl. Mühlhausen 1898. 40 S. Auch u.d.T. Vaterländische Festspiele. Nr. 1.
Eine historisch wahre *Begebenheit* über Königin Luise von Preußen in Frankfurt am Main, in: Frankfurter Blätter 3 (1910) 129.

Bellardi, Paul: Königin Luise, ihr Leben und ihr Andenken in Berlin. Berlin 1893.

Bellardi, Paul: Königin Luise, ihr Leben u. Andenken in Berlin, Vortrag, in: Mitt. d. Vereins f. d. Gesch. Berlins 10 (1893) 27–28.

Bellermann, Johannes Joachim; Friderico Guilielmo III, cum conjuge Luisa Erfordiam ingredienti vota. Erfurt 1803.

Belling, Eduard: Die Königin Luise in der Dichtung Berlin 1886 2. Aufl. 1890. XX, 211 S.

Benrath: Erzbischof Borowski und das preußische Königspaar, in: Deutsche evangelische Blätter 1907 S. 185.

Beresford, B.: Dem Geburtstage der Königin, in: Jahrbücher der preußischen Monarchie 1 (1801) 358–359.

(Berg, Caroline Friederike v.:) Luise Königin von Preußen. 1. Aufl. Berlin 1814. 2. Aufl. 1849.

Berger, Ludwig: Luise, Kronprinzessin von Preußen. 3 Akte. Berlin 1926. 150 S.

Berger, Ludwig: Luise, Königin von Preußen (Ein Schauspiel) 4 Akte u.e. Nachspiel (14 Bilder) Berlin 1926. 155 S.

Berger, Otto: Luise. Ein Vorbild echter Weiblichkeit. Für die Jugend geschildert. Reutlingen 1912.

Beschreibung der feierlichen Beisetzung Ihrer Majestät der höchstseligen Königin von Preußen (Wiedergabe eines Flugblattes von 1810), in: Tägliche Rundschau, Berlin, Unterhaltungsbeil, zu Nr. 166 (1910).

Ausführliche *Beschreibung* der Reise … Friedrich Wilhelm III. mit … Gemahlin vom 25. Mai bis 1. Juli 1798. Nebst umständlichen Nachrichten von allen Feierlichkeiten der Erbhuldigung sämtlicher preußischen Provinzen. Berlin 1798.

Beschreibung der Feierlichkeiten bei Gelegenheit der Sr. Majestät dem Könige Friedrich Wilhelm III. in Begleitung Ihrer Majestät der Königin zu Königsberg in Pr. 1798 geleisteten Erbhuldigung (Ausz.). Nach d. Akten E. Erl. Kgl. Etatsministeriums, d. Kgl. Kriegs- u. Domänen-Kammer u. Magistrats, bearb. u. hrsg. v. d. Kgl. Deutschen Gesellschaft zu Königsberg in Pr. Königsberg 1840.

Besse, Paul: Die Königin Luise und ihre welthistorische Bedeutung. Köln 1870.

Hoher *Besuch* in Danzig vor 100 Jahren, in: Danziger Zeitung 1898 Nr. 23200.

Alt-Königsberger *Bilderbogen.* Königin Luise und ihre Zeit. Königsberg 1907.

Blasendorff, C.: Die Königin Luise in Pommern. Stettin 1879.

Bobrick: Ankunft und Aufenthalt des Königs und der Königin in Danzig, in: Kgl. priv. preuß. Volksfreund 2 (1798) 797–800.

Boeckel, Wolf: Schreckensfahrt der Königin Luise durch Thüringen. Zur 130. Wiederkehr des Tilsiter Friedens, in: Das Thüringer Fähnlein, Jg. 6, H. 9 (1937).

Boehm, Wilhelm: De Luisa Borussorum reginae vita. Berlin 1870.

Böhmer, T.: Predigt am Erinnerungstage des Todes Ihrer Majestät der regierenden Königin von Preußen, Louise, gehalten am 12. August 1810. Berlin 1810.

Börger, Hans: Schadows Doppelstatue der Kronprinzessin Luise und der Prinzessin Ludwig. Hamburg 1920. 8 S. 1 Abb. (Kleine Führer durch die Kunsthalle zu Hamburg 9).

Boschan: Königin Luise als Retterin Schlesiens, in: Konservative Monatsschrift, Jg. 78 (1921).

Braun, Julius W.: Luise, Königin von Preußen, in ihren Briefen. Berlin 1888.

Bremen, Walther v.: Königin Luise. Berlin 1910. 24 S. m. Abb.

Bremen, Walther v.: Königin Luise von Preußen, in: Militär-Wochenblatt, Jg. 95 (1910) 2079–2089.

Brendicke, Hans: Ein unbekanntes Porträt der Königin Luise, in: Mitteilungen des Vereins für die Geschichte Berlins 12 (1895) 92.

Brendicke, Hans: Vortrag am 13.2.1897 über das Leben und Wirken der Königin Luise, in: Mitt. d. Vereins f. d. Gesch. Berlins 14 (1897) 26–31.

Brendicke, Hans: Ein Luisen-Kreuz, in: Mitt. d. Vereins f. d. Gesch. Berlins 20 (1903) 35.

Brendicke, Hans: Königin Luise. Leben und Wirken einer deutschen Frau. Berlin 1904. 140 S.

Breyer, Albert: Königin Luise. Berlin 1934. (Aus großer Zeit. Von Deutschlands Ehr und Wehr 40).

Brockhausen, Rudolf: Louise, die Königin. Sechs Gesänge. Lemgo 1832.

Brökelschen – Kemper, Else: Ein unbekannter Brief der Königin Luise. (1805 Dez. 29), in: Forsch, z. Brand. u. Preuß. Gesch., 48 (1936) S. 388–390.

Broermann, Karl: Königin Luise. Die Landesmutter in Preußens Unglücksjahren. Paderborn 1933. (Schöninghs Arbeitsbogen für den deutschen Gesamtunterricht.

Reihe: Deutsche Frauen).

Brühl, Guillaume Comte de: Compliment adressé à Sa Majesté la Reine le 1er Mars 1804 à l'Académie militaire. Berlin 1804.

Brüll, Johannes: Königin Luise in Heiligenstadt, in: Aus der Heimat. Halbmonatsschr. z. Heiligenstädter Zeitung 1906 Nr. 102.

Brüssau, Oskar: Königin Luise. Ein Lebens- und Charakterbild mit e. Auswahl von Briefen u. Aufzeichn. d. Königin. Hamburg 1910.

Brüssau, Oskar: Königin Luise, »der Schutzgeist deutscher Sache«. Leipzig 1913. 109 S. 15 Abb. (Als Deutschland erwachte. Lebens- und Zeitbilder aus den Befreiungskriegen 1).

Brunier, Ludwig: Louise. Eine deutsche Königin. Bremen 1871.

Buchholtz, Arend.: Königin Luise und Kaiser Alexander. Bielefeld u. Leipzig 1901. Aus: Velhagens & Klasings Monatsheften Jg. 16 S. 188–193.

Burckhardt, G. E.: Luise, Königin von Preußen. Ein Lebensbild für deutsche Frauen und Jungfrauen. Barmen 1872. 94 S.

Burg, Ernst von der: Königin Luise. Die Lebensgeschichte der edlen Preußenkönigin für Volk und Jugend erzählt. Stuttgart 1901. 79 S. mit Titelbild. (= Vaterländische Bücherei Bd 11).

Buß, Georg: Eine Dezember-Erinnerung an Königin Luise, in: Mitt. d. Vereins f. d. Gesch. Berlins 26 (1909) 244ff.

Cäsar: Freudenbezeugung der Provinz Westpreußen bei der Durchreise des Königs und der Königin zur Huldigungsreise nach Königsberg, in: Kgl. priv. preuß. Volksfreund 1 (1798) 746–760.

Carl, R. und Pfau, Karl Fr.: Luise Königin von Preußen. Nach Hudsons Life and Times of Louisa, Queen of Prussia, unter Mitwirkung von W. Wagner selbständig bearb. Rechtmäßige deutsche Ausg. 3. Aufl. Leipzig (1887). x, 460 S.

Deicke, K.: Die Medaillen der Königin Luise, in: Berliner Münzbll. N.F. 3, 31 (1910) Nr. 102/103 S. 505–510. Nr. 104 S. 549. Nr. 105 S. 564–570.

Delbrück, Hans: Von der Königin Luise, dem Minister vom Stein u. d. deutschen Nationalgedanken, in: Preuß. Jahrbücher 136 (1909) 441–458.

Derboeck, C. V.: Luise, Königin von Preußen. Ein Vorbild weiblicher Tugenden. Historische Erzählung für die Jugend. Mit 5 Farbdruck-Illustrationen nach Originalzeichnungen von Gustav Annemüller. Berlin 1881. III, 218 S. 2. Aufl. Berlin 1883. 6. Aufl. mit Farbendruck-Illustrationen nach Original-Zeichnungen von M. Koch. Leipzig (1890?). Dasselbe u.d. Verf. Boeck, C. v. d. 8. Aufl. Leipzig 1893. III, 218 S. 10. Aufl Leipzig 1894.

Detloff, Martha: Preußens schönste Königin. Vaterländisches Festpiel in 3 Bildern u. e. Schlußwort. Berlin 1926. 63 S. (Mädchenbühne 99/100).

Disselhoff, D. Julius: Luise, Königin von Preußen oder Eine Geschichte von großer Freud und tiefem Leid. Dem deutschen Volke erzählt. 2. durchges. Aufl. Kaiserswerth 1896. 80 S.

Dorow: Tod der Königin Luise von Preußen, in: Dorows Aufzeichnungen T. 1 S. 41.

Dreyhaus, Hermann: Aus den Glückstagen der Königin Luise (Abdr. eines unveröffentlichten Briefes aus dem Geheimen Staatsarchiv vom 24.7.1798). Goethe und die Königin Luise, in: Eckart, Bll. für evangelische Geisteskultur, Jg. 2, H. 6 (1926) 175–182.

Dreyhaus, Hermann: Die Königin Luise in der Dichtung ihrer Zeit. Berlin 1926. 95 S., 4 Taf., 1 Faks. (Liebhaberdr. f. d. Freunde d. Volksverbandes d. Bücherfreunde).

Dreyhaus, Hermann: Königin Luise. Lebensbild e. dt. Frau. Stuttgart 1928. 224 S., Abb., 1 farb. Portr. 4. Aufl. 1937 (Vaterländische Volks- u. Jugendbücher).

Droysen, Hans: Mitteilungen über Porträts der Königin Luise, in: Forschungen zur Brandenburgischen u. Preußischen Geschichte 3 (1890) 626–627.

Dürow, J. v.: Aus dem Familienleben der Königin Luise, in: Tägliche Rundschau, Berlin, Unterhaltungsbeil. zu Nr. 59 (1903).

Ebner, Karl: Königin Luise. Gedenkbl. z. Feier ihres 100jährigen Todestages am 19. 7. 1910. Berlin 1910. 16 S. 1 Bildn.

Ebstein, Erich: Von den Reisen der Königin Luise von Preußen im Juni 1799, in: Vossische Zeitung, Sonntagsbeil. zu Nr. 169 v. 9. 4. 1905.

Egelhaaf, G.: Königin Luises Briefe an Dr. Brown, in: Vom Fels zum Meer (1888/89)

Ehrenberg, Fr.: Gedächtnispredigt auf Ihre Majestät die Königin von Preußen Luise Auguste Wilhelmine Amalie, geborene Prinzessin von Mecklenburg-Strelitz, in der Hof- und Dom-Kirche gehalten den 5. August 1810. Berlin 1810. 22 S.

Endler, C. A.: Der Lieblingsbruder der Königin Luise, Großherzog Georg von Mecklenburg-Strelitz, in: Mecklenburg-Strelitzer Geschichtsbll., 5 (1929) 135–147.

Engel, Eduard: Königin Luise. Berlin 1876.

Zur *Erinnerung* an die Königin Luise am 19. Juli 1860. Berlin 1860.

Erinnerungen an die verewigte unvergeßliche Louise, Königin von Preußen, bei Gelegenheit der siegreichen Fortschritte der verbündeten Heere in Frankreich. Leipzig 1814.

Erinnerungen deutscher Frauen und Jungfrauen an die verewigte Königin Luise von Preußen, nebst einer Rede des Bischofs Eylert, gehalten bei Einweihung ihres Denkmals zu Gransee am 11. Oktober 1811. Bremen 1863.

Essau, Lotte: Luise, Königin von Preußen, in: Deutsche Frauen. Lebensbilder aus 2 Jahrtausenden 14 (1937) 49–64.

Evers, Ernst: Luise Königin von Preußen oder Die Fürstin der Fürstinnen. Ein Lebensbild. Konstanz 1906. 96 S. 4 farb. Taf.

Ewald, Arm.: Luise, Königin von Preußen. Eine Biographie. Kassel 1853. XVI, 305 S.

Eylert, Ruhlemann Friedrich: Die Gedächtnisfeyer der verewigten Königin Luise von Preußen. Eine Stiftungsschrift. Berlin 1812. XVI, 416 S.

Federmann, Hertha: Königin Luise im Spiegel ihrer Briefe. Berlin 1939. 128 S. 5 Bl. Abb.

Feier des Geburtstages der Königin in Breslau und Sagan, in: Jahrbücher der preußischen Monarchie 1 (1798) 483–485.

Öffentliche *Feier* des Geburtstages der Königin in Danzig, in: Kgl. Priv. Preuß. Volksfreund 1 (1798) 568–569.

Die *Feier* am 10.3.1913 am Friedrichs-Gymnasium in Berlin. 1. Festrede des Professors H. Clajus. 2. Ansprache des Direktors A. Trendelenburg über die Denkmäler der Königin Luise und der Freiheitskriege in Berlin. Programm. Berlin 1914.

(Feier des 50jährigen Jubiläums der Luisenschule), in: Mitt. d. Vereins f. d. Gesch. Berlins 5 (1888) 87–88.

Feit, P.: Frauen des Herrscherhauses. Zwei Schulreden. Breslau 1910/11. Königl. Friedrich-Gymn. Progr. 146.

Felseneck, Maria v. und Fischer-Sallstein, M. Konrad: Aus bewegter Zeit. Zwei biographische Erzählungen. Königin Luise. Kaiser Wilhelm der Große. Berlin 1900. 160 und 159 S. mit 8 Illustrationen.

Fischer, Gottlieb: Königin Luise. Eine Landesmutter n. d. Herzen Gottes. Ein Bild u. Vorbild f. jung u. alt. Zu ihrem 100jährigen Todestag. Herborn 1910. 48 S. m. Abb.

Fleischmann, Paul: Königin Luise. E. Büchlein f. deutsche Christenkinder z. Erinnerung a. d. 100. Wiederkehr ihres Todestages am 19. 7. 1910. Berlin 1909. 23 S. m. Abb.

Förster, Henriette Clara von: Die Rose von Tilsit. Vaterländisches Drama in 4 Akten. Berlin 1923. 83 S.

Fontane, Theodor: Das Luise-Denkmal, in: Wanderungen durch die Mark Brandenburg, T. I. München 1960. S. 479 (Sämtliche Werke, Nymphenburger Ausg. Bd 9).

Freydank, Hanns: Die Königin Luise in Halle. Halle 1934. 129 S. m. Abb. (Hallesche Nachrichten-Bücherei).

Friedrich Wilhelm III. König von Preußen: Briefwechsel Friedrich Wilhelms III. und der Königin Luise mit Kaiser Alexander I., nebst ergänzenden fürstlichen Korrespondenzen, hrsg. von Paul Bailleu. Leipzig 1900 (Publikationen aus den Preußischen Staatsarchiven Bd 75).

Friedrich Wilhelm III. König von Preußen: Vom Leben und Sterben der Königin Luise. Eigenhändige Aufzeichnungen, hrsg. von Heinrich Otto Meisner. 1. Aufl. Berlin/Leipzig 1926. 2. Aufl. 1928.

Friedrich Wilhelm (III. König von Preußen), Luise (Königin von Preußen) u. Alexander (I. Kaiser von Rußland): Briefwechsel. 1967. XXII, 564 S.

Friese, Marie: Chronik der Luisen-Stiftung zu Berlin. Berlin 1890. III, 99 S.

Fuchs, Oskar: Marie Luise Albertine, Gräfin zu Leiningen, die Großmutter der Königin Luise von Preußen, in: Alt Nassau (1917) Nr. 2.

Gaertner, Paul: Königin Luise von Preußen. Berlin 1910. 333 S.

Gärtner, Paul und Samuleit, Paul: Luise, Königin von Preußen. Ein Lebensbild in Briefen und Aufzeichnungen der Königin und ihrer Zeitgenosse: Zsagest. u. hrsg. v. d. Literarischen Vereinigung d. Berl. Lehrervereins. Berlin 1920. 330 S. 2 Bildn.

Gantzer: Zwei Gedichte aus Pommern auf die Königin Luise, in: Monatsblätter der Gesellschaft für Pommersche Geschichte und Altertumskunde 31 (1917) 14.

Garlepp, Bruno: Luise, Preußens Engel. Eine Erzählung für Alt und Jung. Berlin 1881. 199 S. (= Vaterländische Geschichts- und Unterhaltungsbibliothek Bd. 4). 2. Aufl. 1883. 3. Aufl. 1887. 5. Aufl. 1892. 6. Aufl. 1895 7. Aufl. 1899.

Gebhardt, Florentine: Lebende Bilder aus dem Leben der Königin Luise. Mühlhausen 1929. 12 S. (Sammlung lebender Bilder 49).

Gebhardt, Florentine: Das Frühlingsmärchen. Deklamatorisches Festspiel zum Geburtstag der Königin Luise. Mühlhausen 1930. 14 S. (Danners Festspiele 19).

Gedenkblatt an den 50 jährigen Todestag der Königin Luise, den 19. Juli 1860. Berlin 1860.

Bei der Ankunft Ihro Durchlauchten der Prinzessin von Mecklenburg-Strelitz Louisa Augusta Wilhelmine Amalia, Prinzessin-Braut Seiner Kgl. Hoheit des Kronprinzen Friedrich Wilhelm von Preußen überreicht von der Kaufmannschaft *Gedicht.* Berlin 1793.

Gedicht auf die Königin Luise, dargebracht von den Einwohnerinnen von Plesen, in: Denkwürdigkeiten und Tagesgesch. der preußischen Staaten 1801 S. 459.

Gedichte bei der Ankunft des Königs (Friedrich Wilhelm III.) und der Königin (Luise) von Preußen in Breslau. Breslau 1798.

Geiger, Ludwig: Empfang der Prinzessin Louise durch die Berliner Judenschaft 1793, in: Zeitschrift für die Geschichte der Juden in Deutschland 5 (1891) 370–372.

Gellhorn, Mathilde v.: Königin Luise. Vaterländisches Festspiel in sieben Bildern. Naumburg 1895. VIII, 72 S.

Gemoll, Albert: Königin Luise. Ein vaterländisches Bühnenspiel. Breslau 1894. VI, 38 S.

Gerber, Kurt: Königin Luise. Vortrag gehalten am 24.4.1978 bei der »Preußischen Tafelrunde« in Flensburg, in: Mitteilungen des Preußeninstituts für die Freunde des Zollernkreises 8 (1978) 2.

Zur *Geschichte* des Charlottenburger Schloßplatzes (Luisenplatz), in: Mitt. d. Vereins f. d. Gesch. Berlins 23 (1906) 91.

Geyer, Otto: Königin Luise. Leipzig 1897.

Goldammer, Leo: Luise, Kgn. von Preußen. Ein Gedenkblatt. Naumburg 1858. 64 S.

Goldschmidt, Paul: Besprechungen von E. Leidolph: Die Schlacht bei Jena, G. Kreyenberg: Luise, Königin von Preußen und H. Vaihinger: Königin Luise als Erzieherin, in: Forschungen zur Brandenburgischen und Preußischen Geschichte 8 (1895) 663–664.

Goßler, Julie v.: Das Ende der Königin Luise, in: DRs 35 (1910).

Granier, Hermann: Briefe an die Königin Luise von Friedrich Wilhelm III., in: Forschungen zur Brandenburgischen und Preußischen Geschichte 37 (1925) Sitzungsber. 7.

Griewank, Karl: Königin Luise 1776–1810, in: Die großen Deutschen, 2 (1936) 476–489.

Griewank, Karl: Königin Luise. Ein Leben in Briefen. Leipzig 1943.

Weitere Werke v. K. *Griewank* ▷ »Luise«.

Grote, Hans Henning: Königin Luise. Berlin 1933. 31 S. (Deutsche Jugendbücherei 470).

Grünewald, Th.: Die Königin Luise von Preußen. Gedenkbüchlein zur Feier ihres hundertjährigen Geburtstages am 10. März 1876. Der deutschen Jugend in den Volksschulen gewidmet. Hannover 1876. 32 S.

Gubitz, F. W.: Ein edles Königspaar, in: Vossische Zeitung, Sonntagsbeilage zum 11. u. 18. 8. 1867.

Häckermann, A.: Ein Kaiserjahr und Königin Luise. Bernburg 1877.

Haesecke, M.: Rede, gehalten zur Erinnerung an den Geburtstag der Königin Luise, sowie an die Gründung der preußischen Landwehr und an die Stiftung des Eisernen Kreuzes. Rinteln 1913/14. Jahresbericht d. Königl. Gymn.

Häußner, Josef: Friedrich der Große, Königin Luise, Kaiser Wilhelm I., Kaiserin Augusta. Vorträge. Karlsruhe 1913. IV, 86 S.

Hahn, Werner: Friedrich Wilhelm III. und Luise, König und Königin von Preußen. 217 Erzählungen aus ihrer Zeit und ihrem Leben. 17 Abb. in Holzschnitten. VIII, 389 S. Berlin 1850. 2. verm. Aufl. XII, 326 S. Berlin 1860. 3. Aufl. Berlin 1877.

Halden, Elisabeth: Aus den Tagen der Königin Luise. Eine Erzählung für die Jugend. 1. u. 2. Aufl. Leipzig 1893. 222 S. mit farbigen Illustrationen. 3. Aufl. 1894. 7. Aufl. 1899. 302 S. mit Titelbild. 8. Aufl. 1901.

Halden, Elisabeth: Königin Luise. Mit e. Titelbild in Heliogravure nach e. Original von G. Schöbel. Berlin 1899. V,262 S. 2. Aufl. 1903.

Hanstein, Gottfried August: Predigt bei der Trauerfeier wegen des am 19. Juli 1810 zu Hohenzieritz erfolgten Ablebens Ihrer Majestät der regierenden Königin Louise von Preußen. Berlin 1810.

Hanstein, Gottfried August Ludwig: Die Königin Luise, gefeiert durch Gesang und Rede bei dem religiösen Trauerfeste des Luisenstiftes am 16. August 1810. Berlin 1810.

Hardenberg, Ulrike von: Königin Luise. Herzeleid und Opfermut einer deutschen Frau. Niedersedlitz 1934. 240 S. mit Abb.

Hartmann, G.v.: Königin Luise u.d. Frau Rat (Goethe) in: Jb. d. Freien Dt. Hochstifts (1910).

Hartmann, Heinrich: Luise Königin von Preußen. Moers 1981.

Hartmann, Heinrich: Luise Königin von Preußen, in: Schriftenreihe des Preußeninstituts 3.

Hass, Hermann: Königin Luise in ihren Briefen und in Zeugnissen Mitlebender. Jena 1929. 84 S. 11 Taf. (Deutsche Volkheit 71).

Heimgang der Königin Luise von Preußen, ihre Ankunft im Elysium. Magdeburg 1810.

v. Held: Die Königin Luise von Preußen auf der Reise durch Brandenburg, als sie ihren Gemahl nach Westfalen begleitete, 1799, in: Jahrbuch der Preußischen Monarchie 2 (1799) 172.

Held, Hans v.: König Friedrich Wilhelm III. und Königin Luise in Brandenburg. 1799. Bericht u. Gedichte. Mitget. v. Otto Tschirch, in: Jahresber. d. Hist. Ver. z. Brandenburg 34–35 (1904) 93–97.

Henning, Eckart: Briefe und Tagebücher der Königin Luise im Brandenburg-Preußischen Hausarchiv. Zur 200. Wiederkehr ihres Geburtstages am 10. März 1976, in: Mitt. d. Vereins f. d. Gesch. Berlins 72 (1976) 142–150.

(*Herring:* Referat über die Königin Luise), in: Jahresber. d. Hist. Ver. z. Brandenburg 4 (1871/72) 29.

Hinke, A.: Geschichte des preußischen Königspaares Friedrich Wilhelm III. und Luise. Berlin 1862. VI, 154 S.

Hintze, Otto: Königin Luise und die Wiedergeburt des Preußischen Staates, in: Hintze: Historische und politische Aufsätze, Bd 3 (1908).

Hintze, Otto: Königin Luise, Festrede zur Feier ihres hundertsten Todestages, Berlin 1910, in: HzJb 14 (1910) 1–9.

Hoechstetter, Sophie: Königin Luise. Histor. Roman. Berlin 1926. Mit 24 Wiedergaben u. zeitgenössischen Bildern auf Taf. 1 Brieffaks. (Romane berühmter Männer und Frauen). Spätere Ausg. 1931 u. 1939.

Hohnhorst, K. W.: Die Stimme Gottes bei unsern Klagen am Grabe der Königin. Zum Gedächtnis der Königin Louise vor der Trauerversammlung in der Domkirche zu Havelberg. Berlin 1818.

Hollander-Lossow, Else von: Die unsterbliche Königin. Ein Luise-Roman. 1934. 334 S., mehrere Taf. 3. Aufl. 1936. Spätere Aufl. 1940.

Holtze, F.: Besprechung des Werkes von Paul Bellardi: Königin Luise. Berlin 1893,

Holzhausen, Paul: Die Flucht der Königin Luise und der preußischen Prinzen über die Kurische Nehrung, in: Tägliche Rundschau, Berlin. Unterhaltungsbeil. zu Nr. 33/34 (1907).

Holzhausen, Paul: Der 31. Geburtstag der Königin Luise. Ein Stimmungsbild aus bewegter Zeit, in: Tägliche Rundschau, Berlin Unterhaltungsbeil. zu Nr. 58 (1907).

Horn, Georg: Das Buch von der Königin Luise. Berlin 1883.

Horn: Rede am 100. Todestag der Königin Luise, gehalten in Hohenzieritz. 1910.

Horn, Georg: Das Buch von der Königin Luise. Mit Porträts u. Illustrationen nach gleichzeitigen Originalen u. mit 6 Vollbildern in Heliogravure von Wilhelm Amberg, Woldemar Friedrich, Georg Kannengießer, Franz Skarbina, Oskar Wisnieski. Berlin 1913. 178 S. Jubiläumsausg.

Hudson, E. H.: The Life and Times of Louisa, Queen of Prussia (Ausz.), Leipzig 1889.

Hübner, Max: Aus dem Leben König Friedrich Wilhelms III., der Königin Luise und König Friedrich Wilhelms IV. Breslau 1891. III, 114 S. 2. Aufl. u.d.T.: Friedrich Wilhelm III., Königin Luise und Friedrich Wilhelm IV. Erzählungen und Schilderungen aus deren Leben. Breslau 1897. VIII, 144 S. mit 3 Bildnissen. 3. Aufl. u.d.T.: Erzählungen und Schilderungen aus dem Leben König Friedrich Wilhelms III., der Königin Luise und Friedrich Wilhelms IV. Breslau 1903. VIII, 144 S. mit 3 Bildnissen. (Das Werk erschien auch u.d.T. Im Glanze der Königskrone. Bd 3).

Hurst, C. R.: The Royal disciple: Louisa, Queen of Prussia. London 1876.

Hurwitz, P. L.: Predigt z. Andenken der Königin Louise v. Preußen. Berlin 1810.

Hustaedt, K.: Die plastischen Bildnisse der Königin Louise in Hohenzieritz, in: Mecklenburgische Zs. des Heimatbundes Mecklenburg, 12 (1917) 79–87.

Jacobs, Ed.: Brockenreisen, in: Zeitschr. d. Harz-Ver. f. Gesch. u. Altertumskde 11 (1878) 471–475.

Jaedicke, Octavia: Königin Luise. Ein Lebensbild. Leipzig 1909. 71 S. 1 Titelbild. (Soldaten-Bücherei 40).

Jagow, Kurt: Königin Luise. Lebensbild. Leipzig 1934. 77 S. 1 Brieffacs. (Reclams Universalbücherei 7245).

–, ▷ auch »Luise«.

Vor fünfzig *Jahren.* Zur Erinnerung an den Todestag der Königin Luise von Preußen, am 19. Juli 1810, in: Vossische Zeitung. 18. Juli 1860. Nr. 166. 1. Beil. S. 1–3. 19. Juli, Nr. 167 1. Beil. S. 8.

Jantzen, Hermann: Königin Luise. Zur Jahrhundertfeier ihres Todestages. Königsberg 1910. 63 S. m. 2 Bildn., 10 Briefen u. 8 Gedichten.

Jordan, R.: Zur Erinnerung an die Königin Luise, in: Mühlhäuser Geschichtsbll. 7 (1906/07) 125–129.

Josephson, Hermann: Luise. Ein Gedenkbl. z. 19. 7. 1910. Hamburg 1910. 16 S. m. Abb.

Den Durchlauchtigsten Bräuten Louise Auguste Wilhelmine Amalie und Friederike Caroline Sophie Alexandrine, Prinzessinnen von Mecklenburg-Strelitz bei Ihrer Ankunft in Berlin, die *Judenschaft.* Berlin 1793.

Keil, Robert: Die Mecklenburger Herzogskinder bei Frau Rath. Mit Zeichnungen von Paul Thumann, in: Die Gartenlaube 30 (1882) 760–764.

Kelly, John: Louisa of Prussia and other sketches. By John Kelly. London. The Religious Tract Society 1888. 912 S. Abb.

Kiesler, Bernhard: Das Leben der Königin Luise in Bildern. Dargestellt für die Jugend. Berlin 1910. 127 S. m. Abb. (Laumannsche Jugendbibliothek 40–41).

Kircheisen, Fr. M.: Die Königin Luise in der Geschichte und Literatur. Eine systematische Zusammenstellung der ... Einzelschriften u. Zeitschriftenbeiträge. Jena 1906.

Kirchner, Ernst Daniel Martin: Königin Louise, in: Die Churfürstinnen und Königinnen auf dem Throne der Hohenzollern. T. 3. Berlin 1870.

Klatt, Tessa: Königin Luise von Preußen in der Zeit der Napoleonischen Kriege. Berlin 1937. 214 S. (= Schriften der kriegsgeschichtl. Abt. im Hist. Seminar der Friedrich-Wilhelms-Universität Berlin, H. 20).

Klöden, Karl Friedrich v.: Lebens- u. Regierungsgeschichte Friedrich Wilhelms III. Königs von Preußen. Berlin 1840.

Kluckhohn, August: Luise Königin von Preußen. Berlin 1876. 70. S.

Kluckhohn, August: Luise Königin von Preußen. Zur Erinnerung an ihren hundertjährigen Geburtstag. Berlin 1876 (Sammlung gemeinverständlicher wissenschaftlicher Vorträge, hrsg. von Rudolf Virchow u. Franz v. Holtzendorf. Serie 10. H. 242–243).

Knaake, Emil: Leben und Wirken der Königin Luise im Lichte der Geschichte. T. 1–3, Tilsit 1906–1908. Königl. Realgymn. Progr. 20, 21.

Köhler, Paul: Königin Luise von Preußen, ein Gotteskind in Freud und Leid. Für das deutsche Volk. Eisleben 1886. III, 288 S.

Der *König* und die Königin in Cöslin, in: Kgl. Priv. Preuß. Volksfreund 1 (1798) 670–675.

Königin von Preußen, in: Löscheimer 1807. H. 2 S. 3–6. H. 5 S. 107–110.

Königin Luise in Königsberg. Ein Gedenkblatt zu ihrem 125. Geburtstag, in: Norddeutsche Allgemeine Zeitung 39 (1900) 59.

Königin-Luise-Feiern. Deklamationen, Lieder, Reigen und kleine Aufführungen. 1931. 24 S.

Königsegg, Adda von: Luise von Preußen. 4 Bilder. 1933 (Jugend-Verein-Bühne 2,5).

Kohut, Adolph: Königin Luise von Preußen u. ihre Zeit. Berlin 1910. VII, 325 S.

Krack, Otto: Die Stimme der Großen. II. Königin Luise. Berlin 1909.

Kratz, E.: Vergötterung Louisens, der Königin von Preußen. Glogau 1811.

Krause-Kopsel, Annelisabeth: Drei deutsche Frauen. Vorwort u. verbindender Text für lebende Bilder. Köthen 1932. 12. S.

Kreyenberg, Gotthold: Luise, Königin von Preußen. Ihre ethische und pädagogische Bedeutung. Ein Gedenkblatt zum 24.12.1893. Berlin 1894. 34 S.

Krieger, Bogdan: Königin Luise und der Geheime Kabinettsrat Lombard, in: DRs 26, (1901) 200–211, 333–343.

Krieger, Bogdan: Ein Brief der Prinzessin Friederike von Solms über den Tod ihrer Schwester, der Königin Luise, in: HzJB 5 (1901) 269–270.

Krieger, Bogdan: Briefe der Königin Luise an ihre Erzieherin, Mlle de Gélieux, in: Deutsche Revue 1, 30 (1905) 65–73, 216–225.

Krieger, Bogdan: Ein Gespräch mit Königin Luise als Kind (mit ihrem Lehrer Prof. Schrage am 9.3.1784), in: Vossische Zeitung, Sonntagsbeil. zu Nr. 494 (42) 21.10.1906.

Krieger, Bogdan: Erziehung und Unterricht der Königin Luise, in: HzJb 14 (1910) 117–173.

Krieger, Bogdan: Königin Luise und ihr Königsberger Kreis, in: Ostdeutsche Monatshefte, 10 (1929/30).

Krollmann, Chr.: König Friedrich Wilhelm III. und Luise in Schlobitten 1802, in: Oberländische Geschichtsbll. 11 (1909) 37–49.

Krüger-Ottzen, Bertha: Friedrich Schiller und Königin Luise von Preußen. Tilsit 1905. VII, 100 S. m. Abb.

Kühn, Joachim: Ein Taschentuch der Königin Louise. Aus den Erinnerungen eines napoleonischen Offiziers, in: Der Bär von Berlin, 23 (1974) 79–84.

Kühne, H.: Die Königin Luise in ihren Jugendjahren oder der Herrschaft Broich schönste Zeit. 2. Ausg. Leipzig 1889.

Küsel, Eduard: Die Königin Luise in ihren Briefen. Memel 1900. Nebst einigen Besprechungen, in: Literarisches Centralblatt für Deutschland 51 (1900) 1519–1520 und in: Mitteilungen aus der historischen Literatur 29 (1901) S. 31–32.

Kundius, Emil: Ein Leben aus dem Herzen. Erzählung. 1935. 95 S. (Skalden – Bücher 13/14).

Über einen *Kupferstich* des Königs und der Königin und über eine Büste des ersten, in: Denkwürdigkeiten und Tagesgesch. der Mark Brandenburg 6 (1798) 756–758.

Ladiges, Therese Monika: Königin Luise. Lübeck 1934. 45 S. (Colemans Kleine Biographien 52).

Das *Leben* der Königin von Preußen Luise Auguste Wilhelmine Amalie. Mohrungen u. Braunsberg 1837.

Die letzten *Lebenstage* der Königin Luise von Preußen, in: Hormayrs Archiv für Geographie, Historie usw., Wien 1811 Nr. 72.

Die letzten *Lebenstage* der Königin Louise (von Preußen) bei ihrem Vater zu Neustrelitz und Hohenzieritz in Mecklenburg vom 25. Juni bis 19. Juli 1810, in: Morgenbl. f. gebildete Stände, 1811, Nr. 105, 106, S. 417–419, 421–422.

Die letzten Lebenstage der Königin Luise; gleichzeitiger Bericht aus ihrer Umgebung, in: HzJb 14 (1910) 10–19.

Lehr, Hans: Die Vertraute der Königin. Roman. Leipzig 1939. 287 S.

Levezow, Ritter Konrad von: Beschreibung und Erläuterung eines Denkmals von gebranntem Ton, welches der verewigten Königin Luise von Preußen gewidmet ist. Berlin 1812.

Liebermann, Bernhard: Königin Luise von Preußen. Ein Charakter- und Lebensbild in dramatischer Darstellung als christlich-patriotisches Volksfestspiel in fünf Aufzügen. Judenbach (Thüringen) 1893. VII, 71 S.

Linz, Konrad: Königin Luise. Lebensbild aus schicksalsschwerer Zeit. 1932. 159 S. mit Abb. (Deutsche Illustrierte Roman-Bibliothek 11).

Löffler, Klemens: Königin Luise in Breitenworbis, in: Unser Eichsfeld 1 (1906) 187–188.

Lonke, Alwin: Königin Luise von Preußen. Ein Lebensbild nach d. Quellen, Leipzig 1904.

Lonke, Alwin: Die historische Gestalt der Königin Luise, Vortrag, in: Zs. d. Hist. Vereins f. Niedersachsen 76 (1911) 58–77.

Louise de Mecklenbourg-Strelitz, reine de Prusse, in: Nouvelle biographie générale... Paris 1863 Sp. 8–12.

Luise, Königin von Preußen: Ein Brief derselben in: Kosmanns und Heinsius Denkwürdigkeiten und Tagesgesch. der Mark Brandenburg 7 (1799) 135.

Luise Auguste Wilhelmine Amalie, Königin von Preußen. Ein Denkmal. Mit e. Bildnis. Berlin 1810.

Luise, Königin von Preußen, in: Magazin der Biographien denkwürdiger Personen (Quedlinburg) 1. 1816 S. 59 ff.

Luise, Königin von Preußen. Dem deutschen Volke gewidmet. 2. neu bearb. Aufl. Berlin 1849. XX, 428 S.

Königin Luise. Ein Preußenbuch (in Gedichten). Langensalza 1855 2. Aufl. 1856. 3. Aufl. 1857. 4. Aufl. 1860. XII, 226 S.

Luise, Königin von Preußen. Eine Biographie. Hamburg 1863 (Charakterköpfe aus den deutschen Befreiungskriegen Bd 3).

Luise, Königin von Preußen an einen Kriegs- und Domänenrat, in Miscellen der Zeitschrift für preußische Geschichte und Landeskunde 4 (1867) 565

Königin *Luise*. (Zur Feier des 100 jährigen Geburtstages für Volksschulen). 10. Aufl. Essen 1876.

Luise, Königin von Preußen: Briefe der Königin Luise von Preußen. Gesammelt von Ad. Martin ... Berlin 1887. III, 95 S.

Die Königin Luise in der Dichtung. Eine Sammlung aus den in älter und neuerer Zeit verfaßten Dichtungen, ausgewählt und herausgegeben von Eduard Belling. Berlin 1887. XVI, 226 S.

Luise, Königin von Preußen in ihren Briefen. Hrsg. v. Juluis W. *Braun*. Berlin 1888. X, 194 S.

Luise, Königin von Preußen: Briefe an die Oberhofmeisterin Gräfin Voß 1796–1810, hrsg. von Paul Bailleu, in: DRs 86 (1896) 321–348.

Luise, Königin von Preußen: Ein Brief der Königin Luise (vom 13. 11. 1806), hrsg. von X. Froelich, in: Altpreußische Monatsschrift NF 34 (1897) 442–457.

Königin *Luise*, die Dulderin auf Preußens Thron oder Fürstenkrone und Dornenkranz. Geschichtlicher Sensationsroman nach hinterlassenen Enthüllungen eines Eingeweihten. Berlin 1897. 1440 S. mit 60 Bildern.

Luise, Königin von Preußen: Briefe an ihren Bruder Erbprinz Georg von Mecklenburg-Strelitz, in: DRs 105 (1900) 363–397.

Holtze, Fr.: Königin *Luise* und Schiller, in: Mitt. d. Vereins f. d. Gesch. Berlins, 21 (1904) 69–70.

Luise, Königin von Preußen: 50 ausgewählte Briefe der Königin Luise von Preußen.

Hrsg. von Ludwig Wülker. Hannover und Leipzig 1909. IV, 135 S.

Königin *Luise* v. Preußen in Frankfurt a. M., in: Nassovia, 11 (1910).

Königin *Luise* und die Klassiker, in: Tägliche Rundschau, Berlin, Unterhaltungsbeil. zu Nr. 167 (1910).

Luise, Königin von Preußen: Briefe und Aufzeichnungen. Hrsg. u. erl. v. Karl Griewank. Leipzig (1925) 431 S. 3 Taf. 1 Faks.

Luise, Königin von Preußen. Briefe. Ausgewählt u. hrsg. v. Karl Griewank. Bielefeld 1928. 35 S. (Velhagen u. Klasings deutsche Lesebogen 79).

Luise, Königin von Preußen: Briefwechsel mit ihrem Gemahl Friedrich Wilhelm III. 1793–1810, hrsg. von K. Griewank. Leipzig (1929) 368 S. 11 Abb. (auf Taf.). 3 Faks.

Königin *Luise* von Preußen. Pastell eines unbekannten zeitgenössischen Malers, vermutlich aus den letzten Jahren der Königin, in: Velhagen & Klasings Monatshefte 52 (1938) 91–92.

Luise, Königin von Preußen: Briefe der Freundschaft. Mitgeteilt von Kurt Jagow. 3. Aufl. Leipzig 1940. 165 S. 4 Taf.

Luise, Königin von Preußen: Einige Briefe aus Memel und Königsberg. Hrsg. von Herbert Budde, in: Preußenland u. deutscher Orden. Festschrift f. Kurt Forstreuter. Würzburg 1958 S. 1–27 (Ostdeutsche Beitr. Bd 9).

Brendicke, Hans: Das *Luisenbad* auf dem Gesundbrunnen, in: Mitt. d. Vereins f. d. Gesch. Berlins, 15 (1898) 127–128.

Das *Luisenbad* (Gesundbrunnen) zu Berlin. Eine Säkular-Erinnerung, in: Mitt. d. Vereins f. d. Gesch. Berlins 26 (1909) 160ff.

Lulvès, Jean: Zwei Töchter der Stadt Hannover auf deutschen Königsthronen. Luise von Preußen u. Friederike von Hannover. Zur Erinnerung an die Enthüllung des Denkmals für die beiden Königlichen Schwestern in Hannover u. an die 100. Wiederkehr des Todestages der Königin Luise. Hannover 1910.

Luntowski, Adalbert: Menschen. Bd 2: Liselottte. Elisa v. d. Recke. Frau Rat. Frau Carlyle. Königin Luise. Frau v. Stein. Die Droste. Die Frauenfrage. Gertrud Prellwitz. Leipzig 1914. V, 323 S. m. 8 Bildern.

M.: Der König und die Königin. Historisches Bildnis von Weitsch und Berger, in: Jahrbücher der Preußischen Monarchie 2 (1799) 408–409.

Macco, Hermann Friedrich: Das 1800 von Alexander Macco nach dem Leben gemalte Bildnis der Königin Luise, in: HzJB 12 (1908) 41–48.

Mander, Gertrud: Königin Luise. Berlin 1981 (Preußische Köpfe 1).

Mark, Hans von der: Königin Luise oder der Friede zu Tilsit. Ein dramatisches Geschichtsbild für die deutsche Jugend in drei Aufzügen. Nürnberg 1892.66 S. mit drei Farbdrucken.

Martin, A. v.: Briefe der Königin Louise. o. O. 1887.

Der große *Maskenball* in Berlin zur Feyer des Geburtstages Ihrer Majestät der regierenden Königin von Preußen am 12ten März 1804 im Königlichen Nationaltheater veranstaltet. Berlin 1805.

May, Werner: Luise, Königin von Preußen. Lebensbild für die deutsche Jugend. Breslau 1933. 16 S. 6. Aufl. 1940. (Schriften zu Deutschlands Erneuerung 17).

Mayer, Achim: Luise, Königin von Preußen, geborene Herzogin von Mecklenburg. Bilder aus ihrem Leben und Wirken, ihre unvergeßlichen Worte und Briefe. Nach authentischen Quellen. Neubrandenburg 1858. 223 S. u. 16 S. Anhang.

Melhorn, F. J. H.: Die Königin Luise auf ihrer Fahrt von Stettin nach Küstrin über Schönfliess in der Neumark (20.10.1806). Ein Gedicht. Stettin 1894. 24 S.

Mensch, Ella: Königin Luise von Preußen. Leipzig. 1.–3. Aufl. 1908.

Menzel, Paul: Königin Luise von Preußen. Brieg 1892.

Mertens-Büderich, Inge: Das Bauernmädchen von Landsberg. Dramatische Szene aus den Leidenstagen der Königin Luise. Warendorf 1933. 20 S. (Vaterländische Spiele 121).

Merz, Heinrich: Luise, Königin von Preußen. Stuttgart 1876. 106 S. Mit einer Holzschnittafel. 2. Aufl. 1900. (Deutsche Jugend- und Volksbibliothek Bd 58).

Meusel, Friedrich: Briefe der Königin Luise, des Kronprinzen Friedrich Wilhelms (IV.), des Generals von der Marwitz und des späteren Kaiser Wilhelms I., in: Vossische Zeitung, Sonntagsbeil. zu Nr. 253 (22) v. 31.5.1908.

Mikeleitis, Edith: Die Königin. Roman. Braunschweig 1940 364 S. Spätere Ausg. Berlin, Hannover, Bielefeld 1952.

Mikeleitis, Edith: Die Königin und der Eroberer, Luise von Preußen, in: Große Ost- und Westpreußen. 1959, S. 94–100.

Mnioch, Marie: Ein paar Bemerkungen über das häusliche Leben des Königs und der Königin, in: Jahrbücher der preußischen Monarchie 3 (1799) 45–48.

Moffat, Mary Maxwell: Queen Louisa of Prussia. London 1906. VII, 323 S.

Mollat, Georg: Der Glaube an unsere Zukunft. Nebst 2 Beil. (Festanspr. über die Königin Luise und Kaiser Wilhelm II.). Siegen 1817. IV, 54 S.

Molo, Walter von: Ein Volk wacht auf. Roman-Trilogie. 2. Luise. München 1919. 312 S. Spätere Ausg. 1921.

Mommsen, Theodor: Königin Luise, Vortrag, gehalten am 23.3.1876 in der Berliner Akademie der Wissenschaften, in: Preußische Jahrbücher 37 (1876) 430–437.

Mommsen, Theodor, u. Heinrich v. Treitschke: Königin Luise. 2 Festreden. Berlin 1876.

Müchler, K.: Anekdote von der Königin Luise, in: Neue Berliner Monatsschrift 25 (1811) 312–315.

Mühlbach, Luise: Napoleon in Deutschland. 1. – 3. Abt. in 4 Bd. Berlin 1858. 2. Abt. auch u. d. Sondertitel: Napoleon und Königin Luise. 2. Aufl. 1860. VII, 754 S. 3. Aufl. 1863. 4. Aufl. 1867. V, 756 S, ins Englische übersetzt u.d.T.: Napoleon in Germany. Napoleon and the Queen of Prussia. An historical novel. Translated from the German by F. Jordan. New York 1868.

Müller: Königin Luise und der 12. Oktober 1806, in: Deutsche Tageszeitung, Unterhaltungsbeil. v. 10. und 13. Oktober 1924.

Müller, Adam Heinrich: Zum Gedächtnis der verewigten Königin Louise. Berlin 1810.

Müller, Wilhelm: Historische Frauen. 2. Aufl. Berlin 1882.

Müller, Wilhelm: Die Estafette des Postmeisters von Naumburg am 11. Oktober 1806. Rettung nicht nur der Königin Luise, sondern auch des Königs vor Gefangennahme. o.O. u. J. (nach 1928).

Müller-Bohn, Hermann: Die Königin Luise und ihre Zeit. Neunundvierzig Bilder aus dem Leben der Königin. Beschreibender Text zu den farbigen Lichtbildern: Königin Luise nach den Originalen des bei Paul Kittel erschienenen Bilderwerks »Die Königin Luise« von Carl Röchling, Richard Knötel und Woldemar Friedrich. Berlin 1901. 63 S. (Paul Kittels Künstler-Lichtbildervorführungen aus der vaterländischen Geschichte. 2. Serie).

Müller-Bohn, Hermann: Königin Luise. Gotha 1903. 31 S. 2. Aufl. 1910 (Volksabende H. 3).

Müller-Bohn, Hermann: Iffland und die Königin Luise, in: Tägliche Rundschau, Berlin, Unterhaltungsbeil. zu Nr. 57 (1909).

Müller-Bohn, Hermann: Der Jugendunterricht der Königin Luise, in: Pädagogische Zeitung, Nr. 29 (1910) S. 707–710.

Müller-Weimar, Wilhelm: Drohende Gefangennahme der Königin Luise am 12. Oktober 1806 und das Verhalten Lombards, in: Forsch. z. Brand. u. Preuß. Gesch. 40 (1927) 137–143.

Napoleon und die Königin Luise in Tilsit, in: Beilage zur Norddeutschen Allgemeinen Zeitung. Berlin 1900 Nr. 286.

Napoleon und Königin Luise in Tilsit (Juli 1807). Wandbild mit Begleittext. Der neue Schulmann. Schulmann Wandbilder 4142. 1963.

Naso, Eckart von: Die Begegnung. Novelle (Napoleon und Luise in Tilsit). 1. Aufl. 1936. 3. u. 4. Aufl. Bielefeld 1937. Je 90 S. Spätere Aufl. Frankfurt/M. 1952.

Natorp, Andreas: Königin Luise und Kaiser Napoleon in Tilsit. F[illegible] Festspiel [illegible] einleitendem Vortragsstoff, nebst Gedichten der Freiheitssänger. [illegible]armen 1913. 35 S. (Für Heimat und Glauben 1).

Neumann, H.: Gedenksteine in Neiße (Friedrich Wilhelm III. und Luise), in: Rübezahl. Schlesische Provinzialblätter 72 (1868) 444–445.

Neumann, Wilhelm: Gedächtnispredigt auf Ihro Majestät die Königin Louise von Preußen, den 12. August 1810 gehalten. Berlin 1810.

Neumeister, Johannes: Die Königin Luise. Leipzig 1910. 32 S. m. Abb.

Nicolai, Karl Adolph: An die Königin Luise. Berlin 1798.

Noël: Die Reise des Königs Friedrich Wilhelm III. und der Königin Luise von Auerstedt über Küstrin bis Memel im Jahre 1806, in: Mitt. d. Vereins. f. d. Gesch. Berlins 24 (1907) 18–23.

Short *Notices* and anecdotes of Frederick William III and his Queen Louisa, the grandparents of Prinz Frederick William of Prussia. Darmstadt 1858. 52 S.

Novalis: Glauben und Liebe oder der König und die Königin, in: Jahrbücher der Preußischen Monarchie 2 (1798) 269–286.

Oelsner,: Die Königin Luise in Schlesien, in: Oelsners Schlesische Provinzialblätter NF 1 (1862).

v. Oertzen: Die letzten Lebenstage der Königin Luise. Gleichzeitiger Bericht aus ihrer Umgebung. Abschrift aus dem Stuttgarter Morgenbl. Nr. 105, 1810, in: HzJB 14 (1910) 10–19.

Zum 18. *Oktober* 1863. Erinnerungen deutscher Frauen und Jungfrauen an die verewigte Königin Luise von Preußen, nebst einer Rede Bischof Friedrich Rulemann Eylerts gehalten bei der Einweihung ihres Denkmals zu Gransee am 19. Oktober 1811. Bremen 1863. 26 S. u. e. lithographiertes Porträt.

Opfer der Ehrfurcht und Liebe Ihro Kgl. Majestät der regierenden Königin von Preußen bey höchstdero Anwesenheit zu Oels, von den Beamten gewidmet. Ein Gedicht. 21.6.1798. Oels 1798.

Ortmanns, Kurt: Stadtarchiv Mülheim a.d.Ruhr. Königin Luise von Preußen (1776–1810) und ihre Zeit. Ausstellung des Stadtarchivs 9.10.-14.11.1976. Ausstellungskatalog. Mülheim 1976.

Paléologue, M. Maurice: Louise, Reine de Prusse. La naissance d'une légende, in: Revue deux Mondes 103 (1891) 600–631.

Pauls, E. E.: Die Revolution der Königin Luise, in: Mecklenburgische Monatshefte, 1 (1925) 570–573.

Petersdorff, Hermann v.: Der älteste Sohn der Königin Luise und sein erster Erzieher, in: HzJB 14 (1910) 192–223.

Petersdorff, Hermann von: Königin Luise. 1. Aufl. 1903. 2. Aufl. 1904. 4. Aufl. 1910. 5. Aufl. 1912. 6. Aufl. 1920. 7. Aufl. Bielefeld 1926 (Frauenleben 1).

Petersdorff, Hermann v.: Der Hof der Königin Luise. Leipzig 1913 (= Xenienbücher 7).

Petersdorff, Hermann v.: Luisens Kinder im heiligen Krieg, in: Konservative Monatsschrift 71, Heft 3 (1913/14).

Petersdorff, Hermann v.: Königin Luise. Leipzig 1919. 96 S. (Velhagen & Klasings Volksbücher 43).

Petrich, Hermann: Königin Luise. Ein Bild ihres Lebens. 1. u. 2. Aufl. Hamburg 1910. 96 S. m. Abb.

Petrich, Hermann: Königin Luise. Ihr Leben, Wirken u. Denken in 15 Geschichten. Potsdam 1910. 32 S. m. Abb.

Petrich, Hermann: Treue um Treue. 15 Geschichten aus dem Leben der Königin Luise. 63. umgearb. Aufl. Berlin 1926. 16 S. (Der Kranz. Sammlung fröhlicher und ernster Erzählungen und Märchen für jung und alt. 66).

Pfau, Karl Friedrich: Luise, Königin von Preußen. Nach Hudsons Life and times of Louisa, Qeen of Prussia, selbständig bearb. 3. Aufl. Leipzig 1901.

Philippi, Siegfried: Königin Luise. Historisches Schauspiel in 3 Aufzügen. Leipzig 1925. 48 S. (Richters Vaterländische Aufführungen 7).

Pichler, Louise: Zur Zeit der Königin Luise. Eine Erzählung für die Jugend und das Volk. Mit einem Titelkupfer Stuttgart 1874. 120 S. 2. Aufl. Leipzig 1889. 104 S. mit Titelbild. (= Historische Erzählungen für die Jugend Bd 39).

Pick, Albert: Zum Besuche des Königs Friedrich Wilhelms III. und der Königin Luise in Erfurt vom 30. Mai und 26. Juni 1803, in: Mitteilungen des Vereins für die Geschichte und Altertumskunde von Erfurt 15 (1892) 225–251.

Pischon, Johann Karl: Predigten in Gegenwart des Königs, der Königin und der Königlichen Prinzen von Preußen in Potsdam gehalten. Leipzig 1803.

Pixberg, Hermann: Königin Luise. 1934. 16 S. mit Abb. (Beltz Lesebogen für Dorfschulen 18).

Plan zu dem preußischen Denkmal für die verewigte Königin Luise von Preußen durch weibliche Erziehungsanstalten. Berlin 1810.

Pörschke, Karl Ludwig: Rede am Geburtstage Ihrer Majestät Louise Königin von Preußen am 10. März 1808. Königsberg 1808.

Polko, Elise: Die Königin Luise. Portraitskizzen. Leipzig 1881.

Polko, Elise: Stätten der Erinnerung an die Königin Luise. Leipzig 1891.

Ein unbekanntes *Portrait* der Königin Luise, in: Mitt. d. Vereins f. d. Gesch. Berlins 12 (1895) 95.

Einige *Portraitdarstellungen* der Königin Luise, in: Mitt. d. Vereins f. d. Gesch. Berlins 14 (1897) 36ff.

Poultney, Bigelow: Aufzeichnungen der Königin Luise aus den Jahren 1803–1809, in: Forsch. z. Brand. u. Preuß. Gesch. 8 (1895) 640.

Prolog, gesprochen im Nationaltheater zu Magdeburg bei Anwesenheit des Königspaares, in: Jahrbücher der preußischen Monarchie 2 (1799) 392–395.

Pültz, Wilhelm: Mutter des Volkes. Roman einer deutschen Frau. Berlin 1938. 322 S.

Raßmann, Christian Friedrich: Reise des preußischen Königspaares nach Wernigerode 1803, in: Neue Anzeigen vom Nützlichen, Angenehmen u. Schönen Jg. 1803 Stück 25.

Rautenberg, Karl Ludwig: Das Leben der Königin von Preußen Luise Auguste Wilhelmine Amalia. Mohrungen u. Braunsberg 1837.

Rautenberg, Karl Ludwig: Das Leben der Königin von Preußen Luise Auguste Wilhelmine Amalie. Faks. Nachdr. der Ausg. Mohrungen und Braunsberg 1837. Leer 1977. 218 S., 2 Abb.

Reglement für den Einzug der Hohen Leiche Ihrer Majestät der Königin und für die Beisetzung in der Dom-Kirche, Charlottenburg 21. Juli 1810. Berlin 1810.

Reicke, Rudolf: Der Kriegsrat Scheffner und die Königin Luise, in: Altpreuß. Monatsschrift, 1 (1864) 706–736.

Reim, Carl: Königin Luise, ihr Leben, Wirken und Leiden sowie ihre Zeit. Rostock 1913. 62 S. (Kaufungen-Bücherei 2).

Reinicke, Ludwig: Luisenwahl. Ein Stimmungsbild aus Königin Luises Tagen. Mühlhausen 1925. 32 S. (Nationale Bühne für die Jugend 4).

Reise des Königs und der Königin, in: Jahrbücher der preußischen Monarchie 2 (1798) S. 351–362, 491–510.

Reise des Königs und der Königin im Mai 1799, in: Denkwürdigkeiten u. Tagesgesch. der Mark Brandenburg 1799 S. 766–770.

Reiser, Max: Königin Luise. Vaterländisches Schauspiel in 5 Akten. Straßburg 1911. 176 S.

Rethwisch, Theodor: Die Königin. Ein Buch aus Preußens schwerer Zeit. Braunschweig 1909. 175 S. m. 15 (2 farb.) Taf.

Rethwisch, Theodor: Königin Luise. Erinnerungsblätter z. Jahrhundertfeier ihres Todesjahres. Braunschweig 1909. 48 S. m. 24 Abb. u. 1 Farbdr.

Rhesa, Ludwig Fedemir: Luisa und Proserpina im Elysium. Totengespräch der Königin von Preußen gewidmet. 1.u.2. Aufl. Königsberg 1811.

Ribbeck, Konrad Gottlieb: Predigt bei der Rückkehr des Königs und des königlichen Hauses, den 24. Dezember 1809. Berlin 1810.

Ribbeck, Konrad Gottlieb: Wie wir unerwartete, schmerzliche Trauerfälle mit christlicher Weisheit ... zu benutzen haben. Predigt am 6. Sonntag nach Trinitatis 1810 in der Nicolaikirche zu Berlin gehalten. Berlin 1810.

Ribbeck, Konrad Gottlieb: Predigt bei der Trauerfeier wegen des am 19. Juli 1810 zu Hohenzieritz erfolgten Absterbens Ihrer Majestät der regierenden Königin von Preußen Luise in der Nicolai-Kirche gehalten. Berlin 1810.

Richardson, Constanze: Memoires of the private life and opinion of Louisa, Queen of Prussia, consort of Frederik William III. London 1847. Deutsche Übersetzung in: Bibliothek ausgewählter Memoiren des 18. und 19. Jahrhunderts, Abt. 4. Grimma 1848. VI, 242 S.

Richter, Alb.: Deutsche Frauen. Leipzig 1896.

Richthofen-Dürrjentsch, Almuth Freiin von: Königin Luise. Ein Lebensbild. Werberede für den Königin Luise-Bund. Querfurth 1925. 16 S. 1 Abb.

Roechling, Carl, Knötel, Richard, Friedrich, Woldemar: Die Königin Luise in fünfzig Bildern für Jung und Alt. Berlin 1896. 1897. Luxus/Prachtausg. 1896. 1897. Neue Aufl. 1925. 50 Bl.

Roechling, Carl: Begegnung der Königin Luise mit Napoleon I. in Tilsit (Wandbild). Leipzig 1912. (Wachsmuths Weltgeschichtsbild. Farbendr.).

Rogge, Bernhard: Die Beziehungen der Königin Luise zu Potsdam, in: Tägliche Rundschau, Berlin, Unterhaltungsbeil. zu Nr. 57/58 (1909).

Rogge, Bernhard: Königin Luise. Zur 100jährigen Wiederkehr ihres Todestages d. deutschen Jugend dargestellt. Liegnitz 1910. 119 S. m. Abb.

Rohdmann, J. F.: Das Leben der Königin von Preußen Luise Auguste Wilhelmine

Amalie. Ein Denkmal für alle, zunächst für jedes Preußenherz in Trauer und Freude. Mit dem in Stahl gestochenen Bildnisse der Monarchin. Mohrungen & Braunsberg 1837. Verkürzte Ausgabe u.d.T.: Luise, die hochverehrte frühverklärte Königin von Preußen. Im Gedenken der hohen Verewigten, 2. Aufl. Mohrungen 1859. 96 S. mit eingedruckten Holzschnitten (= Preußische Volksbücher Nr. 3).

Rohrscheidt, Georg v.: Die letzten Tage der Königin Luise, in: Orts- und Heimatkalender des Stadt- u. Landkreises Weissenfels 2 (1910) 43–47.

Roloff, Gustav: Königin Luise und die Politik, in: Westermanns Monatshefte 108,2 (1910) 635–642.

Rosenhagen, J. F.: Charakterzüge, letzte Reise, Krankheit und Ende der Königin Luise von Preußen. Berlin 1863.

Runze, Martin: Vortrag am 12.10.1907 über: Heinrich v. Kleists literarisches Wirken in Berlin, mit e. Gedicht: An die Königin Luise, in: Mitt. d. Vereins f.d. Gesch. Berlins 24 (1907) 198ff.

Saalfeld, Günter: Königin Luisens Heimgang. Eine Hundertjahrerinnerung zum 19. Juli 1910, in: Tägliche Rundschau, Berlin, Unterhaltungsbeil, zu Nr. 165 (1910); zuerst in: Hessenland 23 (1909).

Sack, Friedrich Samuel Gottfried: Trauungsreden bei den hohen Vermählungen in dem königlichen Hause. Berlin 1793.

Sack, Friedrich Samuel Gottfried: Rath und Trost der Religion bei dem Tode unserer verewigten Königin. Berlin 1810.

Sänger, Oskar: Die Retter der Königin Luise. Ein Stück aus dem Jahre 1807 in 3 Aufzügen. 1925. 23 S.

Samuleit, Paul: Königin Luise. Ein Lebensbild in Briefen und Urkunden. Frankfurt a. M. 1927. 68 S. m. Abb. (Kranz-Bücherei 108/109).

Sandt, H., u. W. Schlegel: Königin Luise, Charlottenburg 1910. IV, 219 S. m. Bildn.

Schade, Maria: Königin Luise. 6 Bilder aus Preußens großer Zeit. Berlin 1913. 232 S.

Schade, Maria: Große Frauen. Braunschweig 1913. 11 Einschaltbilder. 234 S. (Lebensbücher der Jugend 21).

Schaefer, Arn.: Zum 100 jährigen Geburtstage der Königin Luise. Rede. Bonn 1876. 20 S.

Schawaller, Fritz: Königin Luise. Ein Drama für die Volksbühne Stuttgart 1891. 71 S.

Scheidig, Kurt: Deutsche Abende. 2. Bd. 2: Luisenfeiern. Sammlung von Vortragsmaterial nebst einer Biographie der Königin. Mühlhausen 1926. 64 S.

Scheuren, Caspar und Polko, Elise: Stätten der Erinnerung an die Königin Luise. Düsseldorf 1878.

Schink, Johann Friedrich: Louise, Preußens Schutzgeist. Berlin 1817.

Schlez: Volkslied zum Empfang des Königs und der Königin, Uffenheim 21.6.1799, in: Jahrbücher der preußischen Monarchie 2 (1799) 395–397.

Schmidt, Ferdinand: Königin Luise. Ein Lebensbild. Mit drei Bildern von Julius Scholtz. Glogau 1877. 144 S. 2. Aufl. Glogau 1887. 152 S. Dass. mit drei Bildern in Farbendruck Glogau 1893. 146 S.

Schmidt, Ferdinand: Bilder aus der Zeit Friedrich Wilhelm III. und Luisens (1800–1809). Düsseldorf 1883. 114 S. mit 2 Bildern. Neue Ausgaben Düsseldorf 1885. 1889.

Schmidt, R.: Der Zeremonienmeister der Königin Luise in Bad Freienwalde (Georg von Buch), in: Oberbarnimer Kreiskalender 1944.

Schmidt, Walter: Königin Luise. Zu ihrem hundertjährigen Todestag, in: Konservative Monatsschrift für Politik, Literatur und Kunst, Jg. 67, H. 10 (1910).

Schmidt-Neuhaus, P.: Die Königin Luise in der plastischen Kunst, in: Der Bär 19 (1983) 280.

Schneidek, Gustav Heinrich: Königin Luise in Memel, in: Westermanns Monatshefte 51 (1906/1907) 860–873.

Schneider: Dichtergrüße und Dichterkränze für die Königin Luise von Preußen, in: Montagsbl. Wissenschftl. Beil. der Magdeburgischen Zeitung, Jg. 62, Nr. 28/29 (1910).

Schneider, Reinhold: Rose des Königs, in: Das getilgte Antlitz. Erzählungen. Köln 1953.

Schnippel, E.: Zur Reise des Königs Friedrich Wilhelms III. und der Königin Luise nach Ortelsburg und Wehlau im Jahre 1806, in: Altpreußische Monatsschrift 44 (1907) 88–95.

v. Schoeler, G.: Königin Luise. Vortrag am 9.1.1909, in: Mitt. d. Vereins f. d. Gesch. Berlins 26 (1909) 40ff.

Schönemann, Paul: Bilder aus dem Leben der Königin Luise. Brandenburg 1896. 37 S.

Scholz, J.C. Louise, Königin von Preußen. Ein Lebensbild zur fünfzigjährigen Todesfeier für Schule und Familie. Erfurt 1860, 47 S.

Schröder, Emilie: Königin Luise. Ein Lebensbild in ihren Aussprüchen. Leipzig 1897. VII, 50 S.

Schuhmacher, Tony: Originalbriefe über den Tod der Königin Luise, in: Deutsche Rundschau 32 (1907) 269–278.

Schulz, Karl: Königin Luise. Zeitbild in fünf Aufzügen. 2. Aufl. Halle 1874. 136 S.

Schupp, Ottokar: Louise, Königin von Preußen. Ein Lebensbild für die Jugend und das Volk bearbeitet. Wiesbaden 1869, 4 Abb. 112 S. 3. Aufl. Altenburg 1891. 4. Aufl. Altenburg 1898.

Schuster, Georg: Königin Luise. Historische Bilddokumente. Berlin 1934. 112 S. m. Abb.

Seidel, Ina: Bericht über ihr Leben. Königstein 1934. 32 S. m. 16 Abb. (Der eiserne Hammer).

Seidel, Paul: Die Petschafte der Königin Luise, in: HzJB 7 (1903) 295.

Seidel, Paul: Königin Luise im Bilde ihrer Zeit, in: HzJB 9 (1905) 108–154.

Seidel, Paul: Gerüchte beim Tode der Königin Luise, in: HzJB 9 (1905) 323.

Seidel, Paul: Zur Geschichte des Kronprinzen-Palais in Berlin, insbesondere der ehemaligen Wohnung der Königin Luise, in: HzJb 11 (1907) 206–257.

Seidel, Paul: Ein Andenken an die letzte Lebenszeit der Königin Luise im Hohenzollern-Museum, in: HzJB 12 (1908) 263.

Seidel, Paul: Kunst und Kunstgewerbe in den königlichen Schlössern. Die Zimmer-Einrichtungen König Friedrich Wilhelms III. und der Königin Luise im Potsdamer Stadtschlosse, in: HzJB 13 (1909) 246–274.

Seidel, Paul: Der große Maskenball in Berlin zur Feier des Geburtstages der Königin Luise 1804, in: HzJB 14 (1910) 224–235.

Seidel, Paul: Ein Tag der Königin Luise in Sanssouci, in: HzJB 16 (1912) 240–242.

Seidlitz, Woldemar v.: Allgemeines historisches Portraitwerk. Eine Slg. von 600 Portraits d. berühmtesten Personen aller Völker u. Stände. München 1884.

Sell, Sophie Charlotte von: Die Königin. Ein Lebensbild. Stuttgart 1925. 126 S. 3 Abb. 3 Taf.

Sembritzki, Johannes: Kleine Beiträge zu Königin Luises Andenken, in: Memeler Dampfboot Nr. 58. S. 7.

Sievert, A.: Die Geburtsstätte der Königin Luise von Preußen, in: Zs. d. Hist. Vereins, f. Niedersachsen (1890) 297–304.

Simson, Jutta v.: Das Denkmal der Königin Luise in Berlin. Ein Beitrag zur Luisenverehrung im 19. Jahrhundert, in: Festschrift für Otto v. Simson zum 65. Geburtstag. Hg. v. Lucius Grisebach u. Konrad Renger. Berlin 1977. S. 516–530.

Sommerfeldt, Gustav: Ungedruckte Briefe der Königin Luise vom Jahre 1808, in: Ostpreußische Zeitung, Beil. (1900).

Sommerfeldt, Gustav: Der Aufenthalt des Hofes und der Königsfamilie in Ortelsburg am 24. November und 5. Dezember 1806, in: Mitteilungen der literarischen Gesellschaft Masovia 9 (1903) 77–82.

Sommerfeldt, Gustav: Aus der Korrespondenz der Königin Luise in den Unglücksjahren 1807–1809, in: Zs. d. Altertumsges. Insterburg 10 (1907).

Sorel, Albert Emile: Louise de Prusse. Paris 1937.

Sorel, Albert Emile: Luise, Königin von Preußen. Übertragung aus dem Französischen. Berlin 1939. 259 S. 12 Taf.

Spann-Weber, Thekla: Königin Louise von Preußen. Vortrag gehalten im Dresdener Frauenbildungsverein. Leipzig 1874. 22 S.

Springer, Jaro: Vortrag am 9.11.1901. Die Kupferstichbildnisse der Königin Luise, in: Mitt. des Vereins f. d. Gesch. Berlins 18 (1901) 135 ff.

Spuren des göttlichen Sinnes bei dem Sterbefalle der Königin Louise von Preußen. Eine Predigt. Berlin 1810.

Steig, Reinhold: Berlin in Trauer um die Königin Luise, in: Deutsche Rundschau 144 (1910) 265–282.

Steig, Reinhold: Königin Luise von Preußen in Heinrich v. Kleists »Berliner Abendblättern«, in: Vossische Zeitung, Sonntagsbeil. zu Nr. 367 (32) v. 7.8.1910.

Stein, Alfred: Die Königin Luise. In Bildern aus ihrem Erdenwallen geschildert. Ein Gedenkbüchlein z. 100jährigen Todestag, 19. 7. 1910. Konstanz 1910. 32 S. 16 Abb.

Stein, Arnim: Königin Luise. Mit einem Bildnis. Halle 1883. x, 398 S. 2. Aufl. 1886. x, 404 S. 3. Aufl. 1892. 4. Aufl. 1897. 5. Aufl. 1904. (Deutsche Geschichts- u. Lebensbilder). Eine holländische Übers. ersch. u.d.T. Königin Luise van Pruisen, een Levensbeeld. Uit het Hoogduitsch van J. P. C. Westh of Nijkerk 1888. VIII, 319 S. 6. Aufl. 1912. 414.

Steinitz: Königin Luise. Berlin 1860.

Stettiner, Paul: Königin Luise und Johann Georg Scheffner in: Beilage zur Allgemeinen Zeitung 64 (1897).

Stoeckel, Arthur: Schwedt/Oder am Rande des Fluchtweges einer Königin, in: Schwedter Heimatblatt des Uckermärkischen Heimatvereins 7 (1957) 39–41.

Storch, Karl: Königin Luise, Vortrag, in: Magdeburgische Zeitung, Beibl. Nr. 16–20 (1902).

Stribrny, Wolfgang: Königin Luise, Leben aus dem Glauben – Bewährung in der Not. Ansprache am 10.3.1976 in der Luisenkirche zu Berlin Charlottenburg, in: Erbe und Auftrag 9 (1976) 31–38.

Stuhrmann, Heinrich: Luise. Preußens edle Königin. Ein Gedenkbüchlein zur Wiederkehr ihres 100jährigen Todestages. Barmen 1910. 32 S. m. Abb.

Stuhrmann, Heinrich: Luise, Preußens edle Königin. Geschichte einer großen Seele. Barmen 1933. 80 S. mehrere Taf.

Suder, Oskar: Zur Beisetzung der Königin Luise, in: Mitt. d. Vereins f. d. Gesch. Berlins 28 (1911) 4–5.

Taack, Merete van: Königin Luise. Tübingen 1978.

T. b.: Die fürstlichen Schwestern, eine Marmorgruppe von Schadow, in: Jahrbücher der Preußischen Monarchie 1 (1798) S. 129–135.

Tesch, Rudi: Luise, Königin von Preußen. Zur 200. Wiederkehr ihres Geburtstages am 10. März 1976, in: Erbe und Auftrag 9 (1976) 41–55.

Thiel, Peter Johannes: Luise. Alldeutschlands Mutterherz. 2. Aufl. Erfurt 1899, XII, 232 S.

Thiel, Peter Johannes: Großdeutschlands Helden-Erzählungen. 1. Unsere Luise. Großdeutschlands Mutterherz. Boppard 1933. 144 S. 2 Taf. Große Ausg. 1936.

Patriotische *Todesfeier* der Töchter Deutschlands am Sterbetag der höchstseligen Königin von Preußen. Leipzig 1814.

Traut, Hermann: Königin Luise u. Frankfurt, in: Alt-Frankfurt 1 (1909).

Treitschke, Heinrich v.: Königin Luise. Vortrag gehalten am 10.3.1876 im Kaisersaal des Berliner Rathauses, in: Preußische Jahrbücher 37 (1876) 417–429.

Treitschke, Heinrich v.: Königin Luise. 1908. 87 S. (Deutsche Bücherei. Biographische Essays. Reihe 3 Bd 88).

Trh., H.: Die Königin Luise in Heiligenstadt, in: Aus der Heimat (Halbmonatsschrift zur Heiligenstädter Zeitung) 1906 Nr. 101.

Tschirch, H. u. Sausse, W.: Anekdoten von dem Aufenthalt des Königs Friedrich Wilhelms III. und der Königin Luise in Naumburg im Jahre 1806, in: Niederlausitzer Magazin 43 (1867) 339–382.

Tschirch, Otto: [Über Verhandlungen zwischen der Stadt Brandenburg und den Aufsichtsbehörden wegen Aufbringung der Kosten für den festlichen Empfang König Friedrich Wilhelms III. und der Königin Luise in Brandenburg], in: Jahresbericht des Historischen Vereins zu Brandenburg 32–33 (1901) 97.

Tschirch, Otto: König Friedrich Wilhelm III. und Königin Luise in Brandenburg 1799. Bericht und Gedichte von Hans v. Held, in: Jahresbericht des Hist. Vereins zu Brandenburg a. d. Havel, 34/35 (1904) 93–97.

Tschirch, Otto: Zar Alexander und das preußische Königspaar am Sarge Friedrichs des Großen [Bericht über einen Vortrag], in: Jahresbericht des Historischen Vereins zu Brandenburg 38–40 (1908) 115–116.

Truchsess-Waldburg, Gräfin: Auszüge aus dem Tagebuch der Hofdame der Königin Luise von Preußen. Hg. von E. v. Platen, in: Sitzungsberichte der Altertumsgesellschaft Prussia zu Königsberg in Preußen 46 (1889/90) 118–129.

Unzelmann: Rede am Geburtstagsfest der regierenden Königin auf dem Nationaltheater, in: Jahrbücher der preußischen Monarchie 1 (1798) 438–439.

Vaihinger, Hans: Königin Luise als Erzieherin. Als Manuskript gedruckt. Eine Gedächtnisrede. Halle 1894. Enthält: Brief der Königin Luise an Zeller vom 7. 12. 1809 und vollständige Regesten v. den Akten zur Erziehung Friedrich Wilhelms IV. (1799–1810).

Vandal, Albert: Napoléon I. et la reine Louise. L'entrevue de Tilsit, in: Revue politique et litteraire. Revue bleue. Teil 47. 3. Serie 29. année. 1. 1.–30. 6. 1891. Aus: A. Vandal: Napoléon et Alexandre I. L'alliance russe sous le premier empire. I. De Tilsit à Erfurt. Paris 1891. Bd. 1–3, hier: Bd 1.

Venhues, Elisabeth van, d. i.: Elisabeth Berhart: Königin Luise. Ein Frauenleben. Essen 1931. 143 S. m. Abb. (Deutsches Gut 2, 23/24).

Verzeichnis der in Kupfer gestochenen Bildnisse Friedrich Wilhelms III., König von Preußen und seiner Gemahlin, so seit dem 16. 11. 1797 als dessen Regierungsantritt in Berlin erschienen sind, in: Jahrbücher der Preußischen Monarchie 3 (1798) 63–68.

Viadrinus, Heinrich: Das Berliner Gedenken zu Ehren der Königin Luise 1776–1976, in: Erbe und Auftrag 9 (1976) 39–41.

Voigt, Rosa und Stegmann, Margarete: Königin Luise. Festspiel in 5 Bildern u. 1 Vorspiel. Stuttgart 1913. 86 S.

Volger, Fritz: Königin Luise oder der Genius Preußens. Dramatisches Bild in einer

Abteilung. 2. Aufl. Landsberg 1883. 12 S. (= Militärisches Theater-Album Nr 13).

Voß, Sophie Marie Gräfin v.: Neunundsechzig Jahre am preußischen Hofe. Aus den Erinnerungen der Oberhofmeisterin. 6. Aufl. Leipzig 1894.

Voß, Sophie Marie Gräfin v.: Aus den Tagebüchern und Aufzeichnungen. Sachlich berichtigt u. aus zeitgenössischen Quellen erg. Berlin 1932.

W.: Königin Luise als Minerva, in: Mitt. d. Ver. f. d. Gesch. Berlins 9 (1892) 67.

Wagner: Die Fregatte »Royal Louise«, in: Mitteilungen des Vereins für die Geschichte Potsdams NF T. 1 (1875) 128–142.

Wagner, J.: Königin Luise. Ein Lebensbild. 1910. 15 S. (Pädagogische Abhandlungen H. 120).

Der *Wanderer*. Eine Kantate dem verwaisten Geburtstage der unvergeßlichen Königin Luise von Preußen gewidmet von Tiedge und Himm o. O., o. J.

Warlich, Willi: Die Königin Luise. Berlin 1916. (Bücherei der Unterhaltung und des Wissens für Taubstumme 2).

Weber, Adelheid: Königin Luise. Mit 34 z. T. farb. Abb. Bielefeld & Leipzig 1912. 33 S. (Velhagen & Klasings Volksbücher Nr. 43).

Weber, Ottokar: Königin Luise von Preußen. Zur hundertsten Wiederkehr ihres Todestages, 19. Juli 1810, in: Deutsche Arbeit Jg. 9 H. 10 (1910).

Weck, Gustav: Königin Luise. Vaterländische Romanzen. Paderborn 1884. 144 S. 2. u. 3. Aufl. 1892.

Wegener, Wilhelm Anton: Königin Luise. Dichtungen. Berlin 1880. VII, 99 S.

Weigand, Luise: Königin Luise. Donauwörth 1933. 16 S. (Deutsche Jungmädchen-Bücherei 1).

Weissagungen des Geistes der Königin Luise an das deutsche Volk u. d. künftigen Herrscher. (Von Hans Medla) Cottbus 1924. 1 Bl.

Wewer, J.: Königin Luise. Ein Gedenkbl. z. 100. Wiederkehr ihres Todestages. Wiesbaden 1910. 39 S. m. Abb.

Weyher, Hugo: Königin Luise von Preußen. Berlin 1905. 30 S. 1 Bildn.

Wichert, Ernst: Die gnädige Frau von Paretz. Dramolet in einem Aufzug. Leipzig 1878. (Universal-Bibliothek Nr. 1070). 2. Aufl. 1882. 3. Aufl. 1887. Spätere Aufl. 1927.

Wiese, F. G.: König Friedrich Wilhelm III. mit seiner Gemahlin der Königin Louise in Paretz, Falkenrehde und Uetz in Bildern und Zügen. Ketzin 1902. VIII, 120 S.

Wilde, Ernst: Königin Luise und unsere Helden. Reihenfolge drei lebender Bilder mit Prologen. Genaue Anleitung und Beschreibung der zu stellenden Bilder und Ausgabe der eventuellen Musikbegleitung. Halberstadt 1901.

Wodiezka, Ignaz: Ein Geschenk der Königin Luise von Preußen, in: Mitteilungen der Westdeutschen Gesellschaft für Familienkunde 21 (1964) 431.

Wohlrabe, Wilhelm: Königin Luise. 1933. 138 S. m. 18 Abb., Skizzen, 1 Faks. 1 Kt.

Wolbe, E.: Königin Luise im Urteil ihres Gatten, in: Mecklenburgische Monatshefte 4 (1928) 15–17.

Wright, Constance: Beautiful enemy. A biographie of Queen Louise of Prussia. New York (1969) IX, 269 S.

Wright, Constance: Louise, Queen of Prussia. A Biography. London 1970.

Wulkow, Richard: Luise, Königin von Preußen. Ein Lebensbild für die deutschen Frauen. Frankfurt/M. 1882. 80 S.

(*Zanthier*, Irmela v.): Königin Luise in Arnswalde auf der Flucht vor Napoleon im Jahre 1806, Arnswalde 1926, 16 S.

Zerenner, Ritter Karl Christoph Georg: Gedächtnisfeyer des Todes der Königin Louise von Preußen. Predigt. Magdeburg 1814.

Personenverzeichnis

Besondere Abkürzungen:

Für die Seitenangaben:

BE	Briefempfänger	f	= auch auf Folgeseite
	Nr. d. Briefes/Seite	ff	= auf Folgeseiten
Ko	erwähnt in Kommentar	▷	siehe
Br	erwähnt in Brief	s. a.	siehe auch

für die Personen:

Adj.	Adjutant	Kfst, Kfstin	Kurfürst, Kurfürstin
Bar.	Baron	Kg, Kgin	König, Königin
Bf	Bischof	Khr	Kammerherr
Br. d.	Bruder des, der	Krpz	Kronprinz
Ehg, Ehgin	Erzherzog, Erzherzogin	Ks, Ksin	Kaiser, Kaiserin
f.	folgt in Regierung	Ldgf, Ldgfin	Landgraf, Landgräfin
FM	Feldmarschall	Lt	Leutnant
Frhr, Frfr, Frin	Freiherr, Freifrau, Freiin	M.	Marschall
fz.	französisch	Mkgf, Mkgfin	Markgraf, Markgräfin
G.	General	OB	Oberbefehlshaber
G. d. Kav.	General der Kavallerie	Obt	Oberst
Ges.	Gesandter	OHm.	Oberhofmeister-in
Gf, Gfin	Graf, Gräfin	Pfgf, Pfgfin	Pfalzgraf, Pfalzgräfin
Gfst, Gfstin	Großfürst, Großfürstin	pr. Pr.	preußisch, Preußen
Ghg, Ghgin	Großherzog, Großherzogin	Pz, Pzin	Prinz, Prinzessin
GL	Generalleutnant	Rgf, Rgfin	Reichsgraf, Reichsgräfin
GM	Generalmajor	Rgt	Regiment
Hg, Hgin	Herzog, Herzogin	S. d.	Sohn des, der
HM	Hauptmann	Schw. d.	Schwester des, der
Hofd.	Hofdame	T. d.	Tochter des, der
k.	königlich	x	vermählt mit

Briefempfänger (BE) werden nach den Nummern der Briefe aufgeführt, Stellen im Kommentar (Ko) und im Brief (Br) nach den Seitenzahlen

Satz: Filmsatz Schröter GmbH, München
Druck: Universitätsdruckerei Dr. C. Wolf & Sohn, München